LOUIS DESGRAVES

MONTESQUIEU

Societäts-Verlag

Aus dem Französischen übertragen von Christoph Vormweg
Titel des Originals: Montesquieu
© Librairie Arthème Fayard, Éditions Mazarine, Paris, 1986

Alle Rechte vorbehalten · Societäts-Verlag
© 1992 Frankfurter Societäts-Druckerei GmbH
Umschlag: Dagmar Ronneburg, unter Verwendung des
Montesquieu-Porträts von 1718 (Jean Lapenne),
Académie de Bordeaux, Centre régional de documentation pédagogique
Satz: Ebner Ulm
Druck und Verarbeitung: Spiegel, Ulm
Printed in Germany 1992
ISBN 3-7973-0497-8

Inhalt

Familie und Kindheit

»Ganz gleich, ob man mit einer so törichten Sache wie seiner Genealogie beginnt, es ist dennoch gut, daß ich Sie über Ihre Vorfahren ein wenig in Kenntnis setze«, schreibt Montesquieu in den für seinen Enkel verfaßten *Erinnerungen an mein Leben;* in den Gedanken[1] wiederum richtet er sich an seinen Sohn Jean-Baptiste de Secondat und erklärt: »Mein Sohn, Sie haben das Glück, sich Ihrer Geburt weder schämen zu müssen, noch durch sie zum Übermut verleitet zu werden. Meine Geburt entspricht genau meinem Schicksal, so daß ich erbost wäre, wenn hier keine Ausgewogenheit herrschte.

Es ist ein Glück, von großer Herkunft zu sein; doch es ist deshalb kein Unglück, von mittelmäßiger zu sein; das Unglück tröstet über alles hinweg.« Trotz eines unbestreitbaren Stolzes auf seine Herkunft gibt Montesquieu jedoch vor, die lange Linie seiner Vorfahren nur schlecht zu kennen: »Obwohl mein Name weder gut noch schlecht ist, da er nicht mehr als dreihundertfünfzig Jahre nachgewiesenen Adel besitzt, bin ich ihm doch sehr verbunden, und ich wäre durchaus der Mann, einen Erben für ihn einzusetzen[2].« Unter dem Vorwand, daß »die Titel unserer Familie während der Wirren« der Religionskriege »aberkannt worden sind«, hat er offenbar nicht versucht, die Recherchen über seine unmittelbaren Vorfahren hinaus auszudehnen. Er scheint sich mit dieser Unkenntnis der entfernten Ursprünge seiner Familie leicht abzufinden: »Den großen Häusern zufolge, die keine gesicherte Herkunft haben und sozusagen im Himmel geboren zu sein scheinen, sind diejenigen die besten Familien, die unmerklich ihrer niederen Herkunft entkommen sind und deren Gründer nicht die Vermessenheit besessen haben, auf sich aufmerksam zu machen, denn nichts entehrt eine Familie so sehr wie ewiges Gerede hinter vorgehaltener Hand, und, wenn ich mich dieses Ausdrucks bedienen darf, eine Katastrophe in der Abstammung. Die sich ihrer Armut schämten, schämen sich, reich geworden, ihrer Herkunft; das ist für sie viel schlimmer, weil sie glauben, nicht für diese Art zu leben tauglich zu sein. Kinder, welche ein großes Vermögen erben, tragen die Last der Erinnerung an denjenigen, dem sie so viel verdanken; deshalb erscheint auf unseren Bühnen nichts bewundernswerter als die Handlung eines Prinzen, der in seiner Glorie auf einen Schäfer stößt, den er freudig für seinen Vater hält, ohne dabei zu erröten[3].«

Zu einer dieser »besten Familien« gehörend, bemüht sich Montesquieu, den Werdegang seiner unmittelbaren Vorfahren väterlicherseits zu rekonstruieren, um herauszufinden, ob sie dem Schwertadel, dem Amtsadel oder dem Klerus angehörten – den einzigen drei »Ständen«, denen ein Adliger ohne Furcht vor Erniedrigung angehören konnte. Er entstammt einer langen Ahnenreihe, selbst wenn er ihre Wurzeln nicht zu kennen scheint, er ist der Sohn Aquitaniens, einer zwischen Agen und Bordeaux gelegenen Landschaft, deren Grundbesitzerfamilie zu wichtigen Ämtern und, im Lauf von Generationen, zu einem Erbgut gelangt, dessen Seigneurie La Brède, obwohl sie erst spät in den Besitz der Familie gelangte, Ende des 17. Jahrhunderts zum Kleinod und Symbol wird, das den väterlichen und mütterlichen Zweig der Secondat de Montesquieu zu einem gemeinsamen Schicksal vereint.

Die *Erinnerungen an mein Leben,* ein schnell geschriebener, unvollendeter Text, sind den Vorfahren väterlicherseits, den Secondats, gewidmet – ohne jede Erwähnung der indessen genauso illustren Familie mütterlicherseits. Die Familie Secondat, eine jüngere Linie des Hauses Culant, kam aus dem Berry; sie stammte von den Grafen von Blois und der Champagne ab und wanderte Anfang des 15. Jahrhunderts in den Périgord ab. Pierre I. de Secondat, Seigneur von La Vergne und Brégnac, leistete König Karl VII. am 11. September 1451 den Lehnseid. Sein Sohn Jean sowie später sein Enkel Jacques bauten in der Nähe von Agen das Schloß von Foulayronnes und verwurzelten so die Familie Secondat im Agenais. Bald traten sie als Gutsbesitzer in Erscheinung und verknüpften ihr Schicksal mit den Interessen der Könige von Navarra, deren reformierten Glauben sie annahmen.

Jean II. de Secondat (1515–1594) sicherte das Vermögen der Familie: Er erbte von seinem Vater den Beruf des Schatzmeisters und wurde Günstling der Königin von Navarra, Jeanne d'Albret, deren volles Vertrauen er besaß; während einer ihrer Reisen vertraute sie ihm, dem Maître d'hôtel und Statthalter von Nérac, 1564 die Regentschaft des Königreichs Navarra an. Um ihn für seine Dienste zu belohnen, schenkte ihm die Königin am 2. Oktober 1561 das Gut Montesquieu; es sollte fortan an den Namen der Familie gebunden sein, der dieser bescheidenen Seigneurie der früheren Vicomté von Brulhois, im Herzen des Lehens der Albret, sechzehn Kilometer westlich von Agen und drei südlich der Garonne, unerwarteten Glanz verlieh. Die Königin sagte: »Das war für die außerordentlichen und empfehlenswerten Dienste, die Jean de Secondat, Seigneur von Roques und ihr Maître d'hôtel, seit langem ihrem Vater, dem König, und ihr selbst geleistet hat, in seiner Funktion als Maître d'hôtel wie auch bei anderen großen und wichtigen Aufgaben, die sie ihm aufgetragen hat und ihm Tag für Tag aufträgt.« Das Wort Montesquieu ist lateinisch-fränkischen Ursprungs und bezeichnet einen unbewohnten oder unbebauten Berg. Noch heute sieht man vom Dorf Montesquieu aus die Ruinen eines Schlosses, das einen verlassenen, öden Hügel krönt.

Aus der Ehe von Jean II. de Secondat mit Éléonore de Brénieu, der Tante Joseph Scaligers, gingen mehrere Kinder hervor. Vier seiner Söhne kamen als Soldaten Heinrichs IV. ums Leben: Jean, der Älteste, wurde 1590 in der Schlacht von Ivry getötet; Jacques 1595 während der Belagerung von Nantes; Jean-Henri, das Patenkind Heinrichs IV., 1604 während der Schlacht von Middelbourg und Paul während der Belagerung von Ostende. Als Jean II. starb, hatte er nur noch zwei Söhne. Für seine Treue zum König von Navarra, der König Frankreichs geworden war, hatte er schweren Tribut gezahlt.

Während der zweiten Hälfte des 16. Jahrhunderts, inmitten der religiösen und politischen Kämpfe, die den Südwesten Frankreichs mit Blut überzogen, erlebten die Secondats also einen bemerkenswerten Aufstieg, der sie von Agen nach Bordeaux führte und der Lohn für ihre Anhänglichkeit an das Haus von Navarra war, an dessen Seite sie lebten und kämpften. Verschwägert mit der Familie Scaliger, deren Sympathien für die Reformierten offenkundig waren, verkehrten sie in Nérac, wo Margarete von Navarra zwischen 1579 und 1582 einen glanzvollen literarischen Zirkel etabliert hatte, den sie in ihren *Memoiren* selbst beschrieb: »Unser Hof war schön und so hübsch, daß wir den französischen gar nicht beneideten; die Prinzessin von Navarra [die Schwester des Königs] und ich waren mit einer großen Zahl von Damen und Mädchen zugegen; und dem König, meinem Mann, folgte eine große Schar vornehmer Herren und Edelleute, genauso gebildete Leute wie die galantesten, die ich am Hof [von Frankreich] gesehen habe; sie hatten nichts zu beklagen, außer daß sie Hugenotten waren. Vom Unterschied der Religion wagten sie indessen nicht zu sprechen . . .« In seiner *Universalgeschichte* schreibt der alternde Agrippa d'Aubigné: »Am Hof von Nérac florierten der ehrenwerte Adel, die ausgezeichneten Damen . . . Der Wohlstand brachte Laster mit sich wie die Hitze Schlangen. Die Königin von Navarra hatte bald die Geister entrostet und ließ die Waffen verrosten. Sie brachte dem König, ihrem Mann, bei, daß ein Mann von Stande ohne Seele wäre, wenn er nicht liebte, und das Beispiel, das sie selbst vorlebte, wurde keineswegs kaschiert.«

In seiner *Denkschrift zum historischen Lob Monsieur de Montesquieus* erzählt Jean-Baptiste de Secondat folgende Anekdote über das Leben am Hof von Nérac: »Es war kein durch langen Wohlstand korrumpierter Hof . . . Eines Tages ging die Gräfin von Guiche, die der König liebte, zu Fuß zur Messe, lediglich gefolgt von ihrem Zimmermädchen und ihrem Pagen, die einen kleinen Pudel und einen Papagei trugen. Der Botschafter des Königs von Frankreich nahm das mit großer Verwunderung auf. Er sagte, daß es am Hof seines Herrn ganz anders zuginge, was den Reichtum und die Pracht sowie die große Zahl der Herren betreffe, die gewöhnlich das Gefolge der Mätresse des Königs bildeten. ›Das ist so‹, antwortete ihm ein betagter Adliger, ›weil es hier andere Papageien, Affen oder Pudel gibt als die, welche Sie dort gesehen haben.‹«

In diesem kultivierten, eleganten und frivolen Milieu, wo Seite an Seite die katholische und die reformierte Religion praktiziert wurden, eigneten sich die Secondats einen Sinn für Toleranz an, der dem Montaignes nahestand. Diese Einstellung wird im übrigen auch Montesquieu selbst nicht fremd sein, der eine Protestantin heiratet.

Pierre III. de Secondat (1573–1638), Mitglied der königlichen Räte, Maître d'hôtel Heinrichs IV. und Hauptmann der leichten Reiterei, war der erste, der sich in Bordeaux niederließ, wo er zum Geschworenen gewählt wurde und im Jahre 1600 Anne de Pontac heiratete. Sie gehörte einer Parlamentarierfamilie aus Bordeaux an, die mit dem Bischof von Bazas, Arnaud de Pontac, verwandt war. Ihre Nachkommen waren Gaston de Secondat, Jean de Secondat und Godefroy de Secondat, der Denise heiraten sollte, die jüngste Tochter der Montesquieus. Aus diesem Zweig der Familie sind die gegenwärtigen Barone von Montesquieu hervorgegangen.

Pierre III. erbte nach dem Tod seines Vaters das Gut von Montesquieu und verkaufte es am 15. Oktober 1604 an Monsieur de Rance; doch schon am 17. Februar 1605 erstand es seine Mutter, Éléonore de Brénieu, aufgrund des Rückkaufrechtes der Miterben zurück und vermachte es ihrem zweiten Sohn, Jacques II. de Secondat (1576–1619). Als Kammerherr des Königs von Navarra diente dieser, wie Montesquieu erinnert, »in den niederländischen Kriegen. Lange Zeit wurde er, in seiner Eigenschaft als Oberstleutnant des Regiments von Chastillon, von Frankreich im Dienste der Vereinigten Niederlande gehalten. Er war Statthalter von Lectoure und Ritter des Saint-Michel-Ordens. Er hatte rechtmäßigen Anspruch auf das Gut von Montesquieu, das wir besitzen; der König erhob es«, durch offene Briefe vom Februar 1606, »zu seinen Gunsten zur Baronie«. Durch seinen Aufstieg zum Baron von Montesquieu wurde Jacques II. de Secondat zum wirklichen Gründer der Familie. Heinrich IV. treu ergeben, nahm er den katholischen Glauben in dem Augenblick an, als der König von Frankreich konvertierte.

Im Alter von 34 Jahren heiratete Jacques II. de Secondat Anne-Marguerite de Sevin, die Tochter des Seigneurs von La Grade, Guillaume de Sevin, und der Antoinette de Rance. Witwe mit 32 Jahren, verheiratete sich Anne de Sevin noch einmal im Alter von 46 Jahren mit Joseph Du Bernet, dem Ersten Präsidenten am Parlament von Bordeaux. Diese Heirat ließ die Familie von Montesquieu in die parlamentarische Welt Einlaß finden und band sie endgültig an Bordeaux. Die Frau des Präsidenten hatte keine Kinder aus ihrer zweiten Ehe; nach dem Tod ihres Mannes zog sie sich nach Agen zurück, wo sie 1683 im Alter von 97 Jahren starb. Ein anonymes Sonett rühmte sie, ihr Leben der Bildung der einfachen Leute gewidmet zu haben:

Bewohner Agenais', laßt uns alle beweinen den unersetzbaren Verlust
Dieser erlauchten Dame, in der das ganze Land
Den Schatz eines bewundernswerten Lebens besaß,
Reich an Lorbeeren, Palmzweigen, Rosen und Lilien.

Für klein und groß war sie verehrungswürdig,
Jeder fand bei ihr Halt,
Ihr Herz war so groß, so weich und barmherzig,
Daß sie mit den Betrübten traurig war.

Weint, Arme, beklagt den Tod Eurer Mutter,
Beweint, ergebne Fromme, Euer schönes Vorbild,
Verwitwete Frauen, beweint diesen Spiegel Eurer Sittlichkeit.

Aber eifert, in Gedanken an den Tod, ihrem Leben nach
Und laßt in Euren Herzen ihre Tugenden wiederaufblühen,
Um im Himmel mit dieser Urania zu leben.

Der älteste Sohn von Jacques II. de Secondat, Jean-Baptiste-Gaston de Secondat, Baron von Montesquieu, Seigneur von Castelnouvel, »erhielt«,
wie Montesquieu erinnert, »den Namen Gaston vom Herzog von Orléans; er hatte die Ehre, von ihm bei der Taufe gehalten zu werden.« Am
26. Februar 1634 heiratete er Anne-Jeanne Du Bernet, die Tochter und Erbin des Ersten Präsidenten am Parlament von Bordeaux, den ihre Mutter
in zweiter Ehe geheiratet hatte.
Jean-Baptiste-Gaston de Secondat »übernahm von Monsieur de Pontac, der zum Ersten Präsidenten am Parlament von Bordeaux ernannt worden war, am selben Parlament die Aufgabe des Président à mortier«. Er
war der Cousin des Marschalls von Estrades, dessen Mutter, Suzanne de
Secondat, eine Schwester von Jacques de Secondat war. »Der Marschall«,
berichtete Montesquieu, »sagte zu ihm: ›Sie haben ein schönes Haus; ich
hätte es einrichten können, daß dort der bedeutendste Seigneur des Hofes wohnte. Aber ich habe es vorgezogen, Ihnen einen weniger glänzenden Mann zu beschaffen: Er ist im Moment Attaché bei Kardinal Mazarin, und niemand weiß, wie bedeutend er ist; sein Vorzug besteht darin,
daß er eines Tages der erste Mann des Staates sein wird. Hofieren Sie ihn;
versuchen Sie, seine Freundschaft zu gewinnen; das ist um so einfacher,
weil niemand daran denkt.‹ Mein Großvater reüssierte; er hatte vorher in
der Armee gedient und verfügte über eine natürliche Höflichkeit; er erwarb die Freundschaft Colberts; ihre Auswirkungen spürte er, ebenso
wie sein Sohn, während seines ganzen Lebens.«
In seiner Eigenschaft als Président à mortier am Parlament von Bordeaux hatte Jean-Baptiste-Gaston de Secondat Colbert 1659 während der

Durchreise des Hofes in Bordeaux in seinem Herrenhaus an der Esplanade des Schlosses Trompette, der heutigen Place des Quinconces, empfangen. 1654 hatte er es für 20 000 Livres erworben und wegen des schönen Blicks, den seine Terrasse auf die Garonne bot, in einen der angenehmsten Wohnsitze der Stadt verwandelt. An Zeichen wie diesen ließ sich der Aufstieg einer Parlamentarierfamilie aus Bordeaux ablesen.

Aus der Ehe von Jean-Baptiste-Gaston de Secondat und Anne-Jeanne Du Bernet gingen drei Mädchen und sechs Jungen hervor. Der vierte Sohn, Jacques, war der Vater Montesquieus; er wurde am 29. Dezember 1654 in Bordeaux geboren. »Mit einem vornehmen, charmanten Gesicht, viel Geist und Verstand und sehr wenig Vermögen«, sah er sich zum Geistlichen berufen. Am 19. Oktober 1669 erhielt er aus den Händen Henri de Béthunes, des Erzbischofs von Bordeaux, die Tonsur: Mit nur fünfzehn Jahren hatte er das vom Konzil in Trient geforderte Alter, um in den Kreis der Kleriker aufgenommen zu werden; doch nach zwölf oder dreizehn Tagen im Pariser Seminar von Saint-Sulpice erkannte er, daß er auf dem falschen Weg war, und beschloß, die militärische Laufbahn einzuschlagen. »Er trat sehr jung der Leibwache bei. Er war geschult wie heute ein Musketier«, notiert Montesquieu, der den Bericht über die militärische Karriere seines Vaters so fortsetzt:

»Einige Zeit später wurde er in eine Kompanie der Kavallerie im Regiment Saint-Sylvestres aufgenommen. Prinz von Conti verließ Frankreich, um nach Ungarn zu gehen. Mehrere Offiziere folgten den Fürsten, unter ihnen auch mein Vater, der, ich weiß nicht warum, mit Prinz von Conti bekannt war. Ich habe von meinem Vater gehört, daß der König den Türken – auf ihre Klagen hin, daß sich Fürsten von Geblüt in der ungarischen Armee befänden – vom Prinzen eindringliche Briefe schreiben ließ, die er stets mit den Worten beendete: ›Wie dem auch sei, meine Neffen, ich liebe Euch immer noch.‹ Offenbar genoß mein Vater in der Armee hohes Ansehen; denn während meines Aufenthaltes in Wien traf ich noch einige ehemalige Offiziere, die sich an ihn erinnerten.

Als mein Vater den Plan faßte, nach Ungarn zu gehen, hatte er kein Geld. Um etwas zu verdienen, fuhr er in die Guyenne und kam deshalb später als die anderen an.« Er hatte großen Anteil am Sieg der Kaiserlichen in Gran (Esztergom), doch »alle Offiziere im Gefolge des Fürsten wurden degradiert; mein Vater war aber erst danach mit von der Partie. Saint-Sylvestre sagte zu Louvois, es wäre, nachdem das Exempel einmal statuiert sei, überflüssig, einen guten Offizier zu degradieren, der ihm nützlich war; so wurde er verschont«. Jacques de Secondat erwies sich jedoch in Briefen, die er aus Ungarn schrieb, als unvorsichtig; er bezeichnete Ludwig XIV. »als König des Theaters, wenn es galt zu repräsentieren, als König des Schachspiels, wenn es galt zu kämpfen«.

»Zurück in Frankreich, diente Jacques de Secondat weiter in der Armee.« Am 25. September 1686 heiratete er die ihm vom Aufenthalt in der Guyenne her bekannte Marie-Françoise de Pesnel, eine Dame »von sehr altem Adel, Erbin ihres Hauses und Besitzerin sehr großer Güter. Sie hatte ein bezauberndes Gesicht, viel Verstand und große Gottesfurcht. Sie forderte von ihrem Mann, den Militärdienst zu quittieren, und es blieb ihm in der Tat nichts anderes übrig. Meine Mutter hatte trotz ihres großen Besitzes viele Schulden und war in etliche Prozesse verwickelt. Mein Vater verbrachte sein Leben damit, ihre Geschäfte wieder in Ordnung zu bringen. Kaum war ihm das gelungen, starb meine Mutter.« Durch diese Heirat gehörte die Seigneurie von La Brède zur Familie Montesquieu.

Als ältester Sohn der Familie und Bruder Jacques de Secondats erbte Jean-Baptiste die Rechte und Titel seines Vaters; so wurde er zum Baron von Montesquieu und zum Seigneur von Raymond, Talence und Castelnouvel. Als Président à mortier am Parlament von Bordeaux verbesserte er seine soziale Stellung durch die Heirat mit Marguerite de Caupos am 26. Mai 1699; sie war die Tochter Jean de Caupos, dem Baron von Lacanau und Vicomte von Biscarrosse, und erhielt als Mitgift 130000 in Tours geprägte Livres. Da Jean-Baptiste seinen einzigen Sohn verlor, vermachte er Amt und Besitz seinem Neffen Charles-Louis, dem zukünftigen Autor des Werkes *Vom Geist der Gesetze*.

In seiner *Lobrede auf Montesquieu* würdigt Maupertuis den Präsidenten Jean-Baptiste als einen der bedeutendsten Magistraten seiner Zeit. Der Sohn Montesquieus schreibt über ihn: »Er war eines der glänzendsten Genies und vielleicht der freieste und gerechteste Mann seiner Zeit. Die Gesellschaft betrachtete ihn als ihren wahren Führer.«

In den Geheimakten des Parlaments von Bordeaux sind zahlreiche Zeugnisse über die gerichtlichen und politischen Aktivitäten von Montesquieus Onkel aufbewahrt. Er erwies sich stets als glühender Verteidiger der Privilegien, welche die Parlamentarier von Bordeaux besaßen. Das bezeugt auch seine Haltung in der Affäre des Grafen von Chambonas. Als der Graf von Eu, Sohn des Herzogs von Maine, 1713 zum Statthalter der Guyenne nominiert worden war, beauftragte er den Grafen von Chambonas, seine Bestallungsurkunden vor das Parlament zu bringen. Doch entgegen aller Gewohnheiten erschien Chambonas im Palais de l'Ombrière, dem Sitz des Parlaments, mit seinem Degen an der Seite. Unter Protesten nahm der Gerichtshof die Urkunden entgegen. Jean-Baptiste de Montesquieu kritisierte das Verhalten des Ersten Präsidenten Dalon, der sich mit Chambonas solidarisiert hatte; er vertrat die Meinung, daß die Gesellschaft »durch den Ersten Präsidenten beleidigt und im Stich gelassen« worden sei.

Chambonas wurde vom Grafen von Maine desavouiert, Dalon vom Staatsminister Pontchartrain; diesem schrieb Jean-Baptiste de Montesquieu aus Dank für seine Entscheidung: »Wir sind von so lebhafter Anerkennung erfüllt für all den Rückhalt, den uns Ihre Protektion beschert hat, daß wir Ihnen gar nicht ergebenst genug Dank sagen können. Wir wünschen, Euer Durchlaucht, mehr als wir es erhoffen, daß der Gram, den der Erste Präsident nach dem Scheitern seiner Vorhaben fühlen muß, ihn wirklich zu sich selbst zurückfinden läßt, und daß unsere Klagen sowie die der Öffentlichkeit von nun an unnötig sind, damit wir uns ganz darauf beschränken können, in völliger Einigkeit und mit einigem Nutzen für den Dienst am König Recht zu sprechen[4].«

Ein entsprechender Ton und dieselbe Entschiedenheit finden sich in der Rede wieder, die Jean-Baptiste de Montesquieu im folgenden Jahr, 1714, anläßlich der Amtseinsetzung des Ersten Präsidenten Gillet de Lacaze hielt. Der Erste Präsident Dalon »verkaufte«, so der Sohn Montesquieus, »die Gerechtigkeit und sich selbst an die Gunst und war, um seinen Kopf zu retten, gezwungen, sein Amt niederzulegen«. Jean-Baptiste de Montesquieu entwickelt drei grundlegende Ideen, die auch von seinem Neffen im Laufe seiner parlamentarischen Karriere und in seinen Schriften verfochten werden sollten: die Erhabenheit der königlichen Macht, die Unbestechlichkeit der Rechtsprechung und die Vorrangstellung der gesellschaftlichen Interessen. Gewiß, diese Rede ist ganz und gar aus Opposition gegen das Verhalten Dalons verfaßt, der die Ehre des Parlaments geschmälert hatte; doch definiert Jean-Baptiste in einigen glücklichen Formeln, die Montesquieu nicht mißbilligt hätte, ausgezeichnet die Rolle und die Vorrechte des Parlaments: »Ihre neue Würde hat ihren Ruhm noch vor sich, da sie in Zukunft alleiniger Gegenstand Ihrer ernsthaftesten Überlegungen sein wird; sie wird mehr Gelegenheiten bieten, den Diensteifer, den Sie immer schon zur Ehre der Magistratur an den Tag gelegt haben, noch glanzvoller strahlen zu lassen. Gelegenheiten, die auch dazu dienen werden, eines Tages unsere Treue völlig in die Dienste des Souveräns zu stellen, der uns regiert: unsere unermüdliche Liebe zur Reinheit der Justiz, unsere ebenso lebhafte, wie andauernde Aufmerksamkeit für die Aufrechterhaltung oder Wiederherstellung der Ordnung, unsere Entschlossenheit, die alte und natürliche Würde dieses Parlaments sowie ihre höhere Autorität zu stützen, die niemals ein anderes Regulativ anerkennen darf als den Monarchen, der sie uns anvertraut hat, oder eine andere Erhabenheit als die unserer Ämter.«

Jean-Baptiste de Montesquieu fährt fort, indem er an die zwingende Notwendigkeit des Zusammenhaltes aller Parlamentarier erinnert: »Wir wissen . . ., daß das Können und die besten Absichten eines Führers der Gesellschaft oft nutzlos sind, wenn unter ihren Beamten keine Einigkeit und Unterordnung herrschen; ich kann mich für diese trefflichen Einrichtungen aufgrund der Erfahrung verbürgen, die ich während der kurzen Zeit machte, als ich die Ehre hatte, auf Weisung des Königs die Funktion dieses Ersten Platzes auszuüben. Mir bliebe nichts mehr zu wünschen übrig, wenn diese erlauchte Gesellschaft ebenfalls mit meiner Arbeit zufrieden wäre, so daß die Öffentlichkeit Grund hätte, sich mit fortgesetztem Eifer der exakten Erfüllung all ihrer Pflichten zu widmen.«

Die Eintragung der Bulle *Unigenitus* im März 1715 gab Jean-Baptiste de Montesquieu eine weitere Gelegenheit, die Entschiedenheit seines Charakters und die Redlichkeit seines Denkens unter Beweis zu stellen. Er lehnte es vor allem ab, die 91. Gesetzesvorlage von Quesnel zu mißbilligen: »Die Furcht vor einer ungerechten Exkommunizierung darf uns niemals daran hindern, unsere Pflicht zu erfüllen, denn wir verlassen die Kirche nicht, selbst wenn wir durch die Bosheit der Menschen scheinbar aus ihrem Schoß verstoßen sind.« Der Präsident stützte seine Argumentation auf die fundamentalen Gesetze des Königreichs: »Ohne gleichwohl die im Königreich abgelehnten Dekrete für gut zu befinden, die in der Bulle [Unigenitus] zum Ausdruck gebracht werden, und unbeschadet der Freiheiten der gallikanischen Kirche, der Rechte und Vorrangstellung der Krone, der Macht und Gerichtsbarkeit der Bischöfe des Königreiches, und ohne daß die Mißbilligung der Gesetzesvorlagen, welche die Exkommunizierung betreffen, den Maximen und Gewohnheiten des Königreiches im geringsten zuwiderhandeln könnte, kann sich kein Untertan der Verpflichtung entziehen, sich dem unterzuordnen und Ihrer Majestät in allen Zeiten eine unmittelbare Treue und respektvollen Gehorsam zu erweisen.«

Montesquieu, der ohne Zweifel der Rede seines Onkels beiwohnte, erinnerte sich sicher an dessen Haltung, als er seine *Verteidigung des Geistes der Gesetze* verfaßte; denn er bemerkt: Der Kritiker des *Geistes der Gesetze* »sagte als erstes, und das sind seine Worte, daß das Buch *Vom Geist der Gesetze* eine dieser regellosen Produktionen sei, die sich erst seit dem Auftauchen der Bulle *Unigenitus* derart vermehrt hätten. Doch wäre es nicht lächerlich, den *Geist der Gesetze* aufgrund des Erscheinens der Bulle herauszubringen? Sie ist keineswegs der Anlaß für das Buch *Vom Geist der Gesetze*; doch waren die Bulle *Unigenitus* und der *Geist der Gesetze* Anlaß für eine kindische Argumentation des Kritikers.« Montesquieu, der Erbe des Präsidenten Jean-Baptiste, hält seinen Onkel für den »freiesten und gerechtesten Mann seiner Zeit« und bringt ihm so die schönste Huldigung dar.

Die anderen Brüder von Jacques de Secondat und Jean-Baptiste de Montesquieu wandten sich dem geistlichen Stand zu. Ignace de Secondat, Abbé von Fontguilhem in der Diözese Bazas, starb im Juli 1726. Joseph de Secondat, geboren am 9. September 1635, wurde im Juli 1648 zum Abbé von Notre-Dame de Cadouin in der Diözese Sarlat ernannt; er war damals erst dreizehn Jahre alt, studierte am Jesuitenkolleg von Bordeaux und hatte seine Tonsur erhalten. Seine Urkunde erhielt er erst am 1. Oktober

1652, eine eigene Abtei erst am 11. Juli 1654. Schon 1650 hatte sein Großvater, der Erste Präsident Du Bernet, Mazarin darum gebeten, Joseph de
Secondat die Abtei von Faise zu überlassen. Der Kardinal hatte ihm am
22. April geantwortet, daß »die Königin, was Begünstigungen angeht, so
vielen Personen verpflichtet ist, daß es schwierig wäre, Ihnen gegenwärtig in solcherlei Angelegenheiten etwas zu verspechen«. 1662 wurde Joseph zum weltlichen Titularabt der Zisterzienserabtei von Faise nominiert, die in der Gemeinde Lussac der Diözese Bordeaux lag; doch er
übernahm sie erst am 31. Dezember 1666; 1724 legte er sein Amt zugunsten seines Neffen Joseph de Secondat, dem Bruder Montesquieus, nieder und starb im Mai 1726.

Sein ältester Bruder, Armand de Montesquieu, geboren am 5. September 1637 in Bordeaux, hatte, bevor er am 29. August 1663 ins Noviziat des
Jesuitenordens eintrat, Theologie und Philosophie studiert. Nach Abschluß des zweijährigen Noviziats erhielt er am Kolleg von Tours die
fünfte Klasse und führte sie, wie es üblich war, bis zur Sekunda. Zwischen 1669 und 1671 beendete er seine theologischen Studien am Kolleg
von Clermont in Paris und legte am 2. Februar 1677 seine vier Gelübde ab.
Nachdem er Logik und Physik an den Kollegien von Orléans und Amiens
gelehrt hatte, wechselte er für die Zeit von 1679 bis 1680 ans Kolleg von
Moulins und kehrte 1680 nach Amiens zurück, wo er als Kasuist, das
heißt als Lehrer für Theologie, arbeitete. Von 1688 bis 1691 war er in der
kleinen Residenz von Dieppe zuständig für Kirche und Konfessionen;
danach erfüllte er acht Jahre lang ähnliche Aufgaben am Kolleg von Orléans. Von 1699 bis zu seinem Tod im Februar 1714 war er Beichtvater in der
Kirche des Kollegs von La Flèche, in der er bestattet wurde.

Marie-Agnès, eine der Töchter Gaston de Secondats, wurde von ihren
Eltern im Alter von vier Jahren in die Obhut des Klosters der Salesianerinnen in Bordeaux gegeben; dort wurde sie Ordensschwester; als sie
1701 im Alter von 66 Jahren starb, war sie Oberin. Die nach ihrem Tod im
Kloster der Salesianerinnen verfaßte anonyme Biographie berichtet von
ihrer Erziehung und ihrem religiösen Werdegang:

»Ihre einnehmende Gesinnung und Gemütsart, ihre Person und ihre
distinguierten Umgangsformen verschafften ihr zunächst die Zuneigung
der Gemeinschaft. Jede Schwester beeilte sich, ihr die ersten Elemente der
Erkenntnis und vor allem der Frömmigkeit beizubringen, für die ihr Herz
ausgezeichnet veranlagt war … Die Lektüre der Heiligenleben regte
diese liebe Schwester dazu an, wie unser Herr Jesus Christus zu leiden,
sie wollte sogar die Märtyrer nachahmen, und ihre unschuldige Inbrunst
gab Anlaß zu einer netten Zerstreuung. Einen Tag vor dem Fest des heiligen Laurentius fühlte sie sich vor Liebe verzückt und äußerte den
Wunsch, wie dieser große Heilige verbrannt zu werden. Einige Schwestern, die das hörten, wollten wissen, wie weit ihre Beharrlichkeit ginge,

und richteten einen Rost her, unter dem bald ein sehr lebhaftes Feuer loderte. Beim Anblick dieses furchtbaren Gerätes wurde das arme Kind ganz blaß und seine Augen füllten sich mit Tränen; doch sie beteuerte mutig, daß sie diese Marter für die Liebe Jesu erleiden wolle, und ihr Schmerz war sehr groß, als sie sah, wie die Marterwerkzeuge weggeschafft wurden ... Treu den Absichten des Herrn ergeben, bewahrte sie sorgsam den Schatz ihrer religiösen Berufung, obwohl ihre Mutter sie immer zu sich nahm, wenn sie nach Bordeaux kam, und es keineswegs versäumte, ihr vorteilhafte Verbindungen anzubieten. Diese teure kleine Schwester erbat, sobald sie das sechzehnte Lebensjahr erreicht hatte, die Aufnahme ins Noviziat, und ihre Beharrlichkeit widerstand schließlich der Gegenwehr ihrer Eltern.

Als der Zeitpunkt näherrückte, an dem sie das Ordensgelübde ablegen sollte, bereitete sich unsere teure Schwester inbrünstig darauf vor; damals, im Jahre 1650, trug es sich zu, daß der französische Hof gerade in dieser Stadt weilte; die Frau des Ersten Präsidenten Du Bernet, die Großmutter mütterlicherseits unserer Novizin, deren Verdienste von der unvergleichlichen Königinmutter, Anna von Österreich, gekannt und begünstigt waren, erlangte von Ihrer Majestät die Gunst, das Opfer ihrer teuren Enkelin mit seiner Gegenwart zu ehren. Das Ganze spielte sich in großer Pracht ab, die Eltern sparten an nichts, die Zeremonie wurde in aller nur möglichen Feierlichkeit von Monseigneur von Béthune, unserem seligen Erzbischof, abgehalten ...

Ihre Tugend und ihre Fähigkeiten wiesen zu Recht auf sie als eine der standhaftesten Säulen des Ordens. Daher erwählte sie die Gemeinschaft zur Oberin. Unsere tugendhafte Schwester gab sich, obwohl schon der Name dieses Amtes sie erzittern ließ, den Anweisungen Gottes hin, ohne das Leid zu zeigen, das sie empfand. Die Gewalt, die sie sich dabei antat, war so stark, daß sie wenige Tage nach ihrer Wahl schwer erkrankte ... Vier Jahre lang übte diese würdige Mutter das Amt der Oberin aus, als sie von ihrer letzten Krankheit heimgesucht wurde ...«

*

Abgesehen von seiner Mutter, erwähnt Montesquieu in den *Erinnerungen an mein Leben* die Familie mütterlicherseits nicht; sie war indessen von älterem Adel als die Secondats, und nur durch sie war die Seigneurie von La Brède in das Geschlecht der Montesquieus übergegangen.

Das Haus von La Lande tauchte gegen Ende des 11. Jahrhunderts, im Jahre 1079, auf dem Grundbesitz von La Brède auf. Weniger als ein Jahrhundert später geriet die Provinz Guyenne durch die Hochzeit von Aliénor d'Aquitaine mit Henri Platagenêt unter englische Vorherrschaft. Seitdem bekam die Baronie von La Brède ständig bis 1453 die Auswirkungen der Kämpfe zu spüren, die sich in der Guyenne abspielten. Offene Briefe

Karls VI. ermächtigten Jean II. de La Lande im Jahre 1419, das Schloß von La Brède zu befestigen. Am 26. Januar 1426 heiratete Jean II. Jeanne de Foix, die Tochter von Gaston de Foix, dem Landeshauptmann von Buch. Als treuer Vasall des englischen Königs war er nach der Zurückeroberung der Guyenne durch Karl VII. gezwungen, ins Exil zu gehen. Erst 1463 erlangte er die Seigneurie von La Brède wieder. Seine einzige Tochter Catherine, die mit Gaston de L'Isle, dem Seigneur von La Rivière, verheiratet war, erbte La Brède. Durch das Testament vom 17. März 1502 vermachte Gaston de L'Isle die Seigneurie seinem Sohn Pierre. Dessen Sohn wiederum, Gaston II. de L'Isle, heiratete am 6. März 1548 die einzige Tochter des Vicomte von Uza, Pierre de Lur. Ihre jüngste Tochter Françoise, die 1577 Jean de Pesnel, den Seigneur von Bano und Coutures ehelichte, erbte la Brède. Die Urenkelin von Jean de Pesnel, Marie-Françoise de Pesnel, heiratete Jacques de Secondat.

Dieser Ehe entstammen mehrere Kinder. Die Älteste, Marie de Secondat, geboren am 11. September 1687, war Anlaß einer legendären Episode im Leben ihres Bruders Charles-Louis, dem zukünftigen Autor des *Geistes der Gesetze*. Die jeder Grundlage entbehrende Überlieferung hatte sie, eine Ordensschwester aus dem bei Agen gelegenen Kloster von Paravis, zur Ehefrau von Monsieur d'Héricourt gemacht, dem Verwalter der Galeeren in Marseille. 1775, zwanzig Jahre nach Montesquieus Tod, veröffentlichten der *Mercure de France* und der *Almanach des anecdotes* die erste Version einer völlig aus der Luft gegriffenen Geschichte: Auf der Durchreise in Marseille macht Montesquieu im Hafen eine Spazierfahrt. Er steigt in ein Boot, das vom Sohn eines gewissen Robert gesteuert wird, den Freibeuter aus der Berberei zum Sklaven gemacht und verkauft hatten. Angerührt von der Erzählung dieses schweren Schicksals, ereicht Montesquieu, ohne dem Sohn Roberts etwas davon zu sagen, durch Zahlung des Lösegeldes die Befreiung des Gefangenen.

Die erste Version dieser wohltätigen Episode war damit zu Ende; sie wurde von Denise, der jüngsten Tochter Montesquieus, ohne jeden Kommentar abgeschrieben. Zweifellos wäre das nicht geschehen, wenn dort, wie in einer späteren Version, von der Schwester Montesquieus, dem Vorwand seiner Reise nach Marseille, die Rede gewesen wäre. Die Legende vom freigekauften Sklaven kam aus Zeitschrift und Almanach auf die Bühne. Louis-Sébastien Mercier machte sie zum Gegenstand eines Dreiakters, der 1784 in Lausanne und 1785 in Paris unter dem Titel *Montesquieu in Marseille* herausgebracht wurde. Im gleichen Jahr 1785 veröffentlichte der Rechtsanwalt Joseph Pilhes unter dem Titel *Die anonyme Wohltat* ein weiteres Stück in drei Akten, das im Théâtre-Français gespielt wurde. Nach zahlreichen moralischen Abhandlungen, welche die Anekdote aufgriffen, veröffentlichte Louis Vian 1878[5] eine Erzählung, der er alle Merkmale der Authentizität verlieh:

»Montesquieu«, schreibt er, »besuchte häufig seine Schwester in Marseille. Am ersten Sonntag im Juni 1734 kam er auf die Idee, einen kleinen Ausflug aufs Meer zu machen. Ein Schiffer bietet ihm seine Barke an, und schon sind sie unterwegs. Der Fahrgast ist erstaunt über die Unbeholfenheit seines Lotsen und tadelt ihn deshalb. Das arme Kind antwortet, daß es während der Woche eigentlich einen anderen Beruf habe und den des Ruderers nur sonntags ausübe, um soviel wie möglich zu arbeiten und so seinen Vater Robert freikaufen zu können, der nach seiner Gefangennahme durch Piraten Sklave in Tetuan sei. Zurück im Hafen, gehen sie auseinander. Sechs Wochen danach kehrt Monsieur Robert zu seiner Familie zurück, die nicht weiß, wem sie die Befreiung ihres Oberhauptes verdankt. Zwei Jahre später trifft der junge Mann jedoch den Unbekannten wieder, der ihn damals ausgefragt hat und an den er immer noch denkt. Er wirft sich ihm überschwenglich zu Füßen, segnet ihn und fleht ihn an mitzukommen, um die zu sehen, die er glücklich gemacht habe. Der andere verleugnet alles und wendet sich brüsk ab. Die Wohltat ist anonym geblieben, bis die Kinder Montesquieus nach seinem Tod den Papieren entnahmen, daß er einen Bankier beauftragt hatte, als Lösegeld für einen Mann aus Marseille eine Summe von 7500 Francs nach Marokko zu überweisen.«

Keine der behaupteten Tatsachen gründet auf einer soliden Basis: 1734 wie 1736 war Montesquieu in Paris, und die Chronologie seiner Biographie läßt zwei Reisen nach Marseille als wenig wahrscheinlich erscheinen; zwischen 1731 und 1737 war D'Héricourt noch nicht verheiratet, während die älteste Schwester Montesquieus mehr als fünfzig Jahre alt war. Es scheint ganz so, als sei die Legende an den Ufern der Garonne entstanden. In der Tat hatten die Mönche von La Merci in Bordeaux die Aufgabe, Gefangene freizukaufen. Im Kloster von La Merci gab es einen Prior namens Robert. In den Archiven von La Brède gibt es ein Dokument auf Pergament, das den Geschäftsführer von Montesquieu in Baron, De Chaubinet, anweist, an Feier- und Sonntagen in der Kirche von Baron für die Gefangenen zu sammeln; dieses Dokument ist mit dem Namen Robert unterzeichnet. Montesquieu, der Schloßherr von Baron, zahlte seinem Geschäftsführer einen Zuschuß zur bereits eingenommenen Kollekte und fügte so die für den Freikauf eines Sklaven nötige Summe bei. Diese Geste wurde erweitert, entstellt und schließlich zu einer zählebigen Legende. Im Zweifelsfall reichte das Testament von Jacques de Secondat allein aus, um zu bestätigen, daß seine Tochter Marie in Paravis als Schwester des Benediktiner-Ordens ihr Gelübde abgelegt hatte[6].

*

Charles-Louis, der zukünftige Baron von La Brède und Montesquieu, das zweite Kind von Jacques de Secondat und Marie-Françoise de Pesnel, erblickte das Licht der Welt im Januar 1689. Die Kirchenregister von La Brède weisen eine Lücke auf, die es nicht erlaubt, das exakte Geburtsdatum Montesquieus zu bestimmen; es ist lediglich bezeugt auf dem Gebetbuch einer Frau aus La Brède, Madame Renom, die aus L'Estivette stammte und die Tante Latapies, Montesquieus späterem Geschäftsführer, war: »Heute, am 18. Januar 1689, ist in unserer Pfarrkirche der Sohn unseres Seigneur, Monsieur de Secondat, getauft worden. Er ist von einem Bettler dieser Gemeinde namens Charles über die Taufe gehalten worden, damit ihn sein Pate das ganze Leben lang daran erinnert, daß die Armen unsere Brüder sind. Der liebe Gott möge uns dieses Kind erhalten.«

Die Umstände der Taufe Montesquieus erinnern an die von Michel de Montaigne; 1533 war er »von Personen gemeinsten Schicksals«[7] über die Taufe gehalten worden. Läßt sich in dieser Wahl des Paten eine bewußte Absicht der Eltern Montesquieus in dem Bestreben erkennen, alte, vom christlichen Glauben inspirierte Traditionen zu respektieren, oder ist sie einfach dem Zufall zuzuschreiben, wie es eine Aufzeichnung nahezulegen scheint, die in den Archiven des Schlosses von La Brède aufbewahrt ist? »Madame de La Brède erwartete ein Kind. Man teilte ihr mit, daß ein Armer am Schloßtor sei, der ein Almosen erbitte. Sie ordnete an, ihn als Paten des Kindes dazubehalten, das sie auf die Welt bringen würde. Der Bettler nannte sich Charles-Louis und wurde wahrhaftig der zufällige Pate des großen Montesquieu.«

Andere Texte bestätigen die Richtigkeit von Montesquieus Geburtsdatum: Eine handschriftliche Notiz seines Vaters weist auf die Geburtstage seiner Kinder hin und vermerkt den von Charles-Louis am 18. Januar 1689; die offiziellen Dokumente – Bestallungsurkunden zum Rat am Gerichtshof des Parlaments von Bordeaux sowie Ernennungsbriefe zum Präsidenten – bringen zum Ausdruck, daß er »nach dem hier beigefügten Taufschein vom 18. Januar 1689« das in den Erlässen vorgeschriebene Alter hat.

Wie Montaigne und die meisten Kinder seiner Zeit wurde Montesquieu nach seiner Geburt in die Obhut einer Amme gegeben. Sie wohnte in der Moulin du Bourg, einer der fünf Mühlen des Dorfes La Brède. Bis zum Alter von drei Jahren führte er dort das einfache und rauhe Leben eines Bauernkindes.

In seinen zwischen 1784 und 1786 veröffentlichten *Variétés bordelaises* hat Abbé Baurein die Erinnerungen Latapies über das Leben und die Sitten der Bauern von La Brède zur Zeit der Kindheit Montesquieus wiedergegeben: »Die alltägliche Nahrung der Bauern besteht aus Roggenbrot, geschmortem oder zu Brei zerkochtem Mais sowie manchmal, aber selten, Buchweizenbrei. Schwein und Kabeljau sind bevorzugte Nahrungsmittel. Wein ist das Lieblingsgetränk der armen wie reichen Bauern: Die

Trunksucht ist daher ein verbreitetes Laster. Die Leute aus La Brède sind sehr von sich eingenommene Geister, Brummbären und vor allem Hexenmeister ... Sie finden Vergnügen daran, ihre Kinder mit Märchen, Schelmenstücken und Höllenspektakeln zu verlocken, und sie gehen so weit, die Orte zu zeigen, die der Teufel mit Vorliebe auswählt, um dort mit den Zauberern und Hexen ihrer Gemeinde zu Gericht zu sitzen, so zum Beispiel die große Wiese, die sich am rechten Ufer des Baches unweit des Dorfes entlangzieht. Ich erinnere mich, daß ich als Kind erschauderte, wenn ich mich abends allein in dieser Umgebung befand, vor allem nahe bei der Stelle, wo das Gras nicht gedeihen konnte, weil der Teufel dort am liebsten tanzte.«

Trotz der kindlichen Schrecken, die er zweifellos genauso durchlebte wie Latapie, wuchs der kleine Charles-Louis normal auf und schloß mit den jungen Bauern seines Alters Freundschaften, welche die sozialen Unterschiede überbrückten. So konnte sein Milchbruder, Jean Demarennes, der später Schäfer in der gascognischen Heide wurde, es niemals länger als sechs Monate aushalten, ohne ihn auf seinen Stelzen besuchen zu kommen. Montesquieu wurde überdies zusammen mit seinen Vettern zweiten Grades aus Loyac großgezogen, den Kindern von Joseph de Loyac und Marie-Anne de Pesnel, die am 11. August 1700 früh starb und sie als Halbwaisen zurückließ. Während seiner ersten Lebensjahre sprach Charles-Louis den gascognischen Dialekt der Bauern seiner Umgebung und nahm einen singenden Tonfall an, den er sein ganzes Leben beibehielt; seine südfranzösische Aussprache trug ihm einige Sarkasmen ein, an die er sich in den *Persischen Briefen* erinnern wird; doch, laut d'Argenson, fand er es »in gewisser Weise unter seiner Würde, sich deshalb zu korrigieren«.

Montesquieu hatte zwei weitere Schwestern: die am 31. August 1691 geborene Thérèse sowie Marie-Anne, sein Patenkind, das am 26. September 1696 geboren wurde und am 29. November 1700 starb; die Mutter starb kurze Zeit nach der Geburt. Thérèse wurde in Agen von den Ordensschwestern im Kloster von Notre-Dame-de-Paulin aufgezogen, dessen Oberin, die 1699 verstorbene Nicole, eine ihrer Tanten war; sie wurde dort später selber Oberin und starb am 10. September 1772. Am 18. September schickte die Ordensmutter von Narbonne und Oberin des Klosters von Agen an die Oberinnen der anderen Klöster der Kongregation einen Rundbrief, der vom Leben und von den Verdiensten der Verblichenen berichtete:

»... Dieses wertvolle Vermächtnis wurde im Alter von fünf Jahren in die Obhut unserer früheren Mütter gegeben [das heißt zum Zeitpunkt des Todes von Marie-Françoise de Pesnel]. Sie bemerkten bald, daß ihre edlen und großherzigen Gefühle vollkommen ihrer Geburt entsprachen. Gott allein, meine ehrwürdige Mutter, könnte Ihnen all das Gute berichten, das sie im Pensionat vollbracht hat. Es lebt in zahlreichen Familien durch die Tugenden fort, die sie auf ihre Schüler übertragen hat ... Ihre geschäftige Intelligenz, die Erhabenheit ihres Genies, die Überlegenheit ihrer Talente, ihre fruchtbare, doch stets von der Vernunft gesteuerte Einbildungskraft, ihre Aufrichtigkeit und Geradheit riefen die Bewunderung all der Menschen hervor, die mit ihr zu tun hatten. Jede dieser glänzenden Qualitäten, die sie im Hause der Secondats geerbt hatte, wurde in der ehrwürdigen Mutter von Montesquieu durch die religiösen Tugenden erhöht. An der Spitze der Gemeinschaft ist sie deren Ausformung und Vorbild gewesen, weil der Geist des Herrn, der in dieser reinen und unschuldigen Seele wohnte, sie mit seinen Gaben erfüllt hatte zu ihrer eigenen Vervollkommnung und der ihrer Ordensschwestern ...

Sie fürchtete nichts, wenn es darum ging, ihre Rechte zu verteidigen und für ihre Interessen zu kämpfen. Wie die Männer sie beurteilten, zählte für sie dabei überhaupt nicht. Ihre vollendete Umsicht mäßigte ihren Glaubenseifer, milderte ihre Züchtigungen und machte ihre Entschlossenheit wirkungsvoll; sie brachte Milde und Strenge, Wohlwollen und Unnachsichtigkeit äußerst gut in Einklang und beherrschte in hervorragender Weise die Kunst, Gesinnungen zu unterscheiden ...

Sie hat einundachtzig Jahre mit zahllosen Gebrechen gelebt; vor drei Jahren nahm man ihr die Geschäfte der Priorin ab, weil sie aufgrund ihrer Erblindung fast nicht mehr handlungsfähig war; sie hatte nur noch diesen Moment herbeigesehnt, um sich ganz ihrem Ende widmen zu können ...«

Viele Charakterzüge Montesquieus finden sich bei seiner Schwester Thérèse wieder, mit der er zeitlebens eine feste, liebevolle Beziehung unterhielt. Da er sehr an ihr hing, dürfte er unter der väterlichen Entscheidung, sie ins Kloster zu schicken, gelitten haben. Nach der Mutter hatte man ihm auch noch die Schwester genommen[8]. Vielleicht hat er im *Persischen Brief* LXVII, der die Geschichte von Apheridon und Astarte erzählt, die Situation seiner Schwester umgesetzt. In jedem Fall bezeugen drei Briefe die Zuneigung, die Thérèse Charles-Louis entgegenbringt. Am 10. Januar 1726 beschwert sie sich in einem Brief an ihren Bruder, den Dekan von Saint-Seurin, darüber, daß Montesquieu Bordeaux plötzlich verlassen hat, ohne ihr Bescheid zu geben: »Ich war sehr überrascht, als ich von der Abreise meines Bruders nach Paris hörte; ich wäre sehr neugierig zu wissen, was ihn dazu brachte, Sie so eilig zu verlassen; ich machte mir eine der anmutigsten Vorstellungen von der gegenseitigen Behutsamkeit, die Ihr, alle beide, in einer so liebenswürdigen Gesellschaft findet. Teilen Sie mir bitte den Grund seiner Reise mit; jeder erzählt mir von seinem Verstand und dem Lob, das man ihm zollt; ich wäre froh über seine Adresse, damit ich ihm schreiben kann.«

Ende desselben Jahres, am 29. November 1726, dankt Thérèse Montesquieu für »ein goldenes Briefchen«, das sie von ihm erhalten hat, und schickt ihm einen Brief, der ihre geschwisterliche Liebe zu erkennen gibt: »Mein Herz hat die Traurigkeit, in der mich Deine Abreise zurückließ, alles andere als überwunden, lieber Bruder. Die Freude, die ich dabei empfand, Dich zu sehen, ist ebenso kurz gewesen, wie mir Deine Abwesenheit lang erscheinen wird. Du trägst mein Glück mit Dir, denn ein Gutteil davon hängt von Deiner Gegenwart ab. Ich fühle, daß es mich gänzlich verläßt, sobald Du Dich von mir entfernst. Ich bitte Dich inständig, mir immer den Teil Deiner Freundschaft zu erhalten, den Du mir versprochen hast. Die, welche ich für Dich empfinde, ist absolut unverbrüchlich, und mir scheint, daß nicht einmal die größte Gleichgültigkeit Deinerseits imstande wäre, sie zu verändern. Allerdings glaube ich nicht, daß Du dazu fähig wärst; eben noch hast Du mir sichere Anzeichen des Gegenteils zukommen lassen; doch könnten die Zeit, die Abwesenheit und die Ablenkungen, welche die Widrigkeiten der Welt mit sich bringen, mit der Zeit vielleicht diese Gefühle in Dir verstummen lassen. Ich werde mich immer bemühen, dem durch die Pünktlichkeit vorzubeugen, mit der ich Dir meine Neuigkeiten mitteile; ich bitte Dich um dieselbe Aufmerksamkeit mir gegenüber, mein lieber Bruder . . .«

In einem nicht datierten, 1742 oder 1743 geschriebenen Brief zeigt sich dieselbe liebevolle und bewundernde Haltung von Thérèse ihrem Bruder gegenüber; obwohl dieser unlängst noch der Frau Montesquieus zugeschrieben worden ist, scheint er doch von der Ordensschwester verfaßt worden zu sein, deren Treue zu einem manchmal vergeßlichen und viel zu oft fernen Bruder niemals nachließ[9]. Diese Charaktereigenschaften weisen auf das von der Ordensschwester von Narbonne skizzierte Porträt zurück.

Von den zwei Brüdern Montesquieus lebte der eine, Joseph, nur einige Wochen. Der andere, Charles-Louis-Joseph, wurde am 9. November 1694 in Bordeaux geboren. Als Abbé von Nisors sowie Prior von La Chaussade im Périgord und der im Agenais gelegenen Kaplanspfründe von Gourlambeau trat er die Nachfolge seines Onkels als Abbé von Faise an. 1725 wurde er Dekan von Saint-Seurin in Bordeaux. Er starb am 16. August 1754 in Bagnères-de-Bigorre, nur einige Monate vor seinem Bruder. Mit ihm lebte er stets in vollkommenem Einvernehmen, auch wenn er jansenistische Ansichten vertrat, für die Montesquieu keinerlei Sympathie empfand.

Marie-Françoise de Pesnel starb am 13. Oktober 1696, als sie ihre Tochter Marie-Anne auf die Welt brachte. Die *Erinnerungen an mein Leben* brechen an diesem Tag unvermittelt ab. Im Alter von sieben Jahren war Montesquieu also Halbwaise; seine Mutter hatte er kaum gekannt; doch zeichnete sein Vater, Jacques de Secondat, von ihr ein bewegendes Porträt:

»Da einige meiner Kinder keine Vorstellung von ihrer Mutter haben können, werde ich ihnen einfach sagen, daß sie einer der würdigsten Menschen war, die es gibt . . . Sie war von mittlerer Größe, unendlich zart und von reizendem Gesichtsschnitt. Sie hatte den Verstand eines Mannes, war gewandt in den ernsthaften Angelegenheiten, ohne Sinn für Belangloses, von unglaublicher Zärtlichkeit für ihre Kinder und ständiger Umsicht für alle zu ihrer Pflicht gehörigen Dinge, von fester, allumfassender Ehrfurcht und vor allem von einer großen Zuneigung für die Armen, die so dominierend war, daß sie ihnen alles gegeben und sich bereitwillig zu ihresgleichen gemacht hätte, wenn die Berücksichtigung ihres Standes sie nicht daran gehindert hätte. Sie diente insbesondere der Religion. Ihre alltägliche Lektüre war das Neue Testament . . . Sie starb, wie sie gelebt hatte, in Bordeaux am 13. Oktober 1686, am achtzehnten Tag nach der Entbindung von Marie-Anne, im Alter von dreißig Jahren, elf Monaten und fünfzehn Tagen. Ich hatte zehn Jahre und ein paar Tage mit ihr zusammen verbracht, ohne von ihr jemals einen Anlaß zu Sorge oder Kummer zu erhalten, außer dem, sie in der Blüte ihrer Jahre und im niedrigen Alter meiner Kinder verloren zu haben.«

Der Verlust der Mutter ist zweifellos nicht an Montesquieu vorübergegangen, ohne seinen Charakter zu beeinflussen. Jeannette Geffriaud-Rosso[10] geht so weit, in der berühmten Metapher aus Ovids *Metamorphosen* »*prolem sine matre creatam*«, die dem *Geist der Gesetze* vorangestellt ist, einen unbewußten Appell zu sehen, einen Schrei, der aus dem Innersten hervorbricht, ausgelöst durch den frühen Tod seiner Mutter. Marie-Françoise de Pesnel hat ihrem Kind offenbar ihre »englische Seite« vermacht, das heißt ein Zusammenspiel von Neigungen und Charaktereigenschaften, dessen Rolle für die Entwicklung seiner Persönlichkeit indessen nicht präzise einzuschätzen ist. Wie dem auch sei: Außer in den *Erinnerungen an mein Leben* erwähnt Montesquieu seine Mutter in seinen Werken oder seiner Korrespondenz nie. Geschah dies, weil sie sehr jung starb und für ihn als Erwachsenen nichts weiter darstellte als ein Wesen, dessen moralische und körperliche Physiognomie im Lauf der Jahre verblaßte? Oder bewahrte Montesquieu nicht vielmehr die wenigen Erinnerungen und flüchtigen Vorstellungen einer zu früh verstorbenen Mutter mit großem Schamgefühl in seinem Herzen?

Wenn man seinem Freund, Pater Castel, Glauben schenken darf, hat Montesquieu im Laufe seiner ersten Lebensjahre eine betont religiöse Erziehung erfahren; das läßt sich leicht mit dem Glauben seiner Mutter und seiner familiären Umgebung, aber auch mit der Kindererziehung in den adligen Familien erklären. In der zweiten Hälfte des 17. Jahrhunderts waren in ganz Frankreich und besonders in Bordeaux zahlreiche »mystische« Männer- und Frauengestalten aufgetreten, deren Ausstrahlung nicht ohne Einfluß auf die Umgebung des jungen Montesquieu blieb. Die katholische Reform, eine Folge des Konzils von Trient, wurde in der Diözese von Bordeaux vom Erzbischof François de Sourdis eingeführt und von seinen Nachfolgern Henri de Sourdis, Henri de Béthune und Louis d'Anglure de Bourlemont fortgesetzt. Am Ende jenes 17. Jahrhunderts trug sie Früchte. Die neue Blüte des Säkularklerus und der religiösen Männer- und Frauenorden, die zahlreichen Gründungen weiblicher Kongregationen, so der Karmeliterinnen, Ursulininnen und der Nonnen von Notre-Dame-de-Sainte-Jeanne-de-Lestonnac, die Nichte von Montaigne sowie der von den Jesuiten in ihrem Madeleine-Kolleg vermittelte Unterricht hatten die frommen Kreise für den Einfluß der Mystiker-Schule von Bordeaux empfänglich gemacht; dort traf man die Annunziate Anne Dariet und die dominikanische Terziarierin Marie Deymes genauso an wie den Karmeliter Maur de l'Enfant-Jésus und den Jesuiten Jean-Joseph Surin.

1723 beklagt sich Montesquieu jedoch, »daß man ihm während seiner frühen Erziehung keine richtige Übersicht über die reine katholische Religion gegeben hätte«. Läßt sich an diesem bedauernden Vorwurf nicht die Reaktion eines Erwachsenen ablesen, der wegen seiner eigenen Verfehlungen versucht, einen festeren, innerlicheren Glauben zu finden oder wiederzufinden als den, den man ihm während seiner Kindheit eingeschärft hatte?

Der Tod seiner Frau brachte für Jacques de Secondat, der trotz der Hilfe seiner beiden Brüder alleine dastand, schwierige Entscheidungen im Hinblick auf die Erziehung seiner Kinder mit sich. Sein Verhältnis zum damals ungefähr zehn Jahre alten Charles-Louis kannte einige Schwierigkeiten, die während der Persönlichkeitsentwicklung ganz natürlich sind; davon zeugt der folgende, nicht datierte Brief Montesquieus an seinen Vater, der in die *Gedanken* aufgenommen wurde: »Sie teilen mir mit, mein lieber Vater, daß Sie die Anlässe, deretwegen Sie sich über mich zu beklagen haben, nicht gegenüber meinen Onkeln erwähnen werden. Ich werde mich in Zukunft so verhalten, daß Sie sich nicht mehr in die Lage versetzt sehen, mir eine solche Gunst zu erweisen.«

In La Brède hatte Montesquieu erste Kenntnisse beim Gemeindelehrer De Souverie erworben. Nach dem Tod seiner Mutter »mußte« Montesquieu, dem Zeugnis Latapies zufolge, »bis zu seinem elften Lebensjahr in Bordeaux bleiben, um seine erste Ausbildung zu beginnen; während der Ferien weilte er zur Hälfte in Bordeaux, zur anderen in La Brède«. Jacques de Secondat wohnte in der Rue Bouhaut, der heutigen Rue Sainte-Catherine, in der Nähe des Kranken- oder Findelhauses Saint-Louis; 1703 zog er in die Rue des Lauriers um. Er hatte den Wunsch, Charles-Louis eine solide intellektuelle und moralische Ausbildung zu geben. Sein Weg schien vorgezeichnet: Mußte er nicht fast zwangsläufig die parlamentarische Laufbahn einschlagen und von seinem Onkel das Amt des Parlamentspräsidenten von Bordeaux erben?

Zu Beginn von Montesquieus Schulzeit teilten sich zwei Kollegien die Erziehung der Jugend von Bordeaux: das Kolleg von Guyenne unter der Führung der Juristen sowie das von den Jesuiten geleitete Madeleine-Kolleg. Beide Einrichtungen, die seit Ende des 16. Jahrhunderts miteinander rivalisierten, litten unter einem gewissen Schwund ihres Ansehens; zum Teil war er auf ihre Gegnerschaft zurückzuführen, welche die Grenzen einer gesunden Konkurrenz überschritt; doch er wurde auch durch den Wandel der Einstellungen gegenüber zu starren Erziehungssystemen verursacht. Das Kolleg von Guyenne, 1533 von den Geschworenen von Bordeaux gegründet, vereinigte bis ins letzte Drittel des 16. Jahrhunderts eine Elite von Lehrern und Pädagogen, unter ihnen Robert Breton, Mathurin Cordier, George Buchanan, André de Gouvéa und Élie Vinet; sie bildeten mehrere Generationen aus, die nach dem Vorbild Montaignes eine von humanistischer Kultur geprägte Gesellschaft errichteten. Doch die katholische Kirche und mit ihr ein großer Teil der Elite von Bordeaux, die ihrem Glauben treu war, warfen einigen dieser Lehrer nicht ohne Grund vor, ihren Kindern die Ideen der protestantischen Reformation nahezubringen. Die ersten Anzeichen des Verfalls traten um 1570 auf; die Religionskriege machten die Einstellung von Lehrern, die oft im Verdacht der Ketzerei standen, schwierig. Um gegen solche Einflüsse vorzugehen und den Calvinismus zu bekämpfen, bat der Erzbischof Antoine Prévôt de Sansac 1572 die Jesuiten, ein Kolleg in Bordeaux zu gründen. Von da an erlebte das durch die allgemeinen Umstände des politischen und religiösen Lebens begünstigte Madeleine-Kolleg auch dank seiner pädagogischen Methoden, welche die Jesuiten zu Ehren gebracht hatten, eine Blütezeit. In den Magistratur- und Parlamentsstädten suchten, wie es Pater François de Dainville anmerkte, die Richter- und Beamtenkreise um die Gründung von Kollegien nach. Unter ihren Kindern fanden sich, wenn nicht das Gros der Schüler, so doch die Besten der Klasse.

In den letzten Jahren des 17. Jahrhunderts führte jedoch die Verarmung, die durch die Krisen am Ende der Regentschaft Ludwigs XIV. hervorgerufen worden war, zu einer Verminderung des Schulbesuchs: das Madeleine-Kolleg, das 1685 noch 650 Schüler zählte, hatte 1701 nur noch 391. Das Kolleg von Guyenne bot ein trostloses Schauspiel von Armut, Intrige und Unordnung: baufällige Gebäude, schlecht bezahlte Lehrer – 1713 gab es nur noch zwölf – sowie die langsame Ersetzung der zentralen Macht durch kommunale Befugnisse waren ebensolche Symptome eines schleichenden und unaufhaltsamen Verfalls.

Der Zustand der beiden Kollegien von Bordeaux erklärt, daß eine andere Institution, trotz des Nachteils ihrer Entfernung, die Elite der Stadt anzog: die seit Beginn des Schuljahres 1641 geöffnete Akademie der Oratorianer in Juilly, etwa dreißig Kilometer nordöstlich von Paris, unweit von Dammartin-en-Goële. Alsbald gehörte Juilly zu den wenigen bedeutenden Institutionen, welche die Besten aus der Jugend des Königreiches versammelten. Ende des 17. Jahrhunderts tendierte das Schulsystem dazu, sich zu konzentrieren, eine Entwicklung, von der Juilly profitierte. Doch hatte der Erfolg tiefere Ursachen: Die Betreuung durch Patres und Brüder der Oratorianer, die pädagogischen Neuerungen sowie eine moderne, den Bedürfnissen der Zeit angepaßte Erziehung trugen dazu bei, aus Juilly ein Elitepensionat zu machen. Es war eine alle Bereiche umfassende Akademie, die über sechs humanistische Klassen und eine philosophische verfügte; die durchschnittliche Dauer der Schulzeit betrug fünf Jahre.

Das Oratorium war 1611 von Kardinal Pierre de Bérulle gegründet worden, den das Beispiel und der Unterricht des heiligen Philippe de Néri inspiriert hatten; es diente zur religiösen Ausbildung junger Männer und vor allem zur Vorbereitung auf das Priesteramt; unterstützt von Katharina von Medici, erlebte die neue Kongregation bis um 1640 eine bemerkenswerte Ausbreitung. Wie Bossuet schrieb, »konnte das Oratorium, indem es keine andere Gesinnung als die der Kirche und keine anderen Regeln als die kanonischen besaß, der Kirche und dem Land bedeutende Dienste leisten«. Unter den Kollegien des Oratoriums, die sich vor allem in den großen und mittleren Städten befanden, nahm das von Juilly auch Anfang des 18. Jahrhunderts noch den ersten Rang ein. Wie die Jesuitenkollegien von La Flèche und Louis-le-Grand war das Kolleg der Oratorianer in Juilly Ende des 17. Jahrhunderts allein von der Elite in Beschlag genommen.

Indessen zog die günstige Aufnahme der Lehren Descartes im Unterricht der Oratorianer nach und nach das Mißfallen des Königs auf sich. Die *Principia philosophiae* in französischer Übersetzung gaben den Jugendjahren Montesquieus an der Akademie von Juilly Nahrung; die cartesianische Physik und Mechanik inspirierten ihn dabei mehr als die *Abhandlung über die Methode*, und das bereits in den *Persischen Briefen*; im Brief XCVII schreibt Usbek nämlich an Hassein:

»Es gibt hier Philosophen, die gewiß nicht bis zum Gipfel orientalischer Weisheit vorgedrungen sind; sie sind weder zum Thron des Lichts emporgerissen worden, noch haben sie die unaussprechlichen Worte gehört, von denen der Chor der Engel widerhallt, noch haben sie das schreckerregende Herannahen göttlicher Begeisterung verspürt. Sich selbst überlassen, von himmlischen Wunden unbeeinflußt, folgen sie in der Stille den Spuren der menschlichen Vernunft.

Du wirst nicht glauben, wie weit diese Führerin sie gebracht hat. Sie haben das Chaos entwirrt und mit einer einfachen Mechanik die Ordnung der göttlichen Baukunst erklärt. Der Schöpfer der Natur hat der Materie Bewegung eingegeben: Das war das einzige, dessen er bedurfte, um die wunderbare Vielfalt der Wirkungen hervorzubringen, die wir in der ganzen Welt erblicken.«

Dieser Einfluß läßt sich noch im *Geist der Gesetze* spüren, wenn Montesquieu schreibt:

»Da wir sehen, daß die durch die Bewegung der Materie geformte und eigener Verstandeskraft entbehrende Welt immer fortbesteht, müssen ihre Bewegungen unwandelbaren Gesetzen gehorchen; könnte man sich eine andere Welt als diese hier vorstellen, so würde sie konstante Regeln besitzen oder untergehen.

Die Schöpfung, die als ein Akt freier Wahl erscheint, setzt also Regeln voraus, die genauso unwandelbar sind wie das Geschick der Atheisten. Es wäre absurd zu behaupten, daß der Schöpfer ohne diese Regeln die Welt regieren könnte, weil die Welt ohne sie nicht fortbestünde.«

1750 stellt Montesquieu – am Ende seiner *Verteidigung des Geistes der Gesetze* – die Akademien cartesianischen Geistes den »Schulen der finsteren Jahrhunderte« seiner Verleumder gegenüber: »Unser Jahrhundert hat Akademien gegründet; im Trend liegt, uns in die Schulen der finsteren Jahrhunderte zurückkehren zu lassen. Descartes ist gut dafür geeignet, die zu beruhigen, die mit einem unendlich kleineren Geist ebenso gute Absichten wie er haben . . .«

Entscheidender noch war der Einfluß, den die *Gespräche über die Wissenschaften* von Pater Lamy auf Montesquieu ausübten; man erfährt hier, wie man sich der Wissenschaften bedienen muß, um sich durch methodisches Lernen einen gerechten Geist und ein redliches Herz zu schaffen. H. Roddier[11] hat hervorragend gezeigt, wie die *Gespräche* Auskunft über Geisteshaltung und Methode der Oratorianer zu der Zeit geben, als Montesquieu in Juilly weilte. Die Oratorianer träumten damals von einer kritisch kommentierten Universalgeschichte; sie sollte vor allem auf der Exaktheit des Details gründen, um »die weltliche mit der biblischen Geschichte zu verknüpfen und so Ordnung in das zu bringen, was uns die Heiden in völliger Unordnung berichten«. Wir befinden uns in der Tat am Anfang der Philosophie der Aufklärung: Anregung holen sich die Oratorianer in Holland in der *Universalbibliothek* von Jean Le Clerc; sie verwenden eine philologische Methode, die einer der ihren, Pater Thomassin, entwickelt hat; sie machen Giovanni Battista Vico bekannt.

Es ist nötig, eine Arbeitsmethode zu definieren. Das sechste *Gespräch* empfiehlt als Werkzeug die unmittelbare Lektüre der besten Bücher in den bestmöglichen Ausgaben. Die Bibliothek von Juilly mit ihrem nach Autoren und Sachgebieten alphabetisch geordneten Katalog, ihren gedruckten Katalogen der bedeutendsten Bibliotheken, ihren kritischen Bibliographien und ihren Zeitschriften vereinigt eine reichhaltige Dokumentation, die am Anfang der universellen Neugier und außerordentlichen Gelehrtheit eines Montesquieu steht. Seine Verbundenheit mit der

Bibliothek von La Brède, seine ständigen Bemühungen, sie zu bereichern, sein fortwährendes Bestreben um Information, die zahllosen Bücher, die er gelesen hat: Geschmack daran und Bedürfnis dafür hat Montesquieu in Juilly entwickelt. Er macht sich an die Arbeit und setzt die folgende Regel aus Pater Lamys *Gesprächen* um: »Ein Mann von Geist setzt sich ein Ziel und entnimmt innerhalb von zwanzig Jahren aus seiner gesamten Lektüre, was seinem Vorhaben zuträglich ist; danach ist es einfach, aus dieser so sorgfältigen und mühsamen Sammlung ein bedeutendes Werk zu schaffen.«

Dieser Text läßt sich unschwer neben den des Vorworts zum *Geist der Gesetze* stellen: »Ich habe dieses Werk viele Male begonnen und viele Male aufgegeben . . .« Wer dächte beim Lesen dieser Passage von Pater Lamy nicht an all die von Montesquieu gelesenen Bücher, an all seine Werkauszüge? Selbst wenn Montesquieu in bestimmten Punkten die in Juilly erteilte Erziehung kritisierte, so zeigt die Argumentation von H. Roddier den tiefen, maßgeblichen Einfluß, den die Oratorianer auf seine intellektuelle Entwicklung, seine Arbeitsmethode und sein gesamtes Werk ausgeübt haben. Und wie könnte man die Prägung übersehen, die der berühmteste Oratorianer, Pater Malebranche, in seinem Denken hinterlassen hat?

Durch Juilly kannte Montesquieu Pater Desmolets, mit dem er, wie seine Korrespondenz bezeugt, ein vertrautes Verhältnis beibehielt; ihm verdankt er den Stoff am Anfang des *Spicilège*: »Sie werden bemerken, daß ich alles oder fast alles, was sich in diesem Buch bis ausschließlich zur Seite einhundertsechsunddreißig findet, aus einer großen Sammlung zusammengetragen habe, die mir vom ehrwürdigen Vater Desmolets zur Verfügung gestellt und von einem seiner Freunde erarbeitet worden ist.«

*

1700, als Charles-Louis fast elf Jahre alt war, entschloß sich Jacques de Secondat, ihn nach Juilly zu schicken, wo er am 11. August aufgenommen wurde. Die Reise von Bordeaux nach Juilly war lang und teuer; sie kostete 60 Livres. Juilly war schwer zugänglich: Ein Prospekt von 1720 teilt mit, »daß es gut ist, wenn die Kutschen von Ménil bis Thieux wegen der vielen Abzweigungen auf dieser Strecke einen Führer nehmen, und daß man zwischen Ménil und Thieux rechts abbiegt durch einen landeinwärts gelegenen Weg[12]«.

Das Internatsregister von Juilly zeigt, daß zwischen 1700 und 1710 von hundert Schülern zwischen drei und 20 aus Bordeaux stammten. Im Jahre 1700 finden sich sechs aus Bordeaux . . . 1704 stellen die Schüler aus Bordeaux mit einem Fünftel die bei weitem stärkste Gruppe von Juilly; charakteristisch war auch die Anwesenheit mehrerer Brüder oder Cousins aus derselben Familie – etwa die Montesquieus und seines Bruders Charles-Joseph von 1702 an oder die der Cousins aus Loyac. Unter 28 Schülern aus Bordeaux, deren Herkunft erwähnt ist, fand F. Cadilhon 10 Söhne von Parlamentariern und sechs Söhne von Finanzbeamten; überdies waren 21 dieser Kinder von adliger Herkunft, und 12 von ihnen wurden später die Kollegen Montesquieus im Parlament von Bordeaux oder seine Freunde, so Marans oder Jean-Jacques Bel. Auch der Herzog von Berwick, unehelicher Sohn Jakobs II. von England, mit dem Montesquieu eine feste Freundschaft unterhielt, ist dort erzogen worden.

Der Beginn des Schuljahres war in Juilly auf den Tag des heiligen Lukas, den 18. Oktober, festgelegt. Die Schüler gliederten sich in Zimmer oder Divisionen auf: die der großen, der mittleren, der Tertianer, Quartaner, Quintaner und der kleinsten. Die Hausordnung des Internats war streng, die Disziplin sachte, aber bestimmt. Die Schüler standen um fünf Uhr morgens auf; um Viertel nach fünf nahmen sie an der Messe teil, der eine Übungsstunde sowie, um halb acht, das Frühstück und eine Pause folgten. Der Unterricht begann um halb neun; um die Aufmerksamkeit der Schüler nicht zu ermüden, wechselte das Thema jede halbe Stunde. Der Vormittag endete mit dem Mittagessen, das auf halb zwölf festgesetzt war; ihm folgte eine Pause. Um halb eins waren Aufgaben angesetzt, bis um ein Uhr der Unterricht wiederaufgenommen wurde; um vier Uhr nachmittags nahmen die Schüler einen Imbiß ein, danach war wieder Pause. Um sechs Uhr abends hörten sie Litaneien; ihnen folgten das Abendessen, eine Pause sowie eine Übungsstunde, die der Geschichte und Briefen an die Familien zugedacht war. Nach dem Gebet in der Kapelle gingen die Schüler um acht Uhr schlafen.

Das Schulgeld war hoch; zwischen 1700 und 1715 betrug es pro Jahr um 350 Livres. Laut F. Cadilhon zahlte Jacques de Secondat den Patres des Oratoriums vom 11. August 1700 bis zum 19. Juli 1711 4867 Livres Kostgeld für seine beiden Söhne; das für Charles-Louis belief sich bis 1705 auf 1710 Livres. Zu diesen Beträgen kam die Bezahlung der Lehrmittel hinzu. Die Oratorianer verkauften die Schulbücher. So sind von 11. August 1700 bis zum 11. August 1701 folgende Bücher auf Montesquieus Rechnung aufgeführt: ein französisches Wörterbuch, ein lateinisches Wörterbuch, eine englische Grammatik, ein »Despautère«, ein »Clénard«, ein Neues Testament in französischer und eines in lateinischer Sprache, die Fabeln von Äsop, ein Aurelius Victor, ein Katechismus von Meaux, und andere. Die Patres führten die Wäschearbeiten nach einer Tariftabelle durch: Bis 1707 zahlte Jacques de Secondat 800 Livres für diversen Bedarf, Strümpfe, Perücken, Schuhe, Hosen, Hemden und Bettwäsche. Charles-Louis trug scharlachrote Hosen mit goldenen Knöpfen, einen goldenen Hut, Handschuhe und einen Frack aus »Penchina«- Stoff mit silbernen Knöpfen für einen Preis von insgesamt 91 Livres und 16 Sous.

Die Kosten für die Ausbildung in Juilly waren also weit höher als die jährliche Pension von 342 Livres. Überdies mußten einige freiwillige Aktivitäten bezahlt werden: Von Dezember 1704 bis zum 10. Juli 1705 entrichtete Jacques de Secondat 55 Livres Lohn für den Tanzlehrer. Da die Heizung des Kollegs nicht ausreichte, wurde während der Wintermonate eine Zusatzheizung berechnet. Der Wein mußte ebenfalls bezahlt werden: 25 Livres pro Jahr; die Abrechnungsregister erwähnen, daß »der Älteste seit dem 24. Oktober 1702 Wein bekommt«; von Februar 1704 an betrug der Preis 50 Livres, denn »Monsieur de Martillac«, der Bruder Montesquieus, erhielt die Erlaubnis, Wein zu trinken. Die Reisen während der Sommerferien stellten eine zusätzliche Ausgabenquelle dar: 1704 beglich Jacques de Secondat die Summe von drei Livres, 53 Sous »für Miete und Nahrung eines Pferdes, auf dem der Älteste [Montesquieu] in den letzten Ferien nach Paris geritten ist, und für den Mann, der ihn hingebracht hat«.

Fern von seiner Familie, scheint Montesquieu, trotz der Gegenwart seines Bruders und einiger Freunde aus Bordeaux, keine gute Erinnerung an seine Schulzeit in Juilly behalten zu haben, wenn man seinem Urteil über die Kollegien Glauben schenken kann: »Man erhält in den Kollegien eine schlechte Erziehung. Ich kann nichts Schlimmeres sagen, als daß eine bigotte Gesinnung das Beste ist, was man zurückbehält. Hundert kleine Treulosigkeiten, die man einen jungen Mann täglich gegenüber seinen Kameraden begehen läßt, und die Hinterhältigkeiten, zu denen man ihn anregt, können zwar dazu dienen, in diesen Häusern eine gewisse äußere Ordnung aufrechtzuerhalten, doch verderben sie die Seele des einzelnen[13].« Als Erwachsener wird Montesquieu eine aristokratische Konzeption der Schule vertreten; er möchte sie einer intellektuellen und sozialen Elite, wie sie in Juilly vertreten war, vorbehalten sehen: »Einer der größten Mißstände, die es im Königreich gibt, ist die Einrichtung der Mittelschulen in den Kleinstädten, wo auch die Handwerker alle ihre Kinder hinschicken, damit sie ein paar Wörter Latein lernen. Weit entfernt davon, daß dies vorteilhaft für die Wissenschaften wäre, verstärkt es die Unbildung: denn, so nützlich es ist, daß es gute Akademien in den wichtigsten Städten gibt, wo ein Teil der Jugend in den Wissenschaften unterrichtet wird, so gefährlich ist es, in den Kleinstädten Mittelschulen zu dulden, welche die Handwerker und kleinen Händler von ihrem Beruf entfernen, ohne sie in die Lage zu versetzen, einen anderen auszuüben[14].«

Wie immer es um diese im reifen Alter abgegebenen Urteile bestellt sein mag: Montesquieu scheint ein der geistigen Arbeit zugetaner, fleißiger Schüler gewesen zu sein, wie der folgende, am 5. März 1705 vom Oratorianer-Bruder Andrieu an seinen Vater adressierte Brief bezeugt: »Unsere lieben Disziplinen erfreuen sich bester Gesundheit. Monsieur de La Brède verhält sich wesentlich redlicher als früher; er lernt mit dem größten Eifer der Welt. Monsieur de Martillac ist das netteste Kind der Welt . . . Es besteht Hoffnung, daß er seinem lieben Bruder in der Leichtigkeit folgt, mit der dieser lernt, was man ihm zeigt.«

Wir besitzen nur wenige direkte Zeugnisse über die Schulzeit Montesquieus in Juilly. Die Oratorianer räumten in ihrem Unterricht der französischen Sprache, ohne das Lateinische zu vernachlässigen, einen wichtigeren Platz ein als die Jesuiten; überdies befaßte sich ein bedeutender Teil der Kurse mit dem Studium der Geographie, der nationalen Geschichte und der Mathematik. Der moderne Einschlag des in Juilly erteilten Unterrichts führte dazu, daß sich die Schüler dort weniger humanistische, aber vollständigere und besser ausgewogene allgemeine Kenntnisse aneigneten als in den Kollegien der Jesuiten. Die jesuitische Gelehrtheit wandte sich wieder dem Glossieren zu und überließ in gewisser Weise dem Oratorium das Monopol eines gesonderten Geschichtsunterrichts. Die »Bruchstücke von dem, was ich über die Geschichte Frankreichs schreiben wollte[15]«, die Montesquieu in seinen *Gedanken* bewahrte, hatten zweifellos als ferne Ursache den Sinn für Geschichte, der ihm von seinen Lehrern in Juilly eingeschärft worden war.

Das Erlernen der griechischen Sprache blieb recht summarisch: »Die meisten Leute bilden sich ein, sie hätten das Griechische vergessen. Dabei haben sie es niemals gekonnt. Es ist die schwierigste Sprache der Welt[16].« In den Archiven des Schlosses La Brède ist eine *Historia Romana* aufbewahrt, eine 78seitige, auf lateinisch verfaßte Schulübung Montesquieus, die aus sehr einfachen Fragen und Antworten besteht. Sie beginnt mit *Orgio Urbis Romae* und endet mit der Übernahme des Imperiums durch Augustus. Wir wissen nicht, ob es sich um eine von Montesquieu selbst geschriebene Zusammenfassung handelt oder um eine Übersetzung, die auf der Unterrichtsstunde eines Lehrers basiert. Eines der Fragmente dieses Textes handelt von Sulla; es wurde von R. Caillois[17] veröffentlicht, der folgenden Kommentar beifügte: »Man weiß, wie sehr diese Persönlichkeit Montesquieu beeindruckt hat: Es läßt ihn nicht gleichgültig, Sulla schon im Alter von weniger als fünfzehn Jahren im Sarkasmus von Fulvidius unterwiesen zu sehen, wenn er den Siegern rät, einige ihrer Mitbürger am Leben zu lassen, falls sie den Wunsch hätten, daß ihnen jemand zum Befehligen übrigbleibe; er ist bereits erstaunt über einen Diktator, der freiwillig abdankt, nachdem er sich als erbarmungslos erwiesen hat, und zum einfachen Privatmann wird, der sein Leben ohne Sorgen beendet. Das alles ist in den *Dialog zwischen Sulla und Eukrates* übernommen. Die Überraschung des Kindes hat ein Meisterwerk geschaffen.« Das belegt folgende Passage des *Dialogs*, welche die Gründe für Sullas Rückzug in Erinnerung ruft: »All das Blut, das ich vergossen habe, hat mich befähigt, die größte aller meiner Taten zu vollbringen. Wenn ich die Römer mit Milde regiert hätte, wen hätte es dann gewundert, wenn mich die Langeweile, der Überdruß oder eine Laune zur Aufgabe der Regierung veranlaßt hätten! Doch ich bin vom Amt des Diktators zu einer Zeit zurückgetreten, als es keinen Menschen im Universum gab, der nicht geglaubt hätte, daß die Diktatur meine einzige Freistatt wäre. Ich bin als Bürger unter Mitbürgern vor den Römern erschienen; und ich habe gewagt, ihnen zu sagen: Ich bin bereit, über all das Blut Rechenschaft abzulegen, das ich für die Republik vergossen habe; ich werde all denen antworten, die kommen, um von mir ihren Vater, ihren Sohn oder ihren Bruder zu verlangen. Alle Römer haben vor mir geschwiegen . . .«

Wie in den Jesuitenkollegien nahmen in Juilly die jährlichen Theatervorstellungen einen wichtigen Platz in der Pädagogik ein. Vielleicht ist es angemessen, »die Fragmente einer Tragödie, die ich im Kolleg verfaßt und ins Feuer geworfen habe[18]«, auf diese Beliebtheit des Schultheaters zurückzuführen. Ihr Thema war dem Roman *Kleopatra* entlehnt, den Gautier de La Calprenède zwischen 1647 und 1659 in zehn Büchern veröffentlicht hatte. Sie trug den Titel *Britomartis*. La Calprenède hatte großen Einfluß in der zweiten Hälfte des 17. Jahrhunderts; die Nachahmung von *Kleopatra* läßt beim jugendlichen Montesquieu eine Vorliebe für den galanten Roman im antiken Gewand erkennen; von ihr werden auch *Der Tempel von Gnidos* sowie *Arsakes und Ismene* zeugen. Die Tragödie läßt miterleben, wie Montesquieu mit Versen umzugehen lernt; die Auswirkungen lassen sich an seiner Prosa und der Suche nach einem Schreibrhythmus feststellen[19]. Montesquieu legt in *Britomartis* Schreibqualitäten an den Tag, die ein wenig an Lagrange-Chancel erinnern; in der folgenden Passage, die dem göttlichen, für den menschlichen Verstand unergründlichen Tun gewidmet ist, offenbart er seine Vorliebe für die Antithese von Wörtern oder Ideen, die eines der Charakteristika seines Stils und Denkens sein wird:

[Phraates sagt:]
Als ich mich im Blut meiner Brüder badete,
Standen die Götter, diese gerechten Götter, mir nicht entgegen;
In einer tiefen Stille ließen sie mich regieren;
Ein so großer Verbrecher wurde verschont.
Selbst die, deren Blut durch meine Verbrechen vergossen wurde,
Dienten mir als Opfer, um den Himmel zu besänftigen:
Diesen Himmel, der es nicht mehr wagt, seine Blitze auf uns hinab zu senden.
Der einen Sterblichen, der ihn nicht fürchtete, zu fürchten scheint.
Doch seitdem ich, meine erste Kühnheit verlierend,
Einen Schritt habe zurückmachen wollen, Arbatus,
Seitdem sich die Tugend meinen Augen gezeigt hat,
Ich das Verbrechen verlassen und die Götter respektiert habe,

Seit diesem verhängnisvollen Tag hat meine unheilbringende Unschuld
Allein bewirkt, daß auf mich Haß und Rache niederregnen.
Unaufhörlich unglücklich und ständig bedrängt,
Habe ich das ganze Gewicht der Göttlichkeit gespürt.

Britomartis Beschreibung ihrer Liebe ist von verhaltener poetischer Erhabenheit gekennzeichnet:

Ach! So mußte man also meinem Blick entziehen
Die himmlischen Reize, mit denen Sie ausgestattet sind.
Derart ist diese mächtige Kunst, daß sie uns bezaubern müssen:
Anfangen, Sie zu sehen, heißt anfangen zu lieben.
Ein Augenblick hat die Geburt einer ewigen Flamme erlebt;
Jeder, der ihm folgt, läßt Sie schöner erscheinen:
Er läßt mich tausend neue Reize entdecken.
Ich sehe alle Liebe in einem einzigen Ihrer Züge.
Falls es verbrecherisch ist, wenn man Sie anbetet,
Werde ich jeden Tag zum größeren Verbrecher.
Doch warum sollte man meine Liebe verachten?
Anbetungen beleidigen die Götter nicht.

Anhand dieser ersten literarischen Versuche lassen sich beim jugendlichen Montesquieu einige der Ideen nachweisen, die er in seinen Werken
weiterentwickeln wird. Auch wenn sie von einem ausgefeilten Stil und
einem durchgearbeiteten, geschliffenen, bilderreichen und brillanten
Satzbau zeugen, sind sie nur schüchterne Entwürfe, an denen sich ein
junger Schüler versuchte, bevor er im reifen Alter die Prägnanz des Tacitus erreichte, »der alles kurz faßte, weil er alles sah[20]«.
    Montesquieu vertritt übrigens im *Geist der Gesetze* (IV,2) die Meinung,
daß sich das Wesentliche der Erziehung nach dem Verlassen der Schule
vollzieht: »Die wesentliche Erziehung empfängt man in den Monarchien
keineswegs in den öffentlichen Anstalten, in denen die Jugend unterrichtet wird; in gewissem Sinne beginnt die Erziehung erst, wenn man in die
Gesellschaft eintritt. Dort findet sich die Schule der sogenannten Ehre,
dieses universellen Lehrers, der uns überall leiten muß. Drei Dinge sind
dort immerfort zu sehen und zu hören: daß man in die Tugenden eine
gewisse Vornehmheit legen muß; in die Sitten eine gewisse Ungezwungenheit; in die Manieren einen gewissen Schliff . . .«

*

Nachdem Montesquieu die Schulzeit mit einer »Prüfungsarbeit«, deren
Thema wir nicht kennen, abgeschlossen und »seinen Freunden einen kleinen Imbiß spendiert« hat, verläßt er Juilly am 14. September 1705 und

kehrt nach Bordeaux zurück. Im Lauf von ungefähr zehn Jahren, während er an der Universität von Bordeaux die Rechte studiert und sich in Paris mit ihrer Praxis vertraut macht, wird er die Kenntnisse erwerben, die für die parlamentarische Laufbahn erforderlich sind. Diese Ausbildung ist einer der am wenigsten bekannten Abschnitte aus dem Leben von Montesquieu; nur einige wenige Dokumente erlauben es, ihre wesentlichen Etappen zu rekonstruieren.

Von 1705 bis 1708 folgt Montesquieu den Vorlesungen an der juristischen Fakultät von Bordeaux. Sie war in der Rue Porte-Basse in alten Räumlichkeiten untergebracht; die zweihundert Quadratmeter große Fläche reichte kaum aus, um die achtzig Studenten, die sie besuchten, aufzunehmen; von einem großen, zur Straße hin offenen Hof gelangte man durch ein mit dem Wappen der Stadt geschmücktes Portal in einen Hörsaal, dessen fünf Fenster auf die schmutzigen Wasser des Peugue hinausgingen, der unter freiem Himmel dahinfloß und den Unrat der Schlachthöfe mit sich führte; dahinter lagen ein Professorenzimmer und ein kleiner Hof mit einem Schuppen. Der Unterricht war von mittelmäßiger Qualität; seit ihrer Gründung im Jahre 1441 war es der juristischen Fakultät von Bordeaux nie gelungen, ihren Ruf zu festigen und mit den Universitäten von Toulouse und Poitiers zu rivalisieren.

Einige Jahre zuvor indessen waren Anstrengungen unternommen worden, um die Ausbildung der zukünftigen Praktiker zu verbessern. Ludwig XIV. hatte eine Reihe von Verordnungen erlassen: 1667 zum Zivilverfahren, 1670 zum Strafverfahren, 1679 zum Handelsrecht. Das Edikt von Saint-Germain-en-Laye aus dem Jahre 1679 hatte den Unterricht in französischem Recht eingeführt, »um nichts zu versäumen, was der vollständigen Ausbildung der zukünftigen Richter dienen kann«. Es sah zudem die Berufung von Professoren vor, »um die Prinzipien der französischen Rechtsprechung« in öffentlichem Unterricht »zu erklären«.

Seit dem 14. November 1679 veröffentlichte die Universität von Bordeaux, um das Edikt vom April auszuführen, »Artikel zur Fortsetzung und Wiederherstellung des Studiums des kanonischen und zivilen Rechts«. Diese Artikel stellen eine eindeutige Dienstvorschrift der juristischen Fakultät dar. Die vier Professoren, die damals im Amt waren, mußten jedes Jahr ihren Unterricht in kanonischem und zivilem Recht am 27. November beginnen und bis zum 22. Juli fortführen. An jedem Werktag, mit Ausnahme der Feier- und Samstage, bildeten Vorlesungen und praktische Übungen den Kern des Unterrichts: »Sie werden eine volle Stunde lang diktieren und erläutern; danach üben Sie Ihre Studenten mindestens eine halbe Stunde lang durch Wiederholungen und Erörterungen, indem Sie sie die verschiedenen Arten von Gesetzen und Kanones, unter Berücksichtigung der Zweifels- und Entschlußgründe, anwenden lassen; überdies lassen Sie sie – sooft es eben geht, selbst im ersten

Jahr schon – öffentliche Übungen über gedruckte Dissertationen abhalten.« Zwei Unterrichtseinheiten waren vorgesehen: morgens von 8 bis 11 Uhr und nachmittags von 13 bis 16.30 Uhr.

Die Pflichten der Studenten waren präzis bestimmt: »Die Studenten werden den Grad des Bachelier erst nach dem 15. April ihres zweiten Schuljahres erbitten können; danach können sie um das Thema ihrer Hausarbeiten ersuchen, so daß stets zumindest sechs Wochen zwischen dem Tag des Bittgesuchs und dem der Vorlage ihrer Arbeit liegen. Genauso wird im Falle der Hausarbeit zur Erlangung der Licence im dritten Jahr verfahren. Um den Doktorgrad zu erlangen, ist man gehalten, ein Jahr nach der Licence öffentlich ein Sachgebiet aus dem zivilen und dem kanonischen Recht zu erläutern und eine Dissertation über das eine oder andere Thema vorzulegen.«

Ein Entscheid des Staatsrates vom 18. Dezember 1679 bestätigte die den Statuten der Universität von Bordeaux hinzugefügten Artikel über den Rechtsunterricht. Der erste königliche Professor, der an der Universität von Bordeaux französisches Recht unterrichtete, war der am Parlament tätige Rechtsanwalt Blaise Fresquet; auf Entscheidung des Staatsrats vom 10. Februar 1681 wurde er berufen; bis 1711 blieb er im Amt und hatte folglich Montesquieu als Studenten. Der Entscheid vom 10. Februar 1681 designierte ebenfalls acht Doktoren, deren Aufgabe es war, den vier ordentlichen Professoren zu assistieren.

Nach drei Studienjahren bekam Montesquieu am 20. Juli 1708 unter dem Dekanat von Pierre Tanessese den Grad eines Bachelier des Rechts verliehen; am 12. August erhielt er die Licence; am 14. wurde er Rechtsanwalt am Parlament. Am 5. Oktober 1709 schrieb ein Seigneur Laplace dem Generalkontrolleur der Finanzen: »Ihre Hoheit sei informiert, daß das Gesetzeskolleg von Bordeaux völlig verlassen und verwahrlost ist aufgrund der Nachlässigkeit, mit der die Professoren des Rechts dort ihren Pflichten nachgehen.« Die Situation dürfte während der Studienzeit Montesquieus kaum glänzender gewesen sein.

Der unter solchen Bedingungen erteilte Unterricht war um so unzureichender, als ein zukünftiges Mitglied des Parlaments aufgerufen war, über eine perfekte Kenntnis des römischen Rechts zu verfügen; nicht nur des geschriebenen, das allen Provinzen Südfrankreichs gemeinsam war, sondern auch der lokalen Gewohnheitsrechte von Bordeaux und der anderen Städte und Gegenden im Zuständigkeitsbereich seines Parlaments, das es stets ablehnen wird, sich zu den Parlamenten des geschriebenen Rechts zählen zu lassen, denn es wandte das römische Recht nur stillschweigend an.

Jean-Baptiste de Montesquieu, der Onkel von Charles-Louis, besaß in seiner Eigenschaft als Parlamentspräsident dank der in seiner langen Laufbahn gesammelten Erfahrung reiche Kenntnisse sowohl über die

Komplexität der ebenso verschiedenen wie verworrenen Rechtsvorschriften, als auch über die Rechtsprechung. Da er die jungen Räte in Empfang nahm, die frisch von der juristischen Fakultät von Bordeaux kamen, kannte er besser als irgend jemand die Lücken der dort vermittelten Ausbildung. Andererseits war Montesquieu 1708, im Alter von kaum neunzehn Jahren, noch zu jung, um Anspruch auf einen Posten als Parlamentsrat zu erheben – selbst wenn man die Ausnahmeregelungen berücksichtigt, die von der königlichen Obrigkeit bei nicht erreichtem Mindestalter bewilligt wurden, gerade wenn es sich um ein Mitglied einer Parlamentarierfamilie handelte. Nach der Aneignung der theoretischen Grundlagen war die Rechtspraxis also der beste Weg für einen zukünftigen Parlamentsrat. Jean-Baptiste de Montesquieu hatte zweifellos keine Mühe, seinen Bruder davon zu überzeugen, wie nützlich es wäre, Montesquieu nach Paris zu einem Praktiker zu schicken, der ihn in die Geschäfte einführte und ihn die Abwicklung der Prozesse am Parlament von Paris und in den anderen Gerichten der Hauptstadt verfolgen ließe.

Nach Montesquieus Aufenthalt in La Brède im Jahre 1707 bemühte sich Bruder Andrieu aus Juilly, einen Pariser Rechtsanwalt zu finden, der seinen ehemaligen Schüler aufnahm. Am 6. Juni 1708 teilte er Jacques de Secondat mit, daß er Pater Morant unterrichtet hätte, und fügte hinzu: »Er hat mir versprochen, sich um einen geeigneten Mann zu bemühen, und eine Verbindung zu schaffen, die ihm nützlich sein wird. Ich selbst habe schon einen der bekanntesten Rechtsanwälte von Paris darauf angesprochen, der früher seinen Sohn bei uns unterrichten ließ. Er hat mir zugesagt, jemanden ausfindig zu machen. Es würde ihm guttun, wenn er bei einem gewandten Doktor des Rechts unterkäme.«

Den Namen des Rechtsanwalts, den man in Juilly als Lehrmeister für Montesquieu ausgewählt hat, kennen wir nicht. Montesquieu blieb von 1709 bis 1713 in Paris. Der erste Aufenthalt in der Hauptstadt hat sicherlich einen günstigen Einfluß auf seine juristische Schulung und seine parlamentarische Laufbahn ausgeübt. Nach der strengen Ausbildung am Kolleg von Juilly und an der juristischen Fakultät von Bordeaux eröffneten ihm die Pariser Jahre neue Perspektiven und weihten ihn in eine Lebensart ein, die er von da an mit Freude kultivierte. Sein Charakter und seine epikureischen Vorlieben drängten ihn dazu, die Möglichkeiten zu nutzen, die ihm das gesellschaftliche Leben in Paris bot. Sein in den *Gedanken* überliefertes moralisches Selbstporträt bedürfte zweifellos einer Differenzierung; doch warum sollte man ihm nicht glauben, wenn er schreibt: »Ich kenne mich ziemlich genau. Ich habe fast niemals Kummer und noch weniger Trübsinn verspürt. Ich bin derart glücklich veranlagt, daß mich alle Dinge recht lebhaft berühren, die mir Vergnügen bereiten, viel weniger indessen solche, die mir mißfallen[21] . . .« Sein brillanter, neugieriger Geist, sein Fleiß sowie sein Scharfsinn lenkten überdies die Sympathien auf ihn.

Die sechsbändige *Collectio Juris*, die fast ausschließlich handschriftliche Aufzeichnungen zu juristischen Vorgängen enthält, bringt ein gewisses Licht in Montesquieus Pariser Leben zwischen 1709 und 1713[22]. Er begann sie im Jahre 1711, zu einer Zeit, als er noch keine Sekretäre in Anspruch nahm, und führte sie bis Mai 1721 und wahrscheinlich noch ein wenig länger fort. »Im Alter von zwanzig Jahren«, schreibt Jean-Baptiste de Secondat in seinen *Memoiren*, ».. . hatte Montesquieu Sammlungen und Exzerpte aus den unermeßlichen Bänden angelegt, die den Korpus des zivilen Rechts bildeten.«

In der Tat setzt sich die *Collectio Juris* aus verschiedenen Aufzeichnungen zusammen: Die drei ersten Bücher enthalten eine Analyse der Paragraphen 1 bis 50 der *Digesten*; im vierten und fünften Buch sowie in einem Teil des sechsten folgt eine Analyse der zwölf Bücher des Codex. Ebenso findet sich eine Analyse der 134 *Novellen*, die unter dem Titel *Liber authenticorum* bekannt sind. Ein Buch der *Digesten* fehlt, denn, so notiert Montesquieu, »meine Sammlungen über das vierte Buch sind aus Mangel an Notwendigkeit fortgelassen worden, weil es dort nur um Sklaven geht«. Diese Bemerkung überrascht, denn wenn sich Montesquieu auch als Parlamentarier nicht mit der Sklaverei zu befassen hatte, so interessierte er sich doch für sie, um sie im *Geist der Gesetze* (XV) zu verurteilen: »Die eigentliche Sklaverei ist die Festlegung eines Rechts, das einen Menschen einem anderen derart unterordnet, daß er der absolute Herr über sein Leben und seinen Besitz ist. Sie ist von Natur aus schlecht: Sie nutzt weder dem Herrn noch dem Sklaven; diesem, weil er nicht tugendhaft handeln kann, jenem, weil er sich mit seinen Sklaven lauter schlechte Angewohnheiten zulegt, weil er sich unmerklich an das Fehlen moralischer Tugenden gewöhnt, weil er hochmütig und fahrig wird, hart und jähzornig, wollüstig und grausam.«

Von Blatt 83 des sechsten Bandes an setzt sich die *Collectio Juris* aus Aufzeichnungen zusammen, die Montesquieu von neun Prozessen gemacht hat. Fünf fanden im Jahre 1711 statt; von den vier nicht datierten verfolgte er drei am Restitutionsgericht des Justizpalastes und einen am Châtelet de Paris. Montesquieu begnügte sich also nicht damit, Rechtswerke zu lesen und zu resümieren; er nahm an Prozessen teil und hielt sie, wenn nicht stenographisch, so doch zumindest in einem eingehenden, präzisen Resümee fest. Nach diesen Prozeßaufzeichnungen, deren interessanteste Mademoiselle de Nicolaï, die Tochter des Präsidenten Nicolaï, betraf, widmet Montesquieu umfangreiche Auszüge dem *Gewohnheitsrecht der Bretagne* von Perchambault: Er analysiert verschiedene Paragraphen daraus, die vor allem die Rechtsprechung der Kirche gegenüber den Geistlichen betreffen; kurze Vermerke, wie der folgende, sollen ihm als Gedächtnisstütze dienen: »Über den Paragraphen 13 des Gewohnheitsrechtes: Wenn die zuständigen Richter den Verbrecher nicht verfolgen, können es andere Richter auf Kosten des ersteren tun.« 1713 waren die Werke von René de La Bigotière de Perchambault Gegenstand einer Kontroverse gewesen und von der juristischen Fakultät von Nantes widerlegt worden. Es ist anzunehmen, daß Montesquieus Aufmerksamkeit durch die aktuellen Geschehnisse auf dieses Werk gelenkt worden war.

Nach einigen unbeschriebenen Seiten wird die *Collectio Juris* mit Aufzeichnungen über die »Rechtsmaximen des Plädoyers des Generaladvokaten« Joly de Fleury fortgesetzt, den Montesquieu im Parlament von Paris selbst gehört hatte, wie folgende Bemerkung bestätigt: »Frage zu den Hypothekenklagen – er sagt hier, daß sie persönlich seien (da sie eigentlich nur einen Termin darstellten, damit die Obligationen abgegolten werden, bevor ihnen andere nachfolgten) und infolgedessen kirchlich. Ich habe jedoch den Generaladvokaten Joly de Fleury das Gegenteil plädieren hören.« Montesquieu hatte in der Person Joly de Fleurys ein gutes Vorbild gewählt; er wird seine Lektionen nicht vergessen und mit ihm in Verbindung bleiben; im Februar/März 1749 schreibt er an Mégret de Sérilly, den Intendanten der Franche-Comté: »Wenn Sie an den Herrn Generalstaatsanwalt schreiben, bitte ich Sie, ihn ein wenig für mich zu hofieren. Ich hatte die Ehre, mit ihm ein oder zwei sehr angenehme Stunden bei Monsieur Gendron zu verbringen; ich befand mich nah bei dem großen Mann, dessen Renommee mir so viel bedeutet hatte. Einige Tage lang hegte ich den Gedanken, ihm ein kleines Geschenk zu machen; nachher hielt ich das nicht mehr für angebracht.«

Die *Collectio Juris* bezieht sich danach auf ein anderes Plädoyer, das der Generaladvokat Guillaume de Lamoignon, der Seigneur von Malesherbes und Bruder des berühmten Malesherbes, gehalten hat; sie schließt mit Aufzeichnungen, die Montesquieu im Parlament von Bordeaux machte.

In der Mannigfaltigkeit ihres Inhalts veranschaulichen diese Bände die von Montesquieu seit seiner Jugend angewandte Arbeitsmethode. Er erkundigt sich bei kompetenten Köpfen und Spezialisten und liest mit der Schreibfeder in der Hand die besten Werke über das Thema, das ihn interessiert; auf diesem Wege verbindet er die mündlichen Informationen, die er im Laufe einer Unterhaltung gesammelt hat, mit dem Rückgriff auf das Gedruckte. Sein ganzes Leben lang wird er so verfahren: Die Sammlungen seiner Aufzeichnungen erweiternd und stets auf der Jagd nach einem Gesprächspartner, der geeignet ist, ihm Auskünfte zu erteilen, die er sogleich schriftlich festhält.

Montesquieu beobachtet zudem einige am Justizpalast übliche Sitten und überliefert sie im *Spicilège*[23]; das erlaubt ihm, die Entwicklung der Gebräuche zu beurteilen und einige Mängel aufzudecken: »Anläßlich ihrer Aufnahme ins Parlament schenkten die Herzöge dem Ersten Präsidenten und ihrem Referenten persönlich je einen silbernen Tafelaufsatz; wenn ihnen ein mit Pistolen bezahlter Goldschmied im Auftrag des aufgenommenen Herzogs dieselben Geschenke überreicht, werden sie sie nicht annehmen. Die Parlamentsräte schenken zu ihrer Aufnahme dem Präsidenten, der sie empfängt, zwölf Ellen Samt; dieses Geschenk wird niemals akzeptiert. Aus Sparsamkeit, um den Händler gar nicht erst die zwölf Ellen abschneiden zu lassen, ließ ein Rat das ganze Stück dem Präsidenten der Kammern vorlegen, der es boshafterweise annahm und unter seinen Präsidentenkollegen aufteilte, um sich über den Geiz des Rates lustig zu machen.«

Die Aktivitäten Montesquieus beschränken sich im Verlauf dieses ersten Aufenthaltes in Paris nicht auf seine beruflichen Tätigkeiten. Er versucht sich im Schreiben und verfaßt in den ersten Monaten nach seiner Ankunft in der Hauptstadt, wie er uns selbst mitteilt, eine *Rede über Cicero*: »Ich habe diese Rede in meiner Jugend geschrieben. Sie könnte gut werden, wenn ich ihr den lobrednerischen Anstrich nähme. Abgesehen davon, müßte man Näheres über Ciceros Werke vermitteln, vor allem die Briefe konsultieren und vorher noch tiefer in die Ursachen für den Verfall der Republik sowie in die Charaktere von Cäsar, Pompejus und Antonius vordringen.« Montesquieu hatte immer eine Schwäche für die Schriftsteller der Antike: »Ich habe mein ganzes Leben lang eine entschiedene Vorliebe für die Werke der Alten besessen. Nachdem ich etliche der heute gegen sie gerichteten Kritiken gelesen hatte, schätzte ich einige von ihnen sehr; ich habe die Alten immer bewundert. Ich wollte feststellen, ob meine Vorliebe einer krankhaften Neigung entsprach, auf die man nichts geben darf. Doch je länger ich damit zubrachte, desto mehr sah ich mich im Recht, so zu denken, wie ich gefühlt hatte[24].« Er bemerkt darüber hinaus: »Ich gestehe, daß mich an den Werken der Alten besonders fasziniert hat, wie sie das Große und das Einfache gleichzeitig zu treffen wissen, während unsere Modernen auf der Suche nach dem Großen fast immer das Einfache verlieren und auf der Suche nach dem Einfachen das Große einbüßen. Ich glaube, bei den einen schöne und weite Landschaften in ihrer Einfachheit zu sehen, und bei den anderen die Gärten eines reichen Mannes mit ihren Lustwäldchen und Blumenbeeten[25].«

Montesquieu wird dieses Werk, das er im jugendlichen Elan der Bewunderung für den großen Redner und römischen Politiker schrieb, nie überarbeiten. Die *Rede* ist in einer sehr klaren Sprache verfaßt, deren knappe Sätze den Stil des *Geistes der Gesetze* ankündigen, und enthält auch persönliche Bewertungen: »Cicero hat von allen Alten die größten persönlichen Verdienste; ihm möchte ich es gerne gleichtun; es gibt keinen unter ihnen, der edlere und bedeutendere Charaktere hervorbringt, der den Ruhm mehr geliebt und sich auf so unbestrittene Weise einen dauerhafteren zugelegt hätte.« Oder folgende Beurteilung, die man auf Montesquieu selbst anwenden könnte: »Seine Tugend, die nichts Fanatisches an sich hatte, hinderte ihn nicht daran, die Lebensart seines Jahrhunderts auszukosten. In seinen moralischen Schriften lassen sich ein Ausdruck von Heiterkeit und eine gewisse geistige Freude feststellen, die mittelmäßige Philosophien nicht kennen. Er erteilt keine Lehren; doch er läßt sie spüren.«

1710 veröffentlichte François-Xavier Bon de Saint-Hilaire einen *Aufsatz über die Spinne*; laut Guasco »kam er hinter das Geheimnis, wie man Netze webt und sie zu Strümpfen verarbeitet, um hinterher aus ihnen Tropfen zu extrahieren, die wie die englischen dem Schlaganfall vorbeugen«. Dieser Text stieß auf Montesquieus Interesse, wie er 37 Jahre später in einem Brief an Guasco in Erinnerung ruft: »Überbringen Sie bitte dem Ersten Präsidenten Bon meine respektvollen Komplimente: Das erste, was ich in meinem Leben über Physik las, war sein Text über die Spinnen. Ich habe ihn immer für eine der gelehrtesten Persönlichkeiten Frankreichs gehalten; es spornte mich stets an, wenn ich sah, wie er so umfangreiche Kenntnisse in seinem Fach mit derartig viel Wissen aus anderen Sachgebieten verband.« Einige Jahre nach dieser Lektüre wird Montesquieu der Akademie von Bordeaux selbst wissenschaftliche Arbeiten vorlegen.

Die literarischen Aktivitäten Montesquieus während dieser Ausbildungsjahre reichen noch weiter. Der *Denkschrift* Jean-Baptiste de Secondats zufolge »verfaßte er im Alter von zweiundzwanzig Jahren [1711] ein Werk in Briefen, das nachweisen sollte, daß der Götzendienst der meisten Heiden keine ewige Verdammnis verdient. Dieses geistreiche Werk zeugt von einer lebendigen und klaren Vorstellungskraft.« Montesquieu hat stets ein lebhaftes Interesse an den heidnischen Religionen gezeigt und versucht, sie zu erklären. In den *Gedanken*[26] finden sich »einige Fragmente eines Werkes, das ich über die Priester im Heidentum geschrieben und ins Feuer geworfen habe«. Der Text von 1711 ist verschollen; doch es ist interessant, daß ihn Montesquieu in Briefen abfaßte, eine Methode, die er in den *Persischen Briefen* wiederaufgreifen wird.

Die Patres von Juilly, die Montesquieu den Einstieg in Paris erleichtert hatten, brachten ihn wahrscheinlich mit ehemaligen Schülern des Kollegs in Verbindung. Wir wüßten gerne, welche die ersten Kontakte Montesquieus in Paris waren, vor allem, ob die Anfänge seiner Freundschaft mit Fontenelle in diesen Lebensabschnitt fallen. Er vergleicht ihn später mit Bernini und erwähnt ihn aus zahlreichen Anlässen in den *Gedanken* und im *Spicilège*. Folgendes Urteil über ihn zeugt von wahrer Bewunderung: »Sosehr Fontenelle die anderen Menschen durch sein Herz überragt, sosehr überragt er die Schriftsteller durch seinen Geist[27].«

Im November 1713 wohnte Montesquieu einer Sitzung der Akademie der Wissenschaften bei, auf der Fontenelle eine Lobrede auf den Botaniker Pierre Blondin hielt; im *Spicilège* hat er sogar den Kommentar des Jesuiten Thomas Gouye vermerkt: »Herr, das einzige Denkmal, das uns von diesem Akademiemitglied bleibt, ist Ihr Totenprunk, so daß wir nicht wissen, was uns tiefer berühren soll: das Mißfallen, das uns sein Verlust bereitet, oder die Freude über Ihre Gegenwart[28].«

Wir wissen nicht, ob Montesquieu noch an anderen Sitzungen der Akademie der Wissenschaften oder an Versammlungen der Akademie der Inschriften und der Schönen Literatur, wo ihn Abbé Bignon hätte einführen können, teilgenommen hat. Unter den zahlreichen Themen, die in diesen beiden Gesellschaften zwischen 1709 und 1713 erörtert wurden, fanden sich einige, die ihn wahrscheinlich interessiert hätten. Als er 1718 an der Akademie von Bordeaux Sarraus Abhandlung über die Muscheln von Sainte-Croix-du-Mont zusammenfaßt, wird er sich vielleicht an den Vortrag erinnert haben, den Réaumur im November 1709 vor der Akademie der Wissenschaften gehalten hatte; sein Titel lautete: »Von der Entstehung und dem Wachstum der Schalen von Meeres- und Flußamphibien«. Auch J. Cassinis Bemerkungen »über die in den Jahren 1701 und 1702 in Dünkirchen gemachten Beobachtungen von Ebbe und Flut des Meeres«, die er am 12. Juli 1710 der Akademie der Wissenschaften vortrug, waren zweifellos dem Resümee nicht sachfremd, das Montesquieu von Abbé Sabatiers Abhandlung »Über Ebbe und Flut des Meeres[29]« geben wird. Diese Nebeneinanderstellungen ließen sich fortsetzen, wobei jedoch nicht zu vergessen ist, daß es sich um Themen handelt, die sowohl an den Pariser als auch an den Provinzakademien oft erörtert wurden. Fest steht aber, daß die ersten Seiten des zu dieser Zeit begonnenen *Spicilège* zahlreiche wissenschaftliche Beobachtungen enthalten.

In einem Brief vom 4. April 1716 an Pater Desmolets ruft Montesquieu die Freundschaft ins Gedächtnis, die ihn mit dem Oratorianerpater und mit Nicolas Fréret verband, den er in Juilly kennengelernt hatte. Geboren am 15. Februar 1688, war dieser nur ein Jahr älter. Zwischen den drei Männern hatte sich, bald nach Montesquieus Ankunft in Paris, ein vertrauensvolles Verhältnis gebildet; Nicolas Fréret regte ihn dazu an, sich für China, seine Institutionen und die Lebensweise seiner Bewohner zu interessieren; er brachte ihn dazu, in die Geheimnisse einer noch mysteriösen Zivilisation einzudringen.

Seit Ende des 16. Jahrhunderts ging die Entdeckung Chinas in Frankreich mit nur zögerlichen Annäherungen vonstatten; sie waren besonders gekennzeichnet vom »Ritenstreit« und vom Einfluß, den die Jesuiten in diesem Land ausübten, das sich dem Okzident zu öffnen begann. In der königlichen Bibliothek stellte Pater Bouvet 1697 einen Grundstock von Büchern in chinesischer Sprache zusammen, die er aus dem Orient mitgebracht hatte; diese Sammlung wurde zu Beginn des 18. Jahrhunderts von Monseigneur Nicolas Fouquet vervollständigt; Montesquieu wird ihn in Italien kennenlernen und von ihm wertvolle Informationen über die chinesischen Institutionen erhalten. Übrigens kann Abbé Jean-Paul Bignon, der bis 1696 dem Oratorium angehörte, als einer der Gründer der heutigen Nationalbibliothek angesehen werden. Pater Desmolets stellte ihm Nicolas Fréret vor, diesen unermüdlichen Arbeiter, der sein Dasein völlig der Gelehrtheit und Werken widmete, die erst nach seinem Tod veröffentlicht wurden. Fréret war davon überzeugt, »daß China einen Schlüssel zur Lösung seiner historischen und philosophischen Probleme darstellte[30].«

Darauf bedacht, fundierte und gesicherte Auskünfte über China zu sammeln, wandte sich Fréret an zuverlässige Informanten. Zu ihnen gehörte der Chinese Arcadio Hoange[31], mit dem auch Montesquieu, auf seine Vermittlung hin, in Paris zusammentraf. Arcadio Hoange war am 15. November 1679 in China in einer christlichen Familie geboren worden; nach ausgedehnten Reisen in seinem Heimatland begegnete er dem Bischof von Rosalie, Artus de Lionne. Mit ihm schiffte er sich am 17. Februar 1702 ein und erreichte Paris am 31. Oktober; nach einem kurzen Aufenthalt in Rom ließ er sich in Paris nieder und heiratete am 25. April 1713. Wie Usbek[32] hätte Hoange sagen können, »daß er vielleicht der erste der Seinen war, der aus Wissensdurst sein Land verließ und auf die Annehmlichkeiten eines geruhsamen Lebens verzichtete, um mühselig nach Weisheit zu streben. Wir sind in einem blühenden Reich geboren; doch wir meinten, unser Wissen müsse an seinen Grenzen nicht haltmachen, so als ob allein das Licht des Orients uns leuchten dürfte.«

Abbé Bignon brachte Hoange in der Bibliothek des Königs als Dolmetscher unter. In seinem Tagebuch, das die Zeit seiner Begegnungen mit Montesquieu nicht umfaßt, berichtet er von den Einzelheiten seines Alltags; er starb am 1. Oktober 1716; die königliche Bibliothek erhielt seine Unterlagen und Bücher. Ende 1712 oder Anfang 1713 hatte Hoange seine Mandarin-Tracht ausgemustert, um sich französisch einzukleiden; dasselbe wird Rica im XXX. *Persischen Brief* tun, den er in Paris am 6. des Mondes von Chalval 1712, das heißt im Dezember jenes Jahres schreibt. Die zeitliche Übereinstimmung ist merkwürdig; Montesquieu könnte zu folgender Passage dieses *Persischen Briefes* durch die Vertraulichkeiten seines chinesischen Gesprächspartners angeregt worden sein, der sich nach einer Anonymität sehnte, die er in seinen orientalischen Kleidern nicht wahren konnte: »Deswegen habe ich mich entschlossen«, schreibt Rica, »die persische Tracht abzulegen und mich europäisch zu kleiden; ich wollte wissen, ob mein Aussehen immer noch so bewundernswert schiene. Der Versuch gab mir zu erkennen, wie es wirklich um mich steht. Aller fremdländischen Zierde bar, merkte ich, wie man mich wirklich einschätzte.«

Fréret beschreibt Hoange als »sanftmütig und bescheiden, anscheinend mit natürlichem Geist versehen, doch ohne jede Vorstellung von den Wissenschaften, noch von der Methode der Europäer«. Er war es, der ihn Montesquieu vorstellte. Der Chinese empfing seinen neuen Freund und

Pater Desmolets in seinem Zimmer in der Rue Guénégaud. Im *Spicilège* und der *Geographica* findet sich das Echo auf diese Gespräche. So hält Montesquieu am Anfang des *Spicilège* folgende Anekdote fest: »Ich habe über Monsieur Hoange, der neulich aus China kam, sagen hören, er hätte seinen Hut in der Kirche gelassen; denn in China habe man ihm gesagt, daß in Europa die Sitten so rein wären und dort eine so große Nächstenliebe herrsche, daß man niemals von Diebstählen oder gerichtlich verfügten Hinrichtungen hörte; er sei sehr erstaunt gewesen, als er erfuhr, daß ein Mörder gehängt würde.«

Um nichts von Hoanges Berichten zu vergessen, diktierte Montesquieu seinem Sekretär von 1713 an »einige Bemerkungen über China, die ich aus den Gesprächen mit Monsieur Auange (sic) übernommen habe«. Diesen Überlegungen sind Notizen über China und Indien beigefügt, die aus den Werken von Pater Philippe Couplet und Pater Athanasius Kircher stammten[33]. Später, zwischen 1734 und 1738, übertrug er diese Notizen in leicht abgeänderter Form in die *Geographica*. Im Text von 1713 findet sich folgende Bemerkung: »Um eine angemessene Vorstellung vom chinesischen Entwurf zu vermitteln, werde ich ein Lied anführen, das mir Hoange beigebracht hat. Die Melodie kam mir keineswegs neu vor. Ich hatte sie bereits während der Getreide- und Weinernte von den Bauern meiner Heimat singen gehört; erstaunlich ist, daß dasselbe Lied in China zu einem ähnlichen Anlaß gesungen wird, nämlich im Monat Mai, wenn die Mädchen Blumen pflücken gehen.« Die Fassung der *Geographica* ist gerraffter: »Um eine angemessene Vorstellung vom chinesischen Entwurf zu vermitteln, werde ich ein Lied anführen, das mir Hoange beigebracht hat und das in China im Mai gesungen wird, wenn die Mädchen Blumen pflücken gehen.«

Die genaue Datierung der ersten Fassung der *Bemerkungen* im Jahr 1713 demonstriert eindrucksvoll die Arbeitsmethode Montesquieus, der seine Gespräche mit dem der königlichen Bibliothek eng verbundenen Chinesen sofort ins reine schrieb. Die Aufzeichnungen zeugen genauso wie die beigefügten Auszüge vom Interesse, das Montesquieu China seit 1713 entgegenbrachte. Doch beschränkten sich seine zu dieser Zeit begonnenen Nachforschungen nicht allein auf die Gespräche mit Hoange. Ohne Zweifel hat Montesquieu noch im gleichen Jahr 1713 auf Anraten seines Gesprächspartners zwei Werke von Pater Philippe Couplet gelesen, zusammengefaßt und kommentiert: die 1686 erschienene *Tabula chronologica Monarchiae Sinicae* sowie den im Jahr darauf herausgebrachten *Confucius Sinarum philosophus*; auch sein Buch *China monumentis illustrata* konsultiert er, wenn auch weniger genau; er resümiert das Wesentliche und interveniert mit persönlichen Bemerkungen, wenn er anderer Ansicht als der Autor ist oder die mangelnde Schärfe seiner Beweisführung kritisiert.

Als Montesquieu Pater Couplets Ausführungen über die Beerdigungszeremonien der Chinesen kommentiert, merkt er an: »Diese Redensarten und Zeremonien rühren von einem natürlichen Gefühl her, das wir bei unseren Kindern feststellen. Sie sehen den Tod als eine Reise an. Er ist gegangen, sagen sie, wenn sie von einem toten Menschen sprechen. Welche Schlüsse kann man hinsichtlich dieser Zeremonien ziehen? Sie sind so kindlich, daß sich darauf keine ernsthafte Meinung stützen läßt.« Weiter unten diskutiert Montesquieu eine Meinung von Pater Couplet: »Festzustellen ist, daß Pater Couplet diesem System unangebrachterweise das Hinsteuern der Welt auf den Zufall und das Geratewohl unterstellt. Im System der Gebildeten wie auch in den Systemen der halbwegs vernünftigen Philosophen ist der Zufall nichts weiter als ein Ton; er bedeutet nichts anderes und ist wie alle Begebenheiten notwendig, Begebenheiten, die durch die Macht der Ursachen zwangsläufig und unwiderruflich hervorgebracht werden. Das ist vergleichbar mit einer unendlichen Anzahl von Bewegungen, deren erste notwendigerweise die zweite hervorruft, die zweite dann die dritte und so weiter bis ins Unendliche. Es ist gefährlich, Leuten Ansichten zu unterstellen, die sie gar nicht haben. Da Pater Couplet sein Argument, das er aus der Ähnlichkeit der politischen Regierungsform Chinas und der naturgegebenen Ordnung der Welt herleitet, schön erschien, wiederholt er es zudem an mehreren Stellen mit einem Ausdruck des Triumphes, der ihm höchstenfalls zum Zwecke einer Demonstration verziehen werden könnte. Nichts erscheint kläglicher als diese Argumentation, wie ich auch nachweisen werde . . .«

Montesquieu befragt Hoange im Laufe der Gespräche über etwa ein Dutzend Punkte: die verschiedenen in China praktizierten Religionen, die chinesische Sprache, den Charakter der Chinesen, wie sich die Dauer des chinesischen Kaiserreichs erklären läßt, was von der Regierungsform zu halten ist, ob die Chinesen wirklich alle Wissenschaften kennen, über die chinesischen Zeremonien, und so weiter. Die Gespräche waren zwangsläufig unzusammenhängend. Nachdem Montesquieu seinen Gesprächspartner verlassen hatte, las er seine Notizen noch einmal durch und griff in einem späteren Gespräch die Punkte wieder auf, die ihm unklar erschienen waren und die er vertiefen wollte. Übrigens sind die eher folkloristischen Fragen nur beiläufig angeschnitten worden, während offenbar diejenigen zur Sprache und vor allem zur Geschichte und Regierungsform der Chinesen die Gespräche beherrscht haben.

Montesquieu hatte sicher nicht die Absicht, die chinesische Sprache zu lernen, obwohl er schreibt: »Ich glaube, daß ein Europäer innerhalb von drei Jahren flüssig lesen könnte.« Wenn er – zu der Zeit, als Abbé Bignon unter Mitarbeit Hoanges auf den Aufsatz antwortet, den Samuel Masson in seiner *Kritischen Geschichte der literarischen Republik* publiziert hatte – Interesse an der chinesischen Sprache zeigt, dann als Element der Zivilisation[34].

Montesquieu bringt auch dem Ritenstreit lebhaftes Interesse entgegen, in den die Jesuiten unmittelbar verwickelt waren; er hatte Ende des 17. Jahrhunderts begonnen und sollte bis 1742 andauern. Montesquieu fühlt sich vom politischen Aspekt der Sache angezogen, die in einigen Punkten der Affäre um die Bulle *Unigenitus* vom 8. September 1713 gleicht, die ihn zeitlebens fesseln sollte. Beides sind für ihn Episoden des Kampfes zwischen Jesuiten und Jansenisten; Montesquieu verwehrt sich dem Jansenismus und bringt auch für die Gesellschaft Jesu nur wenig Sympathie auf.

Im *Geist der Gesetze* zählt China zu den despotischen Staaten. In den entsprechenden Kapiteln spürt man eine gewisse Befangenheit. Denn in den Berichten von Reisenden wird China als ein blühendes Land gepriesen, in dem das Leben angenehm ist. Nun ist für Montesquieu der despotische Staat von Grund auf schlecht. Folglich ist er um so mehr versucht, noch einmal die Dokumentation über China durchzusehen; sie stammte ausschließlich von Jesuiten, die ein Interesse daran hatten, ein Land als glücklich und blühend zu schildern. Die im Laufe seiner Gespräche mit Hoange gesammelten Notizen werden ihm, ohne daß er je zu einem völlig befriedigenden Urteil gelangt, eine bessere Kenntnis dieses Landes erlauben. Warum sonst sollte er nach der Veröffentlichung des *Geistes der Gesetze* in den *Gedanken*[35] folgende nuancierte Beurteilung geschrieben haben, die seine Klassifizierung der drei Regierungsformen wieder in Frage zu stellen scheint: »China ist eine gemischte Regierungsform, die wegen der immensen Macht des Prinzen sehr dem Despotismus ähnelt; ein wenig Republik wegen der Zensur und einer gewissen Tugend, die auf der Liebe und dem Respekt gegenüber dem Vater gründet; ein wenig Monarchie aufgrund der festgelegten Gesetze und der ordnungsgemäßen Gerichte sowie eines gewissen Ehrgefühls, das der Entschiedenheit und dem Einsatz für die Wahrheit verbunden ist. Diese drei gemäßigten Gegebenheiten und die Bedingungen der klimatischen Beschaffenheit haben China fortbestehen lassen; wenn die Größe des Kaiserreiches ihm eine despotische Regierungsform gegeben hat, so ist diese vielleicht die beste von allen.«

Wir wissen nicht, wo Montesquieu während seines ersten Aufenthaltes in Paris gewohnt hat. Doch auf seinem Weg zu den Gerichtsverhandlungen im Parlament von Paris, wo er den Debatten folgte, um sich Kenntnisse in der Praxis des Rechts anzueignen, lief er durch ein Viertel mit zahlreichen Buchhandlungen; dort konnte er die letzten Neuerscheinungen durchblättern und die Schmähschriften und Nachrichtenblätter einsehen, welche die Öffentlichkeit über Vorkommnisse aller Art aus Frankreich und dem Ausland auf dem laufenden hielten. Mehr als vierzig Buchhändler unterhielten damals am Justizpalast einen Verkaufsstand; ihre Wohnung und ihr Laden lagen oft in der Nähe, in der Rue Garlande, der Rue de la Pelleterie, der Rue de la Vieille-Draperie oder auch in der Rue Dauphine. Der »alte Hof des Justizpalastes«, der von der Rechnungskammer und der Sainte-Chapelle flankiert wurde, besaß eine große, überdachte Treppe; auf ihrem Podest befanden sich die kleinen Läden der Buchhändler; einen von ihnen hatte der von Boileau gepriesene Claude Barbin in der zweiten Hälfte des 17. Jahrhunderts berühmt gemacht. Auch zu Anfang des 18. Jahrhunderts blieb das »Quartier Latin«, das unweit des Justizpalastes liegt, das Viertel des Buchgewerbes. Die bedeutenden Buchhändler gab es in der Rue Saint-Jacques, in der sich ihre Läden mit denen der Kupferstichhändler abwechselten, während andere, bescheidenere, sich in den Straßen am Mont-Saint-Hilaire befanden, vor allem in der Rue de La Harpe[36].

In Juilly hatte sich Montesquieu die Freude an der Lektüre und eine rationelle Lesemethode angeeignet. Während der Ferien in La Brède dürfte er die Bücherregale der Bibliothek durchstöbert haben, die seine Vorfahren angelegt hatten und zu deren Erweiterung er seinen Beitrag leisten wird. Montesquieu, für den die Bildung »das unfehlbare Mittel gegen den Lebensüberdruß« war und der »keinen Kummer kannte, den ihm eine Stunde Lektüre nicht ausgetrieben hätte[37]«, verbrachte gewiß sehr angenehme und fruchtbare Stunden in den Pariser Buchläden; einige von ihnen verkauften Bücher unter der Hand, die von der königlichen Zensur verboten, im Ausland gedruckt und heimlich nach Frankreich eingeführt worden waren. Wer wüßte nicht gerne, was er damals gelesen und für Bücher gekauft hat, um sie nach La Brède mitzunehmen? Eine Liste literarischer Werke, die am Anfang des ersten Bandes der *Collectio Juris* eingefügt ist, beweist, daß sich Montesquieu mit weniger trockenem Lesestoff als dem der *Digesten* von seinen beruflichen Tätigkeiten abzulenken wußte; die vermerkten Werke sind in erster Linie »klassisch«: Molière, Corneille, Racine, Montaigne, Boileau, Saint-Évremond, die *Lettres provinciales*, La Bruyère, Régnier, *Don Quichotte*, die Grabreden von Fléchier, und andere Bücher. Diese Liste aus dem Jahre 1711 ist von Montesquieu wahrscheinlich im Hinblick auf den Erwerb dieser Bücher erstellt worden; mit Ausnahme der Werke von Cervantes und Régnier finden sich alle in der Bibliothek von La Brède wieder.

Trotz seiner Jugend spürte Montesquieu die Trostlosigkeit der Epoche. Die Regierungszeit Ludwigs XIV. näherte sich ihrem Ende; das Elend des Spanischen Erbfolgekrieges, den der Vertrag von Utrecht erst 1713 beendete, lastete schwer auf den Gemütern und auf dem täglichen Leben. Zu diesen äußeren Schwierigkeiten kamen die Trauerfälle in der königlichen Familie hinzu; sie wurden von den Franzosen, die sich fragten, wer Ludwig XIV. nachfolgen würde, schmerzlich empfunden: der Herzog von Burgund, französischer Thronfolger und Enkel des Königs, starb am 18. Februar 1712; einige Tage später, am 8. März, traf es Louis, den Herzog der Bretagne. Die Geburt des Herzogs von Anjou, des zukünftigen Ludwigs XV., Sohn des Herzogs von Burgund und Marie-Adélaïdes von Savoyen, am 15. Februar 1710 hatte nicht ausgereicht, um die Geister und Herzen zu beruhigen.

Im religiösen Bereich ließen sich die Folgen der Aufhebung des Edikts von Nantes aus dem Jahre 1685 noch spüren; auch die Erinnerungen an den Aufstand der Kamisarden in den Cevennen waren, obschon 1711 beendet, noch lebendig. Der Jansenismus teilte weiterhin die gallikanische Kirche: Am 29. Oktober 1709 hatten die Ordensschwestern von Port-Royal ihr Kloster verlassen müssen, da es aufgrund einer Entscheidung des Rates vom 26. Oktober zum Abriß bestimmt war. Kurze Zeit vor Montesquieus Abreise nach Bordeaux verkündetete Papst Klemens XI. am 8. September 1713 die Bulle *Unigenitus*.

Inmitten dieser Schwierigkeiten, welche die Gegenwart verfinsterten und die Zukunft mit Bedrohlichem und Unsicherheiten belasteten, empfand Montesquieu sicherlich das Bedürfnis nach weniger ernsthaften Zerstreuungen als der Lektüre und den Gesprächen mit Gelehrten und Wissenschaftlern. Wir wissen nicht, welche gesellschaftlichen Beziehungen er damals unterhielt. Trotz der Protektion durch seine ehemaligen Lehrer vom Oratorium dürften ihm die Kontakte, die er im Kreis der ehemaligen Schüler von Juilly hatte knüpfen können, nicht genügt haben. Dieser junge Provinzler, dessen Familie damals offenbar nur über wenige Verbindungen nach Paris verfügte, hatte es zweifellos schwer, sich durchzusetzen. Selbstverständlich war er geneigt, die Gesellschaft von Frauen zu suchen. Doch mit welchen Frauen und in welchen Kreisen verkehrte er? War sein Hang zu galanten Scherzen, eindeutigen Phantasien und libertinen Äußerungen, den die *Persischen Briefe* und *Der Tempel von Gnidos* offenbaren werden, auf die Gegenwart von willfährigen Frauen zurückzuführen? Seine Diskretion und seine natürliche Zurückhaltung erlauben es nicht zu unterscheiden, ob es sich dabei um ein intellektuelles Spiel handelt, oder ob diesen Schilderungen, Träumen und Phantasien eine erlebte Wirklichkeit, sprich amouröse Erfahrungen, zugrunde liegen.

Montesquieu als Parlamentarier
und Akademiemitglied
(1714–1721)

Krankheit und Tod seines Vaters Jacques de Secondat am 15. November 1713 veranlaßten Montesquieu, am 5. Dezember[1] nach Bordeaux zurückzukehren; sie setzten seinem Aufenthalt in Paris nach fast fünf Jahren ein unvorhergesehenes Ende. Im Lauf dieser Zeit hatte er sein juristisches Wissen vertieft und sich solide Kenntnisse in der praktischen Anwendung des Rechtes angeeignet; gleichzeitig hatte er aber auch Lebensgewohnheiten und Gefühle entdeckt, die ihm 1709, bei seiner Ankunft in der Hauptstadt, als jungem Provinzler noch nicht geläufig waren.

Jacques de Secondat wurde in der Pfarrkirche von La Brède bestattet. Am 5. April 1712 hatte er ein Testament verfaßt, das seinen ältesten Sohn Charles-Louis als Erben einsetzte[2]. Dieses Dokument, das am 17. April 1714 eröffnet wurde, bringt etliche Züge einer anziehenden Persönlichkeit ans Licht. Die Liebe, die Jacques de Secondat für seine Frau empfand, ist bewegend; er legt Charles-Louis ans Herz, »die Armen unseres Gutes La Brède zu versorgen und zu lieben und, wenn er heirate, sich zu bemühen, eine vergleichbare Frau zu finden und sie möglichst zur Nachahmerin seiner Mutter zu machen . . . einer sehr christlichen, würdigen Person.« Er bittet ihn, seinen beiden Schwestern pünktlich »die Pensionen« zu zahlen, »die ihnen durch Testamente oder Schenkungsurkunden im Todesfalle zustehen«. Da er sich wünscht, daß das gute Einvernehmen zwischen seinen beiden Söhnen Charles-Louis und Joseph erhalten bleibt, bittet er sie »gutzuheißen, daß ich hier ihre Angelegenheiten auf die Art und Weise erledige, die ich vor Gott für die vernünftigste erachte; obwohl diese Regelungen außerhalb meiner Macht liegen, hoffe ich, daß sie genügend Vertrauen in mich haben, um nicht dem Gegenteil anheimzufallen«. Jacques de Secondat verfügt über seinen Nachlaß wie folgt: Er setzt Joseph als Teilerben ein; bis zu seiner Volljährigkeit, bei der er 30000 Livres erhalten soll, vertraut er die Vormundschaft seinem älteren Bruder und seinen beiden Onkeln, dem Abbé von Faise und Monsieur Loyac, an. Jacques de Secondat beschließt seinen Letzten Willen so: »Ich ernenne meinen ältesten Sohn Charles zu meinem Haupt- und Universalerben, um ihm zu hinterlassen, was von meinem beweglichen und unbeweglichen Vermögen sowie dem seiner verstorbenen Mutter und ihrer

Schwestern übrig ist; aufgrund der mir zugefallenen Befugnis bestimme ich ihn überdies dazu, das gesamte Drittel des Heiratsgutes, das seine verstorbene Mutter in unseren Ehevertrag eingebracht hat, hinzuzufügen. Darüber hinaus soll er auch die gesamte Einrichtung erhalten, die ich als sein Vorfahre erworben habe, wobei ich ihm im übrigen unsere Dienstboten ans Herz lege.«

Im zweiten Teil seines Testaments erwähnt Jacques de Secondat die Anstrengungen, die er und seine Frau unternommen haben, um die hohe finanzielle Verschuldung abzubauen, die Baronie La Brède von erdrückenden Lasten zu befreien, jedem ihrer Kinder die Möglichkeit zu geben, den Beruf zu ergreifen, für den es bestimmt war; er bemüht sich, die Übertragung des Familienerbes an den Ältesten abzusichern, ohne seinen jüngeren Bruder und seine beiden Schwestern zu benachteiligen. Der von großer Offenheit geprägte Text zeigt die Liebe zu seinen Kindern:

»Auf den Grundbesitz von La Brède und Martillac habe ich viele Hypotheken angekauft; zum einen mit den von eurer verstorbenen Mutter und mir angelegten Rücklagen, deren eine Hälfte mir zufiel, und meinen persönlichen Ersparnissen; zum anderen mit den 20 000 Livres, die aus meinen seit unserer Hochzeit zurückgezahlten Privatschulden sowie aus meinem Vermögen an Silber und abgetragenen Schuldverschreibungen stammten; daneben sind mir noch Erbteile von drei Schwestern zugefallen; alle diese Hypotheken und Hinterlassenschaften lassen sich auf ungefähr 40 000 Livres veranschlagen; unseren Grundbesitz von La Brède und Martillac habe ich nach bestem Wissen auf die Summe von 35 000 Écus geschätzt, also rund 105 000 Livres, das Schloß und die nahen Ländereien, die Charles gehören, mehr oder weniger ausgenommen.«

Das gesamte Nachlaßvermögen belief sich laut Jacques de Secondat auf die Summe »von 126 000 Livres, von der die passiven Schulden abgezogen werden müssen, die alle vom Haus herrühren oder für das Haus aufgenommen worden sind«. Da diese Schulden 28 600 Livres betrugen, ergab sich ein Nettonachlaßvermögen von 97 400 Livres. Diese Summe verteilte Jacques de Secondat also auf seine Kinder, »sie im übrigen inständig bittend, zusammenzuleben, ohne sich zu trennen, insofern ihre Betätigungen und ihr Wohnsitz es ihnen gestatten, und sich daran zu erinnern, daß das lange und gute Einvernehmen zwischen ihren Onkeln aus Pesnel unser Gut La Brède gerettet hat und daß diese Lebensweise Gott und den Menschen angenehm ist«.

Montesquieu sieht sich also von seinem Vater mit einer doppelten Aufgabe betraut: das ererbte Vermögen zu wahren und zu vergrößern sowie für das gute Einvernehmen zwischen seinem Bruder und seinen Schwestern zu sorgen, in Erinnerung an die Anstrengungen, die seine Eltern auf sich genommen haben, um ihm diese Erbschaft zu hinterlassen. Mit Rat und Tat stehen ihm seine beiden Onkel väterlicherseits zur Verfügung:

Jean-Baptiste de Montesquieu, der Parlamentspräsident, sowie Joseph, Abbé von Faise. Beide dürften ihn zur parlamentarischen Laufbahn ermuntert haben. Drei Jahre später wird er – mittlerweile Rat am Parlament von Bordeaux – Nachfolger seines Onkels im Amt des Président à mortier sein. Als Baron von La Brède und Montesquieu, der bald darauf in die Akademie der Wissenschaften, Künste und Schönen Literatur von Bordeaux gewählt wird, besitzt er alle Trümpfe, um in seiner Region zu einer Persönlichkeit zu werden, bis er dann sehr schnell von Paris angelockt und dort in den literarischen Kreisen allgemeine Bekanntheit erringen wird.

Am 12. Februar 1714 kauft Montesquieu das Amt als Rat am Parlament von Bordeaux; er tritt an die Stelle des einige Jahre zuvor verstorbenen Pierre de Bordes für die Summe von 24 000 Livres, zahlbar zur Hälfte bei Erhalt der königlichen Briefe, den Rest innerhalb von sechs Jahren mit einem Zins von einem Zwanzigstel, sprich fünf Prozent. Um in den Besitz seines Amtes zu gelangen, erhält er den geforderten Nachweis der Katholizität; in Anbetracht seines Jurastudiums und seiner Diplome erließ man es ihm jedoch, sich einer juristischen Prüfung zu unterziehen. Am 24. Februar wurden seine Bestallungsurkunden für das Amt als Rat am Parlament von Bordeaux registriert; am 21. März leistete er den Eid.

Als Montesquieu die juristische Laufbahn begann, besaß die Hauptstadt der Guyenne noch ihr mittelalterliches Aussehen. Saint-Simon war empfänglich für den Zauber dieser Stätte, die er mit Konstantinopel und dem Bosporus verglich. Die mittelalterliche Stadt mit ihrer Ringmauer und ihren Toren lag mit der Rückseite zum Fluß hin und ließ die Vororte Saint-Seurin, Chartrons, Saint-Michel und das Viertel des Kartäuserklosters außerhalb ihres Schutzwalls. Von 1730 an verwandelten die städtebaulichen Arbeiten der Bürgermeister Boucher und Tourny die mittelalterliche Innenstadt binnen eines Vierteljahrhunderts in eine moderne, zur Garonne hin weit offene Stadt, versehen mit einer Fassade Häuser von ähnlichem Aussehen, Toren in Form von Triumphbögen sowie Promenaden und Avenuen, die das Zentrum mit den Vororten verbanden. Diese Modernisierung führte man unter den Augen Montesquieus durch; doch er betrachtete sie mit einer gewissen Gleichgültigkeit, bis auf die Zeit, als Tourny mit der Akademie wegen der Zeichnung der Alleen, die seinen Namen tragen, in Streit geriet. Montesquieus schlechte Beziehungen zum Intendanten Claude Boucher hatten dabei mit seiner Einstellung nichts zu tun; hier läßt sich vielmehr die gefühlsbetonte Reaktion eines Erwachsenen erkennen, der den Lebensbereich seiner Jugend einer völligen Umgestaltung unterzogen sieht und für den die Sorgen der Stadtplanung nicht wichtig sind.

Das Parlament von Bordeaux tagte im Palais de l'Ombrière, dem ehemaligen Schloß der Herzöge von Aquitanien, in einem alten Gebäude, in dem sich ebenfalls der Landeshauptmann, die Gerichtsbarkeit von Bordeaux, das Oberforstamt, die Admiralität, die Gendarmerie und die niederen Gerichtshöfe befanden. Bei seinem Besuch in Bordeaux im Jahre 1669 beschreibt Claude Perrault das abstoßende Aussehen des Parlaments: »Wir besuchten das Gerichtsgebäude, das aus einer kümmerlichen Halle besteht, die in der Mitte von einer Säulenreihe in zwei Flügel von unterschiedlicher Breite geteilt wird, das Ganze schmutzig und unreinlich, wie auch die Kammern, die fast so klein, düster und dreckig sind wie in Poitiers.« Die um 1750 erstellten Pläne des Palais de l'Ombrière veranschaulichen das Gewirr der aufs Geratewohl konstruierten und immer wieder umgeänderten Treppen und Räume.

Das 1462 von Ludwig XI. gegründete Parlament war eine der bekanntesten Institutionen von Bordeaux; die Ursachen dafür waren die Größe seines Zuständigkeitsbereiches, das mit seinen Aufgaben verbundene Ansehen sowie die Persönlichkeit zahlreicher seiner Mitglieder, unter ihnen renommierte Juristen, Humanisten mit solider kultureller Prägung und gewandte Politiker, die stets darum bemüht waren, die Privilegien ihrer Vereinigung zu erhalten, und zunehmend danach strebten, sich zu einer politischen Macht gegenüber der königlichen Herrschaft und seiner lokalen Vertreter, dem Gouverneur und dem Intendanten, zu erheben. Das Parlament war in fünf Kammern unterteilt: die Große Kammer, die Tournelle (eine Strafkammer, die sich turnusmäßig – daher ihr Name – aus Mitgliedern der Großen Kammer und Untersuchungsrichtern zusammensetzte), die beiden Untersuchungsgerichte und das Restitutionsgericht. Der Erste Präsident – zum Zeitpunkt von Montesquieus Eintritt ins Parlament war es Gillet de Lacaze – vertrat den König und hatte die Aufgabe, für die Befolgung seiner Weisungen zu sorgen; er mußte zwischen den Parlamentariern vermitteln und vertrat das Parlament gegenüber der Obrigkeit.

Mit Ausnahme des Ersten Präsidenten waren alle Parlamentsmitglieder, Präsidenten wie Räte, Eigentümer ihres Amtes, das sie entweder direkt beim König gekauft oder durch Erbschaft, Ehevertrag oder Schenkung erlangt hatten. Montesquieu erwies sich als entschiedener Befürworter der Käuflichkeit der Ämter, eines Systems, das ihre Erblichkeit ergänzte und dem Amtsinhaber die Möglichkeit gab, es gegen einen Geldbetrag zu veräußern. Gerade erst in sein Amt als Rat eingeführt, notiert er in den *Gedanken*[3]:

»Wie viele Mißbräuche, die als solche eingeführt und geduldet worden sind, haben sich im nachhinein nicht als sehr nützlich, ja sogar als nützlicher als die vernünftigsten Gesetze erwiesen. So gibt es zum Beispiel kaum einen Mann mit gesundem Menschenverstand in Frankreich, der gegen die Käuflichkeit der Ämter angeht und über sie entrüstet wäre. Wenn man indessen die Trägheit der Nachbarländer genau betrachtet, bei denen alle Ämter vererbt werden, und sie mit unserer Geschäftigkeit und Geschicklichkeit vergleicht, ist es keine Frage, daß es außerordentlich nützlich ist, in den Bürgern den Wunsch nach Reichtum zu wecken, und daß man sie die Reichtümer am besten spüren läßt, indem man ihnen den Weg zu höheren Ehren eröffnet. In allen Regierungen hat man sich beklagt, daß die verdienstvollen Leute weniger zu Ehren kämen als die anderen. Es gibt genug Gründe dafür, vor allem einen ganz natürlichen: Nur die wenigsten können überhaupt Verdienste vorweisen. Oft ist es außerdem sehr schwierig, das richtig zu unterscheiden und sich nicht täuschen zu lassen. Daher ist es immer von Vorteil, daß die Reichen, die viel zu verlieren haben und im übrigen besser ausgebildet sind, die öffentlichen Ämter besetzen.«

Im *Geist der Gesetze*⁴ wird Montesquieu seine Meinung in dieser Frage noch klarer ausdrücken: »Ist es angebracht, daß die Ämter käuflich sind? In despotischen Staaten dürfen sie es nicht sein, da dort die Untertanen augenblicklich vom Herrscher ein- oder absetzbar sein müssen.

In Monarchien ist diese Käuflichkeit günstig, weil sie einen dort wie ein Beruf, der in der Familie liegt, Dinge tun läßt, die man für die Ehre allein niemals unternähme, und weil sie jedem seine Aufgabe zuweist und so die staatliche Ordnung beständiger macht.«

Wie soll man aus diesem Satz nicht Montesquieus eigenes Schicksal herauslesen, der Parlamentsrat wird, um den Willen seines Vaters und seines Onkels zu respektieren und in seiner Familie an einem Amt und einer Tradition festzuhalten, die dazu beigetragen hatten, sie aus der Anonymität herauszuheben? In der Tat war ein Mitglied des Parlaments von Bordeaux eine Person von unbestreitbarem Ansehen; ohne es sich selbst genau einzugestehen, verspürte der junge Montesquieu, trotz seiner geringen Neigung zur juristischen Praxis, die Notwendigkeit, Ämter zu durchlaufen, um eine Ausbildung zu erlangen und sich Beziehungen zu verschaffen, die ihm gestatten würden, in einem späteren Lebensabschnitt einen Beruf auszuüben, der seinen wirklichen Neigungen mehr entspräche.

Die Mitglieder des Parlaments von Bordeaux waren stolz auf ihren Adel, ob er nun alt oder, wie in den meisten Fällen, erst jüngst durch die Zulassung der Kaufleute in die parlamentarischen Ämter erworben worden war. 1698 vermerkt der Intendant von Bordeaux, Louis Bazin, Seigneur von Besons: »Abgesehen von den Nachfahren der Parlamentsbeamten sind alteingesessene Adlige in Bordeaux rar; denn es gibt nicht einen Rat, der sich nicht für etwas weit Besseres hielte als all die Edelleute, die keinen Adelstitel tragen.« Die Parlamentarier rekrutierten sich aus eng begrenzten Gruppen, innerhalb derer sie heirateten; ihre Gemeinsamkeit war, abgesehen vom Katholizismus, die Befähigung, in Bordeaux oder seiner unmittelbaren Umgebung ein Amt zu erlangen; Bordeaux betrachteten sie als Provinzhauptstadt; der Rechtsanwalt Pierre Bernadau stellte am Vorabend der Revolution fest: »Die schmeichlerischste Hoffnung der Beamten, die in der mühseligen Ausübung ihres Amtes gealtert sind, ist es, ihren Nachkommen die Stellung zu übertragen, die sie in der Gesellschaft eingenommen haben ...« Als Empfänger dieses Privilegs wird Montesquieu es leider nicht seinem Sohn Jean-Baptiste de Secondat weitergeben können.

Die Ämter stellten eine bedeutende Investition dar, brachten jedoch nur wenig ein. 375 Livres Einkommen für einen Rat, 750 für einen Kammerpräsidenten. Die Beamten mußten also über unabhängige persönliche Einnahmequellen verfügen. Im Blickpunkt ihres Vermögens stand der Grundbesitz; er stellte keine einfache Form des Reichtums dar, sondern die Grundlage ihres sozialen Status. Zweifellos dachte Montesquieu an den Grundbesitz, als er seinem Enkelsohn, Charles-Louis de Secondat, schrieb: »Der Reichtum ist ein Zustand und kein Heil. Sein einziges Verdienst ist es, daß er uns den Blicken aussetzt; er verschafft uns mehr Zeugen und folglich mehr Richter; er verpflichtet uns, über ihn selbst Rechenschaft abzulegen. Man befindet sich in einem Haus, dessen Türen immer offen sind; er steckt uns in Kristallpaläste, die wegen ihrer Durchsichtigkeit unbehaglich sind[5].« Die Parlamentarier sind Aristokraten, und die Aristokraten Grundbesitzer.

Von einem wirklichen Parlamentarierviertel konnte man Anfang des 18. Jahrhunderts in der Stadt Bordeaux nicht sprechen, doch es gab Bezirke, in denen sie sich konzentrierten. Die alten Parlamentarierfamilien Le Berthon, Pichard, Dudon und Cazeaux behielten die im 18. Jahrhundert oftmals renovierten oder sogar neuerrichteten Wohnsitze ihrer Vorfahren; sie lagen in den Nebenstraßen des Palais de l'Ombrière, in der Rue du Mirail, der Rue Judaïque (der heutigen Rue de Cheverus), der Rue Margaux und der Rue des Trois-Conils. In diesem Viertel wohnte Montesquieu: bis 1715 im Haus seines Vaters in der Rue des Lauriers, von November 1715 bis Anfang 1719 in der Rue Margaux und danach bis 1725 in der Rue du Mirail, wo er einen großen Haupttrakt vom Baron von Marcellus mietete. Als er sein Parlamentsamt aufgab, mietete er eine Wohnung an der Akademie, hielt sich aber gleichzeitig bei seinem Bruder Joseph im Dekanat von Saint-Seurin auf, in einem Haus, das zwischen der Rue du Manège und der Rue Ségalier lag. Andere Parlamentarier jüngeren Adels, etwa aus den Familien Saige und Lamontaigne, ließen sich im Viertel Chapeau-Rouge nieder, wo sie sich prachtvolle Stadthäuser erbauen ließen. Die meiste Zeit hielten sich die Parlamentarier jedoch in ihren Wohnsitzen im Umland von Bordeaux auf.

Montesquieu stand mit den Parlamentsmitgliedern in Kontakt; seine Korrespondenz belegt die freundschaftlichen, von Hochschätzung geprägten Beziehungen, die er mit einigen von ihnen unterhielt. Sein Ver-

hältnis zum Ersten Präsidenten Joseph de Gillet, dem Marquis von Lacaze, gestaltete sich dagegen recht schwierig, da er immer öfter aus persönlichen Gründen abwesend war. Engere Kontakte knüpfte er mit dem
Generalstaatsanwalt Jacques-Armand-Claude du Vigier de Saint-Laurens
und dem Président à mortier Antoine de Gascq, einem der Gründer der
Akademie; dessen Sohn Antoine-Alexandre war einer der Vermittler, an
die sich Montesquieu 1748 wandte, um sein Amt endgültig zu verkaufen.
In Juilly hatte sich Montesquieu mit Jean-Jacques Bel angefreundet, der
1720 Parlamentsrat war und ihm sehr nahestand; er war Schriftsteller,
Autor eines *Neologischen Wörterbuchs* und Gründer der städtischen Bibliothek von Bordeaux. André-François Le Berthon, Mitschüler Montesquieus in Juilly und 1735 Erster Präsident, kaufte ihm 1748 sein Präsidentenamt für seinen Sohn Hyacinthe ab.

Dem Wunsch entsprechend, den sein Vater in seinem Testament zum
Ausdruck gebracht hatte, beschloß Montesquieu, von dem nicht bekannt
ist, ob er seit seinem Umzug nach Bordeaux Verbindung zu Frauen gehabt
hatte, sich zu verehelichen. Zunächst warf er ein Auge auf Germaine Denis, die jüngste Tochter von Daniel Denis, genannt Piedcourt, einem Geschworenen und Kaufmann aus dem Viertel Chartrons. Montesquieu
hielt im Februar 1715 um ihre Hand an. Ihr Vater gab ihr eine Mitgift von
75 000 Livres. Die Hochzeit sollte bald gefeiert werden, der Vertrag war
sogar schon aufgesetzt, als Montesquieu »aufgrund der in der Stadt um-
gehenden Gerüchte, daß diese Demoiselle angesichts ihrer niedrigen Geburt nicht zu ihm passen würde«, sein Angebot zurückzog[6]. Zwei Monate
später heiratete er Jeanne de Lartigue, die 100 000 Livres Mitgift in die Ehe
mitbrachte. Wenn die in den *Erinnerungen* Savaignacs (der als einziger von
dieser Sache berichtet) angeführten Tatsachen zutreffen, wirft das Fragen
zu den Beweggründen Montesquieus auf. Denn zahlreiche Parlamentarier, und nicht die geringsten, heirateten Töchter von Kaufleuten. Fand
Montesquieu die Aussteuer zu gering in Anbetracht der Aufgaben, die er
zu erfüllen hatte, um die testamentarischen Wünsche seines Vaters auszuführen und das Landgut von La Brède und seine anderen Güter zu unterhalten? Hörte er auf die Ratschläge seines Onkels Jean-Baptiste, dem
daran lag, seinen Erben gut zu verheiraten? Kannte er seine zukünftige
Frau Jeanne de Lartigue, seine Nachbarin aus Rochemorin, unweit von La
Brède, schon lange?

Pierre de Lartigue, Jeannes Vater, war von jüngerem Adel; 1704 war er
durch Patente, die am 1. Januar 1716 erneuert wurden, in den Adelsstand
erhoben worden. Seit 1669 hatte er in der Armee gedient, zuletzt als
Oberstleutnant im Infanterieregiment von Maulevrier. Bei der Belagerung von Namur wurde er verletzt und wegen Dienstunfähigkeit entlas-
sen; er zog sich auf seine Güter im Gebiet von Bordeaux und Agen sowie
nach Bordeaux selbst zurück, wo er in der heutigen Sackgasse der Rue

Neuve das ehemalige, im 16. Jahrhundert erbaute Haus des Präsidenten De Carles bewohnte. Die Fassade des Hauses von Pierre de Lartigue ist heute von Geschäftsgebäuden verdeckt. Im Inneren findet sich noch ein mit zwei Hochreliefs geschmückter Balkon; sie stellen einen Krieger und eine Kriegerin mit kraftvollen Muskeln dar, die beide mit mächtigen, verzierten Harnischen ausgestattet sind. Dahinter sind noch mehrere Zimmer in ihrem einfachen Zustand erhalten. In einem von ihnen hielt Montesquieu um die Hand von Jeanne de Lartigue an, »einem jungen Mädchen, treuherzig und gut, nicht hübsch und sogar ein wenig hinkend«.

Die Familie Lartigue stammte aus Clairac im Agenais, einer Region, in der die Calvinisten stark verwurzelt waren. Jeanne de Lartigues Zugehörigkeit zur reformierten Religion hätte für die Heirat eines Rates am Parlament von Bordeaux ein ernsthaftes Hindernis darstellen können, denn zu dieser Zeit wurden die seit der Aufhebung des Edikts von Nantes geltenden Gesetze über die Eheschließung von Protestanten noch unnachgiebig angewandt. Weder der Abbé von Faise scheint gegen diese Verbindung opponiert zu haben, noch sein Bruder Jean-Baptiste, der als Parlamentspräsident die Protestanten in Schutz genommen hatte, als das Edikt von Fontainebleau in Kraft trat, welches das Edikt von Nantes aufhob. Nirgends spielt Montesquieu auf den Glauben seiner Frau an, außer in einem Brief an einen Unbekannten zwei Jahre nach seiner Hochzeit, in dem er einfach anmerkt: »Madame de M. wird zur letzten Messe gehen.« Es wäre übertrieben, von diesem Text aus zu schließen, daß Jeanne de Lartigue zum Katholizismus konvertiert wäre; zu dieser Zeit nahmen zahlreiche Protestanten an der Messe teil, um ihre persönlichen Überzeugungen nicht offen zur Schau zu tragen.

Der Ehevertrag wurde am 22. März unterzeichnet. Pierre de Lartigue und seine Frau, Élizabeth Pauzie, setzten Jeanne eine Mitgift von 100 000 Livres aus und bestimmten ihre einzige Tochter als Universalerbin. Trotz ihrer Größe brachte diese Mitgift Nachteile mit sich: 74 000 Livres lagen in Form von Handelsobligationen oder Außenständen vor, die einundzwanzig verschiedene Personen verpflichteten. Da die Schulden nicht immer zum vorgesehenen Termin zurückgezahlt wurden, mußte Montesquieu eine Reihe von Prozessen einleiten, um die gesamte Mitgift seiner Frau zu erlangen.

Am 30. April 1715 fand die kirchliche Trauung in der Kirche Saint-Michel in Bordeaux statt; die Zeremonie war sehr schlicht gehalten, zum einen aus Gründen der Sparsamkeit, doch vor allem wegen der Zugehörigkeit Jeanne de Lartigues zur reformierten Religion, was einen zivilrechtlichen Hinderungsgrund darstellte, über den die kirchlichen Autoritäten offensichtlich hinwegsahen.

Am 24. April 1716 starb der Präsident Jean-Baptiste de Montesquieu;

einige Wochen zuvor hatte Montesquieu seinem am 10. Februar geborenen ältesten Sohn den Vornamen seines Großonkels gegeben. Diese Wahl ist sicher nicht dem Zufall zuzuschreiben, denn seit langem hatte der Parlamentspräsident seinen Neffen als Erben seines Amtes, seines Vermögens und seines Namens in Erwägung gezogen; sein Testament vom 11. Januar 1716 bestätigte seine Absichten. Nachdem er den Wunsch, in der Karmeliterkirche bestattet zu werden, geäußert und den anderen Familienmitgliedern und einer Demoiselle Chaubinet, »die ihm seit mehreren Jahren zu Diensten war«, einige Dinge vermacht hat, »setzt« der Erblasser »seinen Neffen Messire Charles-Louis de Secondat, Baron von La Brède, Rat am Parlament, als Haupt- und Universalerben ein, mit der Auflage, die im vorliegenden Testament sowie schriftlich und in besonderen Auflistungen erwähnten Schenkungen und Vermächtnisse auszuzahlen und zu begleichen«; er bestimmt seinen Bruder, den Abbé von Faise, zum Testamentsvollstrecker. Jean-Baptiste de Montesquieu sichert so die Weitergabe von Namen und Vermögen seiner Familie.

Schon am 20. Mai erhält Montesquieu den Altersdispens, um den Titel eines Président à mortier tragen zu können, doch gemäß der Vorschrift wird er tatsächlich nicht vor dem vierzigsten Lebensjahr den Vorsitz führen dürfen. Am 29. Juni wird er mit dem Titel eines Président à mortier ausgestattet und am 13. Juli in dieser Eigenschaft im Parlament empfangen.

Nur drei Jahre nach seiner Rückkehr nach Bordeaux sieht sich der gerade erst siebenundzwanzig Jahre alte Montesquieu also fest im Leben eingerichtet, mit seiner Familie, als Verwalter seiner Ländereien, Parlamentspräsident und Mitglied der Akademie von Bordeaux.

*

Das Verhältnis von Montesquieu und Jeanne de Lartigue bleibt im verborgenen und von einem Schleier umhüllt, den die wenigen vorhandenen Texte nicht zu lüften vermögen. Die Korrespondenz enthält keinen Brief von Montesquieu an seine Frau; es finden sich in ihr jedoch Anspielungen auf sie; aber alle diese Briefe sind an Geschäftsleute gerichtet, so an Saint-Lanne, Richter in Montesquieu, an Lalanne, Ratgeber des Königs in Bordeaux, an Daniel Grenoilleau, seinen Rechtsanwalt in Bordeaux, oder Latapie, einen Notar aus Bordeaux. Jeanne de Lartigue spielte in der Tat eine wichtige Rolle in der Verwaltung des Vermögens und der Güter von Montesquieu, der volles Vertrauen zu ihr hatte: »Wenn ich jemandem vertraue, tue ich es vorbehaltlos; doch ich vertraue nur wenigen[7].« Davon zeugen die Vollmachten, die er ihr vor seiner Reise im Jahre 1728 oder während seiner Aufenthalte in Paris ausstellt, aber auch dieser am 7. Februar 1739 von Mirabeaus Vater geschriebene Brief: »Monsieur de Montesquieu, verheiratet und Président à mortier, verkauft sein Amt, um seiner Vorliebe für die Wissenschaften zu genügen; er erwirbt sich hohes Ansehen, bildet seinen Verstand auf angenehme Art aus und, weit davon entfernt, daß seine Geschäfte durch seine fortwährenden Reisen zum Erliegen kämen, verfügt er von Rom aus über den Baum, den er in irgendeine Ecke seines Gutes gepflanzt haben möchte; seine Frau führt seine Anweisungen aus, er findet die Arbeiten bei der Rückkehr erledigt vor und hat sein Einkommen beachtlich in einer Zeit erhöht, in der sich ein jämmerlicher Stubenhocker beklagt, daß der Boden jeden Tag weniger hergibt[8].«

Diese aktive Beteiligung Madame de Montesquieus an der Verwaltung des familiären Eigentums ist damals längst kein Einzelfall mehr oder eine von den Abwesenheiten und Reisen ihres Mannes herausgeforderte Ausnahmeerscheinung. Die Ehefrau ist damals vom juristischen Standpunkt her nicht »geschäftsunfähig«. Das familiäre Interesse um die Aufteilung der Arbeiten geben der verheirateten Frau ein wichtige Funktion. Während der Mann außerhalb tätig ist, verwaltet sie das Zuhause[9].

Jeanne de Lartigue war für ihren Mann also vor allem eine hervorragende Mitarbeiterin. Hält man sich an den Wortlaut eines 1725 an Madame Berthelot de Jouy adressierten Briefes, so ist man versucht zu glauben, daß sie ansonsten wenig Platz im Leben Montesquieus einnimmt und er ihr nicht mehr Zuneigung entgegenbringt als seinen Besitztümern: »Ich werde noch einige Monate hier bleiben [in La Brède], verliebt in meine Wälder, meine Einsamkeit und meine Frau.« Was seine ehelichen Gefühle betrifft, so gibt er sich sehr verschlossen; seltsam berührt die folgende, 1725 an Madame de Grave gerichtete Vertraulichkeit: »Es ist nicht so, daß ich mich hier nur amüsieren würde. Es gibt hier eine Frau, die ich sehr liebe, weil sie mir nichts entgegnet, wenn ich zu ihr spreche, und die mir bereits fünf oder sechs Ohrfeigen verabreicht hat, weil sie, wie sie sagt, schlechter Laune ist.« Wie soll man diesen Text interpretieren, der ein turbulentes Verhältnis zwischen den beiden Ehepartnern erahnen läßt? Ist es angebracht, folgenden Satz aus der Einleitung der *Persischen Briefe* auf Jeanne de Lartigue zu beziehen: »Ich kenne eine Frau, die einen ganz passablen Gang hat, aber humpelt, sobald man sie anschaut.« Jeanne de Lartigue war in der Tat leicht behindert und ihr Gesicht ohne Anmut. Montesquieu widmete ihr vielleicht folgende Überlegung: »So glaubt eine häßliche Frau, schön zu sein, und meint ein Tor, Geist zu besitzen[10].«

Mit der Heirat von Jeanne de Lartigue zeigt Montesquieu seine Ablehnung einer Verbindung von Liebe und Ehe. Doch welche Vorstellungen hat er von der Liebe? Er unterscheidet sie eindeutig von der Freundschaft: »Es ist ganz sicher, daß die Liebe einen anderen Charakter hat als die Freundschaft, die noch niemals einen Mann ins Irrenhaus gebracht hat[11].« Ihre treibenden Kräfte analysiert er so: »Die Liebe will so viel bekommen, wie sie gibt: Sie ist die persönlichste von allen Interessen; sie läßt uns vergleichen, kalkulieren und bringt die Eitelkeit dazu, Argwohn zu hegen und sich niemals ganz zu beruhigen. Damit wir geliebt werden, stattet uns die Liebe mit einem Anspruch aus, den unsere Eitelkeit unerbittlich geltend machen will; die am wenigsten liebenswerten Männer nennen die Gleichgültigkeit, die man ihrer Leidenschaft entgegenbringt, Undankbarkeit. Wenn wir aus Ungewißheit oder Furcht, nicht geliebt zu werden, jemanden verdächtigen, geliebt zu werden, empfinden wir einen Schmerz, den man Eifersucht nennt. Es erscheint uns selbstverständlicher, die Geringschätzung, die man uns entgegenbringt, der Ungerechtigkeit eines Rivalen zuzuschreiben als unserer eigenen Unzulänglichkeit, denn unsere Eitelkeit läßt uns gerne glauben, daß wir geliebt werden, wenn es keinen Widerpart gibt. Man haßt einen Mann, der sich etwas nimmt, von dem wir dachten, daß es uns gebührte: In der Liebe bildet man sich ein, daß allein schon die Forderung einen legitimen Anspruch mit sich bringt[12].«

Die Eifersucht ist folglich von der Liebe nicht zu trennen; sie kann sogar in der Ehe vorkommen: »Ich denke, daß wir eifersüchtig aus einem geheimen Schmerz über das Vergnügen anderer sind, wenn wir selbst weder dessen Ursache noch Zweck sind, oder aus einer gewissen Scham, das heißt aus der Beschämung über unsere Unvollkommenheiten, die uns gezwungen hat, gewisse Dinge vor den Augen anderer zu verbergen. Daher kam es, daß ein Ehemann die Geheimnisse seiner Frau wie seine eigenen betrachtete; oder es kam von der Kenntnis des geringen Ausmaßes der zu leicht zu befriedigenden Leidenschaften und dieser Torheit der Natur, die ein zwischen zwei Personen geteiltes Herz dazu bringt, sich ganz der einen hinzugeben oder sich von beiden zu lösen; oder von dem – stets dem Ehemann zugesprochenen – Eigentumsrecht an den Kindern einer Frau, das man immer versucht, so unzweifelhaft wie möglich zu gestalten; oder von der Furcht vor der Lächerlichkeit, mit der die schlechten Witzbolde aller Nationen dieses Thema befrachtet haben: Da es schon immer jedem Vergnügen bereitete, einer Leidenschaft zu verfallen, die, nachdem sie einmal einen Menschen ergriffen hatte, auf alle anderen überging (sprechen Sie von Rache, so werden Sie nur den anrühren, der von einer Beleidigung ergriffen ist, die man ihm zugefügt hat: alle anderen werden gleichgültig bleiben; doch sprechen Sie von Liebe, werden Sie nur geöffnete Herzen und aufmerksame Ohren finden); oder letztlich aus dem Wunsch heraus, von den Personen geliebt zu werden, die man selbst liebt: ein Wunsch, der sich in der Substanz der Seele findet, das heißt in ihrer Eitelkeit, und der sich nicht von dem unterscheidet, von allen geschätzt zu werden, vor allem von denen, die mit uns am meisten zu tun haben[13].«

Die Untreue in der Ehe oder in Liebesbeziehungen ist demnach eine

Quelle des Leides; die tieferliegenden Ursachen des von ihr hervorgerufenen Kummers sind jedoch vielfältig; sie hängen mit dem Wissen zusammen, das die anderen davon haben, und mit dem Spott, der sich daraus ergibt. Das geht zumindest aus dem *Dialog zwischen Vulcanus und Venus* hervor. »Ich weiß nicht«, erklärt Vulcanus, »was mir mehr Kummer bereitet: daß ich gehörnt bin oder daß es alle wissen. Ehrlich gesagt, glaube ich, es ist eher, daß ich gehörnt bin, denn als ich die Götter anrief, um in meinen Fangnetzen Mars und Venus zu sehen, war ich erfreut. Sie waren sehr beschämt ... Ich will meine Frau aber nicht mehr nach Zypern, Paphos oder Kythera laufen lassen ... Ich habe dann nur mit diesem Schwarm von Nymphen, Amoretten und Grazien zu tun und all den dazugehörigen Koketterien. Damit das ganze Universum davon redet, solange es Vulcanus' Eifersucht will. Spräche das ganze Universum dann nicht auch von den Hinterhältigkeiten der Venus? Ich verspüre Vergnügen bei dem Gedanken an die Unannehmlichkeiten, denen ich aus dem Weg gehen werde[14].«

Doch ist dieser Sinn für die eheliche Ehre, der den Männern so lieb ist, nicht erdrückend für die Frauen, wie etwa für jene Myrina, die Montesquieu sagen läßt: »Ich will mein Geschlecht von der Tyrannei befreien, die auf ihm lastet. Ihr erlegt Euch die Gesetze der Ehre nur auf, um uns zu entehren, wenn es Euch gefällt. Ihr seid gereizt, wenn wir Euch zurückweisen, und Ihr mißachtet uns, wenn wir es nicht tun. Wenn Ihr uns sagt, daß Ihr uns liebt, heißt das, daß Ihr uns den größten Gefahren aussetzen wollt, ohne sie zu teilen[15].«

Die Ehe wie auch außereheliche Liebschaften haben ihre Nachteile. Als Montesquieu einer unbekannten Demoiselle schreibt, die vor der Heirat zurückschreckt, ermuntert er sie dazu zu lieben; hinter dem ironisch-humorvollen Ton läßt sich dabei eine gewisse Bitterkeit erkennen:

»Wie gerecht Ihr Haß auf die Ehe ist! Die Vernunft hat Sie spüren lassen, was anderen allein die Erfahrung vermittelt.

Wenn durch unzertrennliche Bande
Zwei treue Liebende, die dieselbe Glut erfüllt,
Sich unter den Augen der Unsterblichen aneinander binden,
Dann ist die Liebe stets das Opfer,
Das man auf den Altären darbringt.

Sie wissen wohl, daß früher die Mitglieder der vornehmen Gesellschaft nicht geheiratet haben.

Sie kennen Coriolan
Amadis Roger und Rolan!

Obwohl verliebt und treu,
Verabscheuten sie das Sakrament,
Und froh, ihren Schönen zu gefallen,
Heirateten sie nur ihren Streit.

Sie sehen, Mademoiselle, daß man die Fesseln der Ehe und der Liebe nicht verwechseln darf; man muß überhaupt nicht heiraten; doch man muß lieben, und alle sollten in diesem Punkt den gleichen Glauben haben.

Iris, seien Sie nicht so streng.
Lieben, seufzen Sie Tag und Nacht.
Das entzückendste Geheimnis
Ist das Geheimnis der Liebe.
Kein Heil außerhalb von Kythera.

Lieben Sie, Mademoiselle, auf mein Ehrenwort; ich weiß, was es bedeutet.

Kosten Sie die äußerste Sinnenfreude:
Sie ist die einzige Glückseligkeit.
Sogar den Göttern bereitet sie Vergnügen
Und nimmt ihnen die Langeweile der Unsterblichkeit[16].«

Montesquieu fühlte sich demnach in der Liebe ungebunden, wie er selbst eingesteht: »In meiner Jugend war ich glücklich genug, um mich an Frauen zu binden, von denen ich glaubte, daß sie mich liebten. Sobald dieser Glaube schwand, löste ich mich unversehens von ihnen[17].« In Wahrheit wird die Haltung Montesquieus während der Krisenjahre 1724–1725 nicht so unbekümmert sein. Doch bevor wir von dieser wirren Zeit und der Unruhe in seiner Existenz berichten, beschäftigen wir uns mit den Gefühlen des verliebten Montesquieu. Eine Passage aus den *Gedanken*[18] zeigt ihn unter dem Einfluß der Leidenschaft:
»Ich bin untröstlich. Stell Dir vor, ich befinde mich in dem entsetzlichen Zustand, in dem wir bei unserer Trennung waren. Erinnerst Du Dich noch daran, mein liebes Kind? Deine Verwirrung ließ Dich auch meine wahrnehmen. Ich spreche nicht mehr von dem Tag, den wir unter Tränen verbrachten, sondern von diesem grausamen Augenblick, als man uns auseinanderriß, und vom Schmerz des Weinens und dem Trost unserer Klagen. Erinnerst Du Dich an diesen Juno, der uns unaufhörlich beobachtete und unseren Seufzern bis in unsere Herzen folgte? Erinnerst Du Dich an diesen Korsaren, der die Grausamkeit bis zu dem Wunsch trieb, uns zu erheitern? Wie sehr ich litt! Wenn ich es wenigstens fertiggebracht hätte,

Dir meine Verzweiflung zu schildern, als ich Dich verließ, dann hätte ich Trost darin gefunden, Dich spüren zu lassen, daß ich all Deiner Liebe nicht unwürdig bin. Ich befürchte immer, daß ich Dir meine Liebe nicht deutlich genug gezeigt habe. Ich habe Dir unzählige Male gesagt, daß ich Dich rasend liebe. Ich habe immer den Eindruck, es Dir nicht oft genug gesagt zu haben, und ich möchte sterben, während ich es Dir sage.«

Handelt es sich hierbei um einen fiktiven Brief, das heißt, sollte man diese glühenden Liebeserklärungen der Literatur zurechnen? Oder drückt dieser Brief, da er in den *Gedanken*, diesen ganz persönlichen, nur für private Zwecke bestimmten Aufzeichnungen Montesquieus überliefert ist, nicht tatsächlich empfundene Gefühle aus? Indessen macht er sich keine falschen Illusionen über die geheimen Beweggründe, welche die Mätressen dazu veranlassen, ein Verhältnis zu lösen: »Ich sagte, daß die Frauen abwägen, wenn sie ihren Liebhaber wechseln! Der verdienstvolle Nachfolger ist ihnen stets weniger wert als der Vorgänger; die Unsicherheit des Wechsels; ein Mann, der sie unzufrieden macht; stets weniger Wertschätzung für sie selbst; die Gefahr, bald erneut wechseln zu müssen: Dies sind einige ihrer Erwägungen[19].«

Montesquieu weist Ausschweifung indessen zurück: »Der Vorteil der Liebe gegenüber der Ausschweifung ist die große Freude. Alle Gedanken, Vorlieben und Gefühle beruhen auf Gegenseitigkeit. In der Liebe haben sie zwei Körper und zwei Gefühle, in der Ausschweifung dagegen nur ein Gefühl, das sogar des eigenen Körpers überdrüssig ist[20].«

Das Porträt des Regenten, das er in den *Briefen von Xenokrates an Pheres* in der Figur des Peisistratos zeichnet, offenbart den langsamen Verfall, den der unmerkliche Übergang von der Liebe zur Ausschweifung mit sich bringt: »In den ersten Jahren liebte Peisistratos. Er fand ein zärtliches Herz und Freuden, welche die Liebe den wahren Liebhabern vorbehält. Danach lief er von einem Lustobjekt zum anderen, bis er schließlich ohne Freude über sie verfügte. Er erschöpfte seine Sinne, damit sie ihm verschafften, was er verloren hatte, und strapazierte sich in seinen Leidenschaften so sehr, daß er fast nicht mehr zu dem fähig war, was fälschlich genießen genannt wird. Schließlich gab er sich der Ausschweifung hin. Was immer man davon hält: Die Ausschweifung befriedigt auf die Dauer nicht. Seine Mätressen waren nur noch Zeugen eines Lebens, das nicht frei, sondern zügellos war.«

Die Liebesfreuden bringen Nachteile mit sich, die Montesquieu daran hindern werden, während seines Aufenthaltes in Venedig im Jahre 1728 die Kurtisanen allzusehr zu frequentieren: »Furchtbare Krankheiten, die unseren Vätern unbekannt waren, bedrohen die menschliche Natur sogar in ihrer Lebensquelle und ihren Sinnenfreuden ... Vergnügen und Gesundheit sind nahezu unvereinbar geworden. Die Leiden der Liebe, die früher von den Dichtern so ausgiebig besungen wurden, finden ihre Ursache nicht mehr in der Unerbittlichkeit oder der Untreue einer Mätresse. Die Zeit hat andere Gefahren hervorgerufen; der Apoll unserer Tage ist weniger ein Gott der Verse als der Medizin[21].«

Tatsächlich ist Montesquieu ein Mann der Régence, der in seiner Jugend und in seinen Werken, so in den *Persischen Briefen* und im *Tempel von Gnidos*, Scherz und Sinnlichkeit verbindet. Der folgende *Brief von Iris*[22] ist in seiner zweideutigen Sinnlichkeit sehr charakteristisch für diese Epoche:

Sie haben ein neues Mittel gefunden, um
Sich meiner Treue zu versichern: Ich bin
Für niemand mehr zu haben. Sie haben mich
Unfähig gemacht, den anderen Vergnügen zu bereiten.

Um Ihnen einen glücklichen Ruhestand zu verschaffen,
Erhöhte die Liebe meine Fähigkeit.
Sie sagt Ihnen: Lieber Abbé, ich spüre, daß ich mich eigne
Für Deine Unermeßlichkeit.

Als Sie mich verlassen wollten, rückte ich
Meine Frisur zurecht und erhob mich.
Lieber Abbé, so lange Waffen
Müssen das ganze Universum besiegen.
Ihre Steifheit legt die Herzen in Ketten,
Die bisher Ihren Reizen entkommen sind.
Allein für Dich habe ich vollkommene Glut gefühlt.
Ich habe niemals so geliebt wie heute.
Priap war meine letzte Liebelei,
Sie waren meine erste Liebe.
Ihre unnachgiebige Härte
Bedingt die Größe Ihrer Macht,
Ihre unnachgiebige Härte
Verwandelt sie in Herrlichkeit.

Doch trotz seiner vielleicht mehr eingebildeten und literarischen als wirklichen Seitensprünge hatte Montesquieu eine hohe Meinung von den Frauen; er bemerkt: »Die Art und Weise, wie man die Frauen in Frankreich behandelt, wo eine junge Frau von achtzehn Jahren und schön wie die Liebe von ihrem Mann so gering geschätzt wird wie die Luft, ist ein Mangel an Verstand und keine seelische Schwäche[23].« Die Ratschläge, die er 1739 in Form von Maximen der Prinzessin von Lixin gibt, als sie erneut, diesmal den Marquis von Mirepoix, heiratet, sind zwar im reifen Alter verfaßt, doch sie zeugen von einer weniger leichtfertigen Beurteilung der Ehe: »I. Die Liebe offenbart niemals, was die Freundschaft in ihrer höchsten Form sagen läßt. II. Die Liebe hat, wie immer sie auch ausfällt, ihre Regeln; und in den edlen Seelen sind diese stärker verankert als die Gesetze. III. Das Herz ist ganz der Liebe ergeben; die Seele bleibt für die Tugenden. IV. Zwei mittelmäßige Charaktere versuchen sich gegenseitig zu übertrumpfen; zwei große bringen einander zur Geltung. V. Es ist die Wirkung eines außerordentlichen Verdienstes, sich in seinem Leben an der Seite eines ebensogroßen Verdienstes zu befinden[24].« Noch nuancierter ist diese Erklärung gegenüber einem Mann, der ihn wegen seiner Heirat zu Rate zog: »Im allgemeinen sind die Menschen der Ansicht, daß Sie eine Torheit begehen werden; im einzelnen jedoch haben die meisten Menschen das Gegenteil beschlossen[25].«

Montesquieu hat demnach die Ketten der Vernunftehe akzeptiert, um einer Art Vererbungsbedürfnis gerecht zu werden und den Fortbestand seines Geschlechts zu sichern, an dem er sehr hängt. Die Ehe bleibt, wie folgende Notiz aus dem *Spicilège* zeigt, für ihn eine Bindung, die aufgrund persönlicher Unstimmigkeiten nicht gelöst werden kann[26]: »Aus London, den 14. Mai 1715. Die Seigneurs hörten die Plädoyers der Rechtsanwälte über das Gesuch des Ritters Downing und seiner Frau, die wegen der gegenseitigen Abneigung, die sie füreinander empfanden, um Scheidung baten, doch nach mehreren Anfechtungen wurde mit einer Mehrheit von fünfzig zu achtundvierzig Stimmen entschieden, daß die gegenseitige Abneigung keinen ausreichenden Grund darstellt, um die Ehe zu lösen.«

Montesquieu erhält in seinem Gefühlsleben eine große Freiheit aufrecht. War die eheliche Treue für ihn nur eine Nebensächlichkeit? Man wäre versucht, so zu denken, wenn man folgende Vertraulichkeit liest: »Ich habe meine Familie genug geliebt, um das zu vollbringen, was in den wesentlichen Dingen zum Guten führt; doch ich habe mich von den kleinen Nebensächlichkeiten befreit[27].«

Von 1716 oder 1717 an, als Montesquieu des Lebens in der Gegend von Bordeaux überdrüssig wurde, begann die Ehe wahrscheinlich zur Belastung zu werden. Immer häufiger reiste er nach Paris. Wie J. Geffriaud-Rosso anmerkt, »ist Montesquieus ›Pendler‹-Dasein zwischen der Hauptstadt und seinen Ländereien keine einmalige Angelegenheit. Bereits seit dem 16. Jahrhundert ist dieses halb ländliche, halb städtische Leben für einen großen Teil des Provinzadels zur Gewohnheit geworden. Im 18. Jahrhundert beschleunigt sich diese Bewegung. Im Winter wohnt man in der Stadt, übrigens nicht immer in Paris, sondern auch in den Provinzstädten, um die Ballsaison, die gesellschaftlichen Zusammenkünfte, die Theateraufführungen und zuweilen die Konzerte wahrzunehmen. Den Sommer verbringt man auf dem Lande, um das Geld zu sparen, das nötig ist, um im Winter auf großem Fuß leben zu können. Der Sommeraufenthalt gestattet gleichzeitig, die Ernte oder in den Weingegenden die Lese zu beaufsichtigen, vor Ort die am Tag des hl. Johannes fälligen Mieten zu kassieren, die Pachtverträge zu erneuern und schließlich einen Teil der Produktion selbst zu verzehren. Montesquieus Gewohnheiten weichen in nichts von denen seiner Zeitgenossen ab, es sei denn, daß er Paris Bordeaux vorzieht und daß er sich allein in die Hauptstadt begibt[28].«

Als Montesquieu die Entwicklung der Lebensgewohnheiten seit dem 16. Jahrhundert untersucht, stellt er ihren unerfreulichen und verderblichen Einfluß auf die Familie fest: »In dem Maße, wie sich die politische Macht festigte, verließ der Adel seine Landgüter. Das war der Hauptgrund für die Veränderung, die sich in der Nation vollzog. Man gab die einfachen Sitten aus den früheren Zeiten für die Eitelkeit der Städte auf; die Frauen verließen den Herd und verachteten alle Vergnügungen, die keine Sinnenfreuden waren.

Die Unordnung schlich sich unmerklich ein. Sie trat unter Franz I. auf und setzte sich unter Heinrich II. fort. Luxus und Lässigkeit der Italiener nahmen unter der Regentschaft von Königin Katharina zu. Unter Heinrich III. zeigte sich am Hof eine Lasterhaftigkeit, die leider nur den barbarischen Nationen unbekannt ist. Korruption und Eigenwilligkeit pflanzten sich in einem Geschlecht fort, das es verstand, sogar aus Geringschätzungen Nutzen zu ziehen. Niemals wurde die Ehe mehr beleidigt als unter Heinrich IV. Die Frömmigkeit Ludwigs XIII. ließ das Übel dort, wo es steckte. Niemals war ein Prinz ungeeigneter, seiner Epoche den Ton anzugeben. Die würdevolle Zuvorkommenheit Anna von Österreichs konnte nichts verändern. Die Jugend Ludwigs XIV. vergrößerte das Übel; seine Strenge im Alter hob es zeitweilig auf; die Dämme brachen, als er starb.

Die Töchter hörten nicht mehr auf die Traditionen der Mütter. Die Frauen, die nur stufenweise zu einer gewissen Freiheit gelangt waren, setzten sie schon in den ersten Tagen der Ehe durch. Aus Furcht, vor Eifersucht zu erröten, errötete man vor Aufmerksamkeiten. Man kannte die Untugenden nicht mehr; man bemerkte nur die Lächerlichkeiten und nahm, je nachdem wie groß ihre Anzahl war, eine gehemmte Bescheidenheit oder eine zaghafte Tugend an. Die Unkenntnis der Sitten war eine Art verfolgte Religion.

Eine Konvention folgte der anderen; ein Geheimnis machte schon die Runde, bevor es richtig besiegelt war. Im fortwährenden Wandel wurde der Geschmack zermürbt; man verlor ihn durch die ständige Suche nach Vergnügungen. Die halbe Nation begann den Tag, wenn der vorherige endete. Der Müßiggang wurde Freiheit genannt, der übermäßige Genuß von Vergnügungen Beschäftigung. Man wollte das Vergnügen, das sich auf Festmählern mitteilt, ins Leben tragen[29].«

Wenn Montesquieu die Gründe für die Wandlung der Familie und mithin der Gesellschaft diskutiert, so war er in seinem Privatleben selbst von der Entwicklung der Lebensgewohnheiten beeinflußt. Verheiratet zu Beginn der Régence, war er ein Mann seiner Zeit; doch da er an seiner Familie hing und – überzeugt, daß »nur die Ehen bevölkern[30]« – bestrebt war, ihren Fortbestand zu sichern, erfüllte er seine Pflicht als Familienvater. Jeanne de Lartigue schenkte ihm drei Kinder, einen Sohn und zwei Töchter. Der älteste, Jean-Baptiste de Secondat, geboren am 10. Februar 1716, »ungefähr um zwölf Uhr mittags«, wurde am übernächsten Tag in der Kirche von Martillac getauft; Pate war sein Großonkel, der Präsident Jean-Baptiste de Montesquieu, Patin seine Großmutter mütterlicherseits.

Die Geburt des ältesten Sohnes im Jahr nach der Hochzeit gab Montesquieu, trotz der hohen Kindersterblichkeit, die damals herrschte, die Gewißheit, daß seine Familie nach ihm nicht aussterben würde. Montesquieu ließ seinen Sohn offenbar selbst über seine Zukunft entscheiden: »Sie werden dem Amts- oder dem Schwertadel angehören. Da Sie Ihrem Stand Rechenschaft schuldig sind, müssen Sie ihn selbst wählen. Im Amtsadel werden Sie mehr Unabhängigkeit und Freiheit finden, im Schwertadel größere Aussichten«; er legte ihm selbst höhere Ambitionen nahe als die traditionellen Familienverpflichtungen: »Es steht Ihnen frei, bedeutendere Positionen zu ergreifen; denn jeder Bürger darf seinem Vaterland nach Wunsch größere Dienste erweisen. Ein edles redliches Bestreben ist im übrigen eine der Gesellschaft nützliche Gesinnung[31].«

Ein Jahr nach der Geburt von Jean-Baptiste brachte Madame de Montesquieu am 22. Januar 1717 ein Mädchen namens Marie zur Welt. Sie wurde in Agen im Kloster Notre-Dame-de-Paulin aufgezogen, wo ihre Tante, Thérèse de Secondat, Ordensschwester war. Ihre Jugendzeit liegt im dunkeln, abgesehen von dieser kurzen Mitteilung, die ihr Vater ihr 1726 zukommen ließ: »Schreib selbst, meine liebe Tochter; ich mag Deine kleinen Albernheiten lieber als all die geistreichen Bemerkungen, die Dir diese Damen [die Nonnen] beibringen können.«

*

Im 18. Jahrhundert besaßen die Mitglieder der souveränen Gerichte, des Parlaments, aber auch des Obersteueramtes bedeutende Länderein in der Umgebung von Bordeaux; die Einkünfte aus diesen Landgütern, die ihre Amtsbezüge weit übertrafen, stellten den größten Teil ihres Vermögens dar. Das größte Ansehen war mit der adligen Domäne des Weinanbaus verknüpft; die Weinernten waren jedoch abhängig von den Launen des Wetters und häufig bedroht von Schädlingen, die nur schwer zu bekämpfen waren; hinzu kamen die Unsicherheiten der Handelskonjunktur, die vor allem in Kriegszeiten von den Wechselfällen der Außenpolitik abhing; die Gutsbesitzer hatten genug Gründe, ihre Kulturen vielfältiger zu gestalten, auch wenn sie einen großen Teil, nicht unbedingt den größten, dem Weinanbau vorbehielten. Montesquieu machte sich diese aus der Erfahrung hervorgegangenen, vernünftigen Leitlinien zu eigen. Auch wenn sein Nachlaßinventar zeigt, daß vorherrschend Wein angebaut wurde, verschrieb er sich auf seinen Gütern ebenso der Mischkultur: In den Speichern von La Brède finden sich kurz nach seinem Tod Weizen, dicke Bohnen, Erbsen, Viehfutter, Roggen und Mais. Daneben besaß er einen großen Viehbestand: in La Brède 591 Mutterschafe, 24 Zugochsen und 2 Pferde; in Raymond 245 Mutterschafe, 26 Rinder, 19 Kühe und Kälber, 2 Pferde und 12 Schweine.

Das Schloß und das Gut von La Brède bildeten das Kleinod von Montesquieus Ländereien. Auf dem linken Ufer der Garonne, etwa zwanzig Kilometer von Bordeaux entfernt, führte die Straße zwischen Bordeaux und Toulouse nach La Brède, der Hauptstadt der Region Graves. Im 18. Jahrhundert war noch eine Römerstraße namens *lou camin roman* oder *lou camin galian* vorhanden, die im Mittelalter einen Zweig des Pilgerweges nach Santiago de Compostela bildete.

Das Schloß von La Brède ist heute noch genauso erhalten wie zu Lebzeiten Montesquieus; die Zeichnung von Gonzales aus dem Jahre 1785 beweist, daß seither keine nennenswerten Veränderungen am äußeren Erscheinungsbild vorgenommen worden sind; das Bauwerk wurde 1951 zum historischen Denkmal erklärt. Eine breite Zufahrtsallee, gesäumt von jahrhundertealten Bäumen, führt zu einer weitläufigen Wiese; in ihrer Mitte funkelt vor dem Schloß ein Wasserbecken, das von den Quellen des Heidelandes von Sesques gespeist wird. Einige hundert Meter entfernt bilden Bäume einen grünen Kranz rund um das Schloß. Obwohl die Anlage bemerkenswert ist, erscheint die Architektur selbst eher schlicht. Vier Bauabschnitte lassen sich unterscheiden: zunächst ein rechteckiger, im 13. Jahrhundert errichteter Hauptturm, der vom Bibliothekszimmer in der ersten Etage abgegrenzt ist. Am Südende des Turms befindet sich eine Kapelle aus dem 16. Jahrhundert. Aus der dritten Bauphase stammt ein runder Turm mit Pechnasen, bedeckt von einem kegelförmigen Dach, das an der Mauer übersteht. Später sind zwischen dem inneren Trakt und der Befestigungsmauer noch weitere Gebäudeteile hinzugekommen. Das Ganze bildet ein unregelmäßiges Vieleck mit 16 großen Außenseiten und 37 Metern Durchmesser.

Wie Montesquieu überquert der Besucher vor Betreten des Schlosses drei leichte Holzstege, welche die ehemaligen Zugbrücken ersetzen. Ringsherum beleben Tausende von duftenden Blumen, »die eine Seele haben«, die Architektur aus Stein; sie tragen zum Reiz dieses Ortes bei, für den Montesquieu eine besondere Schwäche hatte: »Ich bin so gerne in La Brède, weil ich dort mein Geld unter den Füßen zu spüren meine. In Paris habe ich immer den Eindruck, es liege mir auf den Schultern. In Paris sage ich: ›Ich darf nur soundsoviel ausgeben.‹ Bei mir auf dem Lande sage ich: ›All das muß ich ausgeben[32].‹« Zweifellos ein Scherz, doch aufschlußreich im Hinblick auf die Liebe, die Montesquieu seinem Besitz entgegenbrachte.

In den *Gedanken* und seiner Korrespondenz erwähnt Montesquieu La Brède häufig: »Ich baue in La Brède; mein Bauwerk schreitet voran, und ich ziehe mich zurück«, schreibt er am Ende seines Lebens[33]. Gegenüber seinen Briefpartnern gibt er vor, sich in La Brède zu langweilen; indessen möchte er sie zu einem Besuch anregen, wie es scheint. Mehrere Briefe von 1725 zeugen für diese Stimmung. Im Mai erklärt er seiner Cousine Madame d'Herbigny: »Ich befinde mich hier auf einem Gut, wo es keine Nachbarn gibt und wo ich unaufhörlich studiere; wenn ich nur ein Jahr ohne Geld auskommen könnte, würde ich sehr gelehrt sein. Sie hingegen, Madame, sind in einer ganz anderen Lage; Sie sind dafür geschaffen, Vergnügungen zu genießen, während ich darauf hinarbeite, sie geringzuschätzen. Die Annehmlichkeiten gehören Ihnen, mir die Reflexionen.« Gleichartige Bemerkungen finden sich in einem Brief vom 22. Mai 1725 an den Marquis von Brancas wieder: »Ich bin hier inmitten von Wäldern, wo ich keine anderen Hilfsmittel habe als die Geometrie. Wenn ich nur ein Jahr ohne Geld sein könnte, wäre ich wahrscheinlich ein sehr fähiger Mann. Unsere Provinz ist in einem beklagenswerten Zustand. Es ist erstaunlich, daß ein Volk so schnell von übermäßigem Reichtum in äußerste Armut verfällt; Reichtümer erzeugen keinen Wohlstand, sondern Bedürfnisse. Nur den Geizigen nützt der öffentliche Reichtum; dennoch profitieren sie auch von der allgemeinen Armut.« Zehn Jahre später, am 24. Oktober 1734, ironisiert er in einem Brief an Bulkeley sein Dasein im gleichen Tonfall: »Ich will Ihnen sagen, mein lieber Lord, daß ich seit zwei Wochen in La Brède bin. Ich möchte, daß Sie hierherkommen, um Enten zu schießen.«

Während seiner zahlreichen Aufenthalte in La Brède widmete Montesquieu seine Zeit nicht allein dem Studium und der Lektüre; er machte auch Spaziergänge. Laut Latapie führten sie ihn »am häufigsten nach L'Estivette, um sich dort mit Madame Duguats zu unterhalten, der es weder an Geist noch an Bildung mangelte und die er seine Madame Tencin von La Brède nannte. In Eyquem traf er Madame Gaussen, deren Charakter er schätzte; sie verband Frömmigkeit und angenehme Heiterkeit mit dem Tonfall der guten Gesellschaft«. Häufig führte er Unterredungen mit seinen Geschäftsführern, so mit Pierre Latapie, der 1680 in den Dienst von Jacques de Secondat getreten war, sowie später mit dessen Sohn Pierre, dem Notar und königlichen Richter in La Brède, mit dem er oft korrespondierte. François de Paule, der Sohn Pierre Latapies, war als Freund der Familie geschätzt und verehrte Montesquieu bis zu seinem Tod. Die alltägliche Leitung des Landguts lag in der Obhut der beiden Verwalter Jean Argeau und Charles Coulomié.

Während er seinen Weinberg und seine Güter beaufsichtigt und für den Lebensstandard seines Haushalts sorgt, begegnet Montesquieu seinen Dienstboten, so seinem Maître d'Hôtel Guillaume Grenier, genannt »der Aufgeweckte«, seinen Kammerdienern Mansacard und Brice Collard, seinem Kutscher Étienne Bertrand, dem Postkutscher André Luquet, dem Koch Jean Brau oder seinen Jagdaufsehern Jean Billau und Jean Brossier. Mit ihnen und seinen Pächtern unterhält er sich in familiärem Ton, wobei er das Französische und den gascognischen Dialekt vermischt. Wenn er sich auch gegenüber seinen Pächtern bei der Unterzeichnung der Pachtverträge sehr entschieden und bei der Zahlung des ihm Zustehenden fordernd zeigt, und wenn er nicht zögert, die säumigen Zahler gerichtlich verfolgen zu lassen, so sorgt er sich in schwierigen Zeiten doch um die finanzielle Lage seiner Pächter. So schreibt er im November 1747 an Latapie: »Meine Pächter von La Brède sind so mit Steuern belastet worden, daß es ihnen unmöglich ist, sie zu bezahlen: Sie müßten schon all ihren Weizen verkaufen. Ich bitte Sie, mit den Eintreibern zu sprechen und sie anzuhalten, ihnen einen Teil der Schuld zu erlassen. Wir werden die Steuerliste erstellen und dieses Jahr eine Senkung durchführen.« 1748, als die Gegend von Bordeaux unter einer Hungersnot litt, zögerte er nicht, den in seinen Speichern lagernden Weizen zu verteilen.

François de Paule Latapie bestätigt im übrigen, daß Montesquieu über die für ihn arbeitenden Menschen und ihre Bedürfnisse gut Bescheid wußte: »Er hielt seine Pächter immer hoch in Ehren; und (ich habe es ihn manchmal sagen hören) eine seiner reinsten Freuden war es, sie wiederzusehen. Man erriet das leicht an dem zufriedenen Ausdruck, der sich auf seinem Gesicht jedesmal abzeichnete, wenn er aus Paris zurückkehrte ... Er ging nie auf seine Güter, ohne ihre Bewohner aus allen Ständen zu besuchen. Täglich durchlief er mal das eine, mal das andere Dorf und kannte die Namen all seiner Bauern, mit denen er immer nur Gascognisch sprach. Er fand Gefallen daran, sich mit ihren Interessen zu beschäftigen; um sie besser kennenzulernen, informierte er sich bei den Kindern nach dem Wohlergehen ihrer Eltern. Man sah ihn oft zu letzteren gehen, um ihnen Wege zur Beilegung ihrer häuslichen Streitigkeiten vorzuschlagen, um ihre privaten Angelegenheiten einzurenken und sogar um ihnen finanziell beizustehen, ohne daß diese guten Leute wissen konnten, wie er über ihre Lage hatte unterrichtet sein können.«

Montesquieu selbst hat in diesem Punkt seine Maxime mitgeteilt: »Auf meinen Gütern habe ich bei meinen Untergebenen niemals dulden wollen, daß man mich gegen jemanden aufhetzt. Wenn man zu mir sagte: ›Wenn Sie wüßten, was so geredet wird!‹ antwortete ich: ›Ich will es gar nicht wissen.‹ War die Information falsch, so wollte ich nicht Gefahr laufen, sie zu glauben. War sie richtig, wollte ich mich nicht mit einer üblen Nachrede abgeben.«

Montesquieu bemühte sich stets, die Gärten und Wälder rund um das

Schloß zu verschönern und sich von den Errungenschaften seiner Freunde anregen zu lassen. In einem Brief vom Juli 1728 an Bulkeley vergleicht er La Brède mit dem Schloß von Laxenburg in der Nähe von Wien, das er gerade besucht hat: »Ich fühlte mich großartig, als ich Laxenburg sah; das Beste sind dort die Gräben, und sie sind nicht so schön wie die von La Brède, die Sie kennen.« Als er am 30. Oktober 1728 in Omate bei Mailand die Gärten des Prinzen Trivulzio durcheilt, notiert er in seinen *Reisen*: »Auf beiden Seiten gibt es zwei Wiesenstücke, die von Laubengängen umgeben sind und die eine Art Halbkreis formen, den ich in La Brède gut in meinem Vorhof sowie auf meinen Wiesen nachbilden könnte.«

In seinen letzten Lebensjahren wird er mit den Verbesserungen zufrieden sein. Am 16. März 1752 schreibt er an Guasco: ». . .Wollen Sie nicht Ihre Freunde und das Schloß La Brède besuchen, das ich stark verschönert habe, seitdem Sie es zuletzt gesehen haben? Es ist der schönste ländliche Ort, den ich kenne.« Am 4. Oktober desselben Jahres bedauert er, daß Guasco nicht auf seine Einladung eingegangen ist; dabei kann er folgenden Satz nicht zurückhalten: »Ich kann sagen, daß die nahe Umgebung des Schlosses gegenwärtig einer der schönsten Orte Frankreichs ist, denn dort findet sich die Natur in ihrer unverfälschten, morgendlich reinen Unschuld.« Zu dieser Zeit verläßt er La Brède mit Bedauern.

Während seiner Aufenthalte in La Brède, wo er einen einfachen Lebensstil pflegt, empfängt Montesquieu gerne seine Freunde; es macht ihn glücklich, ihnen sein Schloß und seine Güter zu zeigen und ihnen seine Freundschaft am Ort seiner Geburt zu bekunden und auf dem Boden, in dem er verwurzelt ist. Bulkeley, Helvétius, Hyde, Präsident Barbot, Jean-Jacques Bel und viele andere sind ständig eingeladen, nach La Brède zu kommen. Abbé Guasco ist ein häufiger Gast des Hauses. Ein junger Engländer, Lord Charlemont, schildert den Tag, den er bei Montesquieu in La Brède verbrachte:

»Der Diener ließ uns in die Bibliothek eintreten; der erste Gegenstand, der sich unserer Neugier darbot, lag auf einem Tisch; es war ein offenes Buch, an das er sich wahrscheinlich am Abend zuvor gesetzt hatte: die gelöschte Lampe stand noch daneben . . . Gespannt darauf, die Nachtlektüre dieses großen Philosophen kennenzulernen, näherten wir uns sogleich dem Buch: Es war der Band aus Ovids Werken, der die *Elegien* enthält . . . Unsere Überraschung hatte sich noch nicht gelegt, da steigerte sie sich noch, als wir den Präsidenten eintreten sahen; sein Aussehen und Benehmen war der Vorstellung, die wir uns von ihm gemacht hatten, genau entgegengesetzt; anstelle eines ernsten, strengen Philosophen, der uns junge Menschen mit seiner Gegenwart hätte einschüchtern können, wandte sich ein heiterer Franzose an uns, freundlich und voller Lebendigkeit; nach tausend angenehmen Komplimenten und Danksagungen für die Ehre, die wir ihm erwiesen, wollte er wissen, ob wir zu Mittag essen wollten; als wir uns entschuldigten (denn wir hatten bereits unterwegs gegessen), sagte er zu uns: ›Kommen Sie, dann gehen wir spazieren; es ist ein schöner Tag, und ich möchte Ihnen zeigen, wie sehr ich mich bemüht habe, hier den Geschmack Ihres Landes umzusetzen und mein Schloß auf die englische Art herzurichten . . .‹ Wir folgten ihm. Wenig später, am Rande eines schönen, in Alleen angelegten Waldes, den ein Lattenzaun umsäumte und dessen Eingang von einem beweglichen, etwa drei Fuß hohen, mit einem Vorhängeschloß befestigten Gatter versperrt war, rief er, nachdem er in seiner Tasche gesucht hatte, aus: ›Los, es lohnt nicht, auf den Schlüssel zu warten; ich bin sicher, Sie können genausogut springen wie ich; dieses Gatter ist doch kein Hindernis für mich.‹ Noch während er das sagte, lief er auf das Gatter zu und übersprang es mit der größten Gewandtheit der Welt.«

In einem Brief an Sophie Volland vom 23. September 1762 erzählt Diderot eine andere Anekdote, die Montesquieus Sinn für Humor zeigt:

»Es geschah auf dem Lande in Gegenwart einiger Damen; unter ihnen befand sich eine Engländerin, an die er einige Worte in ihrer Muttersprache richtete; diese waren jedoch durch seine fehlerhafte Aussprache so entstellt, daß sie nicht umhin konnte, darüber zu lachen. Daraufhin sagte der Präsident zu ihr: ›Ich habe mich schon einmal so blamiert. In Blenheim besuchte ich den berühmten Marlborough. Zuvor hatte ich mir alle gefälligen Sätze in Erinnerung gerufen, die ich auf englisch konnte; während wir durch die Gemächer seines Schlosses spazierten, sagte ich sie ihm. Ich hatte fast eine Stunde zu ihm auf englisch gesprochen, als er erklärte: ›Monsieur, ich bitte Sie, mit mir englisch zu sprechen, denn ich verstehe kein Französisch.‹«

Das Landgut von La Brède bestand aus Wäldern, Weiden, Ackerland und Weinbergen; es erstreckte sich über verschiedene Böden: vom steinigen, an Kiessand reichen Terrain, das für den Weinbau bevorzugt wurde, bis hin zu den von Gestrüpp bedeckten, kargen Gebieten der Grande-Lande. Montesquieu hat sich stets Gedanken darüber gemacht, wie er diese Böden verbessern und ihre Erträge erhöhen könnte. Er suchte Rat bei seinen Freunden und war erfreut, als Berwick ihn bat, seine Pläne einsehen zu dürfen: »Ich bin begeistert, Sie mit landwirtschaftlichen Fragen beschäftigt zu sehen, und hoffe, daß Sie mir in diesem Frühling alle Ihre Pläne zuschicken, damit ich daraus Ideen für Fitz-James gewinnen und Ihnen ebenso Ratschläge geben kann. Ich habe diesen Winter viel anpflanzen lassen. Für meine Gewässer habe ich große Pläne, und ich wage mir einzubilden, daß sie Ihnen gefallen werden.«

Damit sein Gut mehr Erträge bringt, läßt Montesquieu 1726 »Grundstücke urbar machen, die hundert Einwohner ernähren«, sowie Arbeiten in den Wäldern von La Brède durchführen, die ihr Wachstum fördern sollen. Vor allem in seinen letzten Lebensjahren verbessert er stetig seine Weiden. 1746 ersucht er Guasco, nach La Brède zu kommen: »Meine Weiden brauchen Sie. Der ›Aufgeweckte‹ sagt dauernd: ›Oh! Wäre doch der Herr Abbé hier!‹ Ich verspreche Ihnen, daß er Ihren Weisungen gegenüber gefügig sein wird: Er wird so viele Späße machen, wie Sie wollen.« Am 16. März 1752 schreibt er wiederum an Guasco: »Endlich erfreuen mich meine Wiesen, derentwegen Sie mir keine Ruhe gelassen haben: Ihre Prophezeiungen haben sich bewahrheitet; und der Erfolg liegt weit über meinen Erwartungen; der ›Aufgeweckte‹ sagt: ›Ich möchte gerne, daß der Herr Abbé hier ist.‹«

Im Mittelpunkt der Sorgen, aber auch der Zufriedenheit Montesquieus bleibt jedoch während seines ganzen Lebens die Pflege und Entwicklung der Weinberge von La Brède und der anderen Güter an den Ufern der Garonne sowie der Weinverkauf. Seit seiner Kindheit kennt er die Arbeiten im Weingarten, die in ihrer Mannigfaltigkeit einen großen Teil des Jahres in Anspruch nehmen und einem traditionellen saisonbedingten Rhythmus folgen; er weiß, welchen unangenehmen Überraschungen eine Ernte ausgesetzt ist: Späte Frühlingsfröste können einen Weinberg während einer Nacht vernichten und ihn über Jahre hinweg für die Produktion ungeeignet machen; sommerliche Hagelgewitter, die im Raum Bordeaux häufig auftreten, zerfetzen die Blätter und schlagen die Trauben herunter, von den Rebenkrankheiten ganz zu schweigen. Er weiß, daß es fünf Jahre dauert, bis ein junger Weinberg seine Kosten deckt, und zehn Jahre, bis er seine volle Leistung erbringt. 1709 zerstörte der Frost fast das gesamte Anbaugebiet; 1716, »als beträchtlicher Frost herrschte, bemerkten wir, daß die Triebe herunterfielen: Wir berieten miteinander, ob wir die Weinstöcke dicht über dem Boden abschneiden sollten. Nach reiflicher Überlegung beschränkten wir uns darauf, die Reben ganz kurz zu beschneiden, und das erwies sich als gut.« Montesquieu hat diese Erfahrung selbst gemacht und sicherlich nicht vergessen. Im August 1726 zerstörte Hagel einen Teil der Weingärten, ein Verlust, der ihm das Mitgefühl von Berthelot de Duchy bescherte: »Trotz Ihrer Boshaftigkeit bin ich wirklich betrübt, daß Sie einen Hagelschaden erlitten haben, ich hoffe, es ist nicht so schlimm, wie man es Sie hat befürchten lassen. Es täte mir um so mehr leid, als sich die Weine dieses Jahr wahrscheinlich gut verkaufen werden, da im Ausland nichts Trinkbares mehr vorhanden ist. Man sagt, die Holländer hätten bereits die Hälfte der Burgunderweine vorbestellt,« Berthelot de Duchy hatte recht; am 23. August vertraute Montesquieu Berwick an: »Wir werden dieses Jahr einen Wein haben, wie ihn die Engländer mögen.«

Für eine gute Ernte ist es wesentlich, daß die Weinlese unter günstigen Bedingungen stattfindet, wie Montesquieu am 18. Oktober 1751 an Madame Dupré de Saint-Maur schreibt: »Bei mir findet die Weinlese statt;

stellen Sie sich vor, daß mein ganzes Vermögen von drei Tagen Sonnenschein abhängt.« Montesquieu nimmt in der Tat an den Freuden der Weinlese teil, dieses jährlichen Festes, das ein ganzes Dorf zusammenführt, Männer, Frauen und Kinder, die einen in den Weingärten und im Weinkeller an der Kelter, die anderen in der Küche. Er kennt die feuchte Kälte des Morgens, die den Körper erstarren läßt, und die heiße Herbstsonne am Mittag, die das Blut wieder aufwärmt: »Außer der Wonne, die der Wein uns an sich bereitet, verdanken wir den Freuden der Weinlese das Vergnügen an Komödien und Tragödien.« Er kostet den jungen Wein mit Kastanien aus der Glut, er lernt, den Wein zu lieben, seine Eigenschaften zu schätzen, und weiß, daß es sich empfiehlt, ihn maßvoll zu genießen: »Durch die Freude, die der Wein bewirkt, verleitet er zur Maßlosigkeit und lockt uns zu Ausschweifungen oder zumindest zu Gelüsten.«

Wie jeder Weingutsbesitzer interessierte Montesquieu sich für Rebenzucht. Er beteiligte sich um 1715 an der Ausarbeitung eines Fragebogens der Akademie von Bordeaux, der Material für eine Dokumentation über die Geschichte der Provinz Guyenne liefern sollte. Montesquieus Fragebogen umfaßte 29 Fragen über den Weinbau in Barsac, Preignac, Sauternes und so weiter. Er war zwar kein Spezialist für den Weinbau und die Weinbereitung, doch schon die ersten sechs seiner präzisen Fragen offenbarten sein Bemühen, die Produktion zu verbessern: »1. Wie und zu welcher Zeit werden die Reben beschnitten? 2. Wie und mit welchem Werkzeug wird gearbeitet? 3. Wie wird der Wingert bestellt: mit den Händen oder mit Hilfe von Rindern? 4. Wie oft und zu welcher Zeit wird er gepflügt? 5. Bis zu welcher Höhe läßt man ihn wachsen? 6. Wie viele Triebe pro Rebstock, wie viele Augen pro Trieb?«

Zu den Notwendigkeiten zählte sowohl die Erneuerung des Wingerts, um den Fortbestand der Ernten zu sichern, als auch die Anpflanzung neuer Weinreben zur Steigerung der Erträge. Zudem war es zweckmäßig, den Wingert nicht an einem Ort zu konzentrieren, damit er sich nicht auf einen einzigen Geschmackstyp beschränkte. Die Unterschiedlichkeit der Ernten, aber auch die häufigen Wechsel in den Vorlieben der ausländischen Kundschaft führten zu einer gewissen Unordnung. Montesquieu vermerkt dazu scharfsinnig: »Der Geschmack der Ausländer variiert ständig; das geht so weit, daß heute kein einziger der Weine mehr ankäme, die vor zwanzig Jahren in Mode waren.« Doch neue Reben zu pflanzen und die Wingerte auf Kosten anderer Kulturen auszudehnen, hieß mit der Wirtschaftspolitik des Staates in Konflikt zu geraten, die in der Guyenne vom Intendanten Claude Boucher vertreten wurde. Denn in der Zeit um 1720, als Montesquieu die Leitung seiner Landgüter übernahm, mußte der Raum Bordeaux gerade einige unangenehme Auswirkungen des Rechtssystems über sich ergehen lassen; Genehmigungsverfahren, Verringerung der Weinsorten auf Anordnung der Ratsentscheide vom 4.

Februar und 27. März 1724, Überprüfung der »vorgeschriebenen Produktionssenkung«, die auf die offene Feindseligkeit der Händler stieß und zu einer allgemeinen Produktionserhöhung führte, die wiederum eine erneute Verringerung der Sorten zur Folge hatte; all diese widersprüchlichen Maßnahmen waren nicht in der Lage, eine Produktionssenkung herbeizuführen, die schließlich von selbst eintrat. Die Ruhe, der Frieden und die Festsetzung des Geldwertes verwirklichten von 1726 an, was die ministeriellen Runderlässe, der Druck der Verwaltung, die Zwänge und amtlichen Besteuerungen nicht hatten durchsetzen können.

»Die Provinz Guyenne ist nicht wohlhabend; sie ist reich an Wein«, schreibt der Inspektor der Manufakturen, Henri Delan, 1738 in einem Bericht an den Handelsrat. Die landwirtschaftliche Produktion der Guyenne war damals in der Tat durch ein Defizit an Weizen und einen Überfluß an Wein gekennzeichnet. Auch wenn Claude Boucher den Weinhandel als wichtigste Vermögensquelle begünstigte, bemühte er sich von 1724 an, eine Wein-Monokultur zu bekämpfen und sie teilweise durch Getreideanbau zu ersetzen. Er befürwortete nicht nur das Verbot, neue Weinberge anzulegen; er schlug – eine weit schwerwiegendere Entscheidung, die auf erheblichen Widerstand stieß – zudem vor, »ohne Unterschied die Weinreben aus allen Böden« zu reißen, »die dazu geeignet sind, Weizen, Hanf und Heu zu tragen oder gute Weiden abzugeben, und nur die Wingerte zu erhalten, deren Böden ausschließlich zum Weinanbau taugen«. Der Ratsentscheid vom 27. Februar 1725 verbot die Neupflanzung von Weinreben. Seine Anwendung führte zu einer heftigen Auseinandersetzung zwischen Montesquieu und dem Intendanten.

Am 24. Dezember 1726 hatte Montesquieu die eine Hälfte von dreißig Morgen Heideland (die andere trat ihm Sarrau de Boinet 1735 ab) in der heutigen Gemeinde Pessac im Bezirk von Pujeaux-de-Péougran erworben. Trotz des soeben erlassenen Verbotes beabsichtigte er, sie mit Wein zu bepflanzen. Um die Genehmigung zu erhalten, die der Entscheid vom 27. Februar 1725 forderte, schrieb Montesquieu sogleich an den Staatsrat Lamoignon de Courson, den früheren Militärintendanten von Bordeaux; seine Forderung rechtfertigte er so:

»Einen Teil davon möchte ich urbar machen, um ihn mit Weinreben zu bepflanzen. Der Boden ist völlig unfruchtbar und für jede andere Verwendung ungeeignet, das heißt, bei irgendeiner anderen Nutzung, die möglich wäre, käme ich nicht auf meine Kosten, wie alle bezeugen werden, die Sie vor Ort schicken. Es ist, glaube ich, nützlich, mir die Erlaubnis zur Bepflanzung eines Bodens zu erteilen, der die nötige Beschaffenheit für die Herstellung eines sehr wertvollen Weins mit sich bringt; ich erbitte hier eine Gunst, und ich glaube, Monsieur, es ist natürlich, mich an Sie zu wenden. Mir scheint, die Sache wird besondere Bedeutung erhalten, wenn sie durch Ihre Hände geht.«

Der Brief schließt mit dem unvollendeten Satz: »Es ist demnach, glaube ich, unnütz, deswegen an . . . zu schreiben«; ihn zu vervollständigen, fällt leicht, da er sich normalerweise an den Intendanten Boucher hätte wenden müssen. Montesquieu beläßt es nicht allein dabei; er wendet sich auch an den Generalkontrolleur und verfaßt Anfang 1727 eine »Eingabe gegen den Ratsbescheid vom 27. Februar 1725 zum Verbot neuer Rebenpflanzungen in der Gegend der Guyenne«. Nachdem er sechs allgemeine Grundsätze dargelegt hat, versucht er deutlich zu machen, daß dieses Verbot unnütz ist, »da der Gutsbesitzer viel besser als der Minister weiß, ob ihn seine Weinberge ernähren oder nicht; er rechnet sehr genau, und da die Aufzucht der Weinreben viele Vorkosten, Ausgaben und Mühen in Anspruch nimmt, sieht er sich normalerweise gezwungen, sie auszureißen und seinen Boden mit einer anderen, zweckmäßigeren Einnahmequelle zu bestellen, wenn sie nichts einbringen«. Er fügt hinzu, daß das Verbot zudem »verderblich« sei, wenn es »nur die Guyenne betreffe«. Die Eingabe widerlegt anschließend die »Gründe, die man vorgebracht hat, um das Verbot durchzusetzen«, und schließt mit einem Plädoyer *pro domo*: »Obwohl derjenige, der sie vorlegt, nur ein einfacher Privatmann ist, war er der Meinung, sie aus eigenem Interesse verfassen zu müssen. Er hat Brach- oder Heideland in einer Gegend erworben, die ihm allen Grund zur Hoffnung gibt, dort sehr kostbare Wingerte anzulegen. Diese Grundstücke haben ihn, wie der beigefügte Vertrag zeigt, nur sechzig Livres gekostet; er hofft, sie durch seine Arbeit, seine Investitionen und Kenntnisse in ein Weingut zu verwandeln, das vier- oder fünfhunderttausend Livres wert sein wird. Ein solches Unterfangen dürfte eigentlich auf keine Hindernisse von seiten des Staates treffen.«

Als Boucher wegen dieser Angelegenheit vom Generalkontrolleur angerufen wird, verteidigt er – ungehalten darüber, von einer Persönlichkeit wie Montesquieu ignoriert worden zu sein – seine Position gegenüber dem Minister in schärfster Weise; den Autor der Eingabe behandelt er dabei mit Vermessenheit:

»Die von Seigneur de Montesquieu vorgelegte Bittschrift . . . ist dem Wohl der Provinz und des Königreiches abträglich. Da Seigneur de Montesquieu über viel Geist verfügt, kümmert er sich nicht um Paradoxien; er bildet sich ein, im Schutze einiger brillanter Argumente werde es für ihn einfach sein, die absurdesten Dinge zu beweisen. Ich bitte Sie, mir eine Entgegnung auf seine Abhandlung sowie eine öffentliche Auseinandersetzung mit ihm zu ersparen. Seine einzige Beschäftigung ist es, Gelegenheiten zu suchen, um seinen Geist zu entfalten. Ich für meinen Teil habe ernsthaftere Dinge zu erledigen und beschränke mich darauf, Ihnen mitzuteilen, daß vor seinem Kauf, ja sogar noch vor dem Urteilsspruch, der die Neupflanzung von Weinreben verbot, in der ganzen Provinz im allgemeinen die Ansicht vertreten wurde, daß es über das Verbot von Neupflanzungen hinaus wünschenswert wäre, zumindest ein Drittel der seit 1709 eingesetzten Weinreben zu entfernen. Sein persönliches Interesse läßt ihn heute eine andere Sprache sprechen, nicht jedoch seine Gesinnung ändern; ich bin überzeugt, daß er immer noch denselben Prinzipien treu ist und daß die Eingabe, die er Ihnen vorgelegt hat, ein Gedankenspiel ist, dessen Unaufrichtigkeit er besser als jeder andere kennt. Ihm darf kein Gehör geschenkt werden; es besteht weit weniger Grund, ihm die Genehmigung zu erteilen, als unzähligen anderen, die ihre Grundstücke seit langem besitzen und mit Weinreben bestellen wollen[34].«

Wir wissen nicht, ob Montesquieu die beißende Kritik des Intendanten kannte und ob er auf sie etwas entgegnete; auf jeden Fall konnte er seine Weinreben vor Antritt seiner Reisen pflanzen.

Im 18. Jahrhundert fragte man sich bereits nach dem tatsächlichen Ertrag des Weinbaus; die *Abhandlung* von Bidet zeigt, daß die Meinungen auseinandergingen: »Reizen wir die Gemüter nicht, die neidisch auf das kleine, viel zu knappe Vermögen eines Winzers sind: Der Weinanbau, sagen sie, ist stets sehr einträglich; kein anderer Boden erzeugt ein so wertvolles Produkt. Hier handelt es sich um ein verbreitetes Vorurteil. Man muß es auf eine allgemein gültige Ansicht reduzieren; dazu ist es notwendig, die unterschiedlichen Lagen der Wingerte in Betracht zu ziehen. Die Wingerte in den normalen Lagen produzieren weit mehr Wein als die in den besten: Wegen ihrer weit schlechteren Qualität ist auch der Preis niedriger.« Andererseits, stellt der Autor fest, »je umfangreicher die Ernte ist, desto beträchtlicher sind die Herstellungskosten«; und er schließt: »Wenn indessen erwiesen ist, daß der Weinbau – weit davon entfernt, beträchtliche Gewinne abzuwerfen – selten die Kosten deckt, die er verursacht, werden wir zu Recht sagen dürfen, daß – in Anbetracht der bescheidenen Verdienstmöglichkeiten im Weinbau – diejenigen, die bestrebt sind, den Weinberg gut zu kultivieren, äußerste Rücksicht von seiten der Amtspersonen verdienen, die mit der Ausfertigung der königlichen Steuerlisten beauftragt sind[35].«

Nachdem die Weinlese abgeschlossen war, mußte der Wein sowohl auf dem Binnenmarkt als auch ins Ausland verkauft werden, besonders nach England und Holland. Es war nicht immer leicht, den Wein zu vertreiben; Ämter aller Art störten die Transaktionen, von Provinz zu Provinz gab es sehr lästige Handelsschranken, wie Usbek in den *Persischen Briefen* bemerkt: »Der Wein ist in Paris aufgrund der Steuern, die man ihm auferlegt, so teuer, daß es scheint, als habe man es sich dort zur Aufgabe gemacht, das Prinzip des göttlichen Koran durchzusetzen, der seinen Genuß verbietet[36].« Das Bemühen, seine Ernte zu vermarkten, taucht in Montesquieus Korrespondenz im wesentlichen von 1746 an auf; selbst die Lücken dieses Schriftverkehrs erlauben zweifelsfrei die Annahme, daß Montesquieu hier stets die nötigen Anstrengungen unternommen hat. Im übrigen zeigt ein Brief, den die Großhändler Jacques Lamude und Sohn aus Rotterdam am 22. Februar 1720 an Montesquieu schickten, die Schwierigkeiten, die er damals hatte, einen Wein zu verkaufen, dessen Qualität für schlecht befunden worden war. »Wir haben seinerzeit«, schrieb Lamude, »die drei Fässer Rotwein erhalten, die Sie uns haben zukommen lassen; es war uns nahezu unmöglich, sie für Sie zu vertreiben, weil sie weder Körper noch Farbe besitzen; das sind zwei sehr wesentliche Mängel bei den besagten Weinen, denn wir verkaufen den größten Teil all dieser Weine an die Engländer, die sie dunkel und schwer mögen, so wie die aus Queyrie es sind, und nicht fein, wie die unsrigen; indessen versichern wir Ihnen, daß wir unser Bestes tun werden, um für Sie den größtmöglichen Gewinn herauszuschlagen.«

Die zahlreichen Verbindungen, die Montesquieu ins Ausland, vor allem nach England, besaß, verhalfen ihm, Absatzmärkte für den Verkauf seiner Weine zu erschließen. Freunde und literarische Briefpartner wurden zu seinen eifrigen Maklern. Der Weinhandel zwischen Bordeaux und England hatte seit dem Mittelalter Tradition; nach der Weinlese war die Garonne mit Schiffen übersät, die den Wein abholten. Konflikte ließen diesen Handel abflauen oder brachten ihn gar zum Erliegen. Der österreichische Erbfolgekrieg bereitete den Weinhändlern im Raum Bordeaux und in Montesquieu ernste Sorgen. Im Frühling 1742 schrieb Montesquieu an Guasco: »Wenn der Krieg weitergeht . . ., wird unser Handel in der Guyenne bald in äußerster Bedrängnis sein, und Sie wissen, daß er unser ganzer Reichtum ist.« Die Unterzeichnung des Vertrages von Aachen im Jahre 1748 trug zur Wiederbelebung der Handelsverbindungen bei; am 7. März 1749 vertraute Montesquieu Solar an: »In Bordeaux erholt sich der Handel langsam wieder, und die Engländer verlangen sogar danach, dieses Jahr meinen Wein zu trinken.«

Am 19. März 1749 zeigt Madame de Mirepoix, die Gattin des französischen Botschafters in London, vor ihrer Abreise nach England Montesquieu das Interesse, das sie seinen Geschäften entgegenbringt: »Ich hoffe, wir werden den Wein von La Brède in Mode bringen; das wird mein besonderes Anliegen sein, und ich versichere Ihnen, daß ich mich nachdrücklich dafür einsetzen werde.«

Im Lauf der folgenden Jahre ist Montesquieu mit seinen Weinverkäufen nach England zufrieden: »Ich glaube, mein altes Weingut und mein Gärbottich werden mich bald in meine Provinz zurückrufen; denn seit dem Frieden kommt mein Wein in England noch besser an als zuvor mein Buch [Vom Geist der Gesetze].« Am 27. Juni 1752 schreibt er an Guasco: »Ich teile Ihnen mit, daß ich aus England beträchtliche Aufträge für den diesjährigen Wein erhalten habe; und ich hoffe, daß sich unsere Provinz ein wenig von ihren Mißgeschicken erholt; ich bedaure die armen Flamen, welche die Austern ohne einen guten Tropfen genießen.« Montesquieu schreibt einen Teil dieses Ansehens dem *Geist der Gesetze* zu: »Ich habe aus England eine Antwort auf den Wein erhalten, den Sie mich an Milord Eliban schicken ließen; er hat ihn für äußerst gut befunden. Man bittet mich, fünfzehn Fässer zu liefern, was mich in die Lage versetzen wird, mein Landhaus fertigzustellen. Der Erfolg, den mein Buch in diesem Land gehabt hat, trägt, wie es scheint, zum Erfolg meines Weines bei.« Als er Warburton ein Geschenk machen will, glaubt er ihm damit ein Vergnügen bereiten zu können, daß er ihm »eines der Dinge« schickt, »die er auf der Welt am liebsten mag: eine Probe meines Weines«. Im Herbst 1754 gibt Graf von Morton bei Montesquieu eine große Bestellung von »acht Fässern des besten Rotweins« auf, »abgestochen und in Doppelgebinde gefüllt; denn die Kapitäne und Matrosen sind in der Lage, die Weine, von denen sie wissen, daß sie für den Privatbedarf bestimmt sind, zu panschen, und die Händler ermuntern sie zu diesen unehrenhaften Praktiken«.

Seine Pariser Freunde, die er nach La Brède eingeladen hat, wo sie den Wein kosten konnten, sind ebenfalls Käufer, so der Generalsteuerpächter Dupin. »Ich werde Ihre Weinbestellung mit größter Sorgfalt erledigen«, schreibt Montesquieu am 25. Februar 1740 an Frau Dupin, »und ich ersuche Sie, Herrn Dupin für die Vorliebe, den er meinem Wein entgegenbringt, danken zu dürfen; er wird wegen dieser Vorliebe noch ganze Dissertationen vorlegen müssen, doch er wird sich schon zu verteidigen wissen.« Oder auch der Präsident Hénault, der ihn am 7. November 1748 um die Zusendung einer Weinprobe bittet: »Man sagt . . ., daß der Jahrgang wunderbar ist. Ich empfehle mich Ihnen inständig und ersuche Sie, mir eine Weinprobe zu verfügen, so groß wie möglich und vom Besten. Ich verspreche Ihnen, auf Sie zu warten, um sie zu verkosten: *non alia bibam mercede.*«

Außerhalb von La Brède besaß Montesquieu zahlreiche Gehöfte und Pachtgüter. Das nach seinem Tod im Jahre 1755 angefertigte Verzeichnis zeigt ihren ganzen Umfang. Im Umkreis des Schlosses von La Brède sind es das Gehöft von Tanticoste und die Pachtgüter von Broustet, Lambarran, Menaut und Carrelet. In Saint-Morillon gehörte ihm, neben dem Herrensitz von Luzié, das Gehöft von Calentu. Schließlich hatte er in Martillac, neben dem Gehöft von Rochemorin, von seiner Frau das Gut von Lartigue und das Pachtgut von Luc. Hinzu kamen einige Güter in der Umgebung von Saint-Selve, Saucats und L'Isle-Saint-Georges. Jeanne de Lartigue besaß außerdem in Cadaujac das Landgut von Roustaud sowie die Pachtgüter von Sure und Lesquillot. Die Bedeutung dieser Ländereien, die bis zu den Toren von Bordeaux reichten, veranlaßte die Zeitgenossen zu der Bemerkung: »Es gibt in dieser Region keine Behausung, kein Feld, keinen Weinberg, keinen Büschel Gras, die nicht Monsieur de Montesquieu gehören.«

Auf seinen Gütern verschaffte Montesquieu seinen Rechten unnachgiebig Respekt. Die Gutsherren besaßen das feudale Privileg der Jagd auch im 18. Jahrhundert noch in seinem vollen Ausmaß. Einige Artikel der Forstverordnung gaben »Privatleuten« das Recht, »die Delinquenten, die in ihren Wäldern, Wildkaninchengehegen, Teichen und Flüssen jagten oder fischten, in Gegenwart der Forstbeamten verfolgen zu lassen, um ihnen die Strafen aufzuerlegen, die diese Verordnung vorsah«. Eine Anekdote, die Vian bei Pierre Bernadau, einem Rechtsanwalt aus Bordeaux, gehört hatte, könnte den Eindruck erwecken, daß Montesquieu gegenüber den Wilderern große Nachsicht walten ließ: »Präsident von Péchard, sein Nachbar auf dem Land, fuhr nach La Brède. Er begegnete einer armen Frau, die ihm, ohne ihn zu kennen, ein paar Rebhühner zum Kauf anbot. Er ließ sie hinter den Wagen treten und zwang sie, ihm bis zum Schloß zu folgen. Er führte sie Montesquieu vor. ›Sehen Sie‹, sagte er, ›wohin Ihre Nachsicht führt: die Wilderer verheeren Ihre Ländereien.‹ – ›Ganz und gar nicht‹, antwortete Montesquieu. ›Ich bin weniger streng als Sie, was die Jagd betrifft, und ich habe mehr Wild.‹ Dann wandte er sich der armen Frau zu und sagte zu ihr: ›Hier sind sechs Francs für Ihre Rebhühner. Gehen Sie in der Küche etwas trinken.‹«

Tatsächlich aber verstärkte Montesquieu seine Bemühungen im Kampf gegen die Wilddiebe. Im Juli 1740 zeigte er beim Oberförster der Guyenne den Sohn eines gewissen Crozillac-Salebert an, eine »Person ohne Berufsstand, Gewerbe und Arbeit«, die auf den zu La Brède gehörenden Gütern »nichts anderes tut, als jeden Tag zu jagen«. Nach einem langen Gerichtsverfahren wurde Crozillac-Salebert am 22. April 1741 zur Zahlung einer Geldbuße von 1000 Livres verurteilt. Dieses Urteil entmutigte die Wilderer indessen nicht, die 1752 immer noch wüteten. Montesquieu beklagte sich nämlich am 8. März bei Barbot mit nicht gerade anmutigen Worten über ihre Machenschaften: »Die Wilderer jagen auf unseren Gütern; diese Vagabunden haben keine Achtung vor den Besitztümern, und trotz der Vorsichtsmaßnahmen, die man ergreift, verheeren sie unsere Ernte und schaden ihr hundertmal mehr als Füchse und Dachse; bald wird man Fallen stellen müssen, um die Spezies dieser zweibeinigen Tiere zu vermindern, die alles in Schutt und Asche legen.«

*

Zeit seines Lebens kämpfte Montesquieu mit gleicher Strenge gegen die Eingriffe der königlichen Verwaltung, deren Rechtsprechung und Feudalrechte er anfocht. 1746 ersuchte er darum, die kurz zuvor erworbene Feudalgerichtsbarkeit von Saint-Morillon an die von La Brède anzugliedern, um die Untrennbarkeit von Lehnsgütern und Rechtsprechung sicherzustellen. Ohne im Prinzip nachzugeben, bewilligte ihm Tourny die wesentlichen Teile seines Bittgesuchs: Im Mai 1747 erhielt sein Richter von La

Brède die Erlaubnis, in Saint-Morillon Recht zu sprechen[37]. Gegen die überhandnehmende Macht der französischen Finanzverwalter, die den Richter von La Brède in seiner Arbeit behinderten, protestierte Montesquieu mit Vehemenz. Er schrieb an Trudaine, den Direktor des Straßen- und Wasserbauwesens, um ihre Machenschaften unterbinden zu lassen. Als der Konflikt wegen der Instandhaltung der Straßen in seinem Gerichtsbezirk wiederaufflammte, bestand Montesquieu darauf – obwohl er anerkannte, daß die »Oberverwaltung und die polizeiliche Aufsicht« der Straßen Sache des Königs sei –, daß die lokale Verwaltung den Richtern vor Ort überlassen werden müßte. Trudaine gab sich in seinen Briefen zurückhaltend, bat jedoch die Finanzverwalter, ihren Diensteifer zu zügeln. Diese entgegneten, daß Montesquieu in puncto Straßenverwaltung außerhalb seiner seigneuralen Machtbefugnis keine bestimmten Rechte besäße. Schließlich erhielt Montesquieu Genugtuung: Auf Beschluß des Staatsrates vom 23. August 1746 durften sich die Finanzverwalter im Gerichtsbezirk von La Brède nicht mehr um Fragen der Straßenverwaltung kümmern; sie wurde dem örtlichen Seigneur überantwortet.

Montesquieu bemühte sich übrigens sehr um die Erhaltung seiner Straßen. In einem Brief vom 20. Juli 1744 an einen Nachbarn bat er um »die Gnade«, sein Heu aus Brassau auf dessen Straße »transportieren zu dürfen«, wobei er hinzufügte: »Ich hoffe, es ist das letzte Mal, daß ich Ihnen zur Last falle, denn ich werde mich dafür einsetzen, daß die betroffenen Leute aus Brassau und ich den Weg ausbessern lassen.« 1753 ließ er auf eigene Kosten eine Brücke über den Bach Moulinasse bauen, der die an La Brède vorbeiführende Straße von Saucats zum Hafen von Beautiran unterbrach. Im Jahr darauf bat er Tourny, die Einwohner von Saucats mit der Instandhaltung der Straße zu beauftragen. Tourny erteilte ihm nicht nur die Bewilligung, sondern bekundete auch, daß seine eigenen »Arbeiten weit schneller und leichter voranschritten, wenn alle Seigneurs so eifrig und aufmerksam für das öffentliche Wohl einträten« wie Montesquieu.

Auch auf etlichen anderen Gebieten verteidigte Montesquieu hartnäckig seine Interessen, wobei er alle rechtlichen Mittel ausschöpfte und die Ratschläge der Gesetzesspezialisten in Bordeaux und Paris einholte. Unter den zahlreichen Prozessen, die er einleitete, um seine Rechte zu verteidigen, führte er den längsten gegen die Stadt Bordeaux und seinen Nachbarn De Licterie; Gegenstand war die Festlegung der Gütergrenzen. Als Eigentümer der Grafschaft von Ornon besaß die Stadt Bordeaux in Léognan die gemeinsame Grenze mit Montesquieus Gütern in Martillac. Die Grenzsteine trugen auf der Seite von Martillac das Namenszeichen L, den Anfangsbuchstaben von Lalande, dessen Erbe Montesquieu war, und auf der Seite von Léognan den Halbmond der Stadt Bordeaux. Die Angelegenheit war sehr kompliziert, denn zum Rechtsstreit zwischen Montesquieu und den Geschworenen von Bordeaux kam noch De Licteries Anspruch auf Gebiete hinzu, die ihm die Stadt einst zugebilligt hatte und deren widerrechtliche Aneignung er Montesquieu vorwarf. Die ab 1726 verhandelte Angelegenheit wurde erst 1743 zugunsten Montesquieus beigelegt, der die 1100 Morgen strittigen Bodens erhielt. Der Grundbesitzer, Seigneur und Parlamentarier hatte sich durchgesetzt. Um seinen Erfolg zu feiern, faßte er den nie in die Tat umgesetzten Plan, an der gemeinsamen Grenze in Richtung Bordeaux eine Pyramide mit einer Inschrift in lateinischer Sprache zu errichten, die in der Übersetzung lautet:

Dem Gott der Grenzen,
Redlich und gerecht,
Diesem unermüdlichen Wächter,
Der rastlos eingreift
Als Zeuge, Vorbild und ständiger Richter.
Nachdem die Grenzen der Dynastie einmal verteidigt
Und die rechtlichen Mängel mißbilligt sind,
Hat Charles, um daran zu erinnern,
Dieses Denkmal an die Gerechtigkeit des gallischen Senats errichtet,
Damit dieser Stein hier bleibe, bis die Gironde
Ihre Wasser dem königlichen Ozean und ihre edlen Weine den Bretonen verweigert[38].

Das von J.-M. Eylaud erstellte Verzeichnis der in La Brède aufbewahrten notariellen Urkunden zeigt, daß Montesquieu zeitlebens durch Verkauf, Ankauf oder Tausch eine geschickte Ausdehnungspolitik seines Grundbesitzes betrieb; zwischen 1716 und 1755 sind nicht weniger als 41 Ankäufe, sechs Verkäufe und 20 Tauschgeschäfte aufgelistet. Die Verdopplung der Ankäufe von fünf auf zehn in der Zeit von 1727 bis 1736 dokumentiert die Verbesserung seiner finanziellen Lage. Er verkauft wenig und erwirbt soviel wie möglich; den größten Teil seiner Einkünfte verwendet er für die Pflege seiner Güter; so überläßt er bei der Teilung der Seigneurie von Bisqueytan seinem Teilhaber De Cursol das Schloß und behält für sich die besten Böden.

Wie groß ist demnach das Vermögen Montesquieus? Und in welchem Maße ist es bis zu seinem Tod angewachsen? 1714 erbt er 67 000 Livres; 1726 bezieht er 29 000 Livres aus Grundrenten und kann gegenüber Madame de Lambert am 1. Dezember 1726 seine Zufriedenheit darüber bekunden, daß er innerhalb von wenigen Jahren die schwierige finanzielle Situation, die ihm sein Vater hinterlassen hatte, bereinigt und ein Vermögen angesammelt hat, das ihn zumindest für einige Zeit von finanziellen Sorgen befreien wird: »Ich habe gerade mit großer Zufriedenheit die Pacht meiner Güter kassiert. Insgesamt 29 000 Livres beizubringender

Bodenrenten, die nicht vom König abhängig sind und die ich in untadeliger Weise erworben habe, weil es sich um das Erbgut meiner Väter handelt, setzten mich ins Unrecht, wenn ich mit meinem Vermögen nicht zufrieden wäre.« Da die Einkünfte aus landwirtschaftlich genutzten Flächen zwischen drei und fünf Prozent des Kapitalwertes schwankten, kann man sein Vermögen 1726 auf ungefähr 550000 Livres schätzen.

Doch zuvor mußte Montesquieu als Erbe seines Vaters und seines Onkels zahlreiche Familienschulden tilgen und Prozesse einleiten, um die Mitgift Jeanne de Lartigues vollständig eintreiben zu können. Zwischen 1714 und 1716 war er gezwungen, sich 20000 Livres zu leihen. Das Erbe seines Onkels Jean-Baptiste half ihm, seine Schulden abzutragen. »Montesquieus Geschäftsbuch vom Dezember 1725« zeigt, daß er zu diesem Zeitpunkt nahezu seine ganzen Nachlaßverbindlichkeiten beglichen hatte; so zahlte er am 17. Juli 1726 seinem Bruder, dem Abbé, die 30000 Livres seines rechtmäßigen Erbteils und 5000 Livres Leibrente aus. Doch in der Folgezeit blieben seine Einkünfte noch unsicher und seine Reisen nach Paris abhängig vom Verkauf seiner Ernten.

Um ihm den Verkauf seines Amtes als Parlamentspräsident auszureden, wies sein Freund Barbot am 9. April 1726 auf die geringe Bedeutung seiner Schulden hin: »Ich erlaube mir, Ihnen zu sagen, daß Ihre Schulden unbedeutend sind; jeder Gläubiger wäre bereit, es in weit größerem Maße zu sein als bisher; vierzigtausend Livres sind im Hinblick auf Ihr Vermögen eine Kleinigkeit; zwei Jahre Aufenthalt in La Brède werden die Ängstlichsten unter ihnen, wenn es sie denn gibt, weit mehr beruhigen und zufriedenstellen, als eine Rückzahlung im Zusammenhang mit Ihrem Aufenthalt in Paris.«

Die Verbindlichkeiten kennzeichneten kein ständiges finanzielles Ungleichgewicht in seinen Geschäften, sondern die Erfüllung der testamentarischen Verfügungen seines Vaters und seines Onkels. Die Lage verbesserte sich nach und nach, bis Montesquieu 1726 im Besitz eines stattlichen Vermögens ist, das ihm bei guter Geschäftsführung beachtlichen Wohlstand verspricht. Die 254 notariellen Urkunden, die Montesquieu und seine Frau zwischen 1716 und 1755 in La Brède unterzeichneten, veranschaulichen, wie er mit Hilfe von Jeanne de Lartigue seinen Besitz verwaltete.

Montesquieu schätzte den Reichtum nicht um seiner selbst willen, sondern als willkommene Möglichkeit, seine Stellung zu wahren, die Erziehung seiner Kinder zu sichern und ein Leben zu führen, das frei von jedem Verdacht der Schmeichelei gegenüber den Großen dieser Welt war. Er selbst stellt fest: »Gott hat mir Gutes zuteil werden lassen, und ich habe es in Überfluß verwandelt[39].« Stolz ist er darauf nicht, weil er weiß, daß in diesem Bereich das Glück eine große Rolle spielt und ein Irrtum immer gutzumachen ist: »Wenn ein tüchtiger Mann reich wird, dann hat von hunderttausend meist falschen Wegen, die er ausprobiert hat, einer funktioniert. Deshalb hält man ihn für die Staatsgeschäfte geeignet. Zu Unrecht. Wenn man sich in Vermögensangelegenheiten irrt, ist das nur ein Schlag ins Wasser. Bei Staatsangelegenheiten hingegen kann man sich einen Schlag ins Wasser nicht erlauben[40].«

Letztlich befürwortet er ein den Erfordernissen des Standes angepaßtes Vermögen; weit davon entfernt, das Geld zu verachten, weist er ihm eine wichtige, doch keine entscheidende Bedeutung zu. Eine lange Passage aus den *Gedanken*[41] bringt den Kern seiner Auffassung zum Ausdruck. Zunächst stellt er fest: »Normalerweise ist es ein Unglück, wenn man über mehr Reichtümer verfügt, als dem eigenen Stand zukommt, da man sie weder ausgeben kann, ohne anmaßend zu wirken, noch sie behalten kann, ohne geizig zu erscheinen.« Es empfiehlt sich also eine vernünftig bemessene Bereicherung. »Ein einfacher Mann, der zu großem Reichtum gelangen möchte, glaubt nicht, daß ihm dieser nur sehr wenig Genuß bereiten kann; all die Dinge, zu denen ihm sein Geld verhelfen könnte, würden auf ihn bezogen so wirken wie früher der allein für den königlichen Gebrauch vorgesehene Purpur. Genauso wie wir erwarten, daß ein Mann von hoher Geburt, der ins Unglück stürzt, einen vornehmen Stolz bewahrt, soll auch ein einfacher Mensch sich in Vermögensfragen bescheiden zeigen. Andernfalls werden wir eines Tages mit Sicherheit das wertvollste aller Güter, das Wohlwollen des Volkes, verlieren; ein großes Unglück wird dann über uns kommen, nämlich die Heimsuchung durch die Lächerlichkeit, mit der die überschüttet werden, die sich ihrer Mißachtung hingegeben haben.«

Montesquieu hält einen langsamen sozialen Aufstieg für angebracht, der die notwendigen Atempausen einhält, und wendet seine Prinzipien auf die eigene Familie an: »Ich gebe zu, daß ich zu eitel bin, um meinen Kindern zu wünschen, daß sie eines Tages zu großem Reichtum gelangen, denn nur mit viel Vernunft könnten sie dann den Gedanken an mich ertragen. Sie würden all ihre Tugend benötigen, um sich meiner zu bekennen; sie würden mein Grabmal als Monument ihrer Schmach betrachten. Ich glaube nicht, daß sie es mit eigenen Händen zerstören würden; doch sie würden es ohne Zweifel nicht wieder aufrichten, wenn es umgefallen wäre. Ich wäre das ewige Hindernis für Schmeicheleien und brächte ihre Kurtisanen in Verlegenheit. Zwanzigmal am Tag wäre die Erinnerung an mich unangenehm; mein unglücklicher Schatten quälte unaufhörlich die Lebenden. Wer so viel und so törichten Ehrgeiz besitzt, denkt genauso verrückt wie Agrippina, die zu den Sehern sagte: ›Ich will sterben, wenn mein Sohn nur erst Kaiser wäre!‹«

Der Begriff des Reichtums wird ihm zufolge von Land zu Land unterschiedlich gedeutet: »Wenn ich in England geboren wäre, würde ich untröstlich sein, kein Vermögen erworben zu haben. In Frankreich bin ich durchaus nicht verärgert, es nicht dazu gebracht zu haben[42].«

Wenn La Brède und die Nachbargüter auch den wichtigsten Teil von Montesquieus Vermögen an Grund und Boden ausmachten, so waren die Besitzungen, die sich auf dem rechten Ufer der Garonne und im Agenais ausdehnten, keineswegs unbedeutend. In den Entre-deux-Mers zwischen dem rechten Ufer der Garonne und dem linken der Dordogne besaß Montesquieu in Baron die Seigneurie von Raymond, genannt »Ramonet«; sie bestand aus einem weitläufigen Güterkomplex, der um das im 16. Jahrhundert nach dem Vorbild vornehmer Landhäuser gebaute Schloß angeordnet war und sich von Cadarsac über Nérigean, Saint-Germain-du-Puch, Génissac, Tizac-de-Curton und Baron bis nach Saint-Quentin-de-Baron erstreckte. In der letztgenannten Gemeinde erwarb er 1751 das Lehnsgut von Bisqueytan.

Im Agenais, wo die Familie Secondat vor dem Umzug nach Bordeaux ihr Geschlecht begründet hatte, gehörte ihm das Erbgut von Montesquieu; das Schloß war verfallen, doch die 70 Hektar Boden brachten einen Wein hervor, der zur Herstellung von Armagnac diente. Um 1732 hatte Montesquieu vor, dieses Lehen zum Marquisat zu erheben; es gibt aber keine Beweise dafür, daß er dieses Vorhaben durchgeführt hat, auch wenn ihn der Präsident Antoine de Gascq 1739 in einem Brief als »Marquis« anredet. Ebenfalls im Agenais hatte er von seinem Onkel Jean-Baptiste die Seigneuries von Goulard und Castelnouvel geerbt, auf denen Tabak angebaut wurde. Das Grundbuch des Herzogtums von Aiguillon bezeugt, daß Montesquieu dort Land besaß. Schließlich hatte er noch das Gut in Clairac vom Vater seiner Frau erhalten, wo er sich recht häufig mit seiner Familie aufhielt.

Durch seinen Besitz, die Verwaltung seiner Güter, die dort angewandte, wenn auch den Weinbau bevorzugende Mischkultur und die aus ihr gewonnenen Einkünfte nahm Montesquieu eine Vorrangstellung unter dem Parlamentsadel des 18. Jahrhunderts ein, für den der Grundbesitz den wesentlichen Bestandteil des Vermögens ausmachte. Darin unterscheidet er sich nicht von den anderen Parlamentariern seiner Zeit. Denn der Reichtum war die wichtigste Bedingung, um zu einem Amt am Parlament zu gelangen, dem Zenit des gesellschaftlichen Aufstiegs in der Provinz.

*

Die verschiedenen Aspekte des ländlichen Daseins von Montesquieu, die wir hier in Hinblick auf sein Leben untersucht haben, dürfen jedoch, so verführerisch sie auch sind, nicht vergessen machen, daß er seit dem 29. Juni 1716 Président à mortier am Parlament von Bordeaux war. Man stelle ihn sich mit den strengen Zügen eines Parlamentspräsidenten vor. Der

Maler Jean Lapenne aus Toulouse porträtierte Montesquieu in den Jahren 1738 und 1739 für die Akademie von Bordeaux. Obwohl er sein Amt seit mehr als zehn Jahren verkauft hatte, malte ihn Lapenne in der Tracht des Präsidenten im Halbprofil bis zur Taille, das Gesicht in Vorderansicht, in der linken Hand das Barett und bekleidet mit der scharlachroten Robe, dem Moirémantel und dem Hermelinpelzkragen der Präsidenten am Parlament von Bordeaux.

Dieses Amt brachte strenge Verpflichtungen mit sich: Man mußte den Parlamentsversammlungen beiwohnen, die Akten der anstehenden Fälle studieren, Recht sprechen, aber auch am lokalen politischen Geschehen teilnehmen, indem man sich dafür einsetzte, die Eingriffe der zentralen Macht in die Rechte und Vorrechte des Gerichts zu beschränken, und bei den verschiedenen Streitigkeiten um die Vorrangstellung eingriff, die das Parlament anderen Gerichten, dem Geschworenengericht und vor allem dem Intendanten entgegenstellte.

Die richterliche Laufbahn Montesquieus dauerte, da er sie 1726 aufgab, nur ungefähr zwölf Jahre. Häufig war er abwesend, und dennoch war seine Tätigkeit von Bedeutung[43]. Als er am 21. März 1714 in sein Amt eingeführt wird, teilt man ihn der zweiten Untersuchungskammer zu, in der er eine beschließende Stimme hat. Am Martinstag 1715, einen Tag nach der ersten Sitzung im Anschluß an die Gerichtsferien, wird er zudem dem Kriminalgericht zugewiesen, wo er mit dem Schwerverbrechen vertraut gemacht wird. Da die zuletzt ernannten Räte die Vollzähligkeit sicherstellen sollen und zahlreich sind, dient er in den zwei Kammern je nach Bedarf, wobei er sehr regelmäßig an bis zu sechs Verhandlungen pro Woche teilnimmt. Am 8. Juni 1716 wird er zum Gefängnisbeauftragten ernannt; in Erwartung seiner Bestallung zum Président à mortier tagt er weiterhin vorschriftsgemäß im Kriminalgericht. Am 13. Juli wird er in sein Amt als Président à mortier eingeführt und am Tag darauf von seinem Amt als Gefängnisbeauftragter enthoben; bis zum Beginn der Gerichtsferien am 12. September dient er weiter am Kriminalgericht.

Zwar erhält Montesquieu seine Bestallung zum Président à mortier, bevor er 40 Jahre alt beziehungsweise 10 Jahre Magistrat ist; doch darf er de facto vor Erreichen des vierzigsten Lebensjahres den Vorsitz nicht übernehmen. An den Verhandlungen kann er lediglich mit beschließender Stimme teilnehmen, sie aber weder leiten, noch von den entsprechenden Ehrenbezeugungen und Einkünften profitieren, dem Titel eines Monseigneur sowie einem beachtlichen Teil der Gebühren und Ehrenabgaben. Das wird zwischen 1716 und 1723 so bleiben.

Bis 1726 bleibt Montesquieu dem Kriminalgericht als vierter, dritter und schließlich zweiter Vorsitzender zugeteilt. Im Dezember 1723 wird er bevollmächtigter Präsident; kurz vor seiner Berufung zum Doyen des Kriminalgerichts verkauft er sein Amt.

Von 1718 an fehlt er immer häufiger: So ist er vom 13. August 1722 bis zum 12. November 1723 abwesend und nimmt nach dem 24. Dezember 1724 an fast keiner Sitzung mehr teil; erst am 12. November 1725 erscheint er wieder, um »eine sehr schöne Rede über die Rechtsprechung und die Amtspflichten zu halten«; am 7. Dezember 1725 tagt er zum letztenmal. Durch das wiederholte Fernbleiben verschlechtern sich seine Beziehungen zum Parlament: Das Kriminalgericht fordert bei der Großen Kammer ständig einen Vorsitzenden an, so daß sich der Erste Präsident schließlich damit abfinden muß, selbst einzuspringen. Am Hof und beim Kanzler fordert er Montesquieus Rückkehr nach Bordeaux. Über diese Anweisung wird sich dieser in einem Brief vom 22. Juni 1726 an Madame de Grave sehr ungehalten zeigen: »Fast genau in dem Augenblick, als meinen Entschluß faßte [Paris zu verlassen], erreichte mich die Neuigkeit aus Bordeaux, daß besagter Lacaze, Erster Präsident am dortigen Parlament, unter dem Vorwand neuer Streitigkeiten an den Justizminister geschrieben hatte, um mir einen zweiten Abreisebefehl erteilen zu lassen, und da mir schon der erste sehr mißfallen hatte, dachte ich, würde mir der zweite keineswegs mehr zusagen.« Nach Ansicht von Berwick war es falsch von Montesquieu, gleich aufzubrausen und seine Rückkehr nach Bordeaux zu überstürzen, ohne auch nur seine Pariser Freunde zu unterrichten: »Überdies war Ihre Furcht kaum begründet, denn der Justizminister hatte genehmigt, daß Sie bis zum Martinstag hierbleiben könnten, und Monsieur de Courson hat überall in Paris nach Ihnen gesucht, um Ihnen das mitzuteilen.« Berthelot de Duchy gibt sich in einem Schreiben vom 29. Juni ein wenig ironisch: »Seien wir aufrichtig: Nicht der Brief des Ersten Präsidenten hat Ihnen Angst eingejagt. Heimweh hatte Sie ergriffen; doch da die Attacke heftig war, wird die Heilung wohl rasch vonstatten gehen.«

Elf von seinen zwölf Amtsjahren war Montesquieu im Kriminalgericht mit Strafsachen befaßt; dort sammelte er viele Erfahrungen in Fragen des Strafrechts, so daß er imstande war, über Vergehen, Strafen, Strafverfahren und besonders die Folter zu reflektieren; doch bis Juli 1723 war er lediglich ein Präsident ohne Befugnis, der gezwungen war, den Verhandlungen passiv beizuwohnen; er durfte nicht einmal als Rat in einem Prozeß referieren oder seinen Namen unter eine Urkunde setzen.

Die *Collectio Juris* enthält einige interessante Aufzeichnungen über die Tätigkeit Montesquieus am Parlament; er vermerkt einige Beschlüsse über nicht eindeutige Rechtsfragen: »1716 sah ich, wie im Kriminalgericht entschieden wurde, daß die Verwandten eines hohen Seigneurs und Gerichtsherrn in den Strafprozessen gerichtet werden dürfen, die im Namen des genannten Seigneurs abgehalten werden«; anschließend resümiert er die Motive. Interessant ist auch sein Bericht über die Ankunft des Statthalters der Guyenne, Marschall von Berwick, am 12. November 1717 im Parlament aus Anlaß der Saisoneröffnung; er offenbart, welche Rolle Fragen des Vorrangs im Parlamentsleben spielten. Hier Montesquieus Bericht:

»Im Jahre 1717 versammelte sich das Parlament wie gewöhnlich nach dem Martinstag zur Eröffnung; an ihr nahm der Marschall von Berwick teil; obwohl er bereits dreimal im Gefolge der Présidents à mortier ins Parlament eingezogen und ihnen stets bis in die Ratskammer gefolgt war, ging er diesmal an der Fensterseite entlang. Die Versammlung bat den Ersten Präsidenten, den Marschall auf diese Neuerung hinzuweisen; daraufhin sagte er zum Ersten Präsidenten, daß er sehr wütend sei, aus Unaufmerksamkeit einen anderen Weg als den üblichen benutzt zu haben und die Versammlung um Vergebung bitte; da sich der Fehltritt vor aller Augen zugetragen habe, wolle er ihn auch öffentlich wiedergutmachen und eine Gelegenheit finden, zu diesem Zweck ins Parlament zu kommen. In der Tat begab sich der Marschall am Montag, dem 22. November, als das Parlament irgendeinen Erlaß ins Register einzutragen hatte, zur Sitzung und ging an der gewohnten Seite vorüber.«

Das Parlament war entrüstet über Berwicks Verhalten, der sich jahrhundertealten Bräuchen gegenüber respektlos verhalten hatte; Montesquieu dagegen begnügte sich damit, einen nüchternen, objektiven Bericht des Vorfalls zu geben, der einem Sturm im Wasserglas gleichkam; er bezeugte so seine Freundschaft und seinen Respekt für den Marschall, mit dem er sich – wie er in seiner *Lobrede auf den Marschall von Berwick* mitteilt – 1715 angefreundet hatte: »Der König starb am 1. September 1715: Der Herzog von Orléans übernahm die Regentschaft des Königreichs. Marschall von Berwick wurde als Kommandant in die Guyenne entsandt. Wird man mir gestatten zu sagen, daß es ein großes Glück für mich war, als ich ihn dort kennenlernte?« Und Montesquieu fügt hinzu: »Als er zum Kommandanten der Guyenne ernannt wurde, versetzte uns der Ruf seiner Ernsthaftigkeit in Schrecken; doch kaum war er dort angekommen, wurde er von allen geschätzt; und es gibt keinen anderen Ort, an dem seine bedeutenden Qualitäten mehr bewundert wurden . . .«

Andere Passagen der *Collectio Juris* bezeugen, mit welchem Ernst Montesquieu seine juristischen Kenntnisse vervollständigte; er interessierte sich besonders für die Probleme, welche die Rechtsprechung des Parlaments aufwarf. Zwei Tatbestände veranschaulichen seine Neugierde für diese Fragen: Der erste besteht aus einer einfachen Notiz über die »Besprechungen zwischen den Beauftragten des Königs und den Parlamentsabgeordneten« und folgendem Vermerk: »Am 10. Mai 1719 wurde im Kriminalgericht in der Sache des straffälligen Leutnants De Saintes entschieden, daß ein straffälliger Leutnant berechtigt sei, seine Verweisung an die Große Kammer zu verlangen.« Im zweiten Fall resümiert Montesquieu die Beschlüsse eines Prozesses zwischen einem Rechtsanwalt und

Michel des Isles; Anlaß waren ein Streit und Handgreiflichkeiten, die sich am Flußufer ereignet hatten: »Die Sache war der Forstverwaltung zugetragen und entschieden worden; das Oberforstamt hob das Verfahren wegen Nichtzuständigkeit des Richters auf; nach der Berufung im Kriminalgericht bestätigten wir das Urteil des Oberforstamtes; danach darf die Forstverwaltung prinzipiell nur dann Recht sprechen, wenn ein Verstoß bei der Nutzung des Waldes vorliegt; handelt es sich jedoch um eine Schädigung des Flußbetts und eine Behinderung der Schiffahrt und folglich, gemäß Artikel 8 ihres Erlasses, nur um ein Nebenvergehen, so muß die Tat immer noch im Wald, auf dem Fluß oder an seinen Ufern begangen worden sein. Das wurde beschlossen im Mai 1721[44].«

Montesquieus Tätigkeit als bevollmächtigter Präsident war äußerst kurz: Er tagte vom 24. Dezember 1723 bis zum 19. Januar 1724 sowie am 16. und 17. März 1725. In dieser Funktion unterschrieb er am 19. Januar 1724 einen erstaunlichen Urteilsspruch, der die sogenannten Cagots betraf, Gemeinschaften mutmaßlich erbbedingt leprakranker Familien, die man aus Furcht vor Ansteckung verdammt hatte, abseits der gesunden Menschen zu leben. Trotz der Feindseligkeit der Bevölkerung gab es keinen Grund, diesen Stand der Dinge beizubehalten. Nach einigen Zwischenfällen im Jahre 1722 in Biarritz hatte das Parlament von Bordeaux am 9. Juli 1723 ein Urteil erlassen, das die Absonderung von Cagots oder Leprösen verbot und ihnen den Zutritt zu Versammlungen, Ämtern und Würden gewährte. Wegen der Feindseligkeit der Frauen von Biarritz konnte der königliche Justizbeamte das Parlamentsurteil jedoch nicht aushängen. Montesquieu schritt damals unter Hinzuziehung des Generalstaatsanwalts ein und befahl dem Leutnant des Königs in Bayonne, dem Justizbeamten zu Hilfe zu kommen. Ein aufgeschlossener Geist wie Montesquieu sah keinen akzeptablen Grund dafür, den Cagots den Status quo länger zuzumuten; er konnte nur seine Beseitigung wünschen.

Das einschneidendste Ereignis der juristischen Laufbahn Montesquieus bleibt die Rede, die er am 11. November 1725 zum Sitzungsbeginn nach den Gerichtsferien hielt. Sie wurde sogleich gedruckt und im 18. Jahrhundert mehrmals neu aufgelegt, denn man verkaufte sie, laut Pierre Bernadau, »jedes Jahr zur Verhandlungseröffnung an der Pforte des Palais. Sie ist das einzige Werk Montesquieus, das je in Bordeaux gedruckt worden ist.« Montesquieu macht »die Gerechtigkeit, welche die richterlichen Entscheidungen und die Anwendung der Gesetze bestimmen muß«, zum Gegenstand seiner Rede und bringt so die ihn beherrschenden Fragen zum Ausdruck. Seiner Auffassung nach muß die Justiz, um wirklich Recht sprechen zu können, vier Gebote befolgen: »Sie muß aufgeklärt sein, nicht zu streng und schließlich universell.« Montesquieu stellt fest, daß es für den Richter im Wust der Gesetze und Vorschriften, mit dem sich die Justiz abmüht, immer schwieriger wird, auf dem laufenden zu sein; seine Äußerungen beziehen sich mit Sicherheit auf seine persönlichen Erfahrungen und die Hindernisse, die er in Ausübung seines Amtes bewältigen muß. In seinem knappen Lagebericht verfährt er streng mit der Rechtsprechung seiner Zeit, wobei er davon ausgeht, daß Reformen unerläßlich sind: »Richter sahen sich schon immer Fallen und Überraschungen ausgesetzt; die Wahrheit hinterließ in ihrem Verstand denselben Argwohn wie der Irrtum.

Die Unklarheit in wesentlichen Dingen brachte die Form hervor. Betrüger, die hofften, ihre Bosheit verbergen zu können, machten aus ihr eine Art Kunst; ganze Berufe bildeten sich heraus, die einen, um Dinge zu verdunkeln, die anderen, um Geschäfte in die Länge zu ziehen; der Richter hatte weniger Mühe, sich gegen die Unaufrichtigkeit des Prozeßführenden zur Wehr zu setzen als gegen die Raffinesse derjenigen, denen er seine Interessen anvertraut hatte.

Deshalb genügte es nicht mehr, daß der Magistrat lediglich die Lauterkeit der Absichten überprüfte; er mußte über seine Ausbildung Rechenschaft ablegen, sein ganzes Leben lang die Last pausenlosen Fleißes auf sich nehmen und zusehen, ob sein Eifer ausreichte, um seinem Geist das Maß an Kenntnissen und den Grad an Können zu verschaffen, die sein Amt erforderte.«

Er beklagt die Art und Weise der Rechtsprechung, wobei er die Rechts- und Staatsanwälte heftig anfährt:

»Rechtsanwälte, das Gericht kennt Eure Integrität, und es macht ihm Freude, Euch das mitteilen zu können. Die Klagen wider Eure Ehre sind noch nicht an es herangedrungen. Seid Euch aber darüber im klaren, daß es nicht ausreicht, wenn sich Euer Ministerium nicht für seine Unbescholtenheit interessiert. In Euren Angelegenheiten zeigt Ihr einen Diensteifer, den wir rühmen; doch dieser Eifer wird kriminell, wenn er Euch vergessen läßt, was Ihr Euren Gegnern schuldig seid. Ich weiß wohl, daß Euch die Gesetze einer gerechten Verteidigung oft zwingen, Dinge zu enthüllen, die sonst das Schamgefühl verbirgt; doch handelt es sich hier um ein Übel, das wir nur im äußersten Notfall dulden. Lernt von uns folgende Maxime und erinnert Euch immer an sie: ›Sagt niemals die Wahrheit auf Kosten Eurer Tugend.‹«

Unmöglich, die Ergriffenheit nicht zu bemerken, die Montesquieu überwältigt, als er die Betroffenen zu Wort kommen läßt und ihnen folgende bitteren Vorwürfe in den Mund legt:

»Was sollen wir denn Ihrer Meinung nach guten Glaubens antworten, wenn man uns mitteilen wird: ›Wir sind vor Euch getreten, und man hat uns in Verwirrung gestürzt und mit Schande bedeckt; Ihr habt unsere Wunden gesehen und wolltet sie nicht lindern; Ihr wolltet die Beleidigungen wiedergutmachen, die man uns, weit weg von Euch, beigebracht hat, doch man hat uns unter Euren Augen schlimmere zugefügt; und Ihr habt nichts gesagt: Ihr, die wir Euch auf Eurem Richterstuhl für Götter auf Erden hielten, seid stumm geblieben wie Holz- oder Steinstatuen. Ihr sagt, daß Ihr unsere Besitztümer erhaltet; dabei ist uns unsere Ehre tausendmal teurer. Ihr sagt, daß Ihr unser Leben beschützt; dabei ist uns unser Glück viel mehr wert. Wenn Ihr schon nicht in der Lage seid, die Machenschaften eines jähzornigen Redners zu unterbinden, dann nennt uns wenigstens irgendein Gericht, das gerechter ist als das Eure. Wissen wir denn, ob Ihr nicht das barbarische Vergnügen geteilt habt, das man unseren Angelegenheiten entgegenbrachte, ob Ihr nicht unsere Verzweiflung genossen habt und ob wir Euch das, was wir Euch als Schwäche vorwerfen, nicht vielmehr als Verbrechen zur Last legen müßten?‹«

Montesquieus Ermahnung der Staatsanwälte ist von derselben Heftigkeit geprägt; auch sie vermittelt das Unbehagen eines Richters, der das schlechte Funktionieren der Justiz kennt und beklagt:

»Staatsanwälte, Ihr sollt jeden Tag Eures Lebens in Eurem Amt zittern! Was sage ich? Ihr sollt auch uns bange machen! Ihr könnt uns jederzeit die Augen vor der Wahrheit verschließen und uns etwas vorgaukeln. Ihr könnt uns die Hände binden, den gerechtesten Verfügungen ausweichen oder sie mißbrauchen; in Euren Angelegenheiten ständig die Gerechtigkeit geltend machen und dabei doch nur ihren Schatten umfassen; den Abschluß dieser Angelegenheiten erhoffen lassen und ihn doch immer weiter hinauszögern; oder sie durch ein Labyrinth von Irrtümern manövrieren. In diesem Fall wäret Ihr aufgrund Eurer Raffinesse um so gefährlicher und würdet auch auf uns einen Teil des Hasses lenken. Das Armseligste an Eurem Beruf würdet Ihr auf unseren übertragen; und bald wären wir nach den Hauptschuldigen die größten Verbrecher. Doch ehrt Ihr denn Euren Beruf mit der nötigen Tugend? Wie entzückt wären wir, wenn wir sähen, daß Ihr gerechter würdet, als wir es sind! Wie gerne vergäben wir Euch solchen Wetteifer! Und wie nichtswürdig erschienen uns unsere Ämter neben einer Tugend, die Euch so teuer wäre!«

Man hat diesem Gelegenheitstext vielleicht nicht ganz die ihm zustehende Aufmerksamkeit und Bedeutung entgegengebracht. Doch selbst in Anbetracht der Rhetorik, die dieser Rede anhaftet, entdeckt man bei aufmerksamer Lektüre ungeschminkte Zwischentöne, die über Montesquieus Empfindungen und Gemütsverfassung zu der Zeit Aufschluß geben, als er sich gerade auf den Verkauf seines Amtes als Parlamentspräsident vorbereitete. Auch wenn er häufig fehlte, so verfolgte er doch seit 1716 die Rechtspraxis an einem souveränen Gerichtshof aus nächster Nähe, und die Bilanz, die er zog, ist alles andere als schmeichelhaft: Seiner Meinung nach sind die Urteilsfindung und die Anwendung der Gesetze nicht angemessen geregelt; darüber hinaus finde sich der zwischen Rechtsanwälte und Staatsanwalt geratene Betroffene nicht mehr zurecht und werde manchmal sogar in seiner Ehre angegriffen. Ist dieses Gefühl,

an der Ausübung einer in vielen Punkten beklagenswerten Rechtsprechung teilzuhaben, nicht einer der Gründe, die Montesquieu bald dazu
bewegen werden, das Parlament zu verlassen? Ist diese Rede vom 11. November 1725 nicht die Feststellung eines Unbehagens, ja das Eingeständnis eines Scheiterns, das ihn dazu veranlaßte, seine geheimen Ansichten
mit seinem Handeln in Einklang zu bringen?

*

Zahlreiche Parlamentarier und Mitglieder des Obersteueramtes saßen in
der königlichen Akademie der Wissenschaften, der Künste und der Schönen Literatur von Bordeaux, deren Gründung offiziell am 3. Mai 1713 von
Ludwig XIV. bestätigt worden war. Seit 1707 hatten sich junge Laienmusi-
ker aus dem Raum Bordeaux regelmäßig zu Konzerten getroffen; einige
von ihnen bereicherten die Zusammenkünfte bald durch literarische
Übungen und riefen so die Lyrik-Akademie ins Leben. Die neuen Mitglieder erweiterten das Programm durch die Untersuchung physikali-
scher, geometrischer und naturgeschichtlicher Fragen. 1711 kam es jedoch zu einer Spaltung. Die Antiphysiker wollten sich allein der Musik
widmen, während die Physiker den literarischen und vor allem den wissenschaftlichen Aktivitäten den Vorrang gaben. Die Erlangung der Anerkennung stellte die neue Vereinigung, der die meisten Physiker angehörten, in den gesellschaftlichen Rahmen des Ancien Régime und kennzeich-
nete den Übergang von einem ungeordneten Zustand, in dem alles allein
vom guten Willen einzelner abhing, zu einem organisierten, von der Regierung garantierten Stadium, das durch die tatkräftige Hilfe eines Pariser
»Gönners«, des Herzogs von La Force, abgesichert war. Die neue Vereinigung versammelte in ihrer Mitte schon bald die intellektuelle Elite der
Gesellschaft. Wenn man die Geschichte der Akademie von Bordeaux studiert, begreift man, welch geringe Bedeutung die Öffentlichkeit Diskus-
sionen und philosophischen Systemen beimaß, die sich den praktischen
Problemen, vor allem in puncto Leben und Lebensorganisation, widme-
ten; allein nachdenkliche Gemüter ließen sich von so etwas fesseln.
   Mehr als vierzig Jahre lang beherrscht der Amts- und Dienstadel die
Akademie von Bordeaux: Von den 56 eingeschriebenen Adligen sind 32
Parlamentarier oder Finanzbeamte. Die Wahl eines Parlamentariers zum
Mitglied erschien den Akademiemitgliedern als die am besten geeignete
Methode, um die seit Gründung der Vereinigung streng aristokratische
Tradition zu wahren. Die Akademie ist die Tochter des Parlaments; das
Ansehen seiner Mitglieder fällt auf sie zurück. Bildung ist für die Beam-
ten ein berufliches Muß und manchmal eine sehr alte, doch nicht eigens
hervorgehobene Familientradition. Sarrau, Navarre und De Gascq, die zu
den Gründern der Vereinigung gehörten, können als Emporkömmlinge
angesehen werden. Sie bringen alle einen Sinn für intellektuelle Unab-

hängigkeit und eine Vorliebe für wissenschaftliche, politische und sozio-
logische Themen mit. Bis zur Mitte des Jahrhunderts blieb die Akademie
von Bordeaux das Koordinationszentrum für die Aktivitäten freisinniger
Geister; Reichtum und Muße ließen ihnen genug Zeit, sich für die verschiedensten Fragen zu interessieren und als Mäzene in Erscheinung zu
treten.

Wegen seiner familiären Herkunft, seiner sozialen Stellung, seiner
Kontakte und freundschaftlichen Beziehungen zu den Gründern der Vereinigung hatte Montesquieu in ihr seinen Platz, auf den ihn seine Freunde
nicht lange warten ließen. Als er am 3. April 1716 gewählt wird, ist er
kaum 27 Jahre alt:»Monsieur de Navarre machte den Vorschlag, den Parlamentsrat Monsieur de La Brède als ordentliches Akademiemitglied aufzunehmen, denn er wünschte diesen Platz zu besetzen und forderte mit
Ungestüm die Stimme jedes Akademiemitglieds, worauf die Akademie,
die über die untadelige Lebensweise, die guten Sitten und Fähigkeiten des
genannten Seigneur de La Brède unterrichtet war, ihm den gewünschten
Platz zusprach.«

In seiner am 18. April 1716 gehaltenen Antrittsrede umreißt Montesquieu eine Definition der Philosophie:»Die Weisen der Antike empfin-
gen ihre Schüler, ohne sie zu prüfen oder auszuwählen: Sie glaubten, daß
Weisheit und Vernunft allen Menschen gemeinsam sein sollten und daß
es, um Philosoph zu sein, ausreichte, eine Vorliebe für die Philosophie zu
besitzen«; seine übrigen Äußerungen beschränken sich auf die in diesem
Genre üblichen Bescheidenheitsbekundungen sowie auf das Lob der Vereinigung und ihres Schirmherrn. Bis 1725 erweist sich Montesquieu in
den Sitzungen als unermüdlich und beteiligt sich an den verschiedenen
Aktivitäten des Akademielebens: den wissenschaftlichen Berichten, der
Erörterung von Abhandlungen, die für das jährliche Auswahlverfahren
eingereicht wurden, und der Verteidigung der Akademieinteressen in
Bordeaux und Paris. Wenn er seinen Kollegen keine besonders neuartige
Denkweise vermittelt hat, so übernimmt er von ihnen einen Sinn für Methodik und wissenschaftliches Ethos, das als grundlegend angesehen
werden kann. Wenn die Akademie aus Montesquieus späterem Renommee einen berechtigten Stolz ableitete, so ist ihr ein nicht zu verachtender
Beitrag zu seiner intellektuellen Entwicklung zu verdanken. Er selbst hat
eingestanden, was er dem Umgang mit seinen Kollegen schuldete.

Schon am 18. Juni 1716 liest er aus einem *Aufsatz über die Politik der Römer in Glaubensfragen*; dieser zeugt von seinem Interesse für die römische
Geschichte, das er bereits während seiner Schulzeit in Juilly bekundet
hatte; doch es wäre übertrieben, in ihm einen ersten Entwurf der *Betrachtungen* zu sehen. Der Vortrag wurde am 23. Juli noch einmal gehalten und
diskutiert, was beweist, daß er das Interesse seiner Zuhörer hervorrief.
Am 25. September schlägt Montesquieu vor, einen mit 300 Livres dotier-

ten Anatomie-Preis zu stiften und zur Auszeichnung des Preisträgers eine Medaille gravieren zu lassen. Leider ist der Text seines Vortrages vom 16. November »über das System der reinen Begriffe, in dem er beweist, daß jenes von Pater Malebranche sehr alt ist«, verlorengegangen; in ihm hätte man gewiß Reminiszenzen an die in Juilly erhaltene Ausbildung gefunden.

Die wissenschaftliche Aktivität Montesquieus läßt in den folgenden Jahren nicht nach. Nur von geringer Bedeutung ist allerdings die 1718 verfaßte Bestandsaufnahme über die Ursache des Echos; manieriertes Gebaren und mythologisch-mondänes Scherzen stehen hier im Gegensatz zur Gewichtigkeit des Themas und zur Ernsthaftigkeit der sonst vorgeführten Abhandlungen. Viel beachtenswerter wegen des erkennbar intensiven Interesses ist die Ankündigung eines »Entwurfs einer physikalischen Geschichte der alten und neuen Welt«, die am 1. Januar 1719 im *Mercure* und im gleichen Jahr im *Journal des Savants* erschien. Montesquieu appelliert hier an die Wissenschaftler aller Länder, ihm die Ergebnisse ihrer Beobachtungen mitzuteilen:

»Wir bereiten in Bordeaux die Veröffentlichung einer Geschichte der alten und neuen Welt vor; sie soll alle allgemeinen wie besonderen Veränderungen berücksichtigen, die ihr durch Erdbeben, Überschwemmungen oder andere Ursachen zugestoßen sind, und eine genaue Beschreibung von den unterschiedlichen Verschiebungen der Erde und des Meeres geben, vom Auftauchen und Verschwinden von Inseln, Flüssen, Bergen, Tälern, Seen, Golfen, Meerengen, Kaps sowie von allen durch menschliche Hand herbeigeführten Veränderungen und Werken, die der Erde ein neues Antlitz gegeben haben, von den wichtigsten Kanälen, die Meere und große Flüsse verbinden, von den Mutationen in der Natur des Bodens, der Zusammensetzung der Luft, den neuen oder aufgegebenen Bergwerken, der Zerstörung der Wälder und der durch Pest, Kriege und andere Heimsuchungen verwaisten Gebiete; dabei sollen die physikalischen Ursachen all dieser Momente genauso angeführt werden wie kritische Bemerkungen über die, die sich als falsch oder suspekt herausstellen.«

Dieses ehrgeizige, um nicht zu sagen überzogene Projekt konnte nicht verwirklicht werden; doch es scheint so, als sei mit der Durchführung begonnen worden; Montesquieu hatte tatsächlich einige Aufzeichnungen zusammengestellt »zu meiner physikalischen Weltgeschichte, einem Werk, dessen Manuskript ich verbrannt habe«; einige Fragmente, die der Vernichtung entgingen, finden sich zweifellos in den *Pensées*[45].

Im *Essay über naturgeschichtliche Beobachtungen*, den er am 16. November 1719 und 20. November 1721 vortrug, sieht man, wie Montesquieu Insekten unter dem Mikroskop betrachtet, Frösche seziert, Experimente zur Atmung durchführt, indem er Enten und Frösche unter Wasser hält, den

Kreislauf der Tiere untersucht und ihre Bluttemperatur mißt. Er träumt davon, Nährstoffe zu entdecken, die in der Lage sind, in Jahren der Hungersnot den Weizen zu ersetzen. Diese *Beobachtungen*[46] haben den großen Vorteil, daß sie uns das Wesentliche der biologischen Philosophie Montesquieus liefern. Er befürwortet die Lehre der Epigenese, welche die Existenz vorgebildeter Keime schlichtweg verneinte und die Entstehung eines neuen Lebewesens aus einem mechanischen und zufälligen Zusammentreffen materieller Elemente erklärte; ihr standen die Verfechter der Präformationstheorie gegenüber, denen zufolge das neue Lebewesen aus einem Keim entstand, das heißt einer Art Miniaturorganismus, der, um sich zu entwickeln, einfach seine Anfangsdimensionen vergrößern mußte. Montesquieu geht so weit zu behaupten, »daß nichts so zufällig ist wie die Erzeugung der Pflanzen und daß sich ihre Vegetation von derjenigen der Steine und Metalle nur sehr wenig unterscheidet, kurz: daß die am besten organisierte Pflanze nur eine einfache, schlichte Folge der allgemeinen Bewegung der Materie ist«.

Wenn Montesquieus Ansichten heute auch naiv erscheinen, so traf er sich doch mit berühmten Naturforschern, ja sogar mit Buffon. Übrigens erkennt man an den »Röhren«, »Leitungen« und »Filtern«, mit denen sich Montesquieu daranmacht, die Phänomene der Pflanzenvegetation zu ergründen, die kartesianische Mechanik und Hydraulik wieder. Als ehemaliger Schüler von Juilly ist er damals ein enthusiastischer Bewunderer von Descartes: »Dieses bedeutende System, das man nicht ohne Erstaunen lesen kann; dieses System, das allein all das aufwiegt, was die laienhaften Autoren je geschrieben haben; dieses System, das die Vorsehung, die sie mit soviel Einfachheit und Größe agieren läßt, so sehr erleichtert; dieses unsterbliche System, das über alle Zeitalter und Revolutionen der Philosophie hinweg bewundert sein wird, ist ein Werk, für dessen Vollkommenheit sich alle Nachdenklichen mit einer Art Neid interessieren müssen[47].« Auch in seinen Augen hat Descartes »all denen, die nach ihm kamen, gelehrt, ihre eigenen Irrtümer zu entdecken«; er »gleicht dem, der die Bindungen zu jenen abbräche, die an ihm hängen; er liefe mit ihnen und bliebe unterwegs stehen; er käme vielleicht nicht an. Doch wer hätte den ersten in die Lage versetzt anzukommen[48]?«

Montesquieus Experimente zeigen, daß er unter dem Mikroskop einen Frosch sezieren oder eine Ligatur vornehmen konnte. Er erkennt die Wichtigkeit der quantitativen Berechnungen und der statistischen Beweisführung. Zwar hat er folgenden unglücklichen Satz geschrieben, den man ihm häufig vorwerfen wird: »Entdeckungen sind recht rar geworden; scheinbar herrscht eine Art Erschöpfung sowohl in der Beobachtung als auch bei den Beobachtenden . . . Wir sind, fast so wie Alexander, genötigt, darüber zu trauern, daß unsere Väter alles erledigt und nichts für unseren Ruhm übriggelassen haben«; doch er fügt auch hinzu: »Was wissen wir schon darüber, was uns vorbehalten ist? Vielleicht gibt es ja noch Tausende verborgener Geheimnisse?«

In seiner *Rede über die Motive, die uns zu den Wissenschaften ermutigen sollen,* die er am 15. November 1725 in der Akademie hält, spricht er in höchsten Tönen von der Rolle der Wissenschaften für den Fortschritt des menschlichen Geistes sowie von den Motiven, sich ihnen hinzugeben: »Das erste ist die innere Befriedigung, die man empfindet, wenn man sieht, wie die Vortrefflichkeit des eigenen Wesens erhöht wird und man ein intelligentes Wesen noch intelligenter macht. Das zweite ist ein natürlicher Wissensdurst, von dem man sagt, daß ihn vielleicht alle Menschen besitzen, und der niemals so vernünftig war wie in diesem Jahrhundert . . . Ein drittes Motiv, das uns zu den Wissenschaften ermutigen soll, ist die begründete Hoffnung, in ihr erfolgreich zu sein. Nicht die bloßen Wahrheiten, auf die man gestoßen ist, machen die Entdeckungen dieses Jahrhunderts so bewundernswert, sondern die Methoden, um sie zu finden; nicht ein Stein des Bauwerks, sondern alle Instrumente und Maschinen, um es in seiner Gesamtheit zu errichten . . . Ein viertes Motiv ist unser eigenes Glück. Der Lerneifer ist in uns nahezu die einzige unvergängliche Leidenschaft; alle anderen verlassen uns in dem Maße, wie sich dieser bedauernswerte Körper, der sie uns gibt, seinem Ende nähert . . .«

Die 1720 und 1726 gehaltenen Reden über die Funktion der Nieren, die Schwerkraft, die Transparenz sowie über Ebbe und Flut sind lediglich einfache Berichte im Zuge des Auswahlverfahrens. Sie bedeuten keineswegs, daß Montesquieu jemals Physiker oder Anatom war. Wenn er auch ein rigider Kartesianer blieb, so verehrte er doch Huygens, dessen Wellentheorie des Lichtes er in seiner *Rede über die Transparenz der Körper* (1720) übernahm. Newton bewunderte er ebenso, jedoch ohne seine Theorie vertieft zu haben; in einer Notiz des *Spicilège*[49] heißt es später, er habe »ein Manuskript von Pater Castel angesehen, in dem er das Newtonsche System untersucht«; sein Kommentar lautet: »Ich fand es einleuchtend. Viele richtige Einwände; es könnte gut sein, daß Newton die Geometrie kräftig mißbraucht hätte« und »häufig wegen der angeblichen Unfehlbarkeit der Geometrie gewählt worden wäre«. Dennoch sieht man ihn 1725 »ein wenig mit der Geometrie befaßt«, wie er Dodart im Oktober anvertraut: »Ich habe einen großen Teil der *Beweisanalyse* von Pater Reyneau gelesen, ein Buch, das einen Anfänger, wie mir scheint, sehr weit führt. Ich gestehe Ihnen, ich war selbst sehr überrascht über die Verständlichkeit dieses Buchs, das mich an fast keiner Stelle unterbrechen ließ; meine ständige Begleitlektüre ist Guisnées *Anwendung der Algebra auf die Geometrie*, ein von den Lehrern überschwenglich gelobtes Buch, weil die Leser nicht ohne sie auskommen können.«

Trotz seines guten Willens wurde Montesquieu recht schnell der Unterschied zwischen dem Interesse für die Wissenschaften und ihrer Weiterentwicklung klar. »Die Wissenschaften, mit denen wir uns befassen«, schreibt er am 15. November 1717 in seiner Rede zur Wiedereröffnung der Akademie nach der Sommerpause, »sind eher dazu geeignet, uns zu verwirren als uns zu belehren.« Wir verdanken ihm jedoch zwei neue, fruchtbare Gedanken, die in der *Rede über die Motive, die uns zu den Wissenschaften ermutigen sollen*, ausgeführt werden: »Die Wissenschaften gewinnen viel, wenn sie auf geistreiche und anspruchsvolle Weise gehandhabt werden; wenn man ihnen die Trockenheit nimmt, beugt man der Ermüdung vor und macht sie für alle Menschen zugänglich.«

Montesquieus durch den Kontakt mit der Akademie geweckten wissenschaftlichen Interessen blieben in seinem Denken stets gegenwärtig. Am 27. Juni 1737, als er gerade seinen am 20. November 1721 in der Akademie gelesenen *Essay über naturgeschichtliche Beobachtungen* überarbeitet, schreibt er einen, was sein Bemühen um Genauigkeit angeht, aufschlußreichen Brief an Dortous de Mairan: »Ich habe, Monsieur, eine Reihe von Mikroskopen und würde gerne wissen, wieviel sie im Vergleich zueinander vergrößern ... Gibt es eine genauere Methode, um zu bestimmen, wie stark jedes Mikroskop die Objekte vergrößert, etwa durch den Durchmesser der Konvexität oder die Entfernung des Brennpunkts, und kann diese Methode auch von anderen als den Handwerkern leicht angewandt werden? Reicht bei den Beobachtungen mit dem Mikroskop die erste Methode aus, die lediglich auf einer nie ganz exakt zu bestimmenden Annahme gründet?«

Die Lobrede auf die Ernsthaftigkeit muß man wahrscheinlich kurz vorher datieren, etwa zur Zeit der *Rede über Cicero*; Montesquieu dürfte sie der Akademie 1717 vorgestellt haben. Der Text ähnelt eher einem »Schulaufsatz« als einem Akademiebericht. Doch beschränken sich Montesquieus Aktivitäten an der Akademie nicht allein auf die Erarbeitung und den Vortrag wissenschaftlicher Aufsätze: So stellte er in der Sitzung am 1. Mai 1725 mehrere Kapitel seiner *Abhandlung über die Pflichten* vor und ließ am 25. August seine *Rede über Wertschätzung und Ansehen* vortragen.

Montesquieu wachte auch über die moralischen und materiellen Interessen der Akademie, für die er während seiner Paris-Aufenthalte eintrat. Nach dem Tod des ersten Schirmherrn, des Herzogs von La Force, bittet er Madame de Lambert, sich bei Morville dafür zu verwenden, daß er den freigewordenen Platz annimmt. Er hat nie aufgehört, sein Interesse für die Akademie und seine Hochschätzung für ihre Mitglieder zu bekunden. In einem Brief an Madame de Lambert vom 29. Juli 1726 weist er der Akademie folgendes Lob zu: »Was die Akademie von Bordeaux betrifft, Madame, so kennen Sie etliche ihrer Themen; es gibt noch einige andere, Ihnen unbekannte, die Ihrer Achtung und selbst Ihrer Dienstage würdig sind.«

15 Jahre später, 1741, als es so hätte scheinen können, daß er die Aka-

demie von Bordeaux ein wenig vernachlässigt, gibt er Martin Ffolkes folgendes Zeugnis seiner Treue: »Unsere Akademie in Bordeaux beginnt gerade erst ihre Blütezeit, zum einen durch die große Zahl der bedeutenden Persönlichkeiten, zum anderen durch die Wohltaten und Spenden, die ihr einige Mitglieder dieser Gesellschaft zugedacht haben und die sie in die Lage versetzen, die Wissenschaften zu ermutigen. Fast alle Freunde, die ich in dieser Gegend habe, kommen von ihr.«

Das mit den akademischen Gesellschaften verbundene Interesse begriff Montesquieu vollkommen; sie trugen, wie das Beispiel von Bordeaux zeigt, tatkräftig zur Entwicklung des wissenschaftlichen Geistes bei: »Der Nutzen der Akademien ist, daß durch sie das Wissen verbreitet wird. Wer irgendwelche Entdeckungen gemacht hat oder hinter irgendein Geheimnis gekommen ist, neigt dazu, das an die Öffentlichkeit zu bringen, sei es, um es in den Archiven eintragen zu lassen, sei es, um den Ruhm dafür zu ernten oder sogar sein Vermögen zu vergrößern! Vor dieser Zeit waren die Gelehrten verschwiegener[50].«

Wiederholt forderte Montesquieu mit Nachdruck von seinen Kollegen die Veröffentlichung der von der Akademie preisgekrönten wissenschaftlichen Abhandlungen; in einem Brief vom Juni 1727 an Sarrau de Boinet bringt er seine Vorstellungen über die Rolle der Akademie unmißverständlich zum Ausdruck: Er schlägt ihm vor, dem Schirmherrn ein Gesuch zu schicken, welches darlegt, »daß sich die Akademie seit ihrer Gründung mit Sorgfalt darum bemüht hat, den Wissenschaften in der Stadt Bordeaux zur Blüte zu verhelfen; daß man in einer Hafenstadt wie dieser, in der momentan der stärkste Außenhandel betrieben wird und eine so große Anzahl von Schiffen ein- und ausfährt, die Mathematik, vor allem in puncto Navigation, gar nicht genug gefördert werden könnte . . .; daß die Vereinigung, ohne bisher in den Genuß der Freigebigkeit des Königs gekommen zu sein und ohne Bekundungen seiner Gönnerschaft vernommen zu haben, die er so vielen anderen Akademien seines Königreichs gewährt, bis heute unablässig große Fortschritte macht, wofür auf privater Ebene umfangreiche Ausgaben geleistet worden sind; daß die Lage der Stadt und der große Zulauf von Ausländern sie mit Wissenschaftlern aus den entferntesten Ländern in Verbindung gebracht hat und daß die Preise, die sie jedes Jahr in den Bereichen der Physik und Mathematik vergibt und die viele Ausländer anlocken, ihr diese Kontakte sehr erleichtert haben«.

Montesquieu stellt hier die Rolle dar, welche die Akademie in der Entwicklung der Wissenschaften gespielt hat, indem er den Akzent auf die praxisbezogene Zielsetzung ihrer Forschungen legt; er betont die provinzbezogene Prägung der Vereinigung und die Bindung ihrer wesentlichen Interessen an die Aktivitäten der Stadt. Er selbst zeigt so, wie sehr er an seiner Region hängt und wieviel er ihr vom ursprünglichsten Teil seines Charakters und Talents verdankt.

Von den »Persischen Briefen« zu den Reisen (1721–1728)

In seinen ersten literarischen Essays und Vorträgen an der Akademie von
Bordeaux unterschied sich Montesquieu kaum von seinen Kollegen; wie
viele von ihnen ließ er sich beim Schreiben mit Vorliebe von lateinischen
Schriftstellern anregen; war Cicero nicht sein bevorzugtes Vorbild? Außerordentliche Begabungen, welche die Qualitäten eines talentierten
Schriftstellers oder die Gedankentiefe eines seinem Jahrhundert verhafte-
ten Philosophen erkennen ließen, stellte er noch nicht unter Beweis. Insgeheim reiften jedoch die *Persischen Briefe,* ein Werk, das 1721 in aufse-
henerregender Weise das erste Jahrhundert der Aufklärung einleiten
sollte; Montesquieu wird in ihm eine der prägendsten Persönlichkeiten
sein: Seine Ideen sollten dazu beitragen, die Mentalitäten langsam zu verändern und fortzuentwickeln.

Man hat sich oft gefragt, zu welcher Zeit Montesquieu die *Persischen
Briefe* verfaßt hat; ein genaues Datum ist um so schwieriger zu bestimmen, als er uns selbst keinerlei Hinweise zur Entstehung seines Buches
gibt; er betrachtete es stets als ein Jugendwerk; deshalb verwandte er jedoch in den letzten Jahren seines Lebens nicht weniger Sorgfalt auf die
Vorbereitung einer Neuauflage; in den *Gedanken* sammelte er dabei sorgfältig die Fragmente, die er für nicht gut genug befand, um sie drucken zu
lassen. Vermutlich machte sich Montesquieu während seines Aufenthalts
in Paris zwischen 1709 und 1713 getreu der Arbeitsmethode, die er sich in
Juilly angeeignet hatte, Notizen und begann, die später benutzten Unterlagen zusammenzustellen.

Als Usbek seinem in Ispahan lebenden Freund Rustan schreibt, datiert
er den ersten *Persischen Brief* auf das Jahr 1711. Diese chronologische An-
gabe verleitete Guasco dazu, die Aufnahme der Arbeiten an den *Persischen Briefen* im Jahre 1711 anzusetzen: »Wenn er die Briefe heute [1752]
herauszubringen hätte, sagte er zu Freunden, dann würde er einige weglassen, in denen ihn das Feuer der Jugend hingerissen hätte; sein Vater
hätte ihn genötigt, den ganzen Tag über dem Gesetzbuch zu verbringen;
abends sei er deshalb derart gereizt gewesen, daß er aus Vergnügen einen
persischen Brief verfaßt hätte, der ohne Vorbereitung aus seiner Feder geflossen sei.« Guascos Zeugnis erscheint um so suspekter, als er Montesquieu erst 1738 kennenlernte; zudem verleiten die Umstände, unter denen er 1767 die *Familiären Briefe* herausbrachte, nicht gerade dazu, seinen
häufig aus zweiter Hand stammenden, unkritisch übernommenen Anek-

doten volles Vertrauen zu schenken. Daß der Rechtsanwalt Pierre Bernadau aus Bordeaux denselben Irrtum in seinem *Bordeaux-Führer* wiederaufgriff, verleiht ihm noch lange keine Authentizität.

Die Verwendung der mohammedanischen Zeitrechnung, die Montesquieu aus Jean Chardins *Reisen nach Persien und Westindien* in der Ausgabe
von 1711 übernahm, bestätigt ebensowenig die Aussagen Guascos. Auch
wenn Montesquieu dieses Exemplar, einer Rechnung der Buchhandlung
Lacourt in Bordeaux zufolge, nach dem 10. Mai 1720 erworben und ihr
tatsächlich die Orthographie der persischen Monate entnommen haben
sollte, so besaß er Chardins Werk in seiner Bibliothek in La Brède bereits
in einer Ausgabe von 1684. Der Kauf von 1720 offenbart lediglich sein
Bedürfnis nach Überprüfung und chronologischer Einteilung der damals
bereits abgeschlossenen Briefe. Wir können also nur Vermutungen anstellen; doch trotz der Unsicherheiten ist es wenig wahrscheinlich, daß
das Werk vor 1717 verfaßt wurde, selbst wenn die Erfahrungen der Jahre
1705 bis 1713 keineswegs unerheblich für seine Gestaltung gewesen
sind. Folglich brauchte Montesquieu nahezu vier Jahre, um die *Persischen
Briefe* zu schreiben und abzuschließen.

Weder in der damals so gut wie nicht vorhandenen Korrespondenz,
noch in seinen späteren Schriften finden sich die geringsten Angaben zur
Entstehungsgeschichte der *Persischen Briefe*. Wir würden gerne »die Bege-
benheit aufdecken, die den Anstoß zu den *Persischen Briefen* gab, das auf-
reizende Geheimnis lüften, das fast immer die Ursprünge eines Werkes
umgibt, die Stunde feststellen, in der die Entscheidung getroffen wurde«;
doch »das hieße zu vergessen, daß eine solche Entscheidung normalerweise seit langem vorbereitet und die tatsächliche Genese ein unzugäng-
liches inneres Fortschreiten ist[1]«.

Auch wenn Montesquieu als Justizbeamter damals noch unerfahren
war, neigte er dazu, die politischen Ereignisse und Sitten seiner Zeitgenossen aus dem Blickwinkel des Moralisten zu beobachten. Der Übergang von der objektiven zur kritischen Beobachtung ließ sich von einem
in wissenschaftlicher Methodik geübten Verstand leicht bewerkstelligen:
Dazu boten sich die Ereignisse vor und nach dem Tod Ludwigs XIV. an.
Als aufmerksamer, aufgeschlossener Zuschauer verspürte Montesquieu
den Trübsinn und die Schwerfälligkeit der letzten Jahre in der sehr langen
Herrschaft eines alternden Monarchen. Mehrfach skizzierte er das moralische Porträt Ludwigs XIV.; die letzte Version seiner unzweideutigen,
doch nuancierten Beurteilung lautet:

»Ludwig XIV. war weder friedliebend noch kriegerisch. Er beherrschte
die Formen der Rechtsprechung, der Politik und der Gottergebenheit und
hatte das Wesen eines bedeutenden Königs. Sanft zu seinen Dienstboten,
tolerant zu seinen Hofleuten, geizig gegenüber dem Volk, unruhig wegen
seiner Feinde, despotisch in seiner Familie, König in seinem Hofstaat,

hart in den Räten, Kind in Gewissensfragen, getäuscht von allem, was Könige narrt: den Ministern, Frauen und Frömmlern; stets regierend und regiert; unglücklich in seinen Entscheidungen, die Toren mögend, die Talente erduldend, den Geist fürchtend, ernsthaft in seinen Liebschaften und seiner letzten Zuneigung, schwach im Mitleiderwecken. Ausdruckslos in seinen Erfolgen, standhaft in seinen Niederlagen, mutig im Tod. Er liebte die himmlische Herrlichkeit und die Religion, doch man hinderte ihn während seines ganzen Lebens daran, sie kennenzulernen. Wohl keinen von all diesen Fehlern hätte er gehabt, wenn er besser erzogen worden wäre oder ein wenig mehr Geist besessen hätte[2].«

Montesquieu lebte damals in Bordeaux, der Hauptstadt der Provinz Guyenne, die nach dem Aufruhr von 1675 hart bestraft und durch Kriege erschüttert worden war, welche die wirtschaftliche Aktivität des Hafens erheblich reduziert und die Steuerlasten unerträglich gemacht hatten: »Der König hatte die Herzen seiner Untertanen aufgrund der maßlosen Abgaben verloren, die er ihnen zur notwendigen Unterstützung eines vergeblichen Krieges auferlegt hatte. Normalerweise ist der Lauf der Dinge so, daß man zu Anfang für den Ruhm und schließlich für das Wohl des Staates kämpft[3].«

Um die geistige Verfassung der Menschen im Raum Bordeaux zu verstehen, genügt es, den Brief des Intendanten der Guyenne, Lamoignon de Courson, vom 7. September 1715 an den Generalkontrolleur der Finanzen zu lesen: »Die gesamte Bevölkerung dieser Généralité glaubt, daß die Eintreibungen aufhören sollten. Die vernünftigsten Leute, die sich weder unterstehen mitzumischen, noch etwas aufs Spiel zu setzen, sind – in der Hoffnung, daß sich etwas zu ihrem Vorteil verändert – keineswegs verstimmt über diese Meinung des Volkes. Die ganze Généralité wird sich daran orientieren, was in Bordeaux passiert: Bleibt dort alles ruhig, wird es auch in der übrigen Généralité zu keinen Reaktionen kommen; fiele dort jedoch etwas vor, so würde das Feuer sehr leicht um sich greifen. Die Gemüter sind in Bordeaux derart ungestüm und unruhig, daß nichts vorherzusehen ist. Ich fürchte weder Adel noch Bourgeoisie, sondern den Pöbel, der von den üblen Reden, die man hält, aufgestachelt werden könnte[4].«

Die Hoffnungen, welche die Régence weckte, verflüchtigte sich bald; die Herrschaft der Räte, die Sittenlosigkeit und die Verschlechterung der finanziellen Lage, die durch Laws Fehlschlag, der viele rechtschaffene Leute ruinierte, noch verschlimmert wurde, konnten Montesquieu nicht gefallen. Er glaubte, daß »der Herzog von Orléans alle Eigenschaften eines guten Edelmannes besaß«; unter dem Namen Peisistratos zeichnete er von ihm ein schonungsloses, wenn auch von einer gewissen Sympathie geprägtes Porträt:

»Peisistratos war nicht imstande zu demütigen; doch er verstand es,

Verwirrung zu stiften. Peisistratos wurde weniger vom Schönen und Guten als vom Außergewöhnlichen und Wunderbaren berührt. Er hatte ein standhaftes Herz und ein zaghaftes Gemüt. Durch seine Talente fühlte er sich mehr geschmeichelt als durch seine Tugenden. Peisistratos' Schüchternheit rührte in gleichem Maße von der Unentschlossenheit und der Sorge zu verletzen her wie von einer Schwäche des Gemüts. Kurzum, in der Verderbtheit galt sein Verstand alles und sein Herz nichts. Peisistratos ist der einzige mir bekannte Mann gewesen, der vergebens von seinen Vorurteilen kuriert wurde. Sein Unglück war eine krankhafte Neigung, sich schlechter zu zeigen, als er war; gegenüber den Lastern gab er sich scheinheilig, das heißt, er tat so, als habe er welche, um frei und unabhängig zu erscheinen[5].«

Als Beobachter und Moralist läßt sich Montesquieu in Momenten der Langeweile von der Exotik, in erster Linie von der des Fernen Orients, bezaubern, die ihm von 1713 an seine Gespräche mit Nicolas Fréret und dem Chinesen Hoange sowie die Werke von Couplet und Kircher enthüllen. Nach und nach dehnt sich seine Neugier auf andere orientalische Länder aus, die ihn faszinieren, wobei seine Träumereien in der Lektüre Anregung finden. Der Katalog der Bibliothek von La Brède zeigt, welche Quellen er damals auswertete: *Der türkische Spion* in der Kölner Ausgabe von 1717; die 1717 herausgebrachten *Reisen* von Tournefort; 1718 kaufte er sich dann noch einmal die *Sechs Reisen in die Türkei, nach Persien und Ostindien* von Tavernier, die er bereits in der Ausgabe von 1713 besaß; das sind, unter anderen, die möglichen, wenn nicht wahrscheinlichen Lesestoffe. Taverniers *Reisen* lieferten etwa genaue Details über die Route, der Usbek zwischen Ispahan und Tauris folgt; ebenso stellen die *Reisen* von Chardin eines der entscheidenden Dokumente für die Kenntnis Persiens und der orientalischen Monarchien dar.

Man darf annehmen, »daß die Idee zu den *Persischen Briefen* während der langen Ferien in Paris entstanden ist, die sich der Präsident von Dezember 1716 bis April 1717 genehmigte: Ankunft von Zar Peter dem Großen, Wiedererwachen der Jansenisten und Einberufung des Generalkonzils, Gerichtskammer, Aufstieg von Dubois, Unterzeichnung des Dreierbundes; diese Flut der Ereignisse regten ihn zur Chronik an und hinterließen zahlreiche Spuren in den *Persischen Briefen*[6]«.

Die zeitgenössischen Vorfälle, auf die er in den letzten *Persischen Briefen* anspielt, kennzeichnen das Jahr 1720 und erlauben es, die Fertigstellung des Werkes einzuordnen: Sie reichen vom Scheitern Laws bis zur Bilanz seines Systems im Brief CLXV vom 11. November, unter Erwähnung der Abdankung Ulrichs von Schweden am 24. März (Brief CXL). Zum anderen verbrachte Montesquieu das Jahr 1720 zum größten Teil, wenn nicht sogar ganz, im Gebiet von Bordeaux, um sich der Schlußfassung der *Persischen Briefe* zu widmen.

Dieser langsame Reifungsprozeß von 1717 bis 1720 ist in Anbetracht der Bedeutung und Vielfalt der Lesestoffe nicht überraschend, die sich Montesquieu aufdrängten, um sich über die orientalischen Lebensgewohnheiten zu informieren und ein wenig Abstand zu den jüngsten Vorkommnissen in Frankreich zu gewinnen. Die Struktur des Buches ist wegen der persischen und französischen Szenerien sehr kompliziert, mit denen der Autor nach Belieben spielt, um dem Leser ein Gefühl der Fremdheit zu vermitteln; hinzu kommen die vielfältigen Themen, die ineinander verschachtelt sind und sich überschneiden, wobei das Fehlen von Logik und Kontinuität, sowie die mentale Entwicklung der auftretenden Akteure manchmal verwirrend ist. So fragt sich Usbek bei seiner Rückkehr nach Persien, welche die bessere Zivilisation sei, seine eigene oder die abendländische, mit der er gerade neun Jahre als desillusionierter Beobachter auf Tuchfühlung gelebt und die einen Teil seiner Gewißheiten zerstört hat.

Die Werke, die Montesquieu benutzte, hat man ermittelt. Der 1684 veröffentlichte *Spion des Grandseigneur* des Italieners Jean-Paul Marana wurde seit 1722 in den *Historisch-kritischen Erinnerungen* von Camusat und Bruzen de La Martinière als das Vorbild für die *Persischen Briefe* angesehen: In dieser Briefsammlung entdeckt der Spion mit naivem Erstaunen die Sitten der Pariser und wundert sich über die politischen Institutionen und religiösen Überzeugungen der Franzosen, wobei er sehr deutlich zu erkennen gibt, daß er den Despotismus verabscheut und den Deismus den religiösen Konfessionen und Kirchen vorzieht. Ihr fügten Voltaire im *Jahrhundert Ludwigs XIV.* und D'Alembert in seiner *Lobrede auf Montesquieu* die *Ernsten und komischen Amüsements* von Dufresnoy hinzu, der sich die Ankunft eines Siamesen in Paris ausmalte, dessen kalkulierte Naivität einige Techniken Montesquieus ankündigt. Die Person des orientalischen Beobachters ist in der Tat keine Erfindung Montesquieus; etliche andere Schriftsteller hatten sie vor ihm als bequeme Technik benutzt, um den Leser in eine sehr einfache Exotik zu tauchen und gleichzeitig den Akteuren aus dem Orient Reaktionen, Meinungen, Urteile und Gefühle zuzuschreiben, die im Ausdruck freier und weniger konformistisch waren, als man es im allgemeinen vom Autor annahm. Dufresnoy gesteht in seinen *Amüsements* die Einfachheit der Technik ein: »Ich werde den Genius eines siamesischen Reisenden benutzen: Wir werden sehen, auf welche Art und Weise er von gewissen Dingen verblüfft sein wird, die uns die Vorurteile der Gewohnheit als vernünftig und natürlich erscheinen lassen.«

Der orientalische Dekor war also in Mode, als Montesquieu die *Persischen Briefe* schrieb. Schon 1707 schlägt Pierre Bayle in seinem *Historisch-Kritischen Lexikon* vor, sich eines orientalischen Beobachters zu bedienen: »Ein Bericht über das Abendland aus der Sicht eines Japaners oder Chinesen, der mehrere Jahre lang in den großen Städten Europas gelebt hätte, wäre eine interessante Sache, wohl auch umgekehrt . . .« Die Gründe, die Montesquieu veranlaßten, einen solchen Rahmen zu wählen, liegen also auf der Hand; seiner Meinung nach hatte er »den Vorteil, daß man einem Roman Philosophisches, Politisches und Moralisches beifügen und das Ganze mit einer geheimen Kette auf bisher unbekannte Weise verbinden könnte«. Die Briefgattung brachte zudem die Erleichterung mit sich, daß sie je nach Bedarf einen Ortswechsel ermöglichte. Montesquieu hatte sich übrigens in dieser Methode bereits versucht: Von 1711 an schrieb er ein Buch über die Priester im Heidentum, zu dem ihn Pierre Bayles *Verschiedene Gedanken über die Kometen* inspiriert hatten. Er verbrannte das Manuskript später.

Auch wenn der gewählte Rahmen und die literarische Form keine Neuerungen von Montesquieu darstellten, so hat er nichtsdestoweniger ein zutiefst eigenständiges Buch geschrieben, ein »ungewöhnliches Werk«, wie P. Vernière anmerkt, »das Merkmale des Briefromans trägt, der politischen Chronik, des Reisetagebuchs, des moralischen Essays, das den tragischen Monolog oder den komödiantischen Dialog einbezieht, ohne die Erörterung, die Apologie oder die Erzählung außer acht zu lassen; ein verwirrendes Werk, in dem sich die Aufmerksamkeit leicht in der Aufeinanderfolge der Orte, der Vielfalt der Kulissen und der Mischung der Themen zu verzetteln droht«.

Die chronologische Wahrscheinlichkeit, die wohlausgewogene Dosierung der Themen und ihre Aufteilung zwischen Orient und Abendland, die von Orientreisenden übernommenen, zuverlässigen Auskünfte, die Berücksichtigung der antiken Schriftsteller, der Historiker, Juristen und modernen Philosophen wie Fontenelle oder Madame Dacier: Die vielen von Montesquieu ausgewerteten Quellen zeugen vom Ausmaß seiner Lektüre, von der Ausrichtung seiner Interessen und seiner Arbeitsmethode. Hier verbirgt sich seine wahre Originalität, der unersetzbare Teil seines persönlichen Genies, das es verstand, oftmals schwerverdauliche Werke aufzunehmen, ohne den Leser zu langweilen, und im eigenen Denken, in seiner Vorstellungskraft und seinen persönlichen Erkundigungen bei Politikern seiner Epoche zu filtern, unter Heranziehung seiner eigenen, im Entstehen begriffenen Werke, von denen einige niemals zu Ende geschrieben, sondern nur umrissen werden, so die *Abhandlung über die Pflichten*, die Erörterung über die *Ursachen des Bevölkerungsrückgangs*, die Abhandlungen über die *Reichtümer Spaniens* und über die *Naturgesetze und die Unterscheidung von Recht und Unrecht*. Welch intellektuelle Aktivität im Laufe jener Jahre, die vermuten läßt, daß er den wesentlichen Teil seines Daseins dem Lesen, dem Studium, den Gesprächen, der Reflexion und schließlich dem Schreiben widmete! Wie sollte man die Reife dieses jungen Mannes nicht bewundern, der, kaum dreißig Jahre alt, schon imstande war, in einigen wenigen Jahren die *Persischen Briefe* zu verfassen?

Die Veröffentlichung eines solchen Buches drohte seinem Autor ernsthafte Schwierigkeiten zu bereiten. Montesquieu ließ sich nicht auf das Risiko ein, ein Sonderrecht zu erbitten, dessen Zurückweisung ein Verbot des Werkes nach sich gezogen hätte. Mit einer »stillschweigenden Erlaubnis« oder einer »einfachen Duldung«, die um so schwieriger zu erhalten waren, als der Kanzler D'Aguesseau gegenüber romanesken Fiktionen sehr streng verfuhr, mochte er sich auch nicht zufriedengeben. Montesquieu wollte allen Schwierigkeiten aus dem Weg gehen, wohl wissend, daß ihm seine Stellung als Beamter zu keinerlei Nachsicht verhelfen, sondern ganz im Gegenteil die Härte möglicher Ahndungen nur vergrößern würde. Daher zog er es vor, sich an einen Buchhändler in den Niederlanden zu wenden. Seit Ende des 16. Jahrhunderts, doch vor allem nach der Aufhebung des Edikts von Nantes im Jahre 1685, waren zahlreiche französische Buchhändler und Druckereibesitzer in die Niederlande geflüchtet; von dort aus verbreiteten sie in Frankreich eine eigene Literatur, die reformistisch inspiriert und der französischen Monarchie gegenüber feindlich gesinnt war. Einer dieser Buchhändler, Henri Desbordes, geboren 1649 in Saumur, wo er für die protestantische Akademie Werke und Dissertationen druckte, hatte 1682 die Stadt verlassen, um sich in Amsterdam anzusiedeln, wo er am 24. Februar 1718 starb. Die an neuen Einblicken äußerst reiche Untersuchung von Edgar Mass[7] hat nachgewiesen, daß zur Zeit der Veröffentlichung der *Persischen Briefe* die Witwe von Henri, Susanne de Caux, das Haus Desbordes leitete; sein ältester Sohn Jacques arbeitete seit 1719 als Druckerlehrling in Den Haag und kam erst 1727 nach Amsterdam, um nach dem Tod seiner Mutter die Leitung der Buchhandlung zu übernehmen. Aus ihren Druckpressen kamen französische Bücher, die vor allem von geflüchteten Calvinisten stammten, so ab 1713 die *Kritische Geschichte der wissenschaftlichen Republik* und ab 1715 die *Historischen Briefe mit den wichtigsten Ereignissen aus Europa*. Im März 1718 verteidigte Susanne de Caux in den *Historischen Briefen* die Rolle der Zeitschriften, deren Wichtigkeit für die Verbreitung der Ideen der Aufklärung bekannt ist.

Wir wüßten gerne, wie Montesquieu mit Susanne de Caux Kontakt aufnahm. Etwa auf Vermittlung des Journalisten Henri-Philippe de Limiers? Geboren in den Niederlanden als Kind französischer Flüchtlinge, erlangte er für sich und seine Familie am 4. April 1724 das Bürgerrecht von Utrecht und starb in dieser Stadt am 18. August 1728. In einem Schreiben an Montesquieu vom 12. Juli 1725 spielt Limiers auf ihre Briefkontakte in früheren Jahren an: »Ich gäbe mir öfter die Ehre, Ihnen zu schreiben, wenn ich nicht befürchtete, Ihnen damit wegen der Entfernung zu sehr zur Last zu fallen.« Als er ihn bittet, die *Gazette d'Utrecht*, die er seit dem Vorjahr herausbrachte, zu abonnieren, fügt er hinzu: »Ich bin überzeugt, daß mir Abbé Duval [Montesquieus Sekretär] dieselbe Ehre erweisen möchte, auch wenn ich ihm nicht eigens schreibe, um nicht noch mehr Briefe zu schicken.« Limiers korrespondierte also mit Montesquieu und Abbé Duval; im übrigen lädt er sie ein, in die Niederlande zu kommen: »Jetzt, da das Wetter wieder schöner wird, werden Sie sich, Monsieur, doch wohl in Versuchung führen lassen, eine kleine Reise nach Holland zu unternehmen? Es würde mir ein außerordentliches Vergnügen bereiten, Sie eine Zeitlang hier zu haben, genauso wie Abbé Duval, dem dieser Müßiggang gut bekommen würde.«

Montesquieus unverzügliche Antwort an Limiers und sein Einverständnis, beim Buchhändler Lacourt in Bordeaux die Prospekte zur Abonnierung der *Gazette d'Utrecht* zu verteilen, scheinen ihr gutes Verhältnis zu belegen. Montesquieus Brief ist verlorengegangen; doch die Antwort von Limiers vom 23. August 1725 erhellt die Verbindung zwischen den beiden Männern; wir erfahren, daß Limiers geschäftliche Beziehungen zu Pierre Balguerie besaß, einem reichen Kaufmann aus Amsterdam, der einer Großhändlerfamilie aus der Gegend von Bordeaux angehörte, die Montesquieu sicherlich bekannt war. Es wäre somit denkbar, daß die Familie Balguerie Abbé Duval bei Limiers einführte, der ihn wiederum Susanne de Caux vorstellte.

In jedem Fall scheinen die beiden Briefe von Limiers eine Aufzeichnung Guascos zu bestätigen, in der er die Rolle des Abbé Duval während der Veröffentlichung der *Persischen Briefe* darlegt: »Er war es, der das Manuskript der *Persischen Briefe* nach Holland brachte und dort drucken ließ, was ihrem Autor viele Unkosten bescherte, ohne daß er etwas verdiente.«

Obwohl die *Persischen Briefe* von Susanne de Caux in Amsterdam herausgebracht wurden, erschienen sie entweder unter der Anschrift von Pierre Marteau in Köln oder der von Pierre Brunel in Amsterdam; diese falschen Adressen verfolgten kein anderes Ziel, als die französischen Zensoren irrezuleiten und die Fährten noch mehr zu verwischen. Die erste Auflage erschien im Mai in den Buchhandlungen, wie drei von E. Mass entdeckte Dokumente belegen: die Rezensionen in den *Historischen Briefen*, die Erwähnung im *Katalog der Neuerscheinungen vom Mai 1721* des Verlegers Jansons in Waesberge sowie der Vermerk der Pariser Zensur im Register für im Ausland gedruckte Bücher, in dem die *Persischen Briefe* zwischen dem 21. April und dem 30. Juni eingetragen wurden. Im Oktober 1721 ließ Susanne de Caux eine zweite Auflage drucken, die sich von der ersten stark unterschied.

Das Vorhandensein von zwei Ausgaben desselben Verlegers aus demselben Jahr hat die Kommentatoren bis in die letzten Jahre hinein stutzig gemacht und dazu verleitet, zuweilen widersprüchliche und nie vollkommen befriedigende Hypothesen zu formulieren. Die Recherchen von E. Mass bringen endlich Licht in diese strittige Frage und dürften vor allen Dingen die Herausgabe einer tatsächlich kritischen Ausgabe der *Persischen Briefe* ermöglichen.

Montesquieu hat im übrigen selbst in diesem Punkt zur Verwirrung beigetragen; in den *Gedanken* vermerkte er: »Von allen Ausgaben dieses Buches ist nur die erste gut. Sie hat die Kühnheit der Buchhändler kaum auf die Probe gestellt. Sie erschien 1721, gedruckt in Köln bei Pierre Marteau[8].« Auf eines der beiden Korrekturhefte, die in der Nationalbibliothek aufbewahrt sind, notierte er: »Korrekturen zur ersten Auflage der *Persischen Briefe*, gedruckt 1721 in Köln bei Pierre Marteau in zwei Duodezbänden.« Voltaire versuchte als erster, die Unterschiede zwischen den beiden Ausgaben zu erklären, die wir wie E. Mass mit A und B bezeichnen. Im *Jahrhundert Ludwigs XIV.* unterstellt er Montesquieu eine Einstellung, die mit seinem Charakter kaum vereinbar ist: »Das Genie, das in den *Persischen Briefen* herrscht, öffnete dem Präsidenten Montesquieu die Türen der Académie française, obwohl die Académie in seinem Buch schlecht wegkommt; doch gleichzeitig brachte ihm die Ungezwungenheit, mit der er von der Regierung und den Mißbräuchen der Religion spricht, den Ausschluß durch Kardinal Fleury ein. Er machte eine sehr geschickte Kehrtwendung, um den Minister auf seine Seite zu bringen; er ließ in wenigen Tagen eine neue Ausgabe seines Buches fertigstellen, in der alles, was von einem Minister oder Kardinal mißbilligt werden könnte, weggelassen oder abgeschwächt ist. Monsieur de Montesquieu trug das Werk selbst zum Kardinal, der fast nie las, und las ihm einen Auszug vor. Diese vertrauensvolle Art, die durch die Dienstbeflissenheit einiger verdienter Persönlichkeiten noch unterstützt wurde, stimmte den Kardinal wieder um, und Montesquieu kam in die Académie.«

Voltaires Version ist in allen Teilen frei erfunden. Montesquieu unternahm erst 1724 die ersten Schritte, um in die Académie française aufgenommen zu werden, während die Rezension der von Voltaire erwähnten Ausgabe B in den *Historischen Briefen* schon im Oktober 1721 erschienen war.

Die Probleme, die das Vorhandensein zweier Ausgaben aufwarf, sind den Herausgebern unserer Zeit nicht entgangen. Als Henri Barckhausen 1897 die Unterschiede der Ausgaben A und B bemerkte, wunderte er sich über das Fehlen einiger vorgenommener Änderungen in den Ausgaben von 1754 und 1758, deren Text von Montesquieu überarbeitet worden war; er vermutete eine Selbstzensur des Autors im Hinblick auf die hugenottischen Leser in den Niederlanden. Sein einziges solides Argument, das Weglassen der Dreifaltigkeit, ist nicht haltbar, da der Kritiker der *Historischen Briefe* sie 1754 in seiner Rezension der Ausgabe A *in extenso* zitiert. Antoine Adam zieht es 1954 vor, sich an die Hypothesen über den Ursprung der Ausgabe B zu halten, fügt jedoch hinzu, daß man berechtigt sei »anzunehmen, daß B vielleicht eine ältere Fassung darstellt«.

Mit Hilfe von Textauslegung und Bibliographie gelangt E. Mass am Ende einer scharfsinnigen Beweisführung zu folgenden Schlußfolgerungen: die vier zu Lebzeiten des Autors erschienenen Ausgaben der *Persischen Briefe* zeugen von fünf Abschnitten in der Textgenese. Der Text der ursprünglichen Ausgabe A vom Mai 1721 ist in Wirklichkeit die Neubearbeitung eines früheren Textes, der seinerseits als Grundlage für die zweite Ausgabe B vom Oktober 1721 diente, die wiederum einige Zusätze enthält, die nach Erscheinen der ersten angefügt wurden. Die These, daß der Text der Ausgabe B (abgesehen von den Zusätzen) zuerst verfaßt wurde, wird durch die Analyse der Varianten und die Erstellung ihrer Urformen erhärtet. Für die Ausgaben von 1754 und 1758 hat Montesquieu seinen Text dann in derselben Art und Weise weiterentwickelt und überarbeitet, indem er Brieffolgen in die chronologische Struktur einfügte und mit bereits vorhandenen Daten verknüpfte.

Für die Verbreitung der *Persischen Briefe* erwies sich das Netz der Beziehungen, das die Calvinisten in Europa auf Vermittlung von Buchhändlern und Zeitschriften hatten aufbauen können, als sehr nützlich. Obwohl die »Vertriebenen« Montesquieu die Diffamierung der Religion vorwerfen, übernehmen sie von ihm die seit dem Verbot des Jansenismus gegen den König und den Papst vorgebrachten Argumente. Ebenso ergreifen die »Modernen« seit der zweiten Phase ihrer Auseinandersetzung mit den »Alten« vorsichtig seine Verteidigung. Während die Staatsgewalt in Frankreich versuchte, eine zunehmend »aufgeklärte«, gegenüber Neuerungen immer aufgeschlossenere öffentliche Meinung nicht offen anzugreifen, mußte sie gleichzeitig dafür sorgen, die gegenläufigen Interessen des Königs, des Staates, der Religion und des Handels zu schützen; so wurden die *Persischen Briefe*, obwohl sie der königlichen Zensur bekannt waren, auch nicht verboten, sondern absichtlich von ihr ignoriert.

Obwohl sich Montesquieu im Hinblick auf die Aufnahme der *Persischen Briefe* sehr zurückhaltend zeigt, stellt er fest, daß sie »gleich einen derart reißenden Absatz fanden, daß die holländischen Buchhändler alle Hebel in Bewegung setzten, um Fortsetzungen zu bekommen. Wen sie trafen, faßten sie am Ärmel und sagten: ›Monsieur, schreiben Sie mir *Persische Briefe*‹«. Diesen Erfolg schrieb er der Tatsache zu, »daß die *Persischen Briefe* erheiternd und lustig sind und deshalb gefallen[10]«.

Die Aufnahme von Montesquieus Buch in Frankreich zeigt, daß seine Zeitgenossen die *Persischen Briefe* nicht als fiktionales, sondern als moralisches und religionskritisches Werk rezipierten. Die Kritik im *Journal littéraire* unterstrich das moralische Interesse des Textes, zitierte ausführlich die Geschichte der Troglodyten und betrachtete den Brief XLVI als Argument dafür, »daß Güte und Tugend das Wesen der Religion ausmachen«. Ebenso legt Jean Le Clerc in seiner schon 1721 in der *Bibliothèque ancienne et moderne* erschienenen Rezension dar, daß der Autor sich vorgenommen habe, »seine Landsleute von gewissen Verhaltensweisen zu kurieren, die ihnen nicht schlecht erscheinen, die aber von anderen Nationen möglicherweise für wenig geschmackvoll befunden würden und vielleicht nicht gerade dem gesunden Menschenverstand entsprechen[11]«.

Die verschiedenen, gegensätzlichen, ja sogar widersprüchlichen Deutungen, welche die *Persischen Briefe* je nach Epoche und Tendenz der Kommentatoren erfahren haben, veranschaulichen die Komplexität eines Werkes, das auf den ersten Blick einfach erscheinen könnte: die Geschichte der Entdeckung des Abendlandes durch zwei Orientalen mit ihren Überraschungen, ihrem Befremden und dem Heimweh, die allmählich abklingen, um einer eher unsystematischen Kritik der Lebensgewohnheiten, der politischen und religiösen Institutionen sowie einem besseren Verständnis der Menschen und ihrer Mentalitäten Platz zu machen, was zum Eingeständnis der Sympathie, aber auch zu der Schwierigkeit führt, zwischen den gegensätzlichen Lösungen auswählen zu müssen, die alle ihren erfreulichen Aspekt haben, kurz, die die Perser dazu bringen, die Berechtigung der vor ihrer Ankunft in Frankreich vertretenen Gewißheiten zu prüfen und sich selbst und ihre bis dahin für unantastbar gehaltenen Sitten und Gewohnheiten in Frage zu stellen sowie schließlich ihren kritischen Verstand zu entwickeln und sich zu bemühen, ihn nur nach reiflicher Überlegung anzuwenden.

Sind die *Persischen Briefe* ein Roman? Die Frage könnte überflüssig erscheinen, denn im 18. Jahrhundert ist der Roman eine unzureichend definierte Gattung von extremer Flexibilität; doch zieht die Frage die ästhetische Beurteilung und die eigentliche Bedeutung des Werkes ins Blickfeld. Am Ende seines Lebens beharrt Montesquieu, zweifellos im Bestreben, einige gegen dieses Jugendwerk vorgebrachte Kritikpunkte abzuschwächen, im Entwurf eines Vorworts, das den *Gedanken* beigefügt ist, kategorisch auf dem romanesken Charakter der *Persischen Briefe*: »Nichts ist den *Persischen Briefen* höher angerechnet worden, als daß man in ihnen unvermutet so etwas wie einen Roman vorfindet. Man erkennt den Anfang, das Fortschreiten und das Ende der Handlung. Die einzelnen Personen stehen in festem Zusammenhang miteinander. Je länger der Aufenthalt der Perser in Europa dauert, desto mehr verlieren die Lebensgewohnheiten dieses Erdteils in ihren Köpfen an Verwunderlichem und Fremdem, und je nach Veranlagung verblüfft sie auch dieses Fremde und Verwunderliche ganz unterschiedlich. Andererseits steigert sich die Unordnung im asiatischen Harem, je länger Usbek ihm fernbleibt, das heißt in dem Maße, wie die Wut wächst und sich die Liebe verringert. Im übrigen pflegen Romane dieser Art deshalb soviel Anklang zu finden, weil man sich in ihnen über seine eigene gegenwärtige Lage Rechenschaft ablegt, was die Leidenschaften weit intensiver spüren läßt als alle Erzählungen, die man darüber schreiben könnte.«

Neben einer »philosophischen« Kritik enthalten die *Persischen Briefe* eine orientalische Haremsintrige von unbestreitbar romanhaftem Charakter; wäre diese Intrige nur ein Vorwand, hätte der literarische Wert des Werks gelitten. Die Eigentümlichkeit der *Persischen Briefe* beruht auf der Synthese von philosophischer Kritik und Haremsintrige[12]. Mehrere äußere Anhaltspunkte belegen deutlich diese Geschlossenheit des Werkes. Seit den Untersuchungen von P. Barrière[13] und A. Vantuch[14] ist bekannt, daß die großen Linien der *Persischen Briefe* der Erfahrung Montesquieus entsprechen. Usbek und Rica vertreten die ernsthaften und frivolen Seiten Montesquieus; die Identität der Briefpartner und besonders der Frauen kann hingegen nicht entschlüsselt werden, was zu bedauern ist, da eine solche Identifikation Auskünfte über eine im Schatten liegende Lebensphase Montesquieus mit sich brächte. Darauf folgt jedoch, daß das Vorstellungsvermögen des Autors die Mannigfaltigkeit des Realen in ein kohärentes Universum überführt hat. Die Thematik des Fremdseins der Orientalen läßt sich bestens mit den Kontakten des Provinzbewohners zur Hauptstadt in Zusammenhang bringen; das gleiche gilt für die eheliche Treue, den Glaubenskonflikt in der Ehe (Jeanne de Lartigue war Protestantin) und die Erziehung der Kinder.

Es ist gewiß nicht Usbeks übertriebene moralische Strenge, die uns Aufschluß über Montesquieus innere Gesinnung im Bereich der Sitten gibt. Zwar war sich Montesquieu zweifellos der Vorteile bewußt, die er aus dem spielerischen Umgang mit Anzüglichkeiten der Régence ziehen konnte; doch zeigt sein ganzes nach den *Persischen Briefen* geschriebenes Werk, daß er den Despotismus verabscheut, zu dessen hinterhältigsten Erscheinungsformen letztlich auch die Ausschweifung gehört[15]. Er wollte kein Prophet der Libertinage sein; die Doppeldeutigkeit seines literarischen Schaffens läßt sich anhand der Verteidigung des *Tempels von Gnidos* erklären, die später den *Gedanken* beigefügt wurde:

»Einige Leute haben die Lektüre des *Tempels von Gnidos* für gefährlich angesehen. Doch sie beachten nicht, daß sie einem einzigen Roman die Unzulänglichkeit aller zur Last legen. Wenn es in einem Versdrama anstößige Dinge gibt, liegt das an der Untugend des Dichters. Doch daß Leidenschaften aufgewühlt werden, ist Kern der Dichtung. Das Lesen von Romanen ist zweifellos gefährlich. Was ist nicht gefährlich? Gefiele es Gott, wenn wir nur die schlechten Folgen der Romanlektüre abzustellen hätten? Einem stets empfindsamen Wesen vorzuschreiben, keine Gefühle zu haben; die Leidenschaften verbannen zu wollen und nicht einmal zu dulden, daß man sie korrigiert; einem Jahrhundert die Vollkommenheit vorzuschlagen, das jeden Tag schlimmer wird, und gegen die Schwächen aufzubegehren inmitten von so viel Bosheit: Ich fürchte, daß eine so hohe Moral zur Überwachung wird und daß man uns nicht läßt, wie wir sind, wenn man uns aus so großer Ferne zeigt, wie wir sein sollten[16].«

In dieser Rechtfertigungsschrift erkennt Montesquieu zwar an, daß die Lektüre von Romanen gefährlich sein könnte; doch er glaubt, daß sie in einer Epoche, in der die Sitten mehr und mehr verfallen, eine therapeutische Wirkung haben könnte, wie jede Literatur, die imstande ist, Leidenschaften zu erregen. So zeichnet sich im Denken Montesquieus eine psychologisch fundierte Ästhetik ab, deren Richtlinien im *Essay über den Geschmack*, im *Essay über die Ursachen, die auf die Gemüter einwirken können*, und in manchen Passagen der *Gedanken* verstreut sind, so in der über Glück und Unglück; das Glück ist danach der natürliche Zustand des Menschen, weil die Sinne dafür empfänglich sind: »Glück oder Unglück bestehen in einer günstigen oder ungünstigen Veranlagung der Organe«; Montesquieu bekräftigt, daß »uns die Entbehrungen zwangsläufig zu den Vergnügungen führen . . . Eine Frau hoffte am Vortag, sich einen Liebhaber zu beschaffen. Wenn es ihr nicht gelingt, hofft sie, daß ein anderer, den sie gesehen hat, den Platz einnimmt; und so verbringt sie ihr Leben damit zu hoffen«; übrigens »finden wir überall Freuden: Sie sind unserem Wesen verhaftet; die Leiden sind nur Unfälle. Überall scheinen die Objekte darauf vorbereitet, uns Vergnügen zu bereiten; wenn uns der Schlaf ruft, beglückt uns die Dunkelheit; und wenn wir erwachen, entzückt uns das Tageslicht. Die Natur ist mit unzähligen Farben geschmückt; unseren Ohren schmeicheln die Töne; die Speisen haben einen angenehmen Geschmack; und als ob das nicht genug Daseinsglück wäre, muß unser Organismus auch noch das Bedürfnis haben, ständig zu unserem Vergnügen wiederhergestellt zu werden[17].«

Diese Rehabilitierung der Leidenschaften, die vor allem von Malebranche inspiriert war, hat mit der eigentlichen Bedeutung des Wortes Leidenschaft (passion) nichts gemein. Montesquieus Liebesideal schließt Zärtlichkeit, Hingabe und Treue nicht aus. Seine Vorstellung von Erotik bedeutet nicht Ausschweifung: im vierten Gesang des *Tempel von Gnidos*, in dem er die Lasterhaftigkeit der Sybariten beschreibt, wirft er im Grunde dem von ihm frequentierten Kreis von Bélébat vor, die Liebe auf einfache, vorläufige und oberflächliche Bindungen zu reduzieren; seine Anklage richtet sich hier gegen fast alle libertinistischen Prinzipien. Genausowenig ist die Haremsintrige in den *Persischen Briefen* dem verderblichen Einfluß der Régence zuzuschreiben; sie ist die glückliche Eingebung, die es Montesquieu erlaubte, in seinen Roman zwei Tendenzen des Zeitgeistes, die Philosophie und die Galanterie, einzuflechten.

Es ist leicht, in den *Persischen Briefen* weitere Anspielungen auf das Leben Montesquieus nachzuweisen, vor allem die unbestreitbaren Spuren der Einflüsse der Akademie von Bordeaux; im VIII. Brief spiegelt folgende Vertraulichkeit Usbeks die Einstellung Montesquieus wider:

»Schon in frühester Jugend kam ich an den Hof. Ich darf sagen: Mein Herz wurde dort nicht verdorben; ich hatte sogar eine kühne Absicht; ich erlaubte mir, tugendhaft zu sein. Sobald ich dem Laster begegnete, wich ich ihm aus; doch anschließend näherte ich mich ihm, um es zu entlarven. Ich bin mit der Wahrheit bis zum Fuß des Throns vorgedrungen: Ich sprach eine Sprache, die man dort bis dahin noch nicht gehört hatte; ich durchkreuzte die Schmeichelei und setzte die Anbeter und das Idol gleichzeitig in Erstaunen.

Doch als ich merkte, daß mir meine Aufrichtigkeit Feinde geschaffen hatte, daß ich den Neid der Minister auf mich gezogen hatte, ohne die Gunst des Königs erworben zu haben, und daß ich mich an dem korrupten Hof kaum noch halten konnte, beschloß ich, ihn zu verlassen. Ich täuschte einen starken Hang zur Wissenschaft vor, und aus der Heuchelei wurde Wirklichkeit. Ich mischte mich in keine Geschäfte mehr und zog mich in mein Landhaus zurück. Aber auch das hatte seine Nachteile: Ich blieb weiterhin der Bosheit meiner Feinde ausgesetzt und hatte mich fast aller Mittel beraubt, um mich gegen sie zu schützen . . .«

Gerade solche Passagen geben uns, neben vielen anderen, Aufschluß über die geheimsten Empfindungen Montesquieus. Zwar hat er abgestritten, daß sein eigener Standpunkt mit dem der von ihm geschaffenen Figuren übereinstimmt. Doch sein Buch enthält ein genaues Weltbild, für das er verantwortlich ist und vor allem im politischen Bereich Interesse zeigt.

Dieser in den *Persischen Briefen* so wesentliche politische Aspekt ist mehrfach untersucht worden; die Recherchen von Jean Ehrard[18] sowie die Richtigstellung von Jean-Marie Goulemont[19] ermöglichen differenzierte Schlußfolgerungen, die um so interessanter sind, als sich an diese Debatte, die kürzlich eröffnete, viel weitreichendere Diskussion über die in der Aufklärung wirksamen Kräfte anschließt. Bis vor kurzem waren die *Persischen Briefe* von der Kritik entweder in die philosophische Ecke abgeschoben oder auf eine Lektion in liebenswertem Skeptizismus ohne wirklichen Tiefgang zusammengestutzt worden. Tatsache ist, daß Montesquieu an einem Denken teilhat, das man in seiner Integrität und Kohärenz unmöglich mit einer Gegnerschaft zum Feudalismus in Verbindung bringen kann. Sein »Liberalismus«, ein Begriff, den man wegen der Gefahr des Anachronismus nur mit äußerster Vorsicht benutzen darf, leitete sich von seiner Verurteilung des Despotismus von Ludwig XIV. sowie der verhängnisvollen Auswirkungen der orientalischen Variante ab. Usbek, und mit ihm Montesquieu, ist der parlamentarischen Sache gewogen, sympathisiert mit den anti-absolutistischen Theoretikern Englands und erklärt sich zum Anhänger einer ökonomischen Entwicklung, die auf Frieden, Toleranz und Freiheit beruht. Ganz zu Anfang von der Régence eingenommen, wendet er sich von 1719 an ihrer Opposition zu und setzt Law, dem man vorwirft, die traditionelle Ordnung der Monarchie in Gefahr zu bringen, hart zu.

Der dominierende Zug der politischen Gedankenwelt der *Persischen*

Briefe deckt letzten Endes einen Rückschritt zur Aristokratie auf. Der Absolutismus erscheint als Drohung, die in erster Linie gegen den sozialen und politischen Status der Aristokratie gerichtet ist. Gleichzeitig offenbaren sich die endlich zugelassenen neuen Machtformen der heutigen Welt: die ökonomische Stärke, die Handelsaktivität sowie die zwangsläufige Anerkennung des Anteils, den Handel und Händler an der Erwirtschaftung des faktischen Reichtums einer Nation haben. Trotz ihrer Hellsichtigkeit ist die Aristokratie jedoch von einer rückläufigen Entwicklung ergriffen, für die sie sich beim Bürgertum, das durch Spekulation und Handel emporgekommen ist, revanchieren will. Gleichzeitig ersehnt sie eine Kompromißlösung, die es ihr gestatten würde, sich zu halten und nicht aufzugeben; von daher rührt auch der Wunsch nach Eintracht von Boden und Geld, Familie und Verdienst[20].

Montesquieu hat während der letzten Jahre der Herrschaft Ludwigs XIV. in Paris gewohnt und den raschen Verfall der Régence, der in Laws verhängnisvollem Experiment gipfelte, miterlebt. Er beabsichtigt mit der Abfassung der *Persischen Briefe* keineswegs, die monarchische Ordnung zu untergraben. Er beschreibt, was er sieht, und äußert, was er empfindet; wenn er, wie P. Vernière anmerkt, die Welt innerlich annimmt, in der er lebt, so läßt er sich nicht einen Moment lang von ihr foppen. Die Vermessenheit des Tons, seine geschmacklosen Scherze über die Dreifaltigkeit, die Eucharistie und den Papst sowie sein Lob des Selbstmords dürfen uns nicht irreführen; wenn auch etliche der Werte, denen er durch seine Erziehung verhaftet ist, offenbar zusammenbrechen, so sucht er doch nach einer stabileren, einer idealen Ordnung, die auf der Gerechtigkeit und der Natur gründet, das heißt auf den fundamentalen Forderungen der Seele und des Verstandes. Es ist gewiß nicht schwierig und man hat darauf auch nicht verzichtet, manche gedanklichen Übereinstimmungen zwischen den *Persischen Briefen* und dem *Geist der Gesetze* zu finden. Doch ist es, so P. Vernière, fraglich, ob es eine geeignete Methode ist, auf das Werk von 1721 die mehr als zwanzig Jahre später abgefaßte, richtiggestellte Lehre zu projizieren.

Montesquieus Kritik am religiösen Verhalten, das im Frankreich des 18. Jahrhunderts vorherrscht, wurde bald für kühn, bald für zaghaft erachtet. Die diesbezüglichen Themen in den *Persischen Briefen* offenbaren nichts Neues, wenn man sie mit dem *Lexikon* von Bayle vergleicht, das Montesquieu zu weiten Teilen auswertete, selbst wenn er in seiner Jugend »einige Überlegungen« zusammengestellt hatte, »die gegen Bayles Paradox angeführt werden können, daß es besser sei, Atheist zu sein als Götzendiener[21]«. Die *Persischen Briefe* werfen der katholischen Religion ihre Intoleranz vor, die durch die Bulle *Unigenitus* neu belebt worden ist. Seit seiner Jugend hat sich Montesquieu mit den Auseinandersetzungen beschäftigt, die um den Jansenismus entfacht wurden; er hält sie für fehl am Platze und macht keinen Hehl aus seinem Mißtrauen gegenüber ihren erbittertsten Gegnern, den Jesuiten; beiden Parteien wirft er im übrigen vor, »ihre Streitigkeiten bis nach China zu tragen«. Indessen hält er es für »gefährlich«, daß die Autorität des Papstes eines Tages von den Jansenisten erschüttert werden könnte. Ihre Verfolgung in Frankreich veranlaßte einige von ihnen, sich nach Holland zurückzuziehen; dort haben sie sich gegen eine Obrigkeit, die sie unaufhörlich verdammte, Grundsätze angeeignet. Nun ist es aber unmöglich, daß sich die französischen und holländischen Jansenisten weit ausbreiten. Da die Jesuiten jederzeit die Macht ihres Ansehens, ihrer Gewandtheit und ihrer Anstrengungen gegen sie aufbringen, werden sie sich ihrer wohl nur entledigen können, wenn sie ihre Macht ins Wanken bringen. Sollte sich je ein König in den Kopf setzen, der Kirche ihre Güter abzunehmen, dann wird die Partei der Jansenisten aus Haß gegen den römischen Hof zweifellos für ihn eintreten; und sollten diese Güter dann zum Wohl der Untertanen eingesetzt werden, wird das Volk zweifellos dasselbe tun[22]«. Andererseits stößt Montesquieu die Strenge der Jansenisten ab, da sie »uns von allen Vergnügungen nur das zugestehen, uns zu kratzen[23]«.

Doch die in den *Persischen Briefen* geäußerte Kritik reichte noch weiter: Sie prangerte die Selbstgefälligkeit der theologischen Dispute und kasuistischen Geheimnisse sowie das kirchliche Zölibat an; Montesquieu enthüllt die Eitelkeit des Bekehrungseifers und preist die Mannigfaltigkeit der religiösen Konfessionen. Den Salons der Régence bot er, wie es Jacques Solé ausdrückte, »einen Auszug aus dem *Lexikon* von Bayle zum gesellschaftlichen Gebrauch« an; damit sollte ihnen das Lesen der dicken Foliobände von Bayle und seinen Vorgängern erspart werden, deren Gelehrtheit Montesquieu in ungerechter Weise herabwürdigt, indem er sogar die selbstlose, nützliche Arbeit der Übersetzer attackiert. Die fünf *Persischen Briefe* CXXXIII bis CXXXVII, die der Beschreibung einer Kirchenbibliothek gewidmet sind, spotten über das Kulturgut der Vergangenheit, das indessen auch in Montesquieus Bibliothek von La Brède durch zahlreiche Werke vertreten ist. Mehr als in jeder anderen Epoche beging man während der Régence das Unrecht, alles Vorherige in Vergessenheit bringen zu wollen. Montesquieu wird seine Vorliebe für das Epigramm stets beibehalten; er wird im reiferen Alter viele Jahre mit fundierten Recherchen zubringen, um die Gesetze zu erforschen, welche die politische Wissenschaft beherrschen.

Im XXIV. Brief lanciert Montesquieu eine Attacke gegen den Papst; ihre Berühmtheit kann nicht darüber hinwegtäuschen, daß die damals noch zutiefst christliche Mehrheit der Franzosen sie für unangebracht hielt, selbst wenn sie einem Orientalen in den Mund gelegt wurde: »Was ich von diesem Fürsten [dem König von Frankreich] sage, braucht Dich nicht zu erstaunen: Es gibt einen anderen, noch stärkeren Zauber als ihn, der nicht weniger Herr über seinen eigenen Geist als über den der anderen ist. Dieser Zauberer nennt sich Papst: Einmal macht er das Volk glauben, drei sei nur eins, ein andermal, daß das Brot, das wir essen, kein Brot sei, und der Wein, den wir trinken, kein Wein und tausend vergleichbare Sachen.«

Später wird sich Montesquieu dagegen verwahren, daß er die Religion habe lächerlich machen wollen. In seinem Entwurf eines Vorworts zu den *Persischen Briefen* vermerkt er 1754: »In den ersten Briefen gibt es einige Bemerkungen, die man für zu gewagt hielt. Doch darf man die Eigenart dieser Passage nicht außer acht lassen. Die Perser, die in diesen Briefen eine so große Rolle spielen sollten, fanden sich mit einemmal nach Europa verpflanzt. Eine Zeitlang mußte man sie als unwissend und vorurteilsvoll schildern. Es kam nur darauf an, Entstehung und Fortentwicklung ihrer Gedanken kenntlich zu machen. Ihre ersten Eindrücke mußten seltsam für sie sein. Allem Anschein nach brauchte man ihnen lediglich eine geistige Eigentümlichkeit zu verleihen und ihre Empfindungen gegenüber den Dingen schildern, die ihnen außergewöhnlich vorkamen. Weil man weit davon entfernt war, Interesse für irgendein Religionsprinzip erwecken zu wollen, kam nicht einmal der Verdacht auf, daß man unbesonnen sein könnte. Diese Rechtfertigung erfolgt aus Liebe zu den großen Wahrheiten, ungeachtet des Respekts für das Menschengeschlecht, das gewiß nicht an seiner empfindlichsten Stelle getroffen werden sollte[24].«

Montesquieu fügt ein weiteres Argument zu seiner Rechtfertigung hinzu: »Wenn diese Perser über unsere Religion sprechen, dürfen sie nicht unterrichteter erscheinen, als wenn sie über die alltäglichen Sitten und Gewohnheiten unseres Landes reden; und wenn ihnen unsere Glaubenssätze zuweilen eigenartig vorkommen, wird man doch zugestehen, daß die Eigenart in den *Persischen Briefen* so ausgeprägt ist, daß sie immer nur von der völligen Unwissenheit über die Zusammenhänge dieser Lehren mit unseren anderen Wahrheiten herrührt. Der ganze Reiz besteht lediglich in dem Gegensatz zwischen den wirklichen Dingen und der Art, wie sie wahrgenommen werden.«

Ist Montesquieu nicht letzten Endes der beste Rezensent seines Werkes? In den *Gedanken* bemerkt er: »Als dieses Buch erschien, wurde es ein nicht ernst zu nehmendes Werk angesehen. Das war es nicht. Man verzieh zwei oder drei Vermessenheiten zugunsten einer völlig unverhohlenen Gesinnung, die alles und nichts kritisierte und vergiftete. Jeder Leser mußte mit sich selbst einig werden. Was blieb, war die Erinnerung an seine Heiterkeit. Früher ärgerte man sich genauso wie heute. Doch wußte man früher besser, wann man sich ärgern mußte[25].«

Die wahre Geschichte, eine philosophische Erzählung, in welcher der Held eine Erfahrung nach der anderen macht, die mehrerer Leben, zahlreicher gesellschaftlicher Stellungen, verschiedener Epochen und beider Geschlechter, liefert in geistvoller Weise einige Vertraulichkeiten über die Folgen, welche die Veröffentlichung der *Persischen Briefe* für Montesquieu hatte:

»In ihm [diesem Leben] schrieb ich ein Buch; mein Werk hatte großen Erfolg, nicht aber ich. Ich besaß Verstand, und man hatte mich vorher zu allem fähig gehalten; als ich jedoch das Urteil der Öffentlichkeit über mein besonderes Talent schriftlich unter Beweis gestellt hatte, hielt man mich zu nichts mehr imstande.

Bis dahin war ich mit aller Welt befreundet. Doch bald besaß ich unendlich viele Rivalen und Feinde, die mich noch nie gesehen hatten und die ich genausowenig kannte. Es war mir unmöglich, mich mit all diesen Leuten zu versöhnen.

Man lud mich zu Gesellschaften ein und machte es mir zur Aufgabe, angenehm zu sein, was mich sehr nötigte. Man wollte auf keinen Fall, daß ich eine Dummheit sagte, obwohl sich all die anderen um mich herum in dieser Hinsicht erstaunliche Freiheiten herausnahmen.

Andererseits gab es Schwätzerinnen, die sagten, daß sie mich mieden, weil ich ein Schöngeist sei. Auf diesem Wege wollten sie mir beibringen, daß ich affektiert und sie natürlich seien und daß sie mehr Geist als ich hätten haben können, wenn sie das nur gewollt hätten.

Einige behaupteten, ich hätte meine Bücher nicht selbst geschrieben; der Neid ist so töricht, daß er nicht begreift, daß es auf diese Art nichts zu gewinnen gibt; wenn nicht ich das Buch geschrieben hätte, hätte es ein anderer tun müssen.

Dieses unglückliche Werk wird mir noch mein ganzes Leben lang Sorgen bereiten; gleichviel ob man es lobt oder tadelt, werde ich stets in Verlegenheit geraten.«

*

Für einen Mann aus der Provinz, selbst für einen Präsidenten am Parlament von Bordeaux, war es schwierig, sich in Paris bei Hofe in den Salons und in den von den Schöngeistern der Zeit frequentierten literarischen Zirkeln Beziehungen zu verschaffen. Montesquieu stellte keine Ausnahme dar. Malesherbes hat genau erkannt, wie schwierig es für einen aus der Provinz stammenden Schriftsteller – auch als Autor der *Persischen Briefe* – war, sich in der Hauptstadt durchzusetzen. Am 28. November 1766, zehn Jahre nach Montesquieus Tod, schreibt er an den Grafen von Sarsfield:

». . . Präsident Montesquieu war ein Mann von Stand und als solcher in seiner Provinz, nicht jedoch bei Hofe und in Paris bekannt, wo die Eigenschaft des Präsidenten nichts Vorteilhaftes über die Geburt aussagt. Nun hat ihn das wohl sehr beschäftigt, nach allem, was ich von Leuten gehört habe, die ihn gut kannten; ich kann sogar sagen, daß es sich bei einem Mann wie ihm um eine Art Manie handelte, da das Ganze ja nichts an seinem Dasein änderte. Die Widersprüche, die er deswegen empfand, als er sich in der Hauptstadt bekannt machte, hatten lediglich seinen Wunsch befördert, für das Anerkennung zu finden, was er darstellte. Er besaß zuviel Verstand, um diese Schwäche durchscheinen zu lassen, oder ich sollte vielmehr sagen, er wurde zu sehr geschätzt. Denn Voltaire besitzt wohl genausoviel Verstand wie er, und wenn er als Edelmann geboren worden wäre, unternähme er alles, damit sich das in jedem Kapitel seiner Werke niederschlüge. Da Präsident Montesquieu von diesem Bewußtsein erfüllt war, ließ er keine Gelegenheit aus, um als Betroffener für die Sache des Adels einzutreten: Dieses Vorgehen ist nicht kraß genug, um von denen bemerkt zu werden, die nichts damit zu tun haben, doch wenn man seine Werke mit diesem Schlüssel liest, fällt es einem leicht auf.«

Montesquieu ist jedoch nie ein Hofmann gewesen, der »diesen Schlingpflanzen glich, die sich an alles anhängen, was sie finden[26]«. Er hielt sie im übrigen für verhängnisvoll: »Die Fürsten sind so stark vom Kreis ihrer Hofleute umringt, die ihnen alles entlocken und die Sicht verstellen, daß der, dem es gelänge, klar zu sehen, wie Descartes erschiene, der aus der Finsternis der alten Philosophie heraustrat[27].« Doch ist es nicht der Verdruß darüber, die meiste Zeit fern vom Hofe geblieben zu sein, der ihn schreiben läßt: »Beim Anblick der meisten Großen ergriff mich zunächst eine kindliche Furcht. Sobald ich sie kennenlernte, wandelte diese sich nahezu übergangslos bis hin zur Verachtung.« Und ein Stück weiter heißt es: »Es hat mir sehr geschadet, daß ich immer die verachtet habe, die ich nicht respektieren konnte[28].«

Der Erfolg der *Persischen Briefe*, deren anonymer Verfasser schnell entlarvt wurde, verleitete Montesquieu vor allem von 1724 an zu immer häufigeren Aufenthalten in Paris. 1721 wohnte er dort wahrscheinlich zwischen dem 12. Juli und dem 7. September; im Jahr darauf weilte er von August bis September in Paris, im Dezember reiste er erneut an und blieb bis August 1723. 1724 folgten Aufenthalte vom 21. Mai bis 17. August und vom 5. Oktober bis zum März 1725. Von Dezember 1725 bis Juni 1726 wohnte er wieder in Paris; von Juni 1727 blieb er bis zum Beginn seiner Reisen im April 1728. Die lange, ermüdende Reise von Bordeaux nach Paris schreckte ihn nicht ab.

Während dieser Jahre wechselte Montesquieu mehrmals die Wohnung. 1721 wohnte er zuerst im Hôtel de Flandre, das sich in der Rue Dauphine im Quartier Saint-André befand, dann im Marais in der Rue de la Verrerie. 1724 kehrte er auf das linke Seine-Ufer zurück, um am Quai des Théatins, dem heutigen Quai Malaquais, an der Ecke der Rue Bonaparte im Hôtel Transylvanie zu wohnen; der Fürst von Transsilvanien, Franz II. Rákóczi, hatte es, nachdem er dort von 1714 bis 1717 gewohnt hatte, kurz zuvor an die Herzogin von Grammont verkauft. Abbé Prévost, der dort des Grieux einige Zeit wohnen ließ, machte das Haus, das er als Spielhölle schilderte, berühmt. Montesquieu blieb nur einige Monate; danach zog er bis 1731 in die Rue de Beaune, den heutigen Quai Voltaire, gegenüber dem Hôtel de Nesle in das Haus Nummer 29.

In Paris führte Montesquieu die während seines ersten Aufenthaltes in der Hauptstadt geknüpften Beziehungen zu Fontenelle fort. Im Juli 1724 fragt ihn Präsident Barbot, »was Fontenelle und seine Anhänger von der Leichenpredigt auf Torsac halten und über sie äußern«; Barbot fügt hinzu: »Dieses zweideutige Scherzen erscheint mir so verletzend, wie solche losen Reden eben nur sein können; als ich sie las, machte ich mich über viele Stellen in den Lobreden der Akademie lustig.« Mathieu Marais erwähnt im Mai 1724 das Erscheinen eines Pamphlets mit dem Titel *Erste Sitzung der pfäffischen Stände*; es enthält die Grabrede auf den verstorbenen Generalissimus des Pfaffenregiments Philippe-Emmanuel de Torsac; sein Urteil lautet: »Das ist ein höchst einfallsreiches Stück, das aus etlichen Akademiereden, vor allem von Fontenelle und Lamotte, in der Absicht zusammengesetzt ist, ihren manierierten, preziösen Stil zu kritisieren.«

Montesquieu ließ sich von Marschall Berwick, mit dem er sich in Bordeaux angefreundet hatte, bei Hofe einführen. Berwick, unehelicher Sohn von Jakob II. von England und Arabella Churchill, General in der englischen und spanischen Armee, französischer Marschall und ab 1716 Statthalter der Guyenne, hoffte auf das Wiedererstarken der Stuarts; folglich hatte er enge Kontakte zu den Jakobiterkreisen von Saint-Germain-en-Laye; dort wohnten sein Vater und sein Halbbruder James-Francis-Eduard Stuart, bekannt als Ritter von Saint-Georges, der von Ludwig XIV. unter dem Namen Jakob III. als Thronanwärter anerkannt war. Joseph de Navarre, ein Freund Montesquieus aus Bordeaux, kannte den Thronanwärter, der sich in Bordeaux aufgehalten hatte und auch mit Montesquieu zusammengetroffen war. In der Umgebung von Paris besaß Berwick im heutigen Departement Oise das Schloß von Fitz-James, wohin Montesquieu mehrfach eingeladen wurde.

In Fitz-James und Paris traf Montesquieu die Familie des Marschalls: seine zweite Frau, Anne de Bulkeley; seine beiden Söhne, den Herzog von Liria aus erster Ehe, der damals Brigadier in spanischen Diensten war und in Madrid wohnte, und François de Fitz-James, der sich 1727 dem geistlichen Stand zuwandte und später in Paris als Abbé von Saint-Victor und ab 1739 als Bischof von Sens tätig war; seine Tochter Henriette, seit ihrer Heirat Marquise von Renel, die 1728 zur Hofdame der Königin ernannt wurde. Mit Berwicks Schwager François, Generalleutnant und Graf von Bulkeley, unterhielt Montesquieu eine dauerhafte, besonders vertraute Beziehung. Wenn Montesquieu Paris verließ, erkundigte sich Bulkeley nach dem Tag seiner Rückkehr, wobei seine Briefe betont drängend wirkten; so schreibt er ihm am 23. September 1723: »Ich hoffe, daß unser Briefverkehr nicht lange dauern wird und wir bald das Vergnügen haben, Sie hier wiederzusehen.« Am 23. Oktober desselben Jahres heißt es: »Wann kommen Sie wieder, mein lieber Präsident? Ihre Rückkehr wird mir hundertmal mehr Freude bereiten als die Noailles', den man gerade wieder hergerufen hat . . . Wenn La Brède dreißig Wegstunden von Paris entfernt läge, sähen Sie mich dort bald, und ich wäre äußerst vergnügt, einen ganzen Monat mit Ihnen verbringen zu können . . . Kommen Sie zurück, mein lieber Präsident; Sie sind meiner Meinung nach mehr wert als alle Alten und selbst Modernen zusammen!«

Berwick und seiner Umgebung ist es zu verdanken, daß Montesquieu Mitgliedern des Schwertadels, vor allem der Familie Goyon de Matignon, vorgestellt wurde. Marschall von Matignon hatte an der Seite Jakobs II. in Irland gekämpft und dort Berwick getroffen. Montesquieu stand seinem Sohn, dem Grafen von Matignon-Gacé, und seiner Tochter Marie-Anne sehr nahe; diese war mit Henri-François, dem Marquis von Grave, verheiratet, dessen Familie aus Montpellier nicht reputiert, aber vermögend war.

Die Mutter von Madame de Grave »verbrachte ihr Leben«, laut Saint-Simon, »völlig in sich gekehrt; sie war äußerst tugendhaft, schrecklich häßlich und reich«. Ihr Vater, François Berthelot, hatte in Kanada ein beträchtliches Vermögen angesammelt und gehörte zu jenen von der Öffentlichkeit verachteten Finanziers, die La Bruyère anprangerte als »diese schweinischen Seelen, aus Dreck und Unrat geformt, vernarrt in Gewinn und Zins, diese Figuren, die weder Verwandte sind noch Freunde, Bürger oder Christen, ja vielleicht nicht einmal Menschen: Sie haben Geld«. Berthelot de Pléneuf, einer der Söhne von François Berthelot, hatte als Direktor der französischen Pulver- und Salpeterherstellung dieselben Grundsätze wie sein Vater angenommen; doch aufgrund seines Bankrotts sah er sich gezwungen, ins Exil zu gehen. Seine Frau machte durch die Zahl ihrer Liebhaber von sich reden, die sie sich im allgemeinen in den besseren Kreisen suchte. Ihre Tochter Agnès heiratete sehr jung den französischen Botschafter in Turin und wurde so zur Marquise von Prie, die, genau wie ihre Mutter, wegen ihres ausschweifenden Lebens berühmt war. Der Marquis von Prie, der durch den Bankrott seines Schwiegervaters um einen Teil seiner Einnahmequellen gebracht war, hatte immer größere Schwierigkeiten, als Minister des französischen Hofes seinen Verpflichtungen gegenüber dem sardinischen Hof nachzukommen; daher schickte er seine Frau nach Paris, wo sie, von Liebhaber zu Liebhaber wechselnd, dazu beitrug, die prekäre Lage zu bereinigen; auf diesem Wege wurde sie zur Mätresse des Herzogs von Bourbon, Louis-Henri de Condé, der seit dem Tod des Regenten am 2. Dezember 1723 Regierungschef war und es bis 1726, als er in Ungnade fiel, blieb.

Der Herzog von Bourbon führte in Chantilly ein prunkvolles Leben. Das Schloß war damals dank der Verschönerungen, die er hatte vornehmen lassen, die prächtigste Fürstenresidenz Frankreichs; dazu gehörten die Vergrößerung der Gästegemächer, die Errichtung prachtvoller Pferdeställe durch Jean Aubert, die Bereicherung der Innenausstattung, vor allem durch das große und kleine Affenhaus, die Christophe Huet zu verdanken sind, sowie die Vergrößerung der vom Konnetabel von Montmorency angelegten und von der Familie Condé erweiterten Kunstsammlungen. Montesquieu weilte oft in Chantilly und stattete dem Herzog von Bourbon seinen Besuch ab: »Ich sagte, daß ich mich in Chantilly mit Artigkeiten zurückhielt: Der Herzog war fromm[29].«

Madame de Prie residierte in Bélébat, in der Nähe von Fontainebleau, wo ein sehr freizügiger Lebenswandel herrschte. Voltaire hat den Pfarrer von Courdimanche, der sich dort oft aufhielt, in Mademoiselle de Clermont gewidmeten heiteren Versen in Szene gesetzt: »Ein äußerst gutherziger, halb verrückter Mann, der sich einer poetischen Ader und seiner Trinkfestigkeit rühmte und bereitwillig bei Zerstreuungen jeder Art mitmachte.« In seinen Versen beschreibt er die burleske Krönungszeremonie (1725) des dichtenden Pfarrers. Ungefähr zur selben Zeit trägt Montesquieu, der oft nach Bélébat eingeladen wurde, eine *Epistel an den Pfarrer von Courdimanche* zum Lob seiner »Verdienste« vor (1723):

Anakreon der Dorfpfarrer,
Lieber Courdimanche, Zierde des Gâtinois,
Du kennst die Sprache der neun Schwestern,
Der Du einige Male auf den Parnaß geklettert bist.
Als Günstling des Gottes der Trunkenheit
Wie dem der Gärten,
Besitzt Du nicht die Weichlichkeit
Unserer faden, blonden Abbés,
Dein Schlund schluckt vielmehr ohne Unterlaß;
Nichts könnte Deinen Hunger aufhalten;
Du fügst dem Durst des Tantalus
Das Vergnügen hinzu, ständig zu trinken . . .

In der lebenslustigen Umgebung von Bélébat schloß Montesquieu mit dem Chef des Invalidenhauses, Berthelot de Duchy, einem weiteren Mitglied der Familie Berthelot, und mit dem Bruder von Madame de Grave, dem Grafen von Matignon-Gacé, Freundschaft. Mit ihnen führte er einen regelmäßigen Briefwechsel. Ebenso begegnete er Gästen, deren intellektuelle Interessen den eigenen entsprachen. Denis Dodart, Rat am Parlament von Paris und von 1723 an Intendant von Bourges, war der Sohn von Jean-Baptiste Dodart, dem Chefarzt des Königs; nachdem Montesquieu am 18. November 1723 der Akademie von Bordeaux seine Erörterung über die Bewegung vorgetragen hat, diskutiert Dodart in einem Brief vom 28. Dezember die Auffassungen seines Freundes; er informiert ihn außerdem über sein Vorhaben, die Werke seines Onkels, des holländischen Chemikers und Mediziners Guillaume Homberg, zu veröffentlichen, und hält ihn über eine medizinische Dissertation zur Pockenimpfung auf dem laufenden. Überdies schlägt er vor, ihm Manuskriptabschriften von Werken zu schicken, die damals unter der Hand verbreitet wurden, vor allem die *Überlegungen zur französischen Geschichte* und die *Abhandlungen über die Regierung* des Grafen von Boulainvilliers; Montesquieu kritisiert einen Teil seiner Auffassungen[30] und schätzt ihn wenig, weil er keine Kenntnis »des Vergangenen, Gegenwärtigen und Zukünftigen[31] habe«. Dodart hatte den anonymen Verfasser der *Persischen Briefe* schnell identifiziert und gefiel sich darin, Montesquieu »meinen lieben Usbek« zu nennen.

Am Hof von Bélébat verkehrten Verwandte und Verschwägerte von Montesquieu. Er traf dort seine Cousine Louise-Françoise-Armande d'Estrades wieder, die Frau von Pierre-Charles Lambert, dem Marquis von Herbigny; sie gehörte zu einer Familie, die in Bordeaux zahlreiche Bürgermeister gestellt hatte. Ihr Verhältnis war von Vertrauen und Freundschaft geprägt; Montesquieu soupiert mit ihr, begleitet sie in die Oper und vertraut ihr 1725 an, daß es um seine Beziehung zu Madame de Grave schlecht stehe. In einem Brief vom 16. Oktober 1726 gibt er seiner »schönen Cousine« liebevolle Ratschläge: »Ich kann Ihren Überlegungen ganz und gar nicht beipflichten; eine hübsche Großmutter sollte viel koketter sein als eine andere, um ihre Ausstrahlung nicht zu vernachlässigen. Sie sind noch jung, versuchen Sie einem nicht einzureden, Sie seien es jetzt weniger. Die Menschen sind seltsam: Wenn man darauf verzichtet, ihnen zu gefallen, glauben sie, daß man ihnen nicht mehr gefällt. Insbesondere eine Woche Andacht würden Sie um zehn Jahre altern lassen, denn der Himmel ist voll faltiger Teints. Ich werde versuchen, Ihnen begreiflich zu machen, was Andacht bedeutet: Die Andacht ist ein öffentliches Schuldbekenntnis, das die Frauen Gott die Kränkungen zufügen läßt, die ihnen die Männer angetan haben.«

*

Montesquieu ist einem anderen Stammgast von Bélébat, seinem entfernten Verwandten und Parlamentsrat von Bordeaux, Joseph de Marans, ebenfalls eng verbunden. Als Marans' Frau, Marie-Madeleine de Caupos, 1725 stirbt, empfindet Montesquieu aufrichtigen Kummer; an Madame d'Herbigny schreibt er: »Ich muß Ihnen mitteilen, daß ich wegen eines Unglücks betrübt bin, das ich in diesem Land wie eine Revolution einschätze: den Tod von Madame de Marans, der einzigen Frau, mit der ich in Bordeaux zusammenkam, da alle anderen entweder zu jung oder zu alt für mich waren! Trotz des Widerstandes einer hervorragenden Konstitution haben unsere Ärzte sie getötet.«

Montesquieu verdankt es der Familie Berthelot, daß er in die hofnahen Kreise eingeführt wird. Die Neuigkeiten, die ihm Bulkeley im September und Oktober 1723 und Madame d'Herbigny 1725 berichten, zeigen, daß er dort geschätzt wurde: »Mir scheint, die Langeweile hat sich des Hofs bemächtigt, seitdem Sie dort nicht mehr erscheinen«, schreibt ihm Bulkeley am 10. September 1723, »es gibt weder Spiele noch durchwachte Nächte und kaum noch Soupers.« Offensichtlich fühlt sich Montesquieu in der ausschweifenden Gesellschaft von Bélébat wohl, wo er sich mit Bulkeley dem Spiel hingibt, der im gleichen Brief erklärt: »Ich warte sehr ungeduldig darauf, wieder mit Ihnen bis sieben Uhr morgens spielen zu können. Ich erinnere mich ständig an die zweihundertfünfundsiebzig Livres, die ich Ihnen schulde.« Am 18. November 1723 teilt ihm Matignon-Gacé mit, daß er es nicht vergessen werde, sobald er Madame de Valentinois zu Gesicht bekomme, »ihr zu versichern, daß Sie bei erster Gelegenheit Ihren Gewinn auf die Quadrille zurückschrauben werden.«

Madame de Grave, die Cousine von Madame de Prie, lebte in gutem Einvernehmen mit der Mätresse des Herzogs von Bourbon. 1723 hatte sich Montesquieu mit Madame de Grave während ihrer Begegnungen in Bélébat und Chantilly angefreundet. Ein Brief des Grafen von Gacé, dem Bruder der Marquise, vom 8. November 1723, erlaubt es, den Zeitpunkt ihrer Begegnung ungefähr zu bestimmen: ». . . Gestern sprachen meine Schwester und ich den ganzen Tag von Ihnen, und das Ergebnis unserer Unterhaltung war, daß wir Sie von ganzem Herzen mögen und ich Ihnen heute schreiben würde.« Der Graf von Gacé fügt ein Postskriptum hinzu: »Madame de Grave ist sehr empfänglich für Zeichen Ihres Andenkens; sie versichert Ihnen, daß Ihre Abwesenheit der Neigung für Sie keinen Abbruch tun wird . . .«

Offenbar knüpfte Montesquieu während seines langen Aufenthaltes in Paris von Anfang 1724 bis Februar 1725 engere Beziehungen zu Madame de Grave; zu dieser Zeit verkehrte er am Hof von Mademoiselle de Clermont und beschrieb das galante Leben, das man dort führte, im 1725 veröffentlichten *Tempel von Gnidos*. Wir wissen nicht genau, ob es sich bei ihrem Verhältnis um einfache Freundschaft oder wahre Leidenschaft handelte. Montesquieu hatte Paris kaum verlassen, als Madame de Grave ein Mädchen zur Welt brachte, das am 1. März 1725 auf den Namen Marie-Nicole getauft wurde. Er beglückwünschte seine Freundin sogleich: »Ich liebe dieses kleine Mädchen von ganzem Herzen, nichts beweist mehr, mit welcher Leidenschaft ich gerne sein Vater wäre, denn von Natur aus mag ich keine Kinder.« Während der darauffolgenden Wochen bleibt Montesquieu ohne Nachricht von Madame de Grave. Dieses Schweigen erklärt sich möglicherweise mit dem Gesundheitszustand der jungen, leidenden Mutter; erst am 14. April ging sie zum erstenmal wieder aus, und am 20. Juli, als ihr Onkel Berthelot de Duchy sie zur Erholung nach Bélébat mitnahm, war sie immer noch nicht ganz genesen.

Montesquieu macht sich indessen wegen des Verhaltens der Marquise Sorgen, wie er Madame d'Herbigny in einem nicht datierten, doch im April oder Mai 1725 geschriebenen Brief anvertraut: »Ich sage Ihnen, daß mich alle vergessen haben; das vollkommene Schweigen, das die Marquise von Grave mir gegenüber zeigt, hat mir klargemacht, daß es ein Geschlecht gibt, das unzuverlässig ist.«

Zur selben Zeit richtet er an eine unbekannte Empfängerin einen Trennungsbrief, der von kaum beherrschter Leidenschaft gekennzeichnet ist. F. Gébelin hat vermutet, daß dieser Brief an Madame de Grave adressiert war. Wenn diese Hypothese zuträfe, was aber weder der Text, noch irgendein anderes Dokument bestätigen, dann bestünde kein Zweifel über die Art des Verhältnisses zwischen Montesquieu und seiner Freundin:

»Ich denke jeden Tag immer und immer wieder an dieses tiefe Schweigen. Die Einsamkeit schürt meinen Kummer und meine tiefe Melancholie noch mehr. Berufliche und familiäre Interessen halten mich noch sieben oder acht Monate in dieser Gegend fest: Langsam spüre ich, wie teuer mich diese Zeit zu stehen kommen wird.

Das wird der letzte Brief sein, mit dem ich Dir zur Last falle: Ich bitte Dich nur um die eine Gnade, mir zu glauben, daß ich Dich noch liebe; vielleicht ist dies das einzige, was ich im Moment von Dir erhoffen kann.

Wirf alle Dir bekannten Belanglosigkeiten ins Feuer. Ich habe geschworen, nichts mehr über mein Leben zu schreiben, weil ich bei der einzigen Person der Welt, der ich gefallen wollte, keinen Erfolg hatte.

Der Zustand meiner Unsicherheit erscheint mir härter als alle Mißgeschicke, die ich fürchte. Ich bitte Sie, gnädigste Madame, mich über eine Sache in Kenntnis zu setzen, die mein ganzes Dasein betrifft. Der letzte Brief, den Sie mir schrieben, war sehr innig; unzählige Male las ich ihn wieder, ohne je zu vermuten, es könnte der letzte gewesen sein.

Mein liebes Herz, wenn Du mich nicht mehr liebst, verbirg es mir noch eine Zeitlang; ich habe noch nicht die nötige Kraft, um es begreifen zu können. Haben Sie Mitleid mit einem Mann, den Sie geliebt haben, wenn Sie schon kein Mitleid mit dem unglücklichsten aller Männer haben.«

Dieser in einem Schwung, ohne jede Streichung niedergeschriebene Brief vibriert vor enttäuschter Leidenschaft, vor noch kaum akzeptierter Desillusion; der Übergang vom Du zum Sie zeugt für Montesquieus Verwirrung, für sein aufrichtiges, nur schlecht beherrschtes Gefühl. Bleibt lediglich herauszufinden, an wen der Brief gerichtet war. Ist die Adressatin Madame de Grave, so wird die Annahme einer Liaison mit Montesquieu wahrscheinlich. Doch der Brief ist nicht datiert; wenn er 1725 geschrieben worden ist, worauf eine alte Eintragung hindeutet, so gibt es keinen Hinweis, der es gestattet, ihn mit Gewißheit auf den April oder Mai zu datieren. Zudem zeigt sich Montesquieu in seinen Briefen des öfteren erstaunt über das Schweigen seiner Freunde. Die im oben zitierten Brief an Madame d'Herbigny vorgebrachten Klagen zeugen zwar von großer Bitternis, doch sie bringen keine Qualen eines verlassenen Liebhabers zum Ausdruck. Da Montesquieu freundschaftliche Beziehungen zur Familie der Marquise de Grave unterhielt, würde es verwundern, wenn er von seinen Bekannten nicht umgehend über den schlechten Gesundheitszustand seiner Freundin nach der Geburt ihrer Tochter unterrichtet worden wäre. Madame de Grave hatte 1724 ein Verhältnis mit dem Grafen von Clermont gehabt, das von ihrem Mann entdeckt worden war; sollte sie gleich darauf eine andere Liebschaft mit Montesquieu eingegangen sein, die sie wegen der Versöhnung mit ihrem Mann und der Geburt ihres Kindes rasch beendet hätte? Auf dieses Rätsel im Leben Montesquieus läßt sich keine zufriedenstellende Antwort finden; die späteren Ereignisse scheinen aber sicher auszuschließen, daß es sich um eine Liebschaft handelte.

In der Tat richtet Madame de Grave, nachdem sie sich von den Strapazen ihrer Entbindung erholt hat, am 24. Juni 1725 einen langen Brief an Montesquieu, um ihm die Gründe für ihr anhaltendes Schweigen zu erläutern und sich zu rechtfertigen:

»Ich habe Ihnen Unrecht zugefügt, Monsieur, das so schwer wiedergutzumachen ist, daß ich eine Unterredung für das mindeste hielte; das hinderte mich daran, mich brieflich zu rechtfertigen. Da ich aber von Madame d'Herbigny erfuhr, daß die unglücklichen Begebenheiten Sie den Entschluß fassen ließen, so bald nicht wieder nach Paris zu kommen, wollte ich Ihnen versichern, daß ich sehr verärgert über Ihren Entschluß bin, in der Provinz zu bleiben, und Sie bitten, mich ein wenig in Erinnerung zu behalten und mir dies von Zeit zu Zeit durch Ihre Briefe zu beweisen. Selbstverständlich werde ich Ihnen äußerst zuverlässig antworten und Ihren Briefen all die Wertschätzung entgegenbringen, die ich Ihnen gegenüber, wie Sie wissen, seit langem zeige.«

Ein paar Zeilen weiter fügt Madame de Grave hinzu: ». . . wenn Ihnen keine angenehmeren Gedanken Ablenkung verschaffen, glauben Sie mir, dann kommen Sie und trösten Sie sich mit uns, denn es ist besser, sich gemeinsam zu grämen als zweihundert Wegstunden voneinander entfernt. Das ist ein Rat, der Ihnen interessant erscheinen wird und der es in der Tat ist, da ich mir sehr wünsche, Sie hier wiederzusehen . . . Von Ihren alten Freunden ganz zu schweigen; sie sind bei Hofe, und ich kann Ihnen versichern, daß sie sich mit Vergnügen an Sie erinnern, wie ich von meinem Bruder und Monsieur de Grave hörte.«

Montesquieus Antwort vom 15. Juli 1725 zeigt, daß die Wunden noch nicht völlig verheilt sind; seine Empfindsamkeit läßt ihn noch schaudern, während sich seine Selbstachtung empört:

»Ich war, meine schöne Dame, überrascht, von Ihnen einen Brief zu erhalten, nicht jedoch, ihn ungemein reizend zu finden. Ich meinte, Sie sprechen zu hören und diese kleinen Zierereien wahrzunehmen, die alle Welt so gerne mag. Ich finde hier keineswegs, daß Ihr Hof glänzend ist . . .« Montesquieu fügt hinzu: »Ich teile Ihnen mit, daß mich Ihr Bruder mit seinem Andenken ehrt. Das brauchte ich, um das Vergessen seiner Schwester zu ertragen. Wäre ich doch recht glücklich gewesen, wenn der Marquis de Grave Ihnen verboten hätte, mir zu schreiben. Die Ordnung steht dermaßen auf dem Kopf, daß ich auf ihn eifersüchtig bin.« Von dieser Stelle an ist das ganze Ende des Briefs in neuerer Zeit sorgsam durchgestrichen worden; es ist bedauerlich, daß der 1939 verkaufte Brief nicht mehr konsultiert werden kann; denn wenn die Streichungen von Montesquieu in der Urschrift vorgenommen worden wären, hätte dies die Bedeutung des Briefes geändert. Diese Passage ist der einzige Text, der imstande ist, die These einer Liebschaft zwischen Montesquieu und Madame de Grave glaubwürdig erscheinen zu lassen: »Ich weiß mir Gerechtigkeit zu verschaffen, und ich hätte nichts vorzubringen, wenn ich mich nur über einen Liebhaber zu beklagen hätte: doch über einen Ehemann – ich wüßte nichts, was so beleidigend wäre. Ich beschwöre Sie also, sich irgend jemanden zu nehmen, um zu verhindern, daß ich entehrt werde. Andernfalls werde ich in der Öffentlichkeit Gerüchte verbreiten und Ihren Ruf dem meinen opfern. Ich bitte Sie nicht mehr um Freuden, die ich nicht erwarten kann; ich ersuche Sie nur um einen aufrichtigen Vorwand für ihre Zurückweisungen. Das ist, Madame, der Stand der Dinge; ich glaube, sie klargestellt zu haben. Zumindest gibt es niemanden auf der Welt, der Sie mehr ehrt als ich.« Nach einjähriger Unterbrechung nahmen Montesquieu und Madame de Grave den Briefkontakt in beschwichtigtem Tonfall wieder auf.

Daß der Herzog von Bourbon und mit ihm die Mitglieder des Hauses Condé am 11. Juni 1726 in Ungnade fielen, ließ Montesquieu nicht gleichgültig. In den Jahren zuvor hatte er sich oft in Chantilly aufgehalten, und zwei seiner Freunde, der Graf von Matignon-Gacé und dessen Schwester, Madame de Grave, die mit dem Herzog von Bourbon beide in Verbindung standen, liefen Gefahr, von den Auswirkungen dieses Ereignisses berührt zu werden. Sobald er davon hörte, schrieb er an Matignon-Gacé, um ihm zu versichern, »daß ich größten Anteil an den Ereignissen nehme, die Sie betreffen. Sie haben außerdem mehr Anrecht als ein anderer, daß Ihr in Ungnade gefallener Freund sein gesamtes Vermögen behält. Man hat ihm lediglich weggenommen, was die Unannehmlichkeit seines Standes ausmachen konnte und ihn daran hinderte, zu großem Reichtum zu gelangen. Die Einzelheiten der Sache können allerhöchstens die Leute von mittelmäßiger Stellung blenden, die sich so vor der Vergessenheit retten, für die sie ausersehen waren«.

Der Ausschluß des Herzogs von Bourbon aus der Regierung veranlaßte Montesquieu, über die politische Lage nachzudenken und einige zeitlose Wahrheiten darzulegen:

»Wenn in einem Staat Unordnung herrscht, trifft es die hohen Ränge. Die Zügellosigkeit zu beheben, ist genauso gefährlich, wie sich nach ihr zu richten; man haftet sowohl für die Fehler, die man nicht begangen hat, als auch für diejenigen, die man nicht verhindern konnte. Ein leidendes Volk spürt immer nur die letzten Entbehrungen; was die Folge unzähliger Ursachen ist, scheint ihm lediglich eine Auswirkung des akuten Zustandes zu sein. Selbst wenn die Regierung aus den glücklichsten Zeiten einer Monarchie stammte, würde das nur wenige zufriedenstellen; denn das politische Glück ist so beschaffen, daß man es immer erst nach seinem Verlust wahrnimmt; deshalb war die Absetzung so vieler Staatsmänner für dasselbe Volk zuerst Anlaß zur Freude, um im nachhinein bedauert zu werden.«

»Mit Frauen muß man abrupt brechen; nichts ist unerträglicher als eine alte, marode Liebschaft[32].« Entspricht diese Überlegung Montesquieus geheimsten Gefühlen oder ist sie nur der Reflex unglücklicher Erfahrungen, der seine Enttäuschungen verbergen soll? Man wäre geneigt, sie neben folgendes Eingeständnis zu stellen: »Ich habe den Frauen gerne Abgeschmacktheiten gesagt und ihnen jene Art von Diensten erwiesen, die wenig kosten[33]«; doch ein paar Zeilen vorher hatte Montesquieu geschrieben: »In meiner Jugend war ich glücklich genug, mich an Frauen zu binden, von denen ich glaubte, daß sie mich liebten. Sobald dieser Glaube schwand, löste ich mich unversehens von ihnen.« Jedenfalls stellt er fest: »Im Alter von fünfunddreißig Jahren [das heißt ungefähr 1724] liebte ich noch.«

In der Zeit um 1725 finden sich in seiner Korrespondenz unmißverständliche Mitteilungen: »Ich weiß nicht, ob ich nicht den Respekt verliere, den ich Ihnen schulde, wenn ich Ihnen sage, daß ich Sie von ganzem Herzen grüße und küsse. In der Tat haben Sie mir den Verstand verwirrt und mich so daran gehindert, den Anstand zu wahren«; oder auch diese, noch eindeutigere Botschaft: »Mein kleiner Liebling, niemals habe ich Dich so geliebt. Mir scheint, Du bist mir näher als je zuvor und verdrehst mir Herz und Kopf derart, daß ich den Eindruck habe, als beginne meine Liebe erst dort, wo sie ihre höchste Stufe erreicht zu haben schien. Nicht einen Augenblick habe ich aufgehört, an meinen kleinen Liebling zu denken.«

Im Laufe des Jahres 1726 ging Montesquieu eine Liebschaft mit einer »schönen Gräfin« ein, hinter der P. Barrière nicht ohne Vorbehalte, doch ohne entscheidende Beweise beizubringen, die Gräfin von Pontac-Belhade vermutet hat. Vier Briefe gestatten es, die Entwicklung dieses kurzen Abenteuers zu verfolgen, in das Montesquieu weniger seine Gefühle, als seine von Eifersucht aufgestachelten Sinne einbrachte: »Ich bin unserer Freundin für den Hinweis dankbar, daß ich Dir nicht oft genug schreiben würde. Ich liebe es, wenn man mich solcher Fehler bezichtigt, selbst wenn ich sie gar nicht begangen habe. Mein liebes Herz, ich suche nur so nach Vorhaltungen und möchte, daß die kleinsten Nachlässigkeiten zwischen uns zu Staatsaffären ausarten.«

Nachdem er bekommen hat, was er wollte, bekundet Montesquieu gleich am nächsten Tag seine Dankbarkeit in einem Brief, der, wie J. Geffriaud-Rosso anmerkt, einen Eindruck von Verschlagenheit und Kälte hinterläßt und zeigt, daß er gefühlsmäßig nicht wirklich berührt ist:

»Ich weiß nicht, ob ich Ihnen gestern deutlich genug gesagt habe, wie sehr ich Sie liebe, wie sehr ich mich hingebe und Ihnen zugehörig fühle. Jedesmal, wenn ich Sie sehe, jedesmal, wenn Sie mir schreiben, scheint es mir so, als liebe ich Sie mehr.

Ich danke Ihnen dafür, daß Sie sich die Mühe machen wollen, mir die Möglichkeiten zu verschaffen, um Sie leichter zu sehen, genauso wie ich Ihnen für mein Glück danke.

Ich habe Ihnen tausend Dinge mitzuteilen; ich habe Ihnen nichts gesagt; Sie kennen mich nicht; warum liebe ich Sie?

Ich begrüße Ihre gestrige Mitteilung unendlich, daß Sie keine Vertraulichkeit wünschen. Man hat deshalb nur Nachteile und schätzt sie immer weniger. Wir bräuchten sie lediglich, um uns wieder zu versöhnen, aber wir werden uns nie überwerfen.«

Noch ein sorgfältig durchdachter Brief, wie die zahlreichen Korrekturen bestätigen, welche die Intensität der von Montesquieu zum Ausdruck gebrachten Gefühle abschwächen, und die Lösung rückt näher:

»Seitdem ich Sie verlassen habe, bin ich verzweifelt. Ich habe gefürchtet und fürchte immer noch, daß die Person, die Sie kennen, etwas geahnt hat, und ich werfe mir all den Kummer vor, den Ihnen das bereiten kann. Verzeihen Sie mir im Namen meiner Liebe. Ich habe Ihnen tausend Dinge zu sagen; geben Sie zu, daß ich sehr töricht war; ich bin noch nie von meiner und Ihrer Verwirrung so in Verlegenheit gebracht worden; aber Sie verfügten im Gegensatz zu mir ja noch über Verstand. Ich zähle nicht und habe nicht die Güte, Ihnen die Augenblicke bis Samstag zu schenken, die nichts bedeuten, weil ich sie nicht mit Ihnen verbringen werde.«

Die »schöne Gräfin« wurde des Abenteuers schnell überdrüssig: »Das sind jetzt schon fünf oder sechs Mal, daß Sie es ablehnen, mich zur gewohnten Stunde zu treffen, unter verschiedenen Vorwänden, die mir all Ihr Verstand nicht begreiflich machen wird. Morgen fahre ich nach Versailles. Die Antwort auf diesen Brief wird mich genau wissen lassen, was ich von Ihnen zu halten und mir selbst vorzunehmen habe. Adieu.«

Als er über die Vergangenheit der Dame unterrichtet wird, beendet Montesquieu eine Liebschaft, die in ihm die Erinnerung an eine bittere Enttäuschung zurücklassen wird, von welcher der *Gedanke* 1046 zeugen könnte: »Sie verlassen mich also, und zwar wegen eines Mannes ohne Verdienst. Wie unglücklich ich bin! Was könnte mir Traurigeres widerfahren, als der Versuch zu erröten, weil ich Sie geliebt habe? Gewöhnlich bleibt, wenn man aufhört zu lieben, immer eine schöne Erinnerung an die vergangenen Annehmlichkeiten. Doch die gegenwärtige beschämt, und das Vergangene entmutigt.«

Montesquieus Brief läßt eine tiefe Kränkung seiner Eigenliebe erkennen; er enthält das Eingeständnis seiner Reue, sich mit einer Person eingelassen zu haben, deren Vergangenheit er nicht kannte; eine ganze Manuskriptseite ist im übrigen von Montesquieu oder seinen nahen Verwandten herausgerissen worden:

»Meine Niedergeschlagenheit übertrifft alles. Seit gestern habe ich unzählige Vorsätze gefaßt, die sich alle, die einen wie die anderen, zerschlagen haben; tausendmal habe ich mich entschlossen, Sie nie wiederzusehen, und in dieser Stimmungslage befindet sich mein Herz auch momentan; ich weiß nicht, warum ich mich nicht davon abhalten kann, Ihnen zu schreiben, um Dinge zu äußern, die für Sie so unangenehm und für mich so bitter sind. Gestern abend erfuhr ich alles über Ihre Vergangenheit, das heißt ich erhielt tausend Dolchstöße. Ich schämte mich für Sie, doch noch mehr für mich, der ich nicht anders konnte, als Sie zu lieben, so unwürdig Sie dessen auch sind. Ach, ich hielt mich für den Glücklichsten aller Männer, Sie zu besitzen; ich fand Sie geistvoll, anmutig und mit einem Herzen ausgestattet, das genauso empfindsam wie das meine ist; und von all dem bleibt nur noch ein Schatten, eine graue Wolke und die grausame Verzweiflung, unaufhörlich die zu suchen, die ich geliebt habe, ohne sie finden zu können. Als Sie sahen, daß ich Sie auf so wunderliche Art liebgewann, warum bereiteten Sie mich nicht Schritt für Schritt auf mein Unglück vor, warum schmälerten Sie nicht durch Vorahnungen die Grausamkeit einer Überraschung, die Sie für immer den verlieren zu lassen drohte, den Ihr Schweigen sich erhalten wollte? Warum haben Sie mich also geliebt? Um mir Schande zu bereiten? Doch was sage ich? Ich irre mich immer; ihre Vergangenheit muß mir zu verstehen geben, daß Sie mich nie geliebt haben.«

Wer hatte Montesquieu wohl über die Vergangenheit der Gräfin in Kenntnis gesetzt? Mißmutig und überstürzt kehrt er nach La Brède zurück, ohne von seinen Pariser Freunden Abschied zu nehmen. Es scheint so, als sei Madame de Grave für die Indiskretion verantwortlich, sei es aus Versehen, wie sie Montesquieu am 3. Juli 1726 schreibt, sei es, weil sie ihn vor einer Liaison mit einer Person von zweifelhaftem Ruf bewahren wollte, oder vielleicht auch, weil sie von der Erinnerung an eine kaum erloschene Leidenschaft getrieben war. Jedenfalls wirft sich Madame de Grave in ihrem Brief ihre Unbesonnenheit vor: »Ich werde mir nie den Fehler verzeihen, den mich meine mangelnde Verschwiegenheit begehen ließ, als ich aus purem Zufall vor Ihnen eine Neuigkeit erzählte, an der Sie Anteil nehmen konnten.« Madame de Grave ist überzeugt, daß Montesquieu Paris in einer plötzlichen Aufwallung kopflos verlassen hat, und daß die Gründe, die er anführt, so sein Rückruf durch das Parlament, nur als ein Vorwand dienen, der sie nicht täuschen könnte; sie schreibt ihm: »Denn Sie können sich leicht vorstellen, daß ich nichts auf Ihre hübsche Erzählung von den Gründen Ihrer Abreise gebe. Sie taugen nur für die Öffentlichkeit, und ich verspreche Ihnen, es niemand anderem zu sagen. Indessen glaube ich, daß nach reiflicher Überlegung etwas weniger Lebhaftigkeit Ihnen dreihundert Meilen und vielleicht ein paar Stunden Ärger erspart hätte; ohne von denen zu sprechen, die Sie Ihren Freunden bereiten, deren Kummer sie teilen sollten.«

Die unwillentliche oder beabsichtigte Indiskretion Madame de Graves, die Montesquieu die Unwürdigkeit seiner Mätresse enthüllte, war sicher einer der Gründe, die ihn drängten, Paris mit einer für ihn ungewöhnlichen Überstürztheit zu verlassen.

*

Es hieße jedoch, Montesquieus gesellschaftliches Leben in Paris zu verzerren, wenn man es auf solche flüchtigen amourösen Abenteuer reduzierte, die von der Frivolität, der Ausschweifung und Verschwendung begünstigt waren, die am Hof sowie in der Umgebung des Herzogs von Bourbon und der Familie Berthelot in Chantilly und Bélébat herrschten. Der vom Skandal gekrönte Erfolg der *Persischen Briefe* mißfällt Montesquieu keineswegs; durch seine Beziehungen bemüht er sich, Vorteile aus dem angesammelten Kapital zu schlagen; er verkehrt in den bekanntesten literarischen Zirkeln und Salons und zeigt durch seine literarische Aktivität, daß er keine Eintagsfliege ist, selbst wenn er mit dem *Tempel von Gnidos* seinen Freunden dafür noch Beweise zu liefern scheint und seinen Feinden Gründe, ihn zu kritisieren. Obwohl er als ein die politischen Ereignisse reflektierender Parlamentarier lebhaftes Interesse für finanzielle Probleme an den Tag legt, bereitet er, um völlige Gedanken- und Handlungsfreiheit zu erhalten, den Verkauf seines Amtes vor; zweifellos wurde dieser Schritt durch seine amourösen Enttäuschungen, seine familiären Schwierigkeiten und seine fehlende Neigung zum Beamtendasein beschleunigt, aber auch durch das tief empfundene Bedürfnis, sein Leben zu verändern und Abstand zu gewinnen, um sein Denken auf solidere Grundlagen zu stellen.

Montesquieu verkehrte gerne in den Pariser Theatern, um den Aufführungen zeitgenössischer Stücke beizuwohnen. Antoine Houdar de La

Motte, einer der Gründer des Café Procope, gehörte zu seinen Lieblingsautoren. Am 6. April 1723 erlebt er die Premiere von *Inès de Castro* mit: »Ich habe schon gemerkt, daß sie nur wegen ihrer Schönheit Erfolg hat und den Zuschauern gegen ihren Willen gefiel[34].« Folglich teilt er nicht Voltaires Meinung, der im Juni 1723 an die Marquise von Bernières schreibt: »Ich habe mir *Inès de Castro* angesehen, die alle schlecht und sehr rührend finden; man verurteilt sie und weint.« In seiner Analyse schreibt Montesquieu: »Der zweite Akt überragt nach meinem Geschmack alle anderen. Ich entdeckte eine gekonnte, verborgene Kunst, die nicht gleich bei der ersten Vorführung offenbar wird. Die letzten Male war ich bewegter als zuvor. Im fünften Akt gibt es eine Szene mit Kindern, die vielen lächerlich erschien: Die einen lachten, die anderen weinten. Ich bin überzeugt davon, daß diese Szene auf ein Volk mit unverfälschtem Empfinden eine erstaunliche Wirkung ausüben würde. Wir haben eine allzu bedauerliche Feinfühligkeit angenommen.« Als Montesquieu am 25. Mai 1723 an Sarrau de Vésis schreibt, erwähnt er noch einmal den Erfolg des Stücks: »Der Beifall für *Inès* nimmt zu, und die Kritik verstummt. Die Zuschauer im Parkett weinen an den Stellen, an denen sie vorher gelacht hatten.« In einem zweifellos an Barbot gerichteten Brief vom 6. März 1726 stuft Montesquieu La Mottes *Ödipus* als hervorragend ein, stellt aber mit Bedauern fest, daß sich der Autor »darauf einrichtet, sein Stück nächsten Dienstag durchfallen zu sehen. Polyneikes und Eteokles werden von zwei X-beinigen Frauen gespielt und sicher Pfiffe provozieren.«

Außerhalb der offiziellen Akademien gab es in Paris Anfang des 18. Jahrhunderts Versammlungen, die Persönlichkeiten mit gleichen Fachinteressen zusammenführten; um an diesen privaten Treffen teilnehmen zu können, mußte man von einem ständigen Mitglied eingeführt werden. Pater Desmolets war eine Zeitlang Vorsitzender einer jener Gesellschaften, in der literarische Abhandlungen vorgetragen wurden. »Da die Jesuiten, die mit den Oratorianern verfeindet waren«, laut Guasco, »diese – obschon rein literarischen – Versammlungen aufgrund der theologischen Auseinandersetzungen der Zeit als gefährlich hingestellt hatten, wurden sie aufgelöst, was dem Fortschritt der Literatur nachweislichen Schaden zufügte.« Das Verhältnis zwischen Montesquieu und Pater Desmolets berechtigt zu der Annahme, daß er zumindest zu einigen dieser Treffen eingeladen wurde.

Eine weitere Versammlung fand jeden Donnerstag in der Bibliothek des Kardinals von Rohan statt; ihr Vorsitzender, Abbé Jean d'Oliva, war Bibliothekar des Kardinals, der ihn nach dem Konklave von 1721 aus Rom mitgebracht hatte. Montesquieu wurde Abbé von Oliva von Nicolas Fréret vorgestellt; am Ende seines Lebens erinnerte er sich »immer noch mit Wonne an die Momente«, die er »in der literarischen Gesellschaft dieses aufgeklärten Italieners« verbracht hatte, »der sich über seine nationalen Vorurteile hinwegzusetzen verstand«. Während seines Frankreichaufenthaltes zwischen 1718 und 1726 begegnete er dort auch Abbé Antonio Conti, den er später in Venedig wiedertraf. Conti hat, laut R. Shackleton, Malebranche gekannt, korrespondierte mit Leibniz und war eng mit Newton befreundet gewesen; Mairan, Fréret, Desmolets und Fontenelle zählten zu seinen Freunden.

Selbst in der Provinz machten sich einige über diese Versammlungen im Hôtel de Soubise lustig. Am 11. April 1725 teilte Barbot Montesquieu »einige Liedstrophen zur Melodie von *Ah! que Baville est aimable*« mit, die sich gegen Pater Tournemine, den Vizepräsidenten der Versammlung, richteten:

Götter, was ist das für eine Akademie,
In der Fréret als gelehrt gilt
Und, Gipfel der Infamie,
Tournemine den Vorsitz führt.

Sucht in dieser Markthalle des Parnaß
Nicht die Schöngeister;
Es sind nur Schwätzer aller Art,
Die Tournemine ausgewählt hat.

Wenn dieses Gremium unsere Erwartungen erfüllt,
Wird es überall berühmt sein
Und die vierzig in den Schatten stellen
Sowie Tournemine, Richelieu . . .

Der Jesuitenpater René-Joseph Tournemine, der seit 1701 die *Mémoires de Trévoux* herausgab, mißfiel Montesquieu, der ihm seinen Despotismus und seine Schikanen vorwarf; laut Guasco »wollte er dort vorherrschen und alle zwingen, sich seinen Ansichten zu beugen«. Montesquieu, berichtet er weiter, »zog sich allmählich zurück und machte aus den Gründen dafür keinen Hehl. Seitdem begann Pater Tournemine, ihn im Geiste Kardinal Fleurys wegen der *Persischen Briefe* zu schikanieren. Man sagt Montesquieu nach, daß er aus Rache seine Gesprächspartner immer nur fragte: ›Wer ist Pater Tournemine? Ich habe noch nie von ihm gehört‹ – was diesen Jesuiten, der den Ruhm leidenschaftlich liebte, sehr empörte.« Die Anekdote ist um so wahrscheinlicher, als Montesquieu zwei besonders schonungslose Urteile gegen den Jesuiten vorbringt: »Gegen anonyme Schriftsteller sage ich (wie Pater Tournemine, der einen Brief gegen mich an Kardinal Fleury schrieb, als man mich für die Académie française nominierte): ›Die Tataren sind gezwungen, ihre Namen auf ihre Pfeile zu schreiben, damit man weiß, von wem der Schuß kam[35]‹«; und:

»über Pater Tournemine sagte ich: ›Er hatte keine gute Eigenschaft und war sogar ein schlechter Jesuit[36]‹.«

Der Marquis von Argenson gibt in seinem *Tagebuch und Memoiren* wertvolle Auskünfte über den Club de l'Entresol, der 1724 von seinem Präsidenten Abbé Pierre-Joseph Alary gegründet wurde. Die Mitglieder dieser Gesellschaft, die eine Art politische Diskussion führten, versammelten sich zunächst eine Zeitlang im Zwischengeschoß, das Alary an der Place Vendôme im herrschaftlichen Stadthaus des Präsidenten Hénault bewohnte, und zogen später in die Wohnung um, die dem Abbé in der königlichen Bibliothek zugeteilt wurde, was dem Club das Gesicht einer kleinen Akademie der politischen Wissenschaften gab. Die Sitzungen fanden regelmäßig am Samstag von fünf bis acht Uhr statt. In der ersten und dritten Stunde wurden Auszüge aus Zeitungen und Abhandlungen vorgetragen; dazwischen redete man über Politik. Die Versammlung, deren kühne Ansichten einen gewissen Einfluß auf die öffentliche Meinung ausübten und über die man sogar im Ausland sprach, verletzte die Eigenliebe der Staatsgewalt, die sie 1731 verbot.

Die auf diesen Treffen angeschnittenen Fragen berührten unmittelbar die brennendsten politischen Themen, wobei sich die vorgebrachten Meinungen an keiner strikten Orthodoxie orientierten. Im Juni 1726 »wünschte«, laut D'Argenson, nachdem der Herzog von Bourbon in Ungnade gefallen war, »Horace Walpole, der damalige englische Botschafter, im Entresol angehört zu werden; man gestand es ihm zu; er hielt eine mehr als zweistündige Rede, um zu zeigen, wie notwendig es war, daß die neue Regierung die bestehenden Kontakte zu seinem Land aufrechterhielte«. Neuankömmlingen wurde nur mit Vorsicht und offenbar erst nach ernsthafter Prüfung die Teilnahme an den Treffen gestattet. »Der aus der Toskana entsandte Franquini [Abbé Franchini]«, berichtet D'Argenson, »bat darum, einer der unsrigen zu werden, doch als Ausländer erschien er uns verdächtig. Ebenso umgingen wir es stets mit Höflichkeit, einen kirchlichen Beamten zu empfangen, da dieser zu der Spezies gehörte, die der Justizminister bevorzugte; wir fürchteten ihn wie einen Spion, was uns einige Beschwerden bereitete.«

Jedem der Clubmitglieder wurden eine besondere Aufgabe sowie genau bestimmte Funktionen zugewiesen. Abbé Alary widmete sich der deutschen Geschichte, die damals ausführlich diskutiert wurde, vor allem von Boulainvilliers, dessen zunächst heimlich veröffentlichte Schriften die Ursprünge des Feudalsystems und die Rechte des Adels gegenüber der Krone untersuchten. D'Argenson wurde zuerst mit dem öffentlichen Recht betraut; seit der zweiten Sitzung, an der er teilnahm, gab er Überblicke über die verschiedenen Sachgebiete; danach beschränkte er sich auf das französische Kirchenrecht, ein besonders heikles Thema zu einem Zeitpunkt, als Gallikaner und Jansenisten einmütig die Politik Fleurys bekämpften; überdies trug er eine Abhandlung vor, die Einwände gegen die verschiedenen Systeme des Abbé von Saint-Pierre erhob. Vor allem D'Argenson hatte den Auftrag, aus den holländischen *Gazetten* die wichtigsten politischen Neuigkeiten herauszusuchen; zweimal in der Woche schickte er seine Aufzeichnungen an Alary, der »in ihnen Randbemerkungen und Fragen vorfand, die ihn äußerst zufriedenstellten«; diese Resümees füllten bald einen großen Band, zu dem D'Argenson ein alphabetisches Verzeichnis anlegte.

Weitere Mitglieder des Clubs griffen in die Debatten ein. Der frühere Erzieher der Kinder Jakobs III. im Exil, Ritter André-Michel de Ramsay, der schottischer Herkunft, Katholik und Freimaurer war, trug 1727 die Verbesserungen der neuen Ausgabe seiner *Reisen des Kyros* zusammen mit einer *Rede über die Mythologie* vor. Pierre de Champeaux, der zum Zeitpunkt der Veröffentlichung des *Geistes der Gesetze* französischer Gesandter in Genf war, teilte sich mit De Balleroy die Geschichte der Verträge seit dem Frieden von Vervins; De Vertillac widmete sich der Darstellung der »gemischten Regierungen« der Schweiz, Polens und Rußlands; Graf von Autry »beschrieb ebenso die Regierungen Italiens« und trug »einige übersetzte Passagen italienischer Autoren über ihre Geschichte im allgemeinen« vor. Im gleichen Kontext las De Plélio »den Anfang einer schönen Abhandlung über die monarchische und die anderen Regierungsformen«. D'Obry hatte man mit »der Geschichte der Generalstände und der Parlamente« betraut, »doch er starb kurze Zeit nach seiner Aufnahme«.

Die auf den Treffen vorgestellten Berichte wiesen nicht immer die von den Autoren verlangte solide Qualität auf: »Monsieur de Caraman hatte vor, die Geschichte des Handels in Angriff zu nehmen . . . Er bot uns einige Passagen, die er dem Anschein nach schon so vorgefunden hatte.« Folglich wurde er durch De la Fautrière ersetzt, der »verschiedene Male lange, großartige Passagen einer Geschichte der Finanzen und des Handels . . .« vortrug, »dessen Einleitung er gerade erst verfaßt hat; ein Essay, der es lohnt, zum Buch ausgeweitet zu werden, da in ihm eine Unzahl vortrefflicher Einfälle und Maximen über das öffentliche Recht und die Lehre der Regierung stecken«.

Die behandelten Themen betrafen also, wie die Berichte D'Argensons zeigen, in erster Linie das Recht, die politische Wissenschaft und die Geschichte; die Freiheit ihrer Darstellung, die anschließenden Diskussionen und die Qualität der Autoren erhöhten das Ansehen des Club de l'Entresol; er entwickelte sich rasch zu einem Organ der Reflexion und Kontroverse, dem zuweilen vorgeworfen wurde, die Regierung zu beeinflussen. Montesquieu verfolgte sicher mit Aufmerksamkeit die Referate über die politischen Einrichtungen der verschiedenen Nationen, über die besten Regierungssysteme und die nötigen Reformen. Auf sein Denken übten sie einen nicht zu leugnenden Einfluß aus; gewiß waren sie weder seinen

Überlegungen sachfremd noch seinen Vorhaben abträglich. Vielleicht hat er sich sogar Notizen gemacht, die ihm in den folgenden Jahren halfen, langsam Ideen heranreifen zu lassen, um sie im *Geist der Gesetze* zu vertiefen und weiterzuentwickeln.

Um so mehr ist es zu bedauern, daß ihn D'Argenson unter den Mitgliedern des Clubs nicht erwähnt. Etliche von ihnen kannte Montesquieu über die Stammgäste des Salons der Marquise von Lambert und über seine anderen Pariser Beziehungen: Er wurde etwa von Léon de Madaillan, dem Grafen und späteren Marquis von Lesparre, in seinem herrschaftlichen Pariser Stadthaus empfangen[37] und schätzte den Abbé von Saint-Pierre, einen Freund Fontenelles. Auch Bolingbroke, ein Freund Alarys, den Montesquieu zumindest seit 1723 kannte, verkehrte im Club de l'Entresol.

Zudem versichert Depping 1817 in seiner Einführung in die *Werke* Montesquieus, daß der *Dialog zwischen Sulla und Eukrates* von Montesquieu eigens für den Club verfaßt worden sei und sich das handschriftliche Manuskript dieses Werkes in den von Alary hinterlassenen Archiven befunden habe. Demnach hätte Montesquieu dem Entresol diesen *Dialog*, der sich am Vorbild der von Fontenelle, Fénelon und Präsident Hénault in Mode gebrachten Dialoge orientiert, als Aufnahmetribut entrichtet. Mit seiner Abfassung beginnt er 1724, wie Barbots Brief vom Juli jenes Jahres bestätigt: »Ihren Helden haben Sie bestens ausgewählt. Sulla ist einer der sonderbarsten Männer der Geschichte. Ich weiß nicht, ob Sie ihn etwas zu seiner Abdankung als Tyrann sagen lassen; sie ist einer der am wenigsten aufgearbeiteten und überraschendsten Vorfälle der Geschichte.« Das Werk wurde zwei Jahre später abgeschlossen; Montesquieu schickte es am 29. September 1726 an Jean-Jacques Bel mit der Bitte »um Prüfung, ob die Dialoge gut sind«.

Die Lesung des *Dialogs* im Entresol könnte also 1727 oder in den ersten Monaten des Jahres 1728 stattgefunden haben. R. Shackleton hält den *Dialog* für kein Meisterwerk, seinen Stil für angepaßt und konventionell. Mit diesen Mängeln erklärt er, daß D'Argenson Montesquieus häufige Besuche im Entresol nicht erwähnt: »Die Mitglieder des Entresol mit ihrer gleichzeitigen Vorliebe für Gelehrtheit und Kontroverse konnten diesen Dialog nicht schätzen. Sie konnten in ihm lediglich eine wenig überzeugende rhetorische Übung erkennen, eine unbedeutende Arbeit, die es nicht lohnte, daß man sich lange mit ihr aufhielt.« Montesquieu hat seinem erst 1745 im *Mercure* veröffentlichten Werk offenbar selbst nicht viel Bedeutung beigemessen. Entgegen Vians Behauptungen hat er es wohl nicht in der Akademie von Bordeaux vorgetragen.

Montesquieu verließ die literarische Gesellschaft des Abbé von Oliva von sich aus, gewiß enttäuscht über die reservierte Aufnahme seines *Dialogs zwischen Sulla und Eukrates* bei den Mitgliedern des Entresol. Im Salon der Marquise von Lambert fand er eine gewogenere und freundlichere Umgebung. Anne-Marie-Thérèse de Marguenat de Courcelles, die Marquise von Lambert, hatte 1698 vom Herzog von Nevers einen großen Teil des Hôtel de Nevers, des früheren Hôtel Mazarin, gemietet, das an der Ecke der Rue Vivienne und der Rue Colbert liegt und heute zur Nationalbibliothek gehört. Nach Aussage von Präsident Hénault war ihr Salon »der Treffpunkt berühmter Männer: Fontenelle, Abbé Mongault, Sacy und vieler anderer. Nur über sie konnte man in die Académie française gelangen; man las dort die Werke vor, die kurz vor der Veröffentlichung standen. Einmal in der Woche gab es ein Abendessen; der ganze Nachmittag war den quasi akademischen Konferenzen gewidmet; doch am Abend wechselten Dekor und Akteure. Zum Souper bat Madame de Lambert eine galantere Gesellschaft: Es bereitete ihr Vergnügen, Leute zu empfangen, die zueinander paßten; ihr Ton änderte sich deshalb nicht; sie predigte denjenigen höfliche Zuvorkommenheit, die ein wenig zu weit gingen. Ich gehörte zu den beiden Ateliers: Ich verkündete am Morgen Dogmen und am Abend legte ich mir andere Meinungen zu.«

Fontenelle war eines der eifrigsten Mitglieder des Salons. In den *Erinnerungen zur Lebensgeschichte und zu den Werken Fontenelles* liefert Trublet interessante Einzelheiten über die Treffen; seine Informanten waren Schriftsteller, die durch die Protektion der Herzogin von Maine zu großem Ansehen gelangt waren:

»Es ist bekannt, wie sehr Fontenelle mit Madame de Lambert verbunden war. Er dinierte jeden Dienstag bei ihr; und diese Dienstage sind heute aller Welt durch die Briefe von La Motte und der Herzogin von Maine bekannt ... Abgesehen vom Dienstag gab es bei Madame de Lambert auch noch einen Mittwoch, zu dem einige andere, jedoch weniger berühmte Schriftsteller kamen. Eines Tages, als die Dienstagsgäste über etwas, an das ich mich nicht mehr erinnere, anderer Meinung als ihre Präsidentin waren, zeigte sie sich pikiert; sie sagte, sie gebe sich nicht geschlagen und werde die Frage an ihrem Mittwoch erörtern lassen, der, wie sie hinzufügte, besser sei als ihr Dienstag. Über diese Bevorzugung lachte man nur, und niemand fühlte sich verletzt. Doch Madame de Lambert fügte scharfsinnig hinzu: ›Monsieur de Mairan, würden Sie wohl die Stirn haben, Ihrem Mittwoch mitzuteilen, daß er nicht so viel wert ist wie Ihr Dienstag?‹«

Die Herzogin von Maine stellte die Zusammenkünfte bei Madame de Lambert von Sceaux aus unter ihre moralische Schirmherrschaft; ihr Ansehen fiel auf die Marquise und ihre Gäste zurück. La Motte und Madame de Lambert hielten die Herzogin über die Unterredungen auf dem laufenden; ihren Enthusiasmus bringt sie in einem Brief an La Motte zum Ausdruck: »O ehrwürdiger Dienstag! Eindrucksvoller Dienstag! Bewegender für mich als alle anderen Tage in der Woche! Dienstag, der so oft dem

Triumph eines Fontenelle, eines La Motte, Marian oder Mongault gedient hat! Dienstag, an dem der liebenswürdige Abbé de Bragelonne eingeführt wurde: und um noch mehr zu sagen, Dienstag, an dem Madame de Lambert den Vorsitz führt! . . . Sie wollen mich in meiner Eigenschaft als Prinzessin von ihm ausschließen; doch könnte ich nicht in meiner Eigenschaft als Schafhirtin Zutritt finden? . . .«

Fontenelle stellte ihn vor, und so fand Montesquieu Einlaß in den Salon; in ihm verkehrten adlige Mitglieder wie der Herzog von Nevers in Begleitung seiner Freundin, der Schauspielerin Adrienne Lecouvreur, der Marquis von Argenson und der Marquis von Saint-Aulaire; zu den Schriftstellern zählten Jean-Jacques Dortous de Mairan, Mitglied der Akademie der Wissenschaften, Preisträger der Akademie von Bordeaux und Briefpartner Montesquieus sowie der Erzieher des Regentensohns und Herzogs von Chartres, Abbé Nicolas-Hubert de Mongault, mit dem sich Montesquieu gerne unterhielt: »Ich mag, was Abbé Mongault sagte: ›In der Jugend beurteilen wir die Menschen nach ihrem Rang, im Alter den Rang nach den Menschen[38]‹«; ebenso hatte er ein Faible für seine Maximen: »›Es ist unmöglich, daß jemand, der ein so gutes Gespür für Lächerlichkeiten hat, keine frivole Gesinnung besitzt‹, sagt Abbé Mongault[39].«

Louis de Sacy, der Madame de Lambert 1703 seine *Abhandlung über die Freundschaft* gewidmet hatte, besuchte den Salon häufig. Montesquieu traf dort auch Dramatiker: so Houdar de La Motte, »ein Charmeur, der uns durch die Stärke der Reize verführt[40]«, Marivaux und Prosper Jolyot de Crébillon, »der wahre Tragiker unserer Tage, da er die echte Leidenschaft der Tragödie, nämlich das Entsetzen, anstachelt[41]« und »über Berge marschiert«, während »Voltaire immer in Gärten spazierengeht[42]«. Abbé Jean-Baptiste Dubos erwies sich auf den Treffen als sehr emsig; er arbeitete an seiner *Kritischen Geschichte der Errichtung der französischen Monarchie in Gallien*, die erst 1734 veröffentlicht wurde. Auch wenn Montesquieu ihn wegen der Echtheit des Testaments von Richelieu zu Rate zog, sollte er seine Thesen mit harten Worten kritisieren: »Wenn das System des Abbé Dubos solide Grundlagen besäße, hätte er sich nicht veranlaßt gesehen, drei sterbenslangweilige Bände zu füllen, um das zu beweisen; er hätte alles in seinem Gegenstand gefunden, ohne in die Ferne zu schweifen; die Vernunft selbst hätte auf sich genommen, diese Wahrheit in die Kette der anderen Wahrheiten einzuordnen[43].«

Vor der Aufnahme Montesquieus hatte sich die 1720 verstorbene Madame Dacier, eine gebildete Frau, bei Madame de Lambert unermüdlich gezeigt; sie war Verlegerin und Übersetzerin klassischer Texte gewesen, hatte eine Abhandlung über die *Ursachen des Geschmacksverfalls* verfaßt und die *Rede über Homer* von Houdar de La Motte kritisiert. Montesquieu schätzte ihre Arbeiten nur wenig: »Madame Dacier . . . fügt den Mängeln

Homers die ihres Verstandes, ihrer Ausbildung, ich wage sogar zu behaupten, die ihres Geschlechts hinzu; ganz so wie diese abergläubischen Priesterinnen, die dem von ihnen verehrten Gott Schande bereiteten und den Glauben verringerten, um den Kult zu verstärken. Ich sage nicht, daß Madame Dacier die glänzende Stellung nicht verdiente, die man ihr in der schriftstellerischen Welt zugewiesen hat und die sie gegen den Willen des Schicksals erlangt zu haben scheint, das sie eher dafür ausersehen hatte, das Glück irgendeines Modernen zu schmieden als den Ruhm der Alten. Jeder hat die Kunstfertigkeit, ja selbst das Feuer ihrer Übersetzungen empfunden. Doch sie beendete ihr Leben in einem Jahrhundert, in dem das Hauptverdienst darin besteht, gerecht zu denken, und das, während es eine schöne Übersetzung der *Äneis* bewundert, nicht weniger betroffen ist von einer falschen Beurteilung der *Ilias*[44].«

Der Salon von Madame de Lambert war vom Widerhall des Streits zwischen Alten und Modernen erfüllt, da sich zwei ihrer damaligen Wortführer dort begegneten. Montesquieu stand diesen Diskussionen, sie seit der Veröffentlichung des Heldengedichts von Jean Desmarets de Saint-Sorlin im Jahre 1657 nie aufgehört hatten, nicht gleichgültig gegenüber. Er nahm eine angemessene Haltung ein: »Ich erlebe die Auseinandersetzungen zwischen Alten und Modernen gerne mit[45]«; er gab keinem der Widersacher recht: »Bei den letzten Streitigkeiten zwischen Alten und Modernen hat allein Monsieur Pope ins Ziel getroffen. Madame Dacier wußte nicht, was sie bewunderte. Sie bewunderte Homer, weil er auf griechisch geschrieben hat. Monsieur de La Motte hatte keine Meinung; sein Verstand hatte sich durch den Umgang mit geschwätzigen Leuten verengt, die genau wie er über die Antike ganz und gar nicht Bescheid wußten[46].«

Der Salon von Madame de Lambert empfing auch Ausländer, die auf der Durchreise in Paris waren; zu ihnen gehörte jener Deutsche, dem Montesquieu in der folgenden Anekdote, die er in den *Reisen* erzählt, seine geistige Schwerfälligkeit vorwirft: »In Deutschland ist mir oft im buchstäblichen Sinne die Geschichte dieses Deutschen bei Madame de Lambert widerfahren: ›Im Vertrauen, ich lache über das, was Madame heute nachmittag gesagt hat.‹ Alles braucht seine Zeit.«

Um Madame de Lambert dafür zu danken, daß sie ihn in ihrem Salon empfängt, schickt ihr Montesquieu 1724 »einige Persische Briefe«, wobei er folgende Worte beifügt: »Sie sehen, ich benutze alle erdenklichen Mittel, um Ihre Achtung zu erlangen; es gibt niemanden auf der Welt, dem ich lieber gefallen möchte.« Die Marquise schätzte ihrerseits Montesquieu; in einem Brief vom 5. August 1726 an Morville, bei dem sie sich auf Bitten Montesquieus dafür verwendet, daß er die Schirmherrschaft der Akademie von Bordeaux übernimmt, macht sie aus ihren Gefühlen keinen Hehl: »Er ist ein sehr geistvoller Mann, Autor der *Persischen Briefe*, auch wenn er das nicht zugibt; ich weiß nicht, ob Sie die Zeit hatten, sie zu lesen; doch es sind so scharfsinnige, so tief durchdachte darunter, daß sie Ihnen großes Vergnügen bereiten würden. Er bringt uns oft seine Manuskripte mit, die von den Herren Fontenelle und La Motte über alles gelobt werden.« Gleich nach seiner Ankunft in Wien am 30. April 1728 schreibt Montesquieu an Madame de Lambert, deren Einsatz für seine kurz zuvor erfolgte Wahl in die Académie française er nicht vergessen hatte, um ihr zu versichern, wie sehr er die Treffen im Hôtel de Nevers vermisse: »Grüßen Sie mir die Dienstägler, das heißt die Freunde, die mir auf der Welt am liebsten sind; grüßen Sie die Mittwöchler, dieser Tag ist nicht weniger glücklich als der andere, wenn man ihn zu genießen versteht.«

Montesquieu hatte im Salon von Madame de Lambert ein intellektuelles Klima vorgefunden, das seine literarische Tätigkeit, seine Recherchen und Neigungen begünstigte. Die Marquise, »eine Frau von überragender Intelligenz und Weltkenntnis«, wie Lord Chesterfield feststellt, besaß eine Bibliothek, aus der R. Shackleton einige Bücher zitiert, die Aufschluß über ihre Interessen geben: »Die Werke von Malebranche und Descartes, von Platon und Cicero, aber auch von Charron und La Mothe Le Vayer, die *Geschichte der Inkas*, die *Geschichte der Sevaramben*«. Neben einer *Mitteilung einer Mutter an ihren Sohn und ihre Tochter* schrieb sie noch andere Werke, von denen einige erst nach ihrem Tod auf Fontenelles Betreiben hin veröffentlicht wurden. Die auf den Treffen diskutierten Gegenstände betrafen Pflicht, Geschmack, Liebe, Freundschaft und Glück. Montesquieu berichtet von einem Thema, das auf Madame de Lamberts Interesse stieß: »Die Gebote von Lykurg und Sokrates über die Liebe zu den Knaben zeigen uns den entschiedenen Hang der Griechen zu diesem Laster; denn die Gesetzgeber beabsichtigten, diese Neigung zur Gewohnheit zu machen, ungefähr so wie Madame de Lambert und die Moralisten von heute vorhatten, die Liebe zu den Frauen und die der Frauen zu den Männern zur Gewohnheit zu machen, indem sie diese Liebe läuterten und regulierten[47].«

Montesquieu fand in Madame de Lambert und ihren Gästen Gesprächspartner, deren Kontakte und Erfahrung ihm nützlich waren. Die Marquise interessierte sich für seine Arbeiten: Am 25. August 1725 hatte Montesquieu an der Akademie von Bordeaux eine Abhandlung über *Wertschätzung und Ansehen* vortragen lassen; über sie brachte die *Französische Bibliothek oder Literaturgeschichte Frankreichs* im Mai-Juni 1726 eine Analyse; in seiner vollständigen Fassung blieb Montesquieus Text jedoch bis 1891 unveröffentlicht. Die 1748 veröffentlichten *Gesammelten Werke* von Madame de Lambert enthalten eine *Rede über den Unterschied von Ansehen und Wertschätzung*, die als Nachahmung, wenn nicht gar als Plagiat des Textes von Montesquieu angesehen wurde. Um das Andenken seiner Gönnerin in keiner Weise zu schmälern, stellte Montesquieu die Angelegenheit so dar, daß er seine Rivalin mit großer Rücksichtnahme entlastete:

»Vor ungefähr fünfundzwanzig Jahren vermachte ich diese Überlegungen der Akademie von Bordeaux. Die verstorbene Marquise von Lambert, deren bedeutende und seltene Qualitäten ich nie vergessen werde, erwies diesem Werk die Ehre, sich ihm zu widmen. Sie ordnete es neu und hob meinen Geist durch die Neugestaltung der Gedanken und Formulierungen auf ihr Niveau. Madame de Lamberts Abschrift, die sich nach ihrem Tod unter ihren Papieren fand, wurde von nicht unterrichteten Buchhändlern ihren Werken zugerechnet, und ich bin erfreut, daß sie es getan haben, damit sie, wenn der Zufall die eine oder andere dieser Schriften der Nachwelt überliefern sollte, das ewige Denkmal einer Freundschaft seien, die mich weit mehr berührt, als der Ruhm es täte[48].«

Der Einfluß Madame de Lamberts und ihrer Salongäste gab Montesquieus Reflexionen zwischen 1724 und 1728 durch die auf den Treffen am Dienstag und Mittwoch angeschnittenen Themen neue Anregungen. Obwohl er sich offenbar ausgiebig dem Leichtsinn und dem Vergnügen hingab, arbeitete er viel. Sein Freund Jean Barbot, einer der Menschen, die ihn am besten kannten, ließ sich von den trügerischen Äußerlichkeiten nicht täuschen. Im Juli 1724 schrieb er: »Sie sollen gegenwärtig nur an sich denken; obwohl Sie sich nur Ihrem Vergnügen hinzugeben scheinen, bin ich davon überzeugt, daß Sie etwas Nützliches tun.«

In Juilly hatte sich Montesquieu eine Arbeitsmethode angeeignet, die er seit seinem ersten Aufenthalt in Paris praktizierte, als er die Unterlagen der *Collectio Juris* zusammengestellt hatte. Zu dieser Zeit hatte er einen Teil einer von Pater Desmolets geliehenen Sammlung ins *Spicilège* übertragen, ihn mit persönlichen Aufzeichnungen, der Frucht seiner Lektüre und seiner Unterhaltungen, versehen und mit Zeitungsausschnitten bereichert. Einige Monate vor der Veröffentlichung der *Persischen Briefe* hatte er mit der Abfassung des ersten Bandes der *Gedanken* begonnen. Jene Jahre waren gekennzeichnet von intensivem Tun und Denken. Er verwandte viel Zeit auf die Vorbereitung seiner *Abhandlung über die Pflichten*; am 1. Mai 1725 las er sie zum erstenmal in der Akademie von Bordeaux; Auszüge erschienen 1726 in der *Französischen Bibliothek*. Die *Abhandlung* wurde nie fertiggestellt, das Manuskript verschwand Anfang des 19. Jahrhunderts. Die Recherchen von R. Shackleton[49] ermöglichten es, den Entwurf dieses Werkes in großen Teilen zu rekonstruieren; er gibt Aufschluß über die Entwicklung von Montesquieus Denken und über die Quellen, die er zu dieser Zeit auswertete.

Während der Auseinandersetzung, die auf die Veröffentlichung des *Geistes der Gesetze* folgte, erklärt Montesquieu in einem am 8. Oktober 1750 an Monseigneur von Fitz-James, dem damaligen Bischof von Soissons, gerichteten Brief, wie er die *Abhandlung über die Pflichten* angelegt und warum er sie unvollendet gelassen hatte:

»Der Artikel über die Stoiker (*Vom Geist der Gesetze*, XXIV, 10) hat Sie befremdet; es erweckt Ihren Argwohn, daß ich dort aus menschlicher Achtung für die Schöngeister unserer Tage nicht von der christlichen Religion gesprochen habe. Hier nun ganz naiv die Tatsachen. Vor rund dreißig Jahren faßte ich den Vorsatz, ein Buch über die Pflichten zu schreiben. Ciceros Abhandlung über die *Pflichten* hatte mich begeistert, und ich nahm sie als mein Vorbild; da Sie wissen, daß Cicero in gewissem Maße den Stoiker Panaitios kopiert hat und die Stoiker das Thema der Pflichten am besten dargelegt haben, las ich die wichtigsten Werke der Stoiker, unter anderem die moralischen Reflexionen von Marcus Antonius, die ich für das Meisterwerk der Antike halte. Ich gestehe, daß mich diese Moral verblüffte und ich aus Marcus Antonius, wie Madame Dacier, gerne einen Heiligen gemacht hätte; am meisten bewegte mich die Tatsache, daß diese Moral eine praktische war und die drei oder vier Kaiser, die sie annahmen, bewundernswerte Fürsten waren, während die anderen, die sie nicht befolgten, Monstren glichen. Daher brachte ich in meinem Vorwort, das heißt am Anfang meines Entwurfs einer *Abhandlung über die Pflichten*, diese Lobrede auf die Stoiker und ihre Philosophie unter. Teile der Abhandlung las ich in der Akademie von Bordeaux; in den Zeitungen erschienen Auszüge des Werks, die mit Beifall aufgenommen wurden, wobei sich unter ihnen auch diese Lobrede befand; niemand hatte den Eindruck, daß die Religion in ihr im geringsten angegriffen würde. Anschließend hatte ich den Eindruck, daß es sehr schwierig wäre, ein gutes Buch über die Pflichten zu verfassen und daß die Einteilung Ciceros und damit die der Stoiker zu vage sei; vor allem fürchtete ich einen Rivalen wie Cicero; es erschien mir so, als könne mein Geist dem seinen nicht standhalten. Folglich ließ ich das Vorhaben fallen; als ich jedoch bei den Arbeiten an meinem Buch über die Gesetze entdeckte, daß ich einen fertigen Passus über die Stoiker besaß, schrieb ich ihn ab, um ihn einzufügen; genauso war es.«

Die teilweise Rekonstruktion der *Abhandlung über die Pflichten* durch R. Shackleton ist besonders interessant; sie stellt die Einflüsse, unter denen Montesquieu stand, und einige seiner intellektuellen und moralischen Hauptinteressen heraus. So widerlegt er die Lehre Spinozas: »Ein großes Genie hat mir indessen prophezeit, daß ich wie ein Insekt sterben werde. Es bemüht sich, mir weiszumachen, daß ich nur eine Modifikation der Materie bin. Es verwendet eine geometrische Ordnung und Argumentationen, von denen man sagt, sie seien sehr standfest, und die ich für äußerst obskur halte; um meine Seele auf die Würde meines Körpers zu erheben und anstelle des ungeheuren Raums, den mein Geist umfaßt, verweist es mich auf meine eigene Materie und einen Raum von vier oder

fünf Fuß im Universum⁵⁰.« Seine Attacken gegen Hobbes, der eine absolutistische Theorie der Macht entwickelt hatte, sind noch schärfer: »Ein
anderer, der es viel weniger weit treibt und deshalb viel gefährlicher ist
als der erste, rät mir allgemein, nicht nur allen Menschen zu mißtrauen,
sondern auch allen Wesen, die höher gestellt sind als das meine: denn er
sagt mir, daß die Gerechtigkeit für sich gesehen nichts ist, daß sie nichts
weiter ist als das, was die Gesetze der Imperien anordnen oder verbieten.
Darüber bin ich verärgert; denn da ich gezwungen bin, mit den Menschen
zusammen zu leben, wäre ich sehr erfreut gewesen, wenn es in ihren Herzen ein inneres Prinzip gäbe, das mich ihnen gegenüber versichert, und,
da ich nicht sicher bin, daß es in der Natur keine anderen, mächtigeren
Lebewesen als mich gibt, hätte ich sehr gewünscht, daß sie eine Gesetzes-
vorschrift besäßen, die sie daran hinderten, mir zu schaden.«

Da Montesquieu die Pflichten im allgemeinen untersucht, bestreitet er
den Fatalismus der Spinozisten; im zwischenmenschlichen Bereich unterscheidet er zwei Arten von Pflichten: diejenigen, die sich mehr auf die
anderen Menschen beziehen als auf das eigene Ich, und die, die sich mehr
auf dieses als auf andere beziehen. Er greift den Gedanken des LXXXIII.
Persischen Briefes auf, daß »die Gerechtigkeit unvergänglich ist und nicht
von menschlichen Übereinkünften abhängt«, und bekräftigt so, daß sie
»auf dem Dasein und der Gemeinschaftsfähigkeit vernünftiger Wesen
beruht und nicht auf deren persönlichen Stimmungen und Wünschen«.
Als er sich nach »dem Weg« fragt, auf dem »die vollkommene Gerechtigkeit zur Gewohnheit zu machen« sei, meint er, »man müsse aus ihr eine
derartige Gewohnheit machen, daß man sie in den kleinsten Angelegenheiten befolgt und sich ihr bis in die eigene Denkart hinein unterwirft⁵¹«.
Die Idee der Gerechtigkeit als allgemeinen Bezugspunkt greift er ebenfalls wieder auf: »Fast alle Tugenden bilden eine besondere Beziehung
zwischen zwei Menschen; so stellen beispielsweise die Freundschaft, die
Liebe zum Vaterland und das Mitleid besondere Verbindungen dar. Die
Gerechtigkeit hingegen ist ein allgemeiner Bezugspunkt. Alle Tugenden,
die ihn zerstören, sind keine Tugenden.« Im übrigen empfehle es sich, auf
den Begriff der Gerechtigkeit zu achten, denn »das Wort Gerechtigkeit ist
oft sehr mißverständlich: Ludwig XIII. gab man den Namen der Gerechte,
weil er kaltblütig den Racheakten seines Ministers zusah; er war schonungslos, nicht gerecht⁵²«.

In seiner Analyse der menschlichen Pflichten erklärt Montesquieu in
einer oft zitierten Formulierung ihre Hierarchie: »Wenn ich etwas wüßte,
das mir nützlich, aber meiner Familie abträglich wäre, würde ich es über
meinen Verstand ablehnen. Wenn ich etwas wüßte, das meiner Familie
dienlich wäre, doch nicht meinem Vaterland, versuchte ich es zu vergessen. Wenn ich etwas wüßte, das meinem Vaterland nützlich, aber Europa
abträglich, oder aber Europa nützlich und für die Menschheit nachteilig

wäre, sähe ich es als ein Verbrechen an.«[53] Die ganze Geschichte hindurch sind die menschlichen Pflichten immer wieder verletzt worden, Montesquieu zufolge vor allem von den Spaniern in ihren Kolonien: »Die Spanier vergaßen die Pflichten des Menschen mit jedem Schritt, den sie in den von ihnen eroberten Gebieten Indiens machten, und der Papst, der ihnen die Klinge in die Hand drückte, die das Blut so vieler Nationen kostete, vergaß sie noch mehr.« In diesen Überlegungen kann man den Ausgangspunkt für die *Betrachtungen über die Reichtümer Spaniens* sowie für das 22. Kapitel des XXI. Buches des *Geistes der Gesetze* (»Von den Reichtümern, die Spanien aus Amerika zieht«) erkennen. Letztlich glaubt Montesquieu, daß das Christentum die Quelle der Gerechtigkeit ist, ein Gedanke, den er in zwei Passagen des *Geistes der Gesetze* wiederaufgreifen wird (XV, 7 und XXIV, 3).

Schließlich bringt Montesquieu die Politik zur Sprache. Zum letzten Kapitel der *Abhandlung über die Pflichten* gehörten mit Sicherheit sein Essay *Über die Politik* und wahrscheinlich seine *Überlegungen zum Charakter einiger Fürsten und zu einigen Vorkommnissen aus ihrem Leben*, die wie Plutarchs *Parallelbiographien* aufgebaut sind.

Die erhaltenen Fragmente der *Abhandlung über die Pflichten* zeigen, daß Montesquieu weit mehr als von Ciceros *Pflichten* von Samuel Pufendorfs *Über die Pflicht der Menschen* beeinflußt war, dessen 1708 herausgebrachte französische Übersetzung von Barbeyrac er besaß. R. Shackleton analysiert sehr genau den intellektuellen Prozeß, den Montesquieu nach dem Beispiel Ciceros und Pufendorfs durchläuft: »Genauso wie Cicero der Autor einer *Abhandlung über die Gesetze* und einer *Abhandlung über die Pflichten* war, hatte Pufendorf ein großes Werk über das Natur- und Völkerrecht geschrieben, in dem die Pflichten des Menschen und Bürgers nur mehr oder weniger kurzgefaßt wurden. Von der Ethik bis zur Rechtsprechung war Montesquieus Weg in der Tat ebenso einfach wie für seine Vorgänger.«

Montesquieu verfolgte in diesem Lebensabschnitt also unterschiedliche Interessen. Das für die politische Ökonomie ist dabei vielleicht auf den Einfluß seines Freundes Jean-François Melon zurückzuführen, einem der Gründer der Akademie von Bordeaux und Autor eines 1734 veröffentlichten *Politischen Essays über den Handel*. Zwischen beiden läßt sich eine große Übereinstimmung der Ansichten und Tendenzen feststellen; sie vertreten die gleichen moralischen und kaufmännischen Lehren, die gleichen Ideen zum Freihandel, zu agrarischen und pazifistischen Fragen sowie dieselbe geistige Toleranz, politische Mäßigung und reformatorische Bedachtsamkeit[54]. In den letzten Jahren der Regentschaft Ludwigs XIV. hatte Montesquieu einen Bericht verfaßt, »um die Kapitalrenten der Kirche, der Stände und Gemeinden zu kürzen«. Der Text ist verlorengegangen, doch der *Gedanke* 274 greift die wesentlichen Linien seines Vorhabens auf; sein Titel lautet: »Die wichtigsten Operationen, die nach meiner Vorstellung nötig sind, um dem Königreich zur Blüte zu verhelfen und seine Finanzen zu sanieren«. Ferner richtet er an den Regenten eine *Eingabe über die Staatsschulden,* die er zwischen Oktober und Dezember 1715 schreibt. Er antwortete damit auf einen Brief, der am 4. Oktober 1715 im Namen des Regenten an die Intendanten der Provinzen geschickt und in gedruckter Form öffentlich bekanntgegeben wurde; dieses Rundschreiben appellierte an alle Privatleute, ihre Ansichten und Vorschläge kundzutun, die darauf abzielten, »die Staatsausgaben zu vermindern, den Handel zu vereinfachen, dem Volk Erleichterung und dem Staat Vorteile zu verschaffen«, um die dreieinhalb Milliarden Schulden abzubauen, die Ludwig XIV. bei seinem Tod hinterlassen hatte. Eine Kommission, der das Volk den Spitznamen »Amt für Träumerei« verlieh, wurde beauftragt, die erhaltenen Eingaben zu prüfen.

Im Einvernehmen mit den Vorstellungen seines Freundes Melon bekämpft Montesquieu die damals weitverbreitete Idee der Gründung einer Gerichtskammer, um die Geschäftsleute zu besteuern: »Durch die geplante Besteuerung der Geschäftsleute«, schreibt er, »wird der Staat eher belastet als gefördert. Die Vorkommnisse unter der Herrschaft des verstorbenen Königs und seiner Vorgänger beweisen, daß solche Mittel zwar vorübergehend die Tränen des Volkes unterbinden können, nie jedoch sein Unglück.« Seine Ratschläge gelangten nicht zum Ziel; die durch den Erlaß vom März 1716 begründete Gerichtskammer arbeitete ein Jahr lang mit kümmerlichem Ergebnis, wie Saint-Simon beschreibt: »Großes Aufsehen, das seine Glaubwürdigkeit verliert, große Kosten, die der König zahlen soll, kein Profit, oder ein so minimaler, daß man sich seiner schämt«. Als die in den Grands-Augustins untergebrachte Gerichtskammer gerade gegründet wurde, schreibt Montesquieu, auf seine früheren Ideen zurückkommend, am 14. März 1716 an Pater Desmolets nicht ohne eine gewisse Ironie: »Jetzt, da die Finanziers, die einzigen Reichen des Königreichs, ins Armenhaus kommen, werden wir reich sein, wir! Alles muß im Verhältnis betrachtet werden. So werden Sie mit zweitausend Livres Rente genauso ein Grandseigneur sein, als wenn Sie viertausend hätten.«

Die *Eingabe* Montesquieus schlägt eine umfassende Reform in vier Punkten vor: Er empfiehlt eine allgemeine Kürzung aller öffentlichen Ausgaben oder »königlichen Effekten«, das heißt »der Renten, der staatlichen Wechsel, Gagen, Pensionen und Besoldungen«, und beschreibt die Vorgehensweise. Der teilweise Bankrott stellte in seinen Augen ein geringeres Übel als die völlige Ausschlagung der von Ludwig XIV. hinterlassenen Schulden dar, zu deren Verteidigern sich Saint-Simon und der Herzog von Bourbon machten. Wenn Montesquieu auch darauf verzichtet, von den Inhabern öffentlicher Wechsel eine Erklärung zu fordern, wie sie sie bezahlt haben, so verlangt er, daß sie ihr Gesamtvermögen deklarieren; diese Forderung war um so schwerwiegender, als eine äußerst strenge Fahndung hätte durchgeführt werden müssen, so sehr regte die Gebührenordnung seiner *Eingabe* zur Steuerhinterziehung an.

Zweitens rät Montesquieu dazu, »alle Renten, mit denen Kirche, Stände, Städte und Gemeinden belastet sind, um vier Prozent zu kürzen; gleichzeitig sollen sie verpflichtet werden, im Namen und anstelle des Königs die Rathausrenten zu zahlen, und zwar im Verhältnis zu der Erleichterung, die sie aus der Kürzung ihrer eigenen herausschlagen würden. Durch die Beschneidung geschähe diesen Rentiers kein Unrecht, weil es ihnen nicht schlechter erginge als den königlichen Rentiers«. Das dritte Vorhaben der *Eingabe* besteht in der kollektiven Ablösung der aufwendigsten Steuern, zahlbar in königlichen Wechseln; es betrifft in erster Linie die Salzsteuer. Schließlich schlägt Montesquieu die Streichung der Zehnt- und der Kopfsteuer, »die für das Volk kostspielig und für den Adel beleidigend sind«, sowie die Wiedereinrichtung der Provinzialstände vor, welche »die Regentschaft unerschütterlich« machen werde.

Die in der *Eingabe* vorgeschlagenen Mittel wurden vom Regenten nicht angewendet. Wäre das überhaupt möglich gewesen? Gesteht Melon, der Montesquieus Text übermittelt hatte, in seinem *Politischen Essay* nicht die Schwierigkeit ein, solche Maßnahmen durchzuführen: »Die Eingaben können nur von Nutzen sein, wenn zwei Grundbedingungen erfüllt sind; zum einen, daß die von ihnen entwickelten Spekulationen auf praktischer Erfahrung beruhen: Der Maurer benötigt nicht das Wissen des Architekten, es genügt ihm, sich mit der Hand auszukennen, die ihn leitet; der Architekt hingegen muß die Arbeitsweise des Maurers kennen, weil sonst seine Baupläne oft nicht zu verwirklichen sind. Die andere Bedingung ist, daß die Eingaben nicht unter dem Diktat des persönlichen Interesses stehen dürfen.« Trotz allem finden sich in einer zweifellos vom Generalkontrolleur Le Pelletier zur Unterrichtung Ludwigs XV. verfaßten, von P. Gaxotte zitierten Eingabe Prinzipien wieder, die Montesquieu nicht mißbilligt hätte: »Es ist seit langem bewiesen, daß der König nur so reich sein kann wie seine Untertanen. Dies ist eines der wesentlichen Prinzipen der Staatsfinanzen, von dem der König völlig überzeugt sein muß. Seine Anwendung besteht darin, zwischen den Geldern, die der König seinen Untertanen abverlangt, und ihren Fähigkeiten ein genaues Verhältnis beizubehalten.«

Von 1720 an verfolgte Montesquieu sehr aufmerksam und kritisch das Lawsche Experiment, dieses »neue Vorhaben, von dem die Intellektuellen zwangsläufig begeisterter waren als die anderen und das scheinbar eigens zu ihrer Demütigung durchgeführt wurde«[55]; in den 1723 verfaßten *Briefen von Xenokrates an Pheres* bringt er die verheerenden Folgen des Systems auf die griffige Formulierung: »Er glaubte, er wäre der Herr über alle

Schätze des Universums. Dieser Traum war der Grund der öffentlichen Armut.« In seiner *Eingabe gegen das Urteil des Rates vom 27. Februar 1725* schreibt Montesquieu Law die Steigerung der Kosten für landwirtschaftliche Arbeitskräfte zu, deren Auswirkungen er bis in seinen Wingert bei Bordeaux spürte:»Man weiß, daß die Ursache für die Verteuerung der Arbeiter im Königreich der scheinbare Überfluß des Systems und die neue Angewohnheit der Arbeiter war, sich hoch bezahlen zu lassen, eine Gepflogenheit, von der sie nicht ablassen wollten, die sie jedoch letztlich aufgeben mußten.«

Am härtesten beurteilt Montesquieu die materiellen Auswirkungen der Lawschen Politik und vor allem seine Rolle bei der moralischen Zersetzung der französischen Gesellschaft jedoch im *Persischen Brief* CXLVI:

»Ein Privatmann kann sich über die Anonymität, die ihn umgibt, freuen: Er bringt sich nur bei wenigen Leuten in Verruf; vor den anderen hält er sich bedeckt; doch ein Minister, dem es an Redlichkeit mangelt, hat so viele Zeugen und Richter, wie er Menschen regiert.

Werde ich wagen, es zu sagen? Das größte Unheil, das ein unredlicher Minister anrichten kann, ist nicht, seinem König zu schaden und sein Volk zu ruinieren; es gibt ein anderes, das meiner Meinung nach tausendmal gefährlicher ist: das schlechte Beispiel, das er gibt . . .«

Montesquieu beschreibt mit Vehemenz die Entwürdigung der Menschen:»Ich habe erlebt, wie Verträge gebrochen, wie die heiligen Gesetze mißachtet, wie alle Familienbande zerrissen wurden. Ich habe gesehen, wie geizige Schuldner, stolz auf ihre unverschämte Armseligkeit, nichtswürdige Werkzeuge der entfesselten Gesetze und der Härte der Zeit, Zahlung vortäuschten, anstatt sie auszuführen, und so ihren Wohltätern den Dolch ins Herz stießen.

Ich habe erlebt, wie andere, noch Schändlichere, für fast nichts Eichenblätter erstanden oder sie vielmehr vom Boden aufsammelten, um sie an die Stelle des Unterhalts für Witwen und Waisen treten zu lassen.

Ich sah, wie mit einemmal in allen Herzen eine unstillbare Gier nach Reichtum ausbrach. Ich sah, wie in kürzester Zeit eine abscheuliche Verschwörung angezettelt wurde, nicht um mit ehrlicher Arbeit und fruchtbarem Gewerbetreiben Reichtum zu erlangen, sondern auf Kosten des Königs, des Staates und der Mitbürger.«

Die Schlußfolgerung verrät Montesquieus Abscheu und Empörung gegen eine solche Politik:»Gibt es ein größeres Verbrechen als das eines Ministers, der die Sitten einer ganzen Nation verdirbt, der die edelmütigsten Seelen moralisch sinken läßt, den Ämtern den Glanz nimmt, die Tugend selbst herabwürdigt und die höchste Geburt der allgemeinen Geringschätzung preisgibt?«

Le Pelletier des Forts, der Dodun als Generalkontrolleur der Finanzen ablöste, erhöhte 1726 die Währung auf ihren ursprünglichen Wert von 38

Livres pro »Marc«; bis 1785 blieb sie stabil. Montesquieu äußerte am 24. Juni 1726 in einem zweifellos an Lamoignon de Courson, den Schwager des neuen Ministers, gerichteten Brief seine Meinung über die Maßnahmen zur Sanierung der Finanzen:

»Mir scheint, daß es in diesem Staat einen unauslöschlichen Rechtsstreit zwischen dem Schuldner und dem Gläubiger des Königs gibt. Derjenige, der die Hilfsgelder zahlt, möchte, daß die Rentiers ständig zur Kasse gebeten werden; die wiederum wollen, daß alles auf diejenigen zurückfällt, welche die Hilfsgelder bereitstellen. Das Fünfzigstel und andere klägliche Operationen dieser Art haben dort ihren reizenden Ursprung. Der König, der die Ausgaben mit seinen Einnahmen nicht decken kann, stürzt sich bald auf den einen, bald auf den anderen und schüchtert überdies beide ständig ein. Folglich muß damit begonnen werden, das Übel an der Wurzel zu kurieren, indem man das Mißverhältnis von Ausgaben und Einnahmen beseitigt, wozu die Gläubiger und Schuldner des Königs ihren Beitrag leisten müssen.« Berthelot de Duchy bestätigt in einem Brief vom 29. Juni 1726 das Interesse, das Montesquieu der Finanzpolitik des Generalkontrolleurs entgegenbringt: »Mir scheint, die Erhöhung des Geldwerts hat Sie erfreut; es wird Sie nicht weniger froh stimmen zu erfahren, daß die Generaleinnehmer bereit erklärt haben, vom 1. Juli an bis zum Jahresende dreißig anstatt fünf Millionen im Monat zu zahlen. Monsieur des Forts beschäftigt sich im Augenblick mit den Verpachtungen der Steuern; sein einziges Ziel ist es, das Vertrauen wiederherzustellen.« Ähnlich äußert sich Lamoignon de Courson Anfang Juli 1726 in einem Schreiben an Montesquieu: »Die ersten Geschäfte sind gut verlaufen, und mir scheint, sie wurden von der Öffentlichkeit sehr begrüßt. Ich kann Ihnen versichern, daß sein einziges Ziel die Wiederherstellung des Vertrauens und des Geldumlaufs ist, was heutzutage nicht leicht zu bewerkstelligen ist.«

Ungefähr zur selben Zeit, in jedem Fall aber vor 1729, verfaßt Montesquieu die *Betrachtungen über die Reichtümer Spaniens*. Diese Abhandlung entwickelte Gedanken, die er bereits in der *Abhandlung über die Pflichten* formuliert hatte; zwischen 1731 und 1733 entnahm er ihr den Artikel XVI der *Überlegungen zur universellen Monarchie in Europa*; später verwendete er sie zu großen Teilen im Kapitel 22 des XXI. Buchs des *Geistes der Gesetze*.

Montesquieus Überlegungen kreisten nicht nur um moralische, politische und finanzielle Probleme. Auch wenn seine damaligen Schriften im Keim die Ideen enthalten, die im *Geist der Gesetze* gereift, vertieft und entwickelt werden sollten, so lenkt ihn seine intellektuelle Neugier ebenso auf andere, zweckfreiere Themen, die von weniger unmittelbarem Interesse, aber wesentlich für seine intellektuelle Prägung sind. Das erste Anzeichen für Montesquieus ästhetische Neigungen findet sich in seinem Brief vom 29. September 1726 an Jean-Jacques Bel; erst auf seinen Reisen durch Italien wird er die Kunst, die Malerei, die Bildhauerei und die Architektur entdecken; doch schon in den Jahren zuvor hat er allmählich den Grundstein zu den Ideen gelegt, die er am Ende seines Lebens im *Essay über den Geschmack* entwickeln wird, der in der Enzyklopädie erscheint. Die im Brief an Bel über die Kritik geäußerten Ansichten vermitteln noch den Eindruck von Improvisationen; er behält sich vor, über sie mehr aus Muße nachzudenken; doch findet sich dort, wie es C.-J. Beyer ausdrückt, bereits der Widerhall »seines mittleren Systems«, in dem er versucht, zwischen natürlichen und angeeigneten Freuden sowie zwischen natürlichem und angeeignetem Geschmack zu unterscheiden.

Bel hatte in *Das gelehrte Frankreich oder die Geschichte der französischen Literatur* gerade einen Aufsatz veröffentlicht, in dem das System des Abbé Dubos untersucht wird; es handelt von dem Vorzug, den man bei der Bewertung geistiger Werke dem Geschmack gegenüber der Erörterung einräumen sollte. Bel schrieb die entscheidende Rolle bei der ästhetischen Beurteilung der Erörterung zu und nicht, wie Dubos, dem Gefühl oder einem sechsten Sinn. Von Bel zu Rate gezogen, hält Montesquieu die Überlegungen seines Freundes für »stark, mächtig und lebendig« und erläutert sein »Gefühl« mit folgenden Worten:

». . . Hier mein erster Gedanke: Ich würde ein mittleres System vorziehen, denn ich glaube, man urteilt über das Empfinden und die Erörterung. Wenden zwei Kritiker die gleichen geistigen Maßstäbe an, so ist derjenige scharfsinniger, der mehr Geschmack und Gefühl einbringt. In ein und demselben Werk gibt es Aspekte, die in das Ressort des einen, und solche, die in das des anderen fallen. Über die Erörterung lassen sich die Schönheiten von Theokrit, Vergil oder Ovid nicht beurteilen. Abbé Dubos hat, wie Sie richtig bemerkt haben, unrecht, wenn er die Arten der Beurteilung nach Menschentypen oder nach dem Beruf unterscheidet. Ein Gelehrter, ein Dichter, ein Redner oder ein Mann von Welt sind weder gute noch schlechte Kritiker, wie ein König weder glücklich noch unglücklich und eine Frau mit Klasse weder schön noch häßlich ist.

Die Erfahrung spricht gegen Abbé Dubos. Das Los eines geistigen Werkes wird fast nur von Leuten aus dem Metier bestimmt, die abzuwägen vestehen und – abgesehen davon – Gefühl besitzen. Sie bewegen sozusagen die Stimmbänder der oberen Zehntausend und unterrrichten sie; das sieht man sehr deutlich in den Liedern der Comédie.

Die oberen Zehntausend besitzen gewöhnlich ein schlechtes Beurteilungsvermögen, da sie den Dingen, die sie beurteilen, keinerlei Interesse entgegenbringen, da sie nicht ins Theater gehen, um zu hören, und nicht lesen, um sich zu bilden. Sie lassen sich in zwei Klassen von Leuten unterteilen, in diejenigen, die ihren Ruf nicht aufs Spiel zu setzen wagen, und diejenigen, die ihn waghalsig riskieren. Ich kritzele Papier voll und schreibe doch über eine Sache, die viel Nachdenken erfordert.«

Montesquieu fährt fort, zu diesem Thema »Papier vollzukritzeln«, doch er vertieft seine Überlegungen in den *Gedanken* 108 bis 135, die er spätestens Anfang 1728 geschrieben hat; ihr Titel lautet: »Über verschiedene meiner Ideen, die in meine Schrift über den Geschmack und die Arbeiten vom Geist nicht aufgenommen werden konnten«; das beweist, daß er seit dieser Zeit die Arbeitsmethode anwendet, Fragen heranreifen zu lassen, indem er Notizen ansammelt, und Karteikarten mit Gelesenem und mit Überlegungen füllt. Auf diese Weise verlor Montesquieu die Schrift über den Geschmack und die Arbeiten vom Geist aus dem Jahre 1728, diese Skizze eines weitreichenderen und ausgearbeiteteren Werks, nie aus den Augen und erweiterte sie unaufhörlich. Durch die Neubearbeitung seiner Texte konnte er buch-, kapitel- oder artikelweise über sie verfügen und sie der *Enzyklopädie* anbieten.

Im Lauf dieser an intellektueller Aktivität reichen Jahre skizzierte oder beendete Montesquieu noch andere Werke. So hatte er die Absicht, ein Buch mit dem Titel *Spanische Bibliothek oder Spanisches Tagebuch* zu schreiben, von dem nur einige Fragmente zeugen, die den *Gedanken* beigefügt sind. Diese lediglich umrissene Studie ist, wie R. Shackleton vermutet, möglicherweise von Berwick angeregt worden und auf die geographische Lage von Bordeaux bezogen.

An anderen Fragmenten sind erhalten: die *Mitteilungen über kaum bekannte Bücher*; der 1723 nach dem Tod des Regenten geschriebene *Brief von Xenokrates an Pheres*[56]; *Der Fürst* oder *Die Fürsten*, in dem die *Überlegungen über die Charaktere einiger Fürsten* enthalten sind, die zur *Abhandlung über die Pflichten* gehört hatten. *Der Fürst* wurde 1725 begonnen und um 1733 aufgegeben, doch für die Abfassung der *Betrachtungen* von *Arsak und Ismenie* und dem *Geist der Gesetze* herangezogen. Montesquieu scheint sogar mit dem Gedanken gespielt zu haben, ihn um 1748 herum fortzusetzen. Das Durcheinander von skizzierten Werkteilen, von denen nur noch Bruchstücke erhalten sind, die Folge angefangener, fallengelassener und manchmal wiederaufgenommener Schriften und ihre Verwendung im Spätwerk offenbaren nicht nur das langsame Fortschreiten der Gedanken Montesquieus und die Wichtigkeit der Periode, die den Reisen voranging; sie zeigen auch seine Bedenken, der Öffentlichkeit Werke zu präsentieren, die ihn nicht völlig zufriedenstellen, wie folgende Vertraulichkeit belegt: »Ich leide an der Krankheit, Bücher zu schreiben und mich ihrer, wenn sie fertig sind, zu schämen[57].« Auch wenn man Koketterie und Eigenliebe berücksichtigt, die ihn dazu drängen, Werke nicht zu veröffentlichen, die seinem Ruf schaden könnten, so empfindet Montesquieu doch das Bedürfnis, sich bestätigt zu sehen und die Meinung seiner Freunde einzuholen. Dieselbe Sorge um Diskretion veranlaßt ihn, wie schon die *Persischen Briefe* auch den *Tempel von Gnidos* im Jahre 1725 anonym zu veröffentlichen.

Niemandem entging damals der Sinn der pikanten Geschichte; eine Zeitlang fühlte sich Montesquieu in der betörenden Atmosphäre der Galanterien des *Tempel von Gnidos* wohl, der, um den Skandal noch zu vergrößern, in der Karwoche des Jahres 1725 herausgebracht wurde. Der mutmaßliche Autor, der Sohn eines Priesters der Venus, verläßt seine Geburtsstadt Sybaris, in der er seine Leidenschaften nicht zufriedenzustellen weiß: Er besucht Kreta, Lesbos, Limnos, Delos und kommt schließlich nach Gnidos, wo er das Glück bei Themire findet.

Das Werk erschien fast gleichzeitig in der *Französischen Bibliothek* und beim Pariser Buchhändler Simart mit der vorangestellten Bemerkung: »Dieses Stück ist vom Publikum zu sehr geschätzt worden, um es nicht in den Rang der kleinen Dichtungen zu erheben, die es verdienen, erhalten zu bleiben.« Montesquieu beschreibt das Leben in Chantilly und vor allem die berühmte Liebschaft zwischen Mademoiselle de Clermont und dem Herzog von Melun, die am 29. Juli 1724 durch einen Jagdunfall tragisch endete. Hatte Montesquieu im übrigen an sie nicht 1724 eine Epistel in Prosa und Versen gerichtet, in der F. Gébelin den Keim der Kompositionsidee erkennt, die im *Tempel von Gnidos* wiederaufgenommen wird? In diesem sorgfältig ausgearbeiteten Brief sah der Dichter Amor im Traum, wie er die Prinzessin suchte und schließlich fand:

Ich sah, daß seine Hand spazierenging
Und dabei mit Ihrer Brust scherzte;
Sie empfing tausend Zärtlichkeiten.
Doch tausend Grazien eilten herbei,
Die ihm den Arm zurückzogen.
»Die schöne Brust, die ich eigens gemacht habe,
Ich werde sie mit meinen Pfeilen durchbohren«,
Sagte der wütende Amor,
»Und was immer Sie auch unternehmen,
Ich werde bald das Ergebnis sehen, meine Mutter,
Gleichgültig, was Sie dagegen haben.«

Dieses Thema wird im *Tempel von Gnidos* wiederaufgegriffen: »Wo, glauben Sie, fand ich Amor? Ich fand ihn auf den Lippen von Themire; dann fand ich ihn auf ihrer Brust; er rettete sich zu ihren Füßen; auch dort fand ich ihn; er versteckte sich unter ihren Knien; ich folgte ihm; und ich hätte ihn immer weiter verfolgt, wenn mich nicht Themire, in Tränen aufgelöst, die erregte Themire, aufgehalten hätte.«

Mademoiselle de Clermont und ihre Umgebung sind tatsächlich die Inspiratoren des *Tempel von Gnidos*; Guasco bestätigt es übrigens: »Zu dieser Idee hatte die Gesellschaft von Mademoiselle Clermont den Anstoß gegeben.« Die Hypothese von F. Gébelin, daß die Marquise von Grave die

Themire des *Tempel von Gnidos* wäre, überzeugt letztlich nicht. Die von Montesquieu angewandte Technik, ein griechisches Manuskript, das von einem französischen Botschafter am Tor zum Osmanischen Reich gefunden wurde, täuschte niemanden; der anonyme Verfasser wurde schnell ermittelt. Mathieu Marais war sich zunächst über seine Person im unklaren; er schrieb am 5. April 1725 an Präsident Bouhier: »Man verkauft einen schmalen Duodezband von 82 Seiten mit Bewilligung und Sonderrecht, der den Titel *Der Tempel von Gnidos* trägt und angeblich aus dem Griechischen übersetzt ist . . ., doch es handelt sich um die Ausgeburt irgendeines Libertins, der im Schutze der Allegorien seine Zoten entfalten wollte, was ihm recht gut gelungen wäre, wenn er nicht zu geistreich hätte sein wollen und in anderen Fällen nicht eine Einfachheit angenommen hätte, die ihn in unflätige Gedanken abgleiten läßt. Wenn sich dieses Manuskript in der Bibliothek von Ninon befunden hätte, wäre ich nicht erstaunt gewesen, doch es überrascht mich, ein solches Werk mitten in Paris in der Karwoche genehmigt zu sehen; der Zusatz am Ende ist recht spitzbübisch, als Amor seine Flügel wieder auf Venus' Brust zurückkehren läßt und die Frauen sagen, sie wollten Griechisch lernen, da es dort so hübsche Heilbehandlungen gäbe.«

Schon am 10. April hat Marais den Autor entdeckt: »Man sagt, der *Tempel von Gnidos* stamme vom Autor der *Persischen Briefe*. Das kann sein. Andere sagen von Präsident Hénault; daran glaube ich nicht: Er ist zu sehr Franzose, um einem Werk einen griechischen Einschlag zu geben.« Obwohl Montesquieu die Autorschaft des Buches abstritt, schrieben seine Freunde sie ihm sehr rasch zu; der Verkauf lief anfangs ziemlich schlecht: Am 22. April hatte Simart von einer Auflage von 2000 Exemplaren lediglich 600 verkauft. Der Herzog von Bourbon ließ es indessen für den Hof kaufen und beim Buchhändler sogar den Namen des Autors erfragen. Montesquieu, der die Reaktionen der Staatsgewalt nicht einzuschätzen vermochte und darauf bedacht war, seinen Namen nicht mit einem von vielen als skandalös empfundenen Werk in Verbindung zu bringen, beharrte auf seiner Einstellung; im Mai schreibt er an Madame Berthelot de Jouy: »Ich bin nicht der Autor des *Tempel von Gnidos*; es ist nicht so, daß ich dafür nichts übrig hätte, doch ich bin nicht der Autor; es ärgert mich sehr, es nicht zu sein, denn da ein Mann wie Arist Ihnen offenbar gefällt, würde Ihnen vielleicht auch der gefallen, der Arist geschaffen hat.«

*

Zwischen der Veröffentlichung der *Persischen Briefe* im Jahre 1721 und der des *Tempel von Gnidos* im Jahre 1725 verbrachte Montesquieu also jedes Jahr viele Monate in Paris. Das Ende der Liebschaft mit der schönen Gräfin im Juni 1726 mag zwar der unmittelbare Grund seiner Rückkehr nach Bordeaux gewesen sein; doch waren auch die Maßregelungen des Gene-

ralstaatsanwalts des Parlaments, die ihn dazu anhielten, seine Amtspflichten nicht zu vernachlässigen, an ihr nicht unbeteiligt. Im Laufe der
Jahre 1725 und 1726 durchlebte Montesquieu eine Krise; seine Arbeit als
Parlamentspräsident interessierte ihn nur mäßig; das angenehme Leben,
das er in Paris führte, zog ihn immer mehr an; gleichzeitig verspürte er
das Bedürfnis, seinem Dasein und seinen literarischen Aktivitäten eine
neue Richtung zu geben, die mehr mit seinen Neigungen und Ambitionen im Einklang stand. Doch vor seiner Entscheidung mußte er nachdenken, mußte er den Kontakt zu seiner allzusehr vernachlässigten Familie
und seinen Freunden von der Akademie in Bordeaux wiederaufnehmen,
mußte er Ordnung in seine materiellen Angelegenheiten bringen und die
Sicherheit der Seinen garantieren.

Die Erziehung seines am 10. Februar 1716 geborenen Sohnes Jean-
Baptiste war eine seiner Sorgen. Um ihm zu ermöglichen, einen »Stand«
zu wählen, gab ihn Montesquieu im Alter von acht Jahren auf das Kolleg
Louis-le-Grand, eine der angesehensten Einrichtungen der Jesuiten. Zudem betraute er seinen Freund, den Jesuitenpater Castel, damit, über die
Ausbildung und das Benehmen von Jean-Baptiste zu wachen. Pater Castel
erinnerte in seinem Buch *Der moralische Mensch im Gegensatz zum physischen*
Menschen an die Umstände, die Montesquieu dazu brachten, ihm diese
Aufgabe als Erzieher vorzuschlagen; die Marquise von Pons, Hofdame
der Herzogin von Berry, mit der Montesquieu ständigen Kontakt pflegte,
hatte ebenfalls Pater Castel die Erziehung ihres Sohnes anvertraut.

Nach einem Jahr erwog Montesquieu, seinen Sohn wegen ernsthaften
Geldproblemen vom Kolleg Louis-le-Grand zu nehmen. Seiner Frau und
seiner Schwiegermutter, welche die Abwesenheit des so jungen Kindes
bedauerten, war es sicher nicht unrecht, Jean-Baptiste nach Bordeaux zu-
rückzuholen. Auch Montesquieu war die Abwesenheit seines Sohnes
vom elterlichen Haus nicht gleichgültig; seine Vaterliebe äußert sich mit
Schamgefühl und Zurückhaltung: »Die Frauen sprachen in einem Haus
von natürlichen Gefühlen, von der Liebe eines Vaters zu seinen Kindern,
von der der Kinder für ihre Väter, von einem gewissen Anstand in der
Vernachlässigung, von dem, was man der Ehe schuldet. Ich sagte: ›Gebt
acht, daß Ihr nicht zu laut sprecht: Man hält Euch sonst für Schwatzbasen.
Das sind Dinge, die man denken darf, aber es schickt sich nicht, sie zur
Sprache zu bringen[58].‹«

In einem Brief vom 7. August 1725 bemüht sich Pater Castel, Montesquieu von seiner Entscheidung abzubringen: »Was werden Sie, nicht zu
meinem Vergessen, denn ich kann Sie nicht vergessen, aber zu meinem
langen Schweigen Ihnen gegenüber sagen? ... Ich hatte indessen einen
Grund, dieses Schweigen zu wahren: Ich wußte, daß Sie vorhatten, Ihren
Sohn vom Kolleg zu nehmen, und fürchtete, Ihnen in irgendeiner Weise
verdächtig zu erscheinen, wenn ich Ihnen deshalb schriebe; denn wenn

ich Ihnen schreibe, daß es falsch von Ihnen ist, ihn herunterzunehmen, haben Sie Grund zu der Annahme, daß ich die Interessen des Kollegs mehr berücksichtige als die Ihren; wenn ich Ihr Vorhaben begrüße, werden mich meine eigenen Interessen suspekt erscheinen lassen, vor allem weil die Marquise von Pons mir erklärte, daß sie, sobald Ihr Sohn abreiste, keine Verbindung mehr wünsche, was meine Tätigkeit um die Hälfte reduzieren würde. Ich wartete also ab, bis Ihr Sohn abgereist wäre oder Sie Ihren letzten Entschluß gefaßt hätten, um die Ehre zu haben, Ihnen meine Ansicht mitzuteilen. Hier ist sie nun, Monsieur, in aller Naivität, zu der ein Mann aus dem Languedoc imstande ist, der nicht aus Toulouse, sondern aus Montpellier stammt.«

Während Pater Castel für den Verbleib Jean-Baptistes am Jesuitenkolleg plädiert, zeichnet er ein moralisch-intellektuelles Porträt seines Schülers, das uns Aufschluß über die Persönlichkeit des Jugendlichen gibt: »... Ich habe große Zuneigung zu diesem Kind gefaßt, das mir im übrigen so wenig Anlaß zu Sorge gibt, daß es fast so ist, als hätte ich nur eine ... Er verhält sich gut, ja ausgezeichnet und hatte keine der sogenannten ernsten Krankheiten. Zu Anfang litt er immer unter irgendeinem kleinen Wehwehchen, das sich übrigens jeweils, wie ich zu sagen wage, hätte arg verschlimmern können, wenn man es vernachlässigt oder zu genau überwacht hätte. Ich mag ihn genug, um ihn nie aus den Augen zu verlieren, doch ich mag ihn nicht genug, das heißt, ich mag ihn zu sehr, um ihn mit Verhätschelungen und Leckereien, Arzneien und mütterlichen Schikanen zu ersticken. Mein großes Geheimnis ist es, dem Leiden durch starke Mäßigung in allen Dingen vorzubeugen. Ansonsten ist er fröhlich, zufrieden, er vergnügt sich, spielt, springt, schläft, ißt, und alle Pflichten werden ausgezeichnet erledigt. Als sie ihn in meine Obhut gaben, lebte er ja kaum, war stets träge, schwerfällig, ernst, schweigsam und verbrachte die fünf Tage, ohne auch nur zu schwitzen. Sie wissen, daß mein großes System der Kreislauf ist; in diesem kleinen Körper ist er nun wiederhergestellt, und ich sehe nichts mehr von Behinderung oder Trägheit. Das ist die Stärke des freien Wirkens der Stimmungen. Auch glaubt dieses Kind zusehends, daß die Natur bei ihm nicht mehr von anderen Dingen in Anspruch genommen ist.«

Pater Castel ist es demnach gelungen, die Gesundheit von Jean-Baptiste zu kräftigen; über die intellektuellen Fähigkeiten seines Schülers äußerte er sich ebenfalls sehr zufrieden: »Um seinen Verstand ist es um so besser bestellt. Es ist ein Jahr her, daß Sie ihn in die Sexta gaben; in der Quinta war er ein wenig nachlässig, doch seit Ostern gehört er zu den Besten. Er hat einen Preis im Fach »Tragödien« und gerade eben den Preis des Klassenbesten für die letzte Komposition erhalten, so daß er, wenn Sie das wollten, nach ein paar Monaten in der Quarta in die Tertia aufrücken und ein weiteres Jahr sparen könnte ... Doch ich rate Ihnen nicht dazu. Er ist so jung, und seine Gesundheit könnte überlastet werden.«

Der Erzieher ist gleichfalls zufrieden mit Jean-Baptistes geistlicher Gesundheit: »Er ist ein kleiner Engel, ein kleines Lamm, frei von Lastern. Ich werde Ihnen jedoch nicht sagen, daß er nicht, wie jeder andere, Veranlagungen für sie hätte. Doch kann ich, Gott sei Dank, guten Gewissens versichern, daß ich ihn nicht verwöhne. Er gibt keinen Anlaß zu großer Strenge, und ich hatte keine Gelegenheit, ihn in irgendeiner Weise zu bestrafen, wenn nicht zuweilen mit Worten oder Zurechtweisungen. Aber ich weiß wohl, daß er mich so sehr fürchtet, wie er mich liebt. Seine größten Vergehen sind einige kleine Lügen, worin er sich stark gebessert hat. Das ist alles. Übrigens, wenn seine Mutter und seine Großmutter ihn sehen wollen, ist das sehr vernünftig. Die Ferien beginnen; geben Sie ihn ein, zwei oder drei Monate zu ihnen.«

Montesquieu, den Pater Castels Argumente sicherlich überzeugt hatten, ließ seinen Sohn auf Louis-le-Grand. Als er 1728 zu seinen Reisen aufbrach, betraute er seinen Sekretär, Abbé Duval, damit, über die Erziehung seines Sohnes zu wachen. Während der Abwesenheit von Montesquieu ging Abbé Duval mit Sorgfalt und Pünktlichkeit seiner Aufgabe nach und korrespondierte häufig mit Jeanne de Lartigue. Was läßt sich also von Grimms Zeugnis halten, das Jules Delpit erwähnt[59]? Ihm zufolge hatte Montesquieu seinen Sohn zum Zeitpunkt der Abreise auf das Kolleg von Harcourt gegeben und einen seiner Freunde, Abbé Quesnel, gebeten, auf ihn achtzugeben. Zurück in Frankreich hätte ihn Montesquieu sogleich aufgesucht, um ihn zu befragen. Nachdem Quesnel das Betragen des jungen Mannes, seinen Fleiß und seine Liebenswürdigkeit, wegen der er bei all seinen Kameraden beliebt war, überschwenglich gelobt hatte, habe er gedacht, seinem Vater eine Freude zu machen, wenn er hinzufügte, daß Jean-Baptiste de Secondat eine große Vorliebe für die Wissenschaften an den Tag lege, vor allem für die Naturgeschichte, wo er für sein Alter große Fortschritte gemacht hätte. Bei diesen Worten sei Montesquieu erbleicht und habe mit allen Anzeichen wahrer Verzweiflung gesagt: »So sind also meine Hoffnungen zerstoben ... er wird immer nur ein Schriftsteller sein, ein Original wie ich, und wir werden nie etwas anderes daraus machen!«

Selbst wenn die Anekdote nicht echt sein sollte, offenbart sie doch Jean-Baptistes Neigungen. Als der Moment gekommen war, lehnte er es ab, das Amt seines Vaters am Parlament von Bordeaux zu übernehmen, und widmete einen großen Teil seiner Tätigkeit dem Studium der Naturwissenschaften; seine Experimente stießen auf Montesquieus fortwährendes Interesse.

Madame de Montesquieu wußte gewiß über das ausschweifende Leben ihres Mannes in Paris Bescheid; sie scheint diese Situation mit großer Würde akzeptiert zu haben. Die Rückkehr Montesquieus nach Bordeaux im Jahre 1726 führte zu einer Versöhnung der Eheleute: Am 23. Februar 1727 brachte Jeanne de Lartigue ihre zweite Tochter Marie-Josèphe-Denise zur Welt. Die Niederkunft scheint Montesquieu gleichgültig gewesen zu sein. Am 28. Dezember 1726, zwei Monate vor der Geburt des erwarteten, wenn nicht gar gewünschten Kindes, verließ er Bordeaux in Richtung Hauptstadt. Seine Abreise ist der Beginn einer langen Abwesenheit. In den ersten Tagen des Jahres 1727 kommt er in Paris an und kehrt erst nach seinen Reisen im Jahre 1731 nach Bordeaux zurück. Denise ist vier Jahre alt, als ihr Vater sie zum erstenmal sieht. Diese Gleichgültigkeit überrascht, doch alle Anzeichen weisen darauf hin, daß Montesquieu während dieses langen Zeitraums nicht nach Bordeaux zurückgekehrt ist. Kein Brief liegt uns vor, der uns helfen könnte, dieses allem Anschein nach lange Schweigen zwischen ihm und seiner Familie zu verstehen.

Montesquieu hatte als Haupt seiner Ahnenreihe nach dem Tod seines Onkels Jean-Baptiste noch unter der moralischen Vormundschaft seiner beiden letzten Onkel gestanden, dem Abbé von Fontguilhem in der Diözese von Bazas, Ignace de Secondat, und dem Abbé von Faise, Joseph de Secondat; beide starben 1726. Die Zukunft seines Bruders Charles-Louis-Joseph, der 1725 Dekan von Saint-Seurin wurde, sicherte er, indem er ihm im Jahr darauf die Abtei von Faise vermittelte.

Eine folgenschwere Entscheidung mußte Montesquieu noch treffen: Würde er sein Amt als Präsident am Parlament von Bordeaux verkaufen und so einer Karriere abschwören, auf die er sich während seiner Jugend vorbereitet hatte, für die er aber nur mäßiges Interesse empfand? Wir wissen nicht, wann er seine Entscheidung traf, die ihn sicherlich die Vor- und Nachteile für sich und seine Familie vorher sorgfältig abwägen ließ. Die Vorstellung, sich von diesem Amt, das ihm zur Last geworden war, zu befreien, setzte sich langsam bei ihm durch; in seinem Vorsatz bekräftigte ihn gewiß der Wunsch, mehr am Pariser Leben teilzunehmen und die freundschaftlichen Bindungen, die sich durch sein Hin- und Herpendeln zwischen Bordeaux und Paris gelockert hatten, wieder enger zu gestalten sowie das Vorhaben, für einige Jahre mit seinem zurückliegenden Leben zu brechen.

Noch bevor Montesquieu Paris im Juni 1726 verließ, beauftragte er Barbot, den Verkauf seines Amtes auszuhandeln. Sein Freund reagierte entsetzt und bemühte sich, Montesquieu davon zu überzeugen, die Sache noch einmal zu durchdenken, bevor er Schritte unternähme, die nicht wieder rückgängig zu machen wären. Noch unter dem Eindruck seiner aufrichtigen Erregung, führt Barbot in seinem Brief vom 9. April 1726 alle geeigneten Argumente auf, um Montesquieu von dem in seinen Augen abscheulichen Vorsatz abzubringen:

»Nein, mein lieber Präsident, ich hoffe, Sie werden dieses Präsidentenamt nicht verkaufen. Sie sind es Ihren Vorfahren schuldig, Ihrer Nachwelt, Ihnen selbst und schließlich der Provinz, die sich seit langem der Präsidenten aus Ihrer Familie erfreut. Was wollen Sie ihm vorziehen? Werden Sie eine günstigere Einrichtung finden, die das ersetzt, was Sie verlieren? Kann man sich zurückziehen, wenn man nicht einmal einen rühmlichen Ruhestand antritt? Schickt es sich in Ihrem Alter, Privatmann zu werden oder Postkutscher des Glücks, um dem zufälligen Glanz aller möglichen Einrichtungen nachzulaufen? Das sind die ersten Überlegungen, die ich angestellt habe und die ich für Sie wiederhole, da Sie sie sicher schon bedacht haben. Danach stellte ich mir den tödlichen Kummer vor, den Ihr Vorhaben Ihrem Bruder, dem Abbé von Faise, dem es geistig und gesundheitlich gutgeht, und Madame de Montesquieu bereiten wird. Sie kennen ihre Ansicht besser als ich; steht sie dem, was Sie tun wollen, nicht entgegen? Wollen Sie so viele Debatten auf sich nehmen?«

Montesquieus Entschluß waren sicherlich lange Diskussionen mit den Mitgliedern seiner Familie vorausgegangen. Besonders Jeanne de Lartigue dürfte sich wegen des Bruchs mit dem Parlament Sorgen gemacht und in ihm die Ankündigung noch häufigerer Abwesenheiten ihres Mannes gesehen haben, der ihr die Erziehung der Kinder und die Verwaltung der Güter allein überließ. Da ihr die Erfahrungen der Jahre zuvor eine Lehre waren und sie die Schwächen Montesquieus kannte, konnte sie die Aufkündigung des Vertrages nur fürchten; er war das letzte Band, das Montesquieu noch bei seiner Familie zurückhielt.

Um seinen Freund zu überzeugen, beschwört Barbot, obwohl er anerkennt, daß »die Arbeit im Justizpalast keinen Spaß macht«, ihre Vorteile: »Vieles wird zur Routine; sie wird Sie kaum von Ihren anderen Beschäftigungen oder Vergnügungen ablenken, und, wenn Sie sich eine Stunde am Tag diesen Dingen widmen, wird Ihnen das leicht von der Hand gehen; die Gewissenhaftigkeit am Justizpalast und die praktische Unterstützung durch die Verhandlungen werden für das übrige sorgen, ohne daß Sie sich dessen gewahr werden oder darunter leiden.«

Doch eine solche Aussicht lief Montesquieus Plänen zuwider; er war darauf bedacht, völlige Handlungsfreiheit zu erlangen, ohne durch Verpflichtungen, selbst wenn sie auf ein Minimum reduziert wären, genötigt zu werden. Die gehässigen Gerüchte, die in Bordeaux bald die Runde machen würden, wenn er auf seinen Absichten beharrte, machten auf ihn keinen Eindruck; Barbot schneidet sie diskret an: »Bedenken Sie schließlich, mein lieber Präsident, daß Sie in den Augen der Allgemeinheit ein müßiger, nutzloser Mitbürger sein werden, der weder gesellschaftliche Aufgaben auf sich nehmen, noch die politischen Pflichten seiner Geburt und seines Standes erfüllen will. Ich fürchte, daß dieser Vorsatz von dem Verdruß kommt, den Ihnen die widrigen Umstände der Präsidentenaffäre verursacht haben, aber, mein Gott, auf wie wenig wäre dieser Vorsatz dann gebaut!«

Trotz der Vorbehalte, die Barbot vorbrachte, bemühte er sich, die Schritte zu unternehmen, mit denen ihn Montesquieu betraut hatte. »Bevor von einem regelrechten Verkauf die Rede ist«, wollte Montesquieu einen Interessenten finden, der eine Rücktrittsklausel für den Fall akzeptierte, daß sein Sohn Jean-Baptiste vorhatte, zu gegebener Zeit die parlamentarische Laufbahn einzuschlagen. Die Angelegenheit wurde am 7. Juli 1726 mit Jean-Baptiste d'Albessard für eine Rente von 5200 Livres abgeschlossen. Die Verkaufsurkunde legte fest, daß das Amt beim Tod des Käufers an Montesquieu zurückfällt bzw. daß d'Albessard es im Fall des vorherigen Todes von Montesquieu oder seinem Sohn endgültig erwerben kann. So sorgte Montesquieu, während er sich von lästig gewordenen Aufgaben befreite, für die Zukunft vor. Das Amt blieb einstweilen in der Familie, falls er es wieder übernehmen wollte oder es auf seinen Sohn übertragen würde; die Familientradition war also zumindest dem Anschein nach gewahrt worden. Schließlich war Montesquieu eine vorteilhafte finanzielle Transaktion gelungen, die ihm ein stabiles Einkommen sicherte, wie Berwick in seinem Brief vom 15. Juli feststellt: »Mir scheint, das ist kein schlechtes Geschäft.«

Während Montesquieus Pariser Bekannte seine Entscheidung mit Befriedigung aufnahmen, bedauerten sie seine Freunde von der Akademie in Bordeaux; sie brachte sie um einen zuverlässigen Ratgeber, der ständig aktiv an den Arbeiten der Vereinigung teilgenommen und sich als entschiedener Verfechter ihrer Rechte erwiesen hatte. Die neue Orientierung entsprach jedoch Montesquieus geheimen Wünschen: »Was meinen Beruf als Präsident angeht, so hatte ich ein sehr aufrechtes Herz; die Fragen an sich begriff ich recht gut; doch in puncto Verfahren verstand ich nichts; was mich aber am meisten anwiderte, war, daß ich Dummköpfe mit ebenjenem Talent ausgestattet sah, das mir abging[60].« Ebenso läßt sich das folgende, 1725 an Madame de Sémonville gerichtete Eingeständnis interpretieren: »Ich war nicht sehr eifrig; anstatt daran zu denken, Prozesse zu entscheiden, sann ich über zukünftige Prozesse nach.«

Von nun an hält Montesquieu, abgesehen von seiner Familie und seinen Freunden, nichts mehr in Bordeaux zurück. Nicht ohne Kampf hat er sich in den Pariser Kreisen einen literarischen Ruf erworben; es bleibt ihm, die von allen Schriftstellern ersehnte Krönung zu erlangen, die Wahl in die Académie française.

*

Für die Anziehungskraft, welche die renommierte Académie française auf die aufgeklärten Geister ausübte, war auch Montesquieu empfänglich.

Dennoch hatte er, hingerissen vom jugendlichen Ungestüm und seinem gascognischen Temperament, der illustren Gesellschaft seine Sarkasmen nicht erspart. Die Reaktionen auf den LXXIII. *Persischen Brief* waren noch nicht verstummt, als er es im Alter von 39 Jahren darauf anlegte, die Wahlstimmen jener Schriftsteller zu erhalten, von denen er kurz zuvor noch ein wenig schmeichelhaftes Porträt gezeichnet hatte; folgende beleidigenden Äußerungen hatte er Rica untergeschoben:

»Ich habe von einer Art Gerichtshof reden hören, den man Académie française nennt. Auf der ganzen Welt gibt es keinen, der weniger geachtet wäre; denn man sagt, sobald dort etwas entschieden wird, hebt das Volk die Urteile auf und zwingt dem Gericht Gesetze auf, die es zu befolgen hat.

Vor einiger Zeit gab das Gericht, um sein Ansehen zu festigen, ein Verzeichnis seiner Urteile heraus. Dieses Kind so vieler Väter war schon fast alt, als es auf die Welt kam; obwohl es ehelich geboren war, hätte es ein Bastard, der bereits erschienen war, bei seiner Geburt fast erstickt.

Ihre Mitglieder haben nichts anderes zu tun, als unaufhörlich zu klatschen. Lobreden stellen sich bei ihrem ewigen Geplapper wie von selbst ein, und sobald sie in die Mysterien eingeweiht sind, ergreift sie auch schon die Raserei der Panegyrik und läßt sie nicht mehr los.

Dieser Organismus hat vierzig Köpfe, die alle prall gefüllt sind mit Redefiguren, Metaphern und Antithesen; so viele Münder äußern sich fast nur in Ausrufen; die Ohren wollen stets von Rhythmus und Harmonie erstaunt werden. Für die Augen steht es außer Frage: Dieser Organismus ist offenbar zum Reden und nicht zum Sehen geschaffen. Er steht auch nicht auf festen Füßen, denn die Zeit, seine Geißel, erschüttert ihn immerzu und zerstört alles, was er hervorbringt; früher sagte man, seine Hände seien habgierig; dazu will ich mich nicht äußern; darüber lasse ich die befinden, die besser als ich Bescheid wissen.«

Nachdem er sich in solchem Ton über die Akademie geäußert hatte, war es vielleicht ein wenig anmaßend von Montesquieu, ein paar Jahre später die Stimmen derjenigen zu erbitten, die er in ironischer Manier der Lächerlichkeit preisgegeben hatte. Tatsache ist aber, daß er nicht der einzige Schriftsteller seiner Zeit war, der das langsame Fortschreiten der Arbeit am *Wörterbuch* oder die Gier der mit Diäten ausgestatteten Akademiemitglieder kritisierte. So hielt sich der Abbé von Saint-Pierre mit seiner Kritik nicht zurück: »Sie ist damit beschäftigt zu erklären, daß es augenblicklich gut oder schlecht ist, bestimmte Wörter und Sätze zu verwenden; doch ihr Gebrauch wandelt sich zwangsläufig und folglich kann, was heute schlecht ist, in fünfzig Jahren gut sein.«

Ohne stützende Beweise anzuführen[61], behauptet Vian, daß sich Montesquieu 1723 bei der Académie française vorstellte; dieser erste Versuch sei unter dem Vorwand gescheitert, daß der Kandidat, der noch Präsident am Parlament von Bordeaux war, sich nicht in Paris niedergelassen habe. Vian scheint durch folgende Passage über Fontenelle, die sich in Trublets *Erinnerungen* findet, irregeführt worden zu sein:

»Monsieur de Fontenelle, der 1723 und 1727 Direktor war, wollte noch den Abbé von Olivet und Monsieur de Montesquieu in Empfang nehmen; da ihre Abwesenheit die Aufnahme jedoch um einige Monate hinauszögerte, befand er sich nicht mehr an der Spitze der Akademie. Die Reden, die er zu diesem Anlaß halten sollte, hatte er jedoch schon verfaßt; was aus dem Manuskript geworden ist, weiß ich nicht! Ich weiß nur, daß er sie den beiden Akademiemitgliedern vorlas, daß Monsieur de Montesquieu die ihn betreffende Rede erbat und Monsieur de Fontenelle sie ihm gab. Monsieur de Secondat hat sie jedoch bei den Nachforschungen, die er auf meine Bitte hin unternahm, nicht unter den Papieren seines Vaters gefunden.«

Diesem Text zufolge hätte sich Montesquieu im Jahre 1723 der Akademie vorgestellt, als Fontenelle ihr Direktor war. Kein anderes Zeugnis stützt diese Hypothese. 1723 waren die *Persischen Briefe* noch gegenwärtig, und die durch die beißende Ironie des Präsidenten entfachte Empörung hatte sich noch nicht gelegt. Vor allem aber waren Montesquieus Pariser Beziehungen zu dieser Zeit noch nicht zahlreich. Der Rückhalt der Salons, der nahezu unerläßlich war, um sich Zutritt zur Akademie zu verschaffen, wäre ihm nicht, wie einige Jahre später, gewährt worden; er verkehrte damals noch nicht einmal im Club de l'Entresol, was seine Kandidatur hätte erleichtern können.

Trublets Zitat könnte sich auf das Jahr 1727 beziehen. Montesquieus Pariser Freunde, allen voran Madame de Lambert, hatten sicher seit langem die Wahl des von ihnen bevorzugten Kandidaten vorbereitet. Ihre Intrigen und ihr Druck offenbarten sich nicht erst in den Monaten vor der Wahl. Nötig war jedoch, daß in einem günstigen Augenblick ein Sitz frei wurde, um den Beschluß durchsetzen zu können, ohne auf größeren Widerstand zu stoßen. Fontenelle war 1727 Direktor der Akademie; der alte Philosoph gehörte als einer der Stammgäste der Dienstage der Marquise ebenfalls dem von seinen Gegnern sogenannten »lambertinischen Clan« an. Die Umstände erschienen Montesquieu und seinen Freunden also günstig, um den Kampf aufzunehmen und seine Kandidatur einzureichen. Doch die Ränkespiele der erbitterten Gegner Montesquieus zögerten die Wahl hinaus. Zum Zeitpunkt der Abstimmung war Fontenelle nicht mehr Direktor und mußte die Rede nicht mehr halten, deren Manuskript er Montesquieu angeblich überließ. Das ist zumindest die plausibelste Erklärung.

Montesquieus Kandidatur war lange im voraus von seinen Freunden unter der Hand vorbereitet worden, die darauf bedacht waren, die Phalanx der »aufgeklärten« Geister in der Académie française auszuweiten.

Es bedurfte nur noch des geeigneten Augenblicks, um sie zu erklären. Louis de Sacy starb am 26. Oktober 1727 in Paris. Sogleich trat der lambertinische Clan in Aktion und überredete Montesquieu dazu, sich vorzustellen. Der Rechtsanwalt Louis de Sacy war bekannt wegen seiner Übersetzungen der *Briefe* von Plinius und der *Lobrede* Trajans sowie durch seine *Abhandlung über die Freundschaft* und seine *Abhandlung über den Ruhm*; wie Montesquieu verkehrte er im Salon von Madame de Lambert, die folgendes Porträt von ihm zeichnete: »Er schreibt ganz hervorragend, bringt nichts zur Sprache, was er nicht ausschmückt; seine reichen, anmutigen Musen sind überall verbreitet, selbst in den trockensten Fächern; und ein Verfahren, das er in die Hand nimmt, ändert seine Form.«

Um die Nachfolge dieses Schriftstellers bewarb sich Montesquieu. Seine Kandidatur, die von Madame de Lambert und ihrer Umgebung hartnäckig unterstützt wurde, stieß auf die Gegnerschaft des Hofes und der Schriftsteller, die, ob Akademiemitglieder oder nicht, dem Spott des Autors der *Persischen Briefe* feindlich gegenüberstanden. Montesquieus Widersacher bedienten sich einer klassischen Methode: Sie lancierten die Kandidatur des Rechtsanwalts Mathieu Marais. Die Gegensätze und Rivalitäten kristallisierten sich um diese beiden Männer; der eine, Montesquieu, war bereits berühmt, der andere allein von einem Kreis Eingeweihter gekannt und geschätzt; diese Kandidatur hatte nur das eine Ziel, dem Präsidenten und durch ihn dem Clan Madame de Lamberts eine Niederlage zu bereiten.

Die Wechselfälle der Kandidatur Montesquieus, seine Hoffnungen und Zweifel wurden fast Tag für Tag von seinen Gegnern vergegenwärtigt. Mathieu Marais kommt in seinem *Journal* wiederholt auf die Ereignisse dieser Wahl zu sprechen. Doch vor allem sein Briefwechsel mit dem Präsidenten Bouhier aus Dijon, der am 16. Juni 1727 in die Akademie gewählt worden war, schildert mitreißend die Etappen des üblen Zanks, den man gegen Montesquieu angezettelt hatte.

Abbé Dubos, der ständige Sekretär der Académie française, unterrichtete Kardinal Fleury noch am selben Tag vom Tod Louis de Sacys. Am 27. Oktober antwortete Fleury Dubos: »Ich habe, Monsieur, keine genaue Vorstellung, wie der Platz von Monsieur de Sacy, von dessen Tod sie mich unterrichten, besetzt werden soll; ich werde mich dem Mehrheitsbeschluß der Akademie anschließen; alles, was ich erhoffen kann, ist, daß die Vereinigung die bestmögliche Wahl trifft. Ich glaube, der Herr Präsident von Montesquieu hat sich bereits vorgestellt, doch ich habe keine Partei für ihn ergriffen und werde es in diesem Zusammenhang auch für keinen anderen tun.«

Zu Beginn der Akademiekampagne hatte Fleury demnach keine Vorbehalte gegenüber Montesquieu. Die Kandidatur des ehemaligen Präsidenten am Parlament von Bordeaux war erwartet worden; sie schien selbstverständlich zu sein und auf kein unüberwindliches Hindernis zu stoßen, da Madame de Lambert und der Abbé von Mongault, der frühere Erzieher des Herzogs von Orléans, sie guthießen. Vom 2. November an war Montesquieus Kandidatur bekannt. Mathieu Marais schrieb an diesem Tag an Bouhier: »Monsieur de Sacy ist tot . . . man spricht davon, den Herrn Präsidenten von Montesquieu zu seinem Nachfolger zu machen, der gewiß viel Esprit und Verdienst besitzt, worüber Sie besser urteilen können als ich, da Sie Gutachter sein werden.«

Gerade diesen Esprit und ganz besonders seine beißende Ironie, die er in den *Persischen Briefen* offenbart hatte, hielt man dem ehemaligen Parlamentspräsidenten vor. Trotz seines nüchternen Stils und seiner scheinbaren Objektivität muß auch Marais zu Montesquieus Widersachern gezählt werden. Schließlich hatte er sich hinter den Kulissen von all denen, die Montesquieus Erfolg fürchteten, in die Rolle des offiziellen Anwärters auf den Sitz von Louis de Sacy drängen lassen. Marais beobachtet mit interessierter Neugier, in die sich der Neid des Unzufriedenen mischt, die Fallstricke, die auf Montesquieus Weg ausgelegt werden. Seiner Korrespondenz mit Bouhier zufolge hält er die Ohren für alle Gerüchte offen, die in den Salons kursieren, und beobachtet die geringsten Zwischenfälle, die geeignet sind, das Stimmungsbarometer der Akademie, das bereits ungünstig für ihn steht, zu seinen Gunsten umschlagen zu lassen.

Bouhier vertritt eine zurückhaltendere Position; am 12. November schreibt er an Marais: »Meine Abwesenheit hindert mich daran, an der kommenden Wahl teilzunehmen. Ich weiß nicht, auf wen sich die Augen richten werden. Die Lambertins werden sicher für Präsident von Montesquieu eintreten. Doch ich weiß nicht, ob die anderen, und sei es nur, um ihn auszuschließen, nicht den Herrn Justizminister dazu anhalten werden, über diesen Platz nachzudenken.«

In seinem Brief an Bouhier vom 24. November faßt Marais mit Genugtuung die gegen Montesquieus Kandidatur vorgebrachten Einwände zusammen: »Wenn Sie die *Persischen Briefe* geschrieben haben, haben Sie eine Attacke gegen die Akademie und ihre Mitglieder gerichtet. Wenn Sie sie nicht verfaßt haben, was haben Sie dann gemacht?« Voltaire drückte denselben Gedanken mit ähnlichen Worten aus: »Widersprüche. Montesquieu gezwungen, das Buch zu widerrufen, dessentwegen er in der Akademie ist[62]«.

Montesquieu befand sich in folgendem Dilemma: Entweder er verleugnete die unter dem Deckmantel einer seit langem entlarvten Anonymität veröffentlichten *Persischen Briefe*, wies die Autorenschaft zurück und stellte sich mit nahezu leeren Händen dem Votum der Akademie, oder er nahm die Verantwortung für seine Schriften auf sich und riskierte so, seinen Eintritt in die Akademie verwehrt zu sehen. In Anbetracht der Feindseligkeit seiner Gegner war Montesquieu, dessen Abneigung gegen Ränkespiele und Intrigen wir kennen, sicherlich versucht, seine Kandidatur zurückzuziehen. Wäre er nicht von Freunden, deren Treue genauso beharrlich war wie die Feindseligkeit seiner Kontrahenten, unterstützt und ermutigt worden, hätte er zweifellos den Kampf, der den Neigungen seines Temperamentes derart entgegengesetzt war, aufgegeben. Wenn er auch nicht zurücktrat, so muß er doch die Qualen der Unschlüssigkeit verspürt haben.

In seinem Schreiben an Marais vom 1. Dezember wahrte Bouhier seine vorsichtige Zurückhaltung: »Präsident von Montesquieu dürfte sich von den Schwierigkeiten, die man ihm bereitet, nicht in Verlegenheit bringen lassen. Er ist nicht gezwungen, auf das Dilemma zu antworten. Ich glaube, er wird sich durchsetzen, zumindest für den Fall, daß der Kardinal [Fleury] nicht voreingenommen ist. Irgendeine Gunst verdient ein Mann wohl letztlich, der für die Akademie das tut, was man früher für das Evangelium auf sich nahm, das heißt ein Mann, der Frau, Kinder, Amt und Heimat verläßt.«

Montesquieus Aussichten waren nach einmonatiger Wahlkampagne um so vielversprechender, als kein offizieller Gegenkandidat nominiert worden war, wie Marais in einem Brief vom 5. Dezember 1727 an Bouhier feststellte: »Abbé von Olivet hat mich besucht . . ., er sagte mir, Präsident von Montesquieu habe bis jetzt keinen Konkurrenten. Das Dilemma wäre schwer zu lösen, doch man würde schon eine geistreiche Antwort in der Dialektik des neuen Stils der Grammatiker finden.« Jeglicher Widerstand von seiten Fleurys gegen die Kandidatur Montesquieus drohte ihm jedoch einen verhängnisvollen Schlag zu versetzen; denn er hätte, *ipso facto*, die Weigerung des Königs nach sich gezogen, der Wahl zuzustimmen. Bis Anfang Dezember äußerte der Kardinal, wie es scheint, keinerlei Meinungsverschiedenheit oder Gemütsregung. Hatte er die *Persischen Briefe* vielleicht gar nicht gelesen? Oder hatte ihn eine hastige, oberflächliche Lektüre die Attacken gegen die Akademie und vor allem gegen die Religion und die absolute Monarchie übersehen lassen?

Dieses für Montesquieu so günstige Schweigen beunruhigte seine Widersacher, so daß sie beschlossen, dem Kardinal die Augen zu öffnen, indem sie ihn über die Gefährlichkeit der *Persischen Briefe* aufklärten und ihm klarmachten, was für einen Skandal die Wahl Montesquieus nach sich zu ziehen drohte. Pater Tournemine wurde ausersehen, einen Vorstoß beim Kardinal zu unternehmen und ihm die Gefahren einer eventuellen Wahl Montesquieus vor Augen zu führen. Wäre es nicht das Beste gewesen, ihn die *Persischen Briefe* lesen zu lassen? Pater Tournemine und seine Freunde hielten ein solches Vorgehen jedoch nicht für ausreichend, da es sein Ziel zu verfehlen drohte. Der Jesuit konfrontierte Fleury vielmehr mit geschickt ausgewählten Auszügen der *Persischen Briefe*; die aus ihrem Kontext gerissenen Passagen riefen so die Entrüstung des Kardinals hervor.

Man versteht Montesquieus Verärgerung über ein solch unfaires Vorgehen, das darin bestand, einige besonders aggressive Passagen auszuwählen, um ihre Unangebrachtheit zu unterstreichen. Fleury zeigte sich in der Tat empört über den Inhalt des Florilegiums, das ihm der äußerst gewandte Pater Tournemine vorgelegt hatte. An Valincourt schreibt er: »Ich bin über den Auszug entsetzt, den Sie mir geschickt haben; hätte ich ihn früher zur Kenntnis genommen, hätte ich die Wahl unterbunden. Besonders leid tut es mir für den Salon von Madame de Lambert; ich sterbe vor Angst, daß er nichts weiter als eine Schule der Gottlosigkeit ist. Gestern schrieb ich dem Marschall von Estrées, er solle den Kandidaten um ein Schreiben bitten, in dem er öffentlich abstreitet, der Autor dieser verabscheuungswürdigen *Persischen Briefe* zu sein und es der Akademie ganz laut vorlesen, ansonsten werde die Wahl ausgesetzt . . . was unerfreulich wäre, da die Sache schon so weit fortgeschritten ist.«

Hinter diesen Zeilen erahnt man die ganze Verbitterung Fleurys und all seine Sorge wegen des drohenden Skandals. Doch die Ereignisse waren fortgeschritten; der Vorstoß bei Fleury kam spät. Auf beiden Seiten hatte man Stellung bezogen; Anhänger und Gegner hatten genug Zeit gehabt, die ihren zu zählen. Die Akademie stand kurz davor, zur Abstimmung zusammenzutreten. Für Montesquieu war es ein besonderer Glücksfall, daß der Direktor der Akademie, Marschall von Estrées, für ihn eingenommen war; er erreichte eine Verschiebung der Wahl um acht Tage. Diese Woche würde es den Gemütern erlauben, noch einmal in sich zu gehen und sich zu beruhigen; Zeit genug, um auf Fleury einzuwirken und ihn von seinem Widerstand abzubringen.

Marais sah seine Chancen in dem Maße wachsen, in dem sich die von Montesquieu verringerten; am 17. Dezember schilderte er Bouhier in scherzhafter Weise die Ereignisse dieses Tages:

»Herr Präsident von Montesquieu dankte der Akademie am Tag selbst dafür, sich zu seiner Wahl versammelt zu haben. Herr Marschall von Estrées war es, der den Dank übermittelte. Ich weiß mit Gewißheit, daß er sich wegen der *Persischen Briefe* Sorgen machte; der Kardinal hat gesagt, in diesem Buch befänden sich Satiren gegen die letzte Regierung und das Regime, die ein Herz und eine Gesinnung der Revolte offenbaren; zudem gebe es in ihm einige Freiheiten gegen die Religion und die Sitten, weshalb man das Buch mißbilligen müsse. Der arme Vater hat seine Kinder nicht verleugnen können; obwohl namenlos, streckten sie ihm ihre kleinen persischen Arme hin, und er opferte ihnen die Akademie.«

Marais' Eifer war verfrüht; entgegen seiner Annahme hatte Montesquieu nicht verzichtet. Bouhier hingegen spitzte, nachdem er den Brief seines Freundes erhalten hatte, von neuem seine Feder und drängte Marais am 22. Dezember, das Abenteuer zu wagen:

»Die unvermeidliche Danksagung des armen Präsidenten von Montesquieu ist für ihn ziemlich demütigend. Man hat mir versichert, er würde die *Persischen Briefe* ableugnen, wenn er in diesem Punkt unter Druck geriete. Ich denke, der lambertinische Hof ist deswegen in großer Unruhe. Als ich von der Neuigkeit seines Ausschlusses erfuhr, habe ich an die Herrn Valincourt und Olivet geschrieben, um sie aufzufordern, Sie als Bewerber einzusetzen. Doch ich befürchte, meine Briefe könnten zu spät angekommen sein . . .«

Ein anderer Briefpartner Bouhiers, Abbé von Olivet, beurteilte die Ereignisse, trotz seiner ablehnenden Haltung gegenüber Montesquieu, mit größerer Gelassenheit und weniger überstürzt. Die Analyse zur Lage, die er am 11. Dezember in einem Brief an Bouhier darlegt, ist in mehrfacher Hinsicht interessant. Als Akademiemitglied war er unmittelbarer Zeuge der von ihm geschilderten Begebenheiten:

»Als ich bei meiner Ankunft unsere Kollegen mit den Wahlvorbereitungen beschäftigt sah, wollte ich mit dem Brief an Sie noch warten, bis sich in dieser Angelegenheit etwas Handfestes ergeben hätte. Die aufrührerische Lambert-Partei hatte so stark die Oberhand gewonnen, daß der gascognische Präsident der einzige Bewerber war. Man war derart für ihn eingenommen, daß es kein Konkurrent gewagt hätte, seinen Namen durchsickern zu lassen.«

Abbé von Olivet war jedoch mit Sicherheit über die inoffizielle Kandidatur ihres gemeinsamen Freundes Marais unterrichtet; sollte Präsident Bouhier etwa nicht der erste gewesen sein, der den Pariser Rechtsanwalt mit Nachdruck dazu ermuntert hatte?

»Schließlich«, fährt Olivet fort, »haben wir heute, am Tag, an dem die Wahl vorgesehen war, erfahren, daß die *Persischen Briefe* dem Kardinal mißfielen, daß sich Seine Eminenz dazu geäußert habe und daß im Falle der Wahl des Gascogners der König wahrscheinlich seine Zustimmung verweigere.«

Olivet zeigt sich im übrigen ziemlich schlecht über die Wege unterrichtet, auf denen Fleury die Akademie von seiner Mißbilligung in Kenntnis setzte. Der Kardinal selbst sagte, er hätte einen Brief an Marschall von Estrées gerichtet, in dem er von Montesquieu einen schriftlichen Widerruf und damit eine öffentliche Ableugnung forderte. Olivet zufolge hätte sich Fleury damit begnügt, seine Verstimmung in kleinem Kreis in Gegenwart von drei oder vier Akademiemitgliedern kundzutun:

»Es ist nicht so, daß der Kardinal deshalb der Vereinigung geschrieben oder zu ihr gesprochen hätte; er hat gestern in ihren Gemächern vor drei oder vier Personen in passenden Worten zu Abbé Bignon gesagt: ›Die Wahl, welche die Akademie treffen will, wird von allen anständigen Leuten mißbilligt werden.‹ Es ist mir zu Ohren gekommen, daß Seine Eminenz der XXII. *Persische Brief* empört habe, in dem von zwei

Zauberern die Rede ist. Das wird dem Präsidenten und seiner Fraktion unerhörtes Mißbehagen bereiten.«

D'Olivet spürt wohl, daß die Würfel, ungeachtet des königlichen Vetos, gefallen sind. Die Mehrheit der Akademiemitglieder steht zu Montesquieu. Zudem beharrt er trotz seiner persönlichen Überzeugungen auf einer bedächtigen Zurückhaltung:

»Gott sei Dank bin ich für nichts eingetreten; ich war sogar so wenig verdächtig, daß ich, als Abbé Montgault alle wichtigen Freunde des Gascogners zu einer Tischgesellschaft bei der Alten versammelte, am Diner teilnahm. Die Wahl ist auf Samstag, den 20. dieses Monats, verschoben worden.«

Obwohl Abbé von Olivet insgeheim die von Fleury ausgesandten Bannstrahlen guthieß, lehnte er es also nicht ab, mit dem Gascogner bei der »Alten«, der Marquise von Lambert, zu dinieren. Vermutlich erwogen Montesquieu und seine Freunde bei diesem Essen die Mittel, um die Lage wieder zu ihren Gunsten zu wenden. Das geschickte Manöver des Marschalls von Estrées, der die Wahl auf den 20. Dezember verschob, ließ ihnen Zeit zum Handeln und damit die Möglichkeit, Fleury zu besänftigen, der wenig geneigt war, auf einer Einstellung zu beharren, die ihm die Sympathie zahlreicher seiner Kollegen von der Akademie kosten konnte.

Von den geheimen Verhandlungen, die zwischen dem 11. und dem 20. Dezember stattfanden, ist nur das Ergebnis bekannt. Sie führten zu einer freimütigen Auseinandersetzung zwischen Fleury und Montesquieu. Die Rechtfertigungen, die der Kandidat vorbrachte, erschienen dem Kardinal sicher ausreichend. Er machte seine Entscheidung rückgängig und drohte nicht mehr mit dem königlichen Veto. Welche Worte wurden während dieser Unterredung gewechselt? Nirgends finden sich Hinweise. Voltaire hat sich die Kehrtwendung Fleurys mit einer List erklärt, die Montesquieus unwürdig ist.

Voltaires Äußerungen haben, wie bereits gesehen, mit der Wirklichkeit nicht viel gemein. Wenn Montesquieu die unfairen Methoden verurteilte, die Pater Tournemine gegen ihn eingesetzt hatte, dann tat er das nicht, um sich selbst zu solchen Mitteln herabzulassen. Glaubt man im übrigen, Fleury wäre so naiv gewesen, sich von einem derart plumpen Trick zum Narren halten zu lassen? Glaubt man, er hätte so rasch die anklagenden Texte vergessen, die ihm Pater Tournemine vorgelegt hatte?

Welche Haltung nahm Montesquieu in Gegenwart Fleurys ein? Diese Unterredung war für ihn entscheidend, da von ihrem Ausgang sein Scheitern oder sein Erfolg an der Akademie abhing. Montesquieu lag gewiß sehr viel daran, den Kardinal von der Aufrichtigkeit seiner Absichten zu überzeugen; wenn er es auch nicht akzeptieren konnte, einen schriftlichen Widerruf publik zu machen, so hinderte ihn nichts daran, sein Bedauern zum Ausdruck zu bringen, was übrigens im Hinblick auf die Heftigkeit einiger Ausdrücke und die Überspitzung einiger Äußerungen ehrlich gemeint war. Was für Erklärungen Montesquieu während dieses Gesprächs unter vier Augen auch vorgebracht haben mag, Fleury erkannte das Arrangement an und verzichtete auf seinen Widerstand.

»Es gibt gewisse Dinge«, schreibt er am 5. Dezember 1728 spitzfindig an Abbé Dubos, »die man wegen der Folgen, die sie haben könnten, besser nicht vertieft; wenn man weitergehen wollte, würde man über sie entweder nicht genug oder zuviel sagen.

Die Ergebenheit des Herrn Präsidenten von Montesquieu war so vollständig, daß er es nicht verdiente, wenn man irgendwelche Spuren hinterließe, die seinem Ruf Schaden zufügen könnten; alle sind so gut über die Vorkommnisse informiert, daß keinerlei Nachteile zu befürchten sind, wenn die Akademie ihr Stillschweigen aufrechterhält. Ich werde den Gedanken nicht los, daß es am klügsten ist, den Widrigkeiten vorzubeugen. Das ist meine Meinung, und ich gedenke nicht, sie Ihnen als Entscheidung darzubieten. Es würde mich sehr ärgern, wenn ich mich jemals in Fragen, welche die Versammlung betreffen, als Richter aufspielen wollte.«

Dank der Besonnenheit Fleurys stürzte der üble Zank, der Montesquieu von seinen Gegnern angehängt worden war, diese selbst in Verlegenheit. Die Sache ging noch einmal glimpflich ab. Die Abstimmung vom 20. Dezember, daran zweifelte niemand mehr, konnte lediglich den Einbruch seiner Rivalen bestätigen und sein Ansehen festigen. Im 18. Jahrhundert führte man zwei getrennte Wahlgänge im Abstand von zwei Wochen durch. Am Samstag, dem 20. Dezember 1727, legten die anwesenden Akademiemitglieder ihr erstes Votum ab: »Da die Mehrheit der Stimmen für Monsieur de Montesquieu, vormals Président à mortier am Parlament der Guyenne, abgegeben wurde, ist die Wahl zu seinen Gunsten verlaufen.«

Den vielen unerwarteten Zwischenfällen und Hinterhalten zum Trotz war die Wahl Montesquieus also gesichert. Ohne länger abzuwarten, informierte Abbé von Olivet am selben Abend seinen Freund Bouhier über die Ereignisse, die den Erfolg des Autors der *Persischen Briefe* herbeigeführt hatten.

»Es gab schwarze Kugeln, wie Sie sich denken können, doch nicht genug, um eine Mehrheit zu bilden. Die ganze Affäre hat in Paris großes Aufsehen erregt. Der Schaden, den sie dem Präsidenten zufügte, dessen Ruf sie völlig ruinierte, hat auch einige von uns betroffen gemacht, die es für angemessener hielten, die Ehre der Versammlung hervorzuheben, als der Brandmarkung dieses Verrückten zuzustimmen. Ich für meinen Teil habe lediglich meinen Schutzengel als Vertrauten.«

Mathieu Marais kommentierte ebenfalls die Wahl; am 22. Dezember schrieb er melancholisch an Bouhier:

»Man hat mir versichert, daß Präsident von Montesquieu, ich weiß nicht durch welche Tür, Einlaß in die Akademie gefunden hat.« Am Tag darauf fügte er hinzu: »Ich weiß immer noch nicht, durch welche Tür der Herr Präsident von Montesquieu eingetreten ist, aber er ist es. Hat er vielleicht seine Kinder verleugnet und mein Bild von den kleinen persischen Ärmchen ist eine bloße Metapher? Was täte man nicht, um einer Gemeinschaft wie der Ihren anzugehören?«

Der zweite Wahlgang fand am Montag, dem 15. Januar 1728, statt. Sechzehn Akademiemitglieder nahmen an der Sitzung teil; Montesquieu erhielt die Mehrheit der Stimmen. Als Bouhier einige Tage später an Marais schrieb, zog er die Konsequenz aus jenen Ereignissen, die einige Wochen lang die akademische Welt, die politischen Kreise und die literarischen Salons in Aufregung versetzt hatten:

»Abbé von Olivet wird Ihnen erzählen, durch welche Tür Präsident von Montesquieu *in nostro docto corpore* eingetreten ist. Er ist dafür der lambertinischen Sache zu vollem Dank verpflichtet. Sie besitzt ungeheures Ansehen unter unseren Brüdern.«

Montesquieu wurde am Samstag, dem 24. Januar 1728, empfangen. Die Ansprache, die er an diesem Tag hielt, war recht fade. Der Lobrede auf Louis de Sacy folgten die traditionellen Lobreden auf Richelieu und den regierenden Monarchen. Die Aufgabe, dem neu aufzunehmenden Mitglied zu antworten, kam Malet zu, dem damaligen Direktor der Akademie. Malet, der sicher zum Lager der Gegner des Neuerwählten gehörte, konnte nicht umhin, einige spitze Bemerkungen über ihn fallenzulassen:

»Gebürtig aus einer Provinz, in welcher der Verstand, die Beredsamkeit und die Höflichkeit zu den natürlichen Begabungen gehören, und bekannt durch etliche gelehrte Abhandlungen, die Sie in der Akademie von Bordeaux vorgetragen haben, werden Sie von diesem Publikum hier informiert werden, falls Sie es nicht ihrerseits tun. Das Genie, das es an Ihnen bemerkt, wird es veranlassen, Ihnen die anonymen Werke zuzuschreiben, in denen es Phantasie, Feuer und kühne Einfälle entdeckt; um Ihren Geist zu ehren, wird es Ihnen diese trotz der Vorsichtsmaßnahmen zuschreiben, die Ihnen Ihre Umsichtigkeit nahelegt. Die größten Männer waren solchen Ungerechtigkeiten ausgesetzt; veröffentlichen Sie also Ihre Bücher so früh wie möglich, damit Sie den Ruhm ernten, den Sie verdienen. Je mehr Bekanntheit Sie erlangen, desto mehr werden wir uns zu unserem Beschluß, Sie zum Nachfolger von Monsieur de Sacy gemacht zu haben, beglückwünschen.«

Die Rosen verdeckten die Dornen nur schlecht; Montesquieu verspürte lebhaft die Ungerechtigkeit des gegen ihn gerichteten Angriffs. Sogar Marais mißbilligte die Äußerungen Malets: »Präsident von Montesquieu hielt seine Ansprache gesondert, weil er sie nicht der Botschaft von Monsieur Malet anfügen wollte, die eine Satire ist. Weder das eine, noch das andere habe ich bisher erlebt; alle diese Schikanen widern mich an.«

Abbé von Olivet hingegen hatte die Waffen noch nicht gestreckt. Es freute ihn, daß Malet »aus nächster Nähe ein oder zwei verletzende Sätze abgefeuert hat«. Wenn Montesquieus Eintritt in die Akademie offiziell scheinbar nur auf mäßige Begeisterung stieß, war das in Bordeaux anders; dort wurde die Neuigkeit mit Wohlwollen aufgenommen, wie der folgende Brief von einem seiner Freunde bezeugt:

»Sie erwarten sicher, daß ich Ihnen sage, diese Rede sei von allen mit Beifall aufgenommen worden. Ganz im Gegenteil macht es mir Vergnügen, Ihnen mitzuteilen, daß Monsieur und Madame Boucher und Monsieur d'Arville sie sehr schlecht fanden. Monsieur Bel, der mich davon unterrichtete, erschien mir über diese Kritik entzückt! Wir wurden uns beide einig, daß es nichts Schmeichelhafteres für Sie gäbe und es boshaft wäre, es Ihnen zu verheimlichen. Ich glaube, er sollte Ihnen eigens schreiben, um Ihnen ihre Bemerkungen im einzelnen zu schildern. Der Rest der Stadt ist über die Rede hingegen sehr erfreut; die Leute mit Geist und gesundem Menschenverstand, die Narren, die Frauen und schließlich die Schmeichler, alle zollten ihr einmütig Lob. Sie haben nur die drei Personen gegen sich, die ich erwähnt habe.«

In den ersten Monaten des Jahres 1728 nahm Montesquieu an drei Akademiesitzungen teil; Abbé von Olivet konnte nicht umhin, seine Gegenwart in einem Brief vom 20. April 1728 an Bouhier zu ironisieren:

»Ich kenne den Taufnamen von Monsieur de Montesquieu noch gar nicht. Ich kenne lediglich seinen Familiennamen Secondat. Er ist nur dreimal in die Akademie gekommen. Damals las ich aus unserer Geschichte [der der Akademie]. Er hat den Mund nicht aufgemacht, und ich habe nicht bemerkt, daß es seine Freunde gewagt hätten, ihm einen großen Empfang zu bereiten . . .«

Montesquieu hatte die Vierzig gesund und im Vollbesitz seiner intellektuellen Fähigkeiten erreicht, war dank des Verkaufs seines Präsidentenamtes und der geschickten Verwaltung seiner Grundstücke durch einen Wohlstand abgesichert, der ihn von materiellen Sorgen befreite, hatte an der Académie française nach hartem Kampf einen Sitz erobert, verkehrte regelmäßig im Salon der Marquise von Lambert, die literarische Reputationen schmiedete und wieder zerstörte, hegte den Wunsch, die diplomatische Laufbahn einzuschlagen und hatte in Bordeaux seine Frau und seine drei Kinder zurückgelassen, als er sich von April 1728 bis Mai 1731 auf eine lange Reise begab, die ihn über Deutschland und Österreich nach Italien und anschließend nach Holland und England führte.

Die Reise durch Europa (1728–1731)

François Deseine bemerkt in seiner 1699 veröffentlichten *Neuen Reise durch Italien*, daß »die Angewohnheit zu reisen gegenwärtig vor allem bei den Völkern des Nordens so weit verbreitet ist, daß man einen Mann, der sein Land nie verlassen hat, kaum gelten läßt, denn es stimmt, daß Reisen das Beurteilungsvermögen ausbilden und den Menschen vervollkommnen, von dem man sagt, er gliche jenen Pflanzen, die erst dann gute Früchte tragen, nachdem sie umgepflanzt worden sind«. Das Urteilsvermögen auszubilden, die Institutionen fremder Länder in ihrer Vielfalt und ihren Unterschieden zu den französischen Gesetzen zu erkunden, Beziehungen mit Gelehrten und Schriftstellern zu knüpfen, sich durch Gespräche zu informieren, die man durch Lektüre ergänzt, seinen Geschmack durch die Besichtigung von Museen und Monumenten zu kultivieren: Das waren die Ziele der langen Reise, die Montesquieu im April 1728 begann. Die Bücher seiner Bibliothek in La Brède über die Gegenden, die er besuchen wird, zeugen für die Sorgfalt, mit der er seine Abreise vorbereitet hat. Wie alle Reisenden seiner Zeit durchquerte er Italien mit den griffbereiten Führern von Misson, Rogissart oder Havart. Lange vor ihm hatte Michel de Montaigne 1580 Italien bereist; nach ihm verfaßten, neben vielen anderen, zwei Reisende Berichte über ihre Italienreisen: Étienne de Silhouette in seiner *Reise durch Frankreich, Spanien, Portugal und Italien* vom 22. April 1729 bis zum 6. Februar 1730 sowie Charles de Brosses in seinen berühmten *Vertrauten Briefen über Italien*.

Montesquieu führte ein Reisetagebuch, das er am 20. Mai 1728 während seines Aufenthalts in Österreich begann und am 17. Oktober 1729, als er sich in Den Haag einschiffte, beendete; die Aufzeichnungen, die er in England machte, sind bis auf einige Fragmente verschwunden. Zwischen 1749 und 1753 ließ Montesquieu die während seiner Reisen festgehaltenen Aufzeichnungen von zwei Sekretären abschreiben. Er hatte die Notizen mit Sicherheit bereits konsultiert, um sie in seinen Werken zu verwenden, ja vielleicht sogar überarbeitet, bevor er sie mit Blick auf eine eventuelle Veröffentlichung ins reine schreiben ließ, doch der Verlust des Originalmanuskripts erlaubt es nicht, die Zusätze und Veränderungen nachzuweisen. Es handelt sich dabei nicht um ein täglich ergänztes Fahrtenbuch; die Chronologie ist oft ungenau, ja sogar widersprüchlich. Gewisse Passagen hätten gut in die *Gedanken* oder den *Spicilège* übertragen werden können; das Tagebuch »präsentiert sich also mit einer gewissen

Phantasie und Spontaneität, einer Phantasie, die zu entdecken reizvoll ist, einer Spontaneität à la Montesquieu, das heißt einer kontrollierten, selbst in den Aufzeichnungen, die nur für seinen persönlichen Gebrauch bestimmt waren[1]«. Wenn man von Montesquieus Reise und dem Einfluß, den die besuchten Länder auf sein Denken ausübten, einen möglichst genauen Eindruck haben will, muß man diese Aufzeichnungen neben seine späteren Schriften und seine Korrespondenz stellen, die man sich in diesem Zeitraum umfangreicher wünscht.

Im Frühling 1728 bietet sich Montesquieu eine einmalige Gelegenheit, unter angenehmen Bedingungen zu reisen und in die politischen Kreise Österreichs eingeführt zu werden. Lord Waldegrave, der Neffe von Berwick, der sich als Botschafter Georgs II. nach Wien begeben wollte, bot ihm einen Platz in seiner Kutsche an. Am 5. April 1728 verließen sie Paris. Die Fahrt war »ziemlich lustig«, obwohl die Kutsche »zwei- oder dreimal umstürzte« und sie zu Ritten zwang, die ihre Ankunft in Wien auf den 26. April verzögerte. Unterwegs machten die Reisenden in Regensburg Station, wo Montesquieu den Reichstag besuchte; mit hintergründigem Humor rät er einer seiner unbekannten Briefpartnerinnen, la Diète (den Reichstag) nicht »für eine deutsche Frau« zu halten.

In Wien kann Montesquieu vor seiner Abreise Louis-François-Armand du Plessis, den Herzog von Richelieu begrüßen, der seit 1725 beim Kaiser akkreditiert war, »von den Frauen glühend verehrt und von vernünftigen Leuten sehr geschätzt« wurde. Er findet die Stadt »klein und durch die Befestigungsanlagen beengt. Es gibt jedoch recht schöne Häuser und sehr schöne Gemächer. Störend ist, daß man selten allein in einem Haus wohnt; sogar der Hof benutzt die zweiten Etagen für die Beamten: Das führt dazu, daß die Mieten außerordentlich hoch sind.« Wien scheint ihm »vor allem dann Schönheit zu besitzen, wenn man es von außerhalb betrachtet. Es ist tatsächlich eine sehr schöne Anlage; man sieht eine kleine befestigte Stadt mit schönen Gebäuden darin.« »Die Enge der Stadt«, notiert Montesquieu weiter, »und der Staub, der vor allem von einem großen, unbebauten Gelände kommt, das zwischen dem Zentrum und den Vororten liegt, hat zur Folge, daß man im Sommer in den Häusern der Vororte oder in den Gärten besser aufgehoben ist als in der Stadt.«

Sein erster Brief, vom 30. April, ist an Madame de Lambert gerichtet: »Ich werde ohne Sie, Madame, eine sehr wohltuende Reise unternehmen; der Gedanke an die Dienstage, an das Vergnügen, das es mir bereitete, Sie jeden Tag zu sehen, beschäftigt mich jedoch sehr. Ansonsten gibt es hier eine sehr angenehme Gesellschaft; von Vorteil ist es, sie vollständig versammelt zu finden, so daß man innerhalb einer Woche ihre Besten kennenlernen kann, Einheimische und sehr viele Ausländer.« Montesquieu zeigt sich »sehr zufrieden über den Aufenthalt in Wien: Bekanntschaften sind dort sehr leicht zu machen, die großen Grundherren und Minister sehr zugänglich, der Hof mischt sich hier mit der Stadt; die Zahl der Ausländer ist so groß, daß man gleichzeitig Ausländer und Mitbürger ist«. Obwohl Montesquieu nicht deutsch spricht, fühlt er sich vollkommen unbefangen, denn »unsere Sprache ist hier so verbreitet, daß sie unter den gebildeten Männern von Welt fast als einzige gesprochen wird, während das Italienische nahezu ungebräuchlich ist«.

Am 20. Mai begibt sich Montesquieu nach Laxenburg, dem rund 20 Kilometer von Wien entfernten Jagdschloß des Kaisers, »in dem ein Privatmann schlecht untergebracht wäre«; er stellt indessen mit Genugtuung fest, daß die Gräben »nicht so schön sind wie die von La Brède«. Er hat die Ehre, dort die Hand Kaiser Karls VI., der den »Gesichtsausdruck und alle guten Manieren eines guten Fürsten« besitzt, und die der Kaiserin Elisabeth von Braunschweig zu küssen, an der er »die Überreste des Anmuts der schönsten Fürstin« entdeckte. Nachdem er bei der Prinzessin von Schwarzenberg zu Abend gegessen hat, kehrt er wieder an den »eine knappe Achtelmeile von Laxenburg entfernten« Hof zurück, wo »der Kaiser einen kleinen Turm in Form eines Taubenschlags bauen ließ. Die Kaiserin und ihre Damen halten sich oben auf, der Kaiser (und sein Gefolge) unten; und man spielt in den beiden Etagen bis in den Morgen hinein.«

In seinem Reisetagebuch verzeichnet Montesquieu mit Sorgfalt die Persönlichkeiten, die er während seines Aufenthalts in Wien kennengelernt hat; er schätzt sich besonders glücklich, François-Eugène von Savoyen, genannt Prinz Eugen, kennenzulernen, den Sohn einer Nichte Mazarins, der in die Dienste des Kaisers getreten ist. Der Herzog von Bouillon hatte ihn dem Prinzen anempfohlen, mit dem er sich über die religiöse Situation in Frankreich unterhielt: »Der Prinz fragte ihn eines Tages, wie es in Frankreich um die Bulle [Unigenitus] bestellt sei. Montesquieu antwortete ihm, der Minister ergriffe Maßnahmen, um den Jansenismus Schritt für Schritt auszuschalten, und in einigen Jahren werde keine Rede mehr von ihm sein. ›Die werdet Ihr niemals los‹, entgegnete der Prinz; ›der verstorbene König hat sich da auf eine Sache eingelassen, deren Ende nicht einmal sein Urenkel absehen wird.‹« Ebenso begegnete er Marschall Guido, dem Grafen von Starhemberg, in dem er »einen Philosophen« erkennt, »einen Mann ohne Allüren, ein wenig scharfzüngig, einen Erzähler, der gerne von sich spricht, niemanden hofiert und literarisch sehr bewandert ist«.

Erfreut darüber, »unser Frankreich in ein günstiges Licht stellen« zu können, bittet er Abbé von Olivet, ihm »zwei Exemplare der *Ratschläge* von Madame de Lambert und zwei weitere der *Lobreden* auf den Zaren und auf Newton« von Fontenelle zu schicken. Das Buch von Madame de Lambert wurde von Berkentin sehr geschätzt; er erwog, es ins Deutsche zu übersetzen, und sandte es an eine Hofdame der Kaiserin in Wien. »Ihre Ethik ist gut; jeder macht sie sich zu eigen«, schreibt Montesquieu an Madame de Lambert. »Was Fontenelle betrifft, so ist er im Ausland derart bekannt, daß man ihn nicht mehr nach seinen Werken, sondern nach seinem Ansehen beurteilt. Man zollt seinen Schriften Beifall, bevor man sie gelesen hat. Es wäre wünschenswert, daß alle Vorurteile so vernünftig wären. Seine Lobrede auf den Zaren war für mehr Leute verständlich als die auf Newton.«

Der Eindruck, den Montesquieu auf seine Wiener Gesprächspartner machte, ist in einem Brief festgehalten, den der Gesandte von Sachsen, Graf von Wackerbarth, am 29. Mai 1728 an seinen Außenminister, den Grafen von Manteuffel, richtete: »Dieser Franzose ist französischer als irgendein anderer, im Hinblick auf die Lebendigkeit seines Geistes und seiner witzigen Einfälle; er hat sich vorgenommen, der deutschen Nation um jeden Preis zu gefallen; als er hörte, daß der Titel Exzellenz in Wien groß in Mode ist, verlieh er ihn freigebigst an alle Desmoiselles, die er in der Gesellschaft sah. Man wies ihn auf das Mißverständnis hin; er entgegnete unerschrocken, daß die Jugend nicht weniger exzellent sei als das Alter und man sich deshalb nicht wundern dürfe, wenn er ihr dieselben Würden zugestehe[2] . . .«

Die Abreise des Kaisers am 20. Mai nach Graz und Triest regte Montesquieu dazu an, »einen Teil Ungarns zu bereisen«, um die Minen zu besichtigen, aber auch »weil alle europäischen Staaten einst so aussahen wie Ungarn heute und ich den Lebenswandel unserer Väter kennenlernen wollte[3]«; dieses Interesse bekundet er wenig später in nahezu denselben Worten in seinen *Betrachtungen über die Reichtümer Spaniens*: »In Ungarn und Polen haben wir noch eine richtige Vorstellung vom früheren Europa.« Gleich zu Beginn seiner Europareise kennzeichnet Montesquieu mit seinem kurzen Ungarn-Aufenthalt zwei wesentliche Absichten seiner Fahrt: Vor Ort möchte er einige wissenschaftliche Probleme in bezug auf die Bergwerke und ihre Ausbeutung erforschen, um die Ergebnisse, selbst wenn er seine Notizen erst später verwenden sollte, festzuhalten; überdies will er die Lebensgewohnheiten und die öffentlichen Einrichtungen Ungarns studieren.

Nachdem er Wien am 27. Mai verlassen hatte, nahm er am 28. und 29. in Preßburg, dem heutigen Bratislava, an zwei Landtagssitzungen teil; die Debatten kreisten um Fragen von Form und Anstand: Man erörterte vor allem die Art und Weise, wie die Delegierten den Vertretern des Königs ihre Eingaben unterbreiten sollten. Nach einer allgemeinen Diskussion über die Vor- und Nachteile des neuen Steuersystems, dem der Landtag auf Wunsch des Kaisers zustimmen sollte, beschloß man, daß jeder Delegierte seine Einwände einzeln vorbringen sollte. In den Protokollen findet sich jedoch kein Hinweis auf die Gegenwart eines ausländischen Besuchers im Landtag. Neben der Hauptdiskussion haben den Reisenden sicher zahlreiche unvorhergesehene Zwischenfälle erheitert oder verwirrt. In einem Brief von Anfang Juni 1728 an Waldegrave ironisiert Montesquieu die übertriebene Leidenschaft des ungarischen Adels für Titel: »Ich bin sehr zufrieden über die Errungenschaft, die ich bei einem ungarischen Lakaien gemacht habe, der mich immerzu einen *illustris* und *super illustris* nennt, der mich beschwichtigt, wenn ich ihn einen *celsissimus* schimpfe, und mir mit dem Titel *magnificus* ein schönes Süppchen einbrockt«, und er fügt ernüchtert hinzu: »Ich habe nicht vor, weiter als Buda zu reisen.«

Außerhalb der öffentlichen Sitzungen im Landtag führte Montesquieu während seines zwölftägigen Aufenthalts in Preßburg private Gespräche mit Delegierten und ungarischen Grundherren. Er traf sich in erster Linie mit Reichsverweser Nicolas Palffly, aber auch mit dem Primasfürsten und Erzbischof von Esztergom, Emeric Esterhazy, und dem Bischof von Csanyi, Ladislas, den er für den Bischof von Belgrad hielt. »Während eines Abendessens beim Reichsverweser«, berichtet Montesquieu, »faßte Bischof Ladislas eine so starke Zuneigung zu mir, daß er mir ständig zuprostete *excellentissimo domino palatino, serenissimo principi primati, ad ordines et status regni Hungariae, ad principum christianorum concordiam*; so berauschten wir uns gegenseitig, und er sagte mir dauernd: *veni mecum Belgradium, habeo bonos equos qui nec denarium tibi constabunt*, worauf ich ihm entgegnete: *Vestra Reverentia tam bene bibit ut me occideret prima die.*«

Während seiner Reise über Land zeigte sich Montesquieu erstaunt über die Armut, die Lage der Bauern und das Fehlen von Manufakturen; die Landwirtschaft war ihm zufolge in der Antike eine Arbeit für Sklaven. In Erinnerung an seine Beobachtungen in Ungarn wird er im Manuskript des *Geistes der Gesetze* folgenden Satz vermerken, der in der Ausgabe von 1748 nicht vorkommt: »Wir haben eine Vorstellung von dieser Knechtschaft in Polen, Böhmen und einigen Teilen Deutschlands, wo das Volk zur Landwirtschaft verdammt worden ist.«

In Kremnitz, Schemnitz und Neu-Sohl, den heute zur Tschechoslowakei gehörenden Kremnia, Stiavnica und Bystrica, besuchte Montesquieu die Minen. Besonders interessierten ihn zwei Brunnen, die Eisen in Kupfer zu verwandeln schienen; von ihrem Wasser nahm er eine Flasche mit, um es in Wien analysieren zu lassen. In Königsberg, zwischen Wien und Krakau, zeigte ihm der Engländer Potters eine Dampfmaschine, die dazu diente, »über mehrere von ihr angetriebene Pumpen das Wasser aus einem Bergwerk abzusaugen«. Interessant ist aber vor allem Montesquieus Feststellung zum Nutzen der Minen: »Obwohl die Gold-, Silber- und Kupferminen lediglich die Kosten erwirtschaften, sind sie nichtsdestotrotz sehr nützlich, da sie in einem Land mit einem Überfluß an Getreide und Wein zehntausend Menschen beschäftigen, die einen Teil dieser Nahrungsmittel verbrauchen und auf diese Weise drei oder vier Landstriche am Leben erhalten. Die Arbeit der Minen macht die Bewirtschaftung des Bodens einträglich.« Montesquieu greift diesen Gedanken in den *Betrachtungen über die Reichtümer Spaniens* und in den *Überlegungen zur universellen Monarchie in Europa* wieder auf, bevor er auf das Thema im *Geist der Gesetze* zurückkommt: »Die Minen in Deutschland und Ungarn, in denen man kaum mehr als die Kosten erwirtschaftet, sind sehr nützlich. Sie befinden sich im Zentrum des Staates; sie beschäftigen mehrere tausend Menschen, welche die im Überfluß vorhandenen Nahrungsmittel konsumieren«; und er fügt hinzu: »Eigentlich sind sie eine staatliche Manufaktur[4].«

Die Frage nach dem Nutzen der Minen wurde für Montesquieu Gegenstand seiner Überlegungen; die Entwicklung läßt sich in den Texten nachvollziehen. Nach seiner Rückkehr benutzt er die Reiseaufzeichnungen, um seine *Abhandlungen über die Minen* zu verfasssen, die er am 25. August 1731 in der Akademie von Bordeaux vortrug.

Als Montesquieu Ende Juni nach Wien zurückkehrt, erhält er einen Brief von Berwicks ältestem Sohn, Jacques-François de Fitz-James, dem Herzog von Liria, der ihn dazu einlädt, ihm nach Moskau nachzufolgen, wo er Spanien repräsentiert: »Da Sie schon fast hier sind, fassen Sie einen guten Vorsatz und statten Sie uns einen kleinen Besuch ab. Sie werden das schönste Land sehen, das Sie in Ihrem Leben je zu Gesicht bekommen haben, ein normalerweise wunderbares Klima, einen Fürsten, schön wie ein Engel, eine Fürstin voller Reize und einen spanischen Botschafter, der Sie mit offenen Armen empfangen wird. Schauen Sie, ob Ihnen das zusagt; von hier aus können Sie über die Ukraine und das Land der Tataren nach Konstantinopel fahren, um sich nach Venedig einzuschiffen; und von da aus können Sie den Rest Ihrer geplanten Reise durch Italien machen.« Doch Montesquieu verlockte die Einladung des Herzogs von Liria nicht, da er nicht glauben konnte, »daß es sein Fehler ist, wenn er sich dort langweilt«.

Montesquieu verfolgt ein anderes Projekt, auf das er während seiner Reisen wiederholt zurückkommt und das ihm zu diesem Zeitpunkt besonders am Herzen zu liegen scheint: den Eintritt in die Diplomatie. Gleich bei seiner Ankunft in Wien schreibt er an Fleury und den Justizminister Germain-Louis Chauvelin, um sie über seine Absichten zu unterrichten und ihre Protektion zu erbitten. Die Briefe sind verlorengegangen, doch ihr wesentlicher Inhalt ist durch einen Brief Montesquieus vom 10. Mai 1728 an den Abbé von Olivet bekannt: »Vor einigen Tagen schrieb ich an den Kardinal und Monsieur Chauvelin, daß es mich freuen würde, an den ausländischen Höfen beschäftigt zu werden, und daß ich viel dafür getan hätte, um dazu imstande zu sein. Sie würden mir einen großen Gefallen tun, wenn Sie in dieser Angelegenheit Monsieur Chauvelin aufsuchen könnten, um in Erfahrung zu bringen, was er davon hält. Ich hatte nie die Gelegenheit, ihn als Privatmann kennenzulernen, und seither wollte ich ihm keinen schlechten Eindruck von mir vermitteln, etwa den, ich suchte mich zu bereichern. Ich möchte wissen, ob ich ein angenehmes Thema bin oder ob ich mir diesen Gedanken aus dem Kopf schlagen soll, was schnell geschehen kann. Die Gründe, weshalb man ein Auge auf mich werfen sollte, sind, daß ich nicht dümmer bin als andere, daß ich mein Glück gemacht habe und für die Ehre arbeite und nicht, um zu leben, daß ich sehr umgänglich und wißbegierig genug bin, um auf dem laufenden zu sein, in welches Land ich auch gehe.«

In diesem Brief gibt Montesquieu wie selten seine geheimsten Ansichten preis, seine Meinungen über sich selbst, ohne falsche Bescheidenheit, doch fern von jeder übertriebenen Einschätzung seiner intellektuellen und moralischen Eignung für derartige Aufgaben. Fleury antwortete ihm »in sehr gewogener Weise«, doch sein Brief an Chauvelin scheint ohne Antwort geblieben zu sein.

Montesquieu legt keinen Wert darauf, seinen Aufenthalt in Österreich zu verlängern: »Wien ist wie ausgestorben, es mangelt besonders an Männern. Man sagt, daß sich die Kaiserin in Graz schrecklich langweile und während der Reise des Kaisers nach Triest hierher zurückkehren wird.« Am 9. Juli reist er, immer noch in Begleitung Waldegraves, Richtung Graz und ist von der Landschaft bezaubert: »Von Wien nach Graz sind es 24 deutsche Meilen; in Schottwien beginnt der Anstieg zu einem sehr hohen Berg namens Semmering. Dank der Arbeiten, die man dort durchgeführt hat, und der Anlage von Umwegen erklimmt man ihn, fast ohne es zu merken. Früher brauchte man sechs Ochsen vor seiner Kutsche und zwei Stunden, um hinaufzufahren; heute schafft man es mit zwei Pferden in einer halben Stunde. Auf dem Gipfel steht eine Säule mit einer Karl VI. gewidmeten Inschrift; die Säule grenzt Österreich von der Steiermark ab . . . Seit wir in der Steiermark sind, folgen wir der Mürz, die in Bruck in die Mur fließt; wir folgen diesen Flüssen durch ein Tal, das zwischen zwei Bergketten liegt und bis nach Graz führt. Ich habe noch nie eine so hübsche Landschaft gesehen und bin noch nie über einen so schönen Weg in ein so schönes Land gekommen.«

In einem Brief aus Graz an Berwick betont Montesquieu die Bedeutung der Arbeiten für ein Straßennetz in diesen gebirgigen Gegenden; in den *Reisen* kommt er auf diese Frage erneut in nahezu gleichem Wortlaut zu sprechen und bezeugt damit sein Interesse an einer Verbesserung der Verbindungswege zwischen Österreich und der Adria: »Die Wege, die der Kaiser in dieser Gegend anlegen ließ, sind bewundernswert: es handelt sich um Arbeiten der Römer; man bewegt sich durch die Berge wie über den Deich der Loire; von hier nach Triest und von Karlstadt nach Boucharitz, einem anderen Hafen an der Adria, ist das ganz anders; dort fährt man in der Kutsche durch Gegenden, in die man zu Pferd nicht hinkäme.«

In Graz stellte Berkentin, der Gesandte Dänemarks, Montesquieu dem Präsidenten des Reichshofrates, dem Grafen von Wurmbrand vor, »der in den Angelegenheiten und der Verfassung des Kaiserreichs der gelehrteste Mann Deutschlands ist«. Montesquieu erzählte ihm Abbé von Olivets Projekt, »eine deutsche Geschichte seit der Regentschaft Ferdinands II. zu schreiben«. Sein Gesprächspartner verheimlichte ihm die Schwierigkeiten des Themas keineswegs, denn »es gäbe nur wenige Autoren, die über die Kriege Ferdinands geschrieben hätten, und zu den Kriegen der Schweden in Böhmen, Mähren und Österreich sei fast nichts geäußert worden«. Er wies ihn jedoch auf einige Quellen hin, die gedruckt oder als Manuskript vorlagen und deren Belegstellen Montesquieu unverzüglich an Abbé von Olivet weiterleitete. Montesquieu informierte sich in dieser Frage auch beim sächsischen Gesandten, dem Grafen von Wackerbarth, der ein Manuskript besessen hatte, »das alle Depeschen des zweiten Bevollmächtigten des Kaisers in Münster enthielt . . . und unlängst in seinem Haus in Dresden verbrannt war«; Montesquieu hoffte, daß es eine Abschrift gäbe. Gleichzeitig verwies er Abbé von Olivet an Berkentin, damit er mit ihm korrespondieren und so nützliche Auskünfte einholen könnte. Berkentin »ist sehr bewandert, vor allem in deutscher Geschichte, und besitzt eine große Bibliothek; im übrigen kann er den Grafen von Wurmbrand zu Rate ziehen und, wenn es nötig ist, Sie mit ihm in Verbindung bringen. Er hat mir gegenüber angemerkt, daß es zwei Arten von deutschen Schriftstellern gebe: die einen geben dem Kaiser alles, die anderen bringen ihn um alles. Für einen Franzosen schicke es sich dagegen, völlig unparteiisch zu sein, was seinem Werk allein schon zu großem Wert verhelfe. Er hat mir ein Buch von Pufendorf geliehen, das *Monzambano* heißt und mir hervorragend geeignet scheint, um einen Eindruck vom Zustand des Kaiserreichs zu bekommen«.

Montesquieu begnügt sich also nicht damit, nur sich selbst bei den sachkundigsten Gesprächspartnern über die Geschichte des Landes, das er gerade besucht, zu unterrichten; er übermittelt auch an Abbé von Olivet unverzüglich die Auskünfte, die er sammeln konnte, und versorgt ihn mit Hinweisen, die ihm bei seinen Nachforschungen wahrscheinlich behilflich sein können. Dank seines umgänglichen Charakters kommt er leicht in Kontakt, den er wegen der Kürze des Aufenthaltes aber nicht aufrechterhalten kann. »Sie können sich nicht vorstellen«, schreibt er an Madame de Lambert, »welch eigentümliche Sorgen man in fremden Ländern hat; man spielt mit dem Gedanken, sich an Leute zu binden, die man so bald nicht wiedersehen dürfte und mit denen man oft sehr gerne leben würde. Mir scheint, das Herz ist zu klein für all die guten Menschen, die man gernhaben könnte.« Doch darüber vergißt er nicht die Sorgen der Politik und verfolgt mit Interesse die Entwicklung des Kongresses von Soissons.

Für Montesquieu ist der Augenblick gekommen, Graz zu verlassen und sich, nicht ohne Bedauern, von seinem ersten Reisegefährten zu trennen: »Ich lasse hier Lord Waldegrave in der vornehmen Welt zurück; sein Haus ist ständig so voll, daß er keine Zeit zum Atmen findet.« Zwar entdeckt Montesquieu einen gewissen Reiz an der Stadt Graz: »Man ist dort gleichzeitig in der Stadt und auf dem Lande, lebt ungezwungener als in Wien, und die Frauen sind schöner.« Doch stellt er ebenso fest, daß »man sich in Graz so schrecklich langweilt, daß die meisten Ausländer die kommende Zeit in Venedig verbringen werden«, und er fügt hinzu: »Ich werde hinfahren, auch wenn ich bereits zu alt für diese Stadt bin.«

Die Erinnerung an Montaigne als Lebens- und Denkmodell ist bei Montesquieu häufig gegenwärtig; wie sein Vorbild will er sich von der lateinischen Antike durchdringen lassen und vielleicht mehr noch das moderne Italien mit seinen Lebensgewohnheiten und Institutionen entdecken: Die Vergangenheit dient ihm dazu, die Gegenwart zu erklären und die Zukunft zu erahnen. Das Programm, das Rhedi im XXXI. Persischen Brief Usbek darlegt, macht er zu dem seinen; er freut sich darauf, in einer Stadt zu wohnen, in der sich sein Geist »jeden Tag weiterbildet«: »Ich informiere mich über die Geheimnisse des Handels, die Interessen der Fürsten und ihre Regierungsform; nicht einmal den Aberglauben der Europäer lasse ich außer acht; ich befasse mich eifrig mit Medizin, Physik und Astronomie; ich studiere die bildenden Künste; endlich weicht der Nebel vor meinen Augen, der mir in meinem Geburtsland die Sicht nahm.«

Die Leichtigkeit, mit der sich Montesquieu anpaßt, hilft ihm dabei, die besuchten Länder zu verstehen: »Wenn ich durch fremde Länder reiste, habe ich mich ihnen so verbunden gefühlt wie meinem eigenen; ich nahm Anteil an ihrem Geschick und wünschte mir, daß sie florierten[5].« Auf diesem Wege kann er, leichter und besser als ein gewöhnlicher Tourist, das Vertrauen seiner Gesprächspartner gewinnen und aus ihren Mitteilungen wertvolle Lehren ziehen. Er möchte sichere Tatsachen erfahren; dieser Wunsch drängt ihn dazu, die Gesellschaft von Spezialisten wie Conti, Bonneval, Law oder Pater Fouquet zu suchen, die ihm nicht nur über Italien Auskünfte erteilen können, sondern auch über so wichtige Themen wie China oder die Finanzpolitik. Ein Großteil seiner Notizen stellt eine Sammlung von Ereignissen und Zahlen aus Politik, Handel, Gewerbe und Landwirtschaft dar. Die technische Genauigkeit dieser Informationen steht im Gegensatz zur Banalität seiner touristischen Aufzeichnungen; sie sind weit unpersönlicher und sehr oft von seinem Reiseführer beeinflußt, dem »schlechten Buch« mit dem Titel *Die Wonnen Italiens*, verfaßt von Rogissart und Havart.

Am 12. August verließ Montesquieu Graz in Begleitung von Hildebrand Jacob, einem Freund von Waldegrave; er befand sich zur gleichen

Zeit wie Montesquieu in Wien und sollte sein erster Führer auf dem Gebiet der Kunst sein: »Ihm verdanke ich eine Vorstellung von der Kunst der Malerei[6].« Obwohl die 1735 unter dem Titel *A letter from Paris to B. B.* veröffentlichten Reiseimpressionen keinerlei Anspielungen auf seinen Reisegefährten enthalten, führten beide während ihrer Besuche in Kunstgalerien und italienischen Museen zahlreiche Gespräche; ein Echo findet sich im *Spicilège*[7] in einer Passage, die im Hinblick auf die Unterscheidung von »Natur« und »schöner Natur« die Plumpheit der flämischen Maler, die unfähig seien, die Erhabenheit der »schönen Natur« zu erreichen, dem guten Geschmack der Italiener gegenüberstellt: »Rubens, der die Galerie des Luxembourg gemalt hat und nie in Italien gewesen ist, hat alle Göttinnen als fette Holländerinnen gemalt[8].«

*

Nach einer überstürzten, fünftägigen Reise, angestiftet durch die Ungeduld des »zu nichts anderem zu bewegenden Monsieur Jacob«, der »seit Graz, ohne sich einen Moment auszuruhen, auf den Flügeln der Liebe dahinflog«, erreichen Montesquieu und sein Begleiter am 16. August 1728 Venedig. Seine ersten Eindrücke offenbaren die Geisteshaltung, die er auf seiner Italienreise beibehalten wird; in zwei Sätzen stellt er die Freude über seinen Besuch und die Besorgnis über die Situation der Dogenstadt nebeneinander: »Der erste Anblick von Venedig ist bezaubernd; ich kenne keine Stadt, in der man am ersten Tag lieber wäre als in Venedig, sei es wegen der neuen Perspektiven oder Vergnügungen. Nichts ist schlimmer, als Länder zu besuchen, die ohne Wohlstand leben, so daß man sich scheut, näher hinzusehen.« Auch wenn diese Überlegungen nach Montesquieus Rückkehr nach Frankreich gründlich überarbeitet worden sind, zeugen sie von seinen mehrdeutigen Empfindungen, die er während seines Aufenthalts bis zum 14. September haben wird; denn am Vorabend seiner Abreise zögert er nicht, Berwick zu schreiben: »Das ist eine Stadt, die nur noch ihren Namen hat: keine Kräfte mehr, kein Handel, keine Reichtümer, keine Gesetze: Einzig die Ausschweifung nennt sich dort Freiheit.«

Außer dem Ritter Jacob hat Montesquieu als Führer noch den Abbé Antonio Conti, der von 1718 bis 1726 in Paris gelebt hatte. Sie besaßen mehrere gemeinsame Freunde, so den Abbé von Oliva, Fréret und Fontenelle. Der Gelehrte aus Padua, ein enzyklopädischer Kopf, der ohne große Eigenständigkeit das eklektische Denken der Epoche vertrat, »führte« ihn »sehr gut durch Venedig«. Montesquieu ist froh, ihm begegnet zu sein, wie er am 15. September 1728 an Madame de Lambert schreibt: »Ich war sehr glücklich, den Abbé Conti anzutreffen, der mich mit echten Venezianern zusammengebracht hat, und genau das ist es, was man sich hier und nicht anderswo angucken sollte; die meisten Ausländer kommen hier

nämlich gewöhnlich nur mit Botschaftern und Demoiselles zusammen.«
Abbé Conti macht seinen Freund mit Cecilia Memo, der Nichte des Dogen, und einer seiner Nichten, »der Signora Conti«, bekannt, die »schön wie der Tag« ist.

Bevor Montesquieu die Stadt im einzelnen erkundet, möchte er einen Überblick von ihr bekommen; er durchquert die Lagune und ihre Inseln: »In Venedig gibt es Gärten auf den Nachbarinseln, in denen fast niemand spazierengeht.« Er ist zunächst erstaunt über die vielen Prostituierten; schon am ersten Tag hält er ebenfalls fest, daß »das schöne Geschlecht Waldegrave die Stadt zeigt«, weshalb »er schon daran denkt, sich hier niederzulassen«. Was sein eigenes Verhältnis zu ihnen betrifft, bleibt Montesquieu diskret; er beurteilt sie streng: »Die H... von Venedig, abscheuliche H..., aufdringlich, bis sie den Entschlossensten anekeln; verdorben und nicht besonders schön; die Laster des Berufs sind bei ihnen stärker ausgeprägt als bei ihren Kolleginnen in irgendeinem anderen Land der Welt.« Am 18. August schreibt er an Waldegrave: »Ich gestehe Ihnen, daß ich richtige Wut auf die Bootsführer habe, die sich zweifellos von meinem kräftigen Aussehen täuschen lassen und an jeder Tür, an der Dirnen stehen, anhalten wollen und den Kopf schütteln, wenn ich sie in weitem Abstand vorbeifahren lasse, als wäre das mein Fehler.« Waldegrave duchschaut indessen Montesquieus Reaktionen: »In dieser Hinsicht habe ich mich keineswegs irreführen lassen, auch wenn Sie sich hier nicht so klar äußern, wie ich es gewünscht hätte; doch es scheint uns, daß sich meine Prophezeiung erfüllt hat und Sie so oft f..., wie Sie es nötig haben.« In der Tat hat es nicht den Anschein, als sei Montesquieu gegenüber den Reizen der schönen Frauen von Venedig gleichgültig geblieben; am 3. September schreibt er an Waldegrave: »Ich lebe hier unter der Fuchtel einer Schönen, die immer zu mir sagt: Ah! caro«; doch er fügt umsichtig hinzu: »Da sie alle meine Kondome verbraucht hat, werde ich sie zugunsten von Monsieur Jacob verstoßen.«

Als Feind von Exzessen und aufmerksamer Beobachter der Lebensgewohnheiten sammelt Montesquieu etliche Informationen über die Prostituierten: »In zwanzig Jahren ist die Zahl der H... in Venedig um 1000 zurückgegangen; das rührt nicht von einer Verbesserung der Sitten her, sondern von der ungeheuren Verringerung der Ausländer«; oder auch: »Sie werden bemerken, daß die H... in Venedig sehr nützlich sind. Sie allein sind imstande, den jungen Leuten das Geld aus der Tasche zu locken, und die Händler bekommen nur von den H... Geld.« Letztlich fällt der Autor der *Persischen Briefe* ein strenges Urteil über die Libertinage: »In puncto Freizügigkeit genießt man dort eine Freiheit, welche die meisten anständigen Leute nicht haben wollen. Am hellichten Tag Freudenmädchen aufsuchen; sich mit ihnen zu verheiraten; es sich in der österlichen Zeit erlauben, nicht zu den Sakramenten zu gehen; völlig unbekannt und in seinem Handeln unabhängig zu sein: Das ist die Freiheit, die man besitzt. Seltsam indessen: Der Mensch ist wie eine Uhrfeder, der es desto besser geht, je mehr sie gespannt ist.«

Wie schon in Österreich nutzt Montesquieu seinen Aufenthalt in Venedig, um dort mit bedeutenden Persönlichkeiten zusammenzutreffen. Er stattet dem französischen Botschafter, dem Grafen von Gergy, einen Höflichkeitsbesuch ab und stellt mit Verbitterung fest: »Nichts ist so nutzlos wie ein französischer Botschafter in Venedig; er gleicht einem Händler in einem Lazarett.« Zum französischen Konsul B. Leblond, dessen Äußerungen er im *Spicilège* verzeichnet, hält er ständig Verbindung; an ihn läßt er seine Post adressieren. Häufig trifft er den Grafen von Bonneval, von dem er in Wien gehört hatte. »Wir waren fast die ganze Zeit zusammen«, wird er am Ende seines Venedig-Aufenthalts feststellen. Montesquieu war fasziniert von seiner Persönlichkeit und seinem abenteuerlichen Leben; Claude-Alexandre, Graf von Bonneval, stand in der Gunst Prinz Eugens, war jedoch seit einigen Jahren in Venedig im Exil, bevor er zum Islam konvertierte und in Konstantinopel unter dem Namen Ahmed Pascha eine der wichtigsten Persönlichkeiten der türkischen Politik wurde.

Trotz der Verschiedenheit ihrer Charaktere entwickelte sich zwischen den beiden Männern bald ein vertrautes Verhältnis. Bonneval leiht Montesquieu Manuskripte: »Ich hoffe übrigens, Monsieur, daß Sie den Bericht von Peterwardein niemandem zeigen, bevor Sie ihn nicht gut und gebührend verbessert und ihm jene sprachliche Gestalt gegeben haben, welche die Wahrheit ins hellste Licht stellt.« Später wird Montesquieu versuchen, die Gründe zu erforschen, derentwegen Bonneval in Ungnade gefallen war[9].

Bonneval zeigt Montesquieu eine geniale Maschine, mit der er beabsichtigt, Flußbetten zu reinigen sowie Kanäle und Häfen zu säubern; mit ihm fährt er zur Insel Malamocco, wo er »kleine, eigenartig gebaute Schiffe sieht: Sie sind unten rund und (wie mir scheint) sehr schlechte Segler«. An diese Segler wird er sich beim Schreiben des *Geistes der Gesetze* erinnern[10]. Einen ausgedehnten Besuch widmet er auch der Werft und ihren »Docks für Schiffe und Galeeren«.

Montesquieu macht darüber hinaus die Bekanntschaft des Franziskaners Pater Lodoli, eines Mathematikers und Schriftstellers, der mit Conti und Maffei befreundet war und eine Druckluftmaschine konstruiert hatte, die Bonneval interessierte[11]. Mit Unterstützung von Conti wünschte Pater Lodoli die Veröffentlichung einer neuen Ausgabe der *Neuen Wissenschaft* von Vico in Venedig; Montesquieu notierte – wahrscheinlich nach einer Unterhaltung mit ihm – in sein Tagebuch: »In Neapel kaufen: *Prinzipien einer neuen Wissenschaft* von Giovanni Battista Vico, Napoli.«

Ende August führt Montesquieu zwei Gespräche mit Law, der sich 1720 nach dem Scheitern seines Systems nach Venedig abgesetzt hatte, wo er im März 1729 starb. In den *Persischen Briefen* hatte Montesquieu schon 1721 die Arbeit des Finanzpolitikers kritisiert[12]. Er neigte um so mehr dazu, den Theorien Laws entgegenzutreten, als er 1715 eine *Eingabe über die Staatsschulden* an den Regenten gerichtet hatte, die eine Kürzung der Einnahmen des Klerus, der Stände und der Gemeinden befürwortete.

»Am 29. August 1728 traf ich Law in Venedig. Er redete viel von seinem System, aber nur von den Anfängen.« Während einer zweiten Untersuchung sprach er über sein Scheitern, ohne Montesquieu zu überzeugen, denn dieser fällt ein hartes Urteil über den Finanzmann: »Er ist ein hinterlistiger Mensch, der Urteilsvermögen besitzt und seine ganze Kraft darauf verwendet, Ihre Antwort gegen Sie selbst zu richten, indem er in ihr irgendeinen Nachteil entdeckt; im übrigen ist er mehr in seine Ideen verliebt als in sein Geld.«

Montesquieus Notizen, die jeweils mit einem »er sagte, daß« voneinander abgehoben sind, spiegeln die Äußerungen Laws wider. Im *Spicilège* legt er etwa zur selben Zeit seine Ideen zum Geldumtausch dar, die im völligen Widerspruch zu denen des Bankiers stehen[13]; im *Geist der Gesetze* wird er sie weiterentwickeln; so enthalten die Aufzeichnungen von Venedig in embryonaler Form etliche Gedanken, die später wiederaufgenommen und erweitert werden[14].

Neben diesen Begegnungen beginnt Montesquieu, sich für die Kunstwerke in den Kirchen und Palästen Venedigs zu interessieren; seine Neugier und seine künstlerische Sensibilität erwachen beim Anblick der Meisterwerke: »Meine Augen werden in Venedig sehr befriedigt; mein Herz und mein Geist sind es nicht. Eine Stadt, in der nichts dazu anhält, sich liebenswert und tugendhaft zu verhalten, mag ich nicht. Die Vergnügungen, die man uns gibt, um all das zu ersetzen, was man uns raubt, fangen an, mir zu mißfallen; im Gegensatz zu Messalina ist man übersättigt, ohne müde zu sein.« Einen besonderen Besuch widmet er der Markuskirche. »Heute, am 1. September, habe ich mir mit Abbé Conti und Monsieur de Bonneval den Schatz von San Marco angesehen. Monsieur Justiniani, der Prokurator von San Marco, hatte die Güte, mich selbst zu führen und mir alles zu zeigen.« Nichts oder fast nichts entgeht ihm; während er die Überfülle und Vielfalt der Marmorstatuen bewundert, teilt er jedoch nichts über die Architektur mit: »Die im Gegensatz zu diesem Stillschweigen stehende Aufmerksamkeit, die er den kleinen Details entgegenbringt, verrät vielleicht die verständliche Verwirrung eines abendländischen Mannes, der sich schlagartig mitten nach Byzanz versetzt sieht[15]«. Montesquieu scheint sich besondes für die Stadt des 17. Jahrhunderts interessiert zu haben: »Die Häuser Venedigs sind nur Pavillons mit schmaler Fassade. Übrigens ist diese Fassade schön.« Er ist hingerissen von der

Benediktinerkirche San Giorgio Maggiore, einem Bauwerk von Palladio; er bewundert den Kreuzgang und die Skulpturen des Chors, gibt aber keine persönliche Beurteilung über das Bild der *Hochzeit von Kanaan* von Paolo Veronese ab, »von dem man sagt, es sei das schönste in Venedig«. Während seiner Besuche in anderen italienischen Städten wird Montesquieu, sicherlich unter dem Einfluß der Entdeckung von San Giorgio, bald den Zierat der barocken Architektur schätzen lernen.

Seine Kunstkenntnisse in bezug auf Venedig bleiben begrenzt; während sie im architektonischen Bereich ziemlich vollständig sind, erscheinen sie in den Bereichen der Bildhauerei und Malerei sehr bescheiden. Eine gewisse ästhetische Ergriffenheit scheint er beim Anblick des *Adonis*, eines Werkes des Bildhauers Antonio Corradini, zu verspüren, der ihm »eines der schönen Dinge zu sein scheint, die man anschauen kann: Sie würden sagen, daß der Marmor aus Fleisch ist; einer seiner Arme fällt lässig, als würde er von nichts gestützt.« Gegenüber den Gemälden und Fresken bleibt er gleichgültig. Dennoch wird er später, um zu zeigen, daß er an der venezianischen Kunst nicht desinteressiert ist, in sein Tagebuch schreiben: »Ich möchte, daß der König, wie in Rom, auch in Venedig über eine Akademie verfügt, um die Studenten dorthin zu schicken, die von der römischen Akademie verwiesen werden.«

Grosley hat eine Anekdote erzählt, derzufolge Montesquieu am Ende seines Aufenthalts in Venedig gewarnt worden sein soll, daß die Polizei bei seiner Abfahrt sein Gepäck untersuchen, seine Aufzeichnungen über die Politik beschlagnahmen und ihn vielleicht sogar verhaften würde. Er hätte damals seine Manuskripte verbrannt und hinterher erfahren, daß dies ein schlechter Scherz von Chesterfield gewesen sei[16]. Montesquieus Aufzeichnungen über Venedig sind sehr umfangreich; wenn er sie vernichtet hätte, wäre es schwierig gewesen, die Anekdoten von Bonneval, die präzisen, mit reichhaltigen Statistiken vesehenen Auskünfte Leblonds sowie die vielen Einzelheiten und aus dem Leben gegriffenen Eindrücke zu rekonstruieren[17].

*

Da Montesquieu vermeiden wollte, während der großen Hitze in Rom anzukommen, beschloß er, »Italien von der Rückseite her« zu nehmen und über Mailand, Turin, Genua und Florenz zu reisen. Obwohl drei seiner Briefe das Datum »Venedig, den 15. September« tragen, verließ er die Dogenstadt in Wirklichkeit am 14. über die Brenta, »einem Fluß, aus dem man mit vier Schleusen einen Kanal gemacht hat«, und erreichte am selben Tag Padua.

Da der Naturforscher Antonio Vallisneri, der ihm von Conti empfohlen worden war, nicht in der Stadt weilte, besuchte er unter der Führung des Arztes Guillelmo Scotto die Stadt Giottos. Beim Besuch von Kirchen und

Palästen lernt er, wie man anhand der Rissigkeit der Zeichnung eine Kopie vom Original unterscheidet: »Man beurteilt Originale und Kopien nach den großen Strichen, die sich im Original befinden ... Wenn man erkennen will, ob ein Gemälde retuschiert ist, muß man es nur waagrecht halten und betrachten; das Retuschierte erscheint über dem anderen wie eine zusätzliche Farbschicht.« Er interessiert sich ebenso für das Verhältnis der Farben zu den verschiedenen Ebenen des Gemäldes; lange verharrt er vor »einem Kruzifix aus Holz, das ein Meisterwerk ist, so viel Kenntnis steckt darin: die Muskeln so wunderbar gezeichnet; der Tod zum Ausdruck gebracht; die Zehen sind nicht, wie gewöhnlich, ausgestreckt, sondern verkrampft; das Blut, das sonst immer flüssig dargestellt wird, tritt in Klumpen hervor; er hat den Mund offen und scheint im Sterben zu sprechen«.

Am 16. September verläßt Montesquieu Padua und kommt abends in Vicenza an; am nächsten Tag besucht er die Piazza dei Signori, die Bibliothek (oder den alten Palast), das Pfandhaus und das Haus des Capitano und erreicht am Abend Verona: »Es gibt nichts Schöneres als den Weg von Padua nach Verona. In den Feldern befindet sich alle 50 Schritte eine Baumreihe, eine Art Ahorn, von Wein überwachsen, der sie völlig bedeckt. Dazwischen wachsen Getreide, Hirse und spanischer Weizen. Um die Felder herum stehen Maulbeerbäume, so daß dasselbe Feld Korn, Wein, Seide und Holz hervorbringt, abgesehen von den Obstbäumen, etwa den Nußbäumen und anderen.« Wahrscheinlich trifft er dort den vielseitig gebildeten Scipione Maffei, einen eng mit den Jesuiten verbundenen »Sektenführer«, dessen Haus der Sitz einer privaten Akademie war, wo sich Ordensfrauen versammelten[18]. Montesquieu bewundert das antike Amphitheater, das er bei seiner Rückkehr nach Verona wiedersehen wird. Er kennt Maffeis 1728 in Verona verlegtes Werk *Von den Amphitheatern und besonders den zwei Büchern des Veronese*; im *Spicilège*[19] zitiert er seine *Geschichte der Diplomatie*. Überdies las er seine Abhandlung *Von den ritterlich genannten Wissenschaften* sowie eine Abhandlung über den Zinswucher, Werke, die er für den *Geist der Gesetze* benutzen wird. Seine Reisenotizen über die Monumente und Gemälde von Padua sind kurz und trocken: »In der Kathedrale gibt es ein schönes Bild von der Himmelfahrt Mariä, das angeblich von Tizian stammt.«

»Am 20. verließ ich Verona«, schreibt Montesquieu, »und kam am selben Tag nach Peschiera am Gardasee, an dem wir bis Desenzano fast immer entlangfuhren.« Vom 21. bis 23. September reist er über Palazzolo und La Camonica weiter bis Mailand, wo er am 24. September eintrifft.

*

Dank seiner Empfehlungsbriefe bewegte sich Montesquieu sogleich in der vornehmen Mailänder Gesellschaft. Sein erster Besuch galt Célia Grillo di Genova, die mit dem Grafen Giovanni-Benedetto Borromeo verheiratet war, den Conti ihm empfohlen hatte. »Die Gräfin Borromeo«, schreibt Montesquieu an Conti, »hat mich auf Ihren Brief hin empfangen, als wäre ich vom Parnaß heruntergestiegen. Ich schämte mich sehr, weil sie mir sagte, ich wäre ein gelehrter Mann, da Sie es ihr nun einmal so übermittelt hatten.« Er fand sich in Gegenwart einer »sehr gebildeten« Frau, »die, abgesehen von ihrer Muttersprache, Französisch, Englisch, Deutsch und Lateinisch kann und sich sogar mit Arabisch, Mathematik, Physik und Algebra beschäftigt hat«. Die Gräfin Borromeo zeigte ihm die ambrosianische Bibliothek; er interessierte sich für die Manuskripte, besuchte einen Saal, »in dem sich mehrere Modelle befinden«. Der Palast der Gräfin Borromeo war ein Sammelpunkt für Gelehrte und das Zentrum der Revolte gegen Österreich zur Wiedereinsetzung der spanischen Herrschaft in Mailand[20]; nachdem Montesquieu von seinen Gesprächspartnern über die politische Lage unterrichtet worden war, stellte er fest, daß »die Deutschen dieses Land ruinieren: Sie werden mehr gehaßt, als man es ausdrücken könnte«.

Auf Empfehlung von Bonneval stellt sich Montesquieu beim Prinzen und der Prinzessin von Trivulzio vor. Schon bei der ersten Begegnung spürt er heftige Liebe für die Prinzessin, die er nur sehr kurze Zeit sehen wird; er offenbart sie ihr in zwei Briefen mit leidenschaftlichen Worten: »Ich schwöre Ihnen, meine Kleine, wo immer ich auch sein mag, werden mich ein paar Zeilen von Ihnen stets an Sie erinnern; ich werde großes Vergnügen dabei finden, alles zu opfern, um blind der unbezwingbaren Neigung zu folgen, die mich zu Ihnen hinreißt; ich werde immer entzückt sein, wenn ich erfahre, daß Sie glücklich sind, genauso wie ich leiden werde, wenn ich weiß, daß Sie es nicht sind; wenn das Schicksal es erlaubt hätte, würde ich alles darangesetzt haben, Ihnen zu gefallen. Mir scheint, diese Leidenschaft unterscheidet sich von allen anderen, die ich bisher empfunden habe: Ich sah Sie, und plötzlich verspürte ich Lust, Sie zu lieben. Meine liebe Kleine, ich glaube, wenn ich Dich besäße, würde ich in Deinen Armen sterben.« Im selben glühenden Tonfall, der für den im allgemeinen so zurückhaltenden Montesquieu ungewöhnlich ist, schreibt er der Prinzessin am 19. Oktober aus Novara erneut einen Brief, dessen von Korrekturen wimmelnde Originalhandschrift für seine Liebesverwirrung zeugt. Es handelte sich jedoch um eine platonische Liebe ohne Zukunft, denn Montesquieu erklärt der Prinzessin: »Auch wenn ich Sie nur mitten unter all den Leuten sehen kann, die Sie beobachten, so ist es noch ein unendliches Glück, Sie überhaupt sehen zu können.«

Während seines Aufenthalts in Mailand traf Montesquieu noch weitere Persönlichkeiten: Kardinal Borromeo und seinen Bruder Don Carlo, den Vater der Prinzessin Trivulzio, Graf Carlo Archinto, die Marquise Lucini, die Gräfin Simonetta, den Feldmarschall Philip, Graf von Daun und Statthalter von Mailand, und andere. Den Abend des 29. September verbringt er in der Oper, die er »faszinierend« findet, »da man dort spielt, ißt, einander besucht und keineswegs zuhört«. Anfangs ist Montesquieu von der italienischen Oper wenig beeindruckt, was sich im Lauf seiner Reise ändern wird: »Während meines Aufenthalts in Italien hat sich meine Einstellung zur italienischen Musik extrem gewandelt. Mir scheint, in der französischen Musik begleiten die Instrumente die Stimme, während sie diese in der italienischen mitreißen und ihr Feuer verleihen. Die italienische Musik ist geschmeidiger als die französische, die steif erscheint. Wie bei einem gewandteren Kämpfer. Die eine dringt ins Ohr, die andere beseelt es.«

Leblond, der französische Geschäftsträger in Mailand, hält Montesquieus Auftreten in seinem Bericht vom 5. Oktober 1728 für verdächtig: »Vor einigen Tagen ist in dieser Stadt ein Franzose namens Montesquieu angekommen, der Präsident am Parlament von Bordeaux ist oder es zumindest war. Er gehört der Académie française an. Er bekennt sich nicht dazu, Autor des Buches mit dem Titel *Persische Briefe* zu sein. Er ist mir aus Venedig von meinem Bruder auf Bitten seiner Freunde empfohlen worden . . . Da mir diese Rundreise kaum zu einem Mann zu passen scheint, der einfach nur aus Neugier reist, habe ich den Verdacht, er könnte vielleicht andere Gründe haben. Zu meiner Pflicht gehört es deshalb, mir die Ehre zu geben, Sie darüber in Kenntnis zu setzen.« Leblond dürfte, was Montesquieus Absichten betrifft, durch die Antwort des Ministers beruhigt worden sein: »Präsident Montesquieu, der laut Ihrer Mitteilung auf Durchreise in Mailand ist, ist ein Schriftsteller mit viel Geist und Wissen, der, wie er es gesagt hat, aus Neugier reist[21].«

Montesquieus Eindrücke von der mailändischen Kunst sind sehr blaß. Doch verspürt er beim Anblick des *Abendmahls* von Leonardo da Vinci die nachhaltige Wirkung eines höheren Kunstwerks und versucht sich zum erstenmal in einer detaillierten Analyse: »Man sieht das Leben, die Bewegung, das Erstaunen auf den vier Gruppen der zwölf Apostel; alle Empfindungen der Furcht, des Schmerzes, der Verwunderung, der Anhänglichkeit und den Verdacht; das Erstaunen des Judas ist mit Schamlosigkeit gemischt. Als er die zwölf Apostel gemalt hatte, soll der Künstler gemeint haben, daß er soviel Sanftmut in das Gesicht von zwei Aposteln gelegt hätte, daß es schwierig für ihn gewesen wäre, das von Jesus Christus zu malen; man habe zu ihm gesagt: ›Du hast ein Gemälde begonnen, das Gott allein beenden kann.‹ Man sieht auf diesem Bild durch das Gebäude hindurch einen Himmel, der in unendlicher Entfernung zu liegen scheint. Kurzum, es ist eines der schönen Gemälde der Welt.«

Die Gräfin Borromeo lieh Montesquieu mehrere Bücher, unter ihnen das *Lehrbuch der Architektur* von D'Aviler. Die Lektüre dieses Buches, das kein normaler Touristenführer ist, sondern ein Handbuch, von einem Fachmann für zukünftige Architekten verfaßt, blieb nicht ohne Einfluß auf die Ausbildung von Montesquieus Geschmack: »Sie war in der Tat sein erster Kontakt mit einem Klassizismus, der sich sehr von dem, den er in Venedig und Vicenza geschätzt hatte, unterschied: ein Klassizismus, der weniger subtil und manchmal schwerfälliger ist, ein Stil von nüchterner Strenge, der weniger auf Eleganz als auf Größe und Majestät abzielt[22].«

»Niedergedrückt vor Kummer« wegen der Abreise der Prinzessin von Trivulzio und der Gräfin Borromeo aus Mailand, verläßt Montesquieu die Stadt am 16. Oktober und kommt am Abend in Sesto an, in der Absicht, die Borromäischen Inseln zu besichtigen. Den 17. verbringt er »wegen des schrecklichen Windes und Regens« in Sesto. Am 18. ist er begeistert vom Anblick, den die Inseln bieten: »Es ist unmöglich, hier Schöneres zu sehen als die Insel, die La Bella heißt . . . In der Tat verläßt man diesen reizenden Ort nur mit Bedauern.«

Am selben Tag reist Montesquieu in Richtung Turin ab und macht in Novara Station, wo er den nächsten Tag verbringt, »weil die Flüsse wegen des Regens über die Ufer getreten waren«. Er besucht die Stadtmauer, die Kirche San Gaudenzio, in der ihn die Lichteffekte erstaunen, und die Kirche der Barnabiten. Immer noch heftig erregt, richtet er an die Prinzessin von Trivulzio einen von Leidenschaft und Schmerz erfüllten Brief: »Nichts reicht an die schreckliche Verzweiflung heran, der ich verfallen war. Mein Verstand setzte aus . . . Mir schien, daß ich mich, indem ich Sie verlor, selbst zerstörte . . .«

*

Montesquieu macht keinerlei Angaben zu seiner Reiseroute zwischen Novara und Turin; am 23. Oktober trifft er in der Hauptstadt der Staaten des Königs von Sardinien ein, »zu der Zeit, als der Hof wegen des Todes der Königin [Anne-Marie d'Orléans] in Trauer war, was diesen an sich schon tristen Hof noch trister machte«. Auf den ersten Blick findet er die Stadt anmutig, doch im Lauf seines Aufenthalts wird »dieses große Dorf« für ihn »eine ziemlich langweilige Stadt«. Am Tag nach seiner Ankunft begibt sich Montesquieu in den königlichen Palast, die Veneria Reale, wo sich König Viktor-Amadeus II. nach seinem Onkel, dem Abbé Joseph de Secondat, erkundigt, »den er, wie er sich erinnerte, zusammen mit dem Abbé von Estrade zur Zeit der Regentschaft von Madame Royale gesehen hat«. Montesquieu antwortet ihm: »Ihre Hoheit ist wie Caesar, der niemals einen Namen vergaß.« Er trifft etliche Persönlichkeiten des Hofes, den Thronfolger Prinz von Piemont, »er ist sehr liebenswürdig und mag es, hofiert zu werden«, den Marquis von San Tomaso, Guiseppe Gaetano, den Armeegeneral und schwedischen Baron Bernardo Ottone di Rhebinder, den Staatssekretär für auswärtige Angelegenheiten Solaro del Borgo, und andere. Er bemerkt die Isolation, in der die ausländischen Vertreter leben: »Die Etikette ist hart für die Botschafter: Die Einheimischen wagen es nicht, zu ihnen zu gehen. Monsieur de Cambis war allein; Hedges (der englische Botschafter) sah keine Menschenseele.« Allein der Gesandte Genuas, Marquis von Mari, fühlte sich freier: »Dieser Mann glaubte sich in der Gunst des Königs und des Prinzen von Piemont, weil sie ihn jedesmal, wenn er am Hof erschien, von Kopf bis Fuß lächerlich machten.«

Montesquieu freut sich, den Rhetorikprofessor der Universität von Turin, Abbé Bernardo Lama, wiederzutreffen; er war ihm vor 1720 in Paris begegnet, wo er die Bekanntschaft von Malebranche hatte machen wollen. Montesquieu und er verkehrten im gleichen Kreis; zweimal erwähnt er ihn im *Spicilège*[23] nach Unterhaltungen über die kanonischen Bücher des Alten Testaments und über die von den griechischen Schriftstellern erwähnten hebräischen Namen. Lama versicherte ihm, der Papst sei im Verhältnis zu den anderen Bischöfen nur *primus inter pares*, die Bulle *Unigenitus* beklagenswert und ungültig, und die Jesuiten seien Feinde des Evangeliums und Diener des Teufels[24]. Montesquieu macht auch die Bekanntschaft von Pater Giuseppe Roma, der Physikprofessor an der Universität von Turin und einer »der größten Gelehrten Italiens« war; ihm übergibt er die Bücher, die ihm die Gräfin Borromeo geliehen hatte.

Trotz dieser Begegnungen gefällt es Montesquieu kaum in Turin, das ihm »eigens dafür geschaffen zu sein scheint, um die Ausländer für das Vergnügen Buße tun zu lassen, das sie in Mailand gehabt haben«. Er ist erstaunt, wie schwierig es ist, Kontakte herzustellen: »Was die Minister und Beamten anbelangt, die in Turin Recht spechen, gehören sie eigentlich keiner Gesellschaft an: zurückgezogen und stolz, sind sie für den Rest der Welt unsichtbar.« »Man ißt kaum in Turin: ein Abendessen, das für einen Ausländer gegeben wird, ist eine große Neuigkeit für die Stadt und sehr gefragt.« Die von Mißtrauen und Argwohn geprägte politische Stimmung beunruhigt ihn: »Um nichts in der Welt möchte ich Untertan dieser kleinen Fürsten sein! Sie wissen über dein Tun und Lassen Bescheid; sie behalten dich immer im Auge; sie kennen deine Einkünfte genau; finden Wege, daß du sie ausgibst, wenn sie umfangreich sind; sie schicken dir Kommissare, die dich genau darlegen lassen, wieviel Weinreben du besitzt. Es ist weit besser, in den Staaten eines großen Herrn unbehelligt zu leben.« Oder auch folgende, von Ironie geprägte Überlegung: »Minister, immer nur Minister, wenn auch ohne Ansehen: Sie können dir nicht nur nicht sagen, ob das Wetter schön oder schlecht ist; sie werden niemals zurücktreten.« Die bittere Feststellung spricht für sich: »Die neue Verfassung, die der König veröffentlichen ließ, ist für den Adel betrüblich. Man darf das Land, unter Androhung von Beschlagnahmung und willkürlicher Strafe, nicht ohne Erlaubnis verlassen; da das Land klein ist, ist die Knechtschaft um so härter.«

Diese Überlegungen zeigen, daß Montesquieu den Gang der Dinge in einer kleinen despotischen Monarchie sorgfältig beobachtet hat und daß er pessimistische Schlüsse aus der erdrückenden Atmosphäre des sardischen Despotismus zieht. In dieser modernen Stadt, »dem schönsten Dorf der Welt«, entdeckt er den Sinn für monumentale Perspektiven, einen der wesentlichen Aspekte des Hochbarocks; sein Geschmack bleibt indessen klassisch, in erster Linie geprägt von Eleganz und Nüchternheit[25].

*

Am 5. November verläßt Montesquieu Turin in Richtung Genua; am 6. November übernachtet er in Villanova; am 7. und 8. macht er in Alessandria Station und fährt am selben Tag noch über Novi und Gavi bis nach Voltaggio, wo er übernachtete. Er ist sehr erstaunt über die Veränderung der Landschaft und führt sie auf die Freiheit zurück, die in der Republik Genua herrscht: »Man kann es als eine Folge der Freiheit ansehen, daß die Berge, die wir seit Voltaggio völlig kahl angetroffen haben, und auf denen kein Korn wächst, sondern nur einige Kastanienbäume, voller Bauernhäuser sind und dieses Land sehr volkreich scheint.« Denselben Gedanken wird er im *Geist der Gesetze* (XVIII, 5) aufgreifen, wenn er die landwirtschaftlich weitestentwickelten Länder behandelt: »Länder werden nicht wegen ihrer Fruchtbarkeit kultiviert, sondern aufgrund der dort herrschenden Freiheit.«

Diese günstige Stimmung ist jedoch nur von kurzer Dauer. Wenn Montesquieu beim ersten Anblick auch meint, daß »diese Stadt vom Meer aus gesehen sehr schön ist«, wenn er sich für den Hafen interessiert, in dem er keinerlei Nutzen für Frankreich entdeckt, wenn er den Zauber des Gartens der Villa Doria genießt und die Strada Nova bewundert, die »voller schöner Paläste« ist, wird er die Bewohner Genuas bald als »völlig ungesellig« einstufen; »diese Eigenschaft ist weniger durch ein menschenscheues Gemüt bedingt als durch ihren extremen Geiz. Sie würden nicht glauben, bis zu welchem Punkt die Knauserigkeit dieser Leute geht.« Er hält den Adligen Genuas vor, sie seien »wahre *mercadans*: manchmal tritt sogar der Doge als Händler in Erscheinung.«

Die Persönlichkeiten, denen er begegnet, finden nicht viel Gnade in seinen Augen; er hält sogar die Hälfte seiner Empfehlungsschreiben zurück, »ohne den Wunsch verspürt zu haben, sie auszuhändigen«. Über den französischen Gesandten, Monsieur de Campredon, fällt er ein hartes Urteil: »Von einer Einfältigkeit, die mit großer Torheit einhergeht.« Die Frauen Genuas besitzen seiner Ansicht nach »genausoviel Selbstgefälligkeit wie alle Prinzessinnen auf der Welt zusammen«; es erfreut ihn, daß die Prinzessin von Modena, die Tochter des Regenten, sich bei ihnen »Respekt zu verschaffen« versteht, denn sie »überstrahlt sie durch ihren Geist und ihren hohen Stand«; und er fügt hinzu: »Die Frauen von Genua in die Stellung französischer Prinzessinnen zu erheben, hieße Fledermäusen den Rang von Adlern einzuräumen.«

Um sich von der Langeweile, die ihn überkommt, abzulenken, verläßt Montesquieu am 14. November um zehn Uhr morgens »das Narbonne Italiens«, »auf einer Feluke, um sich Savona anzusehen«; an den Tagen darauf setzt er seinen Weg Richtung Westen fort und fährt die Häfen an, um seine Nachforschungen über den dort praktizierten Handel weiterzuführen. In seinem um 1731 geschriebenen *Brief über Genua* wird sich Montesquieu zumindest ebenso kritisch über die Stadt äußern. Als er von Genua aus in Richtung Toskana aufbricht, endet die Anfangsphase seiner Reise und mit ihr die erste Lehrzeit als Kunstliebhaber. Der unbekümmerte Spaziergänger wandelt sich zu einem systematischen Studenten[26].

Am 20. November verläßt Montesquieu Genua. »Der Gegenwind«, erzählt er, »hinderte mich daran, noch am selben Tag, wie erhofft, bis nach Portovénere zu kommen. So übernachtete ich im zwanzig Meilen von Genua entfernten Portofino. Das heftig bewegte Meer machte mich den ganzen Tag über schrecklich seekrank. Ich versöhnte meinen Magen in einem Gasthof, in dem ich gute Seebarben, guten Wein und gutes Öl vorfand.« Als er am 21. November in Portofino weilt, nutzt er vielleicht diesen erzwungenen Halt, um das satirische Gedicht »Leb wohl, Genua« zu schreiben, ein »aus einer Laune heraus verfaßter Spaß«, der jedoch von den schlechten Erinnerungen zeugt:

Leb wohl, abscheuliches Genua,
Leb wohl, Ort des Plutus.
Wenn mir der Himmel wohlgesonnen ist,
Werde ich Euch nicht wiedersehen.

Lebt wohl, Bürger und Adel,
Der als einzige Tugend
Nur den unnützen Reichtum besitzt:
Ich werde Euch nicht wiedersehen . . .

»Am 22. schifften wir uns wieder ein«, berichtet Montesquieu. »Doch als der Wind umschlug und uns entgegenkam, dachten wir, wir müßten sterben, und erreichten Portovénere nur mit größter Not.« Danach macht er eine auf einer Skizze festgehaltene Meeresrundfahrt durch den Golf von La Spézia, »eines der wunderbarsten Dinge, die es in Italien gibt«. Auf der Fahrt von Lérici nach Lucca »kommt er durch die Staaten des Fürsten von Massa und Carrara. Er ist der kleinste aller Souveräne, und seine Unter-

tanen sind die rücksichtslosesten und schlechtzivilisiertesten aller Völker. Ich habe dort eine Nacht verbracht und niemanden gesehen, ob Mann, Frau oder Kind, der nicht von einer beispiellosen Grobheit war«.
In Lucca interessiert er sich unter der Führung eines Seigneur Colonna für die politische Lage: »Es gibt vier- oder fünfhundert Familien in der Stadt, die adelig sind, das heißt, der Regierung angehören. Der Adel läßt sich wie in Venedig für ungefähr 12.000 Écus, das heißt 10.000 Piaster, käuflich erwerben. Im Gegensatz zu den Einwohnern Genuas sind die von Lucca arm, während ihre Stadtkasse sehr reich ist. Vergleichbare Ausgaben wie die der kleinen italienischen Herrscher, die ihre Schonung oder ihre Freiheit vom Kaiser kaufen, haben sie fast keine. In Lucca gibt es keinerlei öffentliches Vergnügen.«

Während eines Tages geht er auf der Stadtmauer spazieren und besucht die beiden Galerien mit Gemälden von Alessandro Bonvisi und Stefano Conti und fünf Kirchen. Diese in ihren Vorlieben noch unentschlossene Schaulust erlaubt es ihm, bei der Betrachtung zweier Gemälde von S. del Picumbo zum erstenmal die venezianische Helldunkelmalerei zu bewundern.

Gleich bei seiner Ankunft in Pisa am 24. November erfreut sich Montesquieu, während er an den Ufern des Arno entlangspaziert und die Galeeren-Werften besucht, am Anblick »einer kleinen Kirche« auf dem Kai; sie »wird die Spina genannt . . ., der gotische Teil ist der vollendetste, den ich je gesehen habe; dieses kleine Bauwerk besitzt soviel Schönheit, wie sie dieser schlechte Geschmack überhaupt zuläßt«. Der Schiefe Turm, der Dom, die Taufkapelle und der Camposanto bezaubern ihn, denn »sie sind alle deutlich durch die weiten Zwischenräume voneinander abgehoben; das wirkt schön und erlaubt es, die Größe dieser Gebäude richtig wahrzunehmen«.

Zwei Maler, die Brüder Melani, haben Montesquieu während der Besichtigung Pisas und seiner Monumente wahrscheinlich geführt. Wie schon in anderen Städten stellt er auch hier seine technischen Interessen unter Beweis, als er die Ausmaße des Turms im einzelnen aufführt; er widmet sich Experimenten über akustische Phänomene und vergleicht sie mit jenen über den Donner; damit führt er den verlorengegangenen Aufsatz *Über die Ursache und die Auswirkungen des Donners,* den er 1720 an der Akademie von Bordeaux vorgetragen hatte, und vielleicht auch seine am 1. Mai 1718 gehaltene *Rede über die Ursache des Echos* fort.

Da er sich am 25. November, dem Tag der heiligen Katharina, in Pisa befindet, nimmt er am Schülerfest teil: »Sie laufen durch die Stadt, entzünden Freudenfeuer, werfen Knallfrösche und tragen ihre Lehrer auf den Schultern; und wenn es ihnen gelingt, einen Juden zu fangen, wiegen sie ihn, und er ist gezwungen, ihnen so viel Pfund Konfitüre zu schenken, wie er wiegt.« Die Schikane mag recht harmlos anmuten, doch sie scheint

Montesquieu zu mißfallen, der im *Geist der Gesetze* (XXV, 13) das Leid, das den Juden von den spanischen und portugiesischen Inquisitoren zugefügt wurde, scharf verurteilen wird.

Über Montesquieus Reiseroute zwischen dem 25. und 30. November herrscht Unklarheit: Am 26. besichtigt er Livorno, wo er sich für den Hafen und die von ihm ausführlich beschriebenen Befestigungsanlagen interessiert. Von diesem Besuch behält er zurück, daß »es unmöglich ist, diese Stadt anzusehen, ohne eine genaue Vorstellung von der Regierungsweise der Großherzöge zu besitzen, die dort trotz des Meeres, der Luft und der Natur so große, schöne Bauwerke, eine blühende Stadt und einen schönen Hafen geschaffen haben«. Man hat sich gefragt, ob Montesquieu jene Tage, was durchaus denkbar wäre, nicht für eine Fahrt zur Insel Elba genutzt hat[27].

*

Als Montesquieu am 1. Dezember in Florenz ankommt, hat er vor, nur ein paar Tage zu bleiben; doch da er empfänglich ist für den Reiz der Hauptstadt der Toskana, wird er dort mehr als eineinhalb Monate verbringen. Das alltägliche Leben ist von großer Einfachheit geprägt: »In Florenz lebt man sehr sparsam. Die Männer gehen zu Fuß, abends mit einer kleinen Laterne. Die Frauen fahren in großen Kutschen.« Die Gesellschaft ist angenehm: »Es gibt hier Höflichkeit, Geist und sogar Wissen. Die Manieren sind einfach, wie auch die Gemüter. Es ist schwierig, einen Mann von einem anderen, der fünfzigtausend Livres Rente mehr besitzt, zu unterscheiden. Eine schlecht aufgesetzte Perücke bringt in der Öffentlichkeit niemanden in Verruf; man verzeiht kleine Lächerlichkeiten; geahndet werden nur die großen. Alle sind wohlhabend: Da man nur wenig nötig hat, gibt es viel Überflüssiges. Das bringt auf Dauer Frieden und Freude ins Haus, während das unsere immer durch die Zudringlichkeit der Gläubiger in Aufregung versetzt ist.« Oder auch folgende Aufzeichnung im gleichen Tonfall: »In keiner anderen Stadt leben die Menschen mit weniger Luxus als in Florenz: Mit einer Blendlaterne für die Nacht und einem Sonnenschirm gegen den Regen ist man vollständig ausgerüstet. Es ist wahr, daß die Frauen ein wenig mehr ausgeben, denn sie haben eine alte Kutsche.«

Montesquieu findet Geschmack an den italienischen Opern; häufig besucht er die Oper von Florenz, in der die Turcotta singt. Am 2. Januar 1729 geht er *alla Casa*, »zu einem dieser Festessen, bei denen man keine Kosten und Mühen scheut. Dort sah ich fast alle vornehmen Damen von Florenz ... Diese Damen legen kein Rouge auf; dennoch haben sie alle ein sehr jugendliches Aussehen: Mit vierzig Jahren erscheinen die meisten von ihnen frisch wie mit zwanzig. Sie sehen Frauen, die zehn- oder zwölfmal geboren haben und die hübsch, frisch und liebreizend wie beim erstenmal sind. Ich glaube, daß das geregelte Leben, die gute Ernährung und darüber hinaus eine besondere Zusammensetzung der Luft sie so erhält.«

»So reise ich: Ich komme in einer Stadt an; nach drei Tagen kenne ich dort jeden.« In Florenz wie auch anderswo folgt Montesquieu diesem Schema. Er erhält »tausend Höflichkeiten von Monsieur de La Bétide, dem Gesandten des Königs, der dort sehr angesehen ist und sehr geschätzt wird«. Er hat Empfehlungsschreiben für den Amtmann Lorenzi, trifft die hübsche Gräfin Strozzi, nimmt an der Versammlung des Marquis Gerini teil und ist bei der Marquise Ferroni eingeladen, »der Frau in Florenz, die wegen ihres Verstandes und ihrer Schönheit am meisten glänzte«, und die jeden Freitag ein Treffen für »Virtuosen« veranstaltet. Montesquieu knüpft eine feste Freundschaft mit dem Marquis Antonio Niccolini, den er in Rom wiedertrifft und den Präsident De Brosses so beschreibt: »Abbé Niccolini ist ein energischer Mann; auf meiner Reise habe ich noch keinen angetroffen, der soviel Gerechtigkeit und geistige Anmut besaß, ein so großes Gedächtnis und so große Redegewandtheit, noch so ausgedehnte Kenntnisse über alle möglichen Dinge, von der Art, wie man eine Fontange-Frisur anordnet, bis hin zur Integralrechnung Newtons. Er hätte alles erreicht, was er wollte, wenn er seinem wohlüberlegten Vorhaben nicht durch seine extrem freie Redeweise das Genick gebrochen hätte; wegen ihr wurde er für einen Jansenisten gehalten, womit man ihm zweifellos Unrecht tat, da er nichts von all dem ist[28].«

Monsieur de Bezenval, ein Schweizer aus einer Patrizierfamilie aus Solothurn, spricht mit Montesquieu über die Einmischung Roms in die Angelegenheiten der katholischen Kantone. Am 25. Dezember führt Montesquieu ein langes Gespräch mit dem Juden Athias, einer der sonderbarsten Gestalten des 18. Jahrhunderts in Italien. Sein Vater war Rechtsanwalt in Salamanca. Athias lebt in Livorno und interessierte sich für so unterschiedliche Themen wie die Chemie und das Hebräische und besaß zahlreiche Freunde in den intellektuellen Kreisen. Mit Montesquieu diskutierte er über die Religion und den Handel in Portugal sowie die Bevölkerung Livornos. Wahrscheinlich war er es, der Montesquieu mit wichtigen Angehörigen der Intelligenz von Neapel in Verbindung brachte[29].

Montesquieu freundete sich auch mit dem Ritter Marcello Venuti an, der ihm »die Ehre eines Platzes in der Akademie von Cortona« verschaffte. Marcello organisierte die Ausgrabungen in Herculaneum; sein Bruder, Abbé Filippo Venuti, sollte 1738 zum Abbé von Clairac werden, weshalb ihn Montesquieu oft treffen und zum Bibliothekar der Akademie von Bordeaux vorschlagen sollte.

Ein anderes Thema war die politische Situation: »In Florenz ist die Herrschaft recht zurückhaltend. Niemand spürt so richtig den Fürsten und den Hof.« Er selbst scheint dem Großherzog nicht begegnet zu sein, den er freundlich beurteilt: »Ein guter Fürst mit Verstand, aber sehr träge, der im übrigen nicht ungern trinkt, auch Likör. Er traut keinem Minister und fährt sie oft heftig an; was von der starken Wirkung des Weines kommen kann. Im übrigen ist er der beste Mensch der Welt.« Er sammelt zahlreiche Auskünfte aus dem Mund von Monsieur de Danta-Maria über ihn, der wahrscheinlich einer der Prälaten war, die zum Gefolge Benedikts XIII. gehörten.

Die Besichtigung von Monumenten und Kunstgalerien nimmt einen wichtigen Platz in Montesquieus Zeitplan ein. Auf die Entdeckung der florentinischen Kunst hatte er sich wahrscheinlich anhand der Lektüre des 1719 in Florenz erschienenen *Abrisses über die bemerkenswerten Dinge der Stadt Florenz* von Raffaelo Del Bruno vorbereitet, der sich in seiner Bibliothek befand. Seine Notizen über Florenz stellen eine recht nüchterne Aufzählung dar, in der es schwierig ist, seine persönlichen Eindrücke von den Ratschlägen und Bemerkungen zu unterscheiden, die von seinen beiden Führern und Spezialisten der florentinischen Kunst stammten: dem Konservator für skulptierte Steine und Medaillen in der Galerie des Großherzogs, Sebastiano Bianchi, und dem Bildhauer Joseph Piamontini, einem Gelehrten und Künstler.

Montesquieu besichtigt Florenz mit nie erlahmender Aufmerksamkeit, mit einer hingebungsvollen, besonnenen Begeisterung. Es fragt sich jedoch, ob er das »moderne« Florenz mochte, jenen späten Barock, der sich der Atmosphäre der florentinischen Gegenreform unter der Regentschaft Cosimos III. (1670–1723) anpaßte. Man könnte es bezweifeln, wenn man die harte Beurteilung liest, die er über eines der für den florentinischen Barock charakteristischsten Monumente, die prachtvolle Fürstenkapelle von San Lorenzo, abgibt: »Das Ganze zusammen bereitet mit Sicherheit keinerlei Vergnügen. Sie sehen dort eine enorme Masse, die lediglich von sechs Pilastern gestützt wird.« Für ihn wie für seine Zeitgenossen ist die große Periode der florentinischen Kunst nicht das Quattrocento, sondern das 16. Jahrhundert. »Überall sieht man«, schreibt er an Madame de Lambert, »den großen Stil Michelangelos allmählich in seinen Vorgängern heranwachsen und sich in seinen Nachfolgern fortsetzen.« Piamontini befragt er über Michelangelos Arbeitsmethode. Seine plastische Auffassungsgabe ist, wie J. Ehrard bemerkt, eher die eines Bildhauers als die eines Malers; er ist hingerissen vom hellen Stil der Florentiner, den er der Helldunkelmalerei der Venezianer, Bolognesen und Flamen vorzieht: »Ich habe bei den Malern der florentinischen Schule eine zeichnerische Kraft entdeckt, die mir bei anderen nicht aufgefallen ist. Sie bringen die Körper in sehr ungewöhnliche Haltungen; doch niemals gibt es etwas, das stört. Manchmal ist die Farbgebung ein wenig nüchtern; aber die Zeichnung ist so ausgeprägt, daß sie einen immer überrascht[30].«

Die Galerie des Großherzogs, die heutigen Uffizien, »ist nicht nur eine schöne, sondern auch eine einzigartige Sache. Manche Leute schauen sie sich in einer Viertelstunde an; ich gehe seit einem Monat jeden Morgen hin und habe erst eine Abteilung angesehen«. Trotz der Sorgfalt, mit der er die Galerie besichtigt, und trotz der Zeit, die er ihr widmet, beschränken sich Montesquieus künstlerische Erkundungen in Florenz nicht allein auf sie. Er entdeckt ebenso die Galerie des Senators Gioni, das Haus Niccolini, die Galerie des Kommandanten Gaddi und den Palazzo Pitti. Fasziniert über seine Funde, vertraut er Madame de Lambert an: »Seit ich in Italien bin, haben sich meine Augen Künsten geöffnet, von denen ich keine Vorstellung hatte; dies ist für mich eine ganz neue Erfahrung.«

*

Am 15. Januar 1729 verläßt Montesquieu Florenz in Richtung Rom; am 16. macht er in Siena Station und besucht die Kathedrale, in der er sich »den brühmten im Ciaroscuro-Stil angefertigten Fußboden von Domenico Beccafumi« ansieht; »das Ganze ist so gut gezeichnet und so kunstvoll gemacht, daß es den Anschein hat, als sei der Boden gemalt«; er schätzt dort »eine vom Ritter Bernini entworfene Kapelle«, der »die nicht nachzuahmende Gabe besaß, Marmor wie Fleisch erscheinen zu lassen und ihm Leben zu verleihen«. Auf der Weiterfahrt nach Rom kommt er durch eine »gebirgige, üble« Gegend nach Acquapendente, »einem ärmlichen Nest«. Als er das Land des Großherzogs verläßt, um in den Staat des Papstes einzureisen, besucht er rasch Viterbo und erreicht Rom am Abend des 19. Januar über die Via Cassia, die er mit der Via Appia verwechselt: »Eine Bordkante oder ein *margo* ist noch vorhanden, und ich glaube, sie ist es, die am meisten dazu beigetragen hat, diesen Weg zweitausend Jahre zu erhalten: denn sie hat die Pflastersteine von beiden Seiten gestützt und so verhindert, daß sie verlorengingen wie alle unsere Pflastersteine in Frankreich, die an den Rändern nicht abgefangen sind.«

Die ersten Eindrücke Montesquieus befremden durch ihre Nüchternheit; sie sind äußerst überraschend, wenn man bedenkt, was Rom im 18. Jahrhundert für einen Justizbeamten und Schriftsteller darstellte, der von klassischer Kultur geprägt und trotz aller Vorbehalte dem katholischen Glauben verbunden war. Allmählich wandelt sich die Einstellung des Reisenden, wird genauer, aufmerksamer und gleicht mehr den Gefühlen, die im allgemeinen von den Reisenden empfunden werden: »Rom also, die ewige Stadt. ›*Vixit in Urbe aeterna*‹, las ich auf einer Grabinschrift in Florenz. Zweitausendfünfhundert oder -sechshundert Jahre besteht sie; auf die eine oder andere Weise ist sie die Metropole eines großen Teils des Universums«; ein wenig später heißt es: »Rom ist ein angenehmer Aufenthalt: Alles trägt zur persönlichen Heiterkeit bei. Es hat den Anschein, als sprächen die Steine. Niemals hört man auf zu schauen.« Viele Einzelheiten des alltäglichen Lebens erstaunen ihn zunehmend und lassen ihn eine Stadt entdecken, in der ihm »die große Zahl der Springbrunnen« gefällt, »die zum Teil die Frische verursachen, die man dort im Sommer außer in einigen Mittagsstunden spürt«; doch er entdeckt auch eine Innenstadt, in der die Sicherheit nicht gewährleistet ist: »In Rom gibt es nichts Bequemeres als die Kirchen, um zu Gott zu beten und Leute zu ermorden. Man gibt sich keineswegs so gehemmt wie in anderen Ländern; wenn einem das Gesicht eines Mannes nicht gefällt, braucht man ihm nur von einem Handlanger, der in die Kirche stürmt, zwei, drei Messerstiche verpassen zu lassen. Anschließend verläßt er sie in der Livree irgendeines Fürsten oder Kardinals.«

Montesquieu wohnte an der Piazza di Spagna wahrscheinlich im Hotel Monte d'Oro, in dem Jacob Vernet abgestiegen war und von dem er sagte, es sei der einzige Ort Roms, an dem ein Ausländer leben könnte. In seinem zur Gewohnheit gewordenen Bemühen, sich über die wirtschaftliche Situation zu informieren, bemerkt er: »Es ist ein großer Unterschied zwischen dem Reichtum der Italiener, der durch den Geiz von fünf oder sechs Generationen angesammelt wurde, und dem Reichtum der großen Länder, der eines Tages kommt und dessen man sich bedient.« Während ihn die Armut Roms frappiert, erstaunt ihn die »Räuberei dieser anständigen Römer«: »Sie gehen einen Mann besuchen: Auf der Stelle kommen seine Diener, um Sie um Geld zu bitten, oft sogar bevor Sie ihn gesehen haben. Leute, die besser als ich angezogen waren, haben mich oft um ein Almosen gebeten. Dieses ganze Gesindel ist letztlich immer hinter Ihnen her.«

Mit von Bedauern gefärbter Ironie stellt er ebenso den Verfall der Erhabenheit des römischen Volkes fest: »Dieses Volk ist gegenwärtig in zwei Klassen unterteilt: in H . . . und Bedienstete oder *staffieri*. Dem höheren Stand gehören, abgesehen von ungefähr fünfzig nichtsnutzigen Baronen oder Fürsten, Leute an, die lediglich an den Aufstieg denken; auf ihrem Weg machen sie ein Vermögen und treten der Regierung bei, wo sie bald zu den wichtigsten Führern zählen. Jeder ist dort wie in einem Hotel, das man für die Zeit herrichten läßt, die man dort bleiben muß.«

Diese bitteren, desillusionierten Betrachtungen über die sozialen Verhältnisse der Stadt hindern Montesquieu jedoch nicht daran, zahlreiche römische oder in Rom weilende Persönlichkeiten aufzusuchen: »Ich habe hier die Bekanntschaft eines der liebenswürdigsten Menschen gemacht, die mir in meinem Leben begegnet sind; er ist der Abgott Roms: Kardinal von Polignac«, Geschäftsträger am Heiligen Stuhl, den ihm Bonneval ans Herz gelegt hatte. Während seines Aufenthalts in Rom sieht Montesquieu den Kardinal sehr oft; er wird von ihm empfangen und verzeichnet die Themen ihrer Gespräche. Sie unterhalten sich über die Ursachen der Wetterunbeständigkeit Roms, die kirchlichen Privilegien, die Bulle *Unige-*

nitus und die Unterwerfung des Erzbischofs von Paris, Kardinal von Noailles, ein Thema, das Montesquieu unaufhörlich beschäftigt und das er bereits im XXIV. Persischen Brief behandelt hatte: »Vor zwei Jahren sandte er [der Papst] ihm [dem König von Frankreich] ein umfangreiches Schreiben, das er ›Konstitution‹ nannte; mit ihm wollte er diesen Fürsten und seine Untertanen unter Androhung schwerer Strafen dazu zwingen, all das zu glauben, was in ihm stand. Beim Fürsten hatte er Erfolg: Er unterwarf sich sogleich und gab seinen Untertanen damit ein Beispiel. Doch einige von ihnen lehnten sich auf und sagten, sie wollten nichts von dem glauben, was in diesem Schreiben stand. Hinter dieser Revolte, die den ganzen Hof, das ganze Königreich und alle Familien entzweite, steckten die Frauen.«

Kardinal von Polignac vertraute Montesquieu im übrigen seine Lebensweise an: »Im alltäglichen Umgang handle ich immer aus einem Anlaß, der wirkungsvoll ist, weil ich handle, der mich also nicht meiner Freiheit beraubt, weil ich nicht handeln konnte. Genauso verhält es sich mit den Werken, die Gnade erfordern. Ich handle auf dieselbe Art, ich handle frei und wirkungsvoll, aber aus Gnade, das heißt aus einem Motiv, das mir aus einer anderen Welt zukommt; denn wenn ich keine Kenntnis von den offenbarten Wahrheiten besäße, wäre ich nicht dazu ausersehen, Gutes zu tun[31].«

Montesquieu trifft in Rom einen seiner Gefährten aus Venedig, den Ritter Jacob, wieder. Er macht die Bekanntschaft von Monseigneur Jean-François Fouquet, der sich von 1699 bis 1721 in China aufgehalten hatte: dort hatte er zu einer Gruppe von Missionaren gehört, die einige Ähnlichkeiten zwischen dem alten chinesischen und dem jüdischen Glauben festgestellt hatten. Fouquet war in der Erforschung der chinesischen Religion sehr bewandert und stand in Opposition zu den Jesuiten, die ihn aus der Gesellschaft Jesu ausgeschlossen hatten; seit 1723 lebte er im Haus der Propaganda-Kongregation. Montesquieu berichtet von einer langen Unterhaltung mit Fouquet am 1. Februar 1726[32]. Wir erinnern uns an sein Interesse für China und an die Gespräche, die er über dieses Thema mit Hoange und Nicolas Fréret geführt hatte. Die Äußerungen Fouquets, den er häufig wiedersah, beeinflußten die Entwicklung seiner Ansichten über die gesellschaftlichen Einrichtungen Chinas.

In den *Reisen* werden zudem seine Treffen mit dem Marquis Matteo Sachetti, einem Botschafter und Dichter, und mit dem Marquis Bolognetti erwähnt, der ihn in die gesellschaftlichen Kreise Roms eingeführt haben dürfte. Auch wenn sich Montesquieu in seinen Aufzeichnungen dazu nicht äußert, verkehrte er sicherlich in der römischen Gesellschaft und den Salons, die Präsident De Brosses zehn Jahre später kennenlernen sollte. Der Genfer Jacob Vernet, dem er 1720 in Paris begegnet war, kam Anfang Februar 1729 nach Rom; beide waren ständige Besucher im Salon des Kardinals von Polignac und »trafen sich abends in der gemeinsamen Wohnung, um ihre Eindrücke auszutauschen«.

Montesquieu besuchte häufig Mitglieder der römischen Kirche. Papst Benedikt XIII. schätzt er wenig: »Er wird vom römischen Volk, das sogar seine Gottergebenheit verachtet, sehr gehaßt. Denn sie läßt das Volk vor Hunger sterben. Im übrigen hat er überall zuviel Vorliebe für die Beneventiner gezeigt, und das ganze Geld fließt von Rom nach Benevent.« Darüber hinaus notiert er folgendes harte Urteil: »Benedikt XIII. wird in diesem Land in höchstem Grad verachtet: Man sagt, er sei wie ein Verrückter, der den Dummen spiele.« Er beschuldigt ihn finanzieller Machenschaften: »Im Moment herrscht in Rom eine staatliche Simonie. In der Regierung der Kirche hat man das Verbrechen noch nie so offen walten sehen«; in der Tat: »Dieser Papst hat den Staat mit mehr als drei Millionen Écus verschuldet; er hat die Quellen, aus denen das Geld kam, abgeschnitten; er wird der Grund sein, daß man nach seinem Tod neue Vorschriften für den folgenden Papst aufstellen wird. Er liebt das Außergewöhnliche nur im kleinen, wie andere das Außergewöhnliche im großen lieben. Er phantasiert nur, träumt davon, die Taufkapellen Roms ausbessern zu lassen, damit man den Täufling wie früher untertaucht, und andere vergleichbare Dinge. Überdies ist er voller Unruhe.« Als er am 19. März der Heiligsprechung von Johannes Nepomuk beiwohnt, kann er nicht umhin, Benedikt XIII. zu kritisieren: »Der alte Papst war so geschwächt, daß es schien, er würde sterben. Er freute sich jedoch sehr, sein Amt ausüben zu können.«

In den *Persischen Briefen* hatte Montesquieu das Papsttum in ironischer Weise kritisiert: »Dieser Zauberer nennt sich Papst: Einmal läßt er das Volk glauben, daß drei nur eins sind; ein andermal, daß das Brot, das man ißt, kein Brot ist, oder der Wein, den man trinkt, kein Wein und tausenderlei andere Dinge dieser Art[33].« Diese respektlosen, um nicht zu sagen blasphemischen Äußerungen erklären auch seine Feindseligkeit gegenüber Benedikt XIII.

Montesquieus Beziehungen zu römischen Kardinälen scheinen dagegen von größerer Freundlichkeit und einer gerechteren Einschätzung ihres Verhaltens geprägt zu sein. Kardinal Alessandro Albani, den er liebenswürdig findet, beurteilt er als »paco estimato a Roma«; er war ein sehr reicher Mann, Besitzer eines Palastes, einer Bibliothek und eines Museums, Einrichtungen, die mit denen der Fürsten Borghese konkurrierten. Sein Bruder, Kardinal Annibale Albani, versorgte Montesquieu mit Informationen aus erster Hand über die Finanzen und den Handel des Kirchenstaates. Kardinal Alberoni ist »wenig höflich, unwirsch« und »hat nur vier oder fünf Gesprächsthemen: den italienischen Krieg, den französischen Hof, sein Amt in Spanien«, alles politische Themen, in die er unmittelbar verwickelt war, als er offizieller Vertreter des römischen Hofes in Madrid war, und für die der zukünftige Autor des *Geistes der Gesetze* ein offenes Ohr hat. Im *Spicilège* behandelte Montesquieu das Buch des Kardinals Alvar de Cienfuegos über die Mysterien *Vita abscondita seu speciebus eucharisticis Velata* mit respektloser Ironie: »Er glaubt, daß Gott, wenn er wieder zum Menschen werden wollte, das nur im Hause Österreich tun würde, und daß die Seele von Jesus Christus nur so lange über die Eucharistie mit der Seele des Kommunikanten verbunden ist, bis die Sünde sie ablöst[34].«

Kardinal Laurentius Corsini befindet sich unter den Personen, die Montesquieu in Rom am häufigsten aufgesucht hat, denn in seinem Salon versammelten sich die Gelehrten, die sich von seinem Ruf und seiner Konversation angezogen fühlten. Unter dem Namen Klemens XII. wurde er 1730, entgegen den Voraussagen Montesquieus, zum Papst gewählt, später fügte er seinen Notizen hinzu: »Da habe ich eine schöne Mutmaßung angestellt«, womit er sein Fehlurteil eingestand. Auch bei Kardinal Alberoni verkehrte Montesquieu oft; so lud er ihn am 5. März in sein Landhaus ein; am Tag darauf begegnete er dort dem Kardinal Bentivoglio, einem Schriftsteller, dessen mürrische Natur ihn nicht abstieß, und an den folgenden Tagen dem Kardinal Piermarcellino Corradini, der sich mit den Angelegenheiten der Bulle *Unigenitus* befaßte.

In Florenz war Montesquieu oft mit dem Abbé Antonio Niccolini zusammengekommen; bei seiner Abreise aus Rom nennt er ihn unter den Personen, die er am häufigsten gesehen hat; doch während seiner beiden Romaufenthalte erwähnt er ihn nie. Über ihn setzte er sich in der zweiten Februarhälfte mit seinem Freund Pater Cerati in Verbindung, den er während seines Aufenthaltes in Frankreich von 1742 bis 1745 wiedersehen wird. Daß Montesquieu über seine beiden Freunde nichts berichtete, ist um so bedauerlicher, als sie durch ihre Persönlichkeit, ihre Ideen und ihren Einfluß für ihn sehr interessant waren; als Gegner der Jesuiten gehörten beide zum »*illuminismo catolico*«, der sich strenggenommen vom Jansenismus unterschied und die Wiederversöhnung des Heiligen Stuhls mit der Kirche von Utrecht befürwortete.

Am 19. März nahm Montesquieu an der Heiligsprechung von Johannes von Nepomuk in San Giovanni in Laterano zusammen mit 250 bis 300 Ausländern teil; unter ihnen war der englische Thronanwärter James-Eduard Stuart: »Dieser Fürst hat einen gutmütigen Gesichtsausdruck. Er scheint traurig, fromm. Man sagt, er sei schwach und eigensinnig. Ich weiß es nicht, da ich ihn nicht kenne.« Tatsächlich war Montesquieu zu diesem Zeitpunkt seines Lebens, trotz seiner Beziehungen zu den Pariser Jakobiter-Kreisen, dem in Albano residierenden Thronanwärter noch nicht begegnet; am 25. Juni hatte er eine »Audienz bei der Thronprätendentin, die mich ganz ausgezeichnet empfing«; er sah die beiden Prinzen, ihre Söhne Charles-Eduard, Graf von Albany, und Henry-Benedict, den zukünftigen Kardinal von York, »die einen sehr gütigen Gesichtsausdruck haben und wohl auch eine große Zukunft. Zwischen den beiden Eheleuten herrscht immer noch Unfriede . . . Sie fügen ihn den Mißgeschicken hinzu, welche die Vorsehung für sie bestimmt hat. Der Thronanwärter spricht sehr wenig und ist ständig traurig.«

Außer diesen Begegnungen mit Persönlichkeiten des religiösen, intellektuellen und gesellschaftlichen Lebens von Rom widmet Montesquieu einen Teil seiner Abende dem Theater und der Oper. Am 21. Februar begleitet er Kardinal von Polignac ins klementinische Kolleg zu einer Aufführung des *Romulus*, den Houdar de La Motte ins Italienische übersetzt hatte: »Als Frauen verkleidete Schüler spielten die Frauenrollen. Die Jesuiten führen auch Tragödien auf; doch sie wollen nicht, daß sich die Schüler als Frauen verkleiden; sie dulden hingegen gerne, daß sich die Frauen als Männer verkleiden.« Er besucht auch die drei Theater Roms: »das Grande Theatro ›de Liberti‹, das Caprinaca und das kleine ›La Pace‹. Sie sind immer vollbesetzt. Dort studieren die Abbés ihre Theologie, dort kommt das Volk zusammen bis zum letzten Bürger, besessen von der Musik: denn selbst der Schuster und der Schneider sind Kenner.« Während der Opernsaison von November bis zur Fastenzeit hört er Farfallino und Scalzi sowie im Caprinaca-Theater »zwei kleine Kastraten« singen, »Mariotti und Chiostra, als Frauen verkleidet, welche die schönsten Kreaturen waren, die ich in meinem Leben gesehen habe und die sogar bei Leuten von unverdorbenem Geschmack die Lust von Gomorrha wachgerufen hätten. Ein junger Engländer, der eine der beiden für eine Frau hielt, verliebte sich rasend; diese Leidenschaft schürte man länger als einen Monat.«

Während des Karnevals, der am 19. Februar 1729 begann, sah sich Montesquieu auf dem am Corso gelegenen Palazzo Mancini Pferderennen an; Kardinal von Polignac empfing dort die vornehme Gesellschaft: »Der Corso ist voller Wagen, einige sogar mit Schiffen darauf, voller Phaetons und Kutschen, vollbesetzt mit maskierten Leuten bis hin zu den Kutschern und Lakaien. Das geht der Reihe nach wie bei unserem Defilee in Paris. Unendlich viel Volk kommt von allen Seiten; mindestens halb Rom ist da. Man läßt die Pferde von einem Ende der Straße zum anderen laufen; das Pferd, das als erstes ankommt, hat das Rennen gewonnen. Sie sind reiterlos.«

Montesquieu überliefert keine weiteren Details über den Karneval von 1729; die Korrespondenz des Direktors des Palazzo Mancini, Wleughels, enthält jedoch interessante Anmerkungen zu den Festivitäten. Am 17. Februar schreibt er: »Übermorgen ist der erste Tag des Karnevals; er ist dafür ausersehen und wie ein großes Fest; angekündigt wird er durch einen Glockenschlag. Ich habe alles vorbereitet, damit diejenigen, die vorbeikommen, gut empfangen werden . . . aber das Wetter ist nicht schön; einige Tage war es kalt und ansonsten nur Regen. Noch nie gab es in Italien soviel Regen auf einmal.« Am 24. Februar schreibt er: »Wir sind mitten im Karneval, in diesem Land eine ernsthafte Angelegenheit. Wir haben den Adel Roms fast vollzählig hier . . . die prachtvollen Tische, die Kronleuchter, die Spiegel, die schönen Statuen, die Wandteppiche, die vornehme Gesellschaft, alles bildet eine Einheit, die überrascht[35].«

Solche Vergnügungen und Kontakte mit zahlreichen Persönlichkeiten waren längst nicht alles, was Montesquieu während seines Rom-Aufenthalts unternahm, den er weit über den vorgesehenen Zeitraum hinaus ausdehnte; er blieb dort nahezu sechs Monate, die lediglich von einer Fahrt nach Neapel unterbrochen wurden. In seinem Reisetagebuch fällt die Nüchternheit auf; doch diese Gefaßtheit ist nur äußerlich, denn er ist alles andere als teilnahmslos: »Wenn er den Reiz Roms intellektuell und nicht mystisch oder poetisch empfunden hat, ist das ästhetische Vergnügen ein wesentlicher Bestandteil seines römischen Glücks gewesen[36].« Am Ende seines Lebens wird er sich sehnsüchtig daran erinnern; am 21. Februar 1754 schreibt er an einen namentlich nicht genannten Abbé: »Ich habe dort im Verlauf von acht Monaten die glücklichste und bildungsreichste Zeit meines Lebens verbracht.«

Jene Monate waren in der Tat von langen Spaziergängen durch Kirchen und Paläste ausgefüllt; die mündlichen Auskünfte seiner Freunde und seine vorbereitende Lektüre leiteten ihn dabei. Außer Misson und Rogissart zieht er folgende, kurz zuvor in Italien neu aufgelegte Werke zu Rate, die er in seiner Bibliothek in La Brède aufbewahrte: die 1727 in Rom erschienene *Beschreibung des antiken und modernen Roms* und das am selben Ort 1725 herausgebrachte *Heilige und moderne Rom* von Francesco Posterla. Gleich bei seiner Ankunft wirft er, treu seiner Gewohnheit, oben vom Janiculum, vom Pincio oder von der Terrasse der Trinità-dei-Monti-Kirche einen ersten Blick auf das Panorama Roms: »Wenn ich in eine Stadt komme, steige ich immer auf den höchsten Kirchturm oder den höchsten Turm, um das Ganze zusammen zu betrachten, bevor ich mir die Einzelheiten ansehe; und wenn ich sie verlasse, mache ich es genauso, um meine Eindrücke festzuhalten.« Wenig später vermerkt er: »Wenn man zum höchstgelegenen Mönchskloster hinaufsteigt [auf das Kapitol], sieht man ganz Rom, wie es einem beliebt. Ganz oben gibt es eine Art Loge, der mir ein Bruder den Schlüssel gab, den ich in meiner Tasche schon mit nach Frankreich nehmen wollte.«

Mit einem feinen Sinn für Nuancen bemerkt Jean Ehrard: »Montesquieu findet demnach in Rom (noch ausgeprägter als in Florenz) eine Dualität von Inspiration und Stil, die ihm bereits vertraut war. Nüchternheit oder Üppigkeit, Beschaulichkeit oder Bewegung, klassische Strenge oder barocke Lebendigkeit: zwischen diesen beiden gegensätzlichen Tendenzen wird er sich nicht eindeutig entscheiden. Die Stadt Raffaels und die Berninis halten ihn gleichermaßen gefangen, selbst wenn sein kritischer Verstand eher mit der ersten sympathisiert[37].«

Raffael ist der Maler, den Montesquieu am meisten bewundert hat. Unter der Führung eines nicht namentlich genannten Malers besucht er den kleinen Palazzo Farnese; die Besichtigung von La Longara, dessen von Raffael gemalte Galerie die Geschichte der Psyche darstellt, regt ihn zu langen Kommentaren an. In einer vor 1728 geschriebenen Textpassage der *Gedanken*[38] läßt er bereits seine Bewunderung durchscheinen: »Es berührt mich mehr, ein schönes Gemälde von Raffael anzuschauen, das mir eine nackte Frau im Bad zeigt, als ob ich Venus aus den Fluten steigen sähe. Denn die Malerei stellt uns nur die Schönheit der Fauen dar und nichts, was ihre Mängel erkennen lassen könnte. Man sieht dort alles, was gefällt, und nichts, was abstoßen könnte.« Im *Spicilège* (461) notiert er, nachdem er in Wien mit Monsieur Jacob »etliche Gemälde« angeschaut hat: »Die Maler der Renaissance orientierten sich an den Alten und bildeten nur die Natur in ihrer Wahrheit und Einfachheit ab, so wie sie ist, nicht wie sie sein sollte. Das macht den Charakter der Gemälde Raffaels aus.«

Der namentlich nicht genannte Maler, der Montesquieus Besichtigung lenkt, widmet sich einer langen Analyse, die sich auf die Physiologie stützt; seine Äußerungen müssen neben das 1668 in Paris erschienene Werk *Die Kunst der Malerei* von Dufresnoy[39] gestellt werden, mit dessen Theorien er vertraut war. Nach dem Besuch der Logen von Raffael schreibt Montesquieu eine kurze Passage mit dem Titel *Allgemeine Regeln der Zeichenkunst*, die ebenfalls von Dufresnoy angeregt sind. Im Kunstbereich, in dem er sich noch etliches anzueignen hat, ist er kein Theoretiker. Seine Notizen sind zusammengesuchte Auskünfte über die Kunst, die um so ausführlicher und genauer ausfallen, weil sie seine Kenntnisse bereichern sollen; als er feststellt, daß die Kunst und die Malerei Gesetzen unterliegen, will er sie kennenlernen, um gerechtfertigte Urteile über Kunstwerke abgeben zu können. Er verwendet dieselbe Methode, um die *Galatea* zu beschreiben, die in einem anderen Saal des Palazzo Farnese aufbewahrt ist; der Anblick dieses Gemäldes beeindruckte ihn: »Dieses schöne Kunstwerk von Raffael ist wie alle anderen Werke dieses bewundernswerten Malers: Zuerst überraschen sie nicht, weil er die Natur zu perfekt nachbildet, so daß man sie für sie selbst hält; denn mich überkommt keine Bewunderung, wenn ich einen Mann oder eine Frau sehe. Raffaels Gemälde, die wahrheitsgetreue Abbildungen sind, wirken zunächst nur wie die Wirklichkeit. Demgegenüber erstaunt einen irgendeine Pose oder ein außergewöhnlicher Ausdruck eines weniger hervorragenden Malers beim ersten Anblick, weil man nicht gewohnt ist, sie anderswo zu sehen.«

Montesquieu wird sich an diese Feststellung erinnern, wenn er im XIV.

Kapitel seines *Essays über den Geschmack* über das »Fortschreiten der Überraschung« schreibt: »Die großen Schönheiten sind so beschaffen, daß die Überraschung, die sie auslösen, zunächst mäßig ist, sich hält, dann ansteigt und uns anschließend zur Bewunderung führt. Die Kunstwerke Raffaels verwundern beim ersten Anblick kaum: Er bildet die Natur so gut nach, daß man zunächst nicht mehr erstaunt ist, als ob man den Gegenstand selbst vor sich hätte, der keine Überraschung hervorrief: ein außergewöhnlicher Ausdruck, eine stärkere Farbgebung, eine sonderbare Pose eines weniger guten Malers ergreift uns hingegen beim ersten Anblick, den man von woanders her nicht gewohnt ist.« Im weiteren Verlauf des Textes vergleicht er Raffael mit Vergil; seine Bewunderung für Raffael, den Schüler der Alten, läßt sich neben folgende Passage aus den *Gedanken*[40] stellen: »Ich habe mein ganzes Leben lang eine entschiedene Vorliebe für die Werke der Alten besessen. Nachdem ich etliche der heute gegen sie gerichteten Kritiken gelesen hatte, schätzte ich einige von ihnen sehr; doch ich hörte nicht auf, die Alten zu bewundern. Ich untersuchte, ob meine Vorliebe nicht eine dieser krankhaften Neigungen war, auf die man nichts geben darf. Doch je länger ich damit zubrachte, desto mehr sah ich mich im Recht, so zu denken, wie ich gefühlt hatte.«

Montesquieus Bewunderung für Raffael trifft man bei seiner Besichtigung der Säle des Vatikans wieder an: »Raffael ist bewundernswert; er bildet die Natur nach. Er setzt seine Figuren nicht in eine gekünstelte Pose, um die Schatten auf ihnen herauszuarbeiten und das Helldunkel kunstvoll zu gestalten. Er setzt sie in die Position, in der sie sich befinden müssen und gewöhnlich befinden und bedient sich nicht solcher Kniffe.«

Doch seine Vorliebe ist nicht ausschließlich: Im Palazzo Rospigliosi findet er die *Aurora* von Guido Reni »bewundernswert«; im Palast des Herzogs Strozzi betrachtet er mit Vergnügen »viele schöne Gemälde der verschiedensten Meister: unter anderem ein schönes Porträt von Leonardo da Vinci und ein schönes Gemälde von Tizian«. In der Trinità-dei-Monti-Kirche bewundert er »die berühmte *Kreuzabnahme* von Daniele da Volterra, die das drittbeste Bild Roms ist«; er findet in ihm »eine bewunderungswürdige Kraft, obwohl er das Helldunkel nicht zur Hilfe genommen hat«. Einer von Poussin aufgestellten und von Félibien ins Gedächtnis gerufenen Rangliste zufolge mußte sich jeder kultivierte Ausländer in Rom zumindest vier Gemälde anschauen, die wie folgt klassifiziert wurden: *Die Verklärung Christi* von Raffael, den *Heiligen Hieronymus* von Domenichino, die *Kreuzabnahme* von Daniele da Volterra und den *Heiligen Romuald* von Sacchi[41].

Als Montesquieu die Galerie des Palazzo Farnese besucht, bewundert er die Fresken der Brüder Carracci. »Besonderes Vergnügen bereitet die außerordentliche Vielfalt der Gestalten, Haltungen und Hautfarben: Die Nacktheit einer Person unterscheidet sich von derjenigen der anderen.«

Seine Reaktion beim Anblick der Fresken von Michelangelo in der Sixtinischen Kapelle veranlassen ihn zu Kritik: »Ich habe an ihnen jedoch zwei Mängel festgestellt: Zum einen hat er die Perspektive nicht beachtet: Die Gestalten oberhalb der Loggia sind größer als die unterhalb von ihr; zudem hat er im Gewölbe im gleichen Gemälde zweimal den Schöpfer und in einem anderen zweimal Adam untergebracht, was den gesunden Menschenverstand schockiert.« Doch das schmälert offenbar seine Bewunderung nicht: »Nichts gibt eine größere Vorstellung vom Genie Michelangelos als diese Malerei, und ich glaube nicht, daß Raffaels Loggien besser sind.«

Die Liste von Montesquieus Beurteilungen und Eindrücken von Bildern und Fresken ließe sich noch verlängern. Eine solche Aufzählung liefe jedoch Gefahr, andere künstlerische Gesichtspunkte seiner Entdeckung des alten und modernen Roms zu verschleiern. Denkmäler, Kirchen und Paläste riefen ebenso sein Interesse hervor; ihre Besichtigung trägt zur Entwicklung seines Geschmacks bei und lehrt ihn, ein Kunstwerk zu würdigen: »Die Seele bleibt unentschlossen zwischen dem, was sie sieht, und dem, was sie weiß[42].« So beeindruckt ihn die wiederholt besichtigte Peterskirche: »Die Schönheit der Proportionen der Peterskirche läßt sie beim Betrachten zunächst kleiner erscheinen, als sie ist. Wenn sie schmaler wäre, erschiene sie länglich. Wenn sie kürzer wäre, erschiene sie breiter, was stets eine Vorstellung von Größe gibt. Doch die Genauigkeit der Proportionen bedingt, daß nichts hervorsticht und man zunächst kaum erstaunt ist. Man muß abwarten, bis das Studium und die Reflexion einen die Schönheit spüren lassen.«

Die Fassade der Kirche San Carlo verleitet ihn zu einer interessanten Bemerkung über die Beziehung zwischen dem Kunstwerk und dem Blick des Betrachters: »Die äußerst kleine Fassade ist ein bewunderungswürdiges und einzigartiges Kunstwerk von Borromini. Da der Platz begrenzt ist, legt er die Fassade zum Teil konvex und zum Teil konkav an, was die Linie, der das Auge folgen muß, verlängert.« Keine andere römische Kirche scheint ihm »besser proportioniert« als die Jesuitenkirche Il Gesù.

Montesquieu interessiert sich gleichermaßen für die Monumente und Kunstwerke des alten Rom; viele von ihnen werden ihm unbekannt bleiben, da sie erst während der Ausgrabungen im 19. Jahrhundert entdeckt wurden. Über Kardinal von Polignac ist er über die Arbeiten des Archäologen Bianchini und die damaligen Ausgrabungen auf dem laufenden: »In Rom gibt es nichts zu verlieren, wenn man im Erdreich Ausgrabungen machen läßt: allein die Backsteine, die man herauszieht, lohnen den Aufwand.« Als er mit Kardinal von Polignac den Farnesianischen Weinberg auf dem Palatin-Hügel besucht, sieht er dort die schönen Überreste des Palastes von Nero: »Der prächtige Salon war mit Marmor-Einlagen verziert, mit sehr schönen Säulen ... eine Treppe ist mit Mosaiken ausgelegt, und an den Wänden gibt es Malereien, die gut gezeichnet sind; doch die Gestalten sind steif. Alle Kranzgesimse und Kapitelle, die man hervorholt, sind sehr schön gearbeitet. Denn Nero hatte aus Griechenland erstklassige Handwerker kommen lassen.«

Trotz seines weltgewandten Lebensstils, seiner Gespräche und der Besichtigung von Monumenten und Kunstwerken widmet Montesquieu viele Stunden der Arbeit. »Es ist für einen Ausländer in Rom leichter als in Paris, in der Gesellschaft zu verkehren und gleichzeitig seinen Studien nachzugehen: denn in Paris folgt ein Ausflug dem anderen; Sie sind heute mit Beschlag belegt, weil Sie es gestern waren. In Rom gibt es mehr Unterbrechungen.« Um seinen Aufenthalt in England vorzubereiten, lernt er Englisch: »Ein Irländer, der mich in Englisch unterrichtete, brachte mir alles bei, was er über diese Sprache wußte, und in allem mußte ich von vorn anfangen.« Seine Notizen bestehen aus Aufzeichnungen seiner Gespräche, aber auch aus Resümees seiner Lektüre. Es ist möglich, daß das Projekt der *Betrachtungen* in Rom selbst konzipiert wurde, wie M. Fort Harris vermutet, und nicht in England, wie R. Shackleton zu verstehen gibt; diese Hypothese ist jedoch nicht verifizierbar. Ebenso läßt sich annehmen, daß Montesquieu an Ort und Stelle einige Nachforschungen unternommen und Fakten gesammelt hat, die Ausgangspunkt zu seinen *Überlegungen zur Nüchternheit der Bewohner Roms im Vergleich zur Maßlosigkeit der alten Römer* waren, die im Dezember 1732 an der Akademie von Bordeaux in seiner Abwesenheit vorgetragen wurden.

*

Nachdem Montesquieu die Zeremonien der Karwoche verfolgt und ein »so einzigartiges *Miserere*« gehört hat, »daß es scheint, daß die Stimmen der Kastraten Orgeln sind«, verläßt er Rom am Ostermontag, dem 18. April, »in einem Wagen mit zwei Deutschen: einem Offizier und einem Konsul aus Livorno«. »Wir passierten die Porta San Giovanni und nahmen die Römerstraße ... In Marino hielten wir eine halbe Stunde ... und auf dem Weg durch die Campagna di Roma übernachteten wir in Velletri.« An den folgenden Tagen kommen die Reisenden in Piparno vorbei und machen in Terracina Station, dem Grenzort zwischen dem Kirchenstaat und dem Königreich Neapel. »Hinter Terracina findet man fast immer die Via Appia.« Im II. Kapitel der *Betrachtungen* sieht Montesquieu in diesen alten Straßen einen der Gründe für die Überlegenheit der Römer über ihre Feinde: »Die Härte ihrer Leibesübungen und die prächtigen Straßen, die sie angelegt hatten, versetzten sie in die Lage, lange und schnelle Märsche zu unternehmen. Ihre unvermutete Präsenz ließ die Gemüter erstarren.«

Montesquieu beschreibt ständig die antiken Monumente, die den Weg bis nach Neapel vorzeichnen. Am 22. April erreicht er Capua, wo er beim

Generalkommandanten zum Abendessen eingeladen wird. Ohne sich in Capua und Aversa allzulange aufzuhalten, gelangt er am 23. April nach Neapel und bleibt dort bis zum 6. Mai.

Noch ganz unter dem Zauber Roms scheint Montesquieu von seinem ersten Kontakt mit Neapel enttäuscht: »Wer schöne Kunstwerke sucht, darf Rom offenbar nicht verlassen. In Neapel erscheint es mir leichter, sich den Geschmack zu verderben, als ihn sich zu verfeinern«; und er beteuert: »Rom, die schönste Stadt der Welt. Wenn die Künste verloren wären, fände man sie in Rom wieder.« Seine Reaktion ähnelt der des Präsidenten De Brosses zehn Jahre später: »Meine Augen sind zu sehr von den wahren Schönheiten Roms verwöhnt.« Montesquieu ist jedoch empfänglich für den Anblick, den die Lage der Stadt bietet: »Nichts ist schöner als die Lage Neapels am Golf; es ist ein Amphitheater über dem Meer, aber ein gewaltiges.« Vom Salon des Vizekönigs aus, von dem er eingeladen wird, bewundert er das Panorama, das sich seinem Blick darbietet: »Er überschaut das Meer nach allen Seiten, sieht die Schiffe ankommen, sieht den Vesuv auf einer Seite und die beiden Meeresküsten: ein faszinierender Anblick.« »Neapel befindet sich« ihm zufolge »in einer sehr schönen Lage. Die Straßen sind breit und sehr gut gepflastert mit mächtigen, quadratischen Quadern. Die Häuser alle groß und ungefähr gleich hoch. Viele schöne, große Plätze; und fünf Schlösser oder Festungen, über die man nur staunen kann.«

Er besichtigte den Hafen, den Palazzo Gli Studi, das heutige Nationalmuseum für Archäologie, das damals im Bau war, bewundert die Treppe des Palastes des Vizekönigs, »die schönste Europas«, entworfen von Domenico Fontana, und verweilt am Justizpalast: »Dort sieht man den Rechtsverdreher mit Beinkleidern und Wams. Die Schreiber allein bilden eine kleine Armee, in Schlachtordnung, mit ihren Federn bewaffnet. Sie sitzen auf Bänken, paarweise oder je vier und vier.«

Da Montesquieu den Vizekönig von Neapel, den Grafen von Harrach, und seine Frau aus Wien kennt, besucht er sie gleich bei seiner Ankunft und wird am 26. April bei ihnen zum Abendessen eingeladen. Er begegnet, sicher auf Empfehlung von Monseigneur Fouquet, dem Abbé Matthias Ripa, der früher Missionar in China gewesen war und das chinesische Kolleg in Neapel gegründet hatte. »Dieser gutmütige Geistliche hatte die Absicht gefaßt, junge Chinesen anzulocken, um sie auszubilden und als Priester in ihr Land zurückzuschicken. Er brachte vier mit und kaufte mit dem Geld, das ihm der Papst gegeben hatte, ein schönes Haus, Kloster und Kirche.« Getrieben von seinem Interesse für China, ließ Montesquieu die Gelegenheit sicher nicht aus, seine Unterlagensammlung durch Gespräche mit diesen jungen Leuten zu vervollständigen. Ebenso machte er die Bekanntschaft des königlichen Beraters Constantin Grimaldi, eines in Rechtsprechung, Theologie und Medizin sehr versierten Beamten.

Man hat sich oft gefragt, ob Montesquieu in Neapel Doria und Vico begegnet ist. Daß er sie nicht erwähnt, überrascht, denn die möglichen Vergleichsmomente zwischen seinem Werk und dem ihren hat einige Kritiker lange Zeit glauben lassen, daß Montesquieu durch sein Schweigen versucht habe, allzu offensichtliche Inspirationsquellen zu verheimlichen. Beide korrespondierten mit italienischen Gelehrten, die auch Montesquieu kannte. Das 1709 veröffentlichte *Leben in der Zivilisation* von Mattia Doria wird als eine der Quellen des *Geistes der Gesetze* angesehen. R. Shackleton hat bewiesen, daß Doria seinem Buch 1729 eine »Passage« mit dem Titel *Vom Handel im allgemeinen und seiner gegenwärtigen Anwendung in Europa* beifügte, in die er Ideen aufnahm, die Montesquieu in seinen vor April 1728 geschriebenen *Betrachtungen über die Reichtümer Spaniens* zum Ausdruck gebracht hatte. R. Shackleton schließt also zu Recht, »daß ein Treffen zwischen Montesquieu und Doria, das bereits sehr gut möglich erschien, demnach zumindest wahrscheinlich« und »ihr nicht mehr einseitiger Ideenhandel gegenseitig wird[43]«.

In bezug auf die andere Quelle des *Geistes der Gesetze*, die *Neue Wissenschaft* von Vico, ist man so weit gegangen, Montesquieu des Plagiats zu bezichtigen. C. Rosso hat nachgewiesen, daß die Ausgabe der *Neuen Wissenschaft*, die Montesquieu in Neapel kaufen wollte, damals vergriffen war; er bemerkt zudem, daß Montesquieu in Anbetracht der Komplexität der Sprache und der Dichte des Inhalts nicht gut genug Italienisch konnte, um Vicos Werk später zu lesen, weshalb er der Ansicht ist, daß es gerechter sei, von einer idealen Übereinstimmung der beiden Werke zu sprechen[44].

Montesquieus Reaktionen auf die Verflüssigung des Blutes des heiligen Gennaro, der er zweimal, am 30. April und wahrscheinlich am Tag darauf, beiwohnte, zeugen von einer wissenschaftlichen Haltung, die keine Hypothese ausschließt, nicht einmal die des Wunders. Zunächst schildert er seine Wahrnehmungen: »Ich glaube gesehen zu haben, daß diese Verflüssigung stattgefunden hat; obwohl es schwierig ist, sie genau wahrzunehmen, denn man zeigt nur einen Moment lang einen Reliquienbehälter, dessen Glas von den Küssen der Menschenmassen trübe ist.« Zunächst sucht er eine wissenschaftliche Erklärung für dieses Phänomen: »Ich glaube, daß es sich um ein Thermometer handelt, daß sich dieses Blut oder diese Flüssigkeit, die von einem kühlen Ort kommt, beim Eintritt in den von der Menschenmenge und den vielen Kerzen aufgeheizten Raum verflüssigen muß . . . Ich bin überzeugt, daß es sich bei all dem nur um ein Thermometer handelt . . .« Wenn sich Montesquieu mit dieser wissenschaftlichen Feststellung auch zufriedengibt, so wahrt er gegenüber diesem Phänomen trotzdem eine Haltung, die frei von jeder Ironie ist; anders als viele Reisende seiner Zeit bezichtigt er den Klerus nicht des Betrugs und der Vorspiegelung falscher Tatsachen: »Ich glaube demnach, daß die Geistlichen selbst die Genarrten sind: Sie haben die Verflüssigung miterlebt und gedacht, sie würde sich durch ein Wunder vollziehen. Da sie ein Wunder benötigten, um dem Volk Trost zuzusprechen, versuchten sie herauszufinden, welches Wunder am Tag des Heiligen den größten Erfolg hätte. Zeremonien, die einmal ihren festen Platz haben, ändern sich dann nicht mehr.« Sein Standpunkt ähnelt dem Voltaires, der in seinem *Essay über die Sitten* schreibt, daß »die glühenden Phantasien in den heißen Gegenden vermutlich sichtbare Zeichen benötigen, die sie fortwährend unter die Obhut Gottes stellen«. Im übrigen respektiert Montesquieu das religiöse Gefühl, für das diese Zeremonie nur eine äußerliche Bekundung ist, und schließt mit einem Satz, der sich für alle Erklärungen offen zeigt: »Das hier sind nur Mutmaßungen: Vielleicht ist es ja ein wirkliches Wunder.«

Als er im Zusammenhang mit dem im Jahre 1700 veröffentlichten Werk von Antoine Van Dale, *De oraculis veterum ethnicorum*, in den Gedanken[45] auf das Phänomen zurückkommt, wendet er sich gegen die Betrugsthese: »Was Monsieur Van Dale über die Unredlichkeiten der Priester bei den Orakeln sagt, erscheint mir keineswegs bewiesen. Allem Anschein nach waren sie selbst die Getäuschten. Ich beurteile das anhand des Wunders vom Blut des heiligen Gennaro, das, wie ich nachweisen kann, keineswegs eine Betrügerei ist. Die Priester sind gutgläubig; Neapel ist gutgläubig; und so kann es nicht anders sein.«

Montesquieu scheint auch die soziale Lage der einfachen Leute von Neapel gründlich erforscht zu haben: »Das Volk von Neapel ist sehr arm . . . und verdient Rücksicht, denn es gibt dort 50000 Menschen, die *lazzi* genannt werden und nichts auf der Welt haben: weder Grundbesitz, noch Gewerbe; sie leben nur von Kräutern und sind nicht bekleidet, da sie nur eine Hose besitzen. Diese Leute sind sehr leicht zu beeinflussen. Diese *lazzi*, die ärmsten Menschen der Erde, fürchten das Unheil, mit dem ihnen die Nicht-Verflüssigung droht, am meisten. Aufgrund dieser *lazzi* kann man wohl sagen, daß das Volk von Neapel weit mehr Volk ist als ein anderes.« Diese Aufzeichnungen greift er am Ende es XIV. Kapitels der *Betrachtungen*, das Tiberius gewidmet ist, wieder auf: »Keine anderen Menschen fürchten das Unheil so sehr wie die Notleidenden, die durch das Elend ihrer Lage eigentlich beruhigt sein könnten und mit Andromache sagen müßten: *Gäbe Gott, daß ich Furcht hätte!* Heute gibt es in Neapel fünfzigtausend Menschen, die von Kräutern leben und deren einziger Besitz ein halbes Leinengewand ist: Diese unglücklichsten Geschöpfe der Erde verfallen beim geringsten Rauch, der aus dem Vesuv aufsteigt, in eine schreckliche Niedergeschlagenheit; gerade sie besitzen die Dummheit zu fürchten, sie könnten unglücklich werden.«

Montesquieu nutzt seinen Aufenthalt in Neapel, um Ausflüge in die Umgebung zu machen. Er schildert ausführlich seinen Besuch in Pozzuoli, notiert, daß der berühmte Lucriner See »nicht so groß ist wie unsere Burggräben in La Brède« und zeigt beim Vulkankrater La Solfatara Interesse für die giftigen Dämpfe in der Hundsgrotte: »Nach ungefähr einer Minute läßt sich der Hund aus Schwäche fallen und es fehlt ihm an Atem, als könnte er keine Luft holen. Ich habe einen Frosch aus dem Wasser gezogen, der in siebeneinhalb Minuten gestorben ist.«

Anfang Mai besteigt er den Vesuv; von diesem ebenso traditionellen wie unbequemen Ausflug gibt er jedoch nur eine knappe Schilderung mit eingestreuten technischen Betrachtungen, die er von Cassiodor und Muratori übernommen hat. In Begleitung eines »französischen Kartäuserpaters, dem Amtsgehilfen des Ordensprokurators«, begibt er sich auf die Insel Capri: »Sie ist immer noch sehr reizvoll, obwohl von den Bauwerken des Tiberius nur ein paar Überreste eines Reservoirs vorhanden sind, das noch als Zisterne dient; ihr Wasser ist ausgezeichnet und sehr nützlich für die Inselbewohner.«

Am 6. Mai verläßt er Neapel, um nach Rom zurückzukehren; am 7. schifft er sich mittags in Molo-di-Gesta ein, um nach Gaeta zu fahren; die Stationen seiner Reise gibt er nicht genau an, abgesehen von einem Halt in Piparno, wo ihm der Grundherr Thomas Aucalone Auskünfte über die Trockenlegung von Sümpfen gibt. Spätestens am 11. Mai ist er wieder in Rom.

*

Montesquieus zweiter Romaufenthalt, der am 4. Juli endete, war kürzer als der erste; begierig, alles wiederzusehen, durchstreifte er die ganze Stadt: »Neapel kann man sich in zwei Minuten ansehen. Für Rom braucht man sechs Monate.« Seine Reisenotizen erlauben es nicht, ihm wie im vorangegangenen Winter zu folgen; nur von einigen Tagen vermitteln sie genauere Angaben über seinen Zeitplan. Ende Mai, beim Herannahen des römischen Sommers mit seiner nur schwer zu ertragenden Hitze, hält er sich in Frascati auf. Am 26. Mai 1729 schreibt Wleughels: »Alle sind auf dem Land; es ist so üblich in dieser Gegend, daß man beim ersten schönen Wetter aufs Land fährt und erst am Tag des heiligen Petrus zurückkommt.«

In Frascati trifft Montesquieu einen Teil der römischen Gesellschaft wieder, vor allem Kardinal von Polignac, mit dem er sich häufig unterhält und der die Ausgrabungen verfolgt, die in der Nähe seines Landhauses durchgeführt werden. Die Äußerungen des Kardinals füllen die Hälfte der Aufzeichnungen, die Montesquieu zwischen dieser Zeit und seiner Abfahrt aus Rom festhält. Die aufgegriffenen, mit großer Sorgfalt wiedergegebenen Themen sind sehr vielfältig: die Haltung von Polignac gegenüber dem Thronprätendenten zum Zeitpunkt des Konklaves, das Benedikt XIII. wählt; die Abteien und Bistümer, die der König ihm zu schenken erwog; die »tausend Torheiten« des Kardinals von Rohan auf dem Konklave für Innozenz XIII. im Jahre 1721; die Bemühungen des Kardinals, in Rom die Affäre um die Bulle *Unigenitus* zu beenden. Am 4. Juni hört Montesquieu »die Lesung des ersten Buches des *Anti-Lukrez* von Kardinal von Polignac, das ein bewundernswertes, in neun Bücher unterteiltes Werk ist. Das erste Buch bekämpft den Grundsatz von Lukrez, daß wir die Lust suchen müssen, um unser Glück zu finden.« Als das Werk nach dem Tod seines Autors 1747 von Abbé von Rothelin herausgebracht wird, beurteilt es Montesquieu in einem Brief an Maupertuis differenzierter: »Der *Anti-Lukrez* von Kardinal von Polignac erscheint und hat großen Erfolg. Das ist ein Kind, das seinem Vater ähnelt. Er beschreibt ansprechend, mit Anmut; doch er beschreibt alles und hält sich überall auf. Ich hätte mir gewünscht, man hätte es um rund zweitausend Verse gekürzt.« Montesquieus Meinung stimmt mit der zeitgenössischen Kritik überein, die in diesem Werk »eine Art Philosophie für die bessere Gesellschaft« erkennt, »die man als gefällige Unterhaltung eines Geistes betrachten kann, der sich für tausend Themen interessiert, ohne die Zeit zu haben, sie gründlich zu erforschen[46]«.

Einen Teil seiner Zeit widmet Montesquieu dem Besuch Frascatis und seiner Umgebung »voller schöner Landhäuser«; in seinen Notizen ist die Rede von den Erinnerungen an die Antike, den Häusern von Cicero und Marius und von aktuellen Beobachtungen. Am 1. Juni begibt er sich nach Monte Porzio, das zwischen Frascati und Tivoli liegt und eine »sehr hübsche Kirche mit auffallend schöner Architektur« besitzt. Mit Pater Cerati wird er vom Abbé »Jacobacci, dem Minister des Herzogs von Modena in Rom«, in der Villa d'Este in Tivoli empfangen; er bewundert die »sehr große Anzahl von Springbrunnen, Bassins, Fontänen und Wasserstrahlen«. Zusammen fahren sie auch zum Landhaus des Kaisers Hadrian, der Villa Adriana: »Beachtliche Ruinen, das Gebäude scheint riesig gewesen zu sein. Man sieht die Überreste mehrerer Tempel, Amphitheater und Wasserreservoirs für die Spiele. Unterkünfte für die Soldaten und große Gewölbe, die als Pferdeställe dienten, sind noch vorhanden. Kurzum, man sieht den Palast eines großen Kaisers.« Montesquieu kritisiert, daß die Eigentümer der Villa, der Graf Fede und die Jesuiten, die Gebäude »wie Goten und Tataren« behandeln. In den *Betrachtungen* (Kapitel XVI) wird er eine Lobrede auf Hadrian halten: »Von den beiden großen Kaisern Hadrian und Severus stellte der eine die militärische Disziplin her, während sie der andere lockerte. Die Auswirkungen entsprachen sehr genau den Ursachen; die Regentschaften, die auf die Hadrians folgten, waren glücklich und ruhig; nach Severus herrschte nichts als Schrecken.«

Weiterhin in Begleitung von Pater Cerati, besucht Montesquieu am 8. Juni in Frascati mehrere Landhäuser, so den Papstpalast in Castel Gandolfo, »der ganz offen stand und in dem keine Seele war«. In Genzano werden die beiden von Kardinal Imperiali empfangen, »einem würdigen Mann: Er besitzt gesunden Menschenverstand, Geist, und obwohl er fast achtzig Jahre alt ist, scheint er nicht einmal sechzig zu sein . . . Er kennt und protegiert die schönen Künste«. Anschließend besucht er das Haus des Malers Carlo Maratta, eines Vertreters der klassisch-akademischen Richtung, »in dem es einen kleinen, von ihm entworfenen Saal von außerordentlichem Geschmack gibt«. Am 11. Juni fährt er nach Palestrina, »einem berühmten Ort, wo die alten Römer der Fortuna einen Tempel errichtet hatten und man das Schicksal befragte«; danach besucht er in Zagarolo den Palast des Herzogs von Rospigliosi.

Am 24. Juni kehrt er nach Rom zurück und wird am nächsten Tag von der Frau des Thronanwärters in Audienz empfangen; an den folgenden Tagen besucht er »in Trastevere, am römischen Hafen, das Gebäude, das Innozenz XII. errichtet hatte, um dort die Betriebe aller möglichen Manufakturen, Teppichwebereien, Wollwebereien und Druckereien unterzubringen«. Zu dieser Zeit trifft Montesquieu gewiß auch Vater und Sohn Silhouette, die sich vom 17. Juni bis 5. Juli in Rom aufhielten, sowie den Zeichner Pier Leone Ghezzi, der ein Porträt von ihm anfertigte, das in der Bibliothek des Vatikans aufbewahrt wird.

Auch wenn Montesquieu nichts darüber verlauten läßt, nahm er am 28. und 29. Juni sicherlich an den Feiern zum Sankt-Petrus-Tag teil; Silhouette verfaßte über sie einen farbigen Bericht: »Am Vorabend von Sankt-Petrus erwies der Oberstallmeister Colonne, der für zwei Tage das Amt des Sonderbotschaftes bekleidete, dem Papst im Namen des Königreichs Neapel die Ehre und überbrachte ihm ein aus der Hackney-Zucht stammendes, altes weißes, sehr reich ausstaffiertes Pferd; der Papst nahm die Huldigung in der Vorhalle der Peterskirche entgegen; der Oberstallmeister ließ anschließend zum Corso bitten; er wurde von Kardinal Cienfuegos begleitet, dem Geschäftsträger des Herrschers. Jeder hatte fünfzehn Kutschen als Suite. Colonne ließ am Vorabend sowie am Sankt-Petrus-Tag selbst ein Feuerwerk abbrennen und in seinem Palast Erfrischungen reichen. Kardinal von Polignac . . . brachte mich dorthin . . . Ich hatte gleichfalls die Ehre, ihn zu begleiten, als er sich das Feuerrad der Engelsburg ansah; dabei handelt es sich um eine große Anzahl von Raketen, die alle im gleichen Moment abgefeuert werden, so daß die Peterskirche von außen ganz erleuchtet ist. Wir befanden uns in einem Kloster, dessen Fenster auf die Ufer des Tiber hinausgehen; die Spiegelung der Beleuchtung und des Feuerrades im Wasser des Flusses bot uns ein doppeltes Schauspiel[47].«

Bevor Montesquieu Rom verläßt, nimmt er Abschied von seinen Gastgebern; in der Reihenfolge, die er selbst angibt, waren das: Abbé Niccolini, Kardinal von Polignac, Pater Cerati, der Bischof von Cavaillon Joseph de Guyon de Crochans, Kardinal Corsini, Marquis Corsini, Monseigneur Fouquet, Kardinal Bentivoglio und die Marquise Patrizzi.

*

Am 4. Juli um zwei Uhr morgens setzt sich Montesquieu, zweifellos von dem Wunsch geleitet, der schlechten Luft von Rom und den die Atmosphäre verpestenden Giftdünsten zu entkommen, in seinen halboffenen Wagen: »Erst in Otricoli, das sechs Stationen von Rom entfernt liegt, wähnte ich mich vor der schlechten Luft in Sicherheit; ich kam dort um drei Uhr mittags an – in einer Bruthitze – aber Gott sei Dank! bei guter Gesundheit ... Ich konnte nicht umhin, ein wenig in meinem Wagen in der schlechten Luft zu schlafen, was mir keinerlei Beschwerden bereitete. Es stimmt, daß der Monat Juli nicht der schlimmste ist, sondern der August und der September.«

Die unter so ungünstigen Umständen begonnene Reise nimmt von Terni an einen angenehmeren Verlauf, von wo aus er über Spoleto, Foligno, Serravalle, Tolentino und Macerata am 6. Juli nach Loreto gelangt. Da er, anders als Montaigne, als eiliger Reisender und nicht als Wallfahrer dorthinkommt, interessiert ihn vor allem der ökonomische Aspekt der heiligen Stätte der Jungfrau Maria: sie »kann 25 000 bis 30 000 Écus einbringen, wobei die zu entrichtenden Kosten für Klosterbrüder, Musikanten und Armenhäuser die Einnahmen übersteigen«. Er interessiert sich für die Flachreliefs »um die Santa Casa herum, die von Sansovino und anderen stammen«. In Ancona, das er sehr genau beschreibt, verweilt er am »völlig künstlich angelegten Hafen«, den Hadrian ausheben ließ. Im mit Venedig konkurrierenden Senigállia äußert er sich ausführlich zum Markt, »der den Reichtum der Stadt ausmacht«. Nebenbei notiert er, daß er zur Vorbereitung seines Englandaufenthaltes zwei Bücher gekauft hat: *Englands Handelsbilanz gegenüber Frankreich* von Law und den *Seeatlas des Handels*.

Um rasch nach Bologna zu kommen, setzt Montesquieu seinen Weg in großen Etappen fort: In Rimini besichtigt er die Kirche San Francesco, dann überquert er den Rubikon, »der nur ehrfurchtgebietend ist wegen der Achtung, die man ihm entgegenbrachte«. Je weiter er sich von Rom entfernt und ins Gebirge vordringt, desto größer wird seine Zuneigung zum durchquerten Land: »Nichts ist schöner als diese Romagna. An jeder Station findet man eine schöne Stadt, die anständig gebaut und recht berühmt ist.«

Am Morgen des 9. Juli trifft er schließlich in Bologna ein; von Abbé Niccolini überbringt er Briefe an den Marquis Grossi und an Pecci, dem »maestro di camera« von Gorgio Spinola, dem Kardinal von Santa Agnese und päpstlichen Legaten in Bologna. Er besichtigt in Bologna die Kirchen und Paläste, deren Treppen er bewundert, und interessiert sich für die

Bilder von Agostino und Annibale Carracci; seine begleitende Lektüre ist das 1706 herausgebrachte Werk *Die Malerei von Bologna,* von Carlo Caesare Malvasia. In Begleitung von Monseigneur Lante besucht er im Istituto die Säle, die der Kriegskunst, der Physik, der Naturgeschichte und der Astronomie gewidmet sind, und durchquert die Bibliothek und den Heilkräutergarten, ohne jedoch auf den berühmten Astronomen Eugenio Monfredi zu treffen, für den ihm Pater Cerati einen Empfehlungsbrief mitgegeben hatte.

*

In Modena, »einer kleinen, tristen Stadt ohne Schönheit«, die Montesquieu am 17. Juli, dem Tag seiner Abreise aus Bologna, erreicht, trifft er den Bibliothekar des Herzogs, Antonio Muratori, einen der hervorragendsten Gelehrten seiner Zeit. Muratori, der gerade im Begriff war, eine Sammlung von Schriften italienischer Historiker herauszubringen, gehörte zu jener Gattung Wissenschaftler, die Texte herausgaben, Dokumente entzifferten und ihr Leben der Rettung der wichtigsten Bücher der Menschheit widmeten. Montesquieu begegnet Muratori häufig, »ein sehr bewanderter Geistlicher, einfach, ungekünstelt«, der »ein barmherziges Gemüt besitzt, ein aufrichtiger, wahrhaftiger Mensch; kurzum, ein Mann ersten Ranges«. Man kann sich fragen, ob Muratori Montesquieu nicht animiert hat, sich in die Erforschung einer Epoche zu vertiefen, die ihm weniger vertraut war als die römische Antike, nämlich die feudale Periode. Die Einflüsse des gelehrten Bibliothekars und seiner Arbeiten lassen sich in den *Betrachtungen* und im *Geist der Gesetze* feststellen.

Im Laufe seines Aufenthaltes in Modena besucht Montesquieu den im Bau befindlichen Palast des Herzogs und seine Gemäldegalerie; er verweilt vor der *Nacht* von Correggio und »vor einem kleinen, geschlossenen Bild, das seine *Magdalena* ist. Diese beiden Kunstwerke sind in seinem späten Stil gemalt und von unschätzbarem Wert. An ihnen bewundert man jenes Ineinanderaufgehen der Farben, das sich nur bei ihm findet und das allein den Körpern Tiefenwirkung verleiht und der Haut etwas Zartes gibt.« Montesquieu bedauert jedoch die Entfernung einiger Bilder: »Etwas ärgert mich dort. Man hat die Originale der größten Meister auf die Soffitten gestellt. Sie befinden sich außerhalb des Blickfeldes, sie sind dort wie in einen Schacht plaziert.«

Montesquieu stellt fest, »sich die Zeit in Modena sehr gut vertrieben« zu haben: »In einem der Cafés versammelt sich der Adel. Von dort aus begibt man sich zum Gespräch bei der Gräfin Cessi, einer sehr hübschen Frau. Bei ihr sind etliche Adlige zugegen, die alle eine ausgeprägte Lebensart besitzen. Die Damen verfügen über viel Höflichkeit.« In Reggio besucht er einen »reichen Juden, der eine Zwirnerei besitzt, in der er eine außerordentliche Menge Seide mouliniert«; er hat »alle verschiedenen Verarbeitungsmethoden, die dort üblich sind, gesehen.«

Vom 24. bis 26. Juli hält sich Montesquieu in Parma auf, wo ihn Graf Cerati, der Bruder des Paters Giuseppe Cerati, herumführt; er findet die Stadt Parma »sehr angenehm. Die Straßen sind schön, breit, weitläufig, groß«; er besichtigt die Kirchen, das Heilige Grab, den Dom, San Giovanni, San Antonio, den Palast des Herzogs von Parma und sein Theater: »Es ist oval angelegt und hat etwas von den antiken Theatern an sich, so daß sich die Stimme mühelos ausbreitet.« Er begegnet Silhouette, der Rom am 5. Juli verlassen hatte, und erzählt folgende Anekdote: »Als er in Rom weilte, ersuchte Monsieur Silhouette darum, den Herzog besuchen zu dürfen, der in Sala wohnte, in einem Haus wie dem von Marly, wo er niemanden sah . . . Man fragte ihn nach seinem Titel. Er sagte, er sei ›Rat und Sekretär des Königs und seiner Finanzen im Hause der französischen Krone‹. Dieser Titel erschien dem Herzog so beachtenswert, daß er ihm mitteilen ließ, er wäre nicht in der Lage, ihn zu empfangen; wenn er ihn jedoch unbedingt sehen wolle, würde er nach Parma fahren, um dort seinen Besuch entgegenzunehmen. Ich wies besagten Monsieur Silhouette auf die Güte des Königs hin, der den untersten Adelsrang in den Augen der Ausländer so glänzend erscheinen läßt.«

In der Nacht vom 26. auf den 27. Juli verläßt Montesquieu Parma in Richtung Mantua, das er »bei Tagesanbruch« erreicht. Gleich nach seiner Ankunft sieht er sich den Palazzo del Tè an, in dem er das Werk des Raffael-Schülers Giulio Romano bestaunt. Er hält das Bauwerk für »bewundernswürdig« und ist von den Gemälden hingerissen; besonders schätzt er den *Sturz der Riesen* und *Das Festmahl der Götter*: »Dem Feuer, der Kühnheit, der Größe und Bewegung, die sich in all diesen Gestalten findet, und der Schönheit der ganzen Anlage ist nichts hinzuzufügen.« Er bewundert den antikisierenden Stil, die treue Darstellung der Wirklichkeit und die Nachbildung einer Szene, die durch die Lektüre antiker Autoren angeregt wurde.

Von da an beschleunigt Montesquieu seine Fahrt. Am 29. Juli erreicht er Verona, das er bereits besichtigt hatte, und zeigt sich enttäuscht von den Gemälden: »Ich gestehe, ich habe kaum etwas entdeckt, weniger noch als beim erstenmal.« Auf dem Weg nach Trient hält er in Ala, »einem Gut des Grafen von Castelbianco, wo es sehr viele Webstühle für Samt gibt. Dort habe ich zum erstenmal in meinem Leben einen Eindruck von der Samtherstellung bekommen.«

So endet die Reise, die es Montesquieu erlaubt hat, vom 16. August 1728 bis zum 31. Juli 1729 Italien ganz nach seinem Gutdünken und nach seinem Rhythmus zu entdecken, dort zu verweilen, wo es ihm gefiel, oder Etappen zu überspringen, wenn er sich nicht wohl fühlte oder nicht nach seinem Wunsch empfangen wurde. Dabei schrieb er auf, was ihn interessierte, schenkte stets den Spuren der Antike seine Aufmerksamkeit, traf die italienischen »Illuministen« und widmete doch immer einen Teil seiner Zeit dem Studium, der Reflexion und der Vorbereitung seiner zukünftigen Werke. Er führte dort ein glänzendes Gesellschaftsleben und zog großen Nutzen aus seinen privaten Gesprächen, in denen er es verstand, seinem Gegenüber zuzuhören. Zwar hielt Montesquieu in seinen Reiseaufzeichnungen nicht alle Überlegungen fest, zu denen ihn die Personen, die er traf, oder die besichtigten Monumente anregten. Doch hing diese Nichtberücksichtigung mit seiner Arbeitsmethode zusammen, die ihn lange Gesprächsberichte in die *Gedanken* und das *Spicilège* aufnehmen ließ. Die entdeckten Lücken lassen sich, wie M. Fort Harris nahelegt, möglicherweise mit der Tatsache erklären, daß Montesquieu noch über andere Aufzeichnungssammlungen verfügte, die heute verschollen sind; ihre Titel, die bekannt sind, spiegeln seine zentralen Interessen: *Politica, Juridica, Mythologica et antiquitates, Anatomica, Historia universalis, Commerce*.

Es ist schwierig nachzuzeichnen, in welchem Maße und auf welche Weise die gesammelten Notizen während der Abfassung der *Betrachtungen* und des *Geistes der Gesetze* Verwendung fanden. Sein *Essay über die Gotik* scheint in der Folgezeit nicht mehr überarbeitet worden zu sein. Seine *Überlegungen über die Nüchternheit der Bewohner Roms im Vergleich zur Maßlosigkeit der alten Römer,* die er 1729 während seines zweiten Aufenthalts in Rom verfaßt hatte, wurden 1732 in der Akademie von Bordeaux vorgetragen und bringen Montesquieus Erfahrungen deutlich zum Ausdruck: »Wer Rom sieht und sich daran erinnert, was er über die verschwenderische Schlemmerei der alten Römer gelesen hat, muß verblüfft sein über die erstaunliche Nüchternheit der heutigen Römer.«

Der seit seiner Schulzeit in Juilly mit der lateinischen Antike vertraute Montesquieu geht vom Buchwissen zum direkten Kontakt mit den Überresten der lateinischen Zivilisation über. Einige Themen, die er im *Geist der Gesetze* behandeln wird, könnten ihren Ursprung in den Feststellungen und Überlegungen haben, die er in Italien zusammengetragen hat. Der *Essay über die Ursachen, die Gemüter und Charaktere betrüben können,* der wahrscheinlich in England begonnen und 1742 abgeschlossen wurde, ist durch den italienischen Einfluß geprägt.

Die Situation Italiens vermittelt Montesquieu ausgezeichnete politische Erfahrungen; er findet in der Vielzahl der Kleinstaaten, die Kämpfen und Intrigen ausgesetzt sind, aristokratische und republikanische Regierungsformen, über die er bis dahin nur theoretische Kenntnisse besaß. Das Staatenmosaik bietet ihm Beobachtungspositionen, an denen sich sämtliche Ränkespiele der europäischen Politik überschneiden und sich die Wege von Diplomaten, Staatsmännern, Händlern und Abenteurern kreuzen – ein wahrer Mikrokosmos, der ihn trotz der Nüchternheit seiner Berichte fesselt und dessen aufmerksame Beobachtung, von Reiseführern erhellt, die er aufgrund ihrer Kompetenz und der Verläßlichkeit ihrer Informationen ausgewählt hat, sich als wertvoll für ihn erweisen wird. Ihn interessiert alles, von der geographischen, ökonomischen und sozialen Situation der besuchten Länder bis hin zu ihren komplexen, sich ständig wandelnden Beziehungen zu Österreich, Spanien, Frankreich und der Türkei. Als genauer Beobachter sieht er sich so mit der europäischen Politik in ihren subtilen und zuweilen auch verborgenen Aspekten konfrontiert.

Während seiner Beschäftigung mit den technischen Details des Handels und der Landwirtschaft sowie der Manufakturen und Fabriken achtet der Moralist in ihm besonders auf die Lebensgewohnheiten und die Beobachtung der Regierungssysteme. Für ihn haben Regierungssysteme nur in dem Maße Wert, wie sie das Glück und die Würde des Menschen sichern; von daher erklärt sich auch, daß er Venedig nur wenig schätzt, während ihn das Leben in Florenz befriedigt.

Der Kontakt zu Italien und den Meisterwerken seiner Architektur, Malerei und Bildhauerei ist für Montesquieu eine wahre Offenbarung. Bis zu den Reisen findet sein noch kaum ausgeprägtes ästhetisches Denken, laut C.-J. Beyer, seine Wurzeln in der vom Cartesianismus beeinflußten Ausbildung in Juilly, in den Kontakten mit Fontenelle, die ihn eher auf einen skeptischen Relativismus hinlenkten, sowie in der subjektivistischen Ästhetik, die von Dubos zur Zeit des Streits über Homer eingeführt und, Montesquieu zufolge, von Buffier in seiner *Philosophisch-praktischen Abhandlung über die Dichtung* vervollkommnet wurde. Buffiers Sichtweisen übernimmt er in einem wahrscheinlich 1728 geschriebenen *Gedanken*[48]:

»Pater Buffier hat die Schönheit als die Verbindung dessen, was am meisten verbreitet ist, definiert. Erklärt man seine Definition, ist sie hervorragend, denn sie stellt etwas sehr Verworrenes klar, nämlich den Geschmack.

Pater Buffier sagt, daß die Augen schön sind, die am weitesten verbreitet sind; desgleichen der Mund, die Nase und so weiter. Es ist nicht so, daß es wesentlich mehr häßliche als schöne Nasen gibt, die häßlichen sind jedoch unterschiedlich; jede Sorte von häßlichen Nasen ist dabei zahlenmäßig geringer vertreten als die Sorte der schönen. Das ist vergleichbar mit einer Menge von hundert Menschen, von denen zehn grün und die übrigen neunzig jeder in einer anderen Farbe gekleidet sind: Das Grüne dominiert.

Kurzum, mir scheint, die Unförmigkeit ist grenzenlos. Die Grotesken von Callot können unendlich variiert werden. Doch die Regelmäßigkeit der Gesichtszüge bewegt sich in bestimmten Grenzen . . .«

Die italienische Erfahrung ließ Montesquieu die plastische Kunst entdecken. Er selbst gesteht das schon am 26. Dezember 1728 im Entwurf eines Briefes an Madame de Lambert ein: »Ich ärgere mich über mich selbst, daß ich mir bis zum Alter von fünfunddreißig Jahren das Vergnügen vorenthalten habe, ein schönes Gemälde oder eine schöne Fassade anzusehen. Ich werde also nach Paris zurückkehren, denn ich habe es noch nicht gesehen.« Seine ästhetischen Prinzipien sind von dieser Erfahrung jedoch kaum berührt worden; er entdeckt sie erst allmählich. Wenn er auch einen sehr persönlichen Geschmack an den Tag legt, weiß er doch, daß er auf diesen Gebieten ein Anfänger ist und vieles dem Ritter Jacob verdankt: »Ihm schulde ich eine Vorstellung von der Kunst der Malerei. Ein Gemälde ist die Abbildung der Handlung eines Augenblicks. Die Malerei besteht aus drei Elementen: der Zeichnung oder den Konturen und Begrenzungen, der Farbgebung und der Komposition[49].« Seine Notizen resümieren die Lehren Jacobs, der die Theorie einer dogmatischen Ästhetik vertritt. Montesquieus Denken wird sich auf diesem Gebiet vor allem unter dem Einfluß des 1741 veröffentlichten *Essays über das Schöne* von Pater Yves André weiterentwickeln, um schließlich in seinem *Essay über den Geschmack* zu gipfeln, den er am Ende seines Lebens der *Enzyklopädie* zur Verfügung stellt.

Im religiösen Bereich, den Montesquieu in den *Persischen Briefen* äußerst ungeniert behandelt hatte, scheint die Italienreise und besonders der Aufenthalt in Rom seine Vorurteile und seine Kritik nicht spürbar, zumindest nicht unmittelbar, verändert zu haben. Er fährt fort, die theologischen Zwistigkeiten zu beklagen, er zeigt sich in seinen Gesprächen mit Polignac beunruhigt über die Auswirkungen der Bulle *Unigenitus* und behält das damals weitverbreitete Mißtrauen gegenüber den Jesuiten bei. In Neapel beobachtet er indessen mit Objektivität, ja mit Respekt die Verflüssigung des Blutes. Vielleicht verrät er den geheimnisvollen Einfluß, den Keim einer langsamen Entwicklung, die seine Beobachtungen über die Kirche in Italien in ihm ausgelöst haben, wenn er in Holland in seinen Reisenotizen schreibt: »Die Menschen sind ungeheuer töricht! Ich spüre, daß ich mich meiner Religion mehr verbunden fühle, seit ich Rom und die Meisterwerke der Kunst in seinen Kirchen gesehen habe. Ich gleiche diesen Führern aus Lakedämon, die nicht wollten, daß Athen untergeht, weil es Sophokles und Euripides hervorgebracht hatte und die Mutter so vieler Schöngeister war.«

Letzten Endes ist die italienische Erfahrung, die Montesquieu im besten Alter durchlebte, ausschlaggebend gewesen. Wenn es auch keine Beweise gibt, daß er dort den Plan zu den *Betrachtungen* und zum *Geist der Gesetze* faßte, so haben doch zumindest die Entdeckung neuer Regierungsformen, die Kontakte mit wissenschaftlichen und literarischen Kreisen, die Unterhaltungen mit Kirchen- und Staatsmännern und die Wahrnehmung der Meisterwerke der antiken sowie der modernen und zeitgenössischen Kunst auf eine nur schwer zu präzisierende, aber nachweisbare Art dazu beigetragen, seine politischen, ökonomischen, ästhetischen und sogar religiösen Anschauungen zu beeinflussen.

*

Montesquieu verläßt Trient am 31. Juli 1729. Mit dem Ziel, sich am 31. Oktober nach England einzuschiffen, wird er drei Monate lang Deutschland und Holland durchreisen. Die Fahrt durch Tirol und über den Brenner bleibt ihm in schlechter Erinnerung; die bergige Strecke ist ihm unangenehm und der Temperatursturz mitten im Sommer lästig: »Es ist schon verwunderlich, daß ich, nachdem ich in Mantua vor Hitze fast umgekommen bin, auch noch diese Eiseskälte in den Bergen Tirols über mich ergehen lassen mußte, obwohl ich doch winterfeste Kleidung anhatte, und das am 1. August.« Diese Beeinträchtigungen halten ihn jedoch nicht davon ab, Beobachtungen über die Geographie und ihren Einfluß auf den geschichtlichen Werdegang Italiens festzuhalten: »Deutschland kann sich, genauso wie Italien, aufgrund der trennenden Berghänge mühelos gegen eine Invasion zur Wehr setzen. Tirol ist eine Festung; hätten die Römer aus dem, was wir heute Italien nennen, eine einzige Provinz gemacht und hätte die Republik sie ängstlich behütet, so hätte sie lange fortbestanden. Indem man jedoch einzelnen Statthaltern die Gallia Cisalpina überließ, konnte sich der Rest Italiens vom Rubikon an nicht verteidigen, und Pompejus war gezwungen, sie aufzugeben.«

Da er diese unwirtliche Region so schnell wie möglich verlassen will, rastet Montesquieu auf dem Weg nur, »um zu trinken und zu essen«, und wundert sich, daß »die Poststationen von Bayern und Nordtirol gar kein Ende nehmen«. Der rückständige Charakter des Landes erstaunt ihn: »Die bayrischen Bäuerinnen tragen Röcke, die nur bis zu den Knien gehen, und Hüte wie die Männer; ihre Röcke sind einer weiten Hose ähnlich. Die meisten bayrischen Bauern tragen den Bart wie in Tirol. Die Mode muß noch weite Wege zurücklegen, bevor sie bei den Bauern Tirols und Bayerns ankommt.« Er interessiert sich für die Befestigungsanlagen, welche die Kaiser errichten ließen, um ihre Grenze zu schützen, und wundert sich über die bayrischen Gewohnheiten: »In einem deutschen Gasthaus um Wasser zu bitten, scheint genauso außergewöhnlich zu sein, wie in Paris bei Darboulin ein Glas Milch zu bestellen. Wenn Sie in Bayern einen Mann aus dem Volk nach der Uhrzeit oder so etwas fragen, bleibt er stehen und überlegt und sinnt nach, als ob Sie ihm eine Aufgabe gestellt hätten. *Il Bavarese più stupido di Germani.*«

Nach seiner Ankunft in München am 3. August wird er am 6., dem Feiertag des bayrischen Kurfürsten, ihm und der Kurfürstin in Nymphenburg vorgestellt; das Leben am Hof begeistert ihn nicht: »Zum Diner gab es eine kleine Pastorale, am Abend eine Oper: das eine wie das andere schlecht. Es gab weder gute Musik, noch eine wenigstens mittelmäßige Stimme. Abends wurde ein schönes Feuerwerk über dem Kanal gegeben, gut geleitet, gut vorgeführt und sehr kunstvoll gemacht. Das Souper war sehr bescheiden.« Anläßlich eines Abendessens zeigt ihm der Graf von Toerring-Seefeld einen Plan der Schlacht von Belgrad von 1717 und schildert ihm ihren Ablauf. Am 15. August begibt er sich in Begleitung des französischen Geschäftsträgers, Monsieur de Rezé, zum Haus des Kurfürsten und bemerkt »große Mängel in der Architektur: die Türen so klein wie die Fenster; die Fenster an manchen Stellen so niedrig, daß sie kaum so hoch wie breit sind. Die Säulenvorhalle und die Treppe sind nach italienischem Vorbild, doch sie zeugen nicht von gutem Geschmack: Die Zwischengeschosse sind zu niedrig. Das Haus ist nur groß.«

Am 16. August verläßt Montesquieu München; er hat Fieber, »was ich auf die Veränderung des Klimas zurückführe, von Italien, wo ich vor Hitze umkam, nach München, wo es, während ich dort war, eisige Tage gab«. In Augsburg stellt er fest, daß die Stadt »halb lutherisch, halb katholisch« ist. »Die calvinistische Religion wird dort nicht geduldet. Unter den reichen Bürgern gibt es mehr Lutheraner als Katholiken, unter den Armen mehr Katholiken als Protestanten. Es gibt separate Kirchen.« Mit Interesse notiert er, daß »Augsburg der Umschlagplatz zwischen Deutschland und Italien ist« und daß der Handelsaustausch mit Venedig dort besonders große Bedeutung hat. Seine überzeichneten Bemerkungen zum Charakter der Bayern zeugen von etlichen Vorurteilen: »Die Bayern sind dümmer als die Deutschen. In der Tat kann man auf den Verstand dieser Leute nicht unmittelbar einwirken. Es braucht viel Zeit, bis sich die Seele öffnet. Welche Anweisungen Sie auch geben, Sie sehen sie, ganz so, als hätte man eine Geometrieaufgabe gestellt, lange nachsinnen, bis sie sich diese in den Kopf gesetzt haben und Sie schließlich verstehen. Doch wenn Sie eine Anordnung geben, die sie endlich verstanden haben, geben Sie keine zweite; denn bis die zweite begriffen ist, braucht es noch weit mehr Zeit, da sie immer wieder auf die erste zurückkommen.«

Immer noch geschwächt vom Fieber, von dem er sich unterwegs erholt, verläßt Montesquieu Augsburg am 23. August und übernachtet am 24. in Ludwigsburg; lange verweilt er am Schloß, von dem er einen Plan anfertigt; er ist erstaunt, »unter dem äußeren Anschein des Großen überall Kleines vorzufinden«, und stellt fest: »Das Beste ist von der Natur eingerichtet worden, denn hinter dem mittleren Haupttrakt ist eine sehr tiefe Talmulde, an die sich eine Bergkuppe anschließt, auf der ein kleines herrschaftliches Lusthaus steht.«

Nach seiner Ankunft in Heidelberg am 26. August ist er erstaunt, »daß der Westfälische Friede, der zugunsten der Fürsten abgeschlossen worden war, ihnen gegenwärtig so abträglich ist. Dieser Westfälische Friede hat den katholischen Glauben in Deutschland zerstört.« Mannheim ist seiner Ansicht nach »eine der schönsten Städte Deutschlands und wird eine der mächtigsten sein. Sieben Straßen gekreuzt von sieben weiteren, bilden die Stadt; sie sind breit und völlig gerade. Schöne Plätze; zweistökkige Häuser, größtenteils solide gebaut. Die Lage an der Stelle, wo der Neckar in den Rhein mündet, ist bezaubernd; Mannheim wird eine der wichtigsten Städte Deutschlands sein; wenn die Franzosen sie besäßen, würden Mainz, Speyer, Worms, Heidelberg, Philippsburg und Trier fallen oder zugrunde gehen.« Montesquieu greift also seinerseits den alten, nie verwirklichten Traum der französischen Monarchie wieder auf, der den Rhein als natürliche Grenze ersehnte. Seine Gespräche mit Jesuiten bestärken ihn in seinem Urteil, daß der Westfälische Friede verhängnisvoll sei und der katholischen Kirche großen Schaden zufüge: »Sie haben mir gesagt, daß die Sache kaum Fortschritte mache; daß eiserne Geduld nötig sei; daß die Patres in Rom ihnen schrieben, sie seien überrascht, daß es noch so viele Protestanten in der Pfalz gebe; daß sie aber für den Fall, sie würden gebraucht, schon herausfänden, an wen sie sich wenden müßten; daß es wahr sei, daß die Minister des Kurfürsten katholisch sind, es aber nötig wäre, daß sie vom rechten Glauben seien . . . Sie sagen, mit Geld würden sie viele Arme bekehren. Am besten ginge es mit den Soldaten, die sie fast alle bekehrten. ›Ich konvertiere‹, sagen sie, ›weil das meinen Hauptmann erfreuen wird und weil mir die Zeremonien gefallen.‹«

Danach hält sich Montesquieu am 30. und 31. August in Frankfurt auf und erreicht Mainz am 1. September. Als er sich mit dem Schiff nach Bonn aufmacht, kann er nicht umhin, »die Ufer des Rheins . . . bezaubernd« zu finden, »die meisten bedeckt mit Weinbergen, die viel wert sind; denn der Rheinwein ist teuer in der Gegend und bringt (wie mir scheint) das Doppelte von dem ein, was man in der Guyenne damit verdient«. Mit dieser alles in allem recht nüchternen Eintragung sind wir von der romantischen Begeisterung Victor Hugos weit entfernt. Montesquieu interessiert sich vor allem für die öffentlichen Einrichtungen und die wirtschaftliche Situation der Städte und Länder, die er durchquert. Etliche Seiten seines Reisetagebuchs widmet er den Einkünften des Kurfürsten von Köln, dem Zustand seiner Truppen und der Lage der befestigten Plätze, wobei er statistisches Material sammelt und die Politik der deutschen Fürsten gegenüber Frankreich kommentiert. Diese Informationen, die er von den Personen übernimmt, die er trifft, lassen keinen Platz für eine Begeisterung über die Schönheit der Gegenden oder den Reiz der Städte und Landschaften. Montesquieu erweist sich, während er die Städte am Rhein in großem Tempo durchquert, als kühler Beobachter oder äußert zumindest seine Empfindungen nicht. Er genießt jedoch seinen Besuch in Köln, wo er am 8. September in Begleitung des Gesandten von Frankreich, des Ritters von Boissieu, ankommt; mit ihm trifft er den Nuntius Cavalieri und den Prinzen von Nassau, der Erzbischof von Trapezunt und Kanoniker von Köln ist. Nebenbei besucht er kurz den Kölner Dom, von dem damals lediglich der Chor fertiggestellt ist, und bricht schon am 9. September nach Düsseldorf auf, wo er rasch durch »die Galerie« läuft, »die die schönste dieser Art in Deutschland ist . . . und . . . selbst in Rom sehr schön wirken würde«.

In Münster verbringt Montesquieu den 11. September und widmet sich vor allem der religiösen Situation der Stadt: »In einer Eisentruhe hebt man noch den Körper jenes Schneiders aus Leiden auf, der sich in Münster zum König der Wiedertäufer machte. Er hatte die Köpfe aller gutmütigen Leute verdreht, die Nonnen von der gemischten Klostergemeinschaft überzeugt und alle Katholiken und Geistlichen aus der Stadt getrieben. Sie sagen, sie besäßen einen Brief Luthers, der sie in ihrer Auflehnung ansporne und der bezeuge, daß er ihre Religion mehr billige als die katholische. Für die katholische Religion waren die Exzesse dieser Sekte ein glücklicher Umstand: Sie hatten zur Folge, daß die Katholiken, als sie die Vorherrschaft erlangten, alle Sektierer verjagten.« In dieser Art beobachtete Montesquieu seit seiner Ankunft in Deutschland unablässig die Beziehungen zwischen Katholiken und Reformierten und machte sich dazu Notizen.

Nach seiner Ankunft in Osnabrück am 12. September kritisiert er heftig den preußischen König, seinen unmäßigen Hang zum Soldatischen und seinen harten Regierungsstil: »Es ist ein Elend, Untertan dieses Fürsten zu sein: Besitz und Person werden in Mitleidenschaft gezogen. Ein Mann kann noch so reich sein, ob Richter oder Händler, er ist deshalb nicht weniger ein Untertan, der für den Militärdienst herangezogen wird. Das führt dazu, daß viele das Land verlassen und die Väter ihre Kinder woandershin schicken.«

In Hannover, das er am 24. September erreicht, trifft er wieder auf »Milord Waldegrave, der für immer Graf von Waldegrave und für acht Tage Staatssekretär geworden ist und sehr großes Wohlwollen beim König [von England] genießt, der ständig mit ihm spricht und ihm alle Arten von Gunstbezeugungen zukommen läßt«. Dort lernt er auch den Schwager von Robert Walpole, den Vicomte Charles Townsend, kennen.

Georg II., der Kurfürst von Hannover, war seit 1727 König von England; André Maurois beschrieb ihn als »geizig, engstirnig, methodisch bis zur Manie«, wobei er sich von Königin Caroline dirigieren ließ, »einer intelligenten, kultivierten Frau, standhaft und vor allem geduldig«. Montesquieu indessen war von der Persönlichkeit des Königs fasziniert; sein »Verdienst war es, den König von Preußen genötigt« und »schrecklich diskreditiert« zu haben; zudem erwies er seinem Gast die Ehre, ihm viel von seinen Reisen zu erzählen.

Am 21. September »fuhr der König, der sich in Hannover langweilte, nach England«, während sich Montesquieu nach Braunschweig begab, wo er am 23. zu einem Abendessen beim Herzog gebeten wurde, der »von einer erstaunlichen Höflichkeit und Liebenswürdigkeit« war. Als Montesquieu die Beziehungen der deutschen Fürsten zu Frankreich in Augenschein nimmt, beunruhigt ihn die politische Linie, die sein Land verfolgt: »Ich meinerseits glaube, daß diese Bündnispolitik mit protestantischen

Fürsten eine veraltete Politik ist, die heute nicht mehr gut ist; daß Frankreich keine größeren Todfeinde hat und haben wird als die Protestanten: Beweis dafür sind die vergangenen Kriege; daß es in der Lage ist, sich mit den katholischen wie protestantischen Fürsten zu verbünden, wenn es darum gehen wird, die Macht des Hauses Österreich zu schwächen; daß man nicht auf die alten Maximen des Kardinal von Richelieu zurückgreifen sollte, weil sie nicht mehr annehmbar sind; daß die deutschen Protestanten immer mit den Engländern und Holländern verbunden sein werden; daß dieses Band für alle Zeit gilt, so wie das der Religion; daß das Haus Österreich nicht mehr wie früher an der Spitze der katholischen Welt steht; daß uns in Frankreich die Invasion eines protestantischen Fürsten in England Verlustängste bereitet hat.«

Mit diesen Überlegungen über die internationale Politik und das komplexe Spiel der Bündnisse, stellt Montesquieu unter Beweis, daß er sein Vorhaben, in der Diplomatie Karriere zu machen, noch nicht aufgegeben hat; das Scheitern seiner Vorschläge im Jahre 1729 hat ihn nicht entmutigt; während seines Aufenthalts in England wird er einen neuen Anlauf unternehmen, dem im übrigen nicht mehr Erfolg beschieden sein wird als dem ersten. Doch während er die traditionellen diplomatischen Positionen der französischen Monarchie kommentiert und kritisiert, bemüht sich Montesquieu, der durch seine Reisen über die Vielfalt und Komplexität der Verhältnisse informiert ist, die sich in Deutschland wie Italien durch das Nebeneinander kleiner, rivalisierender Staaten ergeben haben, Möglichkeiten einer neuen Politik zu erkunden. Eine Politik, welche die Veränderungen, die Europa seit Richelieu erlebt hat, sowie die zeitgenössischen Realitäten, die ihn seine Reise besser zu verstehen halfen, stärker berücksichtigt.

In Begleitung von Waldegrave und dem Baron von Stain, dem Premierminister des Herzogs von Braunschweig, begibt sich Montesquieu zum Haus des Herzogs und anschließend nach Wolfenbüttel, wo er die Architektur und den Bestand der Bibliothek schätzt: »Es handelt sich um ein Oval von sehr großer Höhe, das von einer Kreislinie gebildet wird, um die herum innerhalb und außerhalb die Bücher stehen. Dieses Oval befindet sich in der Mitte eines Quadrats, das durch die Ecken gebildet wird. Auch an den Wänden ringsherum stehen Bücher. In der Bibliothek gibt es Foliobände, die vom Großvater des herrschenden Fürsten mit der Hand geschrieben wurden ... Abgesehen davon sind eine große Zahl von Manuskriptbänden der Bibliothek des Kardinals Mazarin vertreten.« Wir erinnern uns, daß Montesquieu zu Beginn seiner Reise im Juni 1728 die ungarischen Minen besucht hat; da er immer noch an solchen Besichtigungen interessiert ist, verläßt er Braunschweig am 28. September, um sich die Bergwerke im Harz anzusehen; von ihnen wird er mit Hilfe seiner vor Ort gemachten Notizen eine minuziöse Beschreibung verfassen, die er am 2. Dezember 1731 der Akademie von Bordeaux vorträgt. Alle Aspekte interessieren ihn: die Geschichte der im einstigen Wald Sylva Semana gelegenen Minen, die Zusammensetzung und Qualität der Erze, die Bedingungen des Abbaus, die soziale Lage der Bergarbeiter, die Aufbereitung der Erze nach ihrer Förderung; keine technische Einzelheit fehlt in der Beschreibung dieser mehrtägigen, unter der Leitung von Spezialisten durchgeführten Besichtigung.

∗

Am 8. Oktober verläßt Montesquieu Zellerfeld; »nachdem er vier Tage und vier Nächte gefahren ist, ohne seinen Wagen zu verlassen«, erreicht er am 12. morgens Utrecht. Trotz der Schnelligkeit der Fahrt findet er, »daß die ganze Gegend von Bentheim bis Utrecht sehr unangenehm ist«, und stellt fest, »wer die Vereinigten Niederlande von diesem Weg aus betrachtet, hat von ihnen einen sehr schlechten Eindruck«. Seine Analyse der politischen und sozialen Situation ist nicht sehr wohlwollend: »Die Holländer haben zwei Sorten von Königen; die Bürgermeister, die alle Arbeitsplätze verteilen . . . Die anderen Könige sind die Angehörigen des niederen Volkes, das der unverschämteste Tyrann ist, den es gibt.« Montesquieu zeigt sich besonders über den Geiz der Bewohner befremdet: »Alles, was man mir über den Geiz, die Unehrlichkeit und die Gaunerei der Holländer gesagt hatte, ist nicht übertrieben; es ist die reine Wahrheit. Ich glaube nicht, daß es seit dem berüchtigten Mann namens Judas jemals Juden gegeben hat, die jüdischer waren als einige unter ihnen. Da sie mit vielen Steuern belastet sind, müssen sie auf allen Wegen Geld beschaffen. Diese Wege sind Geiz und Diebstahl. Das niedere Volk verlangt Ihre ganze Geldbörse für das Tragen Ihrer Garderobe. Der Gastwirt, vor allem der kleine, fordert fünfzig- und hundertmal mehr, als Sie verzehrt haben, und man muß zahlen, denn der Magistrat, für den der Ausländer eigentlich das Waisenkind sein müßte, läßt Ihnen keine Gerechtigkeit widerfahren . . . Das Herz der Bewohner ist völlig korrumpiert: Sie erweisen Ihnen nicht den kleinsten Dienst, da sie erhoffen, daß man ihnen diesen abkauft.«

Montesquieu stellt zwei Ursachen für diese Gewinnsucht fest: »Holland ist voller lächerlicher Steuern. Ihr Stuhl bezahlt dafür, daß er auf dem Straßenpflaster gestanden hat. Alles zahlt; alles fordert; bei jedem Schritt, den Sie machen, entdecken Sie eine Steuer«; dieses Übermaß an Steuern rührt für ihn aus der Tatsache her, »daß der Handel in Holland beträchtlich zurückgeht«.

In Utrecht, einer »sehr hübschen Stadt«, dessen Promenade er bewundert, »prachtvoll durch ihre Länge und die Schönheit ihrer Bäume, die Ludwig XIV. verschonte«, informiert sich Montesquieu über die Beziehungen zwischen Jesuiten und Jansenisten sowie über die Machtkämpfe, die ihre Gegnerschaft provoziert: »In Utrecht herrscht großer Streit zwischen Jesuiten und Jansenisten, denn die Jesuiten, die (ich glaube seit kurzem) aus den Vereinigten Niederlanden vertrieben worden sind, halten sich in der Provinz Utrecht auf, in der die Katholiken reich und mächtig sind. Auf der anderen Seite stehen die Jansenisten, die zum großen Teil vom abtrünnigen Bischof von Utrecht geführt werden.« Montesquieu legt ihre Haltung den französischen Jansenisten zur Last; seit er sich für diese Probleme interessiert, äußert er, trotz seines Mißtrauens gegenüber den Jesuiten, bis ans Ende seines Lebens keinerlei Sympathie für die Jansenisten, und zwar weniger aus einer doktrinären Einstellung heraus als wegen der von ihm verurteilten Unruhen, welche die Haltung der Jansenisten im gesellschaftlichen Zusammenleben hervorgerufen hat:

»Es war ein großer Fehler der Jansenisten in Frankreich, mit denen aus Holland und sogar mit den eigenen Flüchtlingen schriftlich in Kontakt zu treten und sich mit ihnen zu verbünden. Das gab ihnen den Anschein, genauso eine Sekte zu sein, wie die in dem Land, das sie aufgesucht hatten. Der Papst konnte sie deshalb zu Schismatikern erklären und als solche betrachten: eine Sache, die er in Frankreich nie hätte durchsetzen können, ohne auf den Widerstand der ganzen Nation zu treffen. Anstelle ihrer abtrünnigen Brüder in Holland werden die französischen Jansenisten indirekt zu Kirchenspaltern ... Kurzum, sie hätten niemals eigene Kirchen gründen oder errichten dürfen: denn die Politik Roms war stets bewundernswert in dem Punkt, daß sie ständig aussonderte, was sie für gefährlich hielt, und so Luther und Calvin widerstand; hätte sie aus Maßlosigkeit alles behalten wollen, hätte sie alles verloren.«

Ebenso aufmerksam studiert Montesquieu die niederländischen Einrichtungen für Politik und Finanzen, vor allem die Zusammensetzung und das Funktionieren der Generalstände sowie die Rolle des Ersten Ministers, die er so definiert: »Der Erste Minister wirkt wie der Chef der Republik; doch per Zufall, denn in den Generalständen steht er nur an der Spitze der holländischen Deputierten. Er hat aber zwei weitere, miteinander verbundene Aufgaben, die zu seinem Ansehen und seiner Würde hinzukommen. Die eine ist die des Vizepräsidenten der Versammlung der Generalstände ... Den meisten Kredit verschafft ihm jedoch seine Stellung als Berichterstatter der Generalstände in allen außenpolitischen Angelegenheiten; im übrigen handelt es sich um ein ständiges Amt, während die sieben Deputierten jedes Jahr wechseln.«

Nach seiner Ankunft in Amsterdam am 15. Oktober übermittelt Montesquieu schon am übernächsten Tag seine positiven Eindrücke an den Baron von Stain: »Ich koste in Amsterdam diese Befriedigung aus, die man beim Anblick schöner Dinge verspürt, die einem neu sind; hier genießt man eine Ruhe, die durch keine großen Lustbarkeiten unterbrochen wird. Jeden Morgen gehe ich am Hafen spazieren; es ist ein schöner Anblick, die ganze Stadt bei der Arbeit zu sehen: Männer, Frauen und Kinder tragen oder ziehen Lasten. Es scheinen jene Ameisen zu sein, die Jupiter früher in Menschen verwandelte, um die Insel Ägina zu bevölkern.« Er zieht Amsterdam sogar Venedig vor, »denn man ist am Wasser, ohne das Land zu entbehren«. Er ist fasziniert von der Regierung der Stadt: »Die Stadt Amsterdam ist eine Aristokratie der vernünftigsten Sorte: Das Volk wird von einer kleinen Anzahl von Leuten regiert, die jedoch nicht durch ein *jure hereditario* eingesetzt, sondern gewählt werden.« Dies verstellt ihm nicht den Blick für die dort herrschende Unordnung: »Das Unglück der Republik ist es, daß sich die Korruption dort derart eingenistet hat, daß sich die Verwaltungsbeamten mit denen gut halten, welche die Staatseinkünfte verwalten, um an Bestechungsgelder und günstige Zuteilungen zu gelangen. Auch haben sich die Deputierten in den Generalständen und die Bürgermeister zuerst selbst bereichert«; und er schließt: »In Amsterdam herrscht eine allgemeine Abneigung gegen die Beamten, deren Verhalten man für verwerflich hält. Diese Republik wird sich ohne ›Stathouder‹ niemals erholen.«

Montesquieu trifft den Pastor Jacques Saurin, einen der berühmtesten protestantischen Prediger seiner Zeit, sowie William de Bentinck, den Onkel von Milord Portland; vor allem macht er aber die Bekanntschaft von Philip Stanhope, dem Grafen von Chesterfield und englischen Botschafter, an den ihn Waldegrave empfohlen hatte.

So endete in Amsterdam die lange, am 5. April 1728 begonnene Rundreise über den europäischen Kontinent; sie führte Montesquieu nach Österreich, Ungarn, Italien, Deutschland und die Niederlande. In achtzehn Monaten beobachtete und erforschte er die politischen, wirtschaftlichen und sozialen Einrichtungen von Königreichen, Republiken und Fürstentümern, die auf der Grundlage unterschiedlicher Verfassungen regiert wurden. Er verglich ihre Vor- und Nachteile, ihre Stärken und Schwächen unter Berücksichtigung ihrer vergangenen und neueren Geschichte, ihrer geographischen Lage und politischen Bündnisse. In Rom, Deutschland und den Niederlanden interessierte er sich für die religiösen Probleme und besonders für die politischen Auswirkungen der jansenistischen und protestantischen Einstellungen. Seine Reiseaufzeichnungen zeugen trotz ihrer späteren Überarbeitung von seinem wachsenden Interesse für Denkmäler und Kunstwerke. Zweimal, in Ungarn und später in Deutschland, besichtigte er Minen. Montesquieus Reise ist eine Studien- und Dokumentationsreise. Sein Aufenthalt in England von November 1729 bis Mitte 1731 wird dazu beitragen, seine Beobachtungen zu vervollständigen und ihn mit Gedankengut zu versorgen, das er in den *Betrachtungen* und besonders im *Geist der Gesetze* berücksichtigen wird.

*

Am 31. Oktober 1729 verläßt Montesquieu Den Haag in Richtung England: »Ich machte die Reise mit Milord Chesterfield, der mir bereitwillig einen Platz auf seiner Jacht anbot.« Über die Einzelheiten von Montesquieus England-Reise ist nicht viel bekannt, da es wenig Dokumente gibt, die geeignet wären, sie genauer darzulegen und zu erhellen. Wie in Italien und Deutschland hatte er ein Tagebuch über seinen Aufenthalt jenseits des Ärmelkanals geführt. 1818 lag das Manuskript der »Englandreise« ins reine geschrieben und druckfertig vor; doch wahrscheinlich wurde dieses Dokument damals in London von seinem Enkelsohn Charles-Louis de Montesquieu verbrannt. Vorhanden sind nur noch die *Aufzeichnungen über England*, die insgesamt ungefähr zehn Seiten ausmachen. Die wenigen Briefe aus dieser Zeit, die erhalten sind, erlauben es nicht, diese Lücke auch nur teilweise zu schließen.

England war nicht der Zielpunkt, den sich Montesquieu für seine Reisen gesetzt hatte. Die Absicht, seinen Weg bis nach England fortzusetzen, taucht zum erstenmal in einem Brief an Berwick auf, den er Ende September 1729 aus Hannover schrieb. Seine Entscheidung fällte er sicherlich erst nach Abfassung dieses Briefes. Man hat ihm den Wunsch zugeschrieben, die Regierung der englischen Monarchie erforschen und durch persönliche Erfahrung die Kenntnisse erweitern zu wollen, die er während seiner Studienzeit und durch seine Lektüre erworben hatte. Doch gestatten es die *Aufzeichnungen über England* und die persönlicheren Notizen, die er in die *Gedanken* und den *Spicilège* einfügte, nicht, in befriedigender Weise auf folgende, indessen wesentliche Frage zu antworten: Womit beschäftigte sich Montesquieu während der achtzehn Monate, die er in London verbrachte?

Reisen nach England waren unter den französischen Schriftstellern noch nicht in Mode. Gewiß, Voltaire hatte sich dort vom April 1726 bis zum Frühjahr 1729 aufgehalten; zum anderen hatte die Emigration der Hugenotten seit der Aufhebung des Edikts von Nantes im Jahre 1685 dazu beigetragen, England und Frankreich einander besser bekannt zu machen. Man machte sich daran, englische Bücher ins Französische zu übersetzen, insbesondere den *Spectator*, der damals als Leitfaden des englischen Lebens angesehen wurde. Zeitschriften wie die *Bibliothèque anglaise* oder die *Bibliothèque britannique* wurden in Holland gegründet, um in Frankreich die Veröffentlichungen jenseits des Ärmelkanals bekannt zu machen; man befürwortete in ihnen die religiöse Toleranz nach englischem Muster.

Die Überquerung der Meerenge bereitete Sorgen. Die Engländer, sagte Abbé Prévost, sind vom Kontinent »durch ein gefährli es Meer getrennt«; die meisten Reiseerinnerungen begannen mit einer Schilderung der Unwetter, in die man bei der Überquerung des Ärmelkanals hineingeraten war. In London waren Hotels im französischen Stil selten und teuer;

der Reisende mußte wochen- oder monatsweise ein möbliertes Zimmer bei Privatleuten in dem Stadtviertel mieten, in dem seine Landsleute in unmittelbarer Umgebung von Leicester Fields und Soho Square verkehrten. Um sparsam zu leben, empfahl es sich, seine Mahlzeiten nicht im Restaurant oder im Café einzunehmen, sondern bei den Vermietern; das *boarding house* war bereits eine der grundlegendsten Londoner Einrichtungen.

Die Stadt, die den Eindruck einer gewaltigen Zusammenballung von Gebäuden und Menschen vermittelte, befremdete durch ihre Unannehmlichkeiten. »Nichts ist scheußlicher als die Straßen Londons«, vermerkt Montesquieu; »sie sind äußerst dreckig, und das Pflaster ist derart schlecht instand gehalten, daß es nahezu unmöglich ist, mit dem Wagen dorthin zu fahren; und man muß schon sein Testament machen, wenn man eine Droschke benutzt: Wagen so hoch wie ein Theater, wo sich der Sitz des Kutschers noch weiter oben, auf majestätischem Niveau befindet. Diese Droschken versinken in den Löchern, was zu einem Geholpere führt, das einen den Kopf verlieren läßt.«

Bei seiner Ankunft in London am 3. November ist Montesquieu demnach genauso wie die anderen Reisenden seiner Zeit ungehalten und unbehaust; doch seine Anpassungsfähigkeit bringt ihn dazu, sehr rasch zu reagieren und Kritik an Lebensgewohnheiten zu vermeiden, die nicht genau mit seinen eigenen übereinstimmen, und eine »Philosophie« des Lebens in England auszuarbeiten: »Die Klagen der Ausländer, vor allem der Franzosen, die sich in London aufhalten, sind eine erbärmliche Sache. Sie sagen, sie könnten dort keinen Freund finden; sie hätten immer weniger, je länger sie blieben; ihre Höflichkeiten würden als Beleidigungen aufgefaßt ... diese Leute wollen, daß die Engländer so wie sie sind. Wie aber sollten die Engländer die Ausländer mögen? Sie mögen sich selbst nicht. Wie sollten sie uns zum Abendessen einladen? Sie laden sich untereinander auch nicht ein. ›Aber man kommt doch in ein Land, um dort geliebt und geehrt zu werden!‹ Ein völlig unnützer Gedanke, man muß sich vielmehr wie sie verhalten, zurückgezogen leben, sich um niemanden kümmern, niemanden mögen und auf niemanden zählen. Kurz, man muß die Länder so nehmen, wie sie sind: Wenn ich in Frankreich bin, schließe ich mit aller Welt Freundschaft; in England freunde ich mich mit niemandem an; in Italien mache ich jedem Komplimente; in Deutschland trinke ich mit jedem.«

Im Kontakt mit den englischen Realitäten verfeinert und präzisiert Montesquieu seine bis dahin nur angelesenen Kenntnisse. In den *Persischen Briefen* hatte er einige vage Beurteilungen über die Ursachen der politischen Freiheit in England geäußert. So läßt er Usbek im CIV. Brief sagen: »Nicht alle Völker Europas sind ihren Herrschern gleich untertan. So läßt zum Beispiel das ungeduldige Gemüt der Engländer ihrem König kaum die Zeit, seine Macht zu festigen; Gehorsam und Unterordnung sind die Tugenden, auf die sie am wenigsten Wert legen. Darüber haben sie die ungewöhnlichsten Ansichten.« Im CXXXVI. Brief beurteilt Rica beim Besuch »einer großen Bibliothek in einem Kloster von Derwischen«, der Bibliothek von Saint-Victor, die englischen Historiker so: »Hier stehen die Historiker Englands, bei denen man sieht, wie die Freiheit ständig den Feuern der Zwietracht und der Rebellion entspringt; wie ein Herrscher immer auf seinem unerschütterlichen Thron schwankt; wie eine ungeduldige, selbst in ihrer Wut weise Nation als Herrin der Meere (was es bisher nicht gegeben hat) Handel und Weltreich verquickt.«

In La Brède besaß Montesquieu in seiner Bibliothek ungefähr zwanzig Bücher über England. Er hatte Ralph Cudworth gelesen sowie *Die Geschichte der Rebellion und der Bürgerkriege in England* in der Übersetzung von Edward, dem Grafen von Clarendon. Wir erinnern uns, daß er in Italien Englischunterricht nahm, um seine Kenntnisse zu verbessern, die er sich in seiner Jugend anhand der in Bordeaux häufig neuaufgelegten *Methode* von Mahony angeeignet hatte.

In den Jahren vor seiner Reise hatte Montesquieu freundschaftliche Beziehungen mit Berwick und den Kreisen der Jakobiter geknüpft, die sich nach Frankreich geflüchtet hatten; er kannte Robinson, den Sekretär der englischen Botschaft in Paris, war Horace Walpole im Club de l'Entresol begegnet, hatte 1724 Bolingbroke sechs Monate lang in La Brède beherbergt, den Irländer Michael Clancy empfangen und im selben Jahr die wissenschaftlichen Experimente von Henry Sully gefördert. Doch vor allem hatte sich Montesquieu 1728 mit Waldegrave und kurz darauf mit Lord Chesterfield, dem Botschafter in Den Haag, befreundet; beide führten ihn bei Hofe und in die politischen Kreise von London ein.

Im Sommer 1727 war Georg II. auf seinen Vater Georg I. gefolgt; dank der Unterstützung von Königin Caroline von Ansbach blieb Robert Walpole Premierminister, trotz seines rücksichtslosen Lebenswandels und seiner Respektlosigkeit, die ihn dazu verleitete, alle Prinzipien – von der Tugend über die Ehre bis hin zur Religion – offen zu verhöhnen. Montesquieu machte sich über die Qualitäten Georgs II. keine falschen Vorstellungen: »Ich betrachte den König von England als einen Mann, der eine schöne Frau hat, hundert Diener, schöne Kutschen und eine schöne Tischgesellschaft; man hält ihn für glücklich. All das ist äußerlich. Wenn sich die anderen zurückgezogen haben und die Türe verschlossen ist, soll er sich mit seiner Frau und seinen Dienern streiten und gegen seinen Maître d'hôtel lästern; dann ist er wohl nicht mehr so glücklich.« Am 5. Oktober 1730 wurde Montesquieu dem König, der Königin und dem Prinz von Wales im Schloß von Kensington vorgestellt. Die Königin erzählte ihm von ihren Reisen und vom englischen Theater. Sie hatte sich gewünscht, den Autor der *Persischen Briefe* kennenzulernen und unterhielt sich mit ihm über wissenschaftliche, literarische und politische Themen; als gewandter Hofmann wußte er ihr zu schmeicheln, denn »bei solchen Gelegenheiten« zog sich Montesquieu nach eigener Einschätzung sehr gut aus der Affäre, wie folgende Anekdote bezeugt[50]:

»Beim Spazierengehen sagte die englische Königin zu mir: ›Ich danke Gott, weil die Könige Englands immer Gutes tun können und niemals Schlechtes.‹ – ›Madame‹, sagte ich, ›es gibt keinen Mann, der nicht einen Arm dafür hingäbe, damit alle Könige so wie Sie dächten.‹ Einige Zeit später aß ich beim Herzog von Richmond zu Abend. Der gewöhnliche Edelmann Labaume, der, obwohl französischer Gesandter in Holland, ein blasierter Kerl ist, behauptete, daß England nicht bedeutender als die Guyenne wäre. Die Engländer waren empört. Ich überließ meinen Gesandten sich selbst und stritt wie alle anderen gegen ihn. Am Abend sagte die Königin zu mir: ›Ich weiß, daß Sie uns gegenüber Monsieur Labaume verteidigt haben.‹ – ›Madame, ich habe mir nicht vorstellen können, daß ein Land, in dem Sie regieren, kein großes Land wäre.‹«

Seine Bewunderung für Königin Caroline scheint aufrichtig, als er ihr erklärt: »Die Erhabenheit Ihres Geistes ist in Europa so bekannt, daß man den Eindruck hat, als stehe es einem nicht zu, sie zu loben. Es ist diese glückliche Begabung, dieser verführerische Charme, der es Ihnen gestattet, sich all Ihren Untertanen mitzuteilen, ohne irgend etwas von Ihrer Stellung einzubüßen und ohne die Verhältnisse durcheinanderzubringen. Sie regieren ein großes Volk. Der Himmel, der Ihnen gewährt hat, über so viele Königreiche zu herrschen, hat keinem Ihrer Untertanen das Glück zugebilligt, das Sie im Kreis Ihrer Familie genießen.«

Montesquieu unterhält mit Frederic, dem Prinzen von Wales, ein vertrautes Verhältnis. Der Prinz bittet ihn sogar darum, ihm eine Sammlung der besten französischen Lieder zusammenzustellen. Im Vorwort zu diesem Manuskript, das R. Shackleton[51] in der königlichen Bibliothek von Windsor entdeckte, erzählt Montesquieu Näheres zur Zusammenstellung der Anthologie:

»Ich ließ sie zusammenstellen; doch als ich die anständigen Leute aus Frankreich und was es noch an Respektablem gab, der Lächerlichkeit preisgegeben sah, distanzierte ich mich davon, unsere Nation von einer so schlechten Seite aus bekannt zu machen. Ich hatte nicht den Mut, sie abzuschicken, und behielt sie, um sie in meine Bibliothek zu stellen. Man darf sie nur mit Vorsicht weiterreichen. Sie ist wahrlich das Werk der französischen Freude und Heiterkeit, dieses eigentümlichen Geistes, den kein anderer zu erfassen wüßte und den man kaum mit Strenge handhaben kann. Was woanders die Reinheit der Sitten oder selbst den Glauben verletzen würde, darf man nur als ein harmloses Austoben unserer Nation ansehen, die sich mit vergnügtem Gesang über ihre Mißgeschicke und Kümmernisse hinwegtröstet. Sie hat sich die dichterische Freiheit vorbehalten und kennt kein Gesetz, das diesen Genuß reglementiert.«

Als Montesquieu in London ankommt, genießt England in Europa ein hohes Ansehen, das es den Erfolgen seiner Armeen und der Bedachtsamkeit seiner Revolution verdankte. Die Bedeutung seiner Denker erregt in den anderen Völkern das Bedürfnis, seine Vorstellungen und Institutionen zu studieren. John Locke, der Philosoph der Whigs, wird zum führenden Kopf der europäischen Philosophen: Dem göttlichen Recht der Stuarts stellt er das von ihm so genannte Naturrecht gegenüber und lehrt, daß der Mensch als vernünftiges Wesen im Naturzustand die moralischen Gesetze achtet. Locke wendet sich damit gegen Hobbes (1588–1679), der in seinen Werken *De Cive* und *Leviathan* eine absolutistische Theorie der Macht entwickelt hatte; da Hobbes von der Niederträchtigkeit der menschlichen Natur ausgeht, glaubt er an die Notwendigkeit eines starken Staates und ist der Ansicht, daß der Vertrag, der den Souverän und seine Untertanen bindet, ihnen aufgrund ihrer eigenen Schwäche aufgebürdet worden ist. Mehrfach widerlegt Montesquieu Hobbes, dessen Anschauungen er zutiefst ablehnt; so bemerkt er im *Gedanken* 224, den er nach seiner Englandreise verfaßt: »Das Prinzip von Hobbes ist völlig falsch: daß das Volk den Herrscher ermächtigt habe, daß die Handlungen des Herrschers die des Volkes seien und sich das Volk demnach nicht über den Fürsten beklagen oder von ihm Rechenschaft über sein Tun verlangen könne; da das Volk sich nicht über das Volk beschweren könne . . .«

In der englischen Gesellschaft, die sich in Whigs und Tories aufspaltete, unterhielt Montesquieu Verbindungen zu beiden Lagern. Unter den Whigs traf er außer Waldegrave häufig den Grafen von Chesterfield, dem er folgende Beurteilung des Ministers Walpole unterstellt: »Milord Chesterfield verglich das Ministerium von Monsieur Walpole mit der Praxis jener englischen Unternehmer, die sich zum Bau eines Hauses verpflichten, das nur die vorher festgelegte Zeit halten soll, das jedoch bis jetzt hält[52].« Überdies hatte er Kontakt zu Lord Townsend, dem Schwager von Robert Walpole, sowie zu Lord John Hervey und seiner Frau, der geborenen Mary Lepell, die berühmt für ihre Anmut und ihren Verstand war, die von Pope, Gray, Chesterfield und Voltaire gelobt wurden.

Montesquieu verkehrt in erster Linie bei Tories oder abtrünnigen Whigs, vor allem bei John Carteret, dem Grafen von Granville, und William Pulteney, den Grafen von Bath; beide werden sich 1749 auf den *Geist der Gesetze* stützen, »um die legislative von der exekutiven Macht zu unterscheiden«. Doch die festeste Freundschaft und die vertrautesten Beziehungen knüpfte Montesquieu mit den Herzögen von Richmond und Montagu; am 10. November 1742 wird er an Martin Ffolkes schreiben, daß »die Zeit, die ich damit zubrachte, ihre Gunst zu erwerben, die glücklichste meines Lebens war«. Die Großmutter des Herzogs von Richmond, der 1728 als Ehrenmitglied in die Akademie der Wissenschaften aufgenommen wurde, war die Herzogin von Portsmouth, Louise-Renée de Penancoet de Kéroualle.

Dank seiner Beziehungen wohnte Montesquieu Sitzungen in beiden Kammern des Parlaments bei. Nach der Unterzeichnung des Vertrages von Sevilla im März 1729 warf die Opposition Walpole vor, Österreich aufgegeben zu haben, um sich Frankreich und Spanien anzunähern. Am 28. Januar 1730 begab sich Montesquieu ins Unterhaus, wo eine Debatte über die Frage eröffnet wurde, ob in Friedenszeiten ein stehendes Heer notwendig sei. Montesquieu war überrascht über die Heftigkeit der Äußerungen von Schippen, einem Gegner Walpoles: Er »sprach im Unterhaus zum Thema der nationalen Truppen; er sagte, daß nur ein Tyrann oder Usurpator Truppen bräuchte, um sich zu halten, und daß es sich daher um Mittel handele, die das unbestreitbare Recht Seiner Majestät nicht fordern könne. Über die Wörter Tyrann und Usurpator zeigte sich die ganze Kammer befremdet, und er wiederholte sie ihr ein zweites Mal; anschließend sagte er, daß er die Maximen des Hauses Hannover nicht schätze ... Das war so heftig, daß die Kammer ein Wortgefecht fürchtete, so daß alle zur Abstimmung riefen, um die Debatte zu beenden.« Die *Geschichte des Parlaments* bestätigt die Richtigkeit der Äußerungen, die Montesquieu in seinen *Aufzeichnungen über England* festgehalten hat.

Montesquieu folgte ebenfalls sehr aufmerksam den Diskussionen über die *Pension Bill*, die von der Opposition zur Bekämpfung der Korruption vorgebracht worden war; sie schlug vor, den vorübergehend oder ständig Pensionsberechtigten sowie den von der Krone abhängigen Funktionsträgern den Eintritt ins Parlament zu verwehren und überdies von jedem Mitglied des Unterhauses persönlich und unter Eid die Versicherung zu verlangen, daß sie von der Krone unabhängig wären. Von dieser langen, für einen Ausländer wahrscheinlich ziemlich verwirrenden Debatte notierte Montesquieu als Fazit: »In der letzten Sitzung sagte Milord Townsend: Warum bürden wir uns ständig diesen öffentlichen Haß über die fortgesetzte Ablehnung der Bill auf? Man muß die Strafen erhöhen und die Bill so konzipieren, daß das Unterhaus sie von sich aus ablehnt: so daß, diesen Vorstellungen gemäß, die Peers die Strafen sowohl für den Bestechenden als auch den Bestochenen von zehn auf fünfhundert Livres erhöhen; das hätte zur Folge, daß es die gewöhnlichen Richter wären, die über die Wahlen entschieden, und nicht das Unterhaus, und daß man sich ständig an das letzte Vorurteil in jedem Gericht halten würde. Doch die Unterhausabgeordneten, die vielleicht den Trick ahnten oder ihn sich zunutze machen wollten, verabschiedeten sie ebenfalls, und der Hof war gezwungen, dasselbe zu tun ... Diese Bill ist außergewöhnlich, denn sie wurde gegen den Willen der Unterhausabgeordneten, der Peers und des Königs verabschiedet.«

Die für Montesquieu interessanteste Debatte war sicherlich die, während der über den Wiederaufbau der Befestigungsanlagen von Dünkirchen diskutiert wurde, die von den Einwohnern der Stadt zerstört worden waren. »Ich habe noch nie eine solche Begeisterung erlebt. Die Sitzung dauerte von halb zwei nachmittags bis drei Uhr nachts. Dabei wurde den Franzosen hart zugesetzt; ich bemerkte, wie weit der schreckliche Neid zwischen den beiden Nationen reicht . . .«

Die Angelegenheit war von Bolingbroke vorgebracht worden und zeigte, welchen Einfluß die politische Presse Englands auf die öffentliche Meinung ausübte. Da Henri Saint-John, der Vicomte von Bolingbroke, bei der Thronbesteigung Georgs I. abgesetzt worden war, hatte er sich nach Frankreich geflüchtet, wo er bis 1723 blieb. Montesquieu scheint ihm 1722 begegnet zu sein, schätzte ihn jedoch kaum: »Ich habe Milord Bolingbroke kennengelernt und wieder vergessen: Ich scherte mich nicht darum, Moral von ihm zu lernen[53].« In einem Brief an Warburton erinnert Montesquieu im Mai 1754 an seine schwierige Beziehung zu Bolingbroke: »Es stimmt, daß ich nicht das Glück hatte, die Gunst des berühmten Lords zu erlangen. Vor dreißig Jahren machten wir miteinander Bekanntschaft, eine Bekanntschaft, die zu nichts nütze war; sie war schon beendet, als wir uns die Hand gaben, und wir konnten nichts dafür; und ohne daß es einer von uns bemerkte, trennten wir uns für immer. Seit dieser Zeit habe ich sehr wenig über ihn geredet, und es kümmert mich gar nicht, was er über mich verbreitete. Er fuhr fort, seine Feinde zu vermehren, und sein Lebensglück lag weit unter seinen großen Talenten.« Die Beurteilung Montesquieus trifft zu. In der Tat zog der begabte, glänzende Bolingbroke aus Mangel an Disziplin und fehlender Logik nicht den Nutzen aus seinen Qualitäten, den er aus ihnen hätte ziehen können; er lebte in einer verkehrten Haltung, ein Freidenker, der es dahin brachte, die Führung der Partei der Hohen Kirche zu übernehmen und die Jakobiter zu unterstützen, was sein politisches Ideensystem nicht gerade logisch erscheinen ließ. Er spielte jedoch eine bedeutende Rolle; das gegenseitige Überbieten, das er gegenüber Walpole praktizierte, machte aus ihm einen sehr bekannten Ideologen, dessen Einfluß durch seine Zeitschrift *The Craftsman* zur Geltung kam.

Diese Zeitschrift erreichte eine der bedeutendsten Auflagen der Epoche. Montesquieu scheint sie während seines Aufenthalts in London regelmäßig gelesen zu haben: Im *Spicilège* finden sich neun Verweise auf den *Craftsman*; seinen Einfluß und die Vorsicht, die seine Verleger walten ließen, verstand er sehr gut: »Man läßt sie vor der Drucklegung von drei Rechtsanwälten prüfen, um herauszufinden, ob etwas Gesetzwidriges darin steht.« Die berühmte Freiheit der englischen Presse erschien Montesquieu übertrieben; am 21. Dezember 1729 schrieb er an Pater Cerati: »Hier kursieren, wie Sie wissen, täglich alle möglichen sehr freien und sehr indiskreten Zeitungsartikel. Vor zwei oder drei Wochen gab es einen (im *Appleby's Weekly Journal* vom 15. November 1729), über den ich mich sehr geärgert habe. Er verbreitete, daß Kardinal von Rohan mit großem Einsatz aus Deutschland eine Maschine zum Gebrauch seiner Diözesanen beschafft hätte, die so gebaut sei, daß man Würfel spielen, sie mischen und werfen könne, ohne daß sie von der Hand des Spielers beeinflußt werden könnten, der vorher die Würfel durch eine verbotene Manipulation je nachdem verzögern oder beschleunigen konnte; was den Betrug mit Dingen in Verbindung brachte, die nur zur geistigen Entspannung gedacht waren. Ich sage Ihnen, man muß schon Häretiker und Jansenist sein, um solche üblen Scherze zu machen.«

Freunde der Jakobiter, protestantische Flüchtlinge, Schriftsteller und Wissenschaftler, die ihre Kenntnisse erweitern wollten, bildeten – mit oft gegensätzlichen Ideen und Auffassungen – in London eine französische Kolonie, die, wie alle Emigranten, das Bedürfnis hatte, Neugier zu erwecken. Montesquieu traf sich mit einigen dieser Literaten. Im Kreis der Königin Caroline lernte er den aus La Rochelle stammenden Jean-Théophile Désaguiliers kennen, einen Interpreten der Philosophie Newtons und Liebhaber wissenschaftlicher Experimente; 1742 zeichnete die Akademie von Bordeaux seine *Abhandlung über die elektrischen Ströme der Körper* aus und nahm ihn als korrespondierendes Mitglied auf. Montesquieu begegnete außerdem Pierre des Maizeaux, dem Vertrauten von Pierre Bayle, der das *Historisch-kritische Wörterbuch* ins Englische übertragen hatte, sowie dem Übersetzer von Locke, Shaftesbury und Newton und Verleger Montaignes Pierre Coste, einem protestantischen Flüchtling aus Uzès, den Montesquieu ironisch beurteilt:»Monsieur Coste (sagte ich lachend) meint, Montaigne geschaffen zu haben, und errötet, wenn man ihn vor ihm lobt[54].« Montesquieu traf in London Hyacinthe Cordonnier de Belair, genannt Sainte-Hyacinthe, wieder; vor seinem Umzug nach England im Jahre 1723 hatte dieser oft den Club de l' Entresol und den Salon von Madame de Lambert aufgesucht. Er war als Journalist durch seine aufsehenerregenden Auseinandersetzungen mit Voltaire berühmt geworden und lebte unter ständigen Geldnöten von seiner schriftstellerischen Arbeit. London begegnete Montesquieu Richard Glover, der sich 1734 als eifriger Befürworter der *Betrachtungen* erwies; später sah er ihn bei Madame de Tencin wieder.

Montesquieus natürliche Hochherzigkeit und sein Bestreben, anderen nützlich zu sein, kamen gegenüber Mademoiselle Salé zur Geltung, einer Tänzerin der Pariser Oper, die durch ein »Scherbengericht« vertrieben worden und im November 1730 nach London geflüchtet war; Fontenelle bat Montesquieu, sie der Königin Caroline zu empfehlen: »Wenn die Königin die Absicht hätte, ihren Töchtern, den Prinzessinnen, das Tanzen von einer Person beibringen zu lassen, die geeignet ist, ihnen das Benehmen, das ihrer Geburt zukommt, zu vermitteln, und diese Ehre gleichzeitig durch ihr Verhalten zu würdigen weiß, wäre sie äußerst glücklich, wenn ihr das Schicksal Mademoiselle Salé schickte. Kurz, ich bitte Sie in jedem Fall um Ihre Protektion für sie, oder besser, ich ersuche Sie, ein bißchen auf sie aufzupassen, das übrige wird sich dann schon von allein ergeben.« Montesquieu nahm sich diese Aufforderung Fontenelles zu Herzen. Am 23. März 1731 veranstaltete er für sie ein Konzert in Lincoln's Inn Fields und schrieb an Lady Mary Wortley Montagu, um sie um ihre Unterstützung und die ihrer Freunde zugunsten der jungen Tänzerin zu bitten.

Montesquieus Beziehungen zum Hof, zu Politikern der Opposition und französischen Flüchtlingen erregten die Aufmerksamkeit des französischen Botschafters in London, Graf von Broglie, der sich über die Verlängerung von Montesquieus Aufenthalt sowie seine Aktivitäten und Äußerungen beunruhigt zeigte. Am 31. Oktober teilt der Botschafter dem Außenminister seinen Verdacht und seine Sorge in einem Brief mit.

»Ich habe bis jetzt gezögert, Monsieur, Sie auf das Verhalten des Präsidenten von Montesquiuo *(sic)* aufmerksam zu machen, weil ich stets glaubte, er würde nicht lange in England bleiben und von einem Tag auf den anderen nach Frankreich zurückkehren, und weil ich im übrigen niemandem schaden möchte; doch da er nicht mehr von seiner Rückreise spricht, obwohl er sich mittlerweile mehr als ein Jahr hier aufhält, ist es, glaube ich, meine Pflicht, Sie zu unterrichten. Weil er im Ruf steht, der Autor der *Persischen Briefe* zu sein, waren etliche Leute erfreut, ihn kennenzulernen, selbst die Königin von England; er ist lebhaft und nicht schüchtern. Seine ersten Gespräche handelten vor allem von den *Persischen Briefen*, doch als die Königin merkte, daß er gerne über alle möglichen Dinge sprach, lenkte sie ihn unmerklich auf den Hof und die Regierung Frankreichs; ich habe Anlaß zu glauben, daß er, wie mir sogar Leute bestätigten, denen es die Königin selbst gesagt hat, in beiden Punkten sehr weit ging, sogar viel weiter, als es nötig gewesen wäre, und die eine Regierung mit der anderen verglich, wobei er die englische übertrieben lobte, während er die unsrige verurteilte. Wie mir aufgefallen ist, redete er sogar in meinem Haus viel und äußerte Dinge, über die er hätte schweigen sollen; ich sagte zu ihm, daß der Weg, um in England Erfolg zu haben, darin bestehe, viel zuzuhören und wenig zu sagen, daß die Engländer einen anfangs gerne reden ließen, um sich später darüber lustig zu machen, und daß ich mehrere solcher Fälle erlebt hätte, seit ich hier sei, doch entweder hat er diese Warnung nicht auf sich gemünzt oder er hat nicht aufgepaßt und keinen Nutzen daraus gezogen. Er ist ein sehr lebendiger Mann, der viel redet, weil er über alles sehr gut informiert ist, nach meinem Dafürhalten . . . ein sehr geistreicher Kopf ist und, wenn auch vielleicht ohne böse Absicht, viele Dinge äußert, die er besser für sich behalten würde . . .«

Chauvelins Reaktion auf die Vorwürfe des Leichtsinns, die gegen Montesquieu vorgebracht wurden, ist nicht bekannt. Doch hatte der Brief des Grafen von Broglie sicher etwas mit dem Schweigen zu tun, mit dem der Minister Montesquieus am 23. Februar 1730 eingereichtes Ersuchen quittierte, in den Botschaften »irgendeine achtbare Stellung auszufüllen«, ein Wunsch, den er schon einmal 1728 während seines Aufenthalts in Wien geäußert hatte. Montesquieu trauerte diesem Mißerfolg lange nach; einige Jahre später schreibt er in den *Gedanken*[55]: »Ich werde es immer bereuen, daß ich nach der Rückkehr von meinen Reisen um keinen Posten im auswärtigen Dienst nachgesucht habe. Mit meinen Ansichten hätte ich damals sicher die Pläne dieses Verrückten von der Belle-Isle durchkreuzt und damit den größten Dienst erbracht, den ein Bürger seinem Vaterland erweisen kann.«

Auch wenn der französische Botschafter in seinem Brief nicht darauf anspielt, so dürften ihn an Montesquieus Einstellung zwei Dinge beunruhigt haben: seine Wahl in die Royal Society im Februar 1730 und seine Einführung bei den Freimaurern im Mai desselben Jahres.

Die Royal Society of London for Improving Natural Knowledge war in der Mitte des 17. Jahrhunderts von aufgeklärten Köpfen gegründet worden, die sich für alle Wissenschaften und vor allem für die New Philosophy oder Experimental Philosophy interessierten[56]. Die Vertiefung der physikalischen und mathematischen Wissenschaften und das Experimentieren lenkte die Menschen in den Bereichen der Philosophie, Politik und Religion zu neuen Erkenntnissen; sie befreiten sich von althergebrachter Bevormundung; das führte zu einer Feindseligkeit gegen jede aufgezwungene Autorität, zum Kampf gegen alle traditionellen Glaubenslehren, zu einer rein menschlichen Moral und zum Aufkommen der Toleranz, um die Ausdrücke von Paul Hazard aufzugreifen. In groben Zügen bestand darin das Programm der Freimaurerei, das bald abgeändert werden sollte. In den ersten Zeiten der Großloge, die 1717 in London gegründet worden war, interessierten sich die Mitglieder der Royal Society lebhaft für die Freimaurerei; von 1730 an beobachtet man einen fortwährenden Rückgang der Zahl ihrer Logenmitglieder, während sich die Anhänger der Freimaurerei ständig vermehrten. Unter dem Einfluß des Pastors Jean-Théophile Désaguiliers, der 1719 zum dritten Großmeister gewählt wurde, nahm die spekulative Freimaurerei ihren Anfang; allmählich bildeten sich eine Gesellschaft des Denkens, eine moralische Gruppierung und eine Körperschaft heraus, die unter der Leitung des »Allmächtigen Baumeisters aller Welten« standen, dem Inspirator einer idealen Regierung auf halbem Wege zwischen Tyrannei und Demagogie.

Die Toleranzvorstellungen, zu denen sich die Royal Society und die englischen Freimaurer offen bekannten, konnten Montesquieu nur faszinieren. Am 12. Februar 1730 schlug der aus den Cevennen stammende Arzt Georges-Louis Tessier seine Aufnahme in die Royal Society vor. Die Kandidatur wurde von den englischen Freunden des Autors der *Persischen Briefe*, die in der Royal Society saßen, unterstützt: den Herzögen von Richmond und Montagu, Milord Pembroke, dem Arzt der Königin Caroline und zukünftigen Mitglied der Akademie von Bordeaux, Alexander Stuart, sowie dem Mathematiker Martin Ffolkes, über den Montesquieu sagte: »Wenn man mich gefragt hätte, welche Fehler er an Seele und Geist aufwiese, hätte ich Schwierigkeiten gehabt zu antworten[57].« Am 1. März schrieb Montesquieu an Pater Cerati: »Vor drei Tagen wurde ich in die Royal Society of London aufgenommen. Dort sprach man von einem Brief von Thomas Derham an seinen Bruder, der nachfragte, welcher Ansicht die Society über die astronomischen Entdeckungen von Monsieur Bianchini wäre.« Nach seiner Rückkehr in die Heimat hielt Montesquieu die Verbindungen, die er mit den Mitgliedern der Royal Society und vor allem mit Martin Ffolkes geknüpft hatte, aufrecht.

Am 16. März 1730 kündigte der *British Journal* die Einführung Montesquieus bei den Freimaurern an: »Wir teilen mit, daß am Dienstagabend auf einem Logentreffen in der Horn Tavern in Westminster, auf dem der Großmeister Herzog von Norfolk, der Vizegroßmeister Nathaniel Blakerby, und andere hohe Beamten sowie der Logenmeister Herzog von Richmond, Marquis von Beaumont, Lord Mordaunt, Marquis von Quesne und etliche andere ausgezeichnete Personen zugegen waren, die folgenden ausländischen Adligen als Mitglieder der ›Alten und ehrenwerten Gesellschaft der Freimaurer‹ aufgenommen wurden: Charles-Louis, Präsident von Montesquier *(sic)*, Francis, Graf von Sade . . .[58]«. So zeichnet sich Montesquieus Entwicklung zu einer »aufgeklärteren« Konzeption der menschlichen Beziehungen und der politischen, sozialen und religiösen Organisation ab.

Doch darf man sich ebenso fragen, wie Montesquieu über England urteilte. Welche Eindrücke behielt er von seinen Kontakten zurück? Was hielt er von den Lebensgewohnheiten, die sich in etlichen Punkten von denen unterschieden, an die er gewöhnt war? Seine Fähigkeit, sich an fremde Umgebungen anzupassen, hat ihm das Verständnis einer Nation erleichtert, die damals als Erbfeind Frankreichs galt. Schon am 7. Mai 1727 hatte er in den Gedanken[59] vermerkt: »Die gegenwärtige Mißgunst zwischen Österreich und Spanien auf der einen und England auf der anderen Seite kann in dieser Hinsicht für Frankreich vorteilhaft werden . . .«; ein wenig später äußert er folgende politische Überlegung: »Für Frankreich ist es ein zentrales Gebot, England zu zwingen, stets ein Landheer zu besitzen. Das kostet es viel Geld, bringt es in Verlegenheit wegen des Mißtrauens, das man dort gegen die Armee hegt, und vermindert entsprechend die Ausgaben für die Marine[60].« Wie Montesquieu feststellt, hat »die Herrschaft über das Meer den Völkern, die sie besaßen, immer einen natürlichen Stolz verliehen, da sie sich in der Lage sahen, jeden zu beleidigen. Sie glauben, ihre Macht habe keine anderen Grenzen als der Ozean[61]«.

Der Vertrag von Sevilla, den Frankreich, England und Spanien am 9. November 1729 unterzeichneten, hatte zumindest vorübergehend den jahrelangen Land- und Wasserkämpfen ein Ende gesetzt und bestätigte die wesentlichen Bestimmungen des Vertrags von Utrecht. Montesquieu erkennt die englische Stabilität an: »England wird von Winden geschüttelt, die nicht dazu da sind, Überschwemmungen anzurichten, sondern in den Hafen zu fahren[62].« Doch er ist vor allem von der Freiheit verblüfft, die in diesem Land herrscht: »In London herrschen Freiheit und Gleichheit. Die Freiheit von London ist die Freiheit der anständigen Leute, worin sie sich von der venezianischen unterscheidet, die darin besteht, in der Anonymität mit H. ... zu leben und sie zu heiraten; die Gleichheit von London ist ebenso die der anständigen Leute, worin sie sich von der holländischen Gleichheit unterscheidet, welche die Gleichheit der Halunken ist.« Er vermerkt nicht ohne Paradoxie: »In England ist derjenige, dem man den Prozeß macht und der am nächsten Tag gehängt werden soll, freier als irgendein anderer Bürger im übrigen Europa[63].«

»England ist gegenwärtig das freieste Land der Welt, ohne daß ich irgendeine Republik ausnehme; ich nenne es frei, weil der König nicht die Macht besitzt, wem auch immer irgendein erdenkliches Unrecht zuzufügen, da seine Macht durch einen Akt (ein Gesetz des Parlaments) beschränkt und kontrolliert ist; wenn das Unterhaus aber die Herrschaft übernähme, wäre seine Macht unbegrenzt und gefährlich, weil es gleichzeitig die exekutive Gewalt besäße; statt dessen liegt gegenwärtig die unbegrenzte Macht beim König und beim Parlament, und die exekutive, in ihrer Macht beschränkte Gewalt beim König. Ein guter Engländer muß also versuchen, die Freiheit sowohl gegen die Übergriffe der Krone, als auch die des Unterhauses zu verteidigen.« Die Beobachtung des Zusammenspiels der englischen Institutionen führt Montesquieu dazu, ein Gleichgewicht von exekutiver und legislativer Gewalt für unerläßlich zu erachten und somit eines der wichtigsten Prinzipien, die er im *Geist der Gesetze* entwickeln wird, zu skizzieren.

Montesquieu sorgt sich jedoch um die Anfälligkeit dieser Einrichtungen: »Die Engländer sind ihrer Freiheit nicht mehr würdig. Sie verkaufen sie an den König; und wenn der König sie ihnen zurückgäbe, würden sie sie ihm wieder verkaufen.« Er schätzt, daß es »im französischen Interesse liegt, den König in England zu halten, denn eine Republik wäre weit verhängnisvoller: England würde dann nämlich mit all seinen Kräften agieren, während es unter einem König mit geteilten Kräften agiert. So wie jetzt können die Dinge jedoch nicht lange bleiben.« Übrigens ist das Urteil, das er über England fällt, besonders streng: *»I never saw a nation,* die weniger nachdenkt als diese: Im Gegensatz zu den Tieren weiß sie nicht einmal, was ihr gut und was ihr schlecht bekommt.«

Die weitgehende Pressefreiheit und ihre Verbreitung in allen Klassen der Gesellschaft – »ein Dachdecker läßt sich die *Gazette* auf die Dächer bringen, um sie zu lesen« – trägt zum Gleichgewicht der Kräfte bei. Montesquieu hat in England diese »vierte« Gewalt, welche die Zeitungen darstellen, vorausgeahnt: »Da man in England in den Zeitungsartikeln eine hemmungslose Freiheit walten sieht, denkt man zuerst, daß sich das Volk auflehnen werde; doch dort wie woanders ist das Volk mit den Ministern unzufrieden, und man schreibt, was man darüber anderswo denkt.« Zum Thema Pressefreiheit bekräftigt Montesquieu auch: »Die Könige sind stark, wenn sie entscheiden, und immer schwach, wenn sie diskutieren[64].«

Seine Meinung über England ist sehr differenziert und fällt letztlich nicht besonders wohlwollend aus. Viele Aspekte des Lebenswandels schockieren ihn: »Der Engländer braucht ein gutes Abendessen, ein Mädchen und Wohlstand; da er nicht in der vornehmen Welt verkehrt und sich damit begnügt, bringt er sich, sobald sich sein Schicksal verschlechtert, um oder wird zum Dieb.« Die englische Nation hat in seinen Augen letzten Endes »kaum Manieren, nicht einmal Lebensgewohnheiten, die ihr eigentümlich wären. Zudem hat sie nur eine freisinnige Achtung für die Religion. Sie hängt ungemein an Gesetzen, die typisch für sie sind; und diese Gesetze müssen eine unendliche Kraft besitzen, da sie das Zusammenleben vollständig bestimmen.«

Die Eindrücke, die Montesquieu in England gesammelt hat, sind nuanciert; seine Bewunderung für die politischen Institutionen, deren mit der Eigenart und den Traditionen des englischen Volkes verbundene Besonderheit er genau erfaßte, ist nicht so groß, wie man annehmen könnte; er hat den Unterschied begriffen, der zwischen der politischen Theorie und ihrer eigenwilligen, alltäglichen Anwendung besteht. Die gesammelten Beobachtungen, die Gespräche mit den bekanntesten Politikern und seine Lektüre werden indessen nicht unnütz sein. Als Montesquieu London im Frühjahr 1731 verläßt, hat er am Ende jener langen Rundreise über den Kontinent und die Insel wertvolle Informationen über die politischen Institutionen und die Lebensgewohnheiten der besuchten Länder gesammelt; im Lauf der nächsten Jahre wird er sie gegenüberstellen, sie durch Nachdenken und Lesen heranreifen lassen und sich schließlich im Besitz der Elemente befinden, die es ihm erlauben werden, 1734 die *Betrachtungen* und 1748 den *Geist der Gesetze* zu veröffentlichen. Im Frühling des Jahres 1731 war für ihn der Moment gekommen, nach vier Jahren Abwesenheit nach Frankreich zurückzukehren, um sich seiner Familie und seinen Geschäften zu widmen, um die durch seine Abwesenheit gelockerten Pariser Beziehungen neu anzuknüpfen und um sich an die Ausarbeitung jener Bücher zu machen, mit denen er sich geistig beschäftigte.

Von den »Betrachtungen« zum »Geist der Gesetze«
(1731–1748)

Unter den unerforschbaren Episoden, die Montesquieus Leben durchziehen, ist eine der unverständlichsten das völlige Stillschweigen, das offenbar während seiner vierjährigen Abwesenheit zwischen ihm und seiner Familie herrschte. Es ist kaum zu glauben, daß sich Montesquieu und seine Frau während dieser ganzen Zeit keinen Brief geschrieben, daß er keine Neuigkeiten von ihr und den Kindern erhalten und sie ihn nicht über den Gang ihrer Geschäfte auf dem laufenden gehalten haben soll. Doch ist aus jenen Reisejahren keiner der Briefe erhalten, die von dem Ehepaar möglicherweise geschrieben worden sind. Es wäre gewagt, daraus auf ein völliges Stillschweigen zu schließen, das einem vollkommenen Bruch gleichkäme; ein solches Benehmen stünde im Widerspruch zu Montesquieus Verhaltensgrundsätzen gegenüber seiner Familie, selbst wenn er eingesteht, sich oft von den »kleinen Nebensächlichkeiten[1]« freigemacht zu haben. Man kann indessen die Gesundheit der Familienmitglieder, die Erziehung seiner Kinder und die Verwaltung seines Besitzes kaum als »kleine Nebensächlichkeiten« betrachten. Zuweilen hat man den Eindruck, eine mysteriöse Hand – Montesquieu selbst, seine Nächsten oder seine Erben – hätte sich ein Vergnügen daraus gemacht, einen Teil seiner Korrespondenz aus dem Verkehr zu ziehen, um die Fäden einer verwickelten Angelegenheit grundlos durcheinanderzubringen, die fortan nur schwer zu entwirren sein werden, und so Leerstellen zu schaffen, die, wenn man spekulieren wollte, Anlaß zu willkürlichen Hypothesen geben könnten. Andererseits wäre es nur zu verständlich, wenn er selbst oder seine direkten Nachkommen aus Scham und Diskretion die Intimität eines ziemlich erlahmten Familienlebens hätten wahren wollen. Wenn Briefe vernichtet worden sind, kann man es nur bedauern; lassen im übrigen die kürzlich von René Pomeau herausgebrachten achtundsechzig unveröffentlichten Briefe[2] nicht weitere Entdeckungen immer noch möglich erscheinen? Es ist demnach empfehlenswert, sich vor jeglicher überzogenen Vermutung zu hüten und sich an die bekannten Dokumente zu halten. Fern von unvorsichtigen und unbesonnenen Hypothesen gestatten sie es, einige dunkle Zonen zumindest teilweise zu erhellen.

Das genaue Datum von Montesquieus Abfahrt aus London und seine Reiseroute zurück nach Bordeaux sind nicht bekannt. Wir wissen nur, daß er einige Tage in Paris Station machte und dort an einer Sitzung der

Académie française teilnahm. Im Mai 1731 kehrt er nach La Brède zurück, wo er seine Frau und seine Kinder wiedersieht. Zum erstenmal, so scheint es, sieht er seine jüngste Tochter Denise, die am 23. Februar 1727 geboren worden war. Sehr rasch läßt er sich vom Charme dieses kleinen Mädchens einnehmen. Er bringt ihr seine ganze Zuneigung entgegen; Denise wird bald sein bevorzugtes Kind, nicht nur weil sie die Jüngste der Familie ist, sondern vor allem, weil die Charaktere von Vater und Tochter miteinander harmonierten. Sehr rasch erobert Denise diesen viel zu lange ferngebliebenen Vater.

Montesquieu wird von nun an mit Sorgfalt die Ausbildung seiner Kinder verfolgen und ihr Fortkommen im Leben vorbereiten. Als er zu seinen Reisen aufgebrochen war, hatte er seinem Sekretär, Abbé Duval, die Sorge anvertraut, über die Erziehung seines ältesten Sohns Jean-Baptiste zu wachen, der damals seine Schulzeit bei den Jesuiten am Pariser Kolleg Louis-le-Grand absolvierte. Der Abbé unterrichtete Madame de Montesquieu regelmäßig über das Betragen des Schülers und beaufsichtigte seine seelische Gesundheit: »Ich bitte Sie noch einmal, Madame, ihm kein Geld ohne mein Wissen zu schicken; Geld in den Händen von jungen Leuten gibt in Paris Gelegenheit zu allen Lastern[3].«

In den *Gedanken* vermerkt Montesquieu: »Mit meinen Kindern habe ich wie mit Freunden zusammengelebt.« Dies hinderte ihn nicht daran, das Benehmen seines Sohns aus der Nähe zu verfolgen und sich Sorgen wegen seines Umgangs mit Frauen zu machen. Amüsiert beobachtet er, wie der damals achtzehnjährige Jean-Baptiste Madame de Tencin den Hof macht. »Ich habe den kleinen Jungen mehrmals getroffen«, schreibt Madame de Tencin am 24. Dezember 1734 an Montesquieu. »Er wagt mir nicht soviel zu sagen, wie er mir schreibt. Er versucht jedoch immer, mir irgendein kleines Zeichen der Gefühle zu vermitteln, die er für mich empfindet, weil er mich als Frau betrachtet. Wenn Sie sich ihm gegenüber darüber jemals lustigmachen, werde ich Sie erwürgen.« Jean-Baptiste ging Liebschaften ein, die seinem Vater derart mißfielen, daß er ihm am 18. April 1737 in einem für ihn sehr ungewöhnlichen Ton schrieb: »Ich bitte Dich, laß die Frauen in Ruhe.«

Trotz der Eskapaden des jungen Mannes verfolgt Montesquieu aufmerksam die intellektuelle Ausbildung von Jean-Baptiste, der sehr früh eine ausgeprägte Vorliebe für die Wissenschaften an den Tag legte; als er plant, nach England zu reisen, schreibt Montesquieu am 19. August 1738 an Martin Ffolkes: »Ich hoffe, Sie nächstes Jahr besuchen zu kommen; ich habe vor, meinen Sohn zu begleiten, der sich eifrig mit den Wissenschaften befaßt und sogar einige Fortschritte macht.« In seinen 1750 veröffentlichten *Beobachtungen zur Physik und zur Naturgeschichte* publiziert Jean-Baptiste einen Teil seiner Forschungen und Experimente, von denen einige aus den Jahren 1742–1745 stammen. Sein Vater schätzt diese Arbeiten und schreibt dem Ritter von Vivens am 12. Juli 1746: »Mein Sohn, der Doktor ist . . ., beherrscht die Kunst des Syllogismus, der ein Dreierbataillon ist, das mühelos durchbricht und eindringt, doch mit guten Kanonen ist es sehr leicht, dessen Flügel zu zerschlagen.« Schon am 14. November 1734 hatte die Akademie von Bordeaux Jean-Baptistes Verdienste anerkannt und ihn zum Mitglied gewählt.

Montesquieu blieb dennoch bestrebt, seinen Sohn höher zu etablieren. Die Bestimmungen, die er 1726 beim Verkauf seines Amtes als Präsident am Parlament ausgehandelt hatte, behielten ihm die Möglichkeit vor, es für seinen Sohn zurückzuerstehen. Am 30. Januar 1737 wird Jean-Baptiste als Rat am Parlament eingeführt, sicher weit mehr, um seinem Vater zu gefallen, als aus persönlicher Vorliebe. In der Tat geht Montesquieu, als ihm Antoine de Gascq 1739 im Auftrag von Präsident Albessard vorschlägt, für seinen Sohn ein Präsidentenamt zu erwerben, auf dieses Angebot nicht ein und verkauft sein Amt am 4. August 1748 endgültig, da Jean-Baptiste offensichtlich keinen Hang zur parlamentarischen Tätigkeit besitzt und es vorzieht, seine wissenschaftliche Laufbahn fortzusetzen.

Montesquieu bemühte sich mehrfach, seinen Sohn an seinen Aktivitäten zu beteiligen. So gehört Jean-Baptiste am 8. Mai 1737 zur Delegation der Akademie von Bordeaux, die bei Kardinal von Polignac vorstellig wird, um ihn zur Übernahme der Schirmherrschaft über die Akademie zu bewegen. Doch vor allem denkt er daran, ihm eine angemessene Heirat zu verschaffen, als er ihn Marie-Catherine de Mons ehelichen läßt, die achtzehnjährige Tochter von François-Antoine-Joseph de Mons, einem Geschworenen aus Bordeaux, und Thérèse de Menoire. Dem Ehevertrag zufolge, der am 24. August 1740 unterzeichnet wurde, setzten Montesquieu und seine Frau ihrem Sohn eine Mitgift von 300 000 Livres aus, die aber erst nach ihrem Tod in seinen Besitz übergehen würde, und sagten ihm eine jährliche Pension von 6000 Livres zu. Die Eltern der Gattin gewährten zu denselben Konditionen eine Aussteuer von 300 000 Livres und eine jährliche Rente von 20 000 Livres. Die Eheschließung wurde am 30. August in der Kirche Saint-Christoly in Bordeaux von Montesquieus Bruder, dem Dekan von Saint-Seurin, vorgenommen.

Zwei Jahre zuvor hatte Marie, die erste Tochter von Montesquieu, in der Kapelle des Schlosses La Brède Vincent de Guichaner, den Seigneur von Armajan, geheiratet. Leider weiß man so gut wie nichts über ihr Verhältnis zu ihrem Vater.

Die Beziehungen zu Denise, seiner 1727 geborenen Tochter, sind besser bekannt. Bis zum Beginn ihrer Schulzeit hatte sie in La Brède und Clairac ein einfaches Dasein. Dann kam der Augenblick, als sich ihre Eltern von ihr trennen mußten, um ihre Ausbildung und Erziehung den Nonnen zu überlassen. Wegen einer kurzen Mitteilung, die Montesquieu ihr geschrieben hatte, nahm man lange an, daß Denise im Kloster von Le

Paravis in der Nähe von Port-Sainte-Marie erzogen worden wäre, wo die Ordensschwestern ihr die Briefe an ihren Vater diktierten. Diese ärgerliche Praxis soll folgende Entgegnung von seiten Montesquieus provoziert haben: »Schreib selbst, meine liebe Tochter; ich mag Deine kleinen Albernheiten lieber als all die geistreichen Bemerkungen, die Dir diese Damen beibringen können.« Diese Zeilen konnten nicht an seine Tochter in Le Paravis gerichtet sein, da Denise 1741 Internatsschülerin bei den Dominikanerinnen von Prouillan war. Dieses nach seiner Zerstörung im Jahre 1569 aus seinen Ruinen wiederentstandene Kloster war seit dem 17. Jahrhundert zu einer Erziehungsstätte für die jungen Töchter des Parlaments- und Landadels geworden. Indem er Denise den Nonnen von Prouillan anvertraute, hatte sich Montesquieu an die Gewohnheiten gehalten, die in der Region üblich waren. In den Jahren um 1740 lebte er jedoch öfter in Paris als in La Brède oder Bordeaux, und seine Abwesenheiten erlaubten es ihm schwerlich, mit Sorgfalt über die Erziehung seiner Tochter zu wachen. Also faßte er den Entschluß, Denise in der Hauptstadt ins Internat zu geben. Der Brief, den er ihr am 4. November 1742 schickt, ist wegen seines Bestrebens bemerkenswert, die Jugendliche von vierzehn Jahren dazu zu bringen, seine Entscheidung zu akzeptieren: »Ich werde Sie holen lassen, meine liebe Tochter, und ich sehe, daß es Ihnen Kummer bereiten wird, Madame de Prouillan und Mademoiselle de Coudenasse zu verlassen; doch Sie müssen den Bitten Ihres Vaters gehorchen, der Sie in ein Kloster in Paris geben will und nur versucht, Ihnen die bestmögliche Erziehung zuteil werden zu lassen; zumindest darin wird es Ihnen an keinerlei Unterstützung mangeln.«

Das Kloster Bon-Secours, dem Montesquieu die Erziehung seiner jüngsten Tochter anvertraute, gehörte zum Benediktiner-Orden. Es unterstand der Abtei Notre-Dame de Soissons und war 1648 gegründet worden; es lag in der Rue de Charonne im Viertel von Saint-Antoine und hatte 1743 als Priorin Mutter Jeanne-Françoise de Chambon d'Arbouville, die fünfzehn Ordensschwestern unter ihrer Autorität vereinigte.

Die finanzielle Situation Montesquieus war nie glänzend; es wäre nicht verwunderlich gewesen, wenn er bei seinen Geldschwierigkeiten daran gedacht hätte, Denise in einen Orden eintreten zu lassen; doch er nahm sehr schnell Abstand von dieser Gepflogenheit, die damals oft genutzt wurde, um die Jüngsten der Familie unterzubringen; am 25. September 1743 schreibt er ihr: »Ich finde es sehr richtig, daß sich Monsieur Capron Ihre Zähne ansieht; doch schicken Sie keinen Schneider zu Madame Geoffrin; sagen Sie ihr nur, sie solle ihre Rechnung knapp kalkulieren, und schicken Sie sie mir; gleichzeitig werde ich den Gesang- und den Tanzlehrer bezahlen, denn seitdem ich meinen Prozeß gewonnen habe, laufen Sie keine Gefahr mehr, Nonne zu werden . . .« Einige Monate später waren Montesquieus Schulden jedoch noch nicht beglichen; sicher regte man sich in Paris über diese Rückstände auf, denn Montesquieu bemühte sich auf Vermittlung seiner Tochter, die Mutter Äbtissin zu beruhigen: »Ich fahre in ein paar Tagen nach Bordeaux, um Ihnen Geld zu schicken und unsere Schulden zu begleichen. Ich werde der Frau Äbtissin schreiben.« Gleichzeitig legt er seiner Tochter jedoch nahe, Ihre Ausgaben auf das Allernotwendigste zu beschränken: »Es ist nicht der Moment, Ihre Korsage in einer so schlechten Zeit wie dieser zu bestellen. Es dürfen keine unnützen Ausgaben gemacht werden.« Denise wird drei Monate warten müssen, bevor sie diese Korsage bestellen kann, auf die sie soviel Wert zu legen scheint; der Wein verkauft sich schlecht, und Montesquieu verfügt kaum über Bargeld. Am 14. März 1744 schreibt er an Denise: »Meine kleine Tochter, ich liebe Sie sehr, und auch wenn ich Ihnen nicht geschrieben habe, bedenken Sie, daß mir die Geschäfte große Sorgen bereiten. Sie können sich eine Korsage machen lassen, wie Sie sie von mir erbitten.«

Einige Monate später entschließt sich Montesquieu, seine Tochter vom Kloster Bon-Secours zu nehmen und nach La Brède zurückkommen zu lassen. Denise war erst siebzehn Jahre alt; doch gewiß spielten ihre Eltern mit dem Gedanken, sie zu verheiraten, um nicht mehr für sie sorgen zu müssen. Jedenfalls informierte sie Montesquieu am 20. Mai 1744 über die Veränderung, die sich in ihrem Leben ereignen würde: »Ich glaube, meine Tochter, ich werde eine Gelegenheit haben, Sie bald in meine Nähe zurückkehren zu lassen; eine achtbare Dame wird sich gerne um Sie während der Reise kümmern. Sie packen all Ihre Kleider und Wäsche zusammen und werden fröhlich nach La Brède kommen; Sie werden hier nicht die Freuden von Paris genießen, doch Sie werden hier sehr gut empfangen.«

Wie nahm Denise die Entscheidung ihres Vaters auf? Ein nicht datierter Brief von Montesquieu berechtigt zu der Annahme, daß sie sich, weit davon entfernt, über das Verlassen der Hauptstadt erfreut zu sein, beklagte, ihre Jugend auf dem Land begraben zu müssen. Jedenfalls scheint die Mitteilung ihres Vaters die Antwort auf einen diskret vorwurfsvollen Brief zu sein: »Wie ungerecht Sie sind, kleine Denise! Es hat den Anschein, als wollten Sie mich zu einer Zeit schelten, in der Sie keinen Anlaß mehr haben, mit mir zufrieden zu sein. Genau dann, wenn ich Sie am meisten liebe, machen Sie mir die meisten Vorwürfe, als wäre es an Ihnen, mich dafür zu bestrafen, daß ich für Sie zuviel Zärtlichkeit und Liebe empfinde . . .«

Trotz ihrer Proteste fügte sich Denise dem väterlichen Wunsch und kehrte drei Monate später, Anfang September, wieder zu ihrer Familie zurück. In La Brède teilte sie einige Monate das einfache Leben ihrer Eltern. Während dieser kurzen Zeitspanne im Familienkreis, in der Montesquieu den *Geist der Gesetze* ausarbeitet, bemüht sich Denise, ihn in seiner Arbeit zu unterstützen, indem sie ihn auf seinen Spaziergängen in den Wäldern von La Brède begleitet und ihm als seine »kleine Sekretärin« zur Seite steht. Viele Jahre später, am Ende der Revolutionswirren, wird Denise ihre Rolle in einem Brief an den Buchhändler Plassan beschreiben: »Er hatte mich vor meiner Hochzeit mit dem Titel seiner kleinen Sekretärin geehrt, den ich fortan beibehielt. Er diktierte mir seinen *Geist der Gesetze* mit soviel Leichtigkeit, als hätte es sich um einen gewöhnlichen Brief gehandelt, doch ich bin fest davon überzeugt, daß er die Kapitel auf seinen langen Spaziergängen konzipierte.« Abbé Guasco, der mit dem Leben in La Brède vertraut war, bestätigt das Zeugnis von Denise: »Mademoiselle de Montesquieu war ihrem Vater eine große Hilfe bei der Abfassung des *Geistes der Gesetze*, da sie ihm zu seiner Erleichterung täglich vorlas. Nicht einmal die zum Vorlesen undankbarsten Bücher wie die von Beaumanoir, Joinville und ähnlichen schreckten sie ab. Sie vergnügte sich sogar dabei und lockerte die Lektüre auf, indem sie die Wörter wiederholte, über die sie lachen mußte.«

Aus dieser Zeit muß jene so oft erzählte Anekdote stammen, deren Authentizität nie bewiesen werden konnte. Eines Tages tritt Montesquieu in seine Bibliothek und findet Denise in die Lektüre der *Persischen Briefe* vertieft; sofort sagt er: »Schließen Sie dieses Buch, mein Kind, das ist ein Werk aus meiner Jugend, das nicht für die Ihre geeignet ist.«

Denise, die bald achtzehn Jahre alt wird, nimmt an den Empfängen teil, die ihre Eltern geben, und befreundet sich mit den Gästen. Abbé Guasco war von dem Mädchen so eingenommen wie vorher vom Vater. Als Beweis seiner Freundschaft schickte er Denise aus Anlaß des neuen Jahres 1745 ein kleines Gedicht auf italienisch; im Februar 1745 erschien es im *Mercure de France* unter Beifügung einer Nachdichtung in französischer Sprache von Lefranc de Pompignan:

Anbetungswürdiges Ebenbild eines berühmten Vaters,
Ehre der Künste, junge und schöne Silvie,
Sie, welche die Liebe flieht und die Venus beneidet,
Alle Talente sieht man in Ihnen blühen,
Ihre Tugend, Ihre Reize und Ihr Alter
Verdienten allein einen Huldigungsstil,
Doch die Freundschaft möchte Ihnen diesen nicht anbieten ...

Die Eitelkeit von Denise fühlte sich von diesem »reizenden anakreontischen Gedicht« vielleicht geschmeichelt; doch das junge Mädchen hatte zu dieser Zeit andere Gedanken im Kopf als die faden Galanterien des italienischen Abbés. Sie hatte gerade erst ihr achtzehntes Lebensjahr erreicht, als sich ihr Vater bereits darum kümmerte, einen Gatten für sie zu finden. Ihr Bruder und ihre ältere Schwester hatten, obwohl bereits seit

1740 bzw. 1738 verheiratet, noch keine Kinder; für Montesquieu war dieses Ausbleiben von Nachkommen Anlaß zur Sorge. Ein Cousin von ihm, Godefroy de Secondat, lebte in Agen, wo er 1702 geboren worden war. Trotz des Altersunterschieds zwischen Denise und seinem Cousin sah Montesquieu in ihm eine annehmbare Partie, die geeignet war, das Fortbestehen seiner Familie zu garantieren; vor allen Dingen erlaubte diese Heirat unter Verwandten Montesquieu die Einsetzung eines Secondat als Ersatzerben für den Fall, daß sein einziger Sohn ohne männlichen Erben bleiben sollte.

Montesquieu beauftragte seinen Bruder, Charles-Louis-Joseph de Secondat, Dekan der Kirche Saint-Seurin in Bordeaux, Godefroy de Secondat das Angebot zu unterbreiten. Er hatte für alles vorgesorgt und dem Dekan für seinen Cousin eine »Kostenaufstellung über die vorgeschlagene Heirat« mitgegeben, die genau darlegte, unter welchen Bedingungen die Ehe geschlossen werden könnte. Der Text gibt Aufschluß über Montesquieus Denkweise. Da die kräftezehrende Anstrengung, die er in den Jahren zuvor unternommen hat, um die Vorbereitung und Abfassung des *Geistes der Gesetze* voranzutreiben, seine Gesundheit stark angegriffen hat, sorgt er sich um die Zukunft von Denise; in seinem Vorhaben sieht er daher, auch im Hinblick auf seine finanziellen Schwierigkeiten, eine elegante Lösung, die geeignet ist, die Versorgung seiner Tochter abzusichern und ihm die umfangreichen und nutzlosen Ausgaben einer solchen Zeremonie zu ersparen. Montesquieu handelt wie ein guter Familienvater, der um die Zukunft seiner Kinder und seiner Ahnenreihe besorgt ist. Doch läßt die Kostenaufstellung einen weiteren Aspekt seines Charakters durchscheinen: Man erahnt den gascognischen Edelmann, der bemüht ist, seinen ererbten Besitz zu schützen und allzu große Kosten zu vermeiden. »Im Falle, daß die vorgeschlagene Hochzeit stattfindet«, schrieb er, »werden Monsieur und Madame de Montesquieu mit Freude sehen, daß Monsieur de Secondat deshalb keinerlei Ausgaben hat, weder für ein Brautgeschenk noch irgendeine andere Gabe für Demoiselle. Da es sich um eine Heirat unter Verwandten handelt, soll davon keine Rede sein.«

Montesquieu fordert keine Mitgift, da er der Ansicht ist, daß seine Tochter genügend Vermögen besitzen wird, um ihrer Stellung gerecht zu werden: »Monsieur und Madame de Montesquieu werden ihre Tochter in dezenter, angemessener Weise mit Kleidern ausstaffieren, ohne Pracht, das heißt solide. Da Mademoiselle de Montesquieu Bordeaux nicht kennt und dort nicht leben muß, würden es sich Monsieur und Madame de Montesquieu wünschen, daß die Hochzeit in Montesquieu stattfindet: 1. Damit man nicht die Blasiertheit der Desmoiselles von Bordeaux ertragen muß. 2. Um das Zeremoniell unendlich vieler Verwandten zu vermeiden. 3. Es wird für den Gatten bequemer sein, seine Frau in ein Boot zu setzen und nach Agen zu führen.«

So hatte Montesquieu alles bis ins letzte Detail geregelt. Blieb abzuwarten, wie die Antwort des Betreffenden ausfiel. Seine Zustimmung ließ nicht lange auf sich warten; schon Ende Dezember 1744 nahm er den von Montesquieu unterbreiteten Vorschlag »zu einer Sache, die unsere vom Aussterben bedrohte Familie wiederherstellen kann«, mit Wohlwollen an. Montesquieus Vertrauensmann, der Richter Latapie aus La Brède, wurde schon Mitte Januar 1745 nach Agen geschickt, um die Vertragsfristen auszuhandeln. Am 24. Januar war er zurück und setzte Montesquieu über seine Schritte in Kenntnis. Daraufhin schreibt Montesquieu an seinen Cousin: »Latapie hat mir die Paragraphen gebracht. Ich bemühe mich gegenwärtig, Ihre Angelegenheiten besser auszuarbeiten, als Sie es gemacht haben, und wende mich an Sie, um die Verzichtsklausel, wenn möglich, zu streichen, da wir der Schenkung von 5000 Livres für Ringe und Juwelen noch die Bestimmung hinzufügen werden, daß diese Schenkung im Falle des vorzeitigen Todes auf Sie übertragbar ist; ich hatte Latapie gesagt, das zu Ihren Gunsten anzuführen, doch er hat es vergessen.«

Montesquieu schlug vor, die Trauung vor der Fastenzeit in Clairac vorzunehmen, »wo sich die Hochzeit bequemer feiern läßt als in Montesquieu. Wir werden den Vertrag verabschieden, und der Herr Dekan, der die Hochzeit vollziehen soll, wird für uns das Aufgebot übernehmen ... Wir haben noch nichts bekanntgegeben; sobald wir darüber hier in der Familie gesprochen haben, werde ich es Ihnen mitteilen, damit Sie es Ihrer Familie dort unten sagen können«. So wird, um einen Ausdruck Montesquieus zu gebrauchen, »das Hochzeitsgeschäft« rasch abgewickelt. Um die Trauung zu vollziehen, wendet man sich an Montesquieus Bruder; die Kosten werden auf das absolut Unvermeidliche begrenzt. Die Verhandlungen über den Wortlaut des Ehevertrages ziehen sich jedoch länger hin, als es sich Montesquieu gewünscht hätte, so daß die Zeremonie »auf den 15. März, eine Woche früher oder später« verschoben werden muß.

Am 4. März kommt Montesquieu in Begleitung seiner Frau und Denise, über deren Gefühle im Hinblick auf die erzwungene Heirat nichts bekannt ist, in seinem Haus in Petit-Vivens an, das »einen Gewehrschuß von Clairac« entfernt liegt. Die Vorbereitungen sind in vollem Gange; Montesquieu läßt seinen zukünftigen Schwiegersohn am Donnerstag, dem 11. März, nach Clairac kommen, um den Ehevertrag zu unterschreiben, in dem Montesquieu seiner Tochter als Aussteuer die Baronie von Montesquieu und ein Haus in Preignac verspricht. Nach der Vertragsunterzeichnung kann Montesquieu mit dem Tempo zufrieden sein, mit dem die Angelegenheit zu Ende gebracht worden ist. Seine jüngste Tochter ist verheiratet, und das Überleben seiner Familie scheint gesichert, denn er hofft sehr, daß ihm Godefroy de Secondat und Denise jenen Enkelsohn, den Erben des Namens und der Ahnenreihe, schenken werden, den sein seit 1740 verheirateter Sohn Jean-Baptiste noch nicht bekommen hat.

Gleich nach ihrer Ende März 1745 in Clairac gefeierten Hochzeit zog Denise de Secondat nach Agen, um dort im Stadthaus ihres Mannes nahe der Porte Saint-Antoine zu wohnen. Denise, die mit Ausnahme der wenigen im Pariser Kloster verbrachten Jahre immer auf dem Land gelebt hat, dürfte sich in Agen nicht entwurzelt vorgekommen sein. Sie traf dort eine Schwester ihres Vaters wieder, ihre Tante Thérèse, die Ordensschwester im Kloster von Notre-Dame-de-Paulin war. Im übrigen lag Agen weder von Montesquieu noch von Clairac weit entfernt; im Verlauf der zehn Jahre zwischen ihrer Hochzeit und dem Tod ihres Vaters nahm Denise oft den Wagen, um sich nach Clairac zu begeben. Montesquieu wartete freudig auf das Kommen seiner Tochter: »Ich bin vorgestern abend [in Clairac] angekommen und ungeduldig, Sie wiederzusehen; teilen Sie mir mit, wie Sie kommen werden, oder bringen Sie mir die Neuigkeit am besten selbst . . . Wenn Sie keinen Wagen finden, der Sie bis nach Clairac bringt, kann ich Ihnen meinen nach Tonneins schicken.«

Wenn Montesquieu in der Ferne weilt, schreibt er Denise, beschäftigt sich mit der Wahrung ihrer materiellen Interessen, gibt seinem Schwiegersohn kluge Ratschläge zur Verwaltung seiner Geschäfte und schenkt seiner Tochter eine goldene Tabakdose, um »darin das Geld von der Akademie aufzuheben; als ich in Paris war, habe ich über ein Jahr kein Sitzungsgeld verdient.« Montesquieu lebt immer seltener in der Guyenne. Seine Aufenthalte in Paris werden länger und häufiger; Denise beklagt sich über seine Abwesenheit in einem Brief vom November 1747 an ihre Tante Thérèse: »Hier liegt, meine liebe Tante, ein Brief von meinem Papa, der mich erstaunt und traurig stimmt. Ich hoffte, ihn zu sehen, und erlebe das Gegenteil. Ich kann den Grund seiner so plötzlichen Abreise nicht begreifen. Wenn Sie etwas darüber wissen, würden Sie mir eine Freude damit machen, es mir mitzuteilen.«

Zwei Jahre nach der Hochzeit schenkt Denise einem Mädchen das Leben: »Der Kleinen geht es prächtig, sie ist sehr lebhaft und läßt mich hundertmal am Tag vor Angst umkommen.« Am 30. Januar 1748 erfüllt Denise die Wünsche ihres Vaters und bringt einen Sohn, Joseph-Cyrille de Secondat, zur Welt. Ein zweiter Sohn wird im November 1749 geboren. Montesquieus Freude war groß, für ihn war es »eine äußerst willkommene Sache«, wie auch für seine Freunde, so Jean-Baptiste de Lalanne, den Präsidenten am Parlament von Bordeaux, der ihm am 24. November 1749 schrieb: »Jeder Bürger von Bordeaux, der Sie kennt, göttlicher Präsident, und dem ihr Name geläufig ist, kann nicht umhin, das Ereignis, das einen ihnen so teuren Namen weiterträgt, als ein Glück für seine Heimat und sich selbst anzusehen.«

Doch die Freude war nur von kurzer Dauer, da das Kind 1750 im Laufe des Sommers starb. Montesquieu nahm die Todesnachricht mit Trauer, ja Resignation auf: »Meine liebe Tochter, ich bin sehr betroffen vom Verlust dieses Enkelkindes, auf das ich so große Hoffnungen setzte. Doch Gott ist der Herr und weiß besser als wir, was uns nottut.« Am 22. November 1749 hatte Marie-Catherine de Mons, die Frau von Jean-Baptiste de Secondat, einem Sohn das Leben geschenkt. Montesquieu, dessen Nachkommenschaft somit gesichert war, konnte daher den Tod des Sohnes von Denise mit größerer Gelassenheit hinnehmen.

Im Laufe des Jahres 1750 erwarb Godefroy de Secondat das Gut von Montagnac-sur-Auvignon in der Nähe von Nérac. Montesquieu empfahl seinem Schwiegersohn, nicht damit zu warten, dem Grafen von Brie de Gavaudun, der Anspruch auf ein erblich bedingtes Vorkaufsrecht erheben konnte, seine Ehre zu erweisen und das Nötige zu unternehmen. Gleichzeitig intervenierte er beim Minister Saint-Florentin, um vom König die Übertragung des Vorkaufsrechtes auf Godefroy zu erlangen, wobei er sogar anbot, ihm Geld zu leihen. Am 21. September 1750 teilte Montesquieu Denise mit, er habe vom König die Schenkung des feudalen Vorkaufsrechtes auf das Gut von Montagnac erhalten; er riet ihr, es in der Rechnungskammer am Parlament in Pau registrieren zu lassen. Doch der Graf von Brie war nicht der einzige, der ein Vorkaufsrecht auf das Gut von Montagnac erheben konnte. Am 6. Dezember 1750 schreibt Montesquieu an Denise, um ihr weisen Rat zu geben: »Sie sehen, wenn man eine bedeutende Gutsbesitzerin ist, hat man Scherereien; ich rate Ihnen und Ihrem Mann, sich deswegen keine Sorgen zu machen und ganz kaltblütig Ihren Weg mit dem Grafen von Brie zu gehen. Ich glaube, mit Blick auf die Ländereien, daß Sie als Baronin von Montagnac sterben werden.«

Der Briefwechsel zwischen Montesquieu und seiner Tochter Denise bricht Ende 1750 ab; mit ihm versiegt eine der wesentlichen Informationsquellen über die Beziehungen des alternden Vaters und seiner Lieblingstochter. In seinem Testament, das auf den 26. November 1750 datiert ist, trifft Montesquieu in seinem Bestreben, Erben seines Namens zu haben, wichtige Vorkehrungen zugunsten seiner Tochter Denise und ihrer Kinder: »Für den Fall, daß mein Sohn [Jean-Baptiste] ohne männliche Kinder stirbt, setze ich für besagtes Gut [von La Brède] als Ersatzerben gemäß den Vorschriften des Erstgeburtsrechtes die männlichen Kinder meiner nachgeborenen Tochter Denise de Secondat ein ... ich wünsche, daß diese Einsetzung von Ersatzerben stufenweise von Sohn zu Sohn erfolgt; da es auf meinem besagten Gut von La Brède ein nach Lartigue benanntes Haus gibt, das, da es Madame de Montesquieu gehört, an meine Kinder fallen muß und nicht unter die besagte Einsetzung von Ersatzerben fällt oder fallen kann, möchte ich nicht, daß mein Erbe es adelig machen oder in den Adelsstand erheben kann, was zum Nachteil bürgerlicher Ersatzerben des besagten Gutes gereichte.« Der neue, im August 1747 bekanntgegebene Erlaß zur Einsetzung von Ersatzerben erlaubte es Montesquieu, als Ersatzerben des Gutes von La Brède die Kinder derjenigen Tochter zu bestimmen, die, da sie mit einem Secondat verheiratet war, den Familiennamen weitertragen sollte.

Denise de Secondat lebte bis zum 27. Februar 1800. Ein vorzüglicher Zeuge, François de Paule Latapie, hatte stets den Kontakt zu Denise de Secondat aufrechterhalten, die er als kleines Kind in La Brède kennengelernt hatte, wo sein Vater als Vertrauensmann von Montesquieu tätig war. In seinem Tagebuch über die in den Jahren 1778 und 1782 unternommenen Dienstreisen hat Latapie einige interessante Aufzeichnungen von seinen Besuchen bei Denise de Secondat in Agen hinterlassen: »Ich sehe Madame de Secondat stets mit besonderer Freude wieder. Sie ist eine so seltene Mischung aus Geist, Sanftheit, Vernunft, Kraft und Empfindsamkeit, daß ich nicht weiß, ob man eine andere Frau anführen könnte, die mehr Vorzüge in sich vereinte. Sehr bedauerlich, daß sie taub und vielleicht ein wenig zu fromm geworden ist, auch wenn sich ihre Gottergebenheit nie auf andere verbreitet.« Ein wenig weiter vervollständigt Latapie, der immer noch von seiner »lieben, heiligen Baronin von Montesquieu« spricht, das moralische Porträt von Denise: »Diese Frau besitzt so einfache, so unwandelbare Tugenden, daß man sie bewundern muß und selbst dann jeglichen Mut zur Nachahmung verliert, wenn man ihr aus der Ferne folgt. Doch hätte sie für mich nur den einen Vorzug, das lebendige, wandelnde Ebenbild ihres Vaters zu sein, würde ich die Reise nach Agen, glaube ich, eigens machen, um sie wiederzusehen.«

Denises Leben endete mit einem letzten Akt kindlicher Liebe. Als der Pariser Buchhändler Plassan 1795 eine Ausgabe der *Gesammelten Werke* Montesquieus vorbereitet, schreibt sie ihm gleich, um ein Exemplar vorzubestellen: »Ich bitte Sie, mich unter die Subskribenten für die Werke meines Vaters einzureihen und mir mitzuteilen, was die Vorbestellung kostet.«

Wir wüßten gerne, welche Rolle Madame de Montesquieu, vor allem zum Zeitpunkt der Heirat ihrer Kinder, bei der Ausarbeitung und Verwirklichung von Montesquieus Vorhaben gespielt hat. Sie war, wie man weiß, zugegen; doch wurde sie von Montesquieu zu Rate gezogen oder mit Entscheidungen konfrontiert, an denen sie nicht teilhatte? Es wäre unbegreiflich, wenn Montesquieu, der bei der Verwaltung ihrer materiellen Güter sehr großes Vertrauen in sie setzt und sie während der langen Jahre seines Prozesses mit der Stadt Bordeaux bittet, in den Archiven von La Brède nach den für seine Verteidigung nötigen Urkunden zu suchen, um sie an seinen Advokaten Grenoilleau weiterzuleiten, so wichtige Entscheidungen wie die der Versorgung ihrer Kinder ohne Zustimmung seiner Frau getroffen hätte. Doch das Verhältnis von Montesquieu und Jeanne de Lartigue, ihre gegenseitigen Gefühle selbst im reifen Alter, als Montesquieus Seitensprünge, wie es scheint, aufhören, bleiben in tiefste Dunkelheit gehüllt. Ein zwischen 1742 und 1743 von Madame de Montesquieu an ihren Mann geschriebener Brief schien ein wenig Licht in ihre Beziehungen zu bringen und ist häufig zitiert und kommentiert worden. Doch R. Shackleton[4] hat schlüssig bewiesen, daß dieser Brief nicht von Madame de Montesquieu stammt, sondern von Montesquieus Schwester Thérèse, der Nonne in Agen; den Kommentatoren war damit das einzige Zeugnis, auf das sie sich stützen konnten, genommen. Folglich ist man gezwungen, sich damit abzufinden, diesen Schleier nicht lüften zu können.

Als Familienoberhaupt kümmert sich Montesquieu auch um das Fortkommen seines Bruders Charles-Louis, des Dekans des Stiftes von Saint-Seurin; 1743 beschafft er für ihn die Abtei von Nizors in der Diözese von Comminges und geht so weit, ihm fertig abgefaßte Briefe zu schicken, die er unverzüglich denen zusenden soll, die ihm zu dieser Gunst verholfen haben.

Nach seiner Rückkehr aus England im Mai 1731 scheint Montesquieu die Guyenne nicht vor Ende April 1733 verlassen zu haben. Nach diesen beiden, der Familie und den Geschäften gewidmeten Jahren nimmt er wieder den Rhythmus auf, den er sich vor seinen Reisen angewöhnt hatte; er legt eine doppelte Anhänglichkeit an den Tag: für seine Region, mit der ihn starke Bande verknüpfen, aber auch für die Hauptstadt, in der ihm seine Freunde und die literarischen Salons eine Umgebung bieten, welche die Fortentwicklung seiner Ideen fördert und ihm zuweilen auch ein freizügiges Gesellschaftsleben offeriert, dessen Grenzen er schließlich erkennen wird.

Montesquieu schwankt ständig zwischen diesen beiden Anziehungspunkten hin und her und hält sich oft lange in Paris auf; zwischen 1731 und 1748 variiert die Häufigkeit seiner Fahrten und scheint keinen genauen Regeln zu unterliegen; vor allem ist festzustellen, daß ihn die Weinernten nicht immer nach La Brède zurückführen; so bleibt er 1735, zwischen 1737 und 1742, 1746 und 1747 den Herbst über in Paris. Sein längster Paris-Aufenthalt dauert von April 1741 bis August 1743 und erklärt sich mit der Arbeit, die damals die Zusammenstellung der Dokumentation für den *Geist der Gesetze* erforderte; von September 1743 bis September 1746 bleibt er dann in La Brède: Es sind die Jahre der Hochzeit von Denise, doch vor allem die der Abfassung und Durchsicht des *Geistes der Gesetze*. Im übrigen gibt er am 19. April 1746 in einem Brief an Monsignore Cerati zu, daß er sich in der Hauptstadt nicht mehr wohl fühlt: »Tatsache ist, daß ich mit der Stadt Paris ungeheuer auf Kriegsfuß stehe, seit ich nicht mehr jung bin. Die Leute, die dort leben, gleichen Sklaven, von denen Platon spricht: Sie sind in ein Haus eingesperrt, sehen durch ein Loch die Schatten der Passanten und nehmen sie für Realitäten. Im Leben gibt es nur drei Güter: die Wohlhabenheit, die Gesundheit und die Güte der Seele; nichts von all dem gibt es in Paris, vielmehr vorzeitigen Tod und kränkelndes Leben.«

Die Pariser Freunde machten sich Sorgen wegen seines Desinteresses.

In einem Brief vom 29. Juli 1736 aus Montpellier zeichnet ihm Madame de Grave ein düsteres Bild des Provinzlebens, wobei man nicht weiß, ob er ihre Unnachsichtigkeit teilt: »Sie kennen die Provinz, die Provinzler und ihre Möglichkeiten gut genug, daß ich mich Ihnen gegenüber auf das Vergnügen beziehen kann, das sich daraus ableiten läßt. Dennoch findet sich in dieser Stadt etwas, das es sonst wohl nirgendwo gibt. Denn die Leute fassen die Höflichkeiten, die man ihnen entgegenbringt, sehr oft als Beleidigungen auf und reden den ganzen Tag auf Sie ein, ohne daß Sie auch nur ein paarmal dazu kämen, den Mund aufzumachen. Fügen Sie dem die Grobheit, die Selbstgefälligkeit, die Voreingenommenheit und die üble Gesinnung der Männer sowie die Schikanen, die Neugier und die Geistlosigkeit der Frauen hinzu! Stellen Sie dazu noch den einmütigen Wunsch beider Geschlechter, den letzten Standesmenschen oder den mit mehr als zehntausend Livres Rente zu vernichten, dann haben Sie, Herr Präsident, eine kleine Kostprobe unserer Bewohner.«

Die Provinzhauptstadt Bordeaux empfing wegen ihrer Handelsbeziehungen mit England und den nordeuropäischen Ländern und wegen ihrer intellektuellen Kontakte, die sie mit europäischen Wissenschaftlern geknüpft hatte, viele Besucher. Auch der Generalsteuerpächter Helvétius besaß dort eine Wohnung; er kam hier seinen Amtspflichten nach und unterhielt freundschaftliche Beziehungen zu Montesquieu; gleichzeitig ermutigte er die Bewohner dazu, sich gegen die horrenden Steuern aufzulehnen, die er selbst einzutreiben hatte. Wenn er in Bordeaux weilte, »lief man zu ihm wie zum Schatten des heiligen Petrus[5]«. Er versammelte eine kosmopolitische Gesellschaft, in der Katholiken, Calvinisten, Lutheraner und Freidenker zusammenkamen; sie bildeten einen Kreis, in dem die Entfaltung und der Einfluß der Freimaurer besonders wohlwollend aufgenommen wurden.

Da Montesquieu während seines Aufenthalts in London in die Freimaurerei eingeführt worden war, wird ihn die Eröffnung der Ersten Loge, der sogenannten englischen Loge, am 27. April 1732 in Bordeaux gewiß nicht befremdet haben. Die beiden Ausgaben der *Saint James Whitehall Evening Post* vom 7. September 1734 und vom 20. September 1735 erwähnen ausdrücklich die Gegenwart des »Präsidenten Montesquieu« auf zwei Versammlungen der Freimaurer in Paris. Die erste dieser kurzen, von R. Shackleton entdeckten Darstellungen lautet: »Aus Paris erfahren wir, daß dort kürzlich eine Freimaurerloge in der Wohnung Ihrer Gnaden, der Herzogin von Portsmouth, stattgefunden hat, wo Ihro Gnaden, der Herzog von Richmond, im Beisein von Graf von Waldegrave, Präsident Montesquier *(sic)*, Brigadier Churchill, Edward Young Esquire, dem Sekretär des sehr ehrwürdigen Ordens von Bain, und Walter Stickland Esquire etliche Standespersonen in diese alte und ehrwürdige Gesellschaft aufgenommen haben. Zu ihnen gehörten Marquis von Brancas, General Skelton und der Sohn des Präsidenten [Jean-Baptiste de Secondat].«

Am 31. Juli 1735 schreibt der Herzog von Richmond, der sich im Schloß von Chanteloup in der Nähe von Amboise aufhält, an Montesquieu, um ihn dorthin einzuladen: »Ich habe noch einen anderen Grund, der Sie noch mehr verleiten wird, diese kleine Reise zu machen. Nehmen Sie also zur Kenntnis, mein ehrwürdiger Bruder, daß die Freimaurerei in Aubigny floriert. Wir haben hier eine Loge von mehr als zwanzig Brüdern. Das ist noch nicht alles: Sie müssen schließlich wissen, daß der große Beelzebub aller Freimaurer, der Doktor Désaguiliers, im Moment in Paris weilt und nach Aubigny kommen soll, um dort die Loge abzuhalten. Kommen Sie also rasch, mein teurer Bruder, um hier seinen Segen zu erhalten.« In seiner Antwort vom 2. August 1735 ruft Montesquieu aus: »Sei der Doktor Désaguiliers, die erste Säule der Freimaurerei, herzlich willkommen. Ich zweifle nicht daran, daß auf diese Neuigkeit hin alles, was in Frankreich an verdienstvollen Leuten noch zu empfangen bleibt, Freimaurer wird.«

Montesquieus Zugehörigkeit zur Freimaurerei war in Bordeaux bekannt. Intendant Boucher, den die Ausbreitung der Sekte beunruhigte, hatte Fleury davon unterrichtet, der Montesquieu verbot, »sich da einzumischen«; der Cousine Montesquieus, Madame de Sabourin, zufolge soll Boucher diese Antwort beschwichtigt haben. Die Gründung der französischen Loge im Jahre 1740, deren erster Meister vom Stuhl der Graf von Pontac, ein Autor schlüpfriger Gedichte, war, fiel mit der Entwicklung der Freimaurerei in Bordeaux zusammen; der Intendant und die zentrale Gewalt waren darüber besorgt, ohne zu wissen, ob Montesquieu irgendeinen Einfluß, wenn nicht gar das Ansehen seines Namens und seiner Werke, geltend machte; er selbst wahrte in diesem Punkt vollkommenes Stillschweigen. Wenn bei der Ausdehnung der Freimaurer das Gleichheitsideal, das eine ihrer Neuerungen darstellte, eine wichtige Rolle spielte und die Logen zumindest theoretisch ein Treffpunkt für Bürger aller Stände waren, so ist jedoch offensichtlich, daß die »Edelleute«, zu denen sich Montesquieu zählte, nicht mit dem »Pöbel« verwechselt werden wollten.

Vauvenargues beneidete den Marquis von Mirabeau, der oft nach Bordeaux kam, um das Privileg von Gesprächen mit Montesquieu genießen zu können; wenn er Montesquieu zu dieser Zeit auch schätzte, so sagte Mirabeau dreißig Jahre später zum schwedischen König Gustav III.: »Montesquieu! Die überholten Träumereien dieses Mannes werden nur noch an einigen Höfen des Nordens geschätzt«; damit unterstrich er die Überzeugung am Vorabend der Revolution von 1789. Etliche andere Kontakte waren Montesquieu vorbehalten; so dürfte er 1731 Buffon während seines Aufenthaltes in Bordeaux getroffen haben. Montesquieu verkehrte auch mit dem Professor für Chemie an der Universität von Edinburgh, Joseph Black, in Bordeaux geboren, wo sein Vater mit Wein handelte. Der Biograph von Joseph Black, der von R. Shackleton[6] zitiert wird, zeigt, welches Ansehen Montesquieu genoß: »Als Monsieur Black, der Vater, in Bordeaux lebte, ehrte der große Montesquieu, der Präsident am Parlament dieser Provinz war, ihn mit einer Freundschaft und Vertrautheit, auf die seine Nachfahren mit Recht stolz sind ... Diese berühmte Persönlichkeit mit einer Seele von großer Natürlichkeit, mit einem herzlichen Sinn für den bescheidenen Vorzug der anderen und einer Vorliebe für die Umgangsformen und Institutionen der britischen Nationen, die er für besonders glücklich erachtete ..., hörte gerne, was man ihm Wichtiges zu sagen hatte.«

Montesquieu blieb mit Black nach seinem Wegzug aus Bordeaux in Kontakt; R. Shackleton fand nach mehr als fünfzehnjährigen Recherchen drei Briefe, welche die beiden Freunde ausgetauscht hatten; sie belegen, daß die in Bordeaux geknüpften Bande bis zum Tod Montesquieus fortbestanden.

Diese Kontakte und die Besuche im Salon von Madame Duplessy, der damals noch längst nicht so berühmt war wie in der zweiten Hälfte des 18. Jahrhunderts, standen nicht im Mittelpunkt von Montesquieus Gesellschaftsleben in Bordeaux. Wie er am 14. Februar 1741 an Martin Ffolkes schreibt, genießt er in der Hauptstadt der Guyenne »die Freundlichkeit seiner Freunde und seiner Heimat«. Barbot, die Mitglieder der Akademie und die Parlamentarier bildeten in seinen Augen einen gelehrten, aufgeklärten Kreis, dessen wissenschaftliche Interessen den seinen entsprachen, selbst wenn Montesquieu, einer von Stendhal[7] überlieferten Anekdote zufolge, seine Akademiekollegen zuweilen aufzog: »Montesquieu redete mit drei oder vier Kollegen im Saal der Akademie von Bordeaux über Wissenschaftliches; man drehte einige Runden und kam immer wieder an dem Fenster vorbei, in dem eine Vase mit Nelken stand. Die Vase wurde stark von der Sonne beschienen. Montesquieu drehte sie, ohne daß es jemand wahrnahm, und rief nach der nächsten Runde aus: ›Das hier ist einfach einzigartig, meine Herren; die größten Entdeckungen werden oft durch eine zufällige Beobachtung gemacht. Die Seite dieser Vase mit Nelken, die im Schatten liegt, ist erhitzt, während die der Sonne ausgesetzte kühl ist.‹ Die Provinzgelehrten nahmen die Sache ernst; man diskutierte und versuchte sogar Erklärungen. Abgeschreckt von soviel Eigenliebe, gestand Montesquieu den Scherz schleunigst ein.«

Die Akademie ist für Montesquieu gleichwohl ein Zentrum von unbestreitbarem Interesse. Unter dem Einfluß seiner Freunde und sicher auch seines Sohnes Jean-Baptiste nimmt er seine Experimente mit Mikroskopen wieder auf und bittet am 27. Juni 1737 Mairan um Ratschläge zu ihrer Benutzung. Montesquieu ermuntert Barbot und seine Kollegen zum Kauf von Druckluftmaschinen und zum Aufbau eines Observatoriums. Er freut sich über die Fortschritte. In einem langen Brief an Barbot vom 20. Dezember 1741 beharrt Montesquieu darauf, daß es im Interesse der Akademie liege, Experimente durchzuführen; über ihre Art äußert er sich nicht genauer; doch handelt es sich für ihn um eine grundsätzliche Frage, die wesentlich für die Weiterentwicklung der Vereinigung und ihren Ruf in Frankreich und bei den ausländischen Wissenschaftlern ist, mit denen sie in Verbindung steht: »Um auf das Projekt an sich zurückzukommen, so schuldet die Akademie es der Öffentlichkeit und sich selbst; in der Tat ist es sehr anstößig, daß wir zwei oder drei beträchtliche Hinterlassenschaften, vor allem die von Monsieur Bel, erhalten haben und die Öffentlichkeit nichts aus unserem Laden herauskommen sieht. Wenn die Akademie in einen Prozeß verstrickt würde, was für ein geeigneterer Grund, um ihre Nutzlosigkeit und die Beispiellosigkeit der Spenden zu beweisen, die offensichtlich zu nichts führen? Ich bin deshalb entschieden der Meinung, daß Sie den Maschinenpark so bald wie möglich eröffnen sollten. Was mich dazu bringt, Ihnen zu sagen, daß es unentgeltlich sein muß, ansonsten wäre es besser, nichts zu unternehmen; der Anstand und die Gerechtigkeit verlangen das gleichfalls; und außerdem, wie könnten wir es wagen nach den Summen, die wir bekommen haben, derart die Hand aufzuhalten? Und glauben Sie nicht, daß Sie das ruinieren wird: Vielleicht wird Ihnen das sogar viel Geld einbringen, wenn man sieht, daß Sie in nutzbringender, ehrenwerter Weise das verwenden, was Sie erhalten haben ... Die Schüler des Guyenne-Kollegs müssen kommen und auch die der Jesuiten; es handelt sich um eine Lehranstalt, die für so etwas gedacht ist; auf diesem Wege hat die Royal Society die Physik verbreitet.«

Indem Montesquieu die Vorhaben Barbots stützt, indem er ihn drängt, sie zu verwirklichen, und ihm als Entscheidungshilfe das glänzende Beispiel der Londoner Royal Society vorhält, feuert er seine Freunde aus dem Raum Bordeaux an, ihre Fähigkeiten unter Beweis zu stellen, damit die Akademie im Hinblick auf den wissenschaftlichen Unterricht an die Stelle der in diesem Bereich besonders säumigen Universität tritt. Unter seinem Einfluß beschränkt sich der Wirkungsbereich der Akademie nicht auf den engen Kreis der Wissenschaftler und Gelehrten, die sie bilden oder mit ihr in Kontakt stehen; sie breitet sich in einem größeren Bereich aus und entwickelt sich, indem sie die Unzulänglichkeit der offiziellen Institutionen aufwiegt, zu einer Bildungsstätte für die Öffentlichkeit; sie gründet in ihrem Haus in der Tourny-Passage öffentliche Einrichtungen wie eine Bibliothek, ein Physiklabor und ein Observatorium. Durch den Ernst und die Beständigkeit ihrer Initiativen, die ihre Verwurzelung in der Provinz und ihre europäische Ausstrahlung widerspiegeln, war die Akademie von Bordeaux, ermutigt von Montesquieu, imstande, eine erzieherische Funktion zu übernehmen und in bedächtiger, maßvoller Weise den langsamen Wandel der öffentlichen Meinung zu verfolgen.

Als Montesquieu 1739 zum zweitenmal Direktor der Akademie von Bordeaux wird, hält er zwei Vorträge, deren Text verlorengegangen ist: »Wenn die Luft, die wir atmen, ins Blut geht« und »Kälte und Wärme der Mineralwasser«. Selbst während seiner Aufenthalte in Paris bemüht er sich ständig um neue Mitglieder: 1736 setzt er sich, unterstützt von Mairan, für die Aufnahme seines Freundes Jean-Jacques Bel ein. Für die Akademie erwies sich diese Wahl als besonders glücklich; Bel, ehemaliger Juilly-Schüler und Rat am Parlament von Bordeaux, war mehr von der Literatur als von der Rechtsprechung eingenommen. Er hielt sich oft in Paris auf, machte sich bei Dichtern und Schriftstellern bekannt; bei literarischen Auseinandersetzungen mischte er mit dem kämpferischen Feuer eines gefürchteten Polemikers und beißendem, sarkastischem Witz kräftig mit. In seinen Werken griff er der Reihe nach Houdar de La Motte, Voltaire, Moncrif und vor allem die Modernen an, die er mit besonderer Verbissenheit verfolgte, da er die reine klassische Sprache verehrte und Neuerer verabscheute. Er war einer der besten Freunde Montesquieus; er gab ihm seine Arbeiten zur Einsicht, während Montesquieu viel Wert auf seine kritischen Bemerkungen legte.

Bel besaß ein großes Vermögen; mit Unterstützung Pariser Buchhändler hatte er eine reichausgestattete Bibliothek von mehreren tausend Bänden zusammengetragen, die er in Bordeaux in seinem Haus an der Tourny-Passage unterbrachte. In seinem Testament, das er am 28. August 1736, zwei Monate nach seiner Wahl in die Akademie, abgefaßt hatte, vermachte er der Vereinigung sein Haus mitsamt seinen Manuskripten, Büchern, mathematischen Instrumenten und Möbeln; zu seinen testamentarischen Bestimmungen gehörte dabei folgende Klausel, die Gründungscharta der Bibliothek: »Ich wünsche, daß besagte Bibliothek an drei Tagen in der Woche der Öffentlichkeit zugänglich ist . . .« Sein früher Tod am 15. August 1738 brachte die Akademie in den Besitz seiner Schenkung; sie bemühte sich, seine Wünsche, besonders die im Zusammenhang mit der Bibliothek, so schnell wie möglich auszuführen.

Im Laufe der folgenden Jahre unterstützt Montesquieu die Kandidaturen des Mediziners Jean-Baptiste Silva, des Bischofs von Bazas, Edme Mongin, der bereits Mitglied der Académie française war, sowie des bordelaisischen Kanonikers Mazères de Monville; er wendet sich jedoch trotz ihrer Freundschaft gegen die Wahl von Pater Castel, da er zwei Jesuiten in der Akademie für ausreichend hielt. 1741 stellt er Martin Ffolkes vor, der 1743, ebenso wie Guasco im Jahre 1745, zum assoziierten Mitglied gewählt wird. Voltaire, der im *Candide* nicht mit Sticheleien gegen die Akademie von Bordeaux sparen sollte, wurde 1746 in Abwesenheit

Montesquieus gewählt, der im Hinblick auf seine Wahl in die Académie française schrieb: »Es wäre schmählich für die Akademie, wenn Voltaire ihr Mitglied würde, während es für ihn nur ein paar Tage Schmach bedeutet, wenn er es nicht geworden ist[8].«

Beim Tod des Kardinals von Polignac, des Schirmherrn der Akademie, bestimmt Montesquieu die Rolle seines Nachfolgers, den er unter seinen Pariser Bekannten aufzutreiben versucht: »Der große Einwand gegen das Vorhaben, die Schirmherrschaft einem Mitglied zu überlassen, besteht darin, daß es in diesem Fall keine Impulse von außen mehr gibt; sie wäre nur eine symbolische Amtsbezeichnung und demnach eine Last, wie unsere Altfranzosen über solche Titelträger sagten.«

Paris ist nicht nur die Hauptstadt Frankreichs, sondern auch Europas, jenes Europas der Aufklärung, das ohne Rücksicht auf Grenzen eine kosmopolitische Gesellschaft zuläßt, die Künstler, Schriftsteller, Philosophen, offizielle und inoffizielle Diplomaten, hohe Staatsbeamte und Hofabbés vereint, die in allen Ländern dasselbe Vergnügen wiederfinden, sich auszutauschen, zusammen zu sein und manchmal ein recht zwangloses Dasein zu führen, das keinen Anstoß erregt, wenn es sich nicht der Gewöhnlichkeit hingibt. Diese aufgeklärten Leute geben Unbekannten eine Chance, sogar Ausländern, vorausgesetzt, daß sie Talent, Geist und Höflichkeit besitzen, daß sie über jene Kunst zu gefallen verfügen. Eine Kunst, die dazu beiträgt, das Gesellschaftsleben angenehm zu gestalten, für das es unerläßlich ist, daß außer unter Vertrauten nie über Dinge wie moralische und körperliche Schwächen oder Geldsorgen gesprochen wird, da sie die etwas künstliche Harmonie stören könnten. Die Schriftsteller werden häufig von der Staatsmacht gefürchtet, die gezwungen ist, sie zu schonen; sie nehmen die Aufmerksamkeit wahr, die ihnen die Öffentlichkeit in Paris, in der Provinz und im Ausland in zunehmendem Maße entgegenbringt; sie glauben, alle Themen behandeln, alle Fragen öffentlich aufgreifen zu können, selbst solche, die bis dahin durch eine stillschweigende Übereinkunft eingeweihten Zirkeln vorbehalten waren; sie meinen, die Religion wesentlich offener attackieren zu können, besonders die katholische Kirche, was die Libertins des 17. Jahrhunderts noch nicht gewagt hatten, und rufen so in manchen Gemütern eine Verwirrung hervor, der sie sich nicht immer bewußt sind; mit oder ohne Absicht bereiten sie auf diesem Wege die tiefgreifenden intellektuellen, religiösen, wirtschaftlichen und sozialen Umwälzungen am Ende des Jahrhunderts vor. So erscheint zumindest uns aus der Distanz, was für Montesquieu und seine Zeitgenossen zweifellos noch nicht so offenkundig war.

Montesquieus Rückkehr nach Paris im Frühjahr 1733 gab ihm die Möglichkeit, die während der Reisen gelockerten Beziehungen wiederaufzunehmen und auch neue Freundschaften zu knüpfen; gleichzeitig hielt er

Briefkontakt mit etlichen Persönlichkeiten, die er in Italien und England kennengelernt hatte; auf diesem Weg bildet sich ein Netz von Freundschaften und Beziehungen heraus, das sich von Jahr zu Jahr erweitert. In einem Fragment der *Abhandlung über die Pflichten* hat Montesquieu einige Aspekte der Freundschaft[9] analysiert: »Wir können uns nicht allen unseren Mitmenschen widmen. Wir wählen aus ihnen eine kleine Anzahl, auf die wir uns beschränken. Wir schließen eine Art Vertrag zu unserem gemeinsamen Vorteil, der nur eine Kurzfassung des Vertrages ist, den wir mit der ganzen Gesellschaft geschlossen haben und der diesem in gewissem Sinne sogar abträglich ist. Ein wirklich tugendhafter Mensch müßte sich veranlaßt sehen, dem unbekanntesten Menschen wie seinem eigenen Freund zur Hilfe zu kommen; in seinem Herzen verspürt er eine Verpflichtung, die es nicht nötig hat, durch Worte, Schwüre oder äußere Bekundungen bestätigt zu werden; diese Verpflichtung auf eine gewisse Zahl von Freunden zu begrenzen, hieße, sein Herz von allen anderen Menschen abzuwenden, sie vom Stamm zu lösen und an den Ästen zu befestigen. Wenn dem so ist, was kann man dann über jene niederträchtigen Seelen sagen, die sogar diese Verpflichtung verraten, die nur dafür eingerichtet worden ist, um der Unvollkommenheit unserer Natur zu Hilfe zu kommen?«

Wenn Montesquieu sich für »verliebt in die Freundschaft[10]« hält, wenn er Freundschaft und Liebe sehr genau unterscheidet – »Es ist ganz sicher, daß die Liebe einen anderen Charakter hat als die Freundschaft, die noch nie einen Menschen ins Irrenhaus gebracht hat[11]« – und wenn er sich als »Freund fast aller Geisteshaltungen und Feind fast aller Herzen[12]« einschätzt, so gibt er sich, was die Güte und Haltbarkeit gewisser Freundschaften angeht, keinen Illusionen hin: »Ihre Freunde haben es mit Vorliebe auf Sie abgesehen, damit man ihnen die mangelnde Schärfe ihres Unterscheidungsvermögens nicht vorhält und damit sie nicht als erste Ihre Fehler bemerken. Es gibt obendrein Freunde, die bei den Mißgeschicken, die Ihnen widerfahren, oder bei den Fehlern, die Sie begehen, falsches Mitleid an den Tag legen, so daß sie, indem sie Sie beklagen, den Fehler aufbauschen. Um deutlich zu machen, daß sie klüger als Sie sind, lassen sie Sie im übrigen durch die schönen Dinge, die sie vorsorglich mitteilen, oder durch die besonnenen Reden, die sie Ihnen angeblich gehalten haben, entweder halsstarrig oder unverbesserlich erscheinen. Wenn Sie zum Gespött werden, rechnen Sie damit, daß Ihnen das von einem Ihrer Freunde angehängt worden ist: Ein anderer hätte sich nicht die Mühe gemacht oder kein Gespür dafür besessen. Die Freundschaft ist ein Vertrag, durch den wir uns verpflichten, jemandem kleine Dienste zu erweisen, damit er sie uns mit großen vergilt[13].«

Trotz dieser realistischen Einschätzung der menschlichen Natur versteht es Montesquieu, feste Freundschaften aufzubauen und zu erhalten, selbst wenn er von einigen in schwierigen Momenten enttäuscht ist. Nach seiner Rückkehr aus England haben sich seine Beziehungen zur Familie Berthelot gelockert; seine Besuche in Chantilly sind rar geworden; während des Sommers 1735 hält er sich jedoch dort auf. »Ich habe zwölf Tage in Chantilly verbracht, wo Mademoiselle de Clermont zugegen war«, schreibt er am 3. August 1735 an Bulkeley. Im Jahr darauf kehrt er noch einmal zurück; Madame de Grave schreibt ihm am 29. Juli 1736: »Über meine Kontakte habe ich erfahren, daß sie die Zierde von Chantilly abgaben und dort sehr beschäftigt waren.«

Nach diesem Aufenthalt in Chantilly richtet Montesquieu an Mademoiselle de Clermont – als Antwort auf einen leider verlorengegangenen, von ihm jedoch als Ermunterung aufgefaßten Brief – eine flammende Erklärung, deren Wortlaut an seine Gefühle in den Jahren 1725 und 1726 erinnert. Ein letztes Mal, wie es scheint, läßt sich der damals siebenundvierzigjährige Montesquieu für einen Moment vom weiblichen Reiz einnehmen und knüpft an Gewohnheiten und Empfindungen an, die zumindest dem Anschein nach aus seinem Leben verschwunden waren. Die durchgestrichenen Wörter und Sätze zeugen von wirklichem Gefühl und ernstgemeinten Empfindungen. Hören wir ihm noch einmal zu, wie er eine Leidenschaft erklärt, die nicht bloß eine galante Spielerei ist:

»Tausendmal habe ich Ihren entzückenden Brief geküßt. Alles, was ich lese, verzaubert mich. Ich überlasse Ihnen also die Sorge um mein Glück. Ich lege es in Ihre Hände. Glück, das nicht von Ihnen kommt und zu Ihnen zurückkehrt, will ich nicht; um das Ihre zu steigern, werde ich versuchen, all die guten Eigenschaften anzunehmen, die mir Ihre Wertschätzung einbringen können. Sie werden in mir einen fortgesetzten Wunsch erkennen, Ihnen zu gefallen, und vielleicht wird Ihnen das ja Vergnügen bereiten. Ich liebe Sie, weil ich dazu verurteilt bin. Ich liebe Sie außerdem, weil ich in Ihnen all die schönen Eigenschaften entdecke, die ich mir je in einer Person gewünscht habe, unter deren Gesetzen ich leben muß.

Ich möchte, daß Sie die Freude fühlen, die es mir bereitet, mit Ihnen zusammen, und den Schmerz, den es für mich bedeutet, von Ihnen getrennt zu sein. Wie gerne würde ich Sie sehen und Ihnen zuhören. Um das richtig beurteilen zu können, müßten Sie ich sein, dafür reicht es nicht, wenn Sie nur Sie sind.«

Montesquieu ist auch mehrfach bei Mademoiselle de Charolais auf dem Château de Madrid bei Paris eingeladen und verfaßt auf ihre Bitte hin »einen kleinen Roman« mit dem Titel *Arsakes und Ismenie*. In dieser »orientalischen Geschichte« atmet man das fremdartige Parfum von *Tausendundeiner Nacht*, findet das Geheimnis der Feenmärchen wieder und erahnt (mit fast anachronistischer Ähnlichkeit) einige wesentliche Merkmale der Romantik: die Gewalt und die Leidenschaft, die Empfindsamkeit, die Melancholie, den Hang zur Einsamkeit und den Schicksalsglauben.

Montesquieu hat seinen Roman wie gewohnt mit jenen manchmal unerwarteten Bemerkungen zur Politik, zur sozialen Moral und zur Pflicht des
Fürsten gespickt. Wie P. Barrière unterstrich, liegt das Hauptinteresse an
Arsakes und Ismenie in »dem Platz, den es in der Geschichte des Romans
und des französischen Geistes einnimmt«.

Als Gelegenheitswerk, das er geschrieben hat, um Mademoiselle de
Charolais für ihre Gastfreundschaft zu danken, stellt *Arsakes und Ismenie*
Montesquieu nicht vollständig zufrieden, so daß er zögert, es zu veröffentlichen. Seine Unsicherheit teilt er am 8. September 1742 Barbot mit,
von dem er ein ungeschminktes Urteil verlangt: »Ich möchte Ihnen den
Roman gerne schicken, um zu wissen, was Sie von ihm halten, und damit
Sie mir eine lange Beurteilung im Hinblick auf Verbesserungen schreiben. Die Bewertung müßte auf das Ganze, die einzelnen Teile und selbst
die stilistischen Mängel eingehen. Madame de Mirepoix, die über einen
bemerkenswerten Geschmack verfügt, legte ich ihn vor einigen Tagen
vor, und sie brachte vier oder fünf sehr richtige Kritikpunkte an, die mir
nützlich waren. Wenn Sie wollen, daß ich Ihnen das Manuskript schicke,
müßten Sie mich ohne jede Schmeichelei bewerten; denn ich weiß wohl,
daß Sie mich nicht streng beurteilen werden und Ihr Herz für den Roman
sein wird; doch ich möchte, daß Ihr Verstand gegen ihn ist; schließlich
wäre es für mich ein kleines Drama, genau zu wissen, was Sie von ihm
halten.«

Barbots Meinung zu diesem Roman ist nicht bekannt; vielleicht fiel sie
nicht sehr günstig aus, denn gegen Ende des Jahres 1754 vertraute Montesquieu Guasco seine Unschlüssigkeit an: »Obwohl ich alles genau überlegt habe, kann ich mich noch nicht dazu entschließen, meinen Roman
über *Arsakes* in Druck zu geben. Der Triumph der ehelichen Liebe im
Orient weicht von unseren Lebensgewohnheiten vielleicht zu weit ab, um
annehmen zu können, daß er in Frankreich eine wohlwollende Aufnahme
fände. Ich bringe Ihnen das Manuskript, wir lesen es zusammen, und ich
gebe es dann noch einigen Freunden zur Lektüre.«

Wenigstens zweimal besucht Montesquieu Saint-Simon in La Ferté-
Vidame, in der Nähe von Laigle. Im *Spicilège*[14] hält er Anekdoten fest, die
er am 13. August 1734 zusammengetragen hat und von denen sich das
Wesentliche in den *Memoiren* von Saint-Simon wiederfindet. Im Juni 1735
hält er sich erneut bei ihm auf, wie Bulkeleys Brief vom 11. Juni belegt:
»Sie fahren also nach La Ferté, und Sie haben Grund, auf amüsante Äußerungen des Hausherrn zu hoffen. Ich finde ihn bezaubernd . . .«

Montesquieu nimmt auch zu seinen ältesten Freunden wieder Kontakt
auf, worüber sie erfreut sind, wie das Schreiben Dodarts vom 25. Juli 1734
zeigt: »In unserem Umgang, Monsieur, gab es keine andere Unterbrechung als die, welche durch Ihre Reisen, unsere Geschäfte, unser Ge-
trenntsein und vielleicht unsere Zerstreuungen bedingt war. Unter die-

sen Umständen zögere ich nicht, Sie zuerst um die Überzeugung zu bitten, daß ich Ihnen noch genauso wahrhaft verbunden bin wie zu der Zeit, als ich das Glück hatte, Sie täglich zu sehen.« Madame de Grave hängt ihrerseits immer noch an Montesquieu, trotz der Stürme, denen ihr Verhältnis ausgesetzt war, das sich langsam zu einer festen Freundschaft entwickelt; ihre Zuneigung bezeugt sie ihm in einem Brief aus Montpellier vom 21. Mai 1736: »Daß Sie sich an eine Provinzlerin erinnern, die seit einem Jahr in der Verbannung lebt, daß Sie für sie noch etwas empfinden und ihr Aufmerksamkeiten widmen, die für das Vergnügen oder die Bewunderung durch die Öffentlichkeit genutzt werden könnten, beweist mir, daß Sie Wert auf eine alte Freundschaft legen, deren Sie ganz sicher sind und sein müssen.«

Der Tod von Berwick, der bei der Belagerung von Philippsburg von einer Kanonenkugel am 12. Juni 1734 getötet wurde, veranlaßt Montesquieu, seinen aufrichtigen Schmerz in folgendem, am 17. Juni an Bulkeley gerichteten Brief zum Ausdruck zu bringen: »Ich kann Ihnen nicht sagen, Milord, wie sehr mich der Tod des Marschalls getroffen hat. Wenn ich nicht die Ehre besessen hätte, ihn zu kennen, würde ich ihn für den Staat bedauern und dennoch spüren, wie unersetzbar dieser Verlust ist. Niemals habe ich erlebt, daß das Volk von einem Ereignis so erschüttert worden ist, was ein äußerst großes Lob ist. Ihr Schmerz, Milord, ist mir sehr nahegegangen; je angemessener er ist und je mehr er ihm gebührt, um so mehr spüre ich, daß mich das beschäftigt. Ich würde Sie um die Ehre Ihrer Freundschaft bitten, wenn mein Kummer mir erlaubte, für mich irgendeine Gunst zu erbitten, wie kostbar sie mir auch sein mag.« Ein paar Tage später, am 25. Juni, bittet Bulkeley Montesquieu, Madame Berwick beizustehen: »Ich hoffe, Sie haben Madame Berwick besucht. Ich bin überzeugt, daß sie Sie eher als irgend jemand anderen empfangen wird. Ich bin es um so mehr, als Sie ihr ein großer Trost sein werden. Ich beschwöre Sie, versuchen Sie, ihr Leid zu lindern; es ist völlig gerechtfertigt, aber es muß gezügelt werden.« Am 15. Juli ersucht Bulkeley Montesquieu erneut darum, Berwicks Witwe seine Sympathie zu bezeugen: »Der traurige Zustand von Madame de Berwick überrascht mich keineswegs. Doch ich bitte Sie inständig: Besuchen Sie sie häufig. Ich wüßte niemand, der geeigneter wäre als Sie, sie zu trösten und ihren Schmerz ein wenig zu zerstreuen.« Montesquieu beglich seine Dankbarkeit, indem er 1734 in der Akademie von Bordeaux eine Lobrede auf Berwick hielt.

Mit Bulkeley, dem Schwager Berwicks, steht Montesquieu in ständigem Briefkontakt, ein Beweis für das gegenseitige Vertrauen und die Freundschaft zwischen den beiden Männern. Bulkeley schildert ihm präzise die militärischen Vorkommnisse, die er im Feldlager von Speyer erlebt. Montesquieu hält ihn seinerseits über die Pariser Ereignisse auf dem laufenden. »Ich weiß nicht, wo Sie all die Neuigkeiten herhaben, die Sie mitteilen«, schreibt ihm Bulkeley am 5. Dezember 1734. Auch mit Madame Bulkeley führte Montesquieu einen freundschaftlichen Briefwechsel; am 16. Juni 1735 läßt sie ihm einen besonders vertraulichen Brief zukommen, der Zeichen für ihre tiefe, aufrichtige Freundschaft ist: »Ich werde am Montag allein sein, lieber Präsident. Sie dürfen gerne den Tag mit mir verbringen. Ich werde es auch noch am Donnerstag und am folgenden Freitag sein und Ihnen mit Freude ein Bett zur Verfügung stellen. Doch heben Sie das, gegenüber wem auch immer, nicht hervor, denn das ist eine Gunst, die ich nur meinen wirklichen Freunden gewähren will. Da sie selten sind und ich die Bekannten davon ausnehmen will, die man gewöhnlich Freunde nennt, verstehen Sie, daß Sie das Geheimnis mir zuliebe völlig für sich behalten müssen. Ich habe Kummer, mein Präsident. Wenn die vornehme Gesellschaft Sie nicht verwöhnt hat, müßten Sie wissen, welche Annehmlichkeit es bedeutet, sein Herz, wenn es Kummer hat, bei einem Freund, der das Vertrauen verdient, ausschütten zu können. Ich erwarte Sie also mit Ungeduld.« Madame Bulkeley hätte einen von Montesquieus *Gedanken*[15] auf sich beziehen können: »Wenn ich jemandem vertraue, tue ich es vorbehaltlos; doch ich vertraue nur wenigen.«

Zu dieser Zeit seines Lebens sind seine Briefwechsel mit Frauen in freundschaftlichem Ton gehalten und frei von jeder amourösen Leidenschaft. Seine Briefpartner beklagen sich manchmal über sein langes Schweigen. So wirft ihm am 13. Juni 1736 Maria-Ursula von Klingin, die Ehefrau des Grafen Walter von Lützelburg, vor, ihr nicht geschrieben zu haben. »Es ist besser, spät als gar nicht an Abwesende zu denken. All meine Freunde werden Ihnen meine Klagen, daß Sie nichts von sich hören lassen, mitgeteilt haben. Am meisten mißfällt mir, daß ich Ihren Brief erst vor zwei Tagen erhalten habe, daß meine Beschwerde ein aufgeschobenes Vergnügen ist und Sie nicht so sehr im Unrecht waren. Sie sehen, Monsieur, wie Ihr Brief aufgenommen wurde, und daß Sie, hätte er mich zur rechten Zeit erreicht, sehr gut mit mir stünden.«

Die ihm Nahestehenden kennen Montesquieus Zerstreutheiten und seine Vergeßlichkeit in puncto Verabredungen; sie verzeihen sie ihm, denn sie kennen die Güte seiner Freundschaft und den Charme seiner Unterhaltung, wenn er sich im Kreis seiner Freunde befindet; ein Brief von Bulkeley von Ende Juni oder Anfang Juli 1736 bezeugt diese leicht ironisch getönte Nachsicht: »Da der Herr Präsident von Montesquieu völlig undankbar, geringschätzig und leichtfertig ist, vereinbaren dieselben Personen, denen er gestern versprochen hatte, daß er sie mit seiner Gegenwart beehren würde und die bis halb elf auf ihn gewartet haben, für heute abend mit ihm ein kleines Abendessen, doch er wird gleichzeitig gebeten, sie nicht zu vergessen. Die Gesellschaft ist nicht sehr zahlreich, und die Reden werden äußerst ungezwungen, jedoch nicht anstößig sein. Der Herr Präsident wird sich das bitte merken.«

Die ständigen Kriege in Europa zwischen 1733 und dem Abschluß des Aachener Vertrages im Jahre 1748 sowie die Umkehrung der Allianzen, die aus dem Verbündeten von heute den Feind von morgen machten, beeinträchtigten die Beziehungen mit Ausländern und die persönliche Reisefreiheit über die Landesgrenzen hinaus in einer Zeit, in der sich Wissenschaftler und Philosophen als Weltbürger betrachteten, die in zunehmendem Maße reisten und Briefwechsel führten. Trotz dieser Schwierigkeiten, über die er sich wiederholt beklagt, hält Montesquieu die in Italien und England geknüpften Freundschaften aufrecht und vertieft sie. Die besten Erinnerungen verbindet er mit seinem Aufenthalt in London; er faßt sogar ins Auge, 1739 dorthin zurückzukehren, wie er am 19. August 1738 Martin Ffolkes anvertraut:»Ich hoffe, Sie nächstes Jahr besuchen zu können.« Wehmütig erinnert er sich an seine Freundschaft mit den Herzögen von Richmond und Montagu, während Martin Ffolkes und Lady Hervey seine bevorzugten Bekannten bleiben. Ffolkes ist Präsident der Royal Society und hält ihn über das Leben in der englischen Hauptstadt auf dem laufenden. »Wenn ich von Ihnen sprechen höre«, schreibt ihm Montesquieu am 19. August 1738,»wenn ich über Sie rede und Ihre Briefe erhalte, scheint mir mein Herz stets geschmeichelt zu sein.« Und am 14. Februar 1741 vertraut er ihm an:»Sie sind die Person auf der Welt, deren Andenken mir am teuersten ist und mit der ich am meisten zu tun haben möchte; mit Ihnen zu leben, heißt Sie zu mögen.« Als Ffolkes erwägt, seinen Sohn für ein Jahr nach Frankreich zu schicken, bietet ihm Montesquieu an, ihm als Mentor zur Seite zu stehen:»Erinnern Sie sich, daß Sie uns Ihren Sohn für ein Jahr nach Bordeaux versprochen haben; wir werden ihn in gute Gesellschaft bringen und unser Möglichstes tun, damit er eines Tages seinem Vater ähnelt. Vielleicht ist eine der nach Paris größten Provinzstädte für einen jungen Mann, der dort die gute Gesellschaft von Edelleuten und Freunden findet, ja besser als Paris selbst. Ich versichere Ihnen, daß ich ein Auge auf ihn werfen werde und er nicht mehr zur Libertinage neigen wird, als einem galanten Mann zusteht; ich werde sein Mentor sein.«

Montesquieus Verhältnis zu Lady Hervey zeugt vom gleichen Vertrauen und einer ähnlichen Bewunderung. Anfang Sommer 1740 trifft er in Paris den ältesten Sohn seiner Freundin und beglückwünscht sie zu seinen Eigenschaften:»Er hat ein bezauberndes Gesicht, ist geistvoll und erschien mir sehr liebenswürdig. Ich bin fast verärgert, daß Sie so viele Freunde in Paris haben und ich ihm gar nicht dienlich sein kann. Wir haben uns endlos über Sie unterhalten, und Sie würden nicht glauben, wie sehr wir Sie, der eine wie der andere, mögen.«

Auch die italienischen Verbindungen vernachlässigt Montesquieu nicht. Monsignore Cerati ist »ein gütiger, würdevoller und ausgezeichneter Mann«, schreibt er am 21. Januar 1743 an Ffolkes, »und ich schätzte mich glücklich, wenn ich mit ihm die Reise nach England machen könnte. Er hat die Theologie zugunsten der Naturphilosophie aufgegeben. Ein Mann, den die eine Wissenschaft nicht verwöhnt hat, ist durch die Natur seines Geistes sehr für die andere geeignet.« Montesquieu schreibt auch an Abbé Niccolini; am 4. Oktober 1739 ruft er ihm ihre Begegnungen in Italien ins Gedächtnis: »Ich hoffe, mein illustrer Abbé, daß Sie mich nicht vergessen haben. Was mich angeht, so werde ich mich mein ganzes Leben lang an die entzückenden Momente erinnern, die ich mit Ihnen verbracht habe, der Sie in einer Viertelstunde mehr Geist versprühen als all diese bedeutenden Köpfe [die Dynastie der Herzöge der Lorraine, die in Florenz an die Stelle der Medici trat] an einem ganzen Tag.« Am 6. März äußert Montesquieu erneut seine Bewunderung: »Sie sind einer dieser Männer, die man nicht vergißt und die einen selbst rückblickend in Erstaunen versetzen. Mein Herz und mein Geist gehören ganz Ihnen.« Beide lädt er zu sich nach La Brède ein: »Ich bin seit einem Monat in Bordeaux und muß dort noch drei oder vier Monate bleiben. Ich wäre untröstlich, wenn ich deshalb nicht das Vergnügen hätte, den lieben Cerati zu Gesicht zu bekommen. Sollte dem so sein, erhebe ich Anspruch darauf, daß er mich in Bordeaux besuchen kommt. Er sähe seinen Freund; aber er würde auch Frankreich besser kennenlernen, wo es nur Paris und die entfernten Provinzen gibt, die schon etwas bedeuten müssen, da Paris sie noch nicht hat verschlingen können. Er würde beide Seiten des Vierecks durchfahren, anstatt bloß die Diagonale, und so die schönen Provinzen kennenlernen, die am Ozean und am Mittelmeer liegen.« Doch Monsignore Cerati reiste trotz der drängenden Einladung Montesquieus nicht nach Bordeaux, da er es eilig hatte, nach England zu kommen.

Mit zwei Abbés italienischer Herkunft, Abbé Filippo Venuti und Abbé von Guasco, wird Montesquieu im übrigen die festesten, bis zu seinem Tod haltenden Freundschaften schließen. Filippo Venuti gehörte zu einer Adelsfamilie aus der Stadt Cortona, die über Generationen hinweg an den kulturellen Traditionen festhielt. Als bescheidener Abbé war er für ein zurückgezogenes Dasein vorbestimmt, dessen Höhepunkt wahrscheinlich eine gediegene Pfarrstelle in einer gut mit Bibliotheken und Galerien ausgestatteten Stadt gewesen wäre. In seinem *Reisetagebuch*, das R. Shackleton in der Stadtbibliothek von Arezzo entdeckte, schildert Filippo Venuti jedoch, wie ihm sein Bruder Ridolfino, Archäologe und Autor der von Piranesi illustrierten *Kurzen und genauen Beschreibung des alten Roms*, am 24. April 1738 die Neuigkeit überbrachte, daß das Kapitel von San Giovanni in Laterano ihm einen Vorschlag zu unterbreiten habe. Als er in Rom ankommt, sieht sich Venuti mit einer Reise nach Frankreich betraut, die seinem Gelehrtendasein eine neue, unerwartete Wendung geben sollte. Die Abtei von Clairac in der Nähe von Agen war dem Kapitel von San Giovanni in Laterano von Heinrich IV. als Zeichen für die Aufrichtigkeit seiner Konversion zum Katholizismus vermacht worden. Da die Rechte des Kapitels von gallikanischen Elementen bedroht zu sein schienen, erhielt Venuti den Auftrag, diese Rechte gegen die Übergriffe des Parlaments von Bordeaux und des Bischofs von Agen geltend zu machen, mit der Auflage, jede Woche zwei Briefe zu schreiben, einen über die irdischen, den anderen über die geistlichen Aspekte seines Amtes.

Von Clairac aus begibt sich Venuti nach Bordeaux, wo er Kontakt zur Akademie aufnimmt, dessen Mitgliedern die Arbeiten seines Bruders Ridolfino bekannt sind. Am 17. März 1739 wird er zum assoziierten Mitglied gewählt. Als er am 29. Juni von Präsident Barbot empfangen wird, hält er seine Dankesrede auf lateinisch. Montesquieu weilte damals in Paris, stand jedoch bereits brieflich mit dem Abbé von Clairac in Kontakt; in Florenz hatte er seinen Bruder Marcello kennengelernt, der ihn in die Akademie von Cortona hatte wählen lassen. Einige Jahre später fürchtet Venuti um seinen Verbleib in der Abtei von Clairac; Guasco erklärt die Ursachen für die Angriffe, denen er in Rom ausgesetzt war: »Die Hauptklage, die man gegen ihn führte, war, daß die Abschläge der Abteieinkünfte nicht ergiebig genug waren: ein Mangel, den man ihm zur Last legte; er rührte von den beträchtlichen Abgaben an die Krone her, mit denen die Abtei belastet war, sowie von den Reparatur- und Prozeßkosten, für den ein Teil der Einkünfte verwendet werden mußte. Abgesehen davon war er bei den jesuitischen Missionaren nicht gern gesehen, die seit der Zeit Heinrichs IV. die Aufgabe hatten, an allen Sonn- und Feiertagen in der Abteikirche des Ortes zu predigen, der gleichwohl weiterhin fast nur von Protestanten bewohnt war, ohne daß das Beispiel der Bekehrung eines einzigen Hugenotten angeführt werden könnte.«

Venuti wendet sich mit dem Wunsch, in Paris eine Arbeit zu finden, an Montesquieu, der ihm die möglichen Schwierigkeiten bei der Verwirklichung seines Wunsches nicht verbirgt. Aus Paris schreibt er am 11. Januar 1742: »Ich habe damit gewartet, auf soviel Güte und Höflichkeit Ihrerseits zu antworten, bis ich herausgefunden hätte, was ich Ihnen über Ihre Aussichten mitteilen kann. Seien Sie gewiß, daß Ihnen in der Umgebung unserer Fürsten hier nichts zusagen wird; ich kenne sie gut, da ich viel Zeit mit ihnen verbracht habe. Es gibt unzählig viele kleine Abbés in Paris, die einen ohne jeden Verdienst, die anderen mit äußerst mäßigem; diese Leute bewerben sich um alle Stellen. Rechnen Sie nicht damit, daß irgendeiner unserer Fürsten den unendlichen Unterschied zwischen diesen Leuten und Ihnen bemerkt oder bemerken will. Seien Sie sicher, daß der Posten, den Sie haben, hundertmal soviel wert ist wie der, den Sie sich wünschen. Die Fürsten kennen nur zwei Posten, den des Hauslehrers und den des Erziehers; sie haben weder Bibliothekare noch Bibliotheken. Der Erzieher ist ein Mann aus dem Schwertadel, der Hauslehrer normalerweise ein Geistlicher, doch stets *infirmi ordinis* . . . Wie dem auch sei, wenn der Zufall eine Gelegenheit bietet, werde ich sie nicht ungenutzt lassen; aber glauben Sie mir, genießen Sie, ohne ungeduldig zu werden, Ihren schönen Ausblick . . .«

Einige Monate später ersucht Montesquieu Venuti darum, ihm die Beschwerden genauer darzulegen, die man gegen ihn vorbringt: »Einige Ihrer Freunde haben mich gebeten, mit Madame de Tencin über Briefe zu sprechen, die man gegen Sie schreibt. Da ich nichts von all dem weiß und nicht unterrichtet bin, ob es sich um die ersten Briefe oder um neue handelt, bitte ich Sie, mir klarzumachen, über was ich mit dem Kardinal [von Tencin], der kommen wird, sprechen soll . . .« Die Angelegenheiten Venutis, die weit davon entfernt sind, sich zu bessern, verwickeln und verschlimmern sich jedoch; Montesquieu, der über die Verschlechterung der Lage seines Freundes unterrichtet ist, schreibt ihm am 10. Juli 1742 aus Paris: »Ich bin in der Tat aufs äußerste betrübt, Monsieur, daß die Verfolgung durch Ihre Feinde letztlich stattgefunden hat. Madame de Tencin ist wirklich wütend darüber. Sie sagte mir, man hätte die Krankheit ihres Bruders ausgenutzt, um diese und zwei weitere vergleichbare Angelegenheiten abzuwickeln.« Im Bestreben, eine Lösung zu finden, schlägt Montesquieu Venuti vor, Bibliothekar der Akademie von Bordeaux zu werden, mit einem jährlichen Einkommen von 800 Livres und einer Wohnung im Haus in der Tourny-Passage, das Jean-Jacques Bel hinterlassen hatte. Im übrigen hebt Montesquieu, um Venuti zur Bewerbung für das Amt zu ermuntern, am 24. Juli 1742 ihm gegenüber hervor: »Ich glaube nicht, daß dieser Posten einem Edelmann unwürdig ist, vor allem wenn er zur Akademie gehört und demnach sein eigener Bibliothekar ist; außerdem übernähmen Sie die Stellung, die gegenwärtig Präsident Barbot ausübt. Ich habe zudem gehört, daß auf dem Parnaß alle Posten ehrenwert seien, vom Gipfel bis zum kleinen Hügel.«

Wie von Montesquieu vorgesehen, der diese Unterhandlung diplomatisch abgewickelt hatte, trat Barbot schon am 2. September 1742 zurück; Venuti konnte so am 9. zum Bibliothekar der Akademie ernannt werden; er erhielt die Aufgabe, die Bibliothek, deren Sammlungen ständig erweitert wurden, neu zu katalogisieren. Die geschichtlichen und literarischen Kenntnisse Venutis rechtfertigten diese Wahl, welche die Akademie nicht zu bedauern hatte.

Mit Hilfe seiner Kollegen von der Akademie und unterstützt von Montesquieu, den er häufig in La Brède besuchte, gelang es Venuti, sich in das Leben seiner Wahlheimat zu integrieren und für die Geschichte der Stadt zu interessieren, die ihn aufgenommen und ihm achtbare Existenzbedingungen geboten hatte. Abgesehen von seinen literarischen Werken, dessen bekanntestes, die italienische Übersetzung des Gedichtes *Die Religion* von Louis Racine, 1748 in Avignon bei Alexandre Giroud herauskam, veröffentlichte Venuti 1754 in Bordeaux bei Jean Chappuis seine *Aufsätze über die alten Monumente der Stadt Bordeaux, über die Graphiken, die Altertümer und Herzöge Aquitaniens; mit einer historischen Abhandlung über die Münzen, welche die Engländer in dieser Provinz geprägt haben.* Er hinterließ unveröffentlichte Aufsätze über Bordeaux, die in den Archiven der Akademie aufbewahrt werden. So ermöglichte Montesquieu seinem Freund bis zu dessen Rückkehr nach Italien im Jahre 1750 eine Karriere, die der Akademie nützlich und für die Stadt Bordeaux von Vorteil war.

»Als tiefsinniger Gelehrter, als befremdliche Mischung aus Intrigant und Ehrgeizling«, bemerkt R. Shackleton, »bestand das größte Verdienst des Abbé von Guasco darin, die Freundschaft Montesquieus erworben zu haben: eine Freundschaft, die über seinen Tod hinaus fortbestand, denn selbst in seinen letzten Jahren sprach er den Namen Montesquieus nie ohne Rührung aus. Es ist jedoch wahr, daß er sich, selbst wenn er den Autor des *Geistes der Gesetze* nie gekannt hätte, einen achtbaren Rang in der großen kosmopolitischen Bewegung des 18. Jahrhunderts erworben hätte.« Geboren 1712 im Piemont, dessen Intendant sein Vater war, studierte Octavien de Guasco in Florenz Hebräisch und Theologie; obwohl er unter dem Verdacht stand, die neuen philosophischen Ideen gutzuheißen, trat er ins Kloster ein. Als er sich der Feindseligkeit des allmächtigen Marquis von Orméa ausgesetzt sah, der in Turin Innen- und Außenminister war, kam er 1738 nach Paris; seine Kenntnisse und seine Gelehrtheit bewirkten eine schnelle Aufnahme in die Akademie von Bordeaux und die Akademie der Inschriften und der Schönen Literatur. Auch die Akademien von Berlin und Cortona sowie die Royal Society of London nahmen ihn auf. Montesquieus erster Brief an Guasco stammt aus dem Jahre 1742; sie lernten sich aber schon vorher kennen, wohl kurz nachdem sich der Abbé in Paris niedergelassen hatte. Trotz zahlreicher Zeugnisse, die Guascos Charakter und sein Verhalten mißbilligen, war seine Beziehung zu Montesquieu aus der Sicht beider Männer mit Sicherheit eine wirkliche dauerhafte und feste Freundschaft. François de Paule Latapie hinterließ über ihr Verhältnis ein mehrdeutiges Zeugnis, das es verdient, zitiert zu werden: »Die Erinnerungen an unsere ersten Lebensjahre sind uns so teuer, daß ich in Verona mit einer einzigartigen Freude jenem wenig liebenswerten Abbé von Guasco begegnete, den ich in La Brède so oft gesehen hatte, sei es beim Lesen der Messe in der alten Schloßkapelle, sei es im Wald, in den Dörfern oder im Marktflecken zusammen mit seinem nachsichtigen, liebenswürdigen Freund, den er so oft anherrschte.«

Gerüchten zufolge, die in Paris kursierten, wurde Guasco von der Polizei überwacht, da er unter dem Verdacht stand, im Dienste des Kaisers oder des Herzogs von Savoyen als Spion tätig zu sein. Montesquieu spielt gewiß auf diese Verdächtigungen an, als er Guasco im August 1746 schreibt: »Wenn man Sie für einen gefährlichen Politischen hält, weil Sie gerne Gazetten lesen, riskieren Sie, daß man Sie als Hexenmeister einschätzt, wenn Sie auf steilen Felsen herumklettern«, was der Abbé in den Pyrenäen tat, wo er in Begleitung von Jean-Baptiste de Secondat Experimente unternahm. Ebenso warf man Guasco seine schlechten Tischmanieren vor; die Korrespondenz seiner Brüder charakterisiert ihn als »richtiges Tier, das aus mehreren Häusern wie ein regelrechter Parasit verjagt wurde«; der Verfasser seiner Lobrede an der Akademie der Inschriften und der Schönen Literatur beurteilt ihn differenzierter und angemessener: »Viel Lebendigkeit, ein großes Verlangen zu gefallen, eine Sprache halb französisch, halb italienisch, unterstützt von jenem ausdrucksvollen Gebärdenspiel, das die Aufmerksamkeit auf Augen und Ohren verteilt und sie so nachsichtiger stimmt.«

Wie es um die tatsächlichen oder mutmaßlichen Fehler Guascos auch bestellt sein mag: Montesquieu fand in ihm einen Gesprächspartner, den seine Forschungen interessierten; zudem wird später deutlich, welche Hilfe ihm der Abbé aus dem Piemont bei der Vorbereitung und der endgültigen Schlußkorrektur des *Geistes der Gesetze* leistete. Wie R. Shackleton nachwies, ist es nahezu sicher, daß Guasco auf seinen Freund während der Abfassung des *Geistes der Gesetze* Einfluß ausübte, auch wenn dessen Ausmaß nur schwer zu präzisieren ist.

Sein Sinn für Freundschaft und das Vergnügen, das er dabei empfand, anderen dienlich zu sein, veranlaßten Montesquieu zuweilen, Personen zu empfehlen, die er nur schlecht oder kaum kannte und die seines Vertrauens nicht immer würdig waren.

1746 kam der exzentrische Irländer Sir James Caldwell nach Frankreich und bat Montesquieu um ein Empfehlungsschreiben für den Ersten Präsidenten am Parlament von Toulouse, den Marquis von Maniban. Montesquieu, der Caldwell wahrscheinlich in England kennengelernt hatte, wollte ihm diesen Dienst nicht verwehren und schrieb an seinen Kollegen aus Toulouse. Damals befand man sich mitten im österreichischen Erbfolgekrieg, und die englischen Staatsangehörigen standen unter Polizeiaufsicht. Nach seiner Abfahrt aus Bordeaux im Frühling 1746 macht Caldwell, ausgestattet mit dem Brief Montesquieus, bei Monsieur und Madame de Secondat in Agen Station: »Ich wohnte dort in einem Haus, das häufig von Jesuiten aufgesucht wurde. Als ich nach dem Grund fragte, sagte man mir, daß der Abbé von Clairac [Filippo Venuti] im Zimmer nebenan wohne. Er bat mich zum Abendessen. Am Tisch saßen ein italienischer Abbé, der sich leicht an der Nase herumführen ließ, ein Prokurator aus Toulouse, fünf Jesuiten und ein englischer Häretiker. Wir sprachen über Religion, der Prokurator und der Häretiker gegen den Abbé und die Jesuiten, bis die Schlacht mit einer vollkommenen Verbrüderung bei zwei Glas Wein endete.«

In Toulouse, »einer großen, galanten, armen, oberflächlichen, heiteren und geschminkten Stadt«, wird Caldwell Opfer eines Mißgeschicks, das er seiner Unvorsichtigkeit zuzuschreiben hat und das für ihn übel hätte ausgehen können; Guasco schildert es in folgenden Worten: »Ritter Caldwell ... vergnügte sich damit, außerhalb der Stadt kleine Vögel zu fangen. Da man ihn jeden Morgen zu früher Stunde weggehen und im Umkreis der Stadt, oft mit Papier und Stift in der Hand und begleitet von einem kleinen Jungen, umherstreifen sah, hatten die Verwaltungsbeamten den Verdacht, er könne zu einer Zeit, da man mit England Krieg führte, dabei sein, einen Lageplan zu erstellen. Folglich nahm man ihn fest; da beim Durchsuchen seiner Taschen eine Zeichnung der Apparatur gefunden wurde, mit der er lernte, Vögel zu fangen, sowie mehrere Karten mit einem Verzeichnis der Vogelnamen, die man nicht verstand, da sie auf englisch geschrieben waren, hatte man keinen Zweifel, daß all das mit dem vermuteten Unterfangen in Beziehung stand; er wurde unter Arrest gestellt, bis er seine Unschuld und die Nichtigkeit des Verdachts bewiesen und sich jemand für ihn verbürgt hätte. Angemerkt sei, daß Toulouse keine befestigte Stadt ist.«

Daniel Grenoilleau, Montesquieus Rechtsanwalt während seines langen Prozesses mit der Stadt Bordeaux, hatte Frankreich plötzlich verlassen, um nach Genf zu flüchten; als »konvertierter« Protestant fürchtete er, von der Polizei verfolgt zu werden; sein überstürzter Aufbruch drohte jedoch, die Beschlagnahmung seines Besitzes nach sich zu ziehen. Im Bestreben, seine Situation zu regeln und Zusicherungen zu erlangen, teilte er Montesquieu in den ersten Tagen des Jahres 1747 seine Sorgen mit. Während ihn Montesquieu zu größter Vorsicht anhielt und vor überstürzten oder unüberlegten Schritten warnte, die seinen Fall nur verschlimmern könnten, empfahl er ihm, an den Intendanten Tourny zu schreiben: »Sie werden sagen, daß Sie der Schrecken über den großen Fehler, den Sie begangen hätten, einen weiteren begehen ließ, daß es nie Ihre Absicht gewesen wäre, das Königreich zu verlassen, ein Beweis dafür wäre, daß Sie etliche Monate vorher einen Paß beantragt hätten, den Sie aufgrund Ihrer Befürchtungen gar nicht erwartet hätten, und daß Sie ihn um seinen Schutz ersuchten, damit er das Nötige unternähme, daß Sie ohne Angst nach Frankreich zurückkehren könnten, und er Ihnen die Gnade des Königs verschaffe, und daß Sie ihm versprächen, daß Ihr Verhalten untadelig sein werde.« Die weisen Ratschläge Montesquieus und seine wahrscheinliche Vermittlung zugunsten seines Freundes erreichten nicht das erhoffte Ziel; Grenoilleau starb 1759 in Genf, ohne daß er nach Frankreich hatte zurückkehren können. Wenigstens hörte Montesquieu nicht auf, eine wachsame, freundschaftliche Aufmerksamkeit für seinen Fall an den Tag zu legen.

Während seiner Europareise hatte sich Montesquieu von der Académie française entfernt, in die er 1728, nur wenige Wochen vor seiner Abfahrt nach Deutschland, gewählt worden war. Nach seiner Rückkehr nach Paris im Jahre 1733 nimmt er den Kontakt zu seinen Akademiekollegen wieder auf. Am 20. August 1734 heißt es: »Monsieur de Montesquieu, Autor des seit kurzem gedruckten Buches mit dem Titel *Betrachtungen über die Ursachen von Größe und Untergang der Römer* hat ein Exemplar seines Werkes der Akademie und jeweils eins den drei Geschäftsführern überreicht.« Seine Ernennung zum Kanzler der Akademie am 1. April 1738 scheint ihn nicht veranlaßt zu haben, sich regelmäßiger auf den Sitzungen zu zeigen. Doch 1739 wird Montesquieu Direktor; im Bestreben, seine Aufgaben genau zu erfüllen, nimmt er zwischen dem 1. April und dem 25. August jenes Jahres an fast allen Sitzungen teil. Am 3. Juni 1739 begibt sich die Akademie traditionsgemäß nach Versailles: »Die Akademie versammelte sich mit sechzehn Mitgliedern im Vorzimmer von Kardinal Fleury. Der Großmeister und der Zeremonienmeister holten sie dort ab und führten sie bis zur Tür des königlichen Kabinetts, wo sie vom Grafen von Maurepas empfangen wurde. Monsieur de Montesquieu, der Direktor, hielt die Ansprache. Der König zeigte sich zufrieden mit der Rede, die gedruckt wird.«

Von 1741 bis 1743 nimmt Montesquieu ziemlich regelmäßig an den Sitzungen teil, zeigt jedoch nur mäßiges Interesse für die Arbeiten am *Wörterbuch*. »Es ist ein falscher Vorsatz«, vermerkt er in den *Gedanken*[16], »Wörterbücher von lebenden Sprachen anzulegen; das beschränkt sie zu sehr. Alle nicht aufgeführten Wörter gelten als falsch, fremdländisch oder ungebräuchlich«; in Anspielung auf das 1726 vom Abbé Desfontaines veröffentlichte *Neologische Wörterbuch*, an dem sein Freund Jean-Jacques Bel mitgearbeitet hatte, fügt er hinzu: »Die Akademie war es, welche die *Neologischen Satiren* verbreitete, oder sie war deren Ursache.«

Montesquieu ist der Ansicht, daß »die Akademie niemals zugrunde gehen wird: Solange es Dummköpfe gibt, wird es auch Schöngeister geben«; bei den Wahl- oder Aufnahmesitzungen zeigt er sich gewissenhaft. Der Reihe nach gibt er seine Stimme dem Abbé von Renel, der sich gegen Mairan durchsetzte, dem Herzog von Nivernais, Marivaux, dem Bibliothekar des Königs, Bignon, sowie Maupertuis. Als er 1753 erneut zum Direktor ernannt wird, knüpft Montesquieu, der in den zehn Jahren zuvor nur wenig Eifer bekundet hatte, wieder an seine Gewohnheiten von 1739 an und nimmt in den ersten drei Monaten seiner Direktorentätigkeit regelmäßig an den Versammlungen teil. Als Buffon am 23. Juni gewählt wird, bereitet Montesquieu, in der Hoffnung, ihn empfangen zu können, eine Rede vor, von der einige Fragmente in den *Gedanken*[17] überliefert sind. Am Tag der Aufnahme Buffons war Montesquieu jedoch nicht mehr Direktor und hielt daher nicht die übliche Ansprache. Zum letztenmal begab er sich am 27. April 1754, als Bougainville gewählt wurde, in die Akademie.

Zwei andere Akademien nahmen Montesquieu in dieser Lebensphase auf. Der 1701 vom Preußenkönig Friedrich I. gegründeten Akademie von Berlin hatte als erster Präsident Leibniz vorgestanden. Maupertuis gestaltete sie 1746 um und ließ Montesquieu zum assoziierten externen Mitglied ernennen. Am 25. November 1746 dankte der Neugewählte seinem Freund herzlich für eine Ehre und eine Gunst, die er nicht angestrebt hatte: »Ich kann nicht sagen, mit welcher Achtung, mit welchen Gefühlen der Dankbarkeit und, wenn ich so sagen darf, mit welcher Freude ich die Neuigkeit aufnehme, daß mir die Akademie [von Berlin] die Ehre erweist, mich zu einem ihrer Mitglieder zu ernennen: nur Ihrer Freundschaft wegen habe ich diesen Platz erhalten. Das wird mir Ansporn geben, um besser zu sein, als ich bin; es ist lange her, daß Sie meinen Ehrgeiz gespürt haben, da ich fürchtete, es könnte Ihre Freundschaft, wenn ich ihn zeigte, irritieren.« Einige Monate später, am 3. Juni 1747, schickt Montesquieu eine erneute Danksagung, diesmal an Jean-Henri-Samuel Formey, der in Berlin als Sohn protestantischer französischer Eltern geboren worden war: »Die ungeheure Ehre, die mir die Akademie bereitet, wird durch die Vorstellung, sie aus Ihren Händen zu erhalten, noch erhöht. Ich wäre Ihnen wirklich zu Dank verpflichtet, wenn Sie der Akademie sowohl mein gutes Gefühl als auch meine Dankbarkeit bezeugen könnten . . .« Montesquieu fährt damit fort, seinen Briefpartner zu fragen, mit welchem Werk er der Akademie von Berlin seine Dankbarkeit erweisen könnte: »Da ich der Wahl einer Akademie, die ich als berühmt bezeichnen würde, wenn ich nicht ihr Mitglied wäre, soweit entsprechen möchte, wie es in meiner Macht liegt, was ich nur tun kann, indem ich ihr irgendein Werk zuschicke, hoffe ich, daß Sie oder Monsieur de Maupertuis die Güte haben werden, mich wissen zu lassen, welches Genre ich wählen soll, obwohl es nur eins gibt, in dem ich etwas verfassen könnte, das Ihnen würdig ist. Ich könnte sonst höchstens einige erdichtete Passagen oder einige kleine Beobachtungen, die ich auf meinen Reisen gemacht habe, darbieten.«

Als Maupertuis Montesquieu auffordert, sich nach Berlin zu begeben, lehnt er das unter zahlreichen Ergebenheitsbeteuerungen ab. »Sie berühren einen sehr wunden Punkt, wenn Sie mir eine Reise nach Berlin vorschlagen«, schreibt er ihm Ende Juni 1747. »Stellen Sie sich vor, was für ein Glück es für mich, der ich so lange die römischen Feldherrn vor Augen hatte, bedeuten würde, Friedrich zu begegnen? Ich glaube, ich hätte die Kühnheit besessen, diese Reise zu unternehmen, wenn ich von Paris aus die Sache hätte vorplanen können; doch mir stehen meine eigenen Abmachungen im Wege. Was würden Sie im übrigen schon mit einem armen Mann anfangen, der hinfällt und sich überall stößt, der niemanden wiedererkennt und nie weiß, mit wem er spricht? Ich bin hier inmitten meiner Freunde und erwecke nicht ihr Mitleid: Alle, einschließlich des Königs von Polen, der es sehr begrüßt, daß ich ihn für einen anderen halte, haben sich an meine Verwechslungen gewöhnt. Doch könnte ich in Berlin auf ähnliche Nachsicht hoffen? Wie sollte ich so vor dem König erscheinen, wie mich den berühmten Königinnen zeigen? Sie sehen, nur meine Phantasie könnte sich eine derartige Reise einbilden.« In Wirklichkeit wollte Montesquieu, der von der Abfassung der letzten Bücher des *Geistes der Gesetze*, von der Überwachung der Drucklegung und der Korrektur der Fahnen völlig in Anspruch genommen war, seine ganzen Kräfte und Fähigkeiten dieser erschöpfenden Arbeit weihen. Er hielt sich seit einigen Wochen in Lunéville auf, wo er bei König Stanislaus Leszczyński zu Gast war. Zusammen mit Madame de Mirepoix war er dort Anfang Juni angekommen, um die Gunst des polnischen Königs zu erwerben, »der ein bewunderungswürdiger Fürst ist«; er rechnete damit, dort mehrere Wochen, wenn nicht Monate zu bleiben. Montesquieu traf in Lunéville zahlreiche seiner Bekannten wieder: Louise-Adélaïde de Bourbon-Conti, die Prinzessin von La Roche-sur-Yon, die als Nachbarin aus Plombières kam, wo sie eine Trinkkur machte; Madame de La Ferté-Imbault, die er im Salon ihrer Mutter, Madame Geoffrin, kennengelernt hatte, als sie noch ein Kind war; Maria-Ursula von Klingin, die Gattin Walter von Lützelburgs, mit der er in Briefkontakt stand; sowie Claude de Rouvray de Saint-Simon, Bischof von Metz.

Montesquieu stieß an diesem Hof auf eine Atmosphäre, die ihn begeisterte. »Es herrschen Freude und Heiterkeit«, schreibt er Ende Juni 1747 an Maupertuis. »Es gibt ständig Landpartien und immer neue Landhäuser zu besichtigen, andauernd Feste und vor allem sehr gute Musik.« Die letzte Überlegung verdient es, hervorgehoben zu werden, denn Montesquieu scheint keinen ausgeprägten Hang zur Musik gehabt zu haben. In den *Gedanken*[18] gesteht er jedoch: »Während meines Aufenthalts in Italien hat sich meine Einstellung zur italienischen Musik extrem gewandelt. Mir scheint, in der französischen Musik begleiten die Instrumente die Stimme, während sie sie in der italienischen ergreifen und ihr Feuer verleihen. Die italienische Musik ist flexibler als die französische, die steif erscheint. Wie ein gewandter Kämpfer. Die eine dringt ins Ohr, die andere beseelt es.« Seine Musikkenntnisse scheinen recht elementar gewesen zu sein, jedenfalls den Vorstellungen nach zu urteilen, die er in den *Gedanken*[19] zum Ausdruck bringt: »Je roher und unvollkommener die Kunst der Musik gewesen ist, desto mehr hat sie mit überraschenden Effekten gearbeitet. Und hier liegt (glaube ich) die Ursache. Sie besaßen lautere Instrumente und verblüfften daher jene Ohren, welche die bessere Musik, die mehr gefällt, obwohl sie weniger bewegt, nicht in verstärktem Maße gewohnt sind. Doch als die neue Musik anfing, mehr Gefallen zu erwecken, bewegte erstere das Gemüt immer weniger.« Seinen Urteilen über Musiker fehlt es im übrigen an Differenzierung: »Lully musiziert wie ein Engel; Rameau musiziert wie ein Teufel[20].«

Wie J. Ehrard[21] bemerkt, »datiert Montesquieus einziger Kontakt mit der Gartenkunst offenbar von seinem Aufenthalt in Lunéville«; dort fand er die Muße, die Verschönerungen zu bewundern, die er Stanislaus zuschreibt, der den Architekten Boffrand engagiert hatte, um die neuen Bauten zu verwirklichen und die Gärten zu entwerfen. In seinen *Erinnerungen an den Hof von Stanislaus I. Leszczyński* bewundert Montesquieu die Neuerungen: »Der König von Polen besitzt einen bewundernswerten Sinn für Häuser und Gärten. Er hat in Lunéville außergewöhnliche Dinge verwirklicht; die Gärten gehören zu den schönsten Europas. Es gab in Lunéville eine häßliche Kloake. In sie hat er die Meurthe einmünden lassen und so einen sehr schönen Kanal angelegt, der sich an seinen Gärten entlangzieht, was überdies die Luft gesünder macht. Am Ende des Kanals hat er einen reizenden Wasserfall eingerichtet und hinter dem Wasserfall einen prächtigen Pavillon mit vierundzwanzig sehr schönen Fenstern. Er ist so hell, daß man den Eindruck hat, draußen zu sein. Er ist sehr schön und vielleicht der schönste, den es überhaupt gibt. Alles ist dort einzigartig und atmet das Genie des Königs, der vollkommen eigenständige Ideen besitzt und seine Architekten und Handwerker angeleitet hat.«

Montesquieu ist sehr empfänglich für die Euphorie, die in Lunéville herrscht. Der König »sieht um sich herum nur glückliche Menschen, was zum großen Teil daher kommt, daß die Leute an seinem Hof vornehm sind und nicht die Erwartung und folglich auch nicht den Ehrgeiz hegen, besser zu sein«. Einige Hofleute werfen Stanislaus vor, nicht genug Zeit bei Tisch zu verbringen. »Es passierte ihm manchmal, wenn nur Vertraute an seinem Tisch saßen, daß er bei Beginn der Mahlzeit ein mitreißendes Gesprächsthema anschnitt; wenn er dann Gäste sah, die äußerst lebhaft diskutierten, stürzte er sich mit den Händen auf ein Stück Geflügel und verschlang es mit gesundem Appetit. Sobald er fertig war, erhob er sich ruhig vom Tisch. Selbstverständlich mußte man ihm folgen, doch mit leerem Magen und trübsinnigem Gesicht[22].« Diese Askese stieß nicht auf Montesquieus Mißfallen: »Das ist eine Sache, der ich mich vollkommen anpasse, und ich finde, daß sich meine Gesundheit seit einem Monat stabilisiert, da ich nicht mehr an den zur Völlerei führenden Pariser Abendessen teilnehme.«

Bei seiner Ankunft in Lunéville war Montesquieu von den Anstrengungen recht erschöpft, die er in den Jahren zuvor unternommen hatte, um den *Geist der Gesetze* zu vollenden: »Gott sei Dank habe ich die Werke abgeschlossen, die ich begonnen hatte und auf jeden Fall fertigschreiben wollte; ich empfinde die Freude, die einen überkommt, wenn man das Kolleg verläßt.« Gegenüber Maupertuis gesteht er ein: »Ich habe hier weder die Zeit, noch die Lust zu arbeiten, und ... ich fange an zu spüren, daß mich die wirkliche Arbeit umbringt.« Die Müdigkeit und das Erholungsbedürfnis, die nach einer solchen Strapaze ganz normal sind, erklären im Zusammenhang mit seinen natürlichen Neigungen sein Auftreten am Hof von Stanislaus I., das Madame de La Ferté-Imbault nicht ohne Bosheit schildert:

»Er wurde eher wegen seines berühmten Namens als wegen seiner Manieren und seiner Reden mit großen Ehren empfangen. Montesquieu gab sich einfach, fast rustikal. Auf seinem Gut in La Brède begegnete man ihm auf seinem Weg durch die Felder mit einem langen Pfahl über der Schulter und einer weißen Baumwollmütze auf dem Kopf; mehr als einmal passierte es Ortsfremden, die gekommen waren, um ihm ihre Ehre zu erweisen, daß sie ihn ansprachen und duzten wie einen Weinbauern, um sich bei ihm nach dem Haus des berühmten Montesquieu zu erkundigen. So ungefähr zeigte er sich zur allgemeinen Verblüffung am Hof von Lunéville. Er hatte damals gerade den *Geist der Gesetze* vollendet und war offensichtlich so erschöpft von der Arbeit, daß er jeder anspruchsvollen Unterhaltung aus dem Weg ging und mit Absicht nur die gewöhnlichsten Themen aufgriff.« Eines Tages nahm er Madame de La Ferté-Imbault zur Seite, um sie inständig zu bitten, »wenn man mit Erstaunen von seiner Dummheit spreche, daß sie die Liebenswürdigkeit haben solle zu sagen, daß es sich um eine Diät handle, die notwendig sei, damit er eines Tages wieder ein wenig zu Verstand finde. Er nahm seine Diät so ernst«, wie sie hinzufügt, »daß der ganze Hof der Lorraine und selbst die Diener nicht davon loskamen, an ihm das Aussehen und Verhalten eines Schwachkopfs auszumachen«.

Am Vorabend seiner Abreise soll die Marquise von La Ferté-Imbault Montesquieu sogar in Gegenwart des Hofes in folgenden, wenig liebenswürdigen Worten angefahren haben: »Präsident, ich bin Ihnen sehr verpflichtet; denn Sie haben einen so törichten Eindruck von sich selbst vermittelt, daß Sie mich im Vergleich dazu geistvoll erscheinen ließen, so daß mir hier alle eher glauben würden als Ihnen, wenn ich vorgäbe, die *Persischen Briefe* geschrieben zu haben!«

In den Pariser Salons traf Montesquieu die meisten Schriftsteller und Wissenschaftler. Vor seinen Reisen war er regelmäßiger Gast im Salon der Madame de Lambert; bei seiner Rückkehr im Jahre 1733 starb Madame de Lambert; doch die Mode der Salons verschwand keineswegs mit ihr, sondern erlebte eine neue Blüte mit Madame de Tencin, Madame Geoffrin und Madame Du Deffand.

Claudine-Alexandrine Guérin de Tencin war die Tochter eines Parlamentspräsidenten von Grenoble, wo sie am 27. April 1682 geboren wurde; ihr Vater zwang sie 1698, Ordensschwester im Kloster von Montfleury zu werden; als er 1705 starb, verließ sie das Kloster und wurde 1712 von Rom laisiert. Die Klosterjahre stellten für Madame de Tencin die schwierigste Phase ihres Lebens dar; ständig im Zustand des Aufbegehrens, konnte sie selbst ihre obligatorische Freizeit nicht nutzen, um sich eine umfassende kulturelle Bildung anzueignen. Wie Jean Sareil anmerkt, »wird sie ihre Bildung in den Salons durch den Kontakt mit einer Gruppe von bemerkenswert intelligenten und bewanderten Männern sowie über die Bücher erwerben, die sie lesen wird, nicht über die, die sie gelesen hat[23]«.

Sie zieht in die Pariser Rue Saint-Honoré in ein kleines Haus neben dem Kloster der Unbefleckten Empfängnis, das gegenüber dem Mariä-Himmelfahrt-Kloster liegt. Die junge Frau stürzt sich sogleich ins Pariser Leben und geht zahllose Liebschaften ein; sie bemüht sich auch um die Karriere ihres Bruders Pierre, des zukünftigen Kardinals von Tencin. Allmählich wird der Salon von Madame de Tencin zur Institution. Bis 1749 wandelt sich die kleine Gesellschaft, die dort verkehrt. Die ersten Erfahrungen sammelt sie bei ihrer Schwester, Madame de Ferriol, bei der sie sich mit Fontenelle, La Motte und Saurin anfreundet. Die Literatur und die Dichter nehmen lange einen wichtigen, wenn auch nicht beherrschenden Platz in ihrem Salon ein. Gegen 1730 zeichnet sich eine deutliche Veränderung ab; nach den politisch-religiösen Intrigen, die sie mit ihrem Bruder wegen des Konzils von Embrun und der Anwendung der Bulle *Unigenitus* angezettelt hat, wird Madame de Tencin nachdrücklich aufgefordert, sich ruhig zu verhalten; folglich wendet sie sich den Schriftstellern und Gelehrten zu; für einige Jahre rücken die Literatur und die literarische Welt an die erste Stelle ihrer Interessen. Der Tod von Madame de Lambert im Jahre 1733, deren Salon sie in der Hoffnung aufgesucht hat, die wichtigsten ihrer Stammgäste anzulocken, festigt endgültig ihren Ruf und Einfluß. »Die Dienstage von Madame de Lambert werden die Dienstage von Madame de Tencin, und Fontenelle fährt fort, seine Rolle als Hauptattraktion der kleinen, verpflanzten Gesellschaft zu spielen[24].« Der Umgangston auf den Treffen unterscheidet sich von dem, der bei Madame de Lambert geherrscht hatte: Er ist freier, intellektueller und vor allem gegenüber allen geistigen Strömungen offen. Der Salon ist ein philosophischer in dem Sinne, den der Begriff um 1730 haben kann. Alles, was Paris an literarischen und wissenschaftlichen Berühmtheiten aufzubieten hat, sowie die hervorragendsten Ausländer, die sich geehrt fühlen, in diese Gesellschaft geladen zu werden, verkehren im Salon von Madame de Tencin. An der Seite der Stammgäste, »der sieben Weisen« Fontenelle, Marivaux, Mairan, Mirabaud, De Broze, Astruc und Duclos, taucht zu dieser Zeit Montesquieu auf und wird rasch zum Favoriten der Hausherrin, die sein Talent schätzt.

1734, als die *Betrachtungen* erscheinen, schreiben sich Montesquieu und Madame de Tencin zum erstenmal; im Juni/Juli lädt sie ihren neuen Freund, den sie von nun an nur noch »meinen kleinen Römer« nennen wird, zum Abendessen ein und erbittet ein Exemplar seines Buches. Im Bestreben, ihren Freund zu unterstützen, den sie kennengelernt haben dürfte, als Montesquieu nach Paris zurückkehrt, gibt Madame de Tencin ihm Ratschläge, die er mit Humor aufnimmt: »Ich bitte Sie, mich meine Verwicklungen ganz allein in Ordnung bringen zu lassen, und ich werde sie vollkommen entwirren.« Er fügt folgende Worte hinzu, die auf eine dauerhafte Freundschaft hindeuten: »Ihr Brief, Madame, ist wie eine sanfte Harmonie, welche alle Wogen glättet. Ich wäre gezwungen, Sie anzubeten, wenn ich Sie nicht liebte.« Von da an bleibt die Beziehung zwischen Madame de Tencin und Montesquieu auf gegenseitiges Vertrauen gegründet; da sie Solar über die Wiederaufnahme ihrer Freitage unterrichten will, schreibt sie im August 1736 an Montesquieu: »Ich möchte ihm von meiner Seite aus sagen, daß die Freitage wiederaufgenommen sind, was jedoch nur dann der Fall sein wird, wenn Sie zugegen sein können. Sie sind notwendig für ihn, um ihm in seiner Haltung Gewißheit zu verschaffen ... Sie werden sehr zärtlich geliebt, und es wird niemals anders sein.«

Man könnte auf Montesquieu in seinem Verhältnis zu Madame de Tencin folgende Ratschläge beziehen, die Marmontel über den Nutzen weiblicher Freundschaften äußerte: »Mit Unterstützung der Frauen kann man mit den Männern machen, was man will; die einen sind zu zerstreut, die anderen zu sehr um ihre persönlichen Interessen besorgt, um die Ihren nicht zu vernachlässigen; statt dessen denken die Frauen daran, und sei es nur aus Müßiggang ... Doch hüten Sie sich davor, etwas anderes als der Freund jener Frau zu sein, von der Sie glauben, sie könnte Ihnen nützlich sein; denn sobald es zwischen Liebenden zu Problemen, Zwistigkeiten und Trennungen kommt, ist alles verloren. Seien Sie ihr gegenüber also genauso unermüdlich, liebenswürdig, ja sogar galant, wenn Sie wollen, aber nichts weiter, verstehen Sie[25].«

Die Ausländer, vor allem die Engländer, fühlten sich ein wenig wie zu Hause in einem Salon, wo sie sicher waren, auf Montesquieu zu treffen, der so vertraut mit herausragenden Persönlichkeiten von jenseits des Ärmelkanals war, so bemüht, seinen Freundeskreis im Ausland zu pflegen und zu erweitern und sie an seinem französischen Freundeskreis Anteil nehmen zu lassen. Von ihm wurden der Graf von Guasco, der Bruder des Abbés, der führende Admiral der dänischen Marine Graf Frederic Danneskjold-Samsoc, Martin Ffolkes, Chesterfield und viele andere Madame de Tencin vorgestellt. Wir erinnern uns, daß sie sich, als Abbé Venuti wegen der Verwaltung der Abtei von Clairac angegriffen wurde, auf Bitten Montesquieus hin bei ihrem Bruder für eine befriedigende Lösung einsetzte. Wie Charles Duclos in seinen *Geheimen Erinnerungen an die Regentschaften Ludwigs XIV. und Ludwigs XV.* anmerkt, »war sie im übrigen sehr hilfsbereit, wenn sie nicht gegensätzliche Interessen vertrat. Sie erstrebte den Ruf, eine große Freundin oder erklärte Feindin zu sein; sie ergriff geschickt einige Gelegenheiten, das bekanntzugeben, und gewann so die Zuneigung vieler verdienstvoller Leute.«

Die Gespräche allein genügten nicht, um die Treffen auszufüllen; ein bevorzugter Platz war Maximen, Erzählungen und Fabeln vorbehalten. Marivaux, Fontenelle und Montesquieu galten als Meister der Sentenz und der Pointe. Im *Leben der Marianne* legt Marivaux den Akzent auf zwei wesentliche Eigenschaften von Madame de Tencin: ihre Ergebenheit gegenüber ihren Freunden und ihre Intelligenz, mit der sie in erster Linie versuchte, ihre Gesprächspartner zu verstehen und ihnen Wichtigkeit zu verleihen: »Sie ließ mich meine Lebensgeschichte von Kindheit an erzählen, stieß zu meinen Interessen vor, nahm sich meine Kümmernisse zu Herzen, diskutierte mit mir über meine Perspektiven und Aussichten und schien nichts anderes im Kopf zu haben als meine Sorgen. Ach! wieviel Scharfsinn, Geschmeidigkeit und Aktivität; stellte mich dieser einfache Ausdruck, dieser Anschein von Ruhe und Muße nicht in den Schatten? Ich lache noch über die Einfalt, mit der ich, als ich sie verließ, ausrief: die gute Frau. Die Frucht, die ich aus den Gesprächen mit ihr zog, ohne es wahrzunehmen, war eine gesündere, fundiertere Weltkenntnis.«

Außer in seiner Korrespondenz hat uns Montesquieu keine Vertraulichkeiten über sein Verhältnis zu Madame de Tencin hinterlassen, doch man kann sich vorstellen, daß ihn die Gespräche mit ihr zu ähnlichen Überlegungen anregten wie Marivaux. Auch er verstand es zuzuhören und hegte Argwohn gegen zu mondäne oder frivole Plaudereien, die seinen Geist nicht bereicherten und in ihrer Dürftigkeit keine Themen zum Nachdenken darboten: »Im geselligen Gespräch zu gefallen, scheint heute das einzig Erstrebenswerte zu sein. Dafür gibt der Justizbeamte das Studium seiner Gesetze auf. Der Arzt glaubt sich durch das der Medizin diskreditiert. Man meidet, als wäre es gefährlich, jedes Lernen, das den Spaß schmälern könnte ... Ziehen Sie von den fortwährenden Unterhaltungen das Detail irgendeiner Schwangerschaft oder Entbindung ab; die Tatsache, daß die Frauen an jenem Tag auf der Promenade oder in der Oper waren; irgendeine Neuigkeit aus Versailles, daß der Prinz an jenem Tag gemacht hat, was er an allen Tagen seines Lebens tut; irgendeine Veränderung in den Interessen von rund fünfzig Frauen einer gewissen Art, die sich rund fünfzig Männern, die ebenfalls von einer gewissen Art sind, hingeben, sich austauschen und überlassen: Dann bleibt nichts mehr übrig. Ich erinnere mich, daß ich früher die Neugier besaß zu zählen, wie oft ich von einer kleinen Geschichte hörte, die es sicher nicht wert war, mitgeteilt oder die drei Wochen lang, die sie die vornehme Welt beschäftigte, im Gedächtnis behalten zu werden: Ich hörte zweihundertfünfundzwanzigmal, wie sie weitererzählt wurde. Nicht eben schlecht, oder?«[26]

Montesquieu konnte auf seine Gespräche mit Madame de Tencin folgende Maxime anwenden[27]: »Beim Unterhalten sollte man sich nicht dauernd widersprechen; das wäre ermüdend. Man muß gemeinsam vorgehen. Wenn man sich auch nicht nebeneinander oder auf der gleichen

Linie bewegt, so bleibt man doch auf demselben Weg.« Er wird diese Definition in einer anderen Passage der *Gedanken*[28] ergänzen und verfeinern und zeigen, daß die schwierige Kunst der Konversation, die er mit Madame de Tencin zu beherrschen gelernt hatte, für ihn eine ständige geistige Übung bleibt: »Ein Gespräch ist ein Werk, das man bereitet und zu dem jeder beitragen muß. Verwirrt man es, wird es unerfreulich. Es gibt Gemüter, die unaufhörlich in dem Maße zerstören, in dem die anderen aufbauen. Sie gehen nicht auf den Sachverhalt ein, widmen sich Nebensächlichkeiten und weichen ständig aus; ihre Einwände beziehen sich nicht auf die Sache; sie dienen zu nichts und verhindern alles, denn gute Einwände sind ebenso hilfreich wie Beifall. Kurz, machen Sie beim Unterhalten in ungezwungener Form das, was man beim Dialogisieren fortlaufend tut.«

Das mondäne Leben und der häufige Kontakt mit seinen Freunden und Bekannten in den Salons und an anderen Orten hatten Montesquieu die Schwierigkeit einer interessanten Unterhaltung erkennen lassen: »Die unliebsamen Begleiterscheinungen, auf die man gewöhnlich während einer Unterhaltung stößt, werden von fast allen wahrgenommen. Ich sage nur, daß wir uns drei Dinge merken müssen: erstens, daß wir vor Leuten sprechen, die genauso viel Eitelkeit besitzen wie wir, wobei die ihre in dem Maße leidet, in dem die unsere auf ihre Kosten kommt; zweitens, daß es nur wenige Wahrheiten gibt, die bedeutend genug sind, daß es die Mühe lohnt, jemanden zu demütigen und zurechtzuweisen, weil er sie nicht erkannt hat; und schließlich, daß jeder Mensch, der alle Unterhaltungen an sich reißt, ein Dummkopf ist oder jemand, der glücklich wäre, einer zu sein[29].«

Zum Gefallen von Madame de Tencin verstand es Montesquieu, die Geheimnisse zu wahren, die ihm seine Freundin anvertraute; davon zeugt folgende, von Guasco geschilderte Anekdote: »Am Tag der Beerdigung von Madame de Tencin sagte Monsieur de Montesquieu, als er aus dem Vorzimmer des Trauerhauses trat, zum Bruder des Grafen von Guasco, der ihn begleitete: ›Jetzt können Sie Ihrem Bruder mitteilen, daß Madame de Tencin die Autorin des *Grafen von Cominge* und der *Belagerung von Calais* ist, beides Werke, die sie mit ihrem Neffen, Monsieur de Pont-de-Veyle, verfaßt hat. Ich glaube, nur Monsieur de Fontenelle und ich kennen dieses Geheimnis.‹«

Montesquieu gehörte zu denen, die »ihre Wertschätzung und Freundschaft« für Madame de Tencin trotz aller Verleumdungen stets bewahrten. Madame de Tencin erwies Montesquieu im übrigen dieselbe Treue; die erfolgreiche Verbreitung des *Geistes der Gesetze* in Paris war zum großen Teil ihrem unablässigen Eifer und Einsatz zu verdanken.

Clément läßt im XLIV. Brief der *Fünf literarischen Jahre*, der auf Dezember 1749 datiert ist, eine gewisse Antipathie gegenüber Madame de Tencin durchscheinen: »Die berühmte Madame de Tencin, deren Haus die Freistatt des Geistes, der Talente und manchmal des schlechten Geschmacks war . . ., ist gerade zum großen Bedauern derjenigen, die sie privat kannten, gestorben. Am Dienstag- und Sonntagabend gab sie einer gewissen Anzahl von Schriftstellern, die sie ihre Tiere nannte, zu essen; am Neujahrstag schenkte sie ihnen eine Samthose. Sie werden abmagern und sich erkälten, wenn sich keine andere gute Seele ihrer annimmt. Glücklicherweise bleibt uns mehr als eine, die auf die kostspielige Nachfolge hofft.«

Clément, der über die Hintergründe des Pariser Lebens gut unterrichtet war, dachte beim Schreiben dieser Zeilen gewiß an Madame Geoffrin, die nur auf den Moment gewartet hatte, um die Erbschaft ihrer älteren Freundin und Rivalin anzutreten. Marie-Thérèse Rondet, die am 2. Juni 1699 geborene Tochter eines ehemaligen Garderobenbediensteten am Hofe, hatte mit vierzehn Jahren den achtundvierzigjährigen Witwer François Geoffrin geheiratet, der Verwalter der Handelsgesellschaft für Spiegelglas war und in der Rue Saint-Honoré ein Haus neben dem von Madame de Tencin besaß, in dem sie mehr als sechzig Jahre lebte. Der Tochter von Madame Geoffrin, Madame de La Ferté-Imbault, zufolge lockte Madame de Tencin ihre Mutter, eine Kleinbürgerin, die von der Nachbarschaft ignoriert wurde, zu sich: »Die Marquise von Tencin wußte, daß mein Vater rechtschaffen und reich war, daß meine Mutter viel Geist besaß und ich ihre einzige Tochter war; da sie alle Arten von Intrigen schmiedete, wollte sie sich mit meiner Mutter anfreunden, um mich nach ihrem Willen mit einem ihrer Günstlinge zu verheiraten.« Wahrscheinlicher ist, daß die gealterte, kranke Madame de Tencin ihren Gästen, damit sie sich wohl fühlten, eine junge Frau präsentieren wollte, die aufgrund ihrer bescheidenen Stellung keine Gefahr darstellte, sie in den Schatten zu stellen und in Konkurrenz mit ihr zu treten. Doch allmählich faßte Madame Geoffrin, die bis dahin ein zurückgezogenes Dasein geführt hatte, den Mut, die Stammgäste von Madame de Tencin zu sich einzuladen; ihr Mann, der diese Treffen, den Aufwand der Empfänge und die dort gehaltenen Reden nicht sehr schätzte, starb am 20. Dezember 1749, einige Tage nach Madame de Tencin.

Madame Geoffrin stand von nun an nichts mehr im Wege; sie versammelte in ihrem »Königreich der Rue Saint-Honoré« fast alle Schriftsteller, die bekannt waren. Laut Morellet »hatte sie bei Madame de Tencin einen Teil der damals berühmtesten kennengelernt . . . Madame Geoffrin übernahm diesen kostbaren Teil der Hinterlassenschaft von Madame de Tencin. Für Monsieur de Fontenelle, Monsieur de Montesquieu, Monsieur de Mairan und andere wurde es zur Gewohnheit, sich bei ihr an einem Tag in der Woche zu versammeln; mittwochs gab sie ihnen ein Abendessen, und an allen Abenden stand ihr Haus denen of-

fen, die es verdienten, ihre Gesellschaft und die der anderen zu genießen«.

Montesquieu, den sie schon 1730 bei Madame de Tencin kennengelernt hatte, war einer ihrer ältesten Freunde; wie folgende, 1730 verfaßten
und 1738 überarbeiteten Verse bezeugen, war er von ihr stark eingenommen:

Sie verfügen gleichzeitig über
Die Tugend, die großen Empfindungen
Und das Feingefühl;

Die Schönheit, alle Annehmlichkeiten,
Den Geist, den Geschmack, die Raffinesse.
Was mich angeht, so habe ich keine anderen Talente
Als das Herz und die Zärtlichkeit.

Als Madame Geoffrin ihren Salon eröffnete, war Montesquieu als einer
der ersten zur Stelle, um ihr Mut zu machen; durch seine Gegenwart verschaffte er den ersten Treffen Geltung und trug somit zum Erfolg des
neuen Salons bei. Madame de Tencin sah nicht ohne Sorge die Bemühungen einer Rivalin gedeihen; Anfang des Sommers 1734 vertraute sie
Montesquieu diskret an: »Das Lächerliche, gut erfaßt, ist nicht lustig an
sich. Es ist es nur im Verhältnis zu unserer Bosheit. Folglich besitzt Madame Geoffrin bei allem, was sie anfaßt, keine heitere Phantasie. Sie hat,
wie Sie es sehr gut definiert haben, eine eigentümliche.« Montesquieu
nahm von diesem Urteil kaum Notiz und fragte die Geoffrin gerne nach
ihren Ansichten. Ihr Verhältnis begann sich zum Zeitpunkt der Veröffentlichung des *Geistes der Gesetze* zu verschlechtern.

Ein erster Hinweis auf Montesquieus Kontakt zu Madame Du Deffand
findet sich in einem Brief vom 27. Januar 1749; doch ist es wahrscheinlich, daß er in ihrem Salon, der sich unweit seiner Wohnung in der Rue
Saint-Dominique befand, seit der Eröffnung im Jahre 1745 verkehrte.
Man kann sogar sicher sein, daß er die 1697 geborene Marie de Vichy-
Champrond seit 1742 kannte; 1718 hatte sie den Marquis Du Deffand de
La Lande, den Generalleutnant Philippes von Orléans, geheiratet; nach
einem kurzen Abenteuer mit dem Regenten ging sie im Alter von drei-
unddreißig Jahren mit dem Präsidenten Hénault eine sogenannte »Ehe *in
partibus*« ein. Hénault schildert am 17. Juli 1742 in einem Brief an seine
Mätresse ein Abendessen bei Madame de Mirepoix, »mit ihr, ihrem
Mann, Monsieur und Madame de Lavallière, Madame de Flaurens, dem
Präsidenten von Montesquieu und Pierrot. Unser Souper war äußerst lustig: Wir diskutierten viel, plauderten, nicht eine Spötterei, kein Fechten,
ein sehr gutes Souper; danach spielten wir Pikett.«

1745 mietet Madame Du Deffand in der Rue Saint-Dominique ein Appartement »mit zwei Vorzimmern, einem Salon mit einer Tür, die auf die Empore der Kapelle hinausgeht, einem zweiten Salon, einem Schlafzimmer mit Garderoben und einer kunstvoll gefertigten Holztreppe, die in ein Zwischengeschoß führt, in dem sich verschiedene andere Zimmer und Dienstbotenkammern befinden[30]«. Jeden Abend um sechs Uhr empfängt Madame Du Deffand, je nachdem, ob sie mehr oder weniger Gäste erwartet, in ihrem großen Salon oder in ihrem Zimmer, das Cochin in einer Graphik festgehalten hat. Angrenzend an dieses intime Gemach öffnet sich der Empfangssalon, der mit dem berühmten, in den Werkstätten von Avignon gewebten Butterblumen-Moiré ausgeschlagen ist. Im Winkel neben dem Kamin erhebt sich der riesige Sessel mit der in Form einer Nische gekrümmten Rückenlehne, den Madame Du Deffand ihr Faß nennt und in dem sie ihre Sitzungen abhält. Das gemeinsame Schicksal des Erblindens wird Montesquieu mit Madame Du Deffand verbinden.

Montesquieus familiäre Sorgen, sein Bestreben, seine Kinder so unterzubringen, daß ihre Zukunft und die seiner Ahnenreihe gesichert sind, seine Geldprobleme, die Verwaltung seiner Güter, die Beziehungen zu seinen Freunden in Paris und in der Region von Bordeaux sowie dieses alles in allem sehr glanzvolle Gesellschaftsleben, das er in Paris führt, halten ihn nicht davon ab, seine philosophische und schriftstellerische Laufbahn weiterzuverfolgen. Der Lebensabschnitt von seiner Rückkehr aus England im Jahre 1731 bis zur Veröffentlichung des *Geistes der Gesetze* im Jahre 1748 ist die Phase, in der er den größten Teil seiner Zeit der intellektuellen Arbeit, dem Nachdenken und dem Recherchieren für seine Unterlagensammlung vorbehält. Zwei Daten stecken diese lange Etappe ab: das Jahr 1734 mit den *Betrachtungen über die Ursachen von Größe und Untergang der Römer* und das Jahr 1748 mit dem *Geist der Gesetze*, zwei Werke, welche die intellektuelle Persönlichkeit ihres Autors für immer kennzeichnen.

Die lange Reise durch Europa hatte die literarische Arbeit Montesquieus unterbrochen, ihm jedoch auch die Möglichkeit gegeben, seine Inspirationsquellen zumindest teilweise zu erneuern und seine Dokumentation über Sitten und Gebräuche zu vervollständigen. Zurück in La Brède, hält er in den *Gedanken* Aufzeichnungen fest, die mit »Tagebuch« oder »Bibliothek«, »Spanisches Tagebuch« oder »Spanische Bibliothek«, »Der Fürst« oder »Die Fürsten« überschrieben sind; dieser unvollendet gebliebene Buchentwurf sollte ihm ermöglichen, einer imaginären Person namens Zamaga Meinungen über verschiedene Themen zuzuschreiben, die in erster Linie Spanien betrafen. Der recht diffuse Komplex enthielt, R. Shackleton zufolge, einen Teil der Materialien, die ursprünglich für die *Abhandlung über die Pflichten* bestimmt waren; ebenso umfaßte er wahrscheinlich die *Betrachtungen über die Reichtümer Spaniens*. Und auch für die *Betrachtungen über die Römer*, für *Arsakes und Ismenie* und den *Geist der*

Gesetze wurden einige der Materialien benutzt, die ein einfaches Reservoir von losen oder skizzierten Gedanken eines umfangreicheren Werkes darstellen, dessen Konturen unzureichend definiert sind und das immer im Planungszustand bleiben wird; es zeugt von der Arbeitsmethode Montesquieus, der alles notiert, was ihn interessiert, ohne vorher eine Idee oder einen Plan gefaßt zu haben, gleich der Biene, die Nektar von allen Blüten sammelt und ihren Honig aus unterschiedlichen Arten produziert.

Auch wenn Montesquieu Spanien nie besucht hat, erweckte es stets sein Interesse. Die Nähe der Iberischen Halbinsel zu Bordeaux reicht dabei nicht aus, um seine Neugier zu erklären. In Berwick, in dessen Sohn, dem Herzog von Liria, der lange in Madrid stationiert war, im Abbé von Livry und dem in Rom im Exil lebenden Alberoni, den er in Italien kennengelernt hatte, besaß er verläßliche Informanten, die über die Winkelzüge der Politik eines Landes auf dem laufenden waren, das, ungeachtet der Erinnerungen an Karl V. und Philipp II., kein beständiger Feind mehr war, seitdem ein Bourbone auf dem Thron saß. Andererseits war Bordeaux Reisestation der französischen und spanischen Prinzessinnen gewesen, als der Herzog von Bourbon, auf Anraten von Madame de Prie, beschlossen hatte, die Ehen zu lösen; der Vertrag von Sevilla hatte dann 1729 die freundschaftlichen Beziehungen zwischen den beiden Ländern wiederhergestellt. Bei Montesquieu findet sich nirgendwo eine systematische Darstellung der spanischen Welt, doch sein Werk ist durchsetzt von Überlegungen, Zitaten und Beispielen zur Geschichte Spaniens und seines westindischen Kolonialreichs.

Der LXXVIII. *Persische Brief*, »die Abschrift eines Briefes, den ein Franzose aus Spanien hierhergeschickt hat«, ist inspiriert von Madame d'Aulnoys *Bericht von der Reise durch Spanien*, den er korrigiert und abschwächt; in knappen, erheiternden, nicht sehr ernsthaften Zügen werden die Spanier beschrieben: »Die Brille läßt demonstrativ erkennen, daß ihr Träger ein vollkommener Gelehrter ist, der sich derart in tiefschürfende Lektüre vergräbt, daß sich sein Augenlicht verschlechtert hat; jede Nase, die mit einer Brille geziert oder belastet ist, kann unstreitig als eine Gelehrtennase angesehen werden«; das gleiche gilt für folgende Attacke gegen die Inquisition: »Sie verfügen über gewisse Höflichkeitsgesten, die in Frankreich unangebracht erschienen: Zum Beispiel schlägt ein Offizier niemals seinen Soldaten, ohne ihn zuvor um Erlaubnis gebeten zu haben, und die Inquisition verbrennt nie einen Juden, ohne sich dafür bei ihm zu entschuldigen.« Doch Montesquieu widmet Spanien auch ernstgemeintere Äußerungen. 1724 schreibt er die *Betrachtungen über die Finanzwirtschaft Spaniens*, die er im Club de l'Entresol vorgestellt haben soll; ihr ursprünglicher Titel lautete: *Über die Hauptursache für den Niedergang Spaniens*. Im *Geist der Gesetze* gibt es zahlreiche Anspielungen auf Spanien, so im 22. Kapitel des XXI. Buches, das die Überschrift »Reichtümer, die Spanien aus Amerika zieht« trägt. Einen wichtigen Platz nimmt das Land auch in den *Überlegungen zur universellen Monarchie* ein, die Montesquieu 1734 drucken ließ und danach so gut beseitigte, daß nur noch ein Exemplar existiert, das in der Bibliothek von La Brède aufbewahrt wird. Die kurze Abhandlung zeigt, daß es wegen der Veränderungen zwischen militärischer Macht und Wirtschaft immer schwieriger wird, eine universelle Monarchie einzurichten, die im Laufe der Geschichte ein paarmal kurz vor ihrer Verwirklichung stand, jedoch stets scheiterte.

In dieser Studie, die Montesquieus Zeitgenossen vorenthalten blieb, finden sich etliche Vorstellungen, die im *Geist der Gesetze* wiederauftauchen und als charakteristisch für Montesquieus Denken angesehen werden. R. Shackleton faßt sie so zusammen: »Die Klassifizierung in nordische und mediterrane Nationen mit ihren unterschiedlichen, klimatisch bedingten Eigentümlichkeiten; die Unterscheidung zwischen der auf Gesetzen gegründeten und der willkürlichen Herrschaft; der unnatürliche Charakter der despotischen, unbegrenzten Macht; das Lob der Freiheit; das Beharren auf der Tatsache, daß der Reichtum eines Landes auf seiner Produktivität basiert und kostbare Materialien nichts weiter als Symbolwert besitzen; und schließlich – die einzige Vorstellung, die nicht nur beiläufig geäußert, sondern in einer gewissen Ausführlichkeit entwickelt wird – die Tatsache, daß das Wesen einer Regierung von der Größe seines Territoriums abhängt.«

Die Aufmerksamkeit, die Montesquieu Spanien und seinem Kolonialreich entgegenbringt, ist nicht nur anekdotisch: Sie bietet dem Historiker, Wirtschaftsexperten und Soziologen eine europäische und eine amerikanische, das heißt eine doppelte Erfahrung, die ungeheuer reichhaltig und belehrend ist. Montesquieu ist nicht nur ein Theoretiker der Gesetze und Institutionen. P. Barrière hat gezeigt, daß sein Stoff viel lebendiger ist: »Die rechtliche und politische Geschichte ist für ihn nur die Einleitung einer umfassenderen Geschichte der Gesellschaften, deren Dasein in seiner Totalität betrachtet wird, besonders in den Bereichen der Religion, der Moral und der Wirtschaft, die dieses Dasein in seinen Augen unmittelbar bestimmen. Um die Gegenwart zu begreifen und die Zukunft vorzubereiten, ist es nötig, ihre Entstehung sowohl Schritt für Schritt aus der Vergangenheit heraus zu verfolgen, als auch die verschiedenen Völker im Vergleich zu prüfen; es ist also zweckmäßig, die großen nationalen – aus der intellektuellen Solidarität heraus, die alle Menschen eint, könnte man auch sagen – die großen internationalen Wechselfälle zu untersuchen[31].« Spanien bot Montesquieu durch seine Geschichte in Europa und jenseits der Meere ein riesiges Beobachtungsfeld, das er nicht vernachlässigen konnte, ohne seinen Überlegungen wesentliche Elemente vorzuenthalten; man kann nur bedauern, daß sein mehrfach skizziertes Buchprojekt zu Spanien nicht vollendet wurde.

Die in seinem Werk verstreuten Abschnitte und Fragmente gestatten es jedoch, Montesquieus Vorstellungen zur Geschichte, zu den Sitten und zur Politik Spaniens nachzuvollziehen; es finden sich auch einige Anspielungen auf seine Literatur, doch keinerlei Hinweise zur spanischen Kunst, die er nicht zu kennen scheint. Die treibende Kraft des spanischen Aufstiegs ist sein aus den Schätzen Westindiens gezogener Reichtum; doch als seine Macht zur vollen Entfaltung gelangt, verfällt sie auch schon wieder und bricht zusammen. Diesen Prozeß will sich Montesquieu mit folgenden Mitteln erklären: durch das Studium einiger großer Persönlichkeiten der spanischen Geschichte, in erster Linie der von Karl V. und Philipp II., durch die Analyse des Volkscharakters unter Berücksichtigung der klimatischen Einflüsse, durch die Feststellung des Reichtums an natürlichen Ressourcen, der ihm zufolge in Spanien größer als in Frankreich ist, und vor allem durch die Erfassung der zahllosen Möglichkeiten, die seine Kolonien bieten; der durch sie verursachte künstliche Kapitalzufluß hat in seinen Augen die Trägheit nur noch verschlimmert, die eigentlich andere, vor allem religiöse Ursachen habe. Denn er ist der Ansicht, daß Spanien unter kirchlichen Mißständen leidet und die Untaten der Inquisition, besonders in Westindien, ein unauslöschlicher Fehler waren, da ihre Grausamkeiten die Würde des Menschen angetastet haben, wie er in der *Abhandlung über die Pflichten* schreibt: »Ich würde lieber nicht mehr über diese Eroberung [Westindiens] sprechen; ich kann die Lektüre dieser blutdurchtränkten Geschichten nicht ertragen... Die Siege der Spanier erhöhen den Menschen nicht, während ihn die Niederlagen der Inder erbärmlich demütigen.« Die Bücher, die er zu Rate zog, erklären zum Teil die düstere Darstellung, die er in seinen Schriften von der spanischen Welt gibt.

*

Schon in seiner Jugend, als er noch Schüler in Juilly war, zeigte Montesquieu, wie seine unter dem Titel *Historia romana* zusammengefaßten Schulaufzeichnungen belegen, großes Interesse für die römische Geschichte. Kurz nach seiner Aufnahme in die Akademie von Bordeaux las er am 18. Juni 1716 eine *Abhandlung über die Politik der Römer in Glaubensfragen*; 1722 stellte er im Club de l'Entresol den *Dialog zwischen Sulla und Eukrates* vor. Seine Reise nach Italien und seine beiden Rom-Aufenthalte ermöglichten es ihm, eine Vergangenheit zu entdecken, von der er bis dahin nur oberflächliche, im wesentlichen angelesene Kenntnisse besaß. In England begegnete er Nathanael Hooke, der seine *Römische Geschichte von der Gründung Roms bis zum Untergang des Commonwealth* vorbereitete, die erst zwischen 1738 und 1764 veröffentlicht werden sollte.

Die Lektüre Machiavellis, den er in Italien und England wiederentdeckte, regte Montesquieu dazu an, über den Einfluß und die Grenzen der politischen Persönlichkeiten in der Geschichte der Staaten nachzudenken; er läßt sich von den *Abhandlungen* und vom *Fürst* inspirieren und verleiht Machiavellis Anschauungen eine moderne Richtung; sein Einfluß ist jedoch vielschichtig und nur schwer einzuschätzen. Levi-Malvano[32] stellt fest, daß Montesquieus Reaktionen auf Machiavelli nuancierter sind, als man auf den ersten Blick meinen kann; seine Haltung ist mehrdeutig, denn obwohl er dem Florentiner Lobsprüche vorbehält, mit denen er nicht gerade sparsam umging, verurteilt er den Machiavellismus in einer Passage des Manuskripts des *Geistes der Gesetze*, die nicht in die Ausgabe von 1748 übernommen wurde: »Doch es ist Machiavellis Wahnsinn, den Fürsten zur Erhaltung ihrer Größe Prinzipien an die Hand gegeben zu haben, die nur für die despotische Herrschaft notwendig, in der Monarchie aber nutzlos, gefährlich und nicht einmal anwendbar sind. Das rührt daher, daß er ihr Wesen und ihre Unterschiede nicht gut kannte, was seinem großen Geist nicht entspricht.« Einer Hypothese von A. Bertière[33] zufolge soll Montesquieu Machiavelli nur aus zweiter Hand gekannt haben, und zwar über die *Lobrede auf Machiavelli,* die der Kanoniker Louis Machon im 17. Jahrhundert verfaßt hatte, als er zur Zeit der Fronde-Aufstände in der Guyenne wohnte; sein Text soll in die Hände Montesquieus geraten sein, der auf diesem Wege einen sehr eigenartigen Eindruck von dem Florentiner gewonnen hätte.

Fasziniert von der englischen Verfassung, hatte Montesquieu auch die Artikel aus dem *Craftsman* gelesen, welche die Analogien zwischen der römischen und der englischen Geschichte hervorhoben. Nach seiner Rückkehr nach La Brède hielt er im *Spicilège* (561 bis 563) eine Liste von Werken fest, die er lesen wollte und unter denen sich zahlreiche Bücher über die römische Geschichte befanden. Er hatte also ein Verzeichnis der zu konsultierenden Quellen angelegt und ein Arbeitsprogramm aufgestellt, dem er sich zwischen 1731 und Ende 1733 fast ausschließlich in verbissener, mühsamer Arbeit widmen sollte, die durch die innere Ruhe erleichtert wurde, die er in La Brède genoß. Jean-Baptiste de Secondat bestätigte, daß sich sein Vater damals »einer endlosen Lektüre« hingab, »mit der er in England begonnen hatte«.

Montesquieu wollte ein seriöses Werk veröffentlichen, das imstande war, bei Freunden und Gegnern die Erinnerung an seine Jugendwerke auszulöschen. Er entschloß sich, zwei Jahre in Bordeaux und La Brède zu verbringen, um die *Betrachtungen* zu schreiben. 1734, nach ihrer Veröffentlichung, wird ihm Madame de Tencin seine lange Abwesenheit von Paris vorwerfen; was sie ihm schreibt, trifft genau auf diesen Zeitabschnitt zu: »Mein kleiner Römer, ich bin entsetzlich beunruhigt über die Vorliebe, die Sie für Ihre Heimat zu haben scheinen. Es ist richtig, daß Sie dort über mehr Grund und Boden verfügen als hier. Doch es stimmt auch, daß Sie hier einen Platz im Herzen unzähliger ehrenwerter Leute haben, die Sie für dieses Mehr an Terrain, das sie anderswo besitzen, entschädigen können. Ich teile Ihnen mit, was Saint-Evremond zu einem seiner Freunde sagte: Für Leute mit einem gewissen Verdienst gibt es nur die Hauptstädte als Aufenthaltsort, wobei sich die Hauptstädte, ihm zufolge, auf Paris, London und Rom, meiner Ansicht nach jedoch allein auf Paris beschränken. Ich gestehe Ihnen gerne zu, daß Sie bei sich zu Hause Werke verfassen, und gehe davon aus, daß diese wirklich nutzbringend sind und Sie völlig dem Angenehmen entsagen. Zu was sollen Ihnen schon Annehmlichkeiten dienen, die Sie mit Sicherheit nicht genießen werden? Denn, noch einmal, Sie sind nicht dafür geschaffen, in Bordeaux zu leben. Ich bin sogar davon überzeugt, daß Sie dort trotz Ihrer Sanftmut und Ihrer Liebenswürdigkeit gar nicht so geliebt werden wie hier. Unter Mitbürgern herrscht ein Neid, der stärker ist als Verdienst, Gefälligkeit und Güte. Es braucht nur wenig, daß man Sie dafür haßt, daß Sie mehr Verpflichtungen als ein anderer haben. Hier besitzt der Neid nicht so viel Einfluß; man vermischt sich eher und ist weniger verleitet, sich zu vergleichen; im übrigen kann man sich seine Gesellschaften und Freunde aussuchen und sicher sein, daß man dort vom Rest der Welt unbehelligt bleibt.«

Montesquieu arbeitete allein; allem Anschein nach verfügte er zu dieser Zeit über keinen Sekretär. Folglich muß eine Anekdote verworfen werden, die in der Phantasie Bernadaus entstanden und von Vian übernommen worden ist; ihr zufolge soll ihm ein Benediktiner aus Saint-Maur zur Seite gestanden haben; aus Unzufriedenheit über sein Klosterleben sei er zwei Jahre lang in Zivilkleidung in la Brède untergetaucht und habe sein Asyl damit bezahlt, daß er für die *Betrachtungen* recherchierte.

Anfang 1733 ist das Werk vollendet; Montesquieu begibt sich im Mai nach Paris, um nach Möglichkeiten zu suchen, es verlegen zu lassen. Da er gewillt ist, den Komplikationen und dem Ärger mit der Zensur aus dem Weg zu gehen, beschließt er – wie schon 1721 die *Persischen Briefe* – auch dieses Buch in Holland drucken zu lassen und sich auf Vermittlung des Botschafters der Generalstände in Paris, Abraham Van Hoey, an Jacques Desbordes zu wenden. Schon am 28. September 1733 weist Montesquieu in einem Brief an Lady Hervey zum erstenmal auf die baldige Veröffentlichung der *Betrachtungen* hin: »Sie werden das Erscheinen eines Buches erleben, das gegenwärtig in Holland gedruckt wird. Ich wollte, so wie früher, unerkannt bleiben, doch das Geheimnis ist durchgesickert. Sie würden mir eine Freude machen, mir Ihre Ansicht mitzuteilen, denn ich fühle mich weder imstande, daraus ein gutes noch ein schlechtes Werk zu machen. Sein Titel lautet: *Betrachtungen über die Ursachen der Ausdehnung der Römer und ihres Untergangs.*«

Auch wenn der Titel noch nicht endgültig festgelegt war, so drehten sich die Pressen, und die Korrekturfahnen erreichten ihn regelmäßig. Montesquieu wollte sich nach allen Seiten absichern und bat seinen Freund, Pater Castel, den Text noch einmal durchzulesen und ihm die Passagen zu nennen, die geeignet wären, ihm Schwierigkeiten zu bereiten. In *Der moralische Mensch im Gegensatz zum physischen Menschen* erinnert Pater Castel daran, wie er sich diesen heiklen Auftrag zu Herzen nahm und zur Zufriedenheit seines Freundes ausführte: »Monsieur de Montesquieu bat mich, sein Werk über die *Größe der Römer* gewissenhaft zu korrigieren; er spürte wohl, daß mein Charakter und mein Glauben etliche verbesserungswerte Dinge auffinden würden ... Mit diesen eher religiösen, moralischen und philosophischen als literarischen, historischen oder grammatikalischen Korrekturen beauftragte er mich. Für letztere brauchte er mich nicht; er war zu höflich, um mir die einfache typographische Korrektur von Druckfehlern aufzubürden, die ich dennoch vornahm. Es gab nicht ein Blatt des ersten Probeabzugs, das nicht durch meine Hände ging; nicht eins, wo ich nicht die aufrichtige Freiheit, exakt und gewissenhaft sein wirklicher Freund zu sein, ergriffen hätte. Ein angeblicher gemeinsamer Freund wollte meine Freiheit mitten im Werk unterdrücken. Der Autor bat mich, bis zum Ende weiterzumachen. Und das Werk erschien ohne Beanstandung, so wie ich es legitimiert oder eines adeligen Autors für angemessen erachtet hatte, der überdies ein großer, würdevoller Jurist ist.«

Mehrere Briefe von Pater Castel zeugen von der Sorgfalt, mit der er die Fahnen der *Betrachtungen* las und korrigierte; er teilte Montesquieu seine Anmerkungen mit und schlug ihm Verbesserungen in Punkten vor, die ihm möglicherweise Schwierigkeiten bereiten könnten, auch wenn er ihm riet, nicht »so viele Korrektive und Rücksichtnahmen« vorzusehen. Im März 1734 schreibt er an Montesquieu, der ihm nach Einwänden, die wir nicht kennen, vorgeschlagen hatte, seinen Text neu zu bearbeiten; Pater Castel beharrt hier auf zwei Problemen. Die erste Passage betrifft die geistige Autorität der Kirche und die Begriffe »mönchisch, Mönchstum«. Während er Montesquieu zu seinen Verbesserungen beglückwünscht, fährt P. Castel fort: »Ich kann den von Ihnen gefaßten, großzügigen Entschluß, alles abzumildern, nur gutheißen. Eine Person Ihres Namens, Ihrer Stellung und, wenn Ihre Bescheidenheit es erlaubt, Ihres Verdienstes, schuldet sich selbst gegenüber große Rücksichtnahme. Viele Schöngeister und vornehme Leute würden es gerne sehen, wenn das von ihnen so genannte mönchische Fußvolk von oben herab behandelt und selbst der geistliche Stand mitsamt Päpsten und Bischöfen ein wenig kritisiert wird. Das entspricht genau dem Geschmack von heute. Es ist jedoch wahr, daß sich die Personen, die einen gewissen Stand innehaben, solche Beleidigungen nur in Unterhaltungen erlauben und daß alles, was davon in die Öffentlichkeit dringt, nur von einigen kleinen Autoren stammt, die verwegen und anonym sind, jung und anstößig.«

Um Montesquieu zu veranlassen, eine andere Passage abzuschwächen, spricht ihm Pater Castel zuerst seine Anerkennung dafür aus, daß er sich seine Ratschläge besonnen anhört und berücksichtigt: »Ich kenne nichts Würdevolleres als Ihre Leichtigkeit, mit der Sie all diese Mäßigungen annehmen und selbst über das absolut Notwendige hinausgehen. Ich werde diese Leichtigkeit vielleicht mißbrauchen, wenn ich mir die Freiheit herausnehme, Ihnen noch ein kleines Bedenken zu unterbreiten, das Ihnen jedoch meine völlige Unparteilichkeit beweisen wird, sowie die Tatsache, daß ich für nichts eingenommen bin außer für Sie.«

Pater Castel überprüft damals folgende, von Montesquieu vorgeschlagene Verbesserung: »Das Schisma der Griechen war vor allem gefährlich, weil die Unruhen bei ihnen nicht mehr durch die Autorität der abendländischen Kirche beschwichtigt wurden.« Dieser Satz läßt ihn Einwände vorbringen, die uns haarspalterisch erscheinen mögen; sie bezeugen jedoch den Wunsch, seinem Freund Kritiken zu ersparen, die eine böswillige Interpretation auslösen könnte: »Diese Passagen könnten Ihnen nicht die Feindschaft der Päpste eintragen, jedoch die des französischen Klerus. Vielleicht schieße ich über das Ziel hinaus und meine Beobachtung ist übertrieben. Wenn Sie sagten: durch die Autorität der Kirche, ganz kurz, würden Sie sicher mit niemandem aneinandergeraten; wenn Sie hingegen von der abendländischen Kirche sprechen, schreiben Sie dem Papst die Unfehlbarkeit zu, die man in diesem Land bestreitet; denn mir scheint, es gibt keinen Kompromiß zwischen den beiden Ansichten, welche die unfehlbare Autorität einerseits der Weltkirche und andererseits dem Papst zubilligen. Da Sie diese Autorität nun aber der abendländischen Kirche zugestehen, schließen Sie die orientalische Kirche und damit die Universalität aus. Sie spüren wohl, daß sich die abendländische Kirche nur über den Papst Autorität gegenüber der orientalischen Kirche anmaßen kann, was Sie ja im Grunde auch sagen wollen. Das ist theologische Subtilität. Doch bewundern Sie meine Unparteilichkeit; denn ich, der ich die Ehre habe, zu Ihnen zu sprechen, ich persönlich glaube an die Unfehlbarkeit des Papstes. Doch da ich weiß, daß es sich um keine bindende Doktrin handelt und in Frankreich die meisten Katholiken anders denken, meine ich, aus einer gewissen Rechtschaffenheit heraus die Pflicht zu haben, Sie darüber zu unterrichten, um dem Vertrauen zu genügen, mit dem Sie mich ehren wollen.« Montesquieu hält sich an Pater Castels Ratschläge und verändert seinen Text so: »Vor langer Zeit hatte ein unglückliches Schisma einen unversöhnlichen Haß zwischen den Nationen der beiden Riten entfacht.«

Noch bevor das Buch auf dem Markt ist, bereitet Pater Castel eine Zusammenfassung für den *Journal de Trévoux* vor. Er kündigt Montesquieu an, wie und in welchem Sinne er diesen Text schreibt: »Wenn Ihre Fahnen bald korrigiert zurückkommen sollten, werde ich auf sie warten; andernfalls könnte ich sie immer noch einmal durchlesen, um das System und den Geist des Werkes richtig aufzunehmen, denn ich wäre nach meinem Dafürhalten in der Tat nicht imstande, eine solche Zusammenfassung zu schreiben, ohne ein so kluges, auserlesenes Werk fast auswendig zu können. Ich gestehe Ihnen, daß ich über Themen, welche die Mühe lohnen und mich interessieren, nicht ein Wort schreiben könnte, wenn ich nicht ständig das Werk im ganzen und im einzelnen im Kopf, so wie wenn ich es läse, präsent hätte. Ich würde Ihnen verraten, was ich jeden Tag beim Schreiben empfinde, wenn ich Ihnen sagte, daß von jedem Punkt des Werkes ein Strahl ausgehen muß, der bis in die Spitze meiner Feder reicht.«

Einige Tage später kommt Pater Castel auf eine andere Passage der *Betrachtungen* zu sprechen, die dem Kaiser Julian gewidmet ist; über ihn legt Montesquieu ein Urteil ab, mit dem er sich Schwierigkeiten einhandeln könnte. »Dieser Fürst«, schreibt Montesquieu im XVII. Kapitel, »verjagte die Barbaren durch seine Klugheit, seine Wirtschaft, sein Verhalten, seinen Wert und eine fortwährende Folge heroischer Taten; der Schrecken seines Namens hielt sie im Zaum, solange er lebte.« Pater Castel empfiehlt seinem Freund, seinen Text nicht zu ändern, »zumal das, was Sie an seine Stelle setzen, vielleicht mehr aussagt, als dort steht. Man wäre überraschter, in Julian einen Helden zu erblicken, als ihn mit Klugheit und Beharrlichkeit ausgestattet zu sehen. Wenn eine Sache gedruckt ist, muß man handfeste Gründe haben, um darauf zurückzukommen, vor allem wenn es um etwas so Entferntes geht«. Dennoch handelte es sich hierbei um einen wichtigen Punkt, der während der Auseinandersetzungen um den *Geist der Gesetze* Polemiken hervorrufen sollte. Montesquieu war mit Montaigne einer Meinung, der in den *Essays*[34] schreibt: »In Wirklichkeit war er ein sehr großer, außergewöhnlicher Mann, gleich dem, dessen Seele mit Reden über die Philosophie durchtränkt war, zu denen er sich offen bekannte, um mit ihnen alles Handeln zu bestimmen; und wirklich, es gibt nicht eine Art von Tugend, für die er nicht bemerkenswerte Zeugnisse zurückgelassen hätte.« Montesquieu hat stets große Bewunderung für Julian zum Ausdruck gebracht, über den er sich im *Geist der Gesetze*[35] in Lobreden ergeht: »Lassen Sie für einen Moment die geoffenbarten Wahrheiten beiseite; suchen Sie in der ganzen Natur und Sie werden keinen größeren Gegenstand finden als die Antoniaer; Julian, selbst Julian (eine derartige Zustimmung wird mich nicht zu seinem Komplizen beim Abtrünnigwerden machen), nein, es gab nach ihm keinen Fürsten, der würdiger war, die Menschen zu regieren.« Für Montesquieu »war Julian kein Abtrünniger; denn man könnte kein Christ sein, ohne dem Heidentum abzuschwören, doch man kann Heide sein, ohne dem Christentum zu entsagen: das Heidentum nimmt alle Sekten auf, selbst die Intoleranten«.

Die Briefe von Pater Castel an Montesquieu, deren Antworten leider verlorengegangen sind, erlauben es, den Dialog der beiden Männer zu rekonstruieren und ihre gemeinsame Sorge zu verstehen, unter Respektierung des Montesquieuschen Denkens die Fassung zu finden, die am wenigsten Anlaß zu falschen Interpretationen und haltlosen, tendenziösen Vorwürfen bietet, um den Angriffen der rechtlichen und religiösen Zensur zu entgehen, die beide gleichermaßen gefürchtet und pedantisch waren; war die Zensur erst hellhörig, konnte sie Montesquieu nur Ärger und Komplikationen bereiten, ihm, der seine geistige Freiheit bewahren wollte, ohne sich Maßnahmen auszusetzen, deren Schärfe er nicht schätzte.

Die Vorsichtsmaßnahmen, die Montesquieu traf, um zumindest bis zur Verbreitung des Buches anonym zu bleiben, stellten sich als nutzlos heraus. Am 15. April 1734 schrieb Abbé Le Blanc an Präsident Bouhier: »Das Buch von Präsident von Montesquieu über die *Ursachen des Fortschritts und des Untergangs des römischen Kaiserreichs* wird in Kürze in Holland erscheinen, wo es gedruckt wird; wir werden es alsbald haben.« Das Buch kam im Juni in den Verkauf; schon am 3. informierte Le Blanc Bouhier: »Man hat mir versichert, daß das Erscheinen dieser Ausgabe nicht erwünscht ist; man verlangt vom Autor, einige Veränderungen vorzunehmen. Ich werde bald wissen, was davon zu halten ist; denn ich muß gleich beim englischen Botschafter mit dem Autor zu Abend essen.« Die Abschwächungen, die Montesquieu auf Anraten Pater Castels vorgenommen hatte, schienen den Behörden nicht auszureichen; sie setzten den Autor unter Druck, damit er in Paris eine zwangsläufig überarbeitete Ausgabe mit königlicher Sonderbefugnis herausbrachte. Ein Exemplar, das in der Stadtbibliothek von Bordeaux aufbewahrt wird, zeugt von den Pressionen, denen Montesquieu ausgesetzt war: Die Passagen über den Selbstmord sind gestrichen und die dadurch verursachten Leerstellen mit einem gedruckten Blumenornament ausgefüllt; zudem fallen etliche Ersatzblätter ins Auge. In der Passage über den Selbstmord im XII. Kapitel, die er mehrmals überarbeitet hatte, schrieb Montesquieu: »Man könnte eine große Leichtigkeit in der Ausführung hinzufügen: die Seele, die völlig von der Tat in Anspruch genommen ist, die sie auslöschen wird, sieht nicht den Tod an sich; denn die Leidenschaft läßt einen fühlen und niemals sehen.« Pater Castel billigte diese letzte Version: »Denn es stimmt, daß die Stelle des Freitodes ausreichend verbessert ist, da Sie sagen, daß ›die Leidenschaft einen nicht sehen, sondern fühlen läßt‹ und daß Sie die Vorstellung zurückweisen, man bringe sich aus Leidenschaft um. Ein kleines Wort hätte genügt, um jedem Verdacht, selbst der Kritik vorzubeugen. Doch es ist ganz und gar nichts zu fürchten, allerhöchstens ein Argwohn. Nichts als eine Bagatelle.«

Das Buch erscheint im Juli in Paris; am 20. teilt Abbé Le Blanc Bouhier mit: »Für das Buch von Präsident von Montesquieu wird mit Anschlägen geworben; verkauft wird es in Paris bei Huart in der Rue Saint-Jacques, jedoch mit vielen Ersatzblättern. Ich habe es gelesen und glaube nicht, daß es ihm dieselbe Ehre macht wie die *Persischen Briefe*.« Das Erscheinen von mindestens zwei Raubdrucken der Originalausgabe im Jahre 1734, die wahrscheinlich in Frankreich hergestellt worden sind, zeugen für den Erfolg des Werkes, der indessen nicht so aufsehenerregend war wie die Aufnahme der *Persischen Briefe*.

Pater Castel, der stets gut darüber informiert war, was im Verlagswesen ausgebrütet wurde, teilt Montesquieu im Juli mit, daß man in Paris, ohne sein Einverständnis, die Veröffentlichung einer Nachbildung der *Betrachtungen* vorbereite. Der Buchhändler Simon hatte Pater Castel um eine Abschrift des Buches gebeten, um es zu drucken; aus Vorsicht hatte ihm Pater Castel, mit Zustimmung Montesquieus, nur »den Titel und das Inhaltsverzeichnis« zukommen lassen, »um sie dem Justizminister zu bringen und so das Vorrecht zu erlangen, das Buch, sobald es erschiene, drucken zu lassen«. Nun meldete Simon Pater Castel aber, daß der Buchhändler Huart zehn Tage zuvor die Genehmigung »zum Druck des Buches« erhalten hätte und der Justizminister und sein Sekretär jeder eine Abschrift der *Betrachtungen* in den Händen hielten. Ohne zu wissen, wem diese Indiskretion zuzuschreiben war, drängte Pater Castel Montesquieu zu reagieren, um seine Rechte zu schützen: »Erlauben Sie mir, Ihnen zu sagen, daß es unter den gegebenen Umständen nicht zweckmäßig wäre, es zu erdulden, daß dieses Manöver ohne Sie zu Ende geführt wird; es hängt von Ihnen ab, sich dieser Genehmigung zu widersetzen und, indem Sie sich zum Autor erklären, sie dem zukommen zu lassen, den Sie bevorzugen, oder, was noch besser wäre, sie selbst zu nutzen; und deshalb bitte ich Sie, sich an meinen Buchhändler Simon zu erinnern.«

Montesquieus Freunde beeilen sich, ihn zu beglückwünschen, auch wenn sie ihm zu Vorsicht raten; so schreibt ihm Madame de Tencin zu einem Zeitpunkt, als die Einfuhr des Werkes nach Frankreich noch auf Schwierigkeiten stößt: »Ich glaube, man darf darüber weder mit dem Kardinal [Fleury] noch mit dem Kommandanten [Solar] sprechen, weil das die Aufmerksamkeit gewisser Leute auf Sie ziehen würde; Sie müssen noch einige Zeit im Hintergrund bleiben.« Doch dieser Rat zur Zurückhaltung kommt zu spät; der anonyme Autor ist bereits entlarvt worden; im übrigen erscheint einer der Raubdrucke mit den Initialen L. P. D. M. auf der Titelseite, die leicht zu entschlüsseln sind.

Dodart bittet Montesquieu am 24. Juli 1734, ihm »ein Exemplar der holländischen Ausgabe zu beschaffen«, was beweist, daß die Raubdrucke in Paris zu zirkulieren begannen; er fügt hinzu: »Allein die Freundschaft könnte mich veranlassen, mich eilfertig darum zu bemühen, dieses Werk anderweitig zu beschaffen, doch die Stimmen der Öffentlichkeit und der

Leute, deren Urteilsvermögen Sie achten, verstärken meinen Wunsch ungemein. Vielleicht werden Sie vorschlagen, eine Ausgabe einzusehen, die von den königlichen Herren Zensoren geprüft worden ist, anstatt der, die sie für ein wenig zu gewagt hielten, doch versetzen Sie sich in meine Lage, ich mich in die Ihre.« Dodart war nicht der einzige Vertraute Montesquieus, der ihm riet, Kontakt zur Obrigkeit aufzunehmen, um den Risiken einer Beschlagnahme des Werkes aus dem Weg zu gehen, indem er Erläuterungen zu den Passagen lieferte, die Kritik hervorrufen könnten. Auch Pater Castel ermutigte ihn dazu.

Die größte Begeisterung von allen Lesern äußerte Madame de Tencin, die einer ihrer Freundinnen, die nicht identifiziert werden konnte, schrieb: »Ich habe das neue Buch unseres Präsidenten wie einen Roman gelesen; mir ist nicht ein Wort entgangen; ja, meine Liebe, wir denken exakt dasselbe. Solange ich nur den Titel kannte, hegte ich Befürchtungen, daß mein Freund ein abgedroschenes Thema gewählt hatte. Jetzt bin ich sehr darüber erfreut; er hat damit nur deutlicher seine Überlegenheit gezeigt, in jeder Hinsicht. Es ist zu wünschen, daß die Geschichte der anderen Regierungen nach diesem Vorbild verfaßt wird; doch gleichzeitig läßt er mich verzweifeln. Welche Tiefe der Gelehrtheit, des Genies, der Meditation! Buch, Mensch, Ding, er hat alles gesehen, alles gelesen, alles abgewogen, alles gesichtet, eher als Gesetzgeber denn als Autor und ohne sich scheinbar beim Verfassen des Buches zu vergnügen. Er geht geradewegs zur Quelle, zur treibenden Kraft der Ereignisse. Wenn die Autoren, die er heranzieht, ihn lesen könnten, würden sie mindestens genauso viel von ihm profitieren, wie er vorher von ihnen; es werden die in Fragen der Weltgeschichte und der römischen Gesetze versiertesten Leser sein, denen er neue Erkenntnisse vermittelt und die ihn noch mehr bewundern werden.«

Nachdem er auf die »reizenden *Persischen Briefe*« hingewiesen hat, erinnert Desforges in einem Brief an Präsident Bouhier daran, daß ihm Montesquieu ein Exemplar der *Betrachtungen* geschenkt hat; den Stil des Autors kritisiert er als zu gerafft: »Vom Scherzhaften geht er mit Leichtigkeit zum Ernsten über; jeder gibt zu, daß seine *Betrachtungen* mit viel Geist, Beurteilungsvermögen und Gewandtheit geschrieben sind; doch mir scheint, daß er, indem er die Präzision des Tacitus annimmt, derselben Unverständlichkeit anheimfällt.«

Eine der Freundinnen Montesquieus, Madame Lefranc de Brunpré, teilt ihm am 1. August ihre Eindrücke mit: »Ich stehe sehr in Ihrer Schuld, Monsieur. Ich hätte mich früher für das Buch bedanken müssen, das Sie mir geschickt haben. Doch ich wollte Ihnen mitteilen, daß ich es gelesen habe, wofür ich mir, wie Sie mir empfohlen hatten, viel Zeit nahm. Auf diesem Wege kann ich Ihnen versichern, daß ich es verstanden habe und trotz seiner Erhabenheit stolz bin, Vergnügen an ihm gefunden zu haben.

Das ist vielleicht nicht das kleinste Lob, das Sie erhalten werden. Denn ich liebe als wahrhaft schwaches Weib die Einzelheiten und war gezwungen, die starke Frau zu mimen, um sie zu begreifen.«

Voltaires Urteil fällt in einem Brief vom November 1734 an Nicolas-Claude Thieriot besonders hart und gehässig aus: »Haben Sie das kleine, allzu kleine Buch gelesen, das Montesquieu über den Niedergang des Kaiserreichs geschrieben hat? Man nennt es den Niedergang Montesquieus. Es ist wahr, daß dieses Buch weit von dem entfernt ist, was es sein sollte; es enthält indessen viele Dinge, die lesenswert sind, und das macht mich noch wütender auf den Autor, der derart leichtfertig mit einem so bedeutenden Stoff umspringt. Das Buch ist voll von kurzen Überblicken. Es ist weniger ein Buch als ein einfallsreiches, in einem seltsamen Stil geschriebenes Register. Doch um sich voll und ganz über ein vergleichbares Thema auszulassen, muß man ungebunden sein.« Sieben Jahre später, am 2. März 1741, wird Voltaire an Präsident Hénault bezüglich des *Vergleichs von Römern und Franzosen* von Abbé Mably schreiben: »Ich hätte vermutet, er wäre von einem Bastard von Monsieur de Montesquieu verfaßt, der Philosoph und guter Bürger wäre.«

In England, wo Montesquieu über feste Freundschaften verfügt, werden die *Betrachtungen* mit Wohlwollen aufgenommen. Am 24. Juni 1734 kündigt ihm Pierre Coste an, daß sein Werk in London zum Verkauf ausliegt: »Endlich ist Ihr Buch in England zu haben, wo es verschlungen und allgemein begrüßt wird. Ein Buchhändler hat mir beteuert, daß Milord Carteret . . . es ihm gegenüber ausgiebig gelobt und alles in allem mit Genuß gelesen habe. Dasselbe kann ich Ihnen von einem Kritiker versichern, der scheinbar versucht hat, es anhand der Werke, die ihm in die Hände fielen, eher zu tadeln als zu loben: Er hat nichts gefunden, was er an Ihrem kritisieren konnte. Sie werden zugeben, daß diese Erklärung sehr aufrichtig ist, wenn Sie erfahren, daß es Monsieur Cleland war, der sie abgegeben hat . . . Ich sage Ihnen nicht, was ich selbst von dem Buch halte, da ich es nicht zu Gesicht bekommen habe und man es bei unseren Buchhändlern nicht mehr findet. Alles, was sie aus Holland bekommen haben, war in sehr kurzer Zeit vergriffen. Es werden neue Exemplare kommen; und dann werde ich es lesen und Ihnen unbefangen alles mitteilen, was mir dazu einfällt. Bereiten Sie alles für eine zweite Auflage vor.«

Zwei weitere Zeugnisse bestätigen den Erfolg des Buches in England. Am 25. August 1734 macht Sir Luke Schaub, der zwischen 1721 und 1724 Botschafter in Paris gewesen war, Montesquieu die beruhigende Mitteilung: »Ich will Sie, Monsieur und lieber Freund, keinen Augenblick in der Spannung des Zweifels belassen, dem Sie anzuhängen scheinen, ob es der Wert Ihres Werkes oder meine Freundschaft ist, die mich Gutes darüber äußern ließen. Geben Sie sich nicht die Mühe zu wählen; beides hat

Anteil daran gehabt. Ich hätte allem Anschein nach über das Werk gar nichts zu sagen gehabt, wenn ich Sie nicht gemocht hätte. Sein Titel allein hätte meine Neugier überhaupt nicht geweckt. Somit habe ich mich vor-eingenommen darangemacht, es zu lesen. Doch sobald ich die erste Seite gelesen hatte, war es nicht mehr nötig, Sie zu mögen, um fortzufahren, und ich hätte es mit derselben Befriedigung ausgelesen, wie wenn Poly-bios oder Machiavelli, die mir nie begegnet sind, seine Autoren gewesen wären. Ich kenne kein Buch über dieses Thema, das so zufriedenstellt; und ich schäme mich um so weniger, Ihnen das einzugestehen, als dies die Auffassung mehrerer meiner englischen Freunde ist, die nicht die Ihren sind, doch die es, glaube ich, würden, wenn Sie der Drohung nach-kämen, uns zu besuchen.«

Bulkeley findet das Buch seines Freundes trotz einiger Vorbehalte gut, wie er ihm am 5. Dezember 1734 schreibt: »Ich möchte Ihnen sagen, daß ich Ihr Buch gegen Ihren Willen gelesen habe, was mir um so mehr Freude bereitet hat, als ich Sie auf fast jeder Seite wiedererkannt habe; ich weiß nicht, warum Sie es so wenig schätzen, wie man mir sagte. Es ist nicht an mir, darüber zu befinden. Alle, die mit mir darüber gesprochen haben, meinten, daß es zu kurz gefaßt sei. Aber es ist ja keine Geschichte, die Sie schreiben; mit einem Wort, ich war sehr zufrieden damit und werde es noch mehr als einmal lesen.«

Als Pater Castel Montesquieu die Zusammenfassung schickt, die er für den *Journal de Trévoux* vorbereitet hat, weist er ihn auf seine Sorgen beim Schreiben hin: »Hier meine Zusammenfassung oder eher ihr Entwurf: Sie werden sie beurteilen, Sie werden sie sogar bitte mit Unnachsichtigkeit beurteilen. Ich habe nicht alles hineingebracht, worüber ich untröstlich bin. Dennoch ist sie zu lang; in einer Durchsicht werde ich vieles umar-beiten müssen, um sie auf zwei Drittel ihrer jetzigen Länge zu kürzen; denn ich rechne damit, daß sie sechzig Seiten in der Zeitschrift ergibt, und sie darf nur vierzig haben. Nur über eine Sonderbefugnis hat man mir erlaubt, wegen Ihrer Wertschätzung oder vielmehr in der Anerkennung der Güte des Buches diesen Umfang zu erreichen. Ich erwarte von Ihnen eine genaue Kritik dieser Zusammenfassung. Es gibt nur ein einziges Wort, das lobend klingt; doch ich habe es nicht in diesem Sinne verwen-det und würde es streichen, wenn ich ohne es imstande wäre, das meiner Ansicht nach unterscheidende Merkmal zwischen Ihrem Buch und den Gedanken von Monsieur de Saint-Evremond zu erhalten. Ich habe alles auf die Idee des Zentrums zurückgeführt, die Sie, wie ich wohl bemerkt habe, überall geleitet hat: Ich könnte den allzu philosophischen, vollkom-men systematischen Eindruck abmildern; in einem Resümee, in dem ich alles unterbringen will, ohne alles sagen zu können, muß ich den Umfang durch den Vorsatz aufwiegen, das heißt durch irgendeine kraftvolle, durchdringende Idee, die auf sich aufmerksam macht und alle anderen

Züge in der Beengtheit, in der sie sich befinden, deutlich wahrnehmbar erscheinen läßt.«

Weder diese erste Fassung des Resümees noch Montesquieus Reaktionen auf sie sind bekannt; die Zusammenfassung wurde, gekürzt auf achtunddreißig Seiten, 1734 in der Juniausgabe des *Journal de Trévoux* veröffentlicht, noch bevor in Paris die ersten Exemplare der *Betrachtungen* in den Verkauf gingen. Von den fünfundzwanzig französischen und ausländischen Zeitschriften, die in der Studie *Presse und Geschichte im 18. Jahrhundert. Das Jahr 1734* untersucht werden, haben nur vier eine Rezension der *Betrachtungen* publiziert. Der Platz, der dem Werk eingeräumt wird, ist äußerst begrenzt; so widmet ihm der *Mercure de France* im November 1734 lediglich eine Seite, auf der nur ein kurzer, oberflächlicher Abriß des Werkes gegeben wird. »Sie werden in ihm große politische Ausblicke finden«, schreibt der namentlich nicht genannte Journalist, »und eine große Kenntnis des menschlichen Herzens; wenn Sie gerne in großen Zügen denken, werden Sie dort auf Ihre Kosten kommen; man ist froh, zur rechten Zeit die Bücher zu lesen, die die Seele erheben, die uns Perspektiven der Regierung und des öffentlichen Rechts vermitteln und uns helfen, die Menschen kennenzulernen ...« Die Beurteilung des *Journal littéraire* aus Den Haag ist noch kürzer gefaßt: »Wir haben beim Durchblättern einiges Neue und Gewagte zusammen mit gesundem Menschenverstand entdeckt.« Madame de Tencin macht gute Miene zum bösen Spiel und versucht Montesquieu zu beweisen, daß diese Schroffheit auch ihr Gutes hat: »Das Resümee des *Journal littéraire* ist nicht weit genug gefaßt; im übrigen fällt es gut aus. Es ist sogar schmeichelhaft für Sie, daß Ihr Buch in dieser Ausgabe das einzige ist, das der Journalist nicht kritisiert.« Damit sind wir jedoch weit entfernt von den 331 270 Druckzeichen, die 1734 in der gesamten Zeitschriftenpresse der *Kritischen Geschichte* von Abbé Dubos gewidmet worden sind.

Montesquieu war zufrieden mit der Aufnahme seines Buches in der Öffentlichkeit, von dem weder die Auflagenhöhe der verschiedenen Ausgaben, noch die Zahl der verkauften Exemplare bekannt ist: »Der Erfolg dieses Buches hat meinen Ehrgeiz vollkommen befriedigt, da alle Kritiken, die darüber verfaßt worden sind, nach einmonatigem Dasein oder Winterschlaf in der ewigen Nacht des *Mercure*, mit den Rätseln und den Berichten der Zeitungsmacher begraben worden sind.«

Da sich Montesquieu in den folgenden Jahren ausschließlich den Vorarbeiten für den *Geist der Gesetze* widmen wird, kümmert er sich vorerst nicht um die Vorbereitung einer Neuausgabe der *Betrachtungen*, die der Kritik, die man an ihnen geübt hatte, und den Veränderungen, die er selbst für angebracht hielt, Rechnung tragen sollte. 1746 erschien in Amsterdam eine Ausgabe mit folgender vorangestellter Mitteilung des Buchhändlers J. Wetstein: »Wir haben dafür Sorge getragen, daß diese Ausgabe mit einer Aufmerksamkeit korrigiert wurde, die kaum besser zu handhaben ist, was für diejenigen, die sie der Ausgabe, die uns als Vorlage gedient hat, gegenüberstellen wollen, ein Grund mehr sein wird, sie zu bevorzugen.« Montesquieu selbst bereitete mit Sorgfalt eine neue, »vom Autor durchgesehene, verbesserte und erweiterte« Ausgabe vor, die letzte, die zu seinen Lebzeiten erschien; sie kam im März 1748 bei Huart et Moreau fils in Paris zusammen mit dem *Dialog zwischen Sulla und Eukrates* heraus. Präsident Hénault teilte Montesquieu umgehend seine Eindrücke zu dieser neuen Ausgabe mit: »Es ist ein Werk, das gleichermaßen zu den Philosophen und den Historikern gehört. Die Moral, die aus Tatsachen und Beweisführungen hervorgeht, spricht für eine ganz andere Überzeugung als diejenige, die allein auf Reflexionen basiert. Ich finde in Ihrem Buch von allem etwas, bis hin zu den Schönheiten der Dramaturgie. Ich hatte bisher nirgends den Schrecken verspürt, den die Römer hier in mir wachrufen. Ihnen zufolge gibt es auf der Erde keine Zufluchtsstätte vor ihrem Hochmut, und wie gewöhnlich sind stets die großen Männer die Opfer. Das bestärkt mich immer mehr in der Auffassung, daß der Heroismus die Geißel der Welt ist, wenn er nicht durch die Justiz gemäßigt wird.« Laut Madame de Tencin ist Fontenelles Heißhunger auf die Lektüre des *Geistes der Gesetze* »durch das Wiederlesen der *Römer*, von denen er wirklich begeistert ist, noch erhöht worden«.

Montesquieu hatte den Text dieser Ausgabe, die sich von den vorhergehenden durch stilistische Verbesserungen und vor allem durch Richtigstellungen von Gedanken und Tatsachen unterschied, sorgsam durchgesehen. Eine gewisse Zahl von Erläuterungen, die ergänzende Hinweise und sogar neue Entwicklungen enthalten, sind dem Text hinzugefügt worden. Die Änderungen haben das Werk um zweiundzwanzig Seiten verlängert. In den *Gedanken*[36] hielt Montesquieu »gestrichene Artikel des Buches *Von der Betrachtung der Größe der Römer*« fest, »die ich der neuen Ausgabe hinzugefügt habe oder die nicht für die Erweiterungen verwendet werden konnten. Das Gedruckte ist mit einem Kreuz markiert.« Man findet auch etliche Seiten mit Titeln wie: »Das konnte nicht in die *Römer* aufgenommen werden[37]«, »Überlegungen zum Fürsten, die für meine *Römer*, meine *Gesetze* und *Arsakes* nicht verwendet werden konnten[38]«, »Das konnte nicht in meine *Römer* aufgenommen werden[39]« oder »Fortsetzung der Materialien zu den *Römern*[40]«. Montesquieu überprüfte nicht nur den Stil seines Buches, sondern veränderte vor allem einige Passagen, wobei er die Materialien aufhob, die er weglassen oder zur Verwendung nicht für geeignet gehalten hatte[41].

Mit den *Betrachtungen* brachte Montesquieu 1734 ein solides Werk an die Öffentlichkeit, das trotz der Kritiken, die ihm nicht erspart blieben, dazu beitrug, seinen Ruf als kluger, bedächtiger Schriftsteller zu festigen. Zwischen 1734 und 1748 widmete er sich vollkommen dem *Geist der Ge-*

setze; keine andere Aufgabe unterbrach in dieser Zeit seinen Denkprozeß – es sei denn die Abfassung von *Arsakes und Ismenie* im Jahre 1742, mit der er Mademoiselle de Charolais gefallen wollte. Etliche seiner Freunde drängten ihn damals, seine Reise-Aufzeichnungen zu ordnen und zu veröffentlichen, doch er hatte, vollständig in sein großes Werk vertieft, weder die Zeit noch das Verlangen, sich dieser Arbeit zu widmen. In einer Antwort an Martin Ffolkes vertraut er ihm am 19. August 1738 an: »Was die Beobachtungen von Neapel betrifft, so gestehe ich Ihnen, daß ich seit der Rückkehr von meinen Reisen nicht die Zeit fand, ein Auge auf das zu werfen, was ich dort geschrieben habe, und selbst das ist die Mühe nicht wert«; am 6. Juni 1745 gibt er Monsignore Cerati eine ähnliche abschlägige Antwort.

Die *Betrachtungen* stehen im Kontext des großen Wandels, der es den französischen Historikern im Verlauf von fünfzig Jahren, zwischen 1690 und 1740, erlaubt hatte, die römische Geschichte zu studieren und geduldig nachzuzeichnen. Ein Wandel, der erst durch die Herausgabe solider Textausgaben antiker Autoren möglich geworden war. Zwischen 1600 und 1675 hatte sich eine Gruppe von Gelehrten, zu der Casaubon, Saumaise, Jacques Godefroy und andere gehörten, dieser Aufgabe angenommen. Viele dieser Texte und Geschichtswerke benutzte auch Montesquieu.

Wollte Montesquieu eine Geschichte Roms schreiben? Das Wort Geschichte taucht im Titel seines Buches nicht auf; in den gesammelten Aufzeichnungen der *Gedanken* verwendet ihn Montesquieu nie; er bedient sich verschiedener Begriffe: »mein Werk über die *Römer*«, »die *Römer*«, die »*Abhandlung über die Römer*«, »die *Betrachtungen über die römische Republik*«, »*Die römische Republik*«. Es gilt, sich an das vom Autor selbst definierte Programm zu halten und ihm keine Absicht zu unterstellen, die nicht die seine war. Warum sollte man sich, um Mißverständnisse, Sinnwidrigkeiten, falsche oder boshafte Interpretationen zu vermeiden, nicht an die Offensichtlichkeit halten, die durch den Titel des Werkes selbst so klar zum Ausdruck gebracht wird; seine genaue Lektüre hätte etliche Kritiker, angefangen mit Voltaire, davor bewahrt, sich in eine Sackgasse zu begeben, indem sie Montesquieu vorwarfen, ein Thema, das gar nicht das seine war, nicht oder nur unvollständig behandelt zu haben. Wie P. Barrière bemerkt, »ist Rom eigentlich nur ein Vorwand, ein Sonderfall menschlicher Wechselfälle, die experimentelle Bestätigung eines allgemeinen Werkes[42]«; er schreibt eher als Soziologe denn als Historiker.

Das Verstehen der *Betrachtungen* setzt die Kenntnis der Geschichte Roms, seiner Menschen, Institutionen und Sitten voraus. Wenn Rom und die Wechselfälle seiner Geschichte auch den Kern des Themas ausmachen, so sind sie ebenso Vorwand für Vergleiche mit späteren geschichtlichen Epochen und selbst mit zeitgenössischen Ereignissen. Indem Montesquieu gleichzeitig über Vergangenheit und Gegenwart nachdenkt und vom einen zum anderen übergeht, bemüht er sich, Konstanten und Gesetze der Geschichte ausfindig zu machen, wobei er der Ansicht ist, daß die Lehren früherer Zeiten, sofern sie ohne Voreingenommenheit untersucht werden, sich zumindest zum Teil auf die Gegenwart anwenden lassen. Die Gefahren des Anachronismus, die erhöht werden durch die Fehlinterpretation antiker Autoren, die Verwendung zweifelhafter, zu unkritisch geprüfter Dokumente und eine gewisse Neigung, unter widersprüchlichen Texten den auszuwählen, der in die vom Autor anvisierte Beweisführung und Schlußfolgerung paßt, sind nicht erfunden, und auch Montesquieu wußte ihnen nicht immer zu entgehen. Doch indem er von der Geschichte Roms ausging und über die Ursachen der Größe und des Untergangs dieses Kaiserreichs nachdachte, dessen Geschichte, Denken und Sprache seine Zeit so stark prägten, wollte er vor allem versuchen, allgemeingültigere Gesetze herauszuarbeiten, die auf alle Epochen und Länder anwendbar waren. Ein weitreichender, vielleicht maßloser Ehrgeiz, der jedoch als Keim den noch weitreichenderen Vorsatz des *Geistes der Gesetze* in sich barg; ein Stoff, der für einen einzelnen Menschen noch zu bewältigen war, trotz seiner Vorurteile und ungeachtet der lückenhaften Kenntnis einer Geschichte, dessen geheime Triebkräfte immer noch nicht alle bekannt sind.

Montesquieu schreibt sein Buch nicht als Gelehrter; seine Unkenntnis, ja seine Geringschätzung der *Geschichte der Kaiser* von Lenain de Tillemont, das damals fundierteste Werk über diese Epoche der römischen Geschichte, sind zu begreifen, wenn man zugesteht, daß er nicht versucht, eine Geschichte Roms zu schreiben, sondern über gewisse Aspekte dieser Geschichte nachzudenken. Sein Stil an sich, seine Sätze in der Prägnanz eines Tacitus, von denen viele als Aphorismen gelten können, der Aufbau in dreiundzwanzig Kapiteln, die ihrerseits in unzählige Paragraphen unterteilt sind, sowie das Heranziehen von Bildern und Vergleichen tragen dazu bei, dem Leser besser verständlich zu machen, daß er ihm Überlegungen darbietet, »Betrachtungen[43]«.

»Vom Geist der Gesetze«

Von 1734 an, und selbst in den Jahren vor der Veröffentlichung der *Betrachtungen* (bis 1748), das heißt gut fünfzehn Jahre lang, richtet Montesquieu seine Bemühungen auf die Verwirklichung des *Geistes der Gesetze*: Die vorbereitenden Arbeiten, das Schreiben, die fortwährenden Korrekturen des Manuskripts und schließlich der Druck des Werkes nahmen ihn derart in Anspruch, daß er Martin Ffolkes in einem Brief vom 19. August 1738 anvertraut: »Ich fange an, die Kraft zum Arbeiten zu verlieren; zum Glück verliere ich nicht die Lust.« Um seine Gesundheit ist es nicht immer gut bestellt; als er während des Sommers 1736 an Verdauungsstörungen leidet, kuriert er sie durch das Trinken von Spa-Wasser; doch sein Wille ist um so bemerkenswerter, als sich seine Sehfähigkeit von Jahr zu Jahr verschlechtert, was ihm größte Sorgen bereitet und ihn bei der Vollendung seiner Arbeit stark behindert.

Da er unter fortschreitender Kurzsichtigkeit litt, die eine chronische Entzündung seiner Augen hervorrief, benutzte Montesquieu Salben und Augenwasser; drei ihrer Rezepte, die er gerne an Freunde, die dasselbe Leiden plagte, weiterreichte, hielt er im *Spicilège* (342) fest. Zwei Porträts, eine 1744 in La Brède angefertigte Rötelzeichnung sowie die 1753 von Dacier gestochene Medaille, lassen nach Aussage des Arztes Chabé einen myopischen Exophthalmus erahnen, also eine fortgeschrittene Schädigung der Aderhaut. Wenn die Diagnose auch schwer zu erstellen ist, so ist gewiß, daß Montesquieus Sehkraft stets beeinträchtigt gewesen ist und sich das Übel mit den Jahren verschlimmerte. Schon 1742 vertraut er Barbot an: »Es stimmt mich traurig, schöne Dinge zu kennen, die ich in Angriff nehmen könnte, wenn ich Augen hätte.« Etliche Briefe zeugen vom Verlust seines Sehvermögens; so schreibt er am 16. Juni 1745 an Monsignore Cerati: »Man kündigt mir an, daß mein Papier ausgeht«, und beendet abrupt das Diktat seines Briefes; am 25. Februar 1746 teilt er dem Marquis von Maniban mit: »Ich bin sehr beschämt . . ., daß meine Augen mir nicht mehr erlauben, mit der Hand zu schreiben.«

Einer seiner Freunde, ein berühmter Augenarzt, der auch den Herzog von Orléans betreute, diagnostizierte Anfang 1747 im rechten Auge einen grauen Star, der ihm die Hoffnung auf einen befreienden chirurgischen Eingriff ließ, wie er am 31. März 1747 gegenüber Monsignore Cerati erklärt: »Ich habe entdeckt, daß sich auf dem guten Auge ein grauer Star gebildet hat; mein Fabius Maximus, Monsieur Gendron, sagt mir, daß er behandelbar ist und man den Fensterladen öffnen wird. Ich habe diese Operation auf nächstes Frühjahr verschoben.« Einige Monate später, im Juni 1747, teilt er Maupertuis seine Besorgnis in einem Brief mit, dessen gelöster Ton nur schwerlich über seine offensichtliche Erblindungsangst hinwegtäuscht: »Ich muß Ihnen von meinen Augen erzählen. Es hat sich so ergeben, daß sich auf einem ein grauer Star gebildet hat und zwar ausgerechnet auf dem, mit dem ich lesen konnte, denn mit dem anderen habe ich immer nur Gegenstände ausmachen können. Dieser natürliche Defekt, mit einem Auge besser als mit dem anderen zu sehen, ist weiter verbreitet, als man denkt, doch man schenkt dieser Tatsache keine Aufmerksamkeit. Mein grauer Star ist kurierbar, und mein Freund, Monsieur Gendron, meinte, daß ich gut daran täte, bis zum nächsten Frühjahr mit der Operation zu warten. Ich bitte Sie, mir mitzuteilen, ob es in Deutschland einen Spezialisten dafür gibt. Man sagte mir, daß ein gewisser Chancereu, der in dieser Hinsicht fähigste Mann von Paris, verrückt geworden sei; ich wäre folglich genauso verrückt wie er, wenn ich mich in seine Hände begäbe. Gendron selbst operiert nicht; der Herzog von Brancas läßt für seine beiden grauen Stare einen Mann aus Marseille kommen; ich warte ab, ob er die Augen des alten Herzogs heilt oder sie den Märtyrertod sterben läßt, um mich zu entscheiden. Dieser Herzog, der taub und blind ist, hat sich damit abgefunden; er geht überall hin, läuft ständig herum und redet, da er niemanden hört, unablässig; Sie sehen, daß ein ähnlicher Mann für alle Beteiligten kein großes Problem darstellen dürfte.«

Das letzte Handanlegen an den *Geist der Gesetze* und die Sorgen wegen der Korrektur der Fahnen schieben einen chirurgischen Eingriff immer weiter hinaus. Montesquieu stellt sich mehr recht als schlecht auf sein Gebrechen ein. Nach 1749 setzt er seine Suche nach einem Augenarzt fort, ohne sich entschließen zu können, die Operation zu riskieren.

Sein schlechtes Sehvermögen ist einer der Gründe, weshalb Montesquieu einen bzw. mehrere Sekretäre um ihre Dienste bat; doch dies war nicht der einzige. Die Vorbereitung seiner Werke erforderte eine so vielfältige, ausgiebige Lektüre, das Zusammentragen von Unterlagen sowie die Durchsicht und Reinschrift der Manuskripte, daß die Unterstützung von Mitarbeitern unerläßlich war. Als A. Masson 1944 die erste Ausgabe des *Spicilège* veröffentlichte, lenkte er verdienstvollerweise die Aufmerksamkeit auf die verschiedenen Handschriften, die neben der Montesquieus an der Niederschrift seiner Notizen beteiligt waren, und wies auf ihre Bedeutung für die Präzisierung der Chronologie nichtdatierter Texte hin. Durch eine aufmerksame Untersuchung aller verfügbaren Manuskripte Montesquieus verfeinerte R. Shackleton diese Methode, ohne jedoch ihre Grenzen zu verheimlichen. Montesquieus Handschrift veränderte sich unter dem Einfluß des sich verschlechternden Sehvermögens;

R. Shackleton unterscheidet drei verschiedene Handschriften: »Die seiner Jugend ist bestimmt und sicher; eine andere ist von einer schwachen, zögernden Hand, ohne deshalb weniger leserlich zu sein. Eine dritte ist die Handschrift des leidenden Montesquieu. Riesige, manchmal schräg über das Papier geschriebene Buchstaben sind noch heute das bewegende Zeugnis der Krankheit Montesquieus und der Furcht, die sie ihm einflößte.«

Von den datierten Manuskripten zu den Handschriften und anschließend von den Handschriften zu den nicht datierten Manuskripten übergehend, identifizierte R. Shackleton neunzehn Handschriften von Sekretären Montesquieus und klassifizierte sie in der zeitlichen Reihenfolge. Wendete man diese Arbeitsmethode systematisch an, so würde sie es gestatten, die aufeinanderfolgenden Gedankenschichten des Schriftstellers zu erkennen, und damit zumindest teilweise zur Erklärung der offensichtlichen Widersprüche seines Werkes beitragen.

Mehrere Zeugnisse liefern nähere Einzelheiten zu den Sekretären. In einem Antwortbrief vom 31. Mai 1817 an das Mitglied der Académie française, Vincent Campenon, erinnert François de Paule Latapie daran, daß es für Montesquieu unerläßlich war, auf sie zurückzugreifen: ». . . Seine schönen blauen Augen litten von Kindheit an unter Kurzsichtigkeit und Entzündungen. Oft versuchte er zu lesen und zu schreiben, wobei seine Augen förmlich auf den Büchern und dem Papier klebten, so daß er sein ganzes Leben lang von seinen Sekretären abhing, die sich abwechselten und von denen einige von einer bemerkenswerten Unwissenheit und Gedankenlosigkeit waren.« Hérault de Séchelles schildert in seiner *Reise nach Montbar*, was ihm Buffon erzählt hatte: »Als er Montesquieu anführte, sprach er von seinem Genie und nicht von seinem Stil, der nicht immer vollkommen, sondern zu gerafft ist, und dem es an Entfaltung fehlt. ›Ich habe ihn gut gekannt‹, sagte er mir. ›Dieser Mangel hing mit seiner Physis zusammen. Der Präsident war fast blind und vergaß leicht, was er diktieren wollte, so daß er gezwungen war, sich so kurz wie möglich zu fassen.« Diese Angewohnheit wird von Madame Necker bestätigt, die feststellt, daß »sein Sekretär es gewohnt war, lange mit der Feder in der Hand auszuharren. So benötigte er, als er das berühmte Kapitel über den Despotismus verfaßte, drei Stunden, bevor er jene zwei Zeilen gefunden hatte.«

Nur von einigen Sekretären Montesquieus ist Näheres zur Person bekannt. Abbé Duval arbeitete von 1720 bis 1731 für ihn; wir erinnern uns, daß ihn Montesquieu damit beauftragte, das Manuskript der *Persischen Briefe* nach Holland zu bringen und seine Drucklegung zu beaufsichtigen. François de Paule Latapie hat uns den Namen eines weiteren Sekretärs hinterlassen, den Montesquieu von 1748 an damit beauftragte, die Materialien, die für den *Geist der Gesetze* nicht benutzt worden waren, zu sammeln und abzuschreiben; 1777 schreibt Latapie: »Ich bin bei Monsieur Damours gewesen, dem früheren Staatsanwalt des Königs in Bourges, den ich in meiner Kindheit als Sekretär von Monsieur de Montesquieu erlebt habe. Er weilte auf dem Lande; so konnte ich nur seine Frau besuchen, die häßlich und ausgesprochen geschwätzig ist. Man sagt, sie sei schön gewesen. Er war es, der die Dummheit beging, die *Geschichte Ludwigs XI.* von Monsieur de Montesquieu zu verbrennen, und dem die noch größere Torheit hinzufügte, wenn das überhaupt möglich ist, sich dessen zu rühmen.« Von 1753 bis zum Tod Montesquieus taucht ein neuer Sekretär irländischer Herkunft auf, Florence Fitz-Patrick, der mit seiner blumigen Handschrift ein Heft mit Verbesserungen zum *Geist der Gesetze* füllte sowie einige Passagen der letzten Abschrift der Korrekturen zu den *Persischen Briefen* notierte. Von 1746 bis 1747 hatte Montesquieu die Dienste eines Sekretärs mit Namen Jude in Anspruch genommen, Sohn eines Lagerverwalters in Bordeaux.

Andere Namen sind erwähnt worden, ohne daß man nachweisen könnte, daß sie zu einem bestimmten Zeitpunkt für Montesquieu gearbeitet haben: So waren unter Umständen Charles-Hugues Le Febvre de Saint-Marc (1698–1769), von dem Mennechet in seinen *Variétés littéraires* einen Brief an Suard veröffentlicht, in dem er als »Sekretär von Montesquieu, Zeuge seines Todes« ausgegeben wird, der Chemiker Jean Darcet, François de Paule Latapie selbst und der Pariser Buchhändler Moreau für kurze Zeit an Montesquieus Arbeiten beteiligt. Welche Rolle Denise de Montesquieu für ihren Vater spielte, wurde bereits erwähnt.

Auch wenn über die Persönlichkeit seiner Sekretäre nur wenig bekannt ist, übten sie eine wesentliche Funktion aus. Montesquieu begnügte sich nicht damit, ihnen einen bedeutenden Teil seiner Briefe zu diktieren und sie – in seinen Notizheften oder auf einzelnen, später zu Dossiers zusammengefaßten Blättern – die Überlegungen festhalten zu lassen, zu denen ihn seine Lektüre oder eine Episode aus seinem Leben angeregt hatte; er verlangte auch, daß sie ihm die Werke laut vorlasen, die er wegen seiner mangelnden Sehkraft nicht selbst zur Kenntnis nehmen konnte. Die Vorbereitung seiner Werke, vor allem die des *Geistes der Gesetze*, basiert auf der Bewältigung eines ungeheuren Lesestoffs: »Es galt, viel zu lesen und von dem, was man gelesen hatte, sehr wenig zu verwenden[1].«

Montesquieu besaß zwei Bibliotheken von unterschiedlicher Größe: die reicher ausgestattete seines Schlosses in La Brède und die in seiner Pariser Wohnung. Als er La Brède erbte, fand er im Schloß eine Bibliothek vor, die seine Vorfahren zusammengestellt hatten; sie umfaßte den Bestand der gesamten Parlamentarierfamilie. Zu diesem ursprünglichen Kern gehören zahlreiche Werke über das Recht und die Polemik zwischen Katholiken und Protestanten. Montesquieu beschränkte sich jedoch nicht darauf, diese gewiß schon reiche Sammlung instand zu halten. Als junger

Mann und im Lauf seines ganzen Lebens, vor allem während der produktiven Phase, bereichert er sie durch die Anschaffung zeitgenössischer Autoren, aber auch durch den Kauf seltener, kostbarer Ausgaben. Diese Werke sind auf der Titelseite alle mit seinem handgeschriebenen *Exlibris* ausgestattet: »*Ex bibliotheca D. D. Praesidis de Montesquieu catalogo inscriptus*«; viele von ihnen befinden sich trotz des Verkaufs von 1926 weiterhin in der Bibliothek des Schlosses von La Brède auf den Einlegeböden der Schränke, wo sie von Montesquieu eigenhändig hingestellt worden sind.

Einige Bücher tragen das Zeichen berühmter Besitzer: Ein Exemplar der 1555 in Paris verlegten *Practica forensis* von Jean Masuer ist mit der Signatur Montaignes versehen; eine Ausgabe von Macrobe aus dem Jahre 1548 und die 1521 gedruckte *Vita et gesta Karoli Magni* von Eginhard enthalten die Signatur und handschriftliche Notizen des Humanisten und Lehrers am Guyenne-Kolleg, Élie Vinet. André Robinet entdeckte siebzehn Werke, die aus der Bibliothek von Malebranche stammen und in deren Besitz Montesquieu wahrscheinlich auf Vermittlung von Pater Desmolets gelangt war. In den 1926 verkauften Büchern stieß man noch auf etliche andere Exlibris bekannter Persönlichkeiten, etwa des Bischofs von Bazas, Arnaud de Pontac, der beiden Lehrer des Guyenne-Kollegs, Brassier und Robert Balfour, oder auch der von Bossuet, Colbert, Guilleragues, Fouquet und dem Oratorianer-Priester Saumaise.

Montesquieu versah seine Bücher nur sehr selten mit Anmerkungen. Eine Ausgabe von Athenäus aus Naukratis aus dem Jahre 1657 liefert uns eine recht lange, von ihm geschriebene Notiz: »Der Autor ist schlecht, doch sein Werk ist wegen einer Unzahl spezieller Fakten kostbar, die man nur dort findet, wegen der Kenntnis, die es uns vom Privatleben der Griechen gibt und wegen der Fragmente aus den Werken von Poeten, über die wir nicht mehr verfügen. Wann werden wir die Übersetzung, die Rekonstruktionen und die Anmerkungen von Monsieur Adam erhalten?« In einer 1698 in Paris erschienenen *Sammlung von Reden von Mitgliedern der Académie française* hielt Montesquieu auf dem Rand einige Beurteilungen fest, etwa über die Aufnahmerede von Fléchier: »Der Anfang ist sehr gut gelungen, die Wendung ziemlich neu«; oder über die von Benserade: »Wenig respektvoll.«

Der Bestand der Bibliothek von La Brède ist durch den Katalog bekannt, den Abbé Duval vor 1731 unter der Anleitung Montesquieus zusammengestellt hatte und in den er anschließend seine Erwerbungen selbst eintrug oder eintragen ließ. Die 3236 aufgenommenen Werke sind methodisch in fünfundneunzig Klassen untergliedert, die auf die damals üblichen fünf großen bibliographischen Abteilungen verteilt sind: Theologie 723; Rechtsprechung 349; Wissenschaften und Künste 800; Schöne Literatur 708; Geschichte 648. Zahlreichen Abteilungen des Katalogs sind Sinnsprüche beigefügt, die von lateinischen Autoren oder aus der Heiligen Schrift stammen; diese Zitate sind alle von Montesquieu eingetragen worden; sie stellen eine kurze Beurteilung einer Werkkategorie oder dieses oder jenes Autors dar; durch ihre Prägnanz drücken sie sein zuweilen strenges oder ironisches Urteil aus, wie etwa folgende Sentenz aus dem XXII. Psalm, Vers 18, die auf die katholischen Kontroversisten abzielt: »*Diviserunt sibi vestimenta mea et super vestem meam miserunt sortem*«; oder folgender Auszug aus Vergils Aeneas (III, 658), die am Anfang der juristischen Werke steht: »*Monstrum horrendum ingens.*«

Im Archiv des Schlosses von La Brède finden sich zwei Rechnungen von der Witwe Labottière und von Lacourt, Buchhändlern aus Bordeaux; sie sind zwischen 1717 und 1722, als sich Montesquieu wissenschaftlichen Fragen widmet und die Veröffentlichung der *Persischen Briefe* vorbereitet, auf fünf Jahre verteilt. Am 3. August 1717 kauft er bei der Witwe Labottière zum Preis von 137 Livres und 10 Sols das *Glossar* von Du Cange, ein *Wörterbuch der Bibel*, eine *Geschichte der Drogen* von Antoine Colin, die *Auswahlbibliothek, die später als Universalbibliothek dienen soll* von Jean Le Clerc in 22 Bänden, die *Plantae per Galliam, Hispaniam et Italiam observatae* von Pater Jacques Barrelier und ein *Kochbuch*. Zwischen dem 10. Mai 1720 und dem 22. Mai 1722 erwirbt er bei Lacourt folgende Werke: die *Fabeln* von La Fontaine, die *Abhandlung über die unbeweglichen persönlichen Erbgüter* von Philippe de Renusson, *Die französischen Kirchengesetze* von Louis de Héricourt, die *Sammlung aller Kommentare über das Gewohnheitsrecht von Paris* von Claude Ferrière, die *Numista imperatorum romanorum* von A. Banduri, die *Geschichte der sizilianischen Monarchie* von Louis-Ellies Dupin, *Die Botschaft der Orientkompanie der Vereinigten Niederlande beim Kaiser von China* von Pierre Le Charpentier, sowie neben anderen Werken noch die *Neuen Reisen zu den Inseln Amerikas* von Jean-Baptiste Labat.

Der Erwerb der nach Schätzung von R. Shackleton 95 Werke, die er nach seiner Rückkehr aus England in den Katalog eintrug, ist nur schwer mit Gewißheit zu datieren; andere zu dieser Zeit getätigte Käufe wurden wahrscheinlich in Montesquieus Pariser Bibliothek untergebracht; die dort vorhandenen 68 Titel sind im Nachlaßinventar seiner Pariser Wohnung, das am 5. März 1755 aufgenommen wurde, vom Pariser Buchhändler Nicolas-François Moreau summarisch erfaßt worden.

Die Bücher der Bibliothek von La Brède geben nur ein unvollständiges Bild über die von Montesquieu gelesenen Werke: von den insgesamt 398 von ihm zitierten Werken finden sich nur 207 in La Brède; die von F. Weil[2] erstellte Liste könnte im übrigen ergänzt werden. Montesquieu hat nicht nur die Bücher von La Brède gelesen: Seine Arbeitsmittel und die Werke, die er in den *Betrachtungen* und im *Geist der Gesetze* zitiert, finden sich nur zu zwei Dritteln im Katalog von La Brède wieder. Zudem haben Montesquieus Sekretäre die Sammlung der von ihm abonnierten Zeitschriften, die nach der Veröffentlichung des *Geistes der Gesetze* nicht mehr registriert wurden, vielleicht nur mit Nachlässigkeit auf dem neuesten Stand gehalten. Die Korrespondenz enthüllt überdies die Existenz einiger im Katalog nicht verzeichneter Bücher, die Montesquieu um 1750 als Huldigung für den *Geist der Gesetze* erhielt. Im *Spicilège* sind zweimal, in den Jahren 1733–1734 (Nr. 561) und 1737–1738 (Nr. 660), Listen mit Werken verzeichnet, die Montesquieu kaufen wollte und die ebenfalls nicht im Katalog erscheinen.

In Bordeaux standen Montesquieu die 1736 der Akademie vererbte Bibliothek von Jean-Jacques Bel, die Bibliothek von Präsident Barbot sowie die Bibliothek der Akademie zur Verfügung. Das 1749 eröffnete Leihregister der Akademiebibliothek erwähnt eine Ausleihe Montesquieus. Der 1742 erstellte Katalog trägt am Rand mehrfach den Vermerk: »Ich habe diesen Band herausgenommen, um ihn Monsieur de Montesquieu auszuhändigen.« F. Weil zufolge datieren diese Ausleihen von Ende 1743.

Wenn Montesquieu in Paris arbeitete, begab er sich häufig in die Königliche Bibliothek, aus der er 1747 und 1748 zahlreiche Werke auslieh, wie das von Iris Cox[3] durchgesehene Leihregister belegt. Ebenso konnte er auf den Bestand der damals mit rund 35 000 Bänden reich ausgestatteten, dreimal wöchentlich der Öffentlichkeit zugänglichen Bibliothek von Saint-Victor zurückgreifen, die er in den *Persischen Briefen* (CXXXIII) beschrieben hatte. Sein Freund Pater Desmolets, der seit 1721 für die Bibliothek des Oratoriums zuständig war, erleichterte ihm den Zugang zu ihrem auf 25 000 Exemplare geschätzten Bestand.

Montesquieus Pariser Bibliothek ist im Nachlaßinventar, wie nicht anders zu erwarten, nur summarisch erfaßt; über ihren Inhalt gibt es nur unzureichend Auskunft. Ausgehend von dieser Tatsache hat F. Weil die Hypothese aufgestellt, daß sich dort die nach 1734 angeschafften Zeitschriften und die nach 1748 erhaltenen Bücher befunden haben müssen, eine Vermutung, die mangels ausreichender Hinweise nicht mit Sicherheit bestätigt werden kann. Ein anderes Dokument wäre geeignet, uns Auskunft über die Werke zu geben, die Montesquieu besaß: das 1913 von J. Dedieu veröffentlichte »Verzeichnis der besten Bücher des Herrn Präsidenten von Montesquieu«, das in der British Library aufbewahrt ist; seine Echtheit wird jedoch von R. Shackleton bestritten. Achtundzwanzig Werke der von F. Weil erstellten Leseliste Montesquieus sowie einige Autoren, die in den *Gedanken* gelobt werden (Rabelais, Montaigne, La Motte, Crébillon und Molière), tauchen in diesem Dokument auf; möglicherweise gibt es ein älteres, authentisches Verzeichnis wieder, dem Montesquieus eigene Werke hinzugefügt worden wären.

Es ist also anzunehmen, daß Montesquieu die meisten Werke unbekannter Herkunft in Paris gelesen hat; die Dauer seiner Aufenthalte in der Hauptstadt stützen diese Hypothese. Wenn Montesquieu auf andere

Ausgaben verweist als die von La Brède, dann vielleicht nicht, weil er sie für besser hält, sondern weil er sie in Paris, wo er arbeitet, zur Hand hat.

Trotz seines schlechten Sehvermögens hat Montesquieu stets das Medium der Lektüre geschätzt, das für die Verwirklichung seiner schriftstellerischen Arbeiten unerläßlich war und ihm zudem als Quelle zur intellektuellen Bereicherung und Entspannung diente. »Das Lesen zu lieben«, schreibt er in den *Gedanken*[4], »heißt Stunden der Langeweile, die im Leben vorkommen, gegen sehr angenehme Stunden einzutauschen.« Was seine Buchwahl betrifft, zeigt er sich jedoch zurückhaltend: »Ich würde dem Geist meiner Leser mehr schaden, wenn ich zur Schau stellte, welche Bücher ich hätte lesen können, als ich sie durch meine Nachforschungen aufklären könnte[5].« Ebenso beschreibt er den wesentlichen Beitrag der Lektüre zur intellektuellen Ausbildung: »Die Stunden, in denen unsere Seele die meiste Kraft aufbietet, sind die der Lektüre; denn anstatt sich seinen Gedanken zu überlassen, ist man, oft sogar ohne sich darüber bewußt zu werden, gezwungen, den Gedanken anderer zu folgen. Wir verbringen unser Leben damit, Bücher zu lesen, die für Kinder ausgedacht worden sind. Wie sollen wir dann nicht leichtfertig sein, da wir es doch selbst bei den Dingen sind, deren natürliche Wirkung es sein sollte, uns daran zu hindern[6]?«

Montesquieu definiert auch die geistigen Voraussetzungen, die für eine nutzbringende Lektüre erforderlich sind: »Wenn man ein Buch liest, muß man dazu aufgelegt sein zu glauben, daß der Autor die Widersprüche bemerkt hat, die man meint, in ihm auf den ersten Blick zu erkennen. Man muß damit beginnen, seinen unmittelbaren Urteilen zu mißtrauen und die Passagen noch einmal vornehmen, die sich angeblich widersprechen, sie miteinander vergleichen, sie dem gegenüberstellen, was ihnen vorangeht und folgt, und sehen, ob sie zur selben Hypothese gehören, ob sich der Widerspruch in den Dingen befindet oder nur in der eigenen Auffassungsweise. Wenn man all das richtig erledigt hat, kann man mit Gewißheit verkünden: ›Es liegt ein Widerspruch vor.‹ Das ist jedoch nicht immer alles. Wenn es sich um ein systematisches Werk handelt, muß man außerdem sicher sein, daß man das ganze System gut im Griff hat. Stellen Sie sich eine große Maschine vor, die dazu da ist, eine Wirkung zu erzeugen. Sie sehen Räder, die sich in die entgegengesetzte Richtung drehen; auf den ersten Blick glauben Sie, daß sich die Maschine selbst zerstört, daß das ganze Räderwerk blockieren und die Maschine anhalten wird. Sie läuft immer noch: die Teile, die sich auf den ersten Blick anscheinend zerstören, vereinen sich zum vorgesehenen Zweck[7].«

Das Lesen ist für Montesquieu nicht allein ein intellektuelles Bedürfnis; es ist auch ein Zeitvertreib, ein Vergnügen, das es erlaubt, den Sorgen zu entkommen oder sie wenigstens für einen Moment zu vergessen, eine Abwechslung, eine Quelle des Glücks und der Bereicherung[8]. Montesquieu ist nicht nur ein Mann des Lernens, für den das Lesen Notwendigkeit und Verpflichtung bedeutet; er liebt es auch, sich zu zerstreuen: »Nicht nur die ernsthafte Lektüre ist nützlich, sondern auch die angenehme, für die Momente, in denen man Entspannung braucht. Die Gelehrten müssen durch das Vergnügen für ihre Strapazen belohnt werden. Die Wissenschaften selbst gewinnen dadurch, daß sie in leichtem Stil und mit Geschmack abgehandelt werden. Es ist folglich gut, wenn man über alle Themen und in allen Stilen schreibt. Die Philosophie darf nicht isoliert sein: Sie hat Bezug zu allem[9].« Madame Du Deffand vertraut er in einem Brief vom 15. Juni 1751 an: »Da ich gegenwärtig trister Stimmung bin, widme ich mich der Romanlektüre; wenn ich wieder glücklicher bin, werde ich die alten Chroniken lesen, um Hochgefühle wie Leiden zu dämpfen. Ich spüre jedoch, daß es nicht eine einzige Lektüre gibt, die eine Viertelstunde dieser Soupers ersetzen könnte, die meine Wonnen ausmachten.«

Seit der Schulzeit in Juilly und den Studienjahren in Paris vor Beginn der parlamentarischen Laufbahn hat sich Montesquieu angewöhnt, seine wichtigsten Lesestoffe zu resümieren und Exzerpte von ihnen anzulegen sowie die interessanten Gespräche, an denen er teilnahm, und die ihn verblüffenden Ereignisse aufzuzeichnen, die er als unmittelbarer Zeuge miterlebte oder die ihm von seinen Freunden berichtet wurden. Im Lauf der Jahre vereinigt er jene »Materialen« im wesentlichen in den drei heute noch erhaltenen Sammlungen der *Gedanken*, des *Spicilège* und der *Geographica*, aber auch in verlorengegangenen Notizbüchern, wie den *Juridica*.

Die drei Bände, denen Montesquieu selbst den Titel *Meine Gedanken* gab, sind 1720, kurz vor der Veröffentlichung der *Persischen Briefe*, begonnen und bis Anfang 1755 fortgesetzt worden, ohne daß man mit Sicherheit eine strenge, durchgehende chronologische Abfolge erstellen könnte. Die von Montesquieu selbst datierten Vorkommnisse bilden unbestreitbare Anhaltspunkte; die Untersuchung der Handschriften der verschiedenen Sekretäre liefert ebenfalls wertvolle Indizien für ihre Datierung. Trotz allem kann man mit Gewißheit nur folgern, daß ein Abschnitt, der auf einen anderen folgt, nicht vor diesem in den Band, in dem er steht, eingetragen wurde. Einschübe sind an zahllosen Stellen erkennbar; in den Bänden II und III finden sich zwischen den beschriebenen Seiten oft sogar an die zehn weiß gebliebene, die gewiß für Abschnitte vorgesehen waren, die irgendeinen Bezug zu den Fragmenten gehabt hätten, auf die sie unmittelbar gefolgt wären. Trotz der Unsicherheiten nimmt man an, daß der erste Band der *Gedanken* zwischen 1720 und 1734 geschrieben worden ist, der zweite zwischen 1734 und 1748 und der dritte zwischen 1748 und dem Tod Montesquieus.

Am Anfang des ersten Bandes der *Gedanken* präzisiert Montesquieu das mit diesen Heften verbundene Ziel: »Dies sind Gedanken, die ich nicht gründlich durchdacht habe und die ich mir aufhebe, um bei Gelegenheit auf sie zurückzukommen. Ich werde mich wohl hüten, für alle Gedanken einzustehen, die hier verzeichnet sind. Ich habe die meisten nur aufgenommen, weil ich nicht die Zeit fand, sie zu überdenken, und werde sie hinterfragen, sobald ich von ihnen Gebrauch mache.« Er betrachtete die *Gedanken* demnach als Notizhefte, als Merkbücher, in die er täglich jene Äußerungen aus Gesprächen mit seinen Zeitgenossen übertrug, die ihm für die Schilderung der Sitten und des Gesellschaftslebens seiner Epoche von besonderem Interesse zu sein schienen. Große Bedeutung maß er Anekdoten bei, die er in einem Salon oder während eines Abendessens aufgefangen hatte. Unaufhörlich befragte er seine Zeitgenossen: den König von England, den König von Piemont, Polignac und viele andere Persönlichkeiten. Oft tauchen die Vermerke auf: »Monsieur X sagte zu mir«, »Ich sagte« oder »I said«.

In den *Gedanken* begnügt sich Montesquieu nicht damit, seine Zeitgenossen zu schildern, ihre Bonmots zu zitieren oder sie mit einer kurzen Bemerkung in zuweilen hintersinniger Manier zu skizzieren; er beschreibt sich auch selbst, ungezwungen, ohne Umstände und aufrichtig, denn diese für ihn selbst geschriebenen Notizen waren nicht zur Veröffentlichung vorgesehen. Er zeichnet von sich ein Porträt, das ihn zufrieden mit dem Leben zeigt, das er führt, und dem Werk, das er schafft. Hinter den ausgefeilten Formulierungen erscheint der Mensch Montesquieu, dem ein paar Vertraulichkeiten über sein Leben und seine Familie entweichen.

Gleichzeitig geht Montesquieu auf eine andere Quelle seiner Reflexionen ein: die Lektüre. Das Lesen einer Passage aus dem *Journal des savants* oder dem *Mercure de France* animiert ihn zu einer Ausführung, die er später in den *Betrachtungen* oder im *Geist der Gesetze* verwenden wird. Er bemerkt, »daß ihn die Eigenart des Resümees der *Verteidigung des Alters der Zeiten* in der *Universalbibliothek* auf diese Idee gebracht hat[10]«. Doch die *Gedanken* sind nicht einfache Lesenotizen. Montesquieu hatte die Angewohnheit, die Werke, die ihm am interessantesten erschienen, zusammenzufassen, was Fréron 1755 im *Literarischen Jahr* bestätigt: »Seine Methode (eine ausgezeichnete Methode) war es, alles, was er las, zusammenzufassen.« Montesquieu besaß sogar eine verlorengegangene Sammlung mit dem Titel: »Zusammenfassung meiner Zusammenfassungen.« In den *Gedanken* verweist er häufig auf sie, zum Beispiel: »Siehe meine Bemerkung in der Zusammenfassung zu Amien Marcellin . . . Siehe meine Zusammenfassung zu Lilius Geraldus«; oder er bezieht sich auf seine spezialisierteren Sammlungen *Economica, Politica* und *Geographica*, die eine regelrechte bibliographische Dokumentation zu den Themen darstellten, die ihn am meisten interessierten. Mit Ausnahme des zweiten Bandes der *Geographica* sind diese Sammlungen verlorengegangen, weshalb die in den *Gedanken* festgehaltenen Fragmente desto wertvoller sind.

Montesquieu hielt in den *Gedanken* auch Auszüge unvollendeter Werke fest: Textstellen, die ich für eine Geschichte Frankreichs verwenden wollte (1302), Fragmente einer Geschichte des Neids[11]; Vorwort zu einer Geschichte der Gesellschaft Jesu[12]; Abschnitte aus meinem Projekt einer Abhandlung über die Pflichten[13]. Einige Stellen, die in meinen Dialogen keinen Platz fanden[14], Briefe von Kanti[15], und andere.

Neben diesen Textstellen, den einzigen bekannten Zeugnissen seiner geplanten Werke, übertrug Montesquieu in die *Gedanken* zahlreiche Passagen, die er in seinen Werken veröffentlichte. Auch wenn er sich nur einmal auf die *Persischen Briefe* bezieht[16], so sind die Vermerke »In den *Römern* verwendet«, »In den *Gesetzen* verwendet« und die Hinweise auf andere Werke am Rand und unten auf der Seite sehr häufig. Als Montesquieu die *Betrachtungen* und den *Geist der Gesetze* schrieb, hatte er neben sich griffbereit die Aufzeichnungen, die er in seinen Notizbüchern und den *Gedanken* gesammelt hatte; deshalb die zahlreichen Verweise auf seine Werke. »Pufendorf sagt in seiner *Geschichte*, daß die Bevölkerung in den Staaten, in denen die Bürger in einer Stadt eingeschlossen sind, eher für Aristokratie und Demokratie geeignet ist.« Montesquieu hält diese Bemerkung in den *Gedanken* fest; als er im VIII. Buch des *Geistes der Gesetze* »die Entartung der drei Regierungsprinzipien« behandelt, taucht die Bemerkung Pufendorfs im 16. Kapitel über die »Eigentümlichkeiten der Republik« auf, in dem er zu verstehen gibt, daß »sich in einer freien Stadt eine Regierung, die keine republikanische ist, nur schwerlich behaupten kann«.

Man könnte noch weitere Beispiele anführen, wie Montesquieu die gesammelten Notizen für die Abfassung seiner Werke verwendet und so die Entwicklung seines Denkens von der Anekdote oder der Lektüre, die ihn erstaunt haben, bis zu dem Moment weiterverfolgen, in dem er diese Notizen auf einen besonderen Fall anwendet oder allgemeinere Schlußfolgerungen aus ihnen zieht.

In den *Gedanken* finden sich also mehr oder weniger durchdachte Überlegungen zur Philosophie, zur Religion, zu den Wissenschaften, den zeitgenössischen Lebensgewohnheiten und zu Montesquieu selbst sowie Fragmente entworfener oder verlorengegangener Werke und Abschnitte, die er in die veröffentlichten Werke nicht aufgenommen hatte. Wiederholt greift Montesquieu die gleiche Passage noch einmal auf, wobei er nicht zögert, die erste Fassung zu streichen, wenn es ihm gelingt, einen Text zu schreiben, der ihn zufriedenstellt. Wie ein Bildhauer modelliert er sein Werk und überarbeitet es so lange, bis es die Form annimmt, die ihm als am besten geeignet erscheint, seinen Gedanken klar auszudrücken. Seine Bemühungen zielen stets auf größere Prägnanz. Die Passage über den Charakter Ludwigs XIV.[17] ist zweimal geschrieben worden, bevor sie im Katalog der Bibliothek von La Brède verzeichnet wurde. Solche Wiederannäherungen, die häufig auftauchen, tragen dazu bei, in vielen Punkten die Genese von Montesquieus Denken genauer zu erfassen und einige der Quellen zu entdecken, aus denen er für die Abfassung seiner Werke geschöpft hat.

Der Band mit dem Titel *Spicilège* weist Merkmale auf, die ihn von den *Gedanken* unterscheiden, auch wenn er persönliche Überlegungen enthält, die ihnen nahekommen. Die ersten 136 Seiten stammen aus einer Sammlung, die ihm Pater Desmolets geliehen hatte. Danach vereint Montesquieu dort zahlreiche mit der Hand geschriebene oder aus der Zeitung ausgeschnittene Presseauszüge, die sich auf den Zeitraum vom 7. Januar 1718 bis zum 21. Oktober 1749 verteilen. Die meisten Auszüge stammen aus regelmäßig erscheinenden, in den Niederlanden gedruckten Blättern, die Montesquieu unter ihrem Titel oder unter dem Oberbegriff *Holländische Gazette* anführt. Einige Auszüge aus englischen Zeitungen wie dem *Craftsman* oder der *Whitehall Evening Post* datieren von seinem Aufenthalt in London. Viele Ausschnitte beziehen sich auf wirtschaftliche Fakten: die Bevölkerungsbewegung, den Stand der englischen Staatsschulden, die Zahl der Seeschiffe in den holländischen Häfen, die Nutzung exotischer Hölzer, die Gold- und Silberausfuhr, die Truppenaufstellung der wichtigsten Streitkräfte. Manchmal beleuchtet eine handschriftliche Notiz die Gründe für seine Auswahl; so fügt er im Anschluß an einen Artikel der *Gazette d'Utrecht* vom 18. Juli 1749 über das Komplott von Bern gegen die Mitglieder der Régence hinzu: »Der Artikel dieser *Gazette* ist bemerkenswert, da er beweist, was im *Geist der Gesetze* gesagt wird, nämlich daß die aristokratische Regierung sehr wenig Freiheit mit sich bringt, es sei denn, die Mäßigung der aristokratischen Grundherrn ist groß.«

Vom *Spicilège* zu den *Gedanken* und in umgekehrter Richtung gibt es zahlreiche Verweise; in sie ließ Montesquieu auch Notizen übertragen, die er einst auf losen Blättern festgehalten hatte. Man findet zudem zahlreiche Zusammenfassungen von Gesprächen, die er während seiner Reise in Italien und England geführt hatte, sowie Überlegungen zur italienischen Kunst, Poesie und Literatur; er schildert seine Unterhaltungen mit Lord Forbes oder Lord Pembroke, verzeichnet Listen von Büchern, die er kaufen will, und Resümees der von ihm gelesenen Werke.

Der *Spicilège* ist deshalb besonders interessant, weil er nicht nur bei der näheren Bestimmung einiger Quellen Montesquieus Hilfestellung leistet, sondern auch bei der Datierung der Augenblicke, in denen sich der Keim zukünftiger Entwicklungen in seinem Bewußtsein festsetzte. So stützt sich Montesquieu bei der Erklärung, warum die Könige früher so viele Frauen hatten, auf Tacitus: »Die Germanen waren nahezu die einzigen Barbaren, die sich mit einer Frau begnügten, abgesehen von einigen Personen, die nicht aus Zügellosigkeit, sondern aufgrund ihres Adels mehrere hatten.« Den Text findet man unter der Nr. 244 im *Spicilège*, das heißt er entstand um 1718.

Der zweite Band der *Geographica*, der als einziger erhalten ist, unterscheidet sich durch seinen Inhalt deutlich von den *Gedanken* und dem *Spicilège*. Er umfaßt keine Gesprächs-, Reise- und Leseaufzeichnungen, sondern Zusammenfassungen aus den Jahren 1734–1738 und 1742–1743, die oft sehr ausgedehnt, manchmal summarisch resümiert oder mit persönlichen Bemerkungen versehen sind. Eine Vorrangstellung nehmen die Zusammenfassungen von Reiseberichten aus dem Orient und dem Fernen Osten ein. Montesquieu analysierte und resümierte Texte von Pater Du Halde, aus den *Erbaulichen Briefen*, der *Geschichte der Tataren*, den *Reisen in den Norden* von Dampier und andere, die er im *Geist der Gesetze* wiederaufgriff. Diese Materialien verwandte er erst spät; die *Geographica* wurden für die vor 1741 abgefaßten Fragmente des *Geistes der Gesetze* noch nicht herangezogen: Die meisten Entlehnungen beziehen sich auf Kapitel, deren ältester Teil aus den Jahren 1741–1743 stammt; nur fünf Entlehnungen, zwei von Pater Du Halde und drei aus den *Erbaulichen Briefen*, stehen im Zusammenhang mit den nach 1748 eingefügten Kapiteln. Es gab hier demnach eine nahezu unmittelbare Verwendung der 1742–1743 in den *Geographica* gesammelten Texte.

Vergleicht man den Wortlaut des *Geistes der Gesetze* mit den von Montesquieu gelesenen Werken, den Zusammenfassungen und persönlichen Überlegungen, so stellt man fest, wie F. Weil[18] nachgewiesen hat, daß die Schlußfassung stark von dem Text abweicht, der Montesquieu angeregt hatte; mit der in den *Geographica* festgehaltenen Form stimmt sie hingegen oft überein. In der Tat, wenn Montesquieu die Analyse eines Buches in seinen Notizbüchern erst einmal beendet hatte, ließ er es im Regal und zitierte den Autor nach seiner manchmal fehlerhaften oder verkürzten Übertragung. Diese Arbeitsmethode zog Irrtümer und Ungenauigkeiten nach sich, die ihm oft vorgehalten werden sollten.

Die in die *Geographica* eingestreuten persönlichen Überlegungen finden sich recht häufig in der Form, in der sie Montesquieu während seiner Lektüre notiert hatte, im *Geist der Gesetze* wieder. Zuweilen ändert er auch bei der Schlußfassung aus freien Stücken heraus Texte, die er in den *Geographica* richtig abgeschrieben hatte. In seinem Bestreben nach grammatikalischer Verbesserung, sprachlicher Reinheit und größerer Klarheit, die seiner Argumentation mehr Gewicht verleihen sollten, zögert er damals nicht, die Reihenfolge der verwendeten Worte zu vertauschen oder einen zu »exotischen« Begriff durch einen anderen, weniger genauen, aber mehr sprechenden zu ersetzen.

Mit großer Stichhaltigkeit hat F. Weil aus ihrer Analyse der *Geographica* und den Vergleichen mit dem *Geist der Gesetze* scharfsinnige Schlußfolgerungen über Montesquieus Arbeitsmethode und besonders über die Art, in der er die Texte seiner alten und modernen Vorgänger verwendet, gezogen. In den *Geographica* folgt Montesquieus persönliche Interpretation der betreffenden Fakten stets dem übertragenen oder resümierten Text; im *Geist der Gesetze* verfährt er andersherum: Die Prinzipien werden allgemein vor den Beispielen dargelegt, auf denen sie fußen, und zwar in seiner Logik, die nicht mehr ganz genau erkennen läßt, was vom zitierten Autor stammt und was von Montesquieu. Wollte man ihm mangelnde wissenschaftliche Strenge vorwerfen, so würde man ihm weniger vorhalten, bei all diesen Autoren abgeschrieben und manchmal die Quelle nicht zitiert zu haben, als ihn vielmehr beschuldigen, uns im Gegenteil mit vielleicht absichtlicher Gefälligkeit Quellen anzugeben, die bei weitem veraltet waren. In jedem Fall erscheint Montesquieus Vorstoß klar: Er entspricht dem des Gelehrten, der die Fakten erklären will, indem er sie auf Gesetze zurückführt; doch er ist komplex und umfaßt oft mehrere Schritte, die von Interpretationen gekennzeichnet sind, die sich verändern und in dem Maße fortentwickeln, in dem sich sein Denken verfeinert und seine Beweisführung zusammenfügt. Diese Methode stößt auf Schwierigkeiten; der Mangel an überzeugenden Beispielen veranlaßt ihn zu verallgemeinern. Gegenüber widersprüchlichen Zeugnissen wird er versucht sein, die auszuwählen, die seine Prinzipien untermauern; wenn er sie berücksichtigt, entdeckt er an ihnen Anomalien, die sich mit anderen allgemeinen Gesetzen erklären. Die Lektüre der Reiseberichte, die in den *Geographica* resümiert sind, hat Montesquieu dahin gebracht, speziellen, lokalen Ursachen größere Bedeutung beizumessen, religiösen, wirtschaftlichen und physikalischen Ursachen. So kommen die Komplexität seines intellektuellen Vorstoßes und die Winkelzüge seines Denkens zum Vorschein.

Die *Geographica* erhellen auch die Art und Weise, in der Montesquieu seine Dokumentation über China zusammengestellt hat, angefangen von seinen Unterhaltungen mit Hoange im Jahre 1713 über die Gespräche 1729 in Italien mit Pater Fouquet bis hin zu den zwischen 1735 und 1738 geschriebenen Zusammenfassungen der Texte von Pater Du Halde und der 1742–1743 gelesenen *Erbaulichen Briefe*. Die Sammlung zeigt auch, daß Montesquieus Interesse für China zwischen 1729 und 1736 nicht nachläßt; in diesem Zeitraum liest er *Das Waisenkind aus dem Hause des Tchao*, das er, sicherlich 1733, im *Spicilège* nacherzählt, sowie die Briefe von Pater Parennin an Mairan, die zur vierundzwanzigsten Sammlung der *Erbaulichen Briefe* gehören.

Die drei Notizbücher – die *Gedanken*, der *Spicilège* und die *Geographica* – erlauben es, Montesquieus Arbeitsmethode besser zu begreifen, die langsame Fortentwicklung seiner Ideen, aber auch seine Entschlossenheit, um jeden Preis die Richtigkeit der Prinzipien zu beweisen, die er aufzustellen versucht. Dieses Bemühen fügt sich in ein Forscherdasein ein, in dem, um eine Formulierung von H. Roddier aufzugreifen, »alle unternommenen Arbeiten ständig aufeinander bezogen waren, um zu allgemeinen Wahrheiten vorzudringen, die nicht immer in das Gefüge hineinpaßten, in das er sie einzugliedern suchte«.

*

Im Vorwort zum *Geist der Gesetze* erinnert Montesquieu an den jahrelangen Reifungsprozeß seines Werkes: »Ich habe dieses Werk viele Male begonnen und viele Male aufgegeben; tausendmal habe ich die Seiten, die ich geschrieben hatte, in alle Winde verstreut; täglich wollte ich die Flinte ins Korn werfen; ich verfolgte mein Ziel ohne festen Plan; ich kannte weder Regeln, noch Ausnahmen; ich fand die Wahrheit nur, um sie wieder zu verlieren: Doch als ich endlich meine Grundsätze entdeckt hatte, fiel mir alles, was ich suchte, zu; und im Verlauf von zwanzig Jahren erlebte ich Beginn, Wachstum, Fortschritt und Abschluß meines Werkes.« Diese Vertraulichkeit stimmt mit der folgenden überein, die in den *Gedanken*[19] festgehalten ist: »Dieses Werk ist die Frucht von Überlegungen meines ganzen Lebens, und vielleicht werde ich von einer ungeheuren Arbeit, die ich mit der besten Absicht und zum Nutzen der Allgemeinheit unternommen habe, nur Kummer ernten und meinen Lohn aus den Händen der Unwissenheit und des Neides erhalten.«

So wirft Montesquieu selbst die Frage auf, zu welcher Zeit er begann, über das bedeutsamste Werk seines Lebens nachzudenken, und wann er sich nach Zusammentragen der Reflexionen und Unterlagen daranmachte, den *Geist der Gesetze* zu verfassen. Die offensichtlichen Widersprüche des Werkes – die unterschiedlichen Bedeutungen, unter denen Montesquieu den Begriff des Naturgesetzes auffaßt, die Verschiedenartigkeit seiner Vorstellungen über England sowie der Vorzug, den er teils den Republiken, teils den Monarchien einräumt – haben stets das Problem der Einheit des *Geistes der Gesetze* und seiner Genese aufgeworfen. Bis vor kurzem haben Kritiker und Herausgeber, die sich auf verschiedene Methoden beriefen, versucht, diese Widersprüche zu lösen. Pater Janet und nach ihm Abbé J. Dedieu stellten die Hypothese auf, daß die ersten acht oder zehn Bücher vor Montesquieus Englandreise, ja vielleicht sogar in der Zeit der *Persischen Briefe* verfaßt wurden. Lanson und Barckhausen versuchten, ein großes, methodologisches Schema zu entwerfen, das angeblich im Werk Montesquieus enthalten sein sollte. Als erster reagierte J. Brèthe de La Gressaye im ersten Band seiner meisterhaften, 1950 veröffentlichten Ausgabe des *Geistes der Gesetze* auf diese Erklärungsversuche und verwarf die Idee, daß die ersten acht Bücher vor 1728 verfaßt wären. Er vertrat die Ansicht, daß Montesquieu von 1731 an das Kapitel über die englische Regierung und anschließend die *Betrachtungen* geschrieben habe, um sich von 1734 an vollkommen dem *Geist der Gesetze* zu widmen.

R. Shackleton griff, indem er sich auf die Überprüfung der Papiere und Handschriften der Sekretäre stützte und so die Gesamtheit der Manuskripte Montesquieus und insbesondere die in der Nationalbibliothek aufbewahrte Fassung des *Geistes der Gesetze* untersuchte, das Problem der Werkgenese mit einer sehr zuverlässigen Methode wieder auf und ermittelte eine neue, unbestrittene Lösung. Im Manuskript unterscheidet er vier Etappen: 1. ursprüngliche Textstellen von vor 1741; 2. ein zwischen 1741 und 1743 verfaßter grundlegender Text; 3. eine erste, 1743 begonnene Durchsicht; 4. eine zweite, Ende 1746 abgeschlossene Durchsicht. Die – wenn auch nur ungefähre – Chronologie der Abschnitte, die in den *Gedanken* unter der Überschrift »In den *Gesetzen* verwendet« zusammengetragen sind, präzisiert die Entstehungsgeschichte des Werkes.

Der Wandlungsprozeß, den die Auffassungen Montesquieus im Lauf der zwanzig Jahre durchliefen, die er mit der Abfassung zubrachte, liefert ebenfalls interessante Gesichtspunkte über die Entstehung des *Geistes der Gesetze*. Wir nehmen von jetzt ab mit R. Shackleton an, daß dieser Wandel zwei Punkte betrifft, die mit Montesquieus Reisen und besonders mit seinem Aufenthalt in London zusammenhängen. Der erste bezieht sich auf die republikanische Regierung. In den ersten acht Büchern des *Geistes der Gesetze* stützt sich Montesquieu auf die Untersuchung der antiken Republiken und vertritt die Meinung, daß die Republik eine der Monarchie vorzuziehende Regierungsform sei. Die italienischen Republiken bieten ihm jedoch das triste Schauspiel »erbärmlicher Aristokratien, die nur durch das Mitleid fortbestehen, das man ihnen entgegenbringt«; wenig später erlebt er die Freiheit, welche die englischen Bürger unter einer monarchischen Regierung genießen: »England ist gegenwärtig eindeutig das freieste Land der Welt.« In Erinnerung an seine italienischen Enttäuschungen und seine englische Erfahrung sieht sich Montesquieu veranlaßt, seine Beurteilung zu revidieren und im XI. Buch des *Geistes der Gesetze* das 9. Kapitel zu verfassen, das den Titel trägt: »Warum die Alten keine ganz klare Vorstellung von der Monarchie hatten«.

Montesquieus Vorstellungen entwickelten sich auch unter einem zweiten Gesichtspunkt fort. Die Unterscheidung von drei Regierungsformen ist in den ersten Büchern ausschlaggebend; danach setzt sich der Begriff der gemäßigten Regierung im Gegensatz zum Despotismus durch: Im 14. Kapitel des V. Buches greift er eine bereits in den *Gedanken* formulierte Definition auf: »Um eine gemäßigte Regierung zu bilden, muß man die Gewalten kombinieren, regulieren, abmildern und zum Handeln bringen, das heißt der einen Gewalt sozusagen Ballast zuführen, um sie in die Lage zu versetzen, der anderen zu widerstehen; ein solches Meisterwerk der Gesetzgebung bringt der Zufall selten zustande, und ebenso selten gesteht man der Bedachtsamkeit zu, es zu verwirklichen.« Die untrennbaren Begriffe der gemäßigten Regierung und der Gewaltenteilung behalten in

Montesquieus System schließlich die Oberhand, auch wenn die beiden anderen Konzeptionen weiterhin gegenwärtig sind, wie folgende Passage aus den *Gedanken* zu belegen scheint: »Etliche Leute haben untersucht, ob die Monarchie, die Aristokratie oder der Volksstaat besser ist. Doch da es unendlich viele Typen von Monarchien, Aristokratien und Volksstaaten gibt, ist die so vorgebrachte Frage derart vage, daß man schon über wenig Logik verfügen muß, um sie zu behandeln[20].«

Die Entwicklung von Montesquieus Denken in diesen beiden wesentlichen Punkten – einerseits die größere Wertschätzung für die Monarchie und andererseits die Einführung des Begriffs der gemäßigten, an das Gleichgewicht der Gewalten gebundenen Regierung – beweist nicht, daß er die acht ersten Bücher des *Geistes der Gesetze* vor 1728 geschrieben hat. Heute wird angenommen, daß mit ihrer Abfassung 1734 nach Vollendung der *Betrachtungen* begonnen wurde. Abgesehen von den bereits angeführten Argumenten widerspricht jener Standpunkt auch dem Zeugnis seines Sohnes Jean-Baptiste de Secondat; in seiner *Denkschrift zum historischen Lob von Monsieur de Montesquieu* schreibt er: »Das Buch über die englische Regierung, das in den *Geist der Gesetze* eingefügt wurde, ist damals [1734] geschrieben worden; Monsieur de Montesquieu hatte vorgehabt, es zusammen mit den *Römern* drucken zu lassen. Wenn es dazu nicht kam, heißt das nicht, daß er entschlossen war, den *Geist der Gesetze* zu schreiben. Die ungeheuren Ausmaße des Projekts, über das er seit langem nachdachte, hatten ihn oft davon abgebracht; doch nach zwei oder drei Jahren Ruhepause ermutigte ihn der Rat seiner Freunde dazu, sich ihm zu widmen. Er hatte seit langem Materialien gesammelt.«

Selbst wenn Montesquieu seine »Prinzipien« um 1728 entdeckte, wie er in einem Brief vom 7. März 1749 an Solar anmerkt, mußten sie noch präzisiert und vertieft werden. Er arbeitete demnach nicht zwanzig Jahre hintereinander an diesem Werk[21], das er mehrfach als »immens« bezeichnet, doch er widmete ihm von 1734 an einen sehr großen Teil seiner Zeit, so daß, wie R. Shackleton nachweist, »das Werk in seinen großen Linien spätestens zwischen 1739 und 1741 feststand«.

Das Jahr 1741 wird durch einen Brief Montesquieus vom 20. Dezember 1741 an Präsident Barbot bestätigt; zum erstenmal erwähnt er dort in seiner Korrespondenz den *Geist der Gesetze*: »An meinen *Gesetzen* arbeite ich acht Stunden pro Tag. Das Werk ist immens, und ich halte die ganze Zeit, die ich mit anderen Dingen zubringe, für verloren. Es wird vier Duodez-Bände in vierundzwanzig Büchern umfassen. Ich kann es kaum erwarten, es Ihnen zeigen zu können. Ich bin von ihm ungeheuer begeistert; ich bin mein erster Verehrer; ich weiß nicht, ob ich der letzte bin. Ich werde es Ihnen erst zeigen, wenn ich ihm nichts mehr hinzuzufügen habe, was, glaube ich, nach der ersten Durchsicht der Fall sein wird; doch ich werde verlangen, daß Sie mir nichts dazu sagen, bevor Sie es nicht ganz gelesen haben, wenn Sie es lesen wollen, und ich wage Ihnen zu sagen, daß man dabei meines Erachtens durch die Fülle der Dinge keine Zeit vergeudet.«

Trotz seiner »Begeisterung« ist Montesquieu also begierig, ein Urteil einzuholen, das objektiver als das seine ist; er kann kaum erwarten, das Werk zu vollenden, und widmet sich ihm völlig, wie er am 2. Februar 1742 an Barbot schreibt: »Was mich anbelangt, so vergrößert sich mein Werk in dem Maße, in dem meine Kräfte abnehmen. Ich habe dennoch achtzehn Bücher nahezu fertig und acht, die überarbeitet werden müssen.« In zwei Monaten hat die Abfassung also rasche Fortschritte gemacht. Montesquieu vertraut seinem Freund aber auch seine Erschöpfung, seine Sorgen und seine Ungeduld, es endlich abzuschließen, an: »Wenn ich nicht davon besessen wäre, würde ich keine Zeile schreiben. Es stimmt mich jedoch traurig, die schönen Dinge zu sehen, die ich unternehmen könnte, wenn ich gute Augen hätte. Wenn ich in Bordeaux bin, werde ich Ihnen die Sache zeigen und von Ihren Ratschlägen profitieren. Da ich alle meine Studien und meine ganze Kraft darauf konzentriere, kann ich nur vorankommen.«

R. Shackleton zufolge handelte es sich bei den fertigen Büchern nicht um die ersten achtzehn, sondern um das III., V., VII., IX., XI., XIV., XV., XVII., XX., XXI., XXIV., und wahrscheinlich einige der dazwischenliegenden Bücher. Im Frühjahr 1742, das Datum ist nicht näher bestimmt, hält Montesquieu Barbot erneut über die Fortschritte seines Buches auf dem laufenden: »Ich habe das Ihnen bekannte Werk weit vorangetrieben. Neunzehn Bücher sind fast fertig, und wenn ich in Bordeaux weilte, wäre ich imstande, sie Ihnen zu zeigen. Ich glaube, daß Loyac, Sie und ich die besten Richter sind, worum es sich auch dreht, Sie vor allem, der Sie über eine so vielseitige Bildung verfügen.« Zwei Jahre später, am 24. Mai 1744, vertraut Montesquieu Monsignore Cerati seine Schwierigkeiten an: »Ich teile Ihnen mit, daß ich viel arbeite und nicht vorankomme, seitdem ich von den Augen anderer abhänge. Mein Geist ist gefangen, und ich verliere unendlich viel Zeit; aber was bedeutet das letzten Endes schon?« Im September 1743 hatte Montesquieu Paris verlassen und kehrte erst im September 1746 dorthin zurück. Da er die nötigen Unterlagen beisammen und den größten Teil des Werkes verfaßt hatte, verspürte er das Bedürfnis, in La Brède zu sein, um noch einmal zu lesen, was er geschrieben hatte, und die restlichen Kapitel zu vollenden. Er lud Guasco nach La Brède ein und schrieb ihm am 1. August 1744: »Ich werde Sie in erster Linie wegen meines großen Werkes zu Rate ziehen, das mit Riesenschritten vorangeht, seit ich nicht mehr von den Pariser Diners und Soupers abgelenkt werde.«

Acht weitere Monate vergehen, bis der mehrfach angekündigte und, wie es scheint, immer wieder aufgeschobene Moment gekommen ist, da

Montesquieu endlich glaubt, das Manuskript seinen Freunden vorlegen zu können. »Übermorgen bin ich in der Stadt«, schreibt er am 10. Februar 1745 an Guasco. »Lassen Sie sich Freitag zu keinem Abendessen verpflichten, mein lieber Abbé; Sie sind bei Präsident Barbot eingeladen. Sie müssen dort um Punkt zehn Uhr morgens eintreffen. Dann beginnt die Lesung des großen Werkes, über das Sie Bescheid wissen; wir werden auch nach dem Abendessen lesen: Außer Ihnen werden nur der Präsident und mein Sohn zugegen sein; Sie werden völlig frei urteilen und kritisieren können.« Seine Freunde und Jean-Baptiste de Secondat versäumten es nicht, Montesquieu Hinweise zu geben, wie er es verlangte. »Wenn wir etwas bemängelten«, bemerkt Guasco, »hatte er nicht die geringste Mühe, es zu berichtigen, zu verändern oder zu verdeutlichen.«

Im Anschluß an die Lesung, die am 12. Februar 1745 und an den darauffolgenden Tagen stattfand, sah sich Montesquieu von seinen Freunden, was die Qualität seines Werkes anging, sicherlich beruhigt; da er ihre Beobachtungen berücksichtigen wollte, stürzte er sich in eine zweite Überarbeitung, die ihn erneut viel Mühe kostete und den größten Teil seiner Zeit in Anspruch nahm. An Monsignore Cerati, der sich in einem verlorengegangenen Brief Sorgen um den Fortgang seiner Arbeiten gemacht hatte, schreibt Montesquieu am 16. Juni 1745: »Ich werde frühestens in einem Jahr nach Paris kommen. Ich habe nicht einen Sou, um in diese Stadt zu fahren, welche die Provinzen verschlingt und angeblich Freuden bereitet, weil sie einen das Leben vergessen läßt. Seit den zwei Jahren, die ich hier bin, habe ich fortwährend an der Sache gearbeitet, die Sie erwähnen; doch mein Leben schreitet voran, während das Werk wegen seines ungeheuren Umfangs nicht fertig werden will: Sie können ganz sicher sein, daß Sie als erster Neues darüber erfahren werden.«

Etwas weniger als ein Jahr später, am 19. April 1746, hat Montesquieu seine Arbeit fast abgeschlossen und schreibt an Monsignore Cerati einen gelasseneren Brief, da er nunmehr weiß, daß er in einigen Monaten das gesetzte Ziel erreicht haben wird und dann ein weniger aufreibenderes, angenehmeres Leben führen kann: »Ich bin ungemein vorangekommen, wie Sie wissen, und ich glaube, daß ich in sechs Monaten nichts mehr hinzuzufügen habe. Was werde ich dann, ohne Beschäftigung und aller Sorgen ledig, Besseres zu tun haben, wenn ich klug bin, als mich auf der Garonne einzuschiffen, um in einer Tartane durch den Kanal des Languedoc bis nach Pisa zu segeln und bei Ihnen um eine gute Suppe zu bitten? Dort, in der Ruhe dieser Stadt, würde ich tun, was Sie mir auf meinen Reisen sagten. Sie würden mich zum Arbeiten anregen und meinem Geist Lebendigkeit und Gediegenheit geben.«

Diese wenigen Briefe aus der Zeit von 1742 bis 1746 bilden die einzigen Zeugnisse, die Aufschluß darüber geben, wie weit Manuskript und Reinschrift des *Geistes der Gesetze* fortgeschritten sind. Alle lassen die Besorgnis Montesquieus erkennen. Er fürchtet, daß ihm sein schlechtes Sehvermögen nicht die Zeit läßt, die Arbeit zu vollenden, und daß das Werk, dem er so viele Jahre aufreibender, seine Gesundheit gefährdender Mühen gewidmet hat, nicht mit dem Wohlwollen aufgenommen wird, das er sich wünscht. Ohne die Angriffe vorauszuahnen, dem der *Geist der Gesetze* nach seiner Veröffentlichung ausgesetzt sein würde, zweifelte Montesquieu am vollen Erfolg des Buches, wohl wissend, daß seine erklärten oder versteckten Widersacher es nicht versäumen würden, ihn zu attakkieren, was er im Hinblick auf die intellektuelle Bedeutung des Werkes und die Mühe für ungerecht hielt, die es gekostet hatte, eine umfassende Dokumentation mit dem Ziel zusammenzustellen, die wesentlichen Gesetze, die in seinen Augen das Leben der Menschen, Staaten und Gesellschaften regelten, in ein neues Licht zu rücken.

Es ist kaum möglich, von der folgenden Vertraulichkeit in den *Gedanken*[22] nicht berührt zu sein, einer regelrechten Meditation über Alter und Tod, die von Würde und einer für Montesquieu ungewöhnlich tiefen Ergriffenheit geprägt ist: »Ich hatte die Absicht, einigen Stellen dieses Werkes mehr Umfang und Tiefe zu geben; ich bin dazu nicht mehr in der Lage. Das Lesen hat meine Augen geschwächt, und es scheint, daß ich stets in der Morgendämmerung des Tages lebe, an dem sich meine Augen für immer schließen werden.«

Das Ergebnis seiner Anstrengungen ist ein Manuskript von 1505 Blättern, das seit 1939 in der Pariser Nationalbibliothek aufbewahrt wird und den Titel trägt: »Montesquieu. Vom Geist der Gesetze. Erster Entwurf.« Siebzehn Kapitel dieses Manuskripts tauchen in der Ausgabe von 1748 nicht auf, während die Bücher XXVI, XXX und XXXI völlig und die Bücher XXVIII und XXIX zum großen Teil fehlen. Folglich stellt es nicht die letzte Version des *Geistes der Gesetze* dar; Montesquieu schickte ein anderes, nicht aufgefundenes Manuskript zum Drucker nach Genf.

Das sorgfältige Studium des Pariser Manuskripts führte R. Shackleton zu Ergebnissen, welche die Entstehung des Werks und die Arbeitsmethode Montesquieus erhellen. Abgesehen von vereinzelten Korrekturen, schrieb Montesquieu mit eigener Hand nur ungefähr 160 Blätter; den Rest des Manuskripts bewältigten acht Sekretäre, deren Handschriften sich mischen. Fast alle Kapitel enthalten zum Teil so verworrene Korrekturen, die auf die Seitenränder, zwischen die Zeilen oder auf die nachträglich ins Manuskript eingelegten Seiten geschrieben sind, daß die endgültige Leseart des Textes oft verworren bleibt. Montesquieu verbessert oft eigenhändig Passagen, die vorher von den Sekretären übertragen worden sind; doch genauso oft diktiert er ihnen Korrekturen, die sie an den von seiner Hand geschriebenen Passagen anbringen. Die offenkundigsten Berichtigungen betreffen die Numerierung der Kapitel. Nicht selten finden sich am Kapitelanfang fünf oder sechs Ziffern, die bezeugen, wie sehr der

Autor beim Aufbau seines Buches gezögert hat; es ist schwierig, die ursprünglich von Montesquieu vorgesehene Anordnung der Kapitel zu rekonstruieren, da er den Aufbau seines Werkes unaufhörlich ändert, je weiter die Abfassung voranschreitet.

R. Shackleton macht noch andere interessante Beobachtungen; zwischen 1740 und 1743 arbeiteten zwei Sekretäre gleichzeitig, jedoch unabhängig voneinander; die Aufteilung der Kapitel zwischen beiden nahm gewiß Montesquieu vor. Zwei Passagen, die von einem zwischen 1733 und 1738 für Montesquieu tätigen Sekretär geschrieben wurden, gehören zu anderen Werken: das VIII. Kapitel der um 1734 veröffentlichten *Überlegungen zur universellen Monarchie in Europa* wurde in das 6. Kapitel des XVII. Buches des *Geistes der Gesetze* eingefügt, das den Titel trägt »Eine weitere Ursache für die Knechtschaft Asiens und die Freiheit Europas«; diese Seiten sind aus dem Manuskript der *Überlegungen* herausgelöst und in das Pariser Manuskript eingefügt worden. Zum anderen zeigt die Überprüfung der Reihenfolge der Korrekturen, die im 6. Kapitel des XI. Buches »Über die englische Verfassung« durch die Eingliederung ganzer Seiten in das Manuskript vorgenommen wurden, daß der gegenwärtige Text die Spuren mehrerer vorheriger Fassungen aufweist. Jean-Baptiste de Secondat spielt sicher auf die erste Fassung des Kapitels an, als er erklärt, daß das Buch über die englische Regierung bereits fertig war, als die *Betrachtungen* 1734 erschienen. Die Untersuchung dieser beiden Passagen des Manuskripts erlaubt demnach die Schlußfolgerung, daß Montesquieu zwischen 1733 und 1738, als jener Sekretär für ihn arbeitete, noch nicht mit der Abfassung des *Geistes der Gesetze* begonnen hatte.

Zwischen 1739 und 1741 schrieb ein anderer Sekretär, der Papier kleineren Formats benutzte, vierundzwanzig Kapitel sowie die Korrekturen des Kapitels »Über die englische Verfassung« ins reine. Einige dieser Kapitel basieren auf den *Überlegungen zur universellen Monarchie*, dem *Essay über die Anlässe, die auf die Gemüter einwirken*, der *Abhandlung über die Pflichten* und dem um 1727 geschriebenen *Gedanken* 174. Die Tätigkeit dieses Sekretärs beschränkte sich jedoch nicht auf die Abschrift früherer Werke; die von seiner Hand geschriebenen Kapitelüberschriften zeigen, daß zwischen 1739 und 1741 nicht nur ein Konzept des *Geistes der Gesetze* vorhanden war, sondern auch ein beträchtlicher Teil des Werkes, das heißt zumindest ein Großteil von zehn der achtzehn Bücher, die Montesquieu in seinem Brief an Barbot vom 7. Februar 1742 als abgeschlossen bezeichnet. Das Pariser Manuskript ist folglich kein erster Entwurf des *Geistes der Gesetze*.

Die Zusammenschau der Handschriften der Sekretäre und der Wasserzeichen der beiden Manuskriptpapiere liefert wertvolle Informationen zur Chronologie der Werkgenese: Der grundlegende Text der meisten Kapitel wurde zwischen 1741 und 1743 während eines Parisaufenthalts von zwei Sekretären abgeschrieben. Nach seiner Rückkehr nach La Brède im Herbst

1743 überarbeitet Montesquieu seinen Text zum erstenmal; eine zweite, sich anschließende Revision schließt er 1746 ab. Das Pariser Manuskript stellt also eine wesentliche Etappe in der Abfassung dar, da Montesquieu im Lauf jenes Zeitraums zwischen 1739 und 1746 Ordnung in seine Gedanken bringt und nach vielen tastenden, von zahlreichen Manuskriptkorrekturen begleiteten Versuchen dahin gelangt, die großen Linien des oft überarbeiteten Werkplans festzulegen und ihn fast vollständig umzusetzen; denn 1746 steht nur noch die Abfassung der letzten Kapitel aus, die er nur mit großer Mühe während der Drucklegung seines Buches fertigstellt.

Der Zustand des Pariser Manuskripts mit seinen zahlreichen Korrekturen, welche die gültige Einrichtung des Textes oft schwierig gestalten, macht es unumgänglich, daß eine andere, ins reine gebrachte Abschrift dem Drucker anvertraut wurde. Die Nachforschungen, die 1948 in der Schweiz unternommen wurden, um dieses Manuskript aufzufinden, blieben ergebnislos, was im übrigen nicht überrascht, da Jacob Vernet in einem Brief vom 4. September 1748 versichert, daß »die Abschrift nicht sorgfältig genug aufgehoben worden ist«. Jeder Vergleich zwischen den beiden Texten bleibt also unmöglich. Diese Lücke in der Kette der verschiedenen Entstehungsstadien des *Geistes der Gesetze* ist bedauerlich; denn die Konsultierung des »Genfer Manuskripts« hätte es erlaubt, die letzten, während des Drucks vom Autor selbst an seinem Text vorgenommenen Veränderungen nachzuweisen, was anhand der oft zu anspielungsreichen Korrespondenz zwischen Montesquieu und seinen Genfer Freunden weit weniger gut möglich ist.

Die Drucklegung des *Geistes der Gesetze*, dessen entscheidende Phasen von F. Gébelin[23] dargestellt worden sind, hat sich nicht ohne Zwischenfälle abgespielt. Um den Schikanen der Pariser Zensur zu entgehen, hatte Montesquieu zuerst vorgehabt, sein Werk – wie bereits vorher die *Persischen Briefe* und die *Betrachtungen* – in Holland drucken zu lassen. In Guasco, der seit etlichen Jahren aufmerksam das Fortschreiten seines Werkes verfolgte, hatte er einen zuverlässigen Freund gefunden, der ihm vorschlug, das Manuskript in die Niederlande zu bringen und seine Drucklegung zu beaufsichtigen. Montesquieu nahm das Angebot an, das ihm wahrscheinlich einigen Ärger erspart hätte; Guasco, der das Manuskript gelesen hatte und die Vorstellungen seines Freundes kannte, zu dessen Vertrauten er zählte, konnte, wenn es nötig sein sollte, im letzten Augenblick Korrekturen im Detail anbringen. Mit Montesquieus Genehmigung bereitete er damals eine italienische Übersetzung des *Geistes der Gesetze* vor; am 17. Juli 1747 schreibt Montesquieu: »Sobald mein Buch gedruckt ist, werde ich dafür Sorge tragen, daß Sie eines der ersten Exemplare bekommen; es wird leichter für Sie sein, mit der Druckfassung als mit dem Manuskript zu arbeiten.«

Im August 1746 erkundigt sich Montesquieu, ob Guasco Madame de Montesquieu nach Clairac begleiten wird, »denn mein Werk schreitet voran, und wenn Sie in die entgegengesetzte Richtung fahren, muß ich wissen, wohin ich Ihnen den Teil schicken kann, der dann fertig sein wird«. Ende 1746 kündigt Montesquieu Guasco an, daß er ihm im April 1747 nahezu das vollständige Manuskript geben könne: »Sie haben richtig geraten; in drei Tagen habe ich die Arbeit von drei Monaten erledigt, so daß ich Ihnen, wenn Sie im April hier sind, den Auftrag erteilen kann, den Sie für mich in Holland nach dem von uns vorgesehenen Plan erledigen wollen. Ich weiß zur Stunde genau, was mir noch zu tun bleibt. Von dreißig Punkten werde ich Ihnen sechsundzwanzig geben; während Sie Ihrerseits arbeiten, werde ich Ihnen die vier anderen schicken.« Einige Tage später, am 6. Dezember 1746, bekräftigt Montesquieu seine Absichten gegenüber Guasco: »Mein lieber Abbé, bis jetzt habe ich mich vage ausgedrückt, hier nun Genaues. Ich möchte mein Werk so schnell wie möglich abschließen. Ich werde morgen damit beginnen, letzte Hand an den ersten Band zu legen, das heißt an die ersten dreizehn Bücher; und ich rechne damit, daß Sie sie in fünf oder sechs Wochen erhalten.«

Bis zum letzten Augenblick war sich Montesquieu über die Anzahl der Bücher und die Aufmachung seines Werkes unschlüssig. Da er das ursprünglich vorgesehene Duodez-Format zugunsten des Quart-Formats verwirft, sieht er der Reihe nach eine Ausgabe in drei, zwei oder sogar sechs Bänden vor, um sich schließlich für die zweibändige zu entscheiden.

Doch das Auftauchen politischer Schwierigkeiten zwang Montesquieu, Abstand davon zu nehmen, sein Buch in Holland drucken zu lassen. Der 1740 begonnene Österreichische Erbfolgekrieg zog sich endlos hin und führte zu einer gewissen Mutlosigkeit; die in die Vermittlung der Niederlande gesetzten Hoffnungen erschienen Ende 1746 illusorisch: Der französische Gesandte Puisieulx führte schonungslos die Verhandlungen von Breda; alles deutete auf eine Wiederaufnahme der Feindseligkeiten hin, die im April 1747 mit der Invasion des holländischen Territoriums durch den Marschall von Sachsen ihren Anfang nahm. Montesquieu begriff, daß er sein Buch nicht in Holland drucken lassen konnte und unterrichtete Guasco schon am 6. Dezember 1746: »Da ich schwerwiegende Gründe dafür habe, es mit Holland besser nicht zu versuchen, von England ganz zu schweigen, bitte ich Sie, mir mitzuteilen, ob Sie immer noch vorhaben, Ihre Tour durch die Schweiz vor der Reise durch die beiden anderen Länder zu machen. In diesem Fall müssen Sie die Wonnen des Languedoc auf der Stelle verlassen: Ich werde das Paket [das Manuskript des *Geistes der Gesetze*] nach Lyon schicken, wo Sie es auf Ihrer Durchreise vorfinden werden. Ich lasse Ihnen die Wahl zwischen Genf, Solothurn und Basel. Während Sie reisen und man die Arbeiten am ersten Band aufnimmt, werde ich den zweiten überarbeiten und dafür Sorge tragen, daß er Ihnen, sobald Sie das Zeichen dafür geben, zugesandt wird; er wird zehn Bücher umfassen, der dritte sieben. Es handelt sich um Quart-Bände. Ich warte auf Ihre Antwort; wenn ich damit rechnen kann, daß Sie sofort abreisen, ohne sich irgendwo aufzuhalten, wünsche ich mir sehnlichst, daß mein Werk einen Schirmherrn wie Sie hat.«

Bald tauchen neue Hindernisse auf; als Montesquieu erfährt, daß die Piemonter am 30. November 1746 den Var überquert haben, erkundigt er sich in einem Brief an Guasco vom 24. Dezember nach den Auswirkungen, die dieses Ereignis auf die Situation seines Freundes hat: »Ich habe darüber nachgedacht, daß Sie aus dem Piemont stammen und es unangenehm für einen Mann sein muß, der nur an seine Forschungen und an seine Bücher denkt und nicht an die Angelegenheiten der Fürsten, sich unter solchen Umständen in einem fremden Land zu befinden, so daß Sie sich vielleicht dafür entscheiden, in Ihr Land zurückzukehren.« Er fügt hinzu: »Überdies glaube ich nicht, daß es in der gegenwärtigen Situation empfehlenswert wäre, mein Buch zu schicken, um es drucken zu lassen, um so weniger, als ich nicht sicher bin, zu was Sie sich entschließen werden.«

Da er zögert, unter diesen Umständen die Vermittlung Guascos in Anspruch zu nehmen, schreibt er ihm in den letzten Tagen des Jahres 1746: »Um Sie [in La Brède] zu haben, entbinde ich Sie von Ihrem Wort. Schließlich darf die Drucklegung nicht in Holland stattfinden und noch weniger in England, im Land eines Feindes, der nur die Sprache der Kanonenschüsse versteht.«

Sein Verhältnis zu Guasco wird Anfang 1747 schwieriger; am 20. Februar zeigt sich Montesquieu beunruhigt wegen der Labilität seines Freundes, von dem er nicht weiß, wo er ihn erreichen kann; er beginnt, seine Ungeduld zu äußern: »Sie haben mir zwar auf meinen Brief geantwortet, doch es gibt Punkte, die mir nicht behagen. Ich hatte Ihnen mitgeteilt, daß ich Ihnen einen Teil meines Werkes schicken würde; nach seinem Erhalt sollten Sie sich aber mit nichts anderem mehr die Zeit vertreiben; daraufhin sind Sie wegen allerlei Geschäften weggefahren, anstatt auf mein Manuskript zu warten. Mein lieber Freund, im Falle einer Seelenwanderung werden Sie vielleicht wiedergeboren, um den Beruf des Reisenden auszuüben; für das jetzige Leben empfehle ich Ihnen indessen, sich zusammenzureißen. Doch kommen wir zur Sache. In drei Monaten werden Sie fünfzehn oder zwanzig Bücher erhalten, die lediglich gelesen oder abgeschrieben werden müssen; das heißt, von fünf Teilen werden Sie drei erhalten, die den ersten Band bilden; danach werde ich am zweiten arbeiten, den Sie zwei oder drei Monate später bekommen. Wenn Sie Ihre literarischen oder galanten Erledigungen im Languedoc hinter sich gebracht haben, werden Sie gut daran tun, Ihren Posten als

Beichtvater von Madame de Montesquieu oder den des Büßermönches des Bischofs von Agen wiederaufzunehmen. Wie dem auch sei, ich werde Ihnen Ende April den ersten Band an den von Ihnen angegebenen Ort schicken.«

Am 4. Mai übermittelt Montesquieu Guasco Genaueres: »Ich weise Sie auch darauf hin, daß das fragliche Werk Anfang des nächsten Monats fertig abgeschrieben sein wird. Ich bin fast dafür, es im Duodez-Format zu bringen. Fünf Bände werde ich Ihnen schicken, die in der Abschrift erkennbar sind. Seien Sie so gütig und teilen Sie mir mit, wohin ich Ihnen das Paket senden soll. Ich verlasse mich darauf, Ihre Antwort zu erhalten, bevor wir fertig sind; deshalb dürfen Sie es nicht hinauszögern, mir zu schreiben und mir mitzuteilen, wo Sie sich den Juni über aufhalten.«

Je weiter die Zeit und die Reinschrift seines Werkes voranschreitet, desto mehr sorgt sich Montesquieu um Guascos Ausweichmanöver. Doch erst am 30. Mai 1747 nimmt er das Kommen und Gehen und die zahllosen Tätigkeiten seines Freundes zum Vorwand, um ihm recht schroff zu bedeuten, daß er darauf verzichte, ihm die Sorge anzuvertrauen, die Drucklegung seines Buches zu beaufsichtigen: »Ihr Brief hat mich völlig verunsichert, da ich Sie mit Unternehmungen für ein Jahrhundert beschäftigt sehe und im übrigen nicht weiß, in welcher der zehn oder zwölf Städte, die Sie mir nennen, ich Sie erreichen kann; da Ihnen überdies der Ort, an den ich mich wegen des Krieges gezwungenermaßen für den Druck wenden mußte, nicht zusagen würde, habe ich mir eine Gelegenheit zunutze gemacht, die mir zufiel, und ich glaube, daß Ihnen das mehr zusagt, als wenn ich Ihre weiteren Vorhaben beeinträchtigte.«

Was war das für eine »Gelegenheit«, die Montesquieu erlaubte, auf die Dienste eines labilen, schwer zu fassenden Mannes, den die politische Lage verdächtig erscheinen lassen konnte, zu verzichten und ihm die Möglichkeit bot, einen seriösen Vermittler zu finden, auf den er sich ohne Sorge verlassen konnte? Einer Notiz Guascos zufolge, dessen Auskünfte nicht immer so verläßlich sind, wie er gerne vorgab, »war es der Gesandte von Genf, Monsieur Sarrasin, der in sein Land zurückkehrte, was Montesquieu nutzte, um das Manuskript des *Geistes der Gesetze* an Seigneur Barrillot, den Drucker dieser Stadt, zu schicken«. Wie jedoch Palissot in seinen *Literarischen Erinnerungen* bemerkt, »gab es in Frankreich nie einen Genfer Gesandten mit Namen Sarrasin«. Guasco irrte sich in der Tat. Anfang 1747 hatte Montesquieu in Paris zum Genfer Repräsentanten bei Ludwig XV., Pierre Mussard, und seinem Stellvertreter *ad interim*, Jean-Louis Saladin, Kontakt aufgenommen. Mussard gehörte zu den geschicktesten Unterhändlern der Genfer Geschichte; Montesquieu begegnete ihm bei Madame de Tencin dank der Vermittlung Saladins; den wiederum kannte er aufgrund seiner Stellung als Verwalter der Ostindischen Kompanie, deren Direktor, François Risteau, aus der Gegend von Bordeaux stammt, mit Montesquieu eng befreundet war und der Royal Society angehörte.

Während Saladin mit Montesquieu noch einmal den Text des *Geistes der Gesetze* durchging, nahm Mussard, der im folgenden Jahr einen Vertrag aushandeln sollte, der den territorialen Unstimmigkeiten zwischen Genf und Frankreich ein Ende setzte, das Manuskript mit nach Genf; nachdem er es gelesen hatte, zögerte er nicht, dem Autor in einem Brief vom 8. Juli 1747 seine Begeisterung kundzutun und sich glücklich zu schätzen, »der Überbringer dieses kostbaren Manuskriptes« zu sein: »Das Thema ist unermeßlich, das größte, beeindruckendste und nützlichste, das man behandeln kann; doch kann es das Werk eines einzigen Mannes sein? Ja, wenn es der Präsident von Montesquieu ist, der es schreibt. Ich sage Ihnen, Monsieur, wenn der versammelte Kongreß von Breda zum Wohl der Nationen sich die Idee eines vergleichbaren Werkes hätte vorstellen können, er hätte im Hinblick auf die Verwirklichung nur an Sie allein denken können. Was ein aufgeklärter Bürger in den Mauern seiner eigenen Stadt kaum richtig erfaßt, das Klima, seine Zusammenhänge und Einflüsse, die Sitten, Gebräuche und Gesetze, das Wesen seiner Regierung, das wissen und erkennen Sie, Bürger der Welt, als ob Sie seit ihrer Gründung lebten, über alle Länder, alle Zeiten und alle Regierungen hinweg. Wie gut Sie sich mit jenen Musen verstehen, die Sie zu Beginn des zweiten Buches beschwören, die besonders dann ›so mannigfaltig‹ sind, ›wenn sie über die Lust zur Weisheit und Wahrheit führen‹. Welches Feuer, welche Erhabenheit, welche Präzision, welche bewundernswürdige Vielfalt! In diesem Werk spricht die Vernunft, um uns alles zu vermitteln, was es an Interessantem gibt, und um zu gefallen, während sie belehrt; die Grazien der schönsten Vorstellungskraft sind ihre Interpreten. Ich bin begeistert.«

Mussard bekräftigt seine Diskretion gegenüber Montesquieu, der ihn gebeten hatte, seinen Namen geheimzuhalten. Er nahm Kontakt mit dem aus Lyon stammenden Verlagsbuchhändler Jacques Barrillot auf. Barrillot akzeptierte es, den Druck des *Geistes der Gesetze* zu übernehmen und schickte Montesquieu als Muster für Buchstaben und Papier eine Seite aus den *Prinzipien des Naturrechts* von Jean-Jacques Burlamaqui, die er gerade verlegt hatte. Der Drucker meinte, es nicht besser machen zu können, »mit Ausnahme der Kursivschrift, für die ich vor kurzem ganz neue Buchstaben bekommen habe, Louvre-Patrize«; er wünschte zu wissen, wie viele Exemplare der Autor ausgehändigt haben wollte. Das Geschäft war Risiko des Druckers, der alle Kosten auf sich nahm und alle Einnahmen für sich verbuchte. Als kluger Verleger zögerte Barrillot nicht, allein auf den Wert des Buches zu setzen, dessen Autor er zunächst nicht namentlich kannte. Mussard schlug vor, sich für die Korrektur der Fahnen und die Erstellung des Inhaltsverzeichnisses an den Pastor Jacob Vernet zu wenden, der Professor für Schöne Literatur an der Akademie von Genf war. Vernet hatte Montesquieu 1728 in Rom kennengelernt, wo sie »vier Monate lang im gleichen Hotel wohnten«.

In einem Brief an Charles Bonnet erinnert Vernet etliche Jahre nach dem Druck des *Geistes der Gesetze* an seine Rolle und glaubt, »dem großen Vertrauensbeweis« Montesquieus vollkommen gerecht geworden zu sein: »Ich entsprach ihm zu seiner Zufriedenheit. Ich habe noch eine kleine Tasche voller Briefe zu diesem Thema und zahlreiche Verbesserungen, die er mir im Verlauf des Drucks schickte; ich brachte sie, obwohl sie mir nicht alle gut erschienen, mit der gewissenhaften Treue eines Herausgebers an. Es war an ihm allein, darüber zu befinden. Er ließ zum Beispiel ein ganzes Kapitel über die königlichen Geheimbefehle wegfallen; ich habe es nicht mehr, da er wollte, daß nichts von seinem Originalmanuskript übrigbliebe. Ich weiß nur, daß er diese Gewohnheit als eine der gefährlichsten Methoden eines verabscheuungswürdigen Despotismus ansah . . .«

Ein Freund Mussards gehörte zu einer kleinen Gruppe, die sich versammelte, um über Philosophie zu sprechen. Diese Gesellschaft der »Vier B« verdankte ihren Namen den Gründern: dem Naturphilosophen Claude Bonnet, dem Pastor Benelle, dem Doktor Butini und dem Rechtsanwalt Beaumont. Eines Tages brachte er zu einem Treffen einige Kapitel des *Geistes der Gesetze* über die Religion mit, ohne den Namen des Autors zu nennen. Charles Bonnet hat in seinen *Memoiren* den unvergeßlichen Eindruck geschildert, den ihm diese Lesung vermittelte: ». . . Es schien mir, als hörte ich die Unterweisungen einer übermenschlichen Intelligenz, die mich auf einen Schlag von der Gemütsverfassung des Kindes zu der des fertigen Mannes übergehen ließ. Es war mir, als hätte ich bisher noch nichts gelesen, gedacht oder geschrieben. Ich war vollkommen begeistert und wie besessen vom Geist des Autors . . . Und in meinem Enthusiasmus sagte ich voraus, daß dieses verblüffende Werk eine große Revolution in der denkenden Welt hervorrufen würde.«

Mussard hatte nur die ersten drei Teile des *Geistes der Gesetze* (die Bücher I bis XIX) mitgenommen; gleich nach seiner Rückkehr aus Lunéville, wo er sich einige Wochen im Beisein von Stanislaus I. und seinem Hof erholt hatte, schrieb Montesquieu den vierten Teil ins reine und vertraute ihn Saladin an, um ihn nach Genf bringen zu lassen. Barrillot hatte bereits mit der Drucklegung begonnen, doch die Schwierigkeiten waren deshalb nicht ausgestanden. In seinem Bestreben, das Werk zu verbessern, nahm Montesquieu fortwährend Korrekturen vor; er schickte Ergänzungen zu Kapiteln, die gerade gesetzt wurden oder bereits gesetzt waren, verlangte Streichungen, modifizierte seinen Text auf den Fahnen und forderte sogar noch Veränderungen, nachdem er bereits die Zusage zum Druck gegeben hatte, kurz: Er komplizierte die Arbeit der Druckerei ungemein und erschwerte die Aufgabe Vernets, den er damit betraut hatte, den Fortgang der Arbeiten zu beaufsichtigen. Seine Unschlüssigkeit und seine ständigen Korrekturen erklären, zusammen mit der langsamen Postverbindung zwischen Genf und Bordeaux oder Paris, die Schwierigkeiten, die bald zwischen Montesquieu und Jacob Vernet auftraten; seine Vermittlerrolle zwischen dem Verleger, den es drängte, seine Pressen in Gang zu halten, und dem besorgten, leicht verletzbaren Autor wurde rasch unangenehm.

Schon am 24. August bittet Montesquieu Mussard, sich bei Barrillot einzuschalten, damit »er für ein paar Tage, das heißt für höchstens eine Woche, die Verlegung aussetzt«. »Dieser Teufel von Monsieur Saladin« hatte beim Lesen des ersten Teils des *Geistes der Gesetze* »einige anstößige Stellen entdeckt, die geändert werden müssen«. Montesquieu erklärt: »Gestern begannen er und ich mit dem Korrekturlesen. Ich werde die Ehre haben, Ihnen in drei oder vier Tagen die Korrekturen zu schicken, die am dann bereits Gedruckten vorgenommen werden müssen: man wird Ersatzblätter einfügen müssen, und das auf meine Kosten, wie es nur zu gerecht ist.«

Die von Montesquieu erbetenen Verbesserungen waren wichtig; der fehlerhafte Text mußte neu gesetzt werden. Vierzehn Ersatzblätter gibt es in den zwei nicht kartonierten Exemplaren des *Geistes der Gesetze*, die in der Bibliothèque de l'Arsenal in Paris und in der Berner Nationalbibliothek aufbewahrt werden. Der Vergleich mit dem Pariser Manuskript bestätigt, daß die Ersatzblätter im Anschluß an die im letzten Augenblick von Montesquieu selbst erbetenen Korrekturen eingefügt worden sind und keine Zensurmaßnahme darstellen. Sie könnten jedoch Anlaß zu böswilligen Deutungen geben, wie Vernet in einem Brief vom 11. September 1748 unterstreicht: »Die Vermehrung der Ersatzblätter ist immer eine Unzulänglichkeit, und im übrigen läßt sie mehr Geheimnisse vermuten, als es gibt.«

Montesquieu trieb die Vollendung des Manuskripts mit großem Tempo voran. Ende August lieferte er den vierten Teil (die Bücher XX bis XXIII) und schloß den fünften ab, wobei er die Zeit nutzte, die ihm zur Ergänzung und Überarbeitung blieb: »Ich werde ihn um einige Bücher über Dinge erweitern, die ich im sechsten Teil unterbringen wollte; meine Arbeit wird dadurch beträchtlich vermindert, so daß mein Werk wohl auch nicht in den Augen der Leserschaft Einbußen erleidet.«

Jacob Vernet hatte wenig Interesse an Aufgaben wie der Fahnenkorrektur, die er ziemlich nachlässig erledigte, oder der Erstellung eines Inhaltsverzeichnisses, an dessen Stelle er eine einfache Liste der Kapitelüberschriften setzte, die er im übrigen nicht selbst abfaßte. Der gebildete Genfer Professor hegte ehrgeizigere Absichten; nach und nach faßte er den Mut, sich zum Text des *Geistes der Gesetze* zu äußern. Montesquieu, der sehr empfänglich für Einwände war, dürfte ihn in dieser Hinsicht sogar ermutigt haben. Schon im Herbst 1747 schlägt Vernet Montesquieu vor, die Anrufung der Musen wegfallen zu lassen; der Autor lehnt das in einem Schreiben an Vernet zunächst ab: »Gegen die Anrufung der Musen spricht, daß sie in diesem Werk einzigartig ist und daß man so etwas noch nicht gemacht hat. Doch wenn eine einzigartige Sache an sich schon gut ist, darf man sie wegen ihrer Einzigartigkeit nicht verwerfen, die allein schon ein Grund für den Erfolg wird; es gibt kein Werk, in dem man aufgrund seiner Länge und der Gewichtigkeit der Themen mehr daran denken müßte, den Leser zu entspannen.«

Die Anrufung der Musen, die von Montesquieu an den Anfang des XX. Buches gestellt worden war, mit dem der vierte Teil des *Geistes der Gesetze* begann, ist eine Art poetisches Zwischenspiel in Prosa, das Vernet mißfiel. Er nahm die schleppende Verständigung und sich kreuzende Briefe zum Vorwand, um gegen den Willen Montesquieus die Verantwortung für die Streichung dieser Passage zu übernehmen; anschließend liefert er dem Autor verworrene Erklärungen, um sein Verhalten zu rechtfertigen: »Ihre Anweisungen kommen spät, und unsere Briefe kreuzen sich. Der, in dem Sie wünschen, daß wir die Anrufung der Musen beibehalten, ist zehn Tage nach ihrer Streichung und dem Druck von zwei weiteren Seiten angekommen; deshalb ist die Streichung nicht mehr rückgängig zu machen, zumindest an dieser Stelle nicht, da ein Ersatzblatt für ein Kapitel wie dieses nicht ausreichte und ein eingefügtes Blatt die Seitenzählung durcheinanderbringen würde.«

Da Vernet spürt, daß die angeführten technischen Gründe Montesquieu möglicherweise nicht beeindrucken können, versucht er, ihn mit grundlegenden Argumenten zu überzeugen: »Andererseits hätten Sie mir vielleicht nicht den Auftrag gegeben, diese Passage beizubehalten, wenn Sie den Brief rechtzeitig erhalten hätten, den ich die Ehre hatte, Ihnen nach Bordeaux zu schreiben; in ihm fügte ich einen weiteren Grund hinzu, um die Stelle wegfallen zu lassen, und zwar, daß sie nach zwei Dritteln eines Bandes deplaziert ist. Doch selbst das gibt uns die angenehme Möglichkeit, Sie wiederaufzunehmen, wenn Sie darauf beharren: Man bräuchte sie nur an den Anfang des zweiten Bandes zu stellen, wo sie besser plaziert ist. Ich bitte Sie um Entschuldigung, daß ich zuviel auf mich genommen habe. Einerseits glaubte ich, unsere beiden Herren [Mussard und Saladin] seien genauso fest entschlossen wie ich, diese Anrufung nicht nur für ein Beiwerk zu halten, sondern für eine ungewöhnliche Passage, die in ein Werk solcher Bedeutung nicht hineinpaßt; andererseits mußte die Druckpresse in Bewegung bleiben, und es war unmöglich, alles zu unterbrechen, um Ihre Anweisungen abzuwarten. Schließlich, dachte ich, hätten Sie ja immer noch die Möglichkeit, sie anderswo einzubauen, wenn Sie das wollten. Es ist selbstverständlicher, die Musen in einem zweiten Band unterzubringen, wo man Atem schöpft.

Meine Bedenken haben letztlich dem nachgegeben, was für den Ruhm Ihres Werkes unbedingt nützlich erschien.«

Vernet erweist sich als weit weniger zimperlich, wenn es darum geht, Satz und Druck für Korrekturen zu unterbrechen, die er selbst unterbreitet hat; er schlägt sogar mit Erfolg vor, die Lobrede auf Ludwig XV. (III. Buch, 7. Kapitel) durch ein Ergänzungsblatt zu ersetzen. Als er die Probeabzüge noch einmal durchliest, regt er Berichtigungen an, die auf größtmögliche Klarheit abzielen. So schreibt Montesquieu im 21. Kapitel des XX. Buches: »Ein Land, das ständig weniger aus- als einführt, bringt sich selbst ins Gleichgewicht, indem es verarmt.« Vernet präzisiert in einem Brief vom 16. März 1748: »Sie meinen damit sicher Lebensmittel und Waren, denn was das Geld betrifft, so bereichert man sich, wenn man weniger davon aus- als einführt.« Willig akzeptierte Montesquieu, seinen Text wie folgt zu verändern: »Ein Land, das ständig weniger Waren oder Lebensmittel aus- als einführt . . .«

Montesquieu hatte seinem Werk einen kurzen Titel gegeben: *Vom Geist der Gesetze*; Vernet schlug ihm in einem Brief vom 4. September 1748 vor, den Inhalt des Werkes durch die Hinzufügung des folgenden Satzes genauer zu umschreiben: »mit neuen Nachforschungen über die römischen Erbfolgegesetze, die französischen Gesetze und die Feudalgesetze«. Der Autor entschied sich für die Fassung: »Vom Geist der Gesetze oder vom Bezug, den die Gesetze zur Errichtung jeder Regierung, zu den Sitten, dem Klima, der Religion, dem Handel, etc. haben müssen, unter Hinzufügung neuer Untersuchungen des Autors zu den römischen Erbfolgegesetzen, den französischen Gesetzen und den Feudalgesetzen«.

Trotz Montesquieus dringender Ermahnungen gegenüber Saladin und Mussard wußten bald zu viele über den Druck des *Geistes der Gesetze* Bescheid, um die Anonymität des Autors noch wahren zu können. Schon am 13. November 1747 informiert Vernet Montesquieu über Indiskretionen, aufgrund derer es unmöglich sei, das Geheimnis noch lange zu hüten; er selbst weist jede Schuld von sich: »Der Name des Autors ist mir mit Sicherheit nicht über die Lippen gekommen, noch irgend etwas, das auf ihn hindeutet; ich weiß nur zu gut, wie weit Diskretion und Treue in solchen Angelegenheiten reichen müssen. Doch ich kann Ihnen nicht dafür bürgen, daß jeder die gleiche Zurückhaltung hat walten lassen. Es ist sicher, daß drei oder vier Personen, die vom Druck erfahren haben, den Autor vom Hörensagen kennen oder ihn erraten haben; wir haben Sorge getragen, daß sie den Mund halten. Monsieur de Champeaux [der französische Gesandte in Genf] kennt ihn bestimmt; mit Monsieur Mussard und mir hat er wie von einer ihm bekannten Sache darüber geredet. Ein Sekretär von Monsieur de Villette, dem Geschäftsträger des englischen Hofes in Turin, kam vorbei und sah auf dem Ladentisch des Buchhändlers eine Seite liegen; er erriet sogleich, sei es wegen des Stils oder der Thematik, aus welcher Hand sie stammte und äußerte sich darüber. Doch er reiste ab und spricht offenbar nicht mehr darüber. Ich berichte Ihnen, Monsieur, alles, was mir unterkommt. Der Autor wird sich nicht sehr lange verbergen können, denn welcher andere ist fähig, ein solches Buch zu schreiben? Glücklicherweise enthält es nichts, zu dem man sich nicht bekennen könnte. Ich werde jedoch stets darauf achten, daß wir das Stillschweigen aufrechterhalten; das ist alles, was ich tun kann.«

Die Untergliederung des *Geistes der Gesetze* in Teile führte zu einer weiteren Auseinandersetzung zwischen Montesquieu und Vernet. Der Autor hatte Bücher und Kapitel in sechs Teile gegliedert, die sein Konzept verdeutlichten. Aufgrund der Nachlässigkeit des Druckers war die Erwähnung der fünf ersten Teile vergessen worden. Da Vernet die Fahnen nicht mit der nötigen Aufmerksamkeit korrigierte, fiel ihm dieses Versäumnis erst auf, als er noch einmal die Aushängebögen des XXVII. Buches las, an dessen Anfang gedruckt stand: »Teil VI«. Peinlich berührt von diesem Versehen, das der Unachtsamkeit Barrillots und seiner eigenen Leichtfertigkeit zuzuschreiben war, versuchte er, Montesquieu ohne große Überzeugungskraft mit Hilfe von Scheinargumenten zu beweisen, daß der Fehler keinen großen Schaden anrichten werde; am 4. September 1748 schreibt er ihm: »Ich bin verärgert, daß Sie den Wunsch, die sechs Teile zu kennzeichnen, wiederaufgreifen, nachdem Sie darauf bereits verzichtet hatten; der Drucker hatte sich entsprechend eingestellt, und jetzt müssen schon wieder Ergänzungsblätter angefertigt werden. Im übrigen ist die Abschrift nicht sorgfältig genug aufgehoben worden, um zu wissen, wo diese Teile markiert sind; für den Fall, daß Sie darauf beharren, deshalb Ergänzungsblätter anzufertigen, müßten Sie mir die entsprechenden Bücher angeben. Müßte man letztlich nicht eigens einen Teil für die römischen Gesetze, einen für die französischen Gesetze und einen für die Feudalgesetze anlegen? Die Gliederung ist deutlich genug. Ich glaube, daß das Werk mit der bloßen Einteilung in Bücher genausogut ankommt; wir werden jedoch befolgen, was Sie anordnen.«

All diese Schwierigkeiten und gewiß noch etliche mehr, die uns wegen der Lücken im Schriftverkehr zwischen dem Autor und seinem Korrektor nicht bekannt sind, wurden durch den Gesundheitszustand von Barrillot verschlimmert, der, »den ganzen Winter über krank und lustlos«, am 28. Juni 1748 starb. Sein Sohn war nicht darauf vorbereitet, den Druck zu beenden; einige der Fehler, die Vernet angerechnet wurden, müßten daher, wenn die bis zu uns gelangten Dokumente vollständiger wären, vielleicht Jacques-François Barrillot zugeschrieben werden. Wie dem auch sei, Vernet konnte Montesquieu am 16. März 1748 mitteilen, daß der erste Band abgeschlossen sei und er die Abschrift des zweiten weiterreiche; er fügte hinzu, daß er die Ergänzungsblätter korrigiere und Burlamaqui zu Rate ziehe, um zu erfahren, ob es zweckmäßiger sei, »ein allgemeines

Inhaltsverzeichnis, ein einfaches Verzeichnis der Kapitelüberschriften oder dasselbe Kapitelverzeichnis ein wenig detaillierter, das heißt mit kurzen Inhaltsangaben zu jedem Kapitel«, vorzubereiten.

Montesquieu las nicht nur die Fahnen, schlug Verbesserungen, Zusätze und Streichungen vor und akzeptierte oder verwarf, nicht ohne sie zu diskutieren, die Vorschläge Vernets; er mußte, während der Druck des zweiten Bandes begann, auch noch den sechsten Teil des *Geistes der Gesetze* vollenden, der die Bücher XXVII bis XXXI umfaßt. Vier dieser fünf Bücher bilden einen historischen Komplex, der eine Frage zum römischen Recht sowie das französische Recht umfaßt; das XXIX. Buch mit dem Titel »Über die Art der Gesetzesabfassung« durchbricht diese Einheit, da es von einer rein juristischen Technik handelt. Die späteren Herausgeber fragten sich nach den Gründen für diesen Bruch der Einheit des sechsten Teils. J. Brèthe de La Gressaye lieferte dafür eine stichhaltige Erklärung: Montesquieu hatte die Absicht, sein Werk mit dem XXIX. Buch abzuschließen. Im Pariser Manuskript umfaßt dieses Buch ein Kapitel, das 27.; anfangs trägt es die Überschrift »Über die Bildung der Gesetze«, später »Über die Entwicklung der Gesetze«. Montesquieu führte als Beispiel die römischen Erbfolgegesetze an; doch 1748 entschloß er sich, ein zweites Buch, das XXVIII., über die französischen Zivilgesetze hinzuzufügen, und plazierte es vor dem Buch über die Abfassung der Gesetze, das immer noch den Schluß des Werkes bilden sollte. Da Montesquieu, auf inständiges Bitten Vernets hin, die beiden Bücher über die Feudalgesetze hinzugefügt hatte, wurden sie, da das übrige Werk bereits gedruckt war, hinter dem Buch über die Abfassung der Gesetze plaziert.

Die Korrespondenz Montesquieus offenbart, mit welchen Anstrengungen er den *Geist der Gesetze* abschloß und welche Leistungsfähigkeit er trotz seines schlechten Sehvermögens besaß. Am 28. März 1748 zieht er für Monsignore Cerati Bilanz, wobei er den Akzent auf die noch verbleibenden Arbeiten legt: »Ich habe mich die letzten drei Monate fast totgearbeitet, um einen Text abzuschließen, den ich noch einfügen will; es wird sich um ein Buch über den Ursprung und die Umwälzungen unserer Zivilgesetze in Frankreich handeln [das XXVIII. Buch]. Drei Stunden Lektüre werden dabei herauskommen; doch ich versichere Ihnen, das hat mich soviel Arbeit gekostet, daß ich weiße Haare bekommen habe. Um mein Werk zu vollenden, müßte ich noch zwei Bücher über die Feudalgesetze schreiben [die Bücher XXX und XXXI]. Ich glaube, ich habe auf einem unserer am wenigsten erforschten Gebiete, das indessen einen großartigen Stoff darstellt, Entdeckungen gemacht. Wenn ich auf meinem Landsitz drei Monate lang Ruhe haben kann, hoffe ich, diese beiden Bücher abzuschließen; sonst muß mein Werk ohne sie auskommen.«

Die Zeit drängte in der Tat, sofern die Fertigstellung des zweiten Bandes nicht verzögert werden sollte; am 5. Juni 1748 sorgt sich Vernet we-

gen der Verspätung eines Paketes; wenn es nicht binnen acht Tagen ankäme, stünden die Angestellten der Druckerei ohne Arbeit da: »Der
Buchhändler hat seine anfängliche Nachlässigkeit abgelegt, so daß er mir
drei Bögen in der Woche liefert; gegenwärtig arbeitet er am XXVI. Buch.«
Am 24. Juni war das erwartete Paket immer noch nicht in Genf angekommen; Barrillot verfügte nur noch über ein Manuskript für einen Arbeits-
tag; einziger Trost: Montesquieu versprach, die »Passage über die Feudalgesetze« zu schicken. Die ersehnte Abschrift kam am 27. Juni endlich bei
Vernet an; doch am nächsten Tag starb Barrillot Senior.

Der tägliche Kampf zwischen dem Drucker, der auf Nachschub wartete, und Montesquieu, der verbissen auf das Ende seines Buches hinar-
beitete, setzte sich so lange fort, bis der Druck des *Geistes der Gesetze* abgeschlossen war. Anfang August steigert sich Vernets Unruhe: »Gestern
war ich sehr überrascht und verärgert, die Kutsche aus Lyon ohne Ihr
dringend erwartetes XXX. Buch ankommen zu sehen; seit zehn Tagen
ruht jede Arbeit, und alles wartet zum großen Kummer und auf Kosten
des Buchhändlers. Wenn wir nächste Woche nichts von Ihnen hören,
nachdem Sie in Ihrem Brief vom 19. Juli vermerkt hatten, daß Sie es mir
schicken, befürchte ich wirklich ein Unglück.«

Während Montesquieu von seinen Freunden Bulkeley, Madame Geoffrin und Präsident Hénault zur Veröffentlichung der Neuausgabe der *Betrachtungen* beglückwünscht wird, meistert Vernet in der ersten Septem-
berhälfte weiterhin die Verspätungen der Post und berücksichtigt auch
die letzten Korrekturen des Autors; am 1. September verkündet er ihm:
»In zwei Wochen ist alles geschafft.« Ein letztes Hindernis taucht noch
auf, weil Barrillot das Vorwort verlegt hat; am 20. September findet er es
wieder; da der Druck des Werkes jedoch bereits abgeschlossen war, sind
die ersten, nachträglich gedruckten Seiten des Vorworts in der Originalausgabe nicht numeriert. Das war das letzte Hindernis; Vernet, der auf
Ferien verzichtet hatte, empfand große Erleichterung, als der *Geist der Gesetze* in den letzten Oktobertagen fertig gedruckt vorlag.

Trotz aller Schwierigkeiten, die Montesquieu und sein Genfer Verbin-
dungsmann im Lauf der mehr als einjährigen Drucklegung des *Geistes der
Gesetze* gemeistert hatten, konnten sie mit der äußeren Erscheinung des
Werkes zufrieden sein. Die Titelseite war von Barrillot mit besonderer
Sorgfalt eingerichtet worden. Im Innern des Buches sieht sich der Hang
zur Klarheit von der Sorge um Eleganz beschränkt: Der Verleger verzichtete auf die fortlaufende Numerierung der Paragraphen und spielte mit
Zahl und Länge der Kapitel. Die Absatzeinfügung entspricht dem Zeitalter der Aufklärung.

Doch die äußeren Qualitäten verschleierten Montesquieu und seinen
Freunden nicht die allzu zahlreichen Satzfehler. Vernet kam Montesquieu
zuvor, als er in einem Brief vom 4. November 1748 eingesteht: »Auch

wenn es wenig Druckfehler in diesem besonderen Buch gibt, so haben sich doch einige eingeschlichen.« Für sie fühlt er sich nicht verantwortlich, sondern beklagt »die Unachtsamkeit des Korrektors«; er fügt hinzu: »Alles in allem werden Sie aber zufrieden sein, hoffe ich. Haben Sie bitte die Güte und teilen Sie mir Ihr Urteil darüber mit, sobald Sie das Buch erhalten haben, wie auch die Verbesserungen, die Sie für eine Neuausgabe planen, welche bald ins Auge gefaßt werden muß.«

Diese beschwichtigenden Worte reichten nicht aus, um Montesquieus Verärgerung zu dämpfen: Er war der Ansicht, daß »der *Geist der Gesetze* in Genf verstümmelt worden ist«. Vernet bemühte sich, ihn zu beruhigen, indem er versuchte, seine Verantwortung herunterzuspielen; am 8. September 1749 schreibt er: »Ich fahre fort . . ., Ihnen meinen Kummer zu bezeugen, daß die erste Ausgabe hier nicht mit bestem Papier und Lettern angefertigt worden ist, wie es zu wünschen gewesen wäre. Meine Sorge bestand darin zu überwachen, daß Ihre Verbesserungen zuverlässig eingefügt würden, und in diesem Punkte, müssen Sie, glaube ich, zufrieden sein. Doch nicht ich hatte den Buchhändler ausgewählt, der sich, obwohl sehr intelligent, leider in schlechter innerer Verfassung befand und krank war und sogar während des Druckes starb. All diese Hindernisse auf einmal haben der Arbeit geschadet. Für die Leserschaft stellt das eine Unannehmlichkeit dar, kaum für Sie, da Ihr Werk viele Druckfassungen erwarten kann, welche die Mängel der Erstausgabe beheben werden.«

Am 4. November 1748 schickte Vernet »ein Exemplar des *Geistes der Gesetze* in großen Papierbögen« an Montesquieu. Eine Woche zuvor hatte der französische Resident in Genf, Champeaux, der zu den Mitgliedern des Club de l'Entresol gehört hatte, als auch Montesquieu dort verkehrte, das Werk dem Kanzler und Madame de Tencin zugesandt; seiner Meinung nach war es »voller geistreicher, gerechter und tiefgründiger Ansichten«, die »in glücklicher Klarheit und Kürze zum Ausdruck gebracht« worden seien. Er scheint in den Kanzlerkreisen diskret vermittelt zu haben, indem er verbreitete, »daß dieses Werk nichts Verletzendes enthalten soll und daß der einzige Grund, es außerhalb des Königreichs drucken zu lassen, der sei, daß sich Schriftsteller eines gewissen Ranges nicht den kleinlichen Formalitäten unterwerfen könnten, die sich in Frankreich in diesem Punkte beobachten ließen«. Vernet schickte dreiundsechzig Exemplare nach Holland und unterrichtete Montesquieu, daß das Werk in Paris nach dem Martinstag am 11. November in den Verkauf käme; in Genf war das Buch zum Preis von 18 französischen Livres zu haben.

Madame de Tencin war in Paris die erste, die ein Exemplar des *Geistes der Gesetze* besaß; am 14. November äußert sie gegenüber Montesquieu ihr Entzücken: »Wenn Sie in Paris wären, mein kleiner Römer, könnte ich Ihnen den *Geist der Gesetze* geben; natürlich nur für ein paar Stunden. Ich habe das einzige Exemplar, das bisher in Paris ist; wenn ich es all denen leihen wollte, die es von mir erbitten, käme es in Fetzen zu mir zurück. Da man es mir ungefalzt geschickt hat und ich es nicht gewohnt bin, die Druckbögen zu knicken, habe ich bisher nur ein paar Abschnitte lesen können, und dieses Wenige erschien mir bewundernswert. Ermessen Sie, was für einen Eindruck es auf mich gemacht hat, da ich keine Lektüre kenne, nicht einmal die meiner lieben *Römer*, die mir ein vergleichbares Vergnügen bereitet hätte. Ich werde Ihnen mehr darüber sagen, wenn ich alles gelesen habe; ich mußte meine Ungeduld der von Monsieur Fontenelle opfern, der mir die Augen ausgekratzt hätte, wenn ich ihm das Werk nicht ausgeliehen hätte. Ich war so töricht, ihm zu sagen, daß ich es hätte: Von diesem Augenblick an ließ er mir keine Ruhe, bis er es in den Händen hielt. Seine Gier auf diese Lektüre ist durch das Wiederlesen der *Römer* noch erhöht worden, von denen er wirklich begeistert ist.«

Von da an wird sich Madame de Tencin bei ihren Freunden zur unermüdlichen Befürworterin des *Geistes der Gesetze* machen, wobei sie größte Zurückhaltung walten läßt, was den Autor betrifft, dessen Name bald in aller Munde ist; am 19. November schreibt sie: »Mit Wonne schreite ich in meiner Lektüre des *Geistes der Gesetze* voran; alle Welt spricht von Ihnen; ich vermute fast, daß Maupertuis jemandem erzählt hat, Sie hätten ihm einen Teil gezeigt, der für mich bestimmt war; ich entgegne immer nur, daß das Werk Ihrer würdig sei, daß ich jedoch nicht mehr darüber wüßte.« Montesquieu war gerührt von der Fürsorge seiner Freundin und ihrer Eilfertigkeit, ihm zu gratulieren. Am 25. November schreibt er ihr: »Sie sind also die einzige, die imstande gewesen wäre, mir den *Geist der Gesetze* vorzulesen, wenn ich mich in Paris aufgehalten hätte. Auf den Flügeln der Freundschaft ist er zu Ihnen geflogen. Sie sagen mir Gutes über ihn; ich glaube, es ist Ihr Herz, das ihn beurteilt. Da ich keine sehr umfangreichen Beziehungen habe, würden Sie mir eine Freude machen, mir mehr zu diesem Thema zu schreiben; Sie verstehen mich.«

Am 2. Dezember legt Madame de Tencin, die ihre Lektüre fortgesetzt hat, dieselbe Begeisterung an den Tag: »Hier nun, mein lieber Römer, was ich vom *Geist der Gesetze* halte: Philosophie, Vernunft und Menschlichkeit haben sich versammelt, um dieses Werk zu verfassen, und die Grazien haben Sorge dafür getragen, daß es in gelehrtem Gewand erscheint. Mir ist nichts aufgefallen, was man weglassen könnte; ich habe es verschlungen und wäre verärgert, eine solche Lektüre abgeschlossen zu haben, bei der das Herz, der Geist und der gesunde Menschenverstand gleichermaßen befriedigt werden, wenn ich mir nicht versicherte, es noch einmal von vorne anzufangen; es gibt fast nichts in ihm, was ich nicht im Gedächtnis behalten wollte.«

Doch drang der *Geist der Gesetze* nur spärlich bis nach Frankreich vor, da Kanzler Aguesseau seinen Verkauf nicht gestattet hätte; Madame de Tencin, die ihr Exemplar nicht »jedem Dahergelaufenen leihen« wollte, empfing bei sich »Leute, die ihn gerade gelesen haben«. Die Privilegierten, die ihn sich beschaffen konnten, sind so rar, daß der Buchhändler Prault Madame de Tencin mitteilt, »daß er ein Vermögen machen würde, wenn er nur zweihundert Exemplare besäße«; wenn sie ihm das ihre leihen würde, »wäre die Ausgabe bald nachgemacht ... und würde sich besser und schneller verkaufen als Broschüren voller Gemeinheiten und Verleumdungen.«

In seinen *Tagebucherinnerungen* fällt Collé über den *Geist der Gesetze* ein verworrenes strenges Urteil, von dem wir nicht wissen, ob es von den unbekannten Lesern des Werkes geteilt wird: »Ich habe in den letzten Tagen das Buch des Herrn Präsidenten von Montesquieu, *Vom Geist der Gesetze*, gelesen. Ich bin nicht in der Lage, über dieses Werk zu befinden; ich müßte mehr Wissen und Kenntnisse besitzen, um es beurteilen zu können. Hier nun der unwillkürliche Eindruck, den es auf mich gemacht hat und der sich nur auf mich persönlich bezieht: Der erste Band hat mich amüsiert und mir an vielen Stellen Vergnügen bereitet, besonders wenn er über die Römer, die Monarchie und den Despotismus spricht; die erste Hälfte des zweiten Bandes, die etliche Überlegungen zum Handel, zum Wechsel, zu den Währungen und anderen Themen umfaßt, hat mich nicht gelangweilt; doch die zweite Hälfte dieses letzten Bandes, die seine Nachforschungen über die Lehnsgüter enthält, hat mir tödliche Langeweile bereitet; Duplessis ist in seinem *Kommentar zum Gewohnheitsrecht von Paris* nicht langatmiger.

Das habe ich empfunden; hier nun, was die großen Autoren, die Metaphysiker und die Leute von Welt, die ein bißchen Philosophie im Kopf haben, zu ihm sagen: Sie behaupten, es sei ein sehr schlechtes Werk, ohne Ordnung, ohne Bindung, ohne Verknüpfung der Ideen, ohne Prinzipien; es sei, sagen sie, die Briefmappe eines geistvollen Mannes und weiter nichts.«

Ende Dezember beginnen Montesquieus Freunde indessen, ihn zu beglückwünschen. Für Helvétius ist es »das größte, das schönste Werk der Welt« und seinem Autor würdig. Er hofft, daß man ihm keinen Ärger bereiten wird, fürchtet aber boshafte Deutungen: »Ich weiß, daß die Minister nicht besonders glücklich sind, obwohl sie zulassen, daß es in Paris gedruckt wird. Da Sie sich über Finanzen ausgelassen haben, fürchte ich, daß Sie sich bei den Bankiers nicht beliebt gemacht haben; ich glaube, Sie verstehen mich und spüren, daß man das ausnutzen könnte, um Sie bei bestimmten Personen in ein schlechtes Licht zu rücken, daß ein böswilliger Mensch mächtige Leute verärgern könnte, wenn er in hinterhältiger Weise einige Stellen Ihres Werkes zitiert. Fürchten Sie jedoch nichts: Es scheint mir, daß sich das legen wird.«

Pater Castel war von Montesquieu über die Veröffentlichung des *Geistes der Gesetze* nicht informiert worden und hatte Ende Dezember immer noch kein Exemplar erhalten; in seiner Enttäuschung darüber kann er nicht umhin, ihm mit Verbitterung fehlendes Vertrauen vorzuwerfen: »Nein, ich halte es nicht mehr aus: Ganz Paris bringt mich mit den Lobsprüchen auf Sie um und läßt mich zwanzigmal am Tag erröten, weil ich dieses bewundernswerte Buch der *Gesetze* nicht gelesen, nicht gesehen und kein Wort über es gehört habe; ich glaube, daß Sie, neuer Lykurg oder Solon, vorhaben, das Universum in Ketten zu legen und zu regieren. In Wahrheit bin ich sehr beschämt, daß Sie niemals die Güte hatten, mir ein Wort davon zu sagen; das ist in diesem Moment mein wahrer Standpunkt.« Der Jesuit hatte sich Montesquieus Verhalten noch mehr zu Herzen genommen, als sein Brief annehmen läßt; in *Der moralische Mensch im Gegensatz zum physischen Menschen* bringt er seine Empörung über die Undankbarkeit Montesquieus, dem er bei der Veröffentlichung der *Betrachtungen* so wertvolle Hilfe geleistet hatte, zum Ausdruck: »Pikiert über seine Vorbehalte, schrieb ich ihm, daß er mir wenigstens das gedruckte Werk hätte geben müssen, so wie ich ein Anrecht darauf hatte, von ihm alle Ausgaben der *Größe der Römer* zu erhalten; ich sagte ihm, ich wolle sein Buch gerne lesen, aber ich läse es nur aus seiner Hand in dem Exemplar, das er mir selbst überreicht hätte, worauf er mir erwiderte, daß er es mir nicht gäbe und mich eindringlichst bitte, sein Buch nicht zu lesen, das, wie er sagte, nicht immer in meiner Kompetenz läge . . .«

Anfang Januar 1749 war es möglich, sich den *Geist der Gesetze* in Paris zu kaufen. Kanzler Aguesseau, der zuerst in Betracht gezogen hatte, den Verkauf zu verbieten, dann aber eine »einzigartige Hochachtung« für das Werk empfand, ließ sich – dank der Vermittlung von Montesquieus Freunden, besonders der des Generaladvokaten am Pariser Parlament, Cardin-François-Xavier Le Bret – leicht davon überzeugen, seine Verbreitung zu gestatten; er genehmigte sogar den Druck einer Ausgabe in Paris unter der Bedingung, daß auf der Titelseite der Name einer ausländischen Stadt genannt würde. Dieser Trick täuschte freilich niemanden. Dank der »stillschweigenden Erlaubnis« wurde der Nachdruck Ende Januar 1749 in Paris veröffentlicht; er war daran zu erkennen, daß Barrillot mit einem *r* geschrieben war; im April erschien eine weitere Ausgabe mit dem Verlagsort Leyden, die jedoch wahrscheinlich in Lyon gedruckt worden ist. Einige Wochen später veröffentlichte Barrillot mit Vernets Erlaubnis, doch ohne die Zustimmung des Autors abzuwarten, gleichzeitig eine zweibändige Ausgabe im Quartformat sowie eine dreibändige Ausgabe im Oktavformat; einige der Exemplare trugen die falsche Aufschrift »In Amsterdam bei Zacharie Châtelain«. Beide Ausgaben gaben den druckfehlerbereinigten Text der Ausgabe von 1748 wieder. Madame de Tencin hatte nämlich schon Anfang Januar 500 Exemplare einer *Errata*-Liste der ursprünglichen Genfer Ausgabe herausgegeben und kostenlos verteilen lassen, deren Veröffentlichung im *Mercure* und im *Journal des savants* angekündigt worden war.

Barrillots Initiative mißfiel Montesquieu sehr, der damals mit dem Buchhändler Huart über den Druck einer Pariser Ausgabe verhandelte. Huart und sein Partner Moreau, die sich der »stillschweigenden Erlaubnis« des Kanzlers versichert hatten, jedoch fürchteten, daß ihnen andere Buchhändler zuvorkommen könnten, boten Montesquieu schon am 8. Januar 1749 ihre Dienste an. Ende März kündigten ihm die Buchhändler an, daß ihre Ausgabe vorangeschritten sei »und daß sie hofften, ihm die ersten Exemplare in der Woche nach dem Weißen Sonntag zu schikken«; sie fügten hinzu: »Das Register ist weit vorangeschritten, und wir arbeiten intensiv an der Landkarte.« Die Ausgabe, der weitere Auflagen folgten, erschien ungefähr Mitte Mai im Quartformat und wurde für 12 Francs verkauft. Im Herbst erschien in Amsterdam bei Châtelain eine neue Ausgabe in vier Duodez-Bänden.

Der Pariser Markt war nach einer ersten Phase, in der der *Geist der Gesetze* nur schwer aufzutreiben war, nunmehr gut versorgt; auch die Städte im Ausland wurden ziemlich rasch beliefert. Anfang 1749 schickte man aus Genf 300 Exemplare an Londoner Buchhändler; am 21. Januar gab Bulkeley Montesquieu genaue Informationen, die von ihrem gemeinsamen Freund William Domville übermittelt wurden: »Ich bitte Sie, wenn Sie dem Präsidenten schreiben, ... ihm mitzuteilen, daß unsere Buchhändler 150 Exemplare bestellt haben, die sich gegenwärtig beim Zoll befinden, und daß sie es ins Englische übersetzen lassen wollen, wofür er sich der Mitwirkung eines fähigen Mannes versichert habe; falls er Veränderungen oder Zusätze hat, die er für Ihr Land oder Ihr Klima nicht für angebracht hält, und er es für gut erachtet, Sie mir mitzuteilen, würde ich sie den Buchhändlern weiterreichen, damit sie in die englische Übersetzung eingegliedert werden; schließlich habe er die Freiheit, etliche Dinge zu äußern, die sein Land nicht widerstandslos hinnehmen würde. Mit der Übersetzung wird augenblicklich begonnen; folglich wäre ich glücklich, seine Anweisungen, wenn er mir diesbezüglich welche zu geben hat, bald zu erhalten.«

Auf diese Bitte hin schickte Montesquieu unverzüglich seine Korrekturen; allein eine minuziöse Analyse der englischen Ausgabe brächte Klarheit darüber, ob es sich nur um die Berichtigung der Druckfehler der Genfer Ausgabe handelte oder um Veränderungen und Zusätze, wie Domville nahegelegt hatte. Im März erhielt der Londoner Buchhändler die *Desiderata* des Autors. Während Thomas Nugent an der Übersetzung arbeitete, erschien im Mai in London eine Ausgabe in französischer Sprache; ein Exemplar von ihr schickte Domville am 4. Juni mit der Versicherung an Montesquieu, daß sie »einwandfrei« sei »und daß man alle Verbesserungen sorgfältig eingefügt hat«. Der englische Buchhändler, der seine zweibändige Quart-Ausgabe für 12 Shillings, 6 Pence verkaufte, während die Genfer Ausgabe 25 Shillings kostete, bedauerte angesichts des Erfolges sehr schnell, daß er »nur sechshundert Abzüge der französischen Ausgabe« angefertigt hatte.

Die Begeisterung für den *Geist der Gesetze* war zum Teil John Carteret, dem Grafen von Granville, zu verdanken, der sich, wie Madame de Tencin in einem Brief an Montesquieu vom 7. Juni 1749 berichtete, seiner »im Parlament« bedient hatte, »um seine Auffassung zu stützen und um an ein Gesetz zu erinnern, das man vergessen hatte. Er erklärte, daß die Waffen, derer er sich gerade bedient habe, um die Legislative von der exekutiven Gewalt zu unterscheiden, von Ihnen stammten. Sogleich lief ganz London zu den Buchhändlern, um Sie zu kaufen. In weniger als zwei Stunden fanden mehr als drei- oder vierhundert Exemplare Absatz.«

Domville kündigte Montesquieu an, daß die Übersetzung des *Geistes der Gesetze* »im kommenden Winter« erscheinen würde, und lobte Nugent, der bereits durch seine Übersetzung von Burlamaqui bekannt war. »Er versichert«, fügte er hinzu, »daß die englische Sprache sehr geeignet für den bündigen Stil des *Geistes* sei und es ihm schmeichle, ihn genauso kraftvoll wie im Original wiedergeben zu können. Da es einige Stellen gibt, die ein wenig abstrakt erscheinen, habe ich ihn fragen lassen, ob er keine Erläuterungen bräuchte; er hat mir versichert, das sei nicht der Fall.« Montesquieu schrieb am 18. Oktober 1750 an Nugent, um ihm für seine Texttreue zu danken: »Ihre Übersetzung weist keine anderen Mängel auf als das Original; und ich muß Ihnen dafür dankbar sein, daß es Ihnen so gut gelungen ist, sie nicht sichtbar werden zu lassen. Mir scheint, Sie haben sogar meinen Stil übertragen und ihm jene Ähnlichkeit verliehen *qualem decet esse sororem.*«

1750 erschien in Edinburgh eine zweibändige französische Oktav-Ausgabe des *Geistes der Gesetze* »mit den letzten Korrekturen und Erläuterungen des Autors«. Im Hinweis für den Leser dankt der Verleger Montesquieu, daß er ihm die Verbesserungen geschickt hat: »Wir hoffen, daß uns der berühmte Autor verzeihen wird, wenn wir, unfähig, die Anwandlungen unserer Erkenntlichkeit zu bezähmen, öffentlich unseren Dank dafür bekunden, daß er so freundlich war, uns die Änderungen und Verbesserungen zu übermitteln, um die diese Ausgabe bereichert worden ist.« Montesquieu nahm die Neuausgabe mit Befriedigung entgegen: »Als ich Madame Dupré de Saint-Maur die schottische Ausgabe des *Geistes* schickte, schrieb ich ihr: ›Ich bin sehr erfreut, daß Sie mich in einer so schönen Ausgabe lesen werden; ich wollte schon immer, daß mir irgendeine Fee ein Gewand gäbe, in dem ich Ihnen gefallen könnte[24].‹« Im gleichen Jahr brachte derselbe schottische Verleger die englische Übersetzung der beiden Kapitel des *Geistes der Gesetze* heraus, die von der englischen Verfassung handeln, denn sie waren am ehesten geeignet, das Interesse des englischen Publikums zu wecken.

Auch in Italien hatten sich Montesquieus Freunde gleich im Januar 1749 den *Geist der Gesetze* beschafft. Von Rom aus lobt Solar am 22. Januar die Qualitäten des Werkes: »Ich habe ein Buch verschlungen, das hält, was es verspricht, obwohl es viel verspricht: Noch nie hat es ein größeres und würdigeres Vorhaben gegeben, und noch nie ist es besser und mit größerer Kraft und Präzision verwirklicht worden. Es gehörte nicht mir; dennoch habe ich die Möglichkeit gehabt, es aus Turin mitzubringen und mit großem geistigen Vergnügen jeden Tag über einige Artikel nachzusinnen. Ich weiß nicht, von wem es ist, und weiß doch, daß es nur eine Person gibt, der ich es zuschreiben kann, was meinem Urteil keine große Ehre macht; ich bin jedoch begierig zu wissen, ob es stimmt und Sie mir bestätigen könnten: Es handelt sich doch wohl um den *Geist der Gesetze*, der mich selbst von dem überzeugt hat, das Sie mir nicht anvertrauen wollten. Verkleiden Sie sich anders, wenn Sie nicht wollen, daß man Sie erkennt. Sie können sich gegenwärtig ausruhen, nachdem Sie uns die Zusammenfassung einer erlesenen Bibliothek gegeben haben sowie die Ihrer Gedanken, was mehr wert ist.«

In Pisa übergibt Solar den *Geist der Gesetze* Monsignore Cerati, der Montesquieu am 18. Februar 1749 die Bewunderung mitteilt, die er nach einer raschen Lektüre empfunden hat: »Der Herr Kommandant Solar hat mir ... lediglich für vierundzwanzig Stunden die beiden Bände des *Geistes der Gesetze* geliehen. Ich habe sie mit Gier und unendlichem Vergnügen verschlungen; die Schnelligkeit einer zeitlich so begrenzten Lektüre hat in meinem Geist eine eigentümliche Mischung von Ekstase und Bewunderung erzeugt. Es war mir nicht möglich, so viele fundierte und fruchtbare Gedanken, wie sie in diesem ausgezeichneten Werk in Hülle und Fülle vorkommen, meinem Denkvermögen einzugliedern und richtig zu vertiefen. Ich habe jedoch wahrgenommen, daß jede Zeile für den Geist eines gebildeten, aufmerksamen Lesers eine Fackel ist; sie wirft Licht auf unendlich viele bedeutende Gegenstände und läßt sie so in einer großen, tiefen, auf die politische Totalität bezogenen Art und Weise erscheinen, die eine Quelle und Bildungsstätte großer, für die Menschen äußerst nützlicher Ansichten ist. Wenn man Sie liest, Monsieur, eignet man sich Einsichten an, welche die des gemeinen Volkes weit übersteigen.« Während der Marquis von Breille das Werk ebenfalls in Turin gesehen hatte, weiß man von Monsignore Cerati, daß es zu dieser Zeit auch in Mailand verkauft wurde.

Auf Bitten Vernets und Barrillots nahm sich in Berlin Samuel Formey der Aufgabe an, die Buchhändler zu beliefern; auch in Hamburg hielt er Exemplare bereit[25]. Letztlich konnte Montesquieu Ende 1749 »zweiundzwanzig Ausgaben« seines »in ganz Europa verbreiteten« Werkes zählen.

Ein sehr großer Teil der Korrespondenz von Montesquieu bezieht sich im Jahre 1749 auf den *Geist der Gesetze*; seine französischen und ausländischen Freunde teilen ihm ihre Meinung über das Werk mit. Auch wenn das Lob überwiegt, so tauchen doch einige Kritikpunkte auf, die wesentliche Themen vorausahnen lassen, welche seine Widersacher in der langen Auseinandersetzung um den *Geist der Gesetze* vorbringen werden.

Die ersten Gratulationsbriefe an Montesquieu stammen aus dem engen Kreis der Vertrauten und der ihm bekannten Schriftsteller. Viele sind oberflächlich, geschrieben von Personen, die das Werk nicht zu Ende gelesen oder nicht einmal richtig begonnen haben; ihnen fehlt es an Kompetenz, um ein solches Werk beurteilen zu können. So schreibt ihm eine namentlich nicht genannte Briefpartnerin am 7. Januar 1749: »Es ist göttlich und flößt mir Ehrfurcht ein, ich entscheide mich für den maßvollsten Ausdruck aus Rücksicht auf Ihre Bescheidenheit.« Montesquieu läßt sich übrigens von solchen Komplimenten, die von Wohlwollen diktiert sind, nicht täuschen. Madame Geoffrin lobt ihn in einem Brief vom 12. Januar 1749 mit überschwenglichen Worten: »Dieses Buch scheint mir das Meisterwerk des Geistes, der Metaphysik und des Wissens zu sein. Die Auswahl des Autors ist ein Beweis für die Tiefe seines Genies, und die Art, wie er sie handhabt, läßt dessen Umfang erkennen. Dieses Buch ist mit Eleganz geschrieben, mit Erlesenheit, Ausgewogenheit und Würde. Der Verfasser hat in ihm die Reinheit seiner Sitten und die Annehmlichkeit seiner Gesellschaft aufgezeichnet. Das Vorwort ist bezaubernd; man meint, ihn während einer Unterhaltung sprechen zu hören. Das Buch hat zwei besondere Vorteile. Zum einen kann es von törichten Menschen nicht beurteilt werden, denn es liegt außerhalb ihrer Reichweite; zum anderen befriedigt es die Selbstachtung der Leute, die imstande sind, es zu lesen.«

Madame Geoffrin hatte allerdings nur einen kurzen, oberflächlichen Blick in den *Geist der Gesetze* geworfen. Ihre Tochter, Madame de La Ferté-Imbault, vertraute Montesquieu an, daß sich ihre Kenntnis auf einige hier und da ausgewählte Fragmente beschränke, die sie sich von ihrer Tochter in höchstens einer halben Stunde hatte vorlesen lassen. Sie fügte, um ihr Geständnis abzuschwächen, hinzu, daß dieses bißchen Madame Geoffrin genügt hätte, um sich eine gerechte Vorstellung über das Werk anzuzeigen; und wenn diese Methode der Kritik auch »der Kenntnis ihrer Mutter keine Ehre« mache, »so doch ihrem natürlichen Verstand«.

Wenn Montesquieu seine Freunde jedoch als kompetent einstuft, schätzt er ihr Urteil und erbittet es, selbst wenn er sich wenig geneigt zeigt, ihnen ein Exemplar seines Werkes zu schicken. Ein Brief an Solar vom 7. März 1749 enthüllt seine wirklichen Gefühle: »Ich bin erfreut, daß Sie mit dem *Geist der Gesetze* zufrieden sind. Die Lobsprüche, die die meisten Leute darüber abgeben könnten, würden meiner Eitelkeit schmeicheln; Ihre hingegen steigern meinen Stolz, da sie von einem Mann stammen, dessen Urteile immer gerecht und nie vermessen sind. Es stimmt, daß das Thema schön und groß ist: Ich habe wirklich Bedenken, daß es viel größer gewesen ist als ich.«

Cuentz, ein ehemaliger Magistrat aus Sankt Gallen und Autor eines 1742 in Neuchâtel veröffentlichten *Essays über ein neues, die Natur der geistigen Wesen betreffendes System*, vertraut Montesquieu am 20. Dezember 1749 an, daß seine »ausgezeichnete Abhandlung vom *Geist der Gesetze* . . . heute« zu seinen »liebsten Genüssen« zähle, und fügt hinzu: »Sie haben dort gewiß Ihren eigenen bewundernswerten Charakter skizziert, als Sie sagten, daß den Menschen, die nur das Nötigste brauchen, nichts zu wünschen übrig bleibe als der Ruhm des Vaterlandes und ihr eigener. Das ist ein Leitbild . . ., dem ich zu entsprechen versuche.«

Im Laufe der Monate nehmen sich die Freunde Montesquieus die Zeit, den *Geist der Gesetze* zu lesen und ihm, zusammen mit ihren Glückwünschen, ihre Kommentare zukommen zu lassen. David Hume gibt in einem Brief vom 10. April 1749 den Ton an: »Da Sie so genau über die Natur des Menschen Bescheid wissen, werden Sie nicht daran zweifeln, daß ich sehr empfänglich für eine Gunst Ihrerseits bin, die meiner Eitelkeit derart schmeichelt. Doch es hieße, den Autor eines Werkes, das in allen Nationen höchste Wertschätzung genießt und dem die Bewunderung aller Jahrhunderte gelten wird, schlecht zu hofieren, wenn ich mich auf eine Lobrede einließe. Erlauben Sie mir vielmehr, Ihnen einige Überlegungen zu schicken, die mir beim Lesen Ihres Werkes durch den Kopf gingen und die zum größten Teil dazu dienen, die Prinzipien, auf denen Ihr System gründet, weiter zu bestärken.« Es folgen mehrere Seiten mit entsprechenden Hinweisen, welche die Sorgfalt bezeugen, mit der Hume das Buch gelesen hat.

Obwohl Kommandant Solar zu erkennen gibt, daß er sich einer aufmerksamen Lektüre widmet, beschränkt er sich auf Allgemeinheiten: »Ich teile mir die Lektüre ein wie ein sicheres Vergnügen und finde immer etwas, das meine Überlegungen nährt; sie haben einen um so größeren Vorzug für Sie und für mich, da sie von Ihrem klugen Kopf ausgehen: Sie schweben in höheren Sphären; ich vergleiche sie mit dem, was ich hier [in Rom] von der erhabenen Antike zu Gesicht bekomme, die einen Charakter ehrwüdiger Größe ausstrahlt . . . Ihr Buch weitet den Horizont. Ich fühle mich Ihnen zu Dank verpflichtet, daß Sie mir Sachen vorstellen, die mir sonst für immer unbekannt geblieben wären. Ich würde begrüßen, wenn Sie meinen Urteilen zustimmten; ich kann nur bewundern, was ich vielleicht nicht von Grund auf verstehe. Das Vergnügen, das es mir bereitet, schmeichelt meinem Leseeifer. Dieses Vergnügen, welches mich das Buch immer wieder zur Hand nehmen läßt, wird mir schließlich die zum Verständnis nötige Intelligenz verleihen.«

Ein Rechtsanwalt aus Troyes, Pierre-Jean Grosley, der 1752 die *Forschungen zur Geschichte des französischen Rechts* publizieren wird, in denen er den Galliern die Institutionen der französischen Monarchie in Erinnerung ruft, schreibt Anfang 1750 lange Kommentare an Montesquieu, der sie am 8. April Punkt für Punkt beantwortet: »Ich bin sehr gerührt über die Zustimmung, die Sie meinem Buch entgegenbringen, und noch mehr darüber, daß Sie es mit der Feder in der Hand gelesen haben. Ihre Bedenken sind die eines sehr intelligenten Menschen.«

Präsident Hénault war einer der aufmerksamsten Leser des *Geistes der Gesetze*; nach seiner Veröffentlichung las er ihn bis Juli 1749 dreimal. Am 21. Februar 1749 schreibt er an Montesquieu: »Ich bin gerade dabei, lieber Kollege, ein Buch mit dem Titel *Vom Geist der Gesetze* zum zweitenmal zu lesen. Ich bin oft verärgert, wenn ich sehe, wie viele Leute ihm Beifall spenden, die keine Ahnung haben, oder wenn ich Kritikern begegne, die es nicht verstehen. Dieses ebenso philosophische wie gelehrte Werk wäre dem größten Gelehrten Englands zugeschrieben worden, wenn es nicht uns aufgrund der ihm eigenen Erlesenheit, der Schönheit, dem Taktgefühl und der Leichtigkeit rechtmäßig zustünde. Der Autor der *Betrachtungen über den Untergang des Römischen Reiches* würde es wegen der Tiefe der zahllosen Überlegungen nicht in Abrede stellen und derjenige der *Persischen Briefe* fände sich in ihm wegen des Feuers und der Unbeschwertheit wieder, die dort herrschen.« Wenig später bittet Montesquieu Hénault eindringlich, ihm seine Beobachtungen zuzuschicken: »Schreiben Sie Einwände, Kritik, oder lassen Sie sie schreiben; schicken Sie mir das alles. Wenn das Werk gut ist, gehört es allen; wenn es sich um wichtige Themen handelt, ist es zweckmäßig, wenn alle klugen Köpfe die Autoren mit ihren Bemerkungen und Überlegungen unterstützen. Die Wahrheiten, die ich entdecke, gehören Ihnen, und diejenigen, die Sie finden, mir. Die Wahrheit ist wie das Meer, das Monsieur Locke die große Gemeinde des Universums nennt; nur über die Vernunft der anderen wird man selbst vernünftig.«

Ende Juli 1749 ist Hénault dabei, das Werk zum drittenmal zu lesen, und vertraut Montesquieu den Entwicklungsprozeß seiner Beurteilungen an: »Die erste Lektüre überraschte mich, so als ob man von einem dunklen Ort ans Tageslicht tritt; das Licht blendete mich, und ich hatte Schwierigkeiten, die Gegenstände zu unterscheiden. Beim zweiten Lesen begann ich, mich auf neue Ideen einzulassen, die indessen meinen Widerspruch herausforderten und mich behinderten wie ein neues Kleidungsstück oder vielmehr ein fremdes. Schließlich lese ich es zum drittenmal und das mit Wonne ... Vor allen Dingen berühren mich das Wohlwollen und die Menschlichkeit. Es gibt sicher auch gewagte Ideen; doch muß man nicht von den gewohnten Wegen abweichen, um das Glück der anderen zu suchen, um das sich die Menschen so wenig kümmern? Welchen Unterschied gibt es zwischen Grotius und Ihnen? Dieser Mann häuft Fakten an, er strotzt nur so von Zitaten; ihr Nutzen liegt jedoch stets in weiter Ferne, so weit, daß er ihn selbst nicht erkennt; es stand nur Ihnen zu, sich der Überlieferungen der Geschichte zu bedienen, um einen Tempel zu errichten. Kurz, . . . ich schreibe Ihnen in der Begeisterung über diese Lektüre, obwohl ich erst bei der Hälfte des Buches angekommen bin.«

Briefe aus Italien zeigen Montesquieu, welch herzlicher Empfang seinem Buch in diesem Land, in dem er feste Freundschaften geknüpft hatte, vorbehalten war. Der Marquis von Breille schreibt ihm am 20. Juni 1749: »Beim Lesen und Wiederlesen oft desselben Kapitels halte ich inne, um mir Beifall zu spenden und zu meinem Glück zu gratulieren, der Hochachtung und Freundschaft des Autors würdig zu sein. Dieses Werk ist meiner Ansicht nach ein Fanal für die Fürsten und Führer der Republiken und ein Kompaß für die Staatsminister, die den Wunsch haben, gut zu regieren, denn Sie wissen, daß nicht alle dieser Auffassung sind. Ich habe Ihnen nur eine Sache vorzuwerfen . . .: Sie sind ein Freund der Engländer, die Ihren Wein kaufen; Sie sprechen in Ihrem Buch wahrheitsgetreu über sie; doch mit eben jenem Buch haben Sie ihnen einen unangenehmen Streich gespielt, denn sie werden nicht mehr sagen können, daß aus einer französischen Feder noch nie ein originelles Buch geflossen ist.«

Im Hinblick auf das zukünftige Schicksal des *Geistes der Gesetze* in Rom ist die Meinung eines Geistlichen, Monsignore Cerati, aufschlußreicher; am 25. August 1749 bringt er seine Bewunderung zum Ausdruck: »Ich beglückwünsche Sie von ganzem Herzen, daß Sie die Überlegenheit Ihres Genies, die Quintessenz Ihres umfangreichen Wissens und die Spitzen Ihrer lakonischen Redekunst eingesetzt haben, um die europäischen Geister auf zahlreiche, der Menschheit nützliche Wahrheiten aufmerksam zu machen, welche die militärische und despotische Herrschaft fast überall aus dem Weg geräumt hatte. Es wird immer das schönste Vorhaben der Welt sein, mit kühner Erhabenheit zu versuchen, die Reste unserer Gattung vor den Verheerungen willkürlicher Macht zu retten.« Montesquieu war sicherlich geschmeichelt, als er von Abbé Venuti erfuhr, was dieser vom französischen Botschafter in Rom, dem Herzog von Nivernais, mitgeteilt bekommen hatte, nämlich daß der König von Sardinien, Karl-Emmanuel III., gerade den *Geist der Gesetze* gelesen und ihn seinem Sohn, dem Herzog Victor-Amadeus von Savoyen, gegeben hatte, der ihn zweimal las, was um so mehr hieß, als dem König von Savoyen, laut Venuti, »ein außergewöhnliches Genie« sowie »eine Anschauung und ein gesunder Menschenverstand« nachgesagt wurden, die »bewundernswert« seien.

Andere Briefe dürften Montesquieu ebenfalls willkommen gewesen sein, da sie von Personen stammten, deren Stellung ihm nützlich sein konnte, falls es zu Schwierigkeiten kommen sollte. So schreibt ihm der Generalleutnant und Herzog von Châtel, Louis-François Crozat, am 8. Februar 1749, daß das »Buch über den *Geist der Gesetze* es wert sei«, ihm »so viele Freunde wie Bewunderer zu verschaffen«. Philippe Thomé, Rat am Parlament von Paris und Seigneur von Ferrières, findet das Werk »bewundernswert«, während ihm der Sekretär des Königs, Le Franc de Brunpré, am 22. Februar nicht ohne Emphase schreibt: »Seit der Erschaffung der Sonne ist dieses Werk meines Erachtens am besten dazu geeignet, die Welt aufzuklären, denn zuweilen befasse ich mich, obwohl von Berufs wegen unwissend, mit der Beurteilung dessen, was die Gelehrten hervorbringen.«

Madame de Tencin erweist sich als eine der eifrigsten Verfechterinnen des *Geistes der Gesetze*; am 9. Januar 1749 zeigt sie sich sehr zufrieden mit dem Verkauf des Buches und fügt hinzu: »Der Erfolg hält an; ich habe bisher von keiner Kritik gehört. Es stimmt, daß es nicht gut daran tut, es zu kritisieren und sich anschließend an meinem Feuer aufwärmen zu kommen.« Am 4. März informiert sie Montesquieu erneut über den Erfolg des Werkes und bittet ihn, »einige kleine Nachlässigkeiten« zu verbessern, obwohl sie einräumt, daß es dem Autor überlassen bleibt, ob er ihre Bemerkungen berücksichtigt oder nicht: »Sie sehen besser als jeder andere, was die Mühe einer Prüfung lohnt. Ich habe die Wendung eines Bauern auf Sie angewandt, der, nach der Kornernte befragt, antwortet, die Ähren hätten es so eilig, daß sie zueinander sagten: Rück ein Stück, damit ich Platz habe. Finden Sie nicht, daß es sich mit Ihren Ideen gleichermaßen verhält? Es hat nie einen Autor gegeben, der seinem Leser so viele Gedanken und Reflexionen lieferte. Ich wollte Sie mit dem Bleistift in der Hand lesen, doch das habe ich schnell aufgegeben; man hätte fast jede Zeile anstreichen müssen.«

Doch auf die Komplimente, die Montesquieus Freunde über die Qualitäten seines Buches äußern, auf ihren Optimismus im Hinblick auf seine Aufnahme und den Einfluß, den seine Ideen zwangsläufig ausüben müssen, werden bald eine ganze Reihe von Kritiken folgen, die Montesquieu beunruhigen. Zuerst neigt er dazu, sie zu ignorieren, sieht sich dann aber wegen ihrer Schärfe und Vielfältigkeit gezwungen, sich schrittweise zu verteidigen und Gegenangriffe zu starten, um schließlich, verbittert und ernüchtert, festzustellen, daß die zahlreichen, gegen sein Buch gerichteten Kritiken ernst genommen werden müssen.

Das fast völlige Ausbleiben von Kommentaren zum *Geist der Gesetze* in der französischen Zeitschriftenpresse hätte Montesquieu warnen können, es sei denn, er selbst hätte das Stillschweigen gewünscht, ja erbeten, um die Aufmerksamkeit der Obrigkeit nicht auf sich zu ziehen: In den Zeitschriften wurden in der Tat nur die von Madame de Tencin vorbereiteten *Errata* zur Genfer Ausgabe von 1748 angekündigt. Die ausländischen Zeitschriften scheinen dieselbe Zurückhaltung gewahrt zu haben; wenn systematische Auswertungen auch fehlen, so wurden im Laufe des Jahres 1749 zumindest in der in Amsterdam herausgebrachten *Bibliothek der Werke der Gelehrten* Auszüge des Werkes veröffentlicht.

Im Laufe der Monate ziehen sich die Wolken allmählich zusammen und die Kritiken fallen immer schärfer aus; zwischen 1749 und 1752 fängt die Auseinandersetzung um den *Geist der Gesetze* an und verbreitet sich in alle Richtungen; die Angriffe kommen von Einzelgängern, so dem Generalsteuerpächter Dupin, doch in erster Linie gehen sie von religiösen Kreisen aus. In Paris bekämpfen Jesuiten und Jansenisten Montesquieu. Die Sorbonne greift in die Angelegenheit ein, während in Rom die Index-Kongregation, die den *Geist der Gesetze* überprüft, das Werk schließlich verurteilt. Alle diese Aktionen werden gleichzeitig ausgeführt und reagieren wechselseitig miteinander; doch beim Versuch, sich Klarheit über den langen Prozeß zu verschaffen, der von so unterschiedlichen Kreisen gegen Montesquieu angestrengt wird, ist es zweckmäßig, eine Phase nach der anderen unter die Lupe zu nehmen.

Die Auseinandersetzung um den »Geist der Gesetze«

Während die Freunde Montesquieus in Paris und im Ausland, vor allem in England und Italien, den *Geist der Gesetze* mit Wohlwollen aufnehmen, beginnen zunächst zaghafte, dann immer kritischere Stimmen auf sich aufmerksam zu machen. In La Brède, wo sich Montesquieu von Mai 1748 bis Juli 1750 aufhält, um sich von den physischen und intellektuellen Strapazen zu erholen, die sich in den Jahren zuvor gehäuft hatten, vernimmt er zunächst nur die schmeichelhaften Echos, mit denen seine Pariser Bekannten die Herausgabe seines Werkes begrüßen. Dahinter steht nicht zuletzt ihr Bestreben, ihm die ersten Kritiken zu verbergen. Ein Neffe Fontenelles, François Richer d'Aube, hatte 1743 einen *Essay über die Prinzipien des Rechts und der Moral* veröffentlicht; da er annahm, »daß man ihn auf seine Güter verjagt hat«, sprach er vom *Geist der Gesetze* »mit ziemlicher Geringschätzung«; er gab vor, »das gleiche Thema behandelt und in etwa dasselbe gesagt zu haben«, und fand das »Buch flach und sehr oberflächlich«. Bald darauf ließen der Abbé von Olivet und Voltaire ihre Kritik hören.

Als einer der ersten sorgt sich Monsignore Cerati um die Vorwürfe, die gegen den *Geist der Gesetze* vorgebracht werden; schon am 18. Februar 1749 schreibt er an Montesquieu: »Ich erhielt vor einigen Wochen einen Brief aus Paris, der mich eine Art Sturm gegen Ihr Werk befürchten ließ; ich war empört. Ich wagte sogar, eine etwas zu heftige beleidigende Äußerung gegen den Tick der heutigen Pariser Kritiker fallen zu lassen, die man, als ich in dieser großen Stadt weilte, ganz zu Recht das Raubgesindel und die Zuhälter der Literatur nannte. Alles, was den Despotismus nicht anbetet, wird von diesen Herren erbarmungslos niedergesäbelt.« Am 4. März 1749 gesteht Madame de Tencin ein, daß es »dennoch hier und da einige kritische Stimmen gegeben hat«. Die Kaufleute Genuas, die wegen der Äußerungen Montesquieus über ihre Bank beunruhigt waren, beauftragten die außerordentlichen Gesandten der Republik Genua in Paris, den Marquis Palevicini und Lomellini, Montesquieu einige Korrekturen vorzuschlagen, die er auf sich zu nehmen bereit war, ohne ihre Berechtigung anzuerkennen.

Die zunächst hinter vorgehaltener Hand geflüsterten, bald schriftlich verbreiteten Kritiken führten schließlich zu einem allgemeinen Gemunkel, das Montesquieu beunruhigte und seine Verärgerung hervorrief. »Ich höre einige Hornissen um mich herumschwirren«, schreibt er an

Monsignore Cerati am 11. November 1749, »doch die Bienen ernten ein bißchen Honig, das genügt mir«; den folgenden, anschließend durchgestrichenen Satz fügt er hinzu: »Ich sehe es gerne, wie einige Leute einen Text in den Schmutz ziehen und entstellen.«

Einer der ersten erklärten Feinde Montesquieus war der Generalsteuerpächter Dupin; da er mit der unehelichen Tochter des allmächtigen Finanziers Samuel Bernard verheiratet war, brachte er es zu einer glänzenden Karriere und gehörte zu den einflußreichsten Männern von Paris. Seine Angriffe erstaunten Montesquieu, der bis dahin mit Dupin und seiner Frau auf gutem Fuße gestanden hatte. In etlichen Passagen des *Geistes der Gesetze* hatte Montesquieu indessen die Finanziers und Generalsteuerpächter heftig attackiert und ihre Schädlichkeit angeprangert: »Alles ist verloren, wenn der lukrative Beruf des Finanziers wegen seiner Einträglichkeit auch noch zum angesehenen wird. In despotischen Staaten, in denen ihre Tätigkeit zu den Funktionen der Statthalter gehört, mag das von Vorteil sein. In der Republik ist dies nicht der Fall; eine vergleichbare Sache zerstörte die römische Republik. In der Monarchie sieht es nicht besser aus; nichts ist dem Geist dieser Regierungsform mehr zuwider. Abscheu erfaßt alle anderen Stände; die Ehre verliert ihr Ansehen; die stetigen natürlichen Mittel der Unterscheidung greifen nicht mehr; die Regierung ist in ihrem Dasein getroffen[1].«

Dupin legte Montesquieu auch die Vorbehalte zur Last, die er im Hinblick auf die Eignung der französischen Monarchie geäußert hatte, den Interessen des Handels zu dienen. Er war in seinen monarchischen Überzeugungen verletzt. Schon am 23. April 1749 unterrichtet Madame de Tencin Montesquieu darüber, was sich anbahnt: »Man behauptet, der Generalsteuerpächter Dupin schreibe, um Sie zu widerlegen.« Trotz eines bei Dupin abgehaltenen Treffens, auf dem Fontenelle erklärt hatte, daß der *Geist der Gesetze* »das einzige Buch dieser Art« sei, »das man mit ebensoviel Vergnügen wie Gewinn lesen kann«, setzte der Generalsteuerpächter seine Angriffe fort; wie Madame de Tencin ironisch bemerkt, spielte er »die Rolle der Soldaten, die Lieder gegen ihre Generäle singen. Er ist derzeit damit beschäftigt, Sie zu kritisieren. Ist er etwa kein würdiger Gegner für Sie? Der Kampf gleicht dem zwischen Riesen und Pygmäen. Sofern dieser bedauernswerte Autor von jemandem gelesen wird, hat er es Ihrem Namen zu verdanken.«

Dupins *Überlegungen zu einigen Teilen eines Buches mit dem Titel Vom Geist der Gesetze* erschienen im Sommer 1749 in Paris. Montesquieu war darüber sehr verärgert: »Man erzählte mir von der idiotischen Kritik des Generalsteuerpächters Dupin über den *Geist der Gesetze*; ich entgegnete: Ich diskutiere nie mit Generalsteuerpächtern, wenn es um Fragen des Geldes oder des Geistes geht[2].« Bei seinen Freunden reagiert er heftig. Am 27. August 1749 schreibt er an Solar: »Es ist stark zu befürchten, daß die

Kritik von Dupin den Eindruck zerstört, den mein Buch auf den Geist der Kenner gemacht hat; ich will mich ihr auf das Risiko hin aussetzen, meine unmaßgebliche Meinung ändern zu müssen; ich bin sehr begierig, ein so verwegenes Werk aus dem Büro eines Generalsteuerpächters hervorkommen zu sehen.«

In einem wahrscheinlich an Madame de Tencin gerichteten Brief vom November 1749 bringt Montesquieu seine Enttäuschung und Verbitterung zum Ausdruck: »Das Tier, das die Überlegungen verfaßt hat, ist den Hafer nicht wert. Es ist in seinem Stall, um Heu zu fressen. Er kritisiert mich wegen Dingen, die ich zugunsten der Monarchie sage, so als ob ich gegen die Monarchie anredete; er ist ein Dummkopf, der nichts versteht und nicht einmal die geläufigsten Dinge kennt. Er glaubt, ich will an einer Stelle, die dem preußischen König gewidmet ist, vom dänischen König sprechen; dabei hat er an einer anderen Stelle die reizende Entdeckung gemacht, was ich über den dänischen König geäußert habe. Was erkennen läßt, daß er von beiden keine Ahnung hat.« Auch wenn Präsident Hénault meinte, daß Montesquieu und Dupin keine »gleichstarken Athleten« wären, trugen die *Überlegungen* des Generalsteuerpächters nicht wenig dazu bei, der Aufnahme des *Geistes der Gesetze* zu schaden, der gleichzeitig den gemeinsamen Attacken des *Journal de Trévoux* und der *Nouvelles ecclésiastiques*, das heißt der Jansenisten und der Jesuiten ausgesetzt war.

Dupin hatte die *Überlegungen*, wie es scheint, nicht alleine vorbereitet; dem Vorwort zufolge war das Werk die Frucht der Zusammenarbeit von »vier Freunden«; auch Madame Dupin war beteiligt, um die Frauen gegen den Antifeminismus zu verteidigen. Jean-Jacques Rousseau, der damalige Sekretär Dupins, besorgte die Reinschrift, ohne selbst an der Abfassung beteiligt zu sein; ihm zufolge arbeiteten die beiden Jesuitenpatres François Berthier und Joseph Plesse am Manuskript mit. Dupin übernahm jedoch die Verantwortung allein, und seine Zeitgenossen täuschten sich nicht über seine Rolle. Er selbst äußerte sich dazu in einem Brief vom 10. Juni 1759 an den Abbé von Saint-Cyr, den zweiten Erzieher des französischen Thronfolgers: »Ich war schockiert darüber, was der Autor des *Geistes der Gesetze* gegen einen Staat geschrieben hatte, in dessen Dienste mich der Zufall berufen hatte; ich habe mich bemüht, mein Amt ehrenvoll auszuüben: Gefühle sind dabei jedem Individuum erlaubt, ja sogar nötig zum Wohl und zum Nutzen aller. Ich war erstaunt über seine Anstrengungen, den Despotismus und die Monarchie zu verbrüdern, und ermüdet von dieser Vielzahl von Gesichtspunkten und Einfällen. Die schlechte Laune packte mich und im Nu warf ich drei Oktavbände aufs Papier, von denen ich nur acht Exemplare drucken ließ. Als ich mein Werk noch einmal mit kühlem Kopf las, war ich nicht zufrieden; ich fand mich schwach, hielt mir Eigenliebe vor und warf meine Exemplare ins Feuer, mit Ausnahme von zweien, die ich nicht zurückziehen konnte.« In Wirklichkeit handelte Dupin, als er die Ausgabe zerstörte, von der nur noch das Exemplar von D'Argenson existiert, das in der Bibliothèque de l'Arsenal aufbewahrt wird, aus anderen Motiven.

Während sich La Beaumelle mit der Aussage begnügt, daß Dupin »sie beseitigte und sehr gut daran tat«, schreibt Maupertuis in seiner *Lobrede auf Montesquieu* die Vernichtung dem Druck seiner Freunde zu: »Ein Autor hatte sich große Mühe gegeben, um gegen Montesquieu ein umfangreiches Werk zu verfassen; es sollte erscheinen, doch seine Freunde empfahlen ihm, noch einmal den *Geist der Gesetze* zu lesen. Er las ihn: Furcht und Respekt ergriffen ihn, und sein Werk wurde beseitigt.« Wie Chamfort in seinen *Maximen und Anekdoten* bemerkt, sei die Beseitigung auf das Einschreiten der Marquise von Pompadour zurückzuführen: »Der Herr Präsident von Montesquieu hatte einen Charakter, der weit unter seinem Genie lag. Man kennt seine Schwächen für ein weltmännisches Gehabe, seinen geringen Ehrgeiz . . . Als der *Geist der Gesetze* erschien, rief er etliche schlechte oder mittelmäßige Kritiken hervor, die er verachtete. Eine, die ausgezeichnete Bemerkungen enthielt, verfaßte ein bekannter Schriftsteller. Monsieur Dupin wollte sich gerne als ihr Autor ausgeben. Monsieur de Montesquieu erfuhr davon und war verzweifelt. Man ließ sie drucken; als sie erscheinen sollte, suchte Monsieur de Montesquieu Madame de Pompadour auf, die auf seine Bitte hin den Drucker und die gesamte Auflage kommen ließ. Sie wurde eingestampft, und man rettete nur fünf Exemplare von ihr.«

Das Zeugnis von Chamfort muß mit um so mehr Vorsicht behandelt werden, als es von niemand anderem bestätigt wird; im übrigen entsprach es kaum dem Temperament Montesquieus, die Favoritin Ludwigs XV. in eine so persönliche Affäre eingreifen zu lassen. Muß man, wie Guasco meint, das Verhalten Dupins der Entrüstung Montesquieus zuschreiben? »Die Unaufrichtigkeit«, schreibt der italienische Abbé, »die wir in den Zitaten der Passagen entdeckten, die in der Absicht verstümmelt worden sind, den Autor des *Geistes der Gesetze* bei der Regierung anzuschwärzen, so wie die falschen Argumentationen empörten ihn [Montesquieu] derart, daß Monsieur Dupin meinte, die ausgegebenen Exemplare unter dem Vorwand der Fehlerkorrektur zurückziehen zu müssen.«

Dupin war sicher besorgt wegen der Reaktionen, welche die Lektüre der *Überlegungen* hervorgerufen hatte, und wollte keinen unendlichen Federkrieg mit Montesquieu entfachen; vielleicht fürchtete er aber auch ein Einschreiten der Obrigkeit, um ihn zu mehr Mäßigung anzuhalten; als er beim Wiederlesen seines gedruckten Textes überdies feststellte, daß es ihm an Kaltblütigkeit gemangelt und er zu persönliche Angriffe gegen den Autor geführt hatte, zog er es vor, zunächst auf die Verbreitung seines Werkes zu verzichten und eine ausgefeiltere Version zu schreiben, die in einer Auflage von 500 Exemplaren unter dem Titel erschien: *Beobachtungen in drei Teilen über ein Buch mit dem Titel Vom Geist der Gesetze.*

Ein handschriftlicher Vermerk eines Sekretärs von D'Argenson, der sich in dem in der Bibliothèque de l'Arsenal aufbewahrten Exemplar der *Überlegungen* befindet, liefert, wie es C. Rosso[3] ausdrückt, einen »ausgewogenen und scharfsinnigen« Kommentar, der unter Hervorhebung der antimonarchischen Perspektive Montesquieus die Haltung Dupins erklärt und rechtfertigt: »Ich bin auf den Gedanken gekommen, dieses Buch zu lesen, das ich lediglich als ein seltenes, lächerliches Schriftstück ansah; ich habe mich dabei von zwei Wahrheiten überzeugt. Erstens ist das Buch weit davon entfernt, als Ganzes schlecht zu sein, und zweitens hat der Autor, indem er es vernichtete, einen nachhaltigen Beweis seiner Klugheit geliefert. Doch warum hat er sich den Ratschlägen seiner Freunde gefügt, die ihm das nahelegten? Weil sie spürten, daß der Enthusiasmus, der dazu verleitete, dieses Werk für göttlich zu halten, zu stark war, und daß ein Mann, der mit soviel Kraft kämpfte wie Monsieur Dupin, ganz Europa auf sich hetzen würde . . . In der Tat kritisierte Monsieur Dupin das Buch zu freimütig und mit zu wenig Schonung; doch im Grunde sind die meisten seiner Kritikpunkte sehr gerecht und wohldurchdacht, und sie sind rein und klar geschrieben. Monsieur Dupin hat in allem recht, was er dem Präsidenten im Hinblick auf die Beschaffenheit der Regierungen, den Einfluß der Klimaverhältnisse, die Sitten, folglich auch im Hinblick auf die Gesetze und schließlich auf die englische Verfassung zur Last legt. Nur wenn sich Monsieur Dupin zu Finanzen und Handel äußert, scheint er sich zu stark daran zu erinnern, daß er Generalsteuerpächter ist. Doch im allgemeinen finden sich exzellente Überlegungen in dieser Kritik, und da ich dieses Exemplar eines nahezu einmaligen Buches besitze, werde ich es sorgsam aufbewahren . . . es hätte mir im übrigen, wenn ich es nicht schon gewußt hätte, gezeigt, daß man einen großen Irrtum beginge, wenn man die Büste des Herrn Präsidenten von Montesquieu unter die der Schriftsteller einreihte, die zur Erhaltung der französischen Monarchie eingesetzt worden sind . . .«

Louis Vian, der die *Überlegungen* Dupins als erster las, hebt zu Recht die persönlichen Attacken auf Montesquieu sowie den eher schulmeisterlichen als gewichtigen Stil des Werkes hervor. Die Kritiker, die Montesquieu in diesem Fall wohlgesonnen waren, trugen dazu bei, das Denken Dupins zu verzerren und sein Werk dem Vergessen und der Ablehnung anheimzustellen. Es verdient jedoch mehr, denn, wie C. Rosso gezeigt hat, finden sich in ihm scharfsinnige Kritikpunkte am *Geist der Gesetze*: so an der Gefahr des »Spinozismus«, an einem gewissen Hang zum Pessimismus und der bestimmenden Rolle der klimatischen Faktoren im politischen Leben der Völker. In seinem Bestreben,

den *Geist der Gesetze* Buch für Buch zu widerlegen, trägt Dupin zwar takti-
sche Erfolge davon, doch seine Strategie scheitert, da Montesquieu stets
die Oberhand behält.

Dupins Kritik kannten in ihrer ersten Version nur wenige. Für andere
Angriffe traf das nicht zu. Abbé von La Porte veröffentlichte 1750 seine
*Beobachtungen zum Geist der Gesetze, oder die Kunst, dieses Buch zu lesen, zu ver-
stehen und zu beurteilen.* Guasco zufolge soll er dazu von Dupin ermuntert
worden sein, »der anfing, leichte Truppen nach vorne zu schicken, um
kleinere Wortgefechte auszutragen«. Die *Beobachtungen*, die weit davon
entfernt sind, ein Pamphlet zu sein, würdigen die Ausdruckskraft Montesquieus, die Schönheit seiner Bilder und die Erhabenheit seines Denkens; dennoch kritisieren sie den *Geist der Gesetze* als ungezügelt und un-
verständlich. La Porte versucht ihn daher umzuarbeiten: Er liefert
Zusammenfassungen, die mit methodischer Ordnung in Religion, Moral,
Politik, Rechtsprechung und Handel untergliedert sind, und bezieht alle
Überlegungen Montesquieus auf die beiden Prinzipien des Klimaeinflus-
ses und der Regierungsform. Seine Stellungnahme ist sehr deutlich: »Das
Buch *Vom Geist der Gesetze* enthält so große Schönheiten, daß man das Publikum nicht genug dazu ermuntern könnte, es zu lesen. Doch da die Methode, nach der sich der Autor im Laufe seines Werkes richtet, dem geistigen Fassungsvermögen der meisten Leser nicht entspricht: oder vielmehr, da dieses Werk keine richtig angewendete Methode besitzt, haben
wir gedacht, wir könnten es in einer anderen Anordnung präsentieren,
um seine Lektüre zu vereinfachen . . . Wir haben uns sehr bemüht, nichts
von dem zu unterschlagen, was eine umfassende Vorstellung vom erhabenen und glänzenden Genie des Autors vermitteln könnte. Doch andererseits haben wir die Mängel des Werkes keineswegs verheimlicht; und
inmitten der schönsten Stellen haben wir auf die beträchtlichen Makel
hingewiesen, die sich in ihm finden . . .«

Montesquieu begnügte sich damit, auf diese gemäßigten, nicht immer
grundlosen Kritikpunkte mit einem herablassenden Scherz zu antworten:
»Ein Mann, der diskutiert, um sich Klarheit zu verschaffen, läßt sich nicht
mit einem Mann ein, der diskutiert, um zu leben[4].« Die *Beobachtungen* des
Abbé von La Porte riefen Reaktionen hervor, die Montesquieu wohlgesonnen waren, ohne dabei große Überzeugungskraft zu besitzen. Ein junger Weinhändler aus dem Raum Bordeaux, François Risteau, der später
Direktor der Ostindischen Handelsgesellschaft wurde, veröffentlichte
1751 eine *Antwort auf die Beobachtungen zum Geist der Gesetze*; obwohl ihm
Montesquieu für seine »schmeichelnden Lobsprüche« dankte, bekundete
er ihm am 19. Mai 1751, daß er in puncto Despotismus nicht einer Meinung mit ihm sei: »Eine Regierung, die gleichzeitig Staat und Fürst darstellt, erscheint Ihnen utopisch; ich glaube dagegen, sie ist sehr real, und
meine, sie wahrheitsgemäß beschrieben zu haben. Ich weiß nicht, ob die

Untertanen eines Despoten Eigentum besitzen; ich weiß nur, daß sie über keinerlei eigene Tugend verfügen können. Korruption und Elend kommen von überallher in den Staaten, in denen er vorherrscht ... Von einem Despoten zu einem wirklichen König ist es genauso weit wie von einem Teufel zu einem Engel. Es stimmt, daß es in einer Monarchie viele Mißstände geben kann, doch in diesem Falle ist sie dabei, dem Despotismus anheimzufallen.«

Der Arzt Boulenger de Rivery veröffentlichte in Amsterdam 1751 eine *Apologie des Geistes der Gesetze oder Antworten auf die Beobachtungen des Monsieur de L. P.*; in ihr versuchte er, nicht ohne Unbeholfenheit, alles zu rechtfertigen. Montesquieu fand den Titel des Werkes »bewundernswert« und vertraute dem Herzog von Nivernais am 20. Juni 1751 an: »Ein anderer hat besser als ich erledigt, was ich keineswegs tun wollte.«

Der Journalist Élie-Catherine Fréron veröffentlichte in seinen *Briefen über einige zeitgenössische Schriften* eine Richtigstellung der Polemik, die Abbé von La Porte angestiftet hatte: »Er zeigte, daß es wohl einen Plan im Werk Montesquieus gibt, formulierte jedoch gleichzeitig einige Vorbehalte wegen der übertriebenen Bedeutung, die dem Klima zugesprochen wird, und wegen der Art und Weise, die Religionen als menschliche Institutionen zu behandeln, ohne die christliche Religion deutlich auszunehmen[5].«

Im Jahre 1751 veröffentlichte ein glühender Verteidiger der Jansenisten, der Oratorianer Louis de Bonnaire, Gelehrter an der Sorbonne, 27 Briefe in einem plumpen, ja beleidigenden und manchmal lachhaften Stil; er behauptete, in ihnen den *Geist der Gesetze* zusammenzufassen und zu widerlegen; der Titel des Buches lautete: *Die Quintessenz des Geistes der Gesetze in einer Folge von analytischen Briefen.* Ernsthafter und gemäßigter, da sie die Einheit des Werkes erkennen ließ, war die Kritik von Véron Duverger de Forbonnais, die erst 1753 erschien; der Wirtschaftsexperte überarbeitete sie anschließend in seinen Artikeln für die Enzyklopädie: *Kapitelweiser Auszug aus dem Buch über den Geist der Gesetze, mit Anmerkungen zu einigen besonderen Stellen und einer Vorstellung aller Kritiken, die zu ihm verfaßt wurden.* Ein anderer Autor, Jean Formey, veröffentlichte in der *Bibliothèque impartiale* einen Auszug, der ihm den Dank Montesquieus einbrachte.

Doch der eifrigste Verteidiger Montesquieus war Laurent Angliviel de La Beaumelle, ein Protestant aus den Cevennen, der auf dem Enfant-Jésus-Kolleg in Alais erzogen worden war; von 1745 bis 1747 hatte er in Genf studiert und anschließend in Dänemark als Erzieher gearbeitet; La Beaumelle war als Pädagoge, Journalist und Initiator zahlreicher Verlagsprojekte, so den *Briefen* von Madame de Maintenon, mit Voltaire und Montesquieu befreundet; diesem begegnete er zum erstenmal am 31. Juli 1750 in Paris; zuvor hatte er zwischen März 1749 und März 1750 in *Die dänische Zuschauerin* fünf Briefe über den *Geist der Gesetze* publiziert, in denen er eine übermäßige Begeisterung für das Werk Montesquieus bekundet: »Durchsuchen Sie alle alten und modernen Bibliotheken, Sie werden dort, wenn Sie die Heilige Schrift ausnehmen, kein derart vernünftiges, nützliches und tiefschürfendes Werk wie dieses finden, keines, in dem es mehr Schönheiten und weniger Mängel gibt, einleuchtendere Prinzipien und besser gezogene Schlußfolgerungen, keines mit genauso großen Ansichten und einem besser ausgeführten Plan, keines, das dem Geist und dem menschlichen Herzen so viel Ehre machte ... Zuerst verschlingt man es, dann liest man es noch einmal mit Wonne, nimmt es mit Vergnügen wieder auf und kommt mit Freude auf es zurück; es gleicht einer schönen Frau, die man stets mit Leidenschaft genießt, stets mit Verlangen wiedersieht und mit Schmerz verläßt, die um so schöner erscheint, je länger man sie betrachtet, und die einen um so mehr festhält, je näher der Augenblick rückt, sich von ihr zu trennen ...«

Inmitten der Angriffe auf den *Geist der Gesetze* zeigte sich Montesquieu empfänglich für die Komplimente von La Beaumelle, selbst die überzogenen; die Freundschaft der beiden Männer erlebte zwar einige Schwierigkeiten, als La Beaumelle 1752 die *Fortsetzung der Verteidigung des Geistes der Gesetze* veröffentlichte, deren Erscheinen Montesquieu eher peinlich als nützlich war; doch sie hielt bis 1755.

Während Gegner und Anhänger ihre Überlegungen zum *Geist der Gesetze* veröffentlichten, tat Montesquieu so, als ignoriere er die Schriften, die von Autoren stammten, die nur sich selbst verpflichtet waren. Doch abgesehen von diesen Kritiken, die ihn allein niemals ernsthaft beunruhigt hätten, selbst wenn sie seine Selbstachtung als Jurist und Schriftsteller reizten und verletzten, zeichnete sich seit Anfang 1749 eine Kampagne ab, die viel ernster zu nehmen war als die – im übrigen zur gleichen Zeit lancierten – Attacken einer Handvoll voneinander unabhängiger Personen. Die Kirche selbst war es, die sich wegen der Angriffe auf die christliche Religion beunruhigt zeigte, die sie im *Geist der Gesetze* zu erkennen glaubte; zunächst verlangte sie Erklärungen, dann brachte sie das Werk vor ihre Gerichte: die Kongregation des Index in Rom und die theologische Fakultät der Sorbonne in Paris.

Trotz seiner persönlichen Abneigung gegen Pater Tournemine verfügte Montesquieu in der Gesellschaft Jesu über treue Freunde. Peter Castel hatte die Erziehung Jean-Baptiste de Secondats beaufsichtigt, hatte die *Betrachtungen* während des Drucks noch einmal durchgesehen und stand mit dem Präsidenten in ständigem Briefkontakt. Als der *Geist der Gesetze* erschien, schlug er Montesquieu vor, eine Zusammenfassung für die Presse zu schreiben, um zu verhindern, daß jemand sie verfaßte, welcher der Sache des Autors weniger wohlwollend gegenüberstand; man sage nicht, »daß sich irgendein Journalist des Buches angenommen hat, um sie zu schreiben, ohne dabei meine Begeisterung für Sie zu besitzen oder vielleicht ein gewisses Talent (ich sage das unter uns), um auf bestimmte Merkmale einzugehen«.

Gerüchte gehen um, die Pater Castel, der seinen Freund unterstützen will, Sorgen bereiten; sein Anfang 1749 geschriebener Brief ist voller Andeutungen, gleichzeitig eine diskrete Warnung und ein Angebot, behilflich zu sein: »Ich höre, man sagt ... Ich male mir dieses und jenes aus ... Ich weiß jedoch von kompetenter Seite, daß das Buch gut ist, von jener Güte, Sie verstehen mich ... und ich mache Ihnen dafür ein sehr ernstgemeintes Kompliment. Die Öffentlichkeit ist sonderbar: Worüber sie am meisten redet, ist nicht immer das, worüber sie am besten spricht; jemand muß den Ton angeben, einen bestimmten Ton ... Ich weiß wohl, daß ich es kann. Ich muß Ihnen außerdem sagen, daß der vernünftigste Teil der Jesuiten sowie derjenige, der das Recht hat zu sprechen, Gutes äußert und Ihnen dankbar ist für das, was Sie über uns sagen. Beurteilen Sie, wie sehr ich mich in diesem Artikel für Sie einsetze, wieviel wichtiger er für Sie als für mich ist. Ich lasse es nicht zu, daß man über Sie Geheimnisse verbreitet, aber ich glaube, Sie verstehen mich.«

Die Aufforderung Pater Castels wurde von Montesquieu nicht befolgt. Gewiß meinte er, unter den Jesuiten keinen Verteidiger nötig zu haben; schließlich hatte er ihre Mission in Paraguay gelobt: »Ein anderes Beispiel kann uns Paraguay liefern. Man wollte es der Gesellschaft [Jesu] als Verbrechen ankreiden, daß sie das Vergnügen zu herrschen als einziges Lebensgut betrachte; doch es wird immer eine gute Sache bleiben, die Menschen, die man regiert, glücklicher zu machen. Sie verdient den Ruhm, in diesen Landstrichen als erste die Idee der Religion im Verbund mit der Idee der Humanität zum Ausdruck gebracht zu haben. Sie hat die Verheerungen der Spanier wiedergutgemacht und so damit begonnen, eine der größten Wunden zu heilen, die je dem Menschengeschlecht zugefügt wurden[6].« Montesquieu zitierte auch mehrfach die von den Jesuiten herausgebrachten *Erbaulichen und wunderlichen Briefe* als Zeugnis und Beweis.

Der *Journal de Trévoux* veröffentlichte im April 1749 einen Brief an Pater Guillaume-François Berthier, den Herausgeber der Zeitschrift. Der Artikel stellt eher eine Bitte um Erläuterung als einen Angriff dar. Der namentlich nicht genannte Verfasser will zeigen, »daß der Autor des *Geistes der Gesetze* die Religion direkt oder indirekt beleidigt, da er den Selbstmord oder die Polygamie mit dem Klima erklärt, die Ehelosigkeit der Pfarrer und die Bestrafung des Frevels kritisiert, eine übertriebene Lobrede auf Julian den Abtrünnigen hält und zu fürchten scheint, daß die christlichen Missionen in heidnischen Ländern eine Gefahr für die gesellschaftliche Ordnung seien[7].«

Der Angriff der Jansenisten ließ länger auf sich warten, war dafür aber viel heftiger und präziser als der jesuitische. Am 9. und 16. Oktober 1749 veröffentlichten die *Nouvelles ecclésiastiques* (oder: *Aufsätze im Dienste der*

Geschichte der Konstitution Unigenitus) zwei lange Artikel, die dem Abbé Jacques Fontaine de La Roche zugeschrieben wurden. Der Tonfall wird gleich zu Beginn deutlich: »Vor ungefähr einem Jahr wurde hier eines jener antireligiösen Machwerke verbreitet, von denen die Welt seit einiger Zeit überschwemmt wird. Sie haben sich erst seit dem Erscheinen der Bulle *Unigenitus* so ungemein vermehrt.« Dieses »skandalöse, auf dem System der Naturreligion gegründete Buch« sei gefährlich; es drohe irrezuleiten. »Oberflächliche Geister, die dieses Machwerk lesen, werden sagen: Das ist ein Philosoph, der sich auf sein Sachgebiet beschränkt, der als Philosoph und Politiker über die Gesetze nachdenkt und nicht weitergeht. Wer die kleinen Kunstgriffe der Herren von der Naturreligion kennt, wird anders urteilen. Sie werden erkennen, daß das Buch über den *Geist der Gesetze* das von ihnen bevorzugte System unterstützen soll.« Der Autor entwickelt dieses Argument in beiden Artikeln und wendet es auf die verschiedenen Aspekte des Montesquieuschen Denkens an; er kommt zu dem Schluß, daß der *Geist der Gesetze* der Offenbarungsreligion grundsätzlich entgegensteht und »die Herren von der Naturreligion keinen Glauben besitzen, denn es bedeutet, keinen Glauben zu besitzen, wenn man nur den hat, der sich aus der Befolgung einer blinden, bestechlichen Vernunft ergibt«.

Die Härte der Attacke und die angeführten Argumente beunruhigten Montesquieu; er hatte auf die Artikel des *Journal de Trévoux* nicht reagiert; doch nach den Beschuldigungen der *Nouvelles ecclésiastiques* konnte er nicht länger schweigen. Da er sich auf einem ihm fernliegenden Feld angegriffen sieht, nämlich dem der Religion, fühlt er sich befangen und zögert zunächst, auf Beschuldigungen zu reagieren, die er für böswillig hält. Bei der Auseinandersetzung wiederholt Montesquieu unaufhörlich, daß sein Werk ein Buch über das Recht sei, »das Buch eines französischen Rechtsgelehrten«, und daß es folglich nicht den Theologen zukomme, ihn zu beurteilen. Er wird dieser Taktik stets treu bleiben; auch wenn sie nicht die geschickteste war, ersparte sie ihm, das Geschriebene zu widerrufen und damit geduldig erarbeitete Prinzipien zu verleugnen, auf die er seine Thesen gestützt und seine Beweisführungen gegründet hatte.

Da Montesquieu den Grundsatz hat, sich nicht »mit verachtenswerten Leuten auf eine Stufe zu stellen«, ist er auch Ende 1749 und Anfang 1750 noch unentschlossen, wie er Guasco anvertraut: »Vom nichtssagenden La Porte bis hin zum schwerfälligen Dupin sehe ich nichts, was genügend Gewicht hätte, daß ich darauf etwas erwidern müßte: Mir scheint, die Öffentlichkeit rächt mich genug durch ihre Verachtung für die Kritik des ersten und die Entrüstung über die des zweiten ... Ob es die Mühe lohnt, einige Erläuterungen zu den möglichen Streitpunkten zu liefern, werde ich später entscheiden. Ich denke mir, daß sie nur dem ›Nouvelliste ecclésiastique‹ das Wort reden, dessen Erklärungen und Polemiken niemals

Eindruck auf die Schöngeister machen sollten.« Trotz allem entschloß sich Montesquieu, angetrieben von Guasco, der ihm »die Pistole auf die Brust setzte«, auf die Angriffe der *Nouvelles ecclésiastiques* hin die *Verteidigung des Geistes der Gesetze* zu schreiben, die Anfang Februar 1750 ohne Nennung des Autors in Paris erschien. In einem Brief vom 26. Januar 1750 an den Herzog von Nivernais zeigt er sich zufrieden mit seiner *Verteidigung*: »Ich zerstöre alle Einwände, die man mir entgegengebracht hat, so wirkungsvoll, daß nur noch ihre Einzelteile übrigbleiben, und da die beiden Kritiken dieselben Einwände enthalten, wird die Entgegnung, welche die eine zu Fall bringt, das gleiche mit der anderen tun.« Da Montesquieu die Kritiken der Jesuiten, deren Ton weit gemäßigter war, vernachlässigte, beging er einen Fehler, dessen Konsequenzen ihm erst später klar werden sollten.

Die *Verteidigung* ist weder ein Widerruf, noch ein ausdrückliches Glaubensbekenntnis: Montesquieu begnügt sich damit anzumerken, daß er ein Schriftsteller sei, der nicht nur an die christliche Religion glaube, »sondern der sie liebt«. Es fällt ihm nicht schwer, die Unterstellungen des Atheismus, des Spinozismus oder sogar des Deismus zurückzuweisen, wobei er die Naturreligion jedoch nicht verdammt: »Habe ich nicht immer sagen hören, wir hätten alle eine Naturreligion? Habe ich nicht sagen hören, das Christentum sei die Vollendung der Naturreligion? Habe ich nicht sagen hören, daß man die Naturreligion benutze, um den Deisten die Offenbarung zu beweisen, und daß man dieselbe Naturreligion dafür verwende, um den Atheisten die Existenz Gottes zu belegen?«

Montesquieus Plädoyer basiert auf drei wesentlichen Argumenten. Der *Geist der Gesetze* ist demnach keine theologische Abhandlung, sondern ein Buch über das Recht. In ihm würden die Religionen nur als menschliche Institutionen betrachtet; folglich könne er die christliche Religion als göttliche »Institution« behandeln; er habe über sie daher nur gelegentlich gesprochen, und was er sage, betreffe nur die »falschen Religionen«. Schließlich prangert er die Inkompetenz des Kritikers an, der sich niemals die Mühe gebe, den Standpunkt des Autors zu verstehen, und der seine Argumente auf unvollständiges, nicht objektives Informationsmaterial stütze.

Jean-Baptiste de Secondat schätzte die *Verteidigung* als »ein Werk, das vielleicht bewundernswerter ist als der *Geist der Gesetze*, weil sich Monsieur de Montesquieu, ohne sich dessen bewußt zu sein, so dargestellt hat, wie er war, und weil sie seine eigenen Werke übertrifft. Es ist der Konversationston, der ihm so genau entspricht; wer ihn nicht persönlich gekannt hat, kann sich anhand dieser kurzen, kostbaren Veröffentlichung eine angemessenere Vorstellung von ihm machen.« Voltaire zeigt sich im Vorwort seines 1777 veröffentlichten *Kommentars zu einigen Maximen des Geistes der Gesetze* erstaunt darüber, daß sich Montesquieu zu einer Antwort an den Herausgeber der *Nouvelles ecclésiastiques* herbeiließ: »Das war eine glänzende Gelegenheit für den Herausgeber der *Nouvelles ecclésiastiques,* der jede Woche die neuere Geschichte der Gemeindediener, der Kreuzträger, der Totengräber und Küster verkaufte. Dieser Mann schrie gegen den Präsidenten von Montesquieu: ›Religion! Religion! Gott! Gott‹ Und er nannte ihn einen Deisten und Atheisten, um sein Blatt besser zu verkaufen. Es erscheint kaum glaubhaft, daß sich Montesquieu zu einer Antwort an ihn herabließ. Die drei Finger, die den *Geist der Gesetze* geschrieben hatten, ließen sich erniedrigen, kraft der Vernunft und mittels Epigrammen die religiös verzückte Wespe zu zerquetschen, die viermal im Monat an seinen Ohren summte.«

D'Alembert fällt in seiner *Lobrede auf Montesquieu* ein ausgewogeneres, unparteiischeres Urteil: »Dieses Werk muß aufgrund der Mäßigung, der Wahrheit und der satirischen Raffinesse, die in ihm herrschen, als ein Vorbild dieses Genres angesehen werden. Monsieur de Montesquieu, dem sein Widersacher entsetzliche Beschuldigungen angelastet hatte, hätte ihn mühelos der Verachtung preisgeben können; er machte es besser, er machte ihn lächerlich. Wenn wir dem Aggressor eines zugute halten müssen, ist es ewige Anerkennung dafür, daß er uns dieses Meisterwerk unwillentlich verschafft hat.«

In den *Gedanken*[8], in denen er die »Dinge, die ich nicht in meiner *Verteidigung* untergebracht habe«, festhielt, weist Montesquieu darauf hin, in welcher Gemütsverfassung er seinen Widersachern antwortete: »Wer geistige Werke schreibt, darf erwarten, daß er von seinesgleichen beurteilt wird. Ein Schriftsteller hat gegenüber seinen Lesern normalerweise den Vorteil, daß er über das Thema, das er behandelt, eingehender nachgedacht hat als sie. Doch wenn sie ihrerseits nachgedacht haben, befinden sie sich auf gleicher Ebene. Weil ein Autor eitel ist, soll er bescheidene Leser finden? Kann man daraus, daß er auf seinen Vorteil bedacht ist, schließen, daß er nicht schwach ist? Die Arglosigkeit eines Schriftstellers ist jenes reizvolle Erröten junger Menschen, das eine Gabe wäre, wenn die Natur Gaben besäße. Trachten wir danach, uns beliebt zu machen, wenn wir gelesen werden wollen. Wenn ein Mann wirklich über Geist verfügt, soll er sich mit den anderen Geistern verbünden. Und wenn er dazu nicht in der Lage ist, sei er wie ein Edelstein, der Gold von Gold trennt.«

Obwohl Montesquieu es abgelehnt hatte, ihm ein Exemplar des *Geistes der Gesetze* zu schicken, verbarg ihm Pater Castel als treuer Freund nicht seine Verbitterung und seine Sorgen wegen der Reaktionen, welche die *Verteidigung* hervorgerufen hatte; er bedauerte es, daß ihm sein Freund nicht gestattet hatte, bei seinen jesuitischen Kollegen und dem *Journal de Trévoux* zu intervenieren: »Sie haben mich dabei nicht unterstützen wollen; ich wagte es nicht, mich eigenmächtig einzumischen; man schüchterte mich mit dem Hinweis darauf ein, daß ich Ihr Freund sei. Wenn Sie sich beschwert und verlangt hätten, daß ich die Sache übernehme, hätte man Ihnen das nicht verwehren können. Befürchten Sie, ich sei pflichtvergessen; wäre ich nicht in jedem Fall von ihnen überprüft worden? Niemand anderes als ich kann Ihrem Buch hier den richtigen Anstrich geben. Ich hätte nur zusammen mit Ihnen etwas unternommen; da Sie und die anderen meine Gegenleser gewesen wären, hätte ich sicherlich alles in Einklang gebracht. Es wäre noch Zeit dazu, doch Sie müßten mir helfen. Haben Sie nicht endlich begriffen, daß Sie sich eine Verteidigung im Hinblick auf den besagten theologischen Tatbestand schulden? Die Ihre ist ein Meisterwerk; die meine würde, ohne so gut zu sein, Ihren wahren Interessen guttun. Sie verstehen mich, und wir können uns, glaube ich, zwischen den Zeilen verständigen: *scripta manent*; ich füge jedoch nicht *verba volant* hinzu, denn ich habe Ihnen Wichtiges mitzuteilen.«

Unter Montesquieus Vertrauten, die sich wegen der Wendung, welche die Auseinandersetzung genommen hatte, Sorgen machten, war Pater Castel einer der Hellsichtigsten; selbst wenn er sich im Hinblick auf seine Einflußmöglichkeiten gegenüber den Jesuiten und ihrer Einstellung zu Montesquieus Werk Illusionen hingibt, so hat er doch begriffen, daß Montesquieu nicht darauf hoffen konnte, seine Widersacher von seiner Ehrlichkeit und seinen unzweideutigen Ansichten zu überzeugen, wenn er sich weiterhin weigerte, den theologisch motivierten Attacken zu entgegnen. Warum hat Montesquieu auf den Appell von Pater Castel nicht reagiert? Hat er geglaubt, die Kritiken des *Journal de Trévoux* seien wegen ihres umgänglichen Tons belanglos? Hat er sich, indem er seine Antworten den Jansenisten vorbehielt, nicht im Gegner geirrt? Jedenfalls war es keine gute Taktik, den einen zu bevorzugen und den anderen anscheinend zu ignorieren.

Als Pater Castel Montesquieu am 14. Februar 1750 schreibt, hat er bereits von dem Artikel erfahren, der am nächsten Tag als Antwort auf die *Verteidigung im Journal de Trévoux* erscheinen sollte; er verheimlicht ihm die schlechte Wendung nicht, welche die Ereignisse »in einem Moment schmerzlicher Freude angesichts Ihrer *Verteidigung des Geistes der Gesetze*« genommen haben. Montesquieus Plädoyer war von Pater Castels jesuitischen Freunden zunächst in der Tat günstig aufgenommen worden: »Man war einer Meinung, was das Übermaß Ihres bewundernswerten Charakters, Ihre Sanftmut, Ihre Höflichkeit, Ihr gutes Wesen und dann, das versteht sich, die Überlegenheit Ihres Genies, Ihres Geistes und Stils anging«; dennoch fand seine Verteidigung in der Gesellschaft Jesu einen schonungslosen Kritiker: Pater Castel hatte gerade den Artikel gelesen, den der *Journal de Trévoux* am folgenden Tag, dem 15. Februar, veröffentlichen sollte. Der Text hatte ihn erschüttert: »Mein Herz ist betrübt, ich bin erfüllt von Schmerz. Vor zwei Stunden hätte ich Ihnen Gutes berichtet.

Eine niederträchtige Zeitschrift, die erst morgen, am Montag, erscheint ... ist mir eben in die Hände gefallen: Ich habe nur ein Wort gelesen und das hat mein Herz welken lassen ...«

Alle Anstrengungen, um Montesquieu neue Schwierigkeiten zu ersparen, sind zunichte gemacht; umsonst hat er sich mit Nachdruck darum bemüht, die *Verteidigung* in einem günstigen Licht zu präsentieren: »Nachdem ich Ihre *Verteidigung* also noch am Tag ihres Eintreffens gelesen und mein weiteres Vorgehen geplant hatte, brachte ich sie zu einem unserer Oberen, der sie begierig in Empfang nahm. Ich wollte ihn vorbereiten und einstimmen, doch er lehnte ab und sagte, er wolle selbst darüber nachdenken. Nun hatte ich aber meine Gründe, ihm vorher einiges mitzuteilen, und tatsächlich, er verfehlte den Standpunkt, ich will sagen, den meinen; denn er hatte nach der Lektüre eine sehr gute Meinung und vergab Ihnen sogar im Theologischen. Während er las, gelang es mir besser, den anderen den Ton anzugeben. Hier ist er; sehen Sie, ob er zutrifft. Ich sagte: ›Aus Rücksicht, Wertschätzung und Freundschaft für uns alle – und ein wenig für mich – gibt der Autor vor, anderen zu antworten wie La Porte oder der *Gazette*, während er uns nur nebenbei erwähnt, vollkommen gleichgültig, um nicht den Eindruck zu erwecken, er mißachte uns; doch im Grunde antwortet er nur uns *(mutato nomine)*, kümmert sich nur um uns, schätzt und liebt nur uns und zeichnet uns aus, indem er uns nicht mit dieser Schar von Kritikern in einen Topf wirft. Er grenzt nicht uns von ihr ab, sondern sie von uns; das kommt auf dasselbe heraus.‹«

Die postwendende Entgegnung des *Journal de Trévoux* beunruhigt auch Pater Castel: »Und dann dieses Ungestüm, die Regelmäßigkeit einer Zeitschrift zu benutzen (oder zu mißbrauchen), um einen solchen Schlag bereits eine Woche später auszuführen, während unsere Auszüge erst nach drei, vier oder sechs Monaten erscheinen und man mir nicht erlauben wollte, die des *Geistes der Gesetze* zu veröffentlichen.«

Wenn sich auch einige Verbitterung in Pater Castels Äußerungen mischt, bezeugt sein unter dem Eindruck aufrichtiger Empörung geschriebener Brief nicht weniger eine heftige Sorge. Der namentlich nicht genannte Journalist des *Journal de Trévoux*, der Pater Castel sicher bekannt war, warf Montesquieu nämlich vor, der theologischen Diskussion ausgewichen zu sein; er sei lediglich auf ein harmloses Problem eingegangen, das durch eine Passage von Diodor von Sizilien (Diodurus Siculus) hervorgerufen worden sei.

Die *Nouvelles ecclésiastiques* warteten ein wenig länger als der *Journal de Trévoux*, um auf die *Verteidigung* zu antworten. In den Ausgaben vom 24. April und 1. Mai 1750 wurde eine lange Entgegnung veröffentlicht, welche die im Vorjahr angeführten Argumente erneut aufgriff und weiterentwickelte und den *Geist der Gesetze* mitsamt der *Verteidigung* unwiderruflich verdammte: »Gegenüber einigen Vorwürfen, die wir dem Autor gemacht haben . . ., versucht er sich zu rechtfertigen, ohne daß ihm das gelingt; es gibt andere, gegenüber denen er es nicht einmal wagt, einen Rechtfertigungsversuch zu unternehmen«; weit davon entfernt, seinen Glauben unter Beweis zu stellen, verschlimmert seine *Verteidigung* die Sache noch.

Präsident Hénault überbrachte auf Montesquieus Wunsch ein Exemplar der *Verteidigung* dem Grafen von Argenson und gratulierte seinem Freund: »Wieviel Eifer Ihre Bewunderer auch an den Tag legen, sie werden Ihnen niemals so dienlich sein wie Ihre Kritiker, die Sie gezwungen haben, Ihrem Werk ein neues Sein zu verleihen und seine Konzeption fortzuentwickeln. Ich war begeistert von dieser Entgegnung und erkannte in ihr vor allem mit Freude jene Sanftheit der Mittel wieder, welche die Verteidigungskraft in keiner Weise schmälert, sondern die guten Argumente stärkt und von Ihrer Seite her Herz und Geist einbringt.«

Hénaults Bemerkung war zutreffend. In der Tat trugen einige Verteidiger Montesquieus dazu bei, die Anschuldigungen gegen ihn noch zu verschärfen. Das Eingreifen Voltaires mit der *Aufrichtigen Danksagung eines barmherzigen Mannes* und vor allem die Vorstöße des Protestanten La Beaumelle steuerten nicht gerade zur Beruhigung der Diskussion bei. Montesquieu konnte nur Sympathie für La Beaumelle empfinden, der ihm Bewunderung und Respekt entgegenbrachte. Sie unterhielten sich mehrfach über die *Verteidigung* und die Angriffe, die sie hervorrief. In den ersten Augusttagen des Jahres 1750 bittet La Beaumelle Montesquieu um Informationen, da er »an einer Übersicht aller Texte arbeitet, die gegen dieses Werk [Vom Geist der Gesetze] erschienen sind«, um diese Schriften zu widerlegen und seinen neuen Freund zu verteidigen. Bald verfügte er über die nötigen Unterlagen für seine Arbeit, die er in Gegenwart Montesquieus verfaßte. Am 21. August schreibt La Beaumelle an seinen Bruder Jean: »Ich arbeite gegenwärtig an einer Analyse der Entgegnung der *Nouvelles ecclésiastiques* auf die *Verteidigung des Geistes der Gesetze.* Ich berate mich häufig mit ihm [Montesquieu], entweder bei ihm zu Hause oder bei mir. Er fährt bald nach Bordeaux, und es ärgert mich, nicht länger von den Gesprächen mit diesem großen Mann profitieren zu können.« Montesquieu stellt ihm gegenüber häufig seine Zuneigung unter Beweis; während eines Abendessens, zu dem er Buffon, Daubenton, La Condamine und Secondat geladen hatte, überreichte ihm La Beaumelle den dritten Teil seiner *Dänischen Zuschauerin*: »Er bat mich, ihm einige Abschnitte daraus vorzulesen. Da das Buch gebunden war, holte er ein Messer, um die Blätter aufzuschneiden; dieses Messer war äußerst eigentümlich, und er schenkte es mir. Als ich ablehnte, steckte er es mir in die Tasche. Er schien sehr zufrieden mit meinem Werk und empfahl mir sehr höflich, es fortzusetzen[9].«

Unterstützt von Montesquieu arbeitet La Beaumelle mit Feuereifer an seinem Werk, das er Ende September vollendet; Anfang November verläßt es die Druckpressen von Rey in Amsterdam. Die *Fortsetzung der Verteidigung des Geistes der Gesetze* sollte die beiden Artikel der *Nouvelles ecclésiastiques* widerlegen. Sie begann mit einer ironischen Lobrede auf die »Verteidiger der Gnade« und der »Jesuitenpartei« sowie einer Erklärung für das Schweigen Montesquieus, das durch den europaweiten Erfolg des *Geistes der Gesetze* gerechtfertigt sei. La Beaumelle ging in einem ersten Teil auf die Fragen ein, deren Nichtbeantwortung der Journalist Montesquieu vorwarf; in einem zweiten Teil widerlegte er die Kritik an der Argumentation der *Verteidigung*. Montesquieu zeigte sich zunächst zufrieden und schrieb La Beaumelle am 29. März 1751: »Sie haben mich an vielen Kritikern und Leuten gerächt, die ihre Feder spitzten, bevor sie mich begriffen; doch ich werde ihr Zuschauer sein, nicht ihr Widersacher.«

Die *Nouvelles ecclésiastiques* reagierten in ihrer Ausgabe vom 4. Juni 1752 mit besonderer Schärfe. Der Journalist, der Montesquieu als Autor der *Fortsetzung der Verteidigung* bezeichnete, warf ihm vor, keine »Schlange« mehr zu sein, »die in das Geheimnis beißt«, sondern »ein Tiger, der alles zerreißt, was ihm unterkommt«; und er schloß: »Warum sollten wir uns weiter darüber auslassen, um die *Fortsetzung der Verteidigung des Geistes der Gesetze* bekannt zu machen? Was wir darüber berichtet haben, ist mehr als genug, um den Eifer derer anzustacheln, denen es zukommt, die Sache Gottes und der Religion zu rächen. Die Dissertation des Seigneur von Prades verdiente gewiß die scharfe Kritik, die wir ihr gegenüber äußerten: Doch welche Bannflüche verdient erst die Schrift, über die wir sprechen! Die Gotteslästerungen, die sie enthält, wären imstande, einen Staat zugrunde gehen zu lassen, wenn man sie ungestraft ließe. Hätte man die Majestät des Fürsten beleidigt, würde sich zu Recht jede Stimme gegen den Frevel erheben. Hier wird Jesus Christus selbst attackiert, und mit ihm die Apostel, die Kirchenlehrer, die hochheiligen Einsiedler sowie alle die, über die geschrieben steht, daß sie dem Lamm Gottes dorthin folgen, wohin es geht, weil sie jungfräulich geblieben sind. Der Skandal ist so groß, daß uns selbst die Steine unsere Gleichgültigkeit vorwerfen würden, wenn die Menschen schwiegen.«

Auf diese Angriffe und Beleidigungen hin begann Montesquieu nach einigem Zögern, sich von La Beaumelle zu distanzieren, diesem lästigen Freund, dessen Äußerungen ihm neuen Ärger einbrachten, zumal in einem Augenblick, als das Heilige Offizium sich daranmachte, den *Geist der Gesetze* auf den Index zu setzen, und sich auch die Sorbonne mit der Angelegenheit befaßte. Am 4. Oktober 1752 schildert er Guasco seine Unschlüssigkeit: »Ich muß Sie wegen einer Sache zu Rate ziehen, denn ich habe stets gut daran getan, Sie zu konsultieren. Der Autor der *Nouvelles ecclésiastiques* hat mir eine Broschüre mit dem Titel *Fortsetzung der Verteidigung des Geistes der Gesetze* zugeschrieben, die von einem Protestanten

verfaßt worden ist, einem gewandten Schriftsteller, der unendlich viel
Geist besitzt. Der ›Ecclésiastique‹ schreibt ihn mir zu, um einen Vorwand
zu haben, mich heftig zu attackieren. Ich habe mich entschlossen, dazu
nichts zu äußern: 1. aus Verachtung; 2. weil die Kenner wissen, daß ich
nicht der Autor dieses Werks bin, so daß sich jedes Manöver gegen den
Verleumder wendet. Ich kenne die Stimmung im Pariser Büro [für Justiz-
und Buchhandelsangelegenheiten] nicht; wenn Blätter auf jemanden Eindruck gemacht haben, das heißt, wenn jemand geglaubt hat, ich wäre der
Autor dieses Werkes, das ein Katholik mit Sicherheit nicht geschrieben
haben kann, wäre er wegen einer kleinen, einseitigen Entgegnung von
mir *cum aliquo grano salis*? Wenn es nicht unbedingt nötig ist, werde ich
darauf verzichten, denn ich hasse es auf den Tod, weiter von mir reden zu
machen. Ich müßte auch wissen, ob die Sorbonne irgend etwas damit zu
tun hat. Ich bin völlig uninformiert, und dieses Nicht-Wissen behagt mir
sehr.«

Als er La Beaumelle ermutigt hatte, die *Fortsetzung der Verteidigung* zu
schreiben, die Jean-Baptiste de Secondat gelesen und für gut befunden
hatte, hoffte Montesquieu, damit die Streitigkeiten zu beenden, die ihn
um so mehr verärgerten, als er Schwierigkeiten hatte, ihre Hintergründe
zu durchschauen; er hatte mit Sicherheit nicht erwartet, daß der blinde
Eifer seines Verteidigers, der obendrein ein Protestant war, seiner Sache
nur schaden könnte und die Diskussion, an der er nicht mehr teilnehmen
wollte, noch verschärfen würde. Er mußte sich dazu entschließen, im Februar 1753 eine Erklärung zu veröffentlichen, dessen Text er La Beaumelle vorlegte, für den er weiterhin Achtung und Freundschaft empfand:
»Als Sie diese Broschüre verfaßten, haben Sie nicht gedacht, daß man sie
mir zuschriebe, und wenn Sie gedacht hätten, man schriebe sie mir zu,
hätten Sie sie nicht verfaßt. Sie ist so geistvoll, daß man geglaubt hat, der
Autor sei von der Verteidigung seiner eigenen Sache beseelt gewesen.«

Die Erklärung erschien in Form eines Briefes, der das Datum Paris, den
27. Februar 1753, trug und als Handzettel gedruckt war; sie enthielt eine
deutliche, barsche Ableugnung der Autorschaft: »Der ›Nouvelliste ecclésiastique‹ schreibt mir in seinem Blatt vom 4. Juni 1752 eine Broschüre in
Duodezformat von sechsundsiebzig Seiten zu, die den Titel *Fortsetzung der
Verteidigung des Geistes der Gesetze* trägt. Er ergeht sich in Beleidigungen. Ich
habe dieses Werk nicht geschrieben; ich habe keinerlei Anteil an ihm. Sie
können diesen Brief drucken lassen.«

*

Während der *Geist der Gesetze* in Paris Angriffe und Verteidigungen pro-
vozierte, spielte sich eine wesentlich wichtigere und weit schwerwiegendere Angelegenheit in Rom ab, wo die Kongregation des Index den *Geist
der Gesetze* schon Anfang 1750 ins Visier nahm. Bis zu seinem Verbot,

zwei Jahre nach Aufnahme des Falles, sollten sich die zahlreichen Freunde Montesquieus in Rom und selbst im Schoß der Kirche darum bemühen, die Indexierung des *Geistes der Gesetze* zunächst durch vermehrte Interventionen und durch Ausnutzung aller Verfahrenskniffe zu verhindern und sie anschließend, als das unvermeidbar erschien, hinauszuzögern.

Das religiöse Leben in Rom war eigenen Bedingungen unterworfen; im 18. Jahrhundert gab es dort römische oder italienische Geistliche, die der »jansenistischen Bewegung« angehörten; die auffallendsten unter ihnen waren die, welche sich, wenn auch mit ernsthaften Vorbehalten, in Sachen Montesquieu wohlgesinnt zeigten. Als Jansenisten traten sie als erklärte, manchmal äußerst agile Gegner der Jesuiten in Erscheinung, wobei sie in religiösen Fehden dieselbe Haltung einnahmen wie die französischen Jansenisten. Unter ihnen setzten sich Kardinal Passionei und Monsignore Bottari für Montesquieu ein[10]. Kardinal Domenico Passionei, der seit 1738 Sekretär für päpstliche Erlässe war, hatte zwischen 1706 und 1708 in Paris gelebt; er besaß eine reich ausgestattete Bibliothek voller jansenistischer Werke und satirischer Bücher gegen die Jesuiten; sie enthielt nicht ein Werk, das von einem Jesuiten verfaßt worden war. Da es ihm gelungen war, den Heiligsprechungsprozeß von Robert Bellarmin zu vertagen, wurde er zum Initiator und Führer der Bewegung, der es gelingen sollte, die Gesellschaft Jesu auszuschalten.

Auf Vermittlung und mit Hilfe von Monsignore Bottari wird Kardinal Passionei versuchen, die Unerbittlichkeit des Index zu mäßigen. Am 4. März 1750 informiert Solar Montesquieu über die Vorkehrungen des Kardinals: »Man hat zur rechten Zeit vorgesprochen, um die schriftliche Registrierung bei der Kongregation des Index aufzuhalten und Sie anhören zu lassen. Dafür sind Sie dem Herrn Kardinal Passionei zu Dank verpflichtet; aus Hochschätzung für Sie und Ihre Werke widmet er sich voller Eifer der Verteidigung Ihres Rufes. Durch die Abwehr dieses Schlages haben wir Zeit gewonnen; das war alles, was nötig war, um die Anschuldigung auszusetzen . . .«

Der andere »Verteidiger« Montesquieus ist Monsignore Giovanni Gaetano Bottari; dieser mit Klemens XII. eng verbundene Florentiner, ein Corsini aus Florenz, kann als Gründer der Biblioteca Corsiniana angesehen werden, die der Accademia dei Lincei zur Verfügung gestellt wurde. Überdies ist er mit Kardinal Lambertini befreundet, der 1740 unter dem Namen Benedikt XIV. zum Papst gewählt wurde; aus Achtung vor Bottaris philosophischer, archäologischer und historischer Bildung und aufgrund ihrer Gespräche über theologische Fragen ernannte er ihn zum Berater der Kongregation des Index und zum Präfekten der Bibliothek des Vatikans. Unter allen Umständen bewahrte sich Bottari große Urteilsfreiheit; so schrieb er vor dem Verbot dem Neffen Klemens XII., dem Herzog Bartolomeo Corsini: »Ich freue mich zu hören, daß Ihre Exzellenz den *Geist der Gesetze* liest, denn das ist ein bewundernswertes Buch.«

Unter den Bewunderern Montesquieus, die nicht direkt in den Prozeß des Index verwickelt waren, aber sich für ihn einsetzten, befand sich Abbé Antonio Niccolini, den Montesquieu in Florenz kennengelernt hatte; obwohl er zugestand, daß das Verbot des *Geistes der Gesetze* unvermeidlich und gerecht sei, gab er zu, daß das Werk für ihn eine »sublissima opere« bliebe, »che fara sempre le mi delizie e sara l'agetto del mio stupore«. Ein anderer Prälat, Monsignore Cerati, mit dem sich Montesquieu in Italien angefreundet hatte und der über den Fortgang der Arbeiten am *Geist der Gesetze* stets auf dem laufenden gehalten worden war, hatte schon am 18. Februar 1749 nach einer raschen Lektüre des Werkes »den überlegenen Geist« Montesquieus gewürdigt.

Der Herzog von Nivernais war 1748 zum französischen Botschafter in Rom ernannt worden und hatte sein Amt am 12. Januar 1749 angetreten; zusammen mit Kommandant Solar, dem Botschafter von Malta und alten Freund Montesquieus, organisierte er die Verteidigung und informierte seinen Freund eingehend und regelmäßig über die Entwicklung der Lage; Nivernais wandte sich direkt oder über Mittelsmänner an die Personen, die imstande waren, Montesquieus Anliegen zu verteidigen; vor allem brachte er Kardinal Passionei ins Spiel, über den er versuchte, auf Monsignore Bottari einzuwirken. Da er nicht zögerte, Montesquieu nahezulegen, an ein Mitglied der Kurie zu schreiben, und ihn mit Ratschlägen und Empfehlungen überhäufte, fürchtete Nivernais zuweilen, aufdringlich zu erscheinen: »Ich spüre wohl, daß seit dem seligen Ei, das klüger sein wollte als die Henne, niemand unverschämter war als ein Botschafter, der es wagte, dem Autor des *Geistes der Gesetze* etwas vorzuschlagen, doch ich hoffe, Sie werden mir diese Verwegenheit wegen der Gefühle, durch die sie angeregt wird, bitte verzeihen. Ersparen Sie mir, sie zu offenbaren.« Fast drei Jahre lang trat der Herzog von Nivernais als Botschafter und Rechtsanwalt Montesquieus in Erscheinung; wenn er die Indexierung des *Geistes der Gesetze* nicht verhindern konnte, so lag das gewiß nicht daran, daß er nicht alle diplomatischen Möglichkeiten ausgeschöpft und das Ansehen des Repräsentanten des Königs in die Waagschale geworden hätte.

Nach den Kampagnen, die der *Journal de Trévoux* und vor allem die *Nouvelles ecclésiastiques* in Paris geführt hatten, wurde der *Geist der Gesetze* gegen Ende 1749 bei der Kongregation des Index angezeigt. Da die Archive des Heiligen Offiziums nicht zugänglich sind, muß man gezwungenermaßen auf andere Dokumente zurückgreifen, um diese Affäre zu verfolgen, die trotz der Nachforschungen von Léon Bérard und Paola Berselli Ambri[11] in vielen Punkten unklar bleibt. So wissen wir nicht, wer den

Geist der Gesetze bei der Kongregation des Index denunzierte; ebenso erlaubt kein Text die Schlußfolgerung, daß die Jesuiten in Rom zu Montesquieus Gegnern gehörten.

Als die Klage aufgenommen wird, hat Montesquieu gerade seine *Verteidigung* veröffentlicht. Obwohl er sie an die *Nouvelles ecclésiastiques* richtet, fragt er sich, ob die *Verteidigung* für Montesquieu nicht in erster Linie eine Entgegnung auf die Angriffe ist, denen er sich in Rom ausgesetzt weiß. In einem Brief an den Herzog von Nivernais vom 26. Januar 1750 glaubt er, die Kritiker entwaffnet und die Einwände der Theologen beantwortet zu haben: »Ich muß auf die Klugheit dieses Gerichts und vor allem die der gegenwärtigen Regierung [des Papstes Benedikt XIV.] hoffen, daß man sich dazu entschließt, nichts in dieser Angelegenheit zu unternehmen, bevor man sich nicht vergewissert hat, ob meine Antworten zufriedenstellend sind. Es hat allen Anschein, daß von heute an gerechnet [dem Zeitpunkt der Publikation der *Verteidigung*] in vier Tagen niemand mehr in Paris sagen wird, die Angriffe gegen mich seien berechtigt: Wäre es angemessen, daß zur selben Zeit, da in Paris der Wirbel aufhört, er in Rom von neuem losgeht?«

Montesquieus Illusionen hatten lange Bestand. Wenn er meint, in seiner *Verteidigung* auf alle Kritik seiner Gegner geantwortet und ihre Einwände zunichte gemacht zu haben, täuscht er sich dann nicht über die Absichten derer, die den *Geist der Gesetze* attackieren? Schenkt er den wohlwollenden Bekundungen nicht zuviel Vertrauen, wenn er die Anschuldigungen einfach vom Tisch wischt und wegschnippt? Ist er nicht irregeführt vom Erfolg seines Buches in Frankreich und im Ausland? »Es gibt zweiundzwanzig Ausgaben meines Werkes, die in ganz Europa verbreitet sind; die gelehrtesten und aufgeklärtesten Leute haben dieses Buch für gut befunden: Muß das die Minister und die Beamten dieses Gerichtshofs nicht dazu ermuntern, nur in genauer Kenntnis der Sache zu entscheiden?« Um auch die letzten Einwände, die ihm noch entgegengebracht werden könnten, zu beseitigen, teilt er dem Herzog von Nivernais mit, daß er den *Geist der Gesetze* überarbeitet: »Ich sitze an einer Ausgabe, in der ich alles weglassen werde, bis hin zu den Vorwänden, die man ergriff, um Einwände vorzubringen, die nie auf dem Sinn beruhten, sondern auf den Wörtern; ist es nicht besser, daß ich selbst jeden Vorwand für ein Verbot ausräume, als wenn man mich verbieten würde?«

Montesquieus Hauptargument ist, daß sein Buch keine theologische Abhandlung darstellt, sondern ein Rechtswerk; dieses Argument wiegt in den Augen seiner Gegner jedoch nicht schwer, und die Beharrlichkeit, mit der er es anführt, ist sicher einer der Gründe, die ihn daran hinderten, rechtzeitig die Tragweite der Anschuldigungen zu begreifen, die man am Gerichtshof von Rom gegen ihn erhoben hatte. Diese Fehleinschätzung und der Wille, auf seinem Terrain zu bleiben, erwiesen sich als nachteilig für ihn, da er sich darauf versteifte, denjenigen, die sich zu Richtern seines Werkes aufwarfen, jede Fachkompetenz abzusprechen: »Mein Buch ist weder in der Sache noch in der Absicht ein theologisches Buch; ich lehre nichts über die Theologie und befinde nirgends über jene Sachgebiete, die weit außerhalb meiner Reichweite liegen; ich mache nichts anderes, als den politischen und zivilen Gesetzen der verschiedenen Völker der Erde gerecht zu werden; wenn man es genau studiert, wird man in ihm nur die Liebe zum Guten, zum Frieden und zum Glück aller Menschen finden; ich zerstöre oder bekämpfe in ihm die gefährlichen Systeme. Muß man denn in ihm wegen ein paar falschverstandener Äußerungen nach Theologie suchen, die es dort nicht gibt und ich dort nicht einbringen wollte?« Er protestiert aus seiner Gutgläubigkeit heraus und scheint nicht zu begreifen, daß ein Dialog beginnt, in dem die Gesprächspartner, seine Gegner und er, nicht dieselbe Sprache sprechen und nicht auf dieselben Fragen antworten: »Da ich nur gute Absichten hatte, bin ich empfindlich, wenn sie beargwöhnt werden . . . Es wäre außergewöhnlich, daß . . . man aufgrund von Sophismen, die entlarvt worden sind, ein Werk brandmarkt, das so viel Zustimmung erfahren hat.«

Als Berater des Index ist Monsignore Bottari damit beauftragt, das Gutachten über den *Geist der Gesetze* für die Kongregation zu erstellen; ohne die Pflichten seines Amtes zu vernachlässigen oder seinen Auffassungen als Theologe zu widersprechen, wird er sich bemühen, die Bestrebungen des Botschafters und des Kardinals Passionei zu unterstützen. Schon am 18. Februar 1750 unterrichtet der Herzog von Nivernais Montesquieu über seine ersten Schritte: »Es überrascht mich gar nicht, Monsieur, daß ein Werk, das einmütige Zustimmung und eine so allgemeine Bewunderung erfahren hat, Ihnen ein paar Widerreden und Kritiken einbringt; das ist das Schicksal vieler großer Männer gewesen, und die gute Gesellschaft sollte Sie trösten. Ihrem Wunsch gemäß habe ich mich darüber informiert, was sich in dieser Sache bei der Kongregation des Index abspielt; ich habe erfahren, daß das Buch *Vom Geist der Gesetze* dort in der Tat denunziert worden ist; es befindet sich gegenwärtig in den Händen eines Prälaten, der beauftragt ist, es zu überprüfen. Ich habe bereits mit mehreren Personen gesprochen, die in dieser Angelegenheit Einfluß ausüben können; ich habe ihnen entweder persönlich oder in einem kleinen, von mir geschriebenen Aufsatz alle die Gründe mitgeteilt, die Sie die Ehre hatten, mir nahezulegen. Ihre Verteidigungsschrift und die versprochene Neuausgabe haben meines Erachtens Eindruck auf sie gemacht; im übrigen schien man mir auch über die persönliche Wertschätzung unterrichtet, die Sie in jeder Hinsicht verdienen, sowie über die Hochachtung, die man dem Werk auf so breiter Ebene gewährt. Da die Kongregation des Index nur sehr selten zusammentritt, haben wir Zeit, einige Maßnahmen zu ergreifen.«

Der Herzog von Nivernais unternimmt einen Vorstoß bei Benedikt XIV.: »Ein Exemplar Ihres Werkes werde ich in Ihrem Auftrag dem Papst überreichen, der als Schriftsteller und großer Buchliebhaber für diese Ehre empfänglich sein wird. Ich werde ihn gleichzeitig über die Verleumdungen aufklären, die man Ihnen antut, und ihm die Verteidigungsschrift ankündigen, mit der Sie die Anschuldigungen zerstreut haben. Ich werde hinzufügen, daß Sie Seine Heiligkeit inständig bitten, das Werk gut und richtig zu studieren; wenn sie die Güte hätte, einige Beobachtungen darüber zu äußern, wären das maßgebende Erklärungen für Sie, die Sie mit der dankbarsten und respektvollsten Ergebenheit in der Neuausgabe berücksichtigen würden; Sie schlügen vor, in ihr alles wegfallen zu lassen, was Unbedarften oder Übelgesinnten Anlaß zu Bedenken und Anschuldigungen geben könnte und im allgemeinen geben müßte. Dieser Vorstoß wird Ihnen wahrscheinlich Zeit geben . . .«

Am 11. März 1750 schickt Montesquieu zwölf Exemplare seiner *Verteidigung* an den Herzog von Nivernais und erklärt sich dazu bereit, sich nach den Wünschen des Papstes zu richten: »Sie können Seiner Heiligkeit versichern, sofern sie in meinem Buch etwas entdeckt, das die wohlgesinnten Leute beunruhigen oder den Übelgesinnten Anlaß zu Fehldeutungen geben könnte, daß ich das in meiner zweiten Ausgabe mit jener Freude berücksichtigen würde, die das Vergnügen hervorruft, eine gute Sache mit jener Ergebenheit zu unternehmen, die man dem Pontifex maximus schuldet.« Benedikt XIV. war empfänglich für die Huldigung Montesquieus und versprach, ohne sich auf den Kern der Debatte einzulassen, seine Unterstützung: »Si lasci servire vedere l'autore che syo, regalo, non me l'avr à fatto indarno.«

Trotz der guten Absichten, die der Papst und Montesquieu bekundeten, setzte die Kongregation des Index ihre Überprüfung fort. Monsignore Bottari unterbreitete sein Gutachten Kardinal Passionei, der ihn am 25. März 1750 um eine Unterredung bat, bevor sein Text an den Herzog von Nivernais weitergereicht würde. Am 17. April teilt Passionei Bottari mit, daß er das Gutachten ins Französische habe übersetzen lassen; er wünscht, es ihm vorzulegen, um sicherzugehen, daß die Übersetzung die Gedanken des Gutachters nicht falsch wiedergebe.

Unterdessen sind ungefähr zehn Monate vergangen, seitdem die Angelegenheit vor die Kongregation des Index gebracht worden ist. Während die Freunde Montesquieus handeln, bleiben seine Gegner mit Sicherheit nicht inaktiv. Der Moment war also gekommen, die Haltung zu bestimmen, die im Hinblick auf die Eröffnung der entscheidenen Diskussion zu ergreifen war. In der ersten Prozeßphase hatte Bottari eine Liste der Einwände zusammengestellt, die vom Standpunkt der römischen Orthodoxie vorgebracht werden konnten; er gab das Gutachten Passionei, der es an den Herzog von Nivernais weiterreichte; der wiederum schickte es an Montesquieu, der darauf mit Klarstellungen reagieren sollte.

In seinem Gutachten vermerkte Bottari siebzehn Punkte oder Passagen, die ihm vernichtens- oder verbesserungswürdig erschienen; wesentliches Ziel war es, verschiedene Stellen des Werkes hervorzuheben und zu zeigen, inwiefern sie dem katholischen Glauben entgegenstanden. In gewisser Weise stellte das Gutachten eine Reihe von Änderungsanträgen an den Text des *Geistes der Gesetze*. Die Kritik fiel recht gemäßigt aus. Dem Autor wurden keine Unterstellungen gemacht; und keiner der Einwände lief auf eine tiefgehende Überarbeitung des Werkes hinaus. Nur in einem Punkt fordert der Berater mehr als eine geringfügige Änderung; er verlangt mit Nachdruck die Streichung des Kapitels über die Inquisition. Es ist wahrscheinlich, daß dieser Einwand, der von den jesuitischen und jansenistischen Zensoren in Frankreich nicht beanstandet worden war, den Stein des Anstoßes für die Verhandlungen bildete, die von den Verteidigern Montesquieus in Rom geführt wurden.

In der Tat macht Montesquieu in seinen Klarstellungen, die er als Antwort auf die Einwände Bottaris verfaßt hat, keinerlei Anspielung auf diesen, vom Zensor als wesentlich erachteten Punkt; er richtet lediglich eine allgemeine, vage Entgegnung an Bottari und verweigert jede Diskussion über Einzelheiten. Diese Haltung trug dazu bei, daß der *Geist der Gesetze* auf den Index gesetzt wurde.

Die Gegner Montesquieus wurden ungeduldig; am 28. August 1750 schickten sie den »Illustrissime« zu Passionei, um ihm anzukündigen, »daß er den Tag nicht noch länger hinauszögern könnte, an dem der Fall des *Geistes der Gesetze* verhandelt werden müsse«. Nach L. Bérard soll der namentlich nicht genannte »Illustrissime« ein Mitglied der Kongregation des Index gewesen sein, der wahrscheinlich den Auftrag hatte, die Vorgehensweise festzusetzen und den Kalender zusammenzustellen; für ihn ist der Moment gekommen, da er keinen Aufschub mehr gewähren kann; nichts kann ihn mehr davon entbinden, die Angelegenheit auf die Tagesordnung zu setzen.

Passionei bittet um eine erneute Verschiebung, da man kein Urteil fällen könne, ohne die Mittel der Verteidigung zu kennen. Seiner Ansicht nach muß sich die Kongregation die Zeit nehmen, um die Klarstellungen Montesquieus zu studieren, zumal er sich bereit erklärt hat, sein Buch zumindest zum Teil gemäß den Wünschen des Index zu korrigieren. Passionei, der mit dem vollen Einverständnis von Nivernais vorgeht, erwirkt auf Vermittlung Bottaris hin eine erneute Verschiebung der Debatte, die erst im Dezember 1750 eröffnet werden sollte.

Der Zeitraum zwischen August und Dezember 1750 wird von Montesquieus Freunden genauso genutzt wie von seinen Gegnern. Am 11. September rät Nivernais Montesquieu, die Forderungen Bottaris zu akzeptie-

ren: »Monsieur Bottari hat versprochen, mir als Antwort auf Ihre Entgeg-
nungen neue Anmerkungen zukommen zu lassen; ich glaube, um diese
Angelegenheit in Ruhe aus der Welt zu schaffen, wäre es ratsam, sich mit
dem, was er verlangen wird, einverstanden zu erklären, zumal diese Ab-
änderungen allem Anschein nach nur in den italienischen Ausgaben vorgenommen werden und es in Ihrer Macht steht, die anderen in Abrede zu
stellen. Im übrigen wird man auf ein Urteil, das einmal verkündet ist,
nicht mehr zurückkommen.« Doch während Nivernais Montesquieu
diese grundsätzliche, alles in allem wenig ehrenvolle Abmachung wider-
willig vorschlägt, verbirgt er ihm nicht, daß der *Geist der Gesetze* anhand
der existierenden Ausgaben beurteilt werden wird: »Welche Gefügigkeit
Sie auch an den Tag legen, die große Schwierigkeit wird darin bestehen zu
verhindern, daß man ein Urteil über die bereits gedruckten Ausgaben
fällt; ich werde all meine Macht aufbieten, um das zu unterbinden, doch
ich wage noch nicht, mich dafür zu verbürgen. Man wird einwenden, daß
die ersten Ausgaben weit verbreitet seien und es zweckmäßig sei, mit
einem Urteil vor der Gefahr zu schützen, die sie angeblich in sich bergen.«

Das Eingreifen des italienischen Dominikanerpaters Daniele Concina
stärkte die Position der Gegner Montesquieus und lieferte ihnen neue Argumente. Im Vorwort zum sechsten Band seiner 1750 in Rom veröffentlichten *Theologia christiana dogmatico-moralis* griff Concina in einundzwanzig Punkten mit großer Heftigkeit das XXVI. Buch des *Geistes der Gesetze*
an, »Über den Bezug, den die Gesetze zur Ordnung der Dinge haben
müssen, über die sie befinden«; in erster Linie ging er auf die Anschuldigungen ein, die Montesquieu gegen die Inquisition vorbringt. In einem
Brief an Monsignore Bottari vom 31. Januar 1751 hält Monsignore Cerati
Pater Concina seine mangelnde Rücksicht vor: »Er hat die wenigen Zeilen
des *Geistes der Gesetze*, von denen er nicht abläßt, alles in allem nicht ver-
standen; er hätte es sich ersparen können, seinen eigenen Text einer
Stelle von solcher Redekunst gegenüberzustellen.« Concina war nicht nur
ein bekannter Prediger, sondern auch ein gefürchteter Anhänger der
Kontroverstheologie, der unablässig gegen die Verfechter einer lockeren
Moral ankämpfte; seine Polemiken mit den Jesuiten schmälerten seine
Autorität in keiner Weise. Seine Kritik konnte die Position der Gegner
Montesquieus bei der Kongregation nur stärken.

Ein anderer Dominikaner, der aus Savoyen stammende Kardinal Gia-
cinto Sigismondo Gerdil, veröffentlichte 1750 eine in Turin gehaltene
Rede mit einer Kritik über den *Geist der Gesetze* »virtutem politicam ad opti-
mum statum non minus Regno quam Reipublicae necessariam esset, Oratio«. Er
bemühte sich zu zeigen, daß politische Tugend in der Monarchie nicht
weniger nötig sei als in einer Republik.

Zwei weitere Ereignisse sollten zur selben Zeit die Unruhe Montesquieus verstärken, seine Position gegenüber den kirchlichen Autoritäten erschweren und ihm die Hartnäckigkeit einiger seiner Gegner beweisen. Im Mai 1750 erfuhr er, daß es den Jesuiten gelungen war, »den Verkauf [des *Geistes der Gesetze*] in Wien verbieten zu lassen«. Er teilte seine Unruhe dem Botschafter von Kaiser Franz I. in Paris, dem Marquis von Stainville, mit: »All das wird doch nur gemacht, um in sechs Monaten hierher [nach Paris] zu kommen und zu sagen, daß dieses Buch gefährlich sei, da es doch in Wien verboten ist; man will sich die Autorität eines so großen Hofes zunutze machen und sich mit dem Respekt und jener Art Verehrung umgeben, den ganz Europa einer so großen Kaiserin [Maria Theresia] entgegenbringt.«

Die Nachricht vom Verbot war falsch, doch allein die Tatsache, daß sie bis nach Paris gelangen konnte, spiegelt die Atmosphäre des Argwohns wider, die seine Verbreitung umgab. Der Bibliothekar des Kaisers, Valentin Jameray-Duval, brachte die Dinge in einem Brief vom 26. Juni 1750 an Stainville auf den Punkt. Er stellte fest, »daß Entfernung wie auch Renommee die Dinge zuweilen aufbauscht«, und versicherte, daß die Regierung von Wien niemals vorgehabt hätte, den *Geist der Gesetze* zu verbieten; seine Version war geeignet, die Befürchtungen Montesquieus zu besänftigen: »Das einzige Hindernis, auf das dieses Meisterwerk des menschlichen Geistes hier gestoßen ist, hat seine alleinige Ursache in dem Bedenken, das einige Reverenzen in der ängstlichen Seele des jungen Herrn erregt haben, der das Amt des Zensors für Bücher ausübt. Da Geburt, Jugend, Gelehrtheit und Urteilsfähigkeit nicht ganz das gleiche bedeuten, hat der Herr Zensor gedacht, er täte gut daran, Propheten zu Rate zu ziehen, die er als Organe der Wahrheit betrachtet. Ich habe sagen hören, er hätte mit Hilfe ihrer Erleuchtungen im *Geist der Gesetze* entdeckt, daß bestimmte Grade des Äquators und des Meridians den Charakter der Menschen ungeheuer beeinflußten und sie mehr oder weniger anpassungsfähig für die Befolgung dieser oder jener Religionspraktiken machten ... Da in diesem Land Priester und Maler den mit schrecklich angriffslustigen Hörnern und Klauen ausgerüsteten Teufel repräsentieren, hat dieses Schreckbild unseren wachsamen Zensor wahrscheinlich dazu veranlaßt, dem Volk die Lektüre eines Buches zu verbieten, das ihm eine gottesfürchtige und fügsame Leichtgläubigkeit als in einigen Artikeln nonkonformistisch erscheinen ließ.«

Die Wiener Zensoren hatten also wohl beabsichtigt, den Verkauf des *Geistes der Gesetze* zu bremsen; doch ihrer Entschlossenheit lief das angestrebte Ziel zuwider: »Alle Welt hat es haben wollen, jeder hat es gelesen und war begeistert, und ich kann sagen, daß die Verteidigungsschrift, die der berühmte Autor zu ihm verfaßt hat, hier in der Öffentlichkeit nicht weniger triumphiert als in Paris.« Was die Kaiserin anbelangt, die »nicht im entferntesten daran dachte, seinen Verkauf zu verbieten, so bin ich überzeugt, daß sie, wenn die Pflichten des Throns es ihr erlaubten, selbst ein Beispiel für die Aufmerksamkeit gäbe, mit der man ein so würdiges Buch lesen muß«. Der falsche Alarm war symptomatisch für die Vorwürfe gegenüber Montesquieu und die Versuche seiner Gegner, die Verbreitung des *Geistes der Gesetze* zu begrenzen, wenn sie schon nicht in der Lage waren, ein uneingeschränktes Verbot durchzusetzen. Die Vielzahl der Ausgaben, von denen man im Ausland nicht wußte, ob sie in Paris mit stillschweigender Zustimmung der Obrigkeit oder aber im Ausland gedruckt wurden, verstärkte noch das Gefühl des Unbehagens.

Die Veröffentlichung einer italienischen Übersetzung in Neapel konnte die Position und die Argumente der Widersacher Montesquieus im Heiligen Offizium nur stärken; diese Ausgabe, deren erster Band im September 1750 gedruckt vorlag, gab einen Text wieder, an dem keine der von Bottari geforderten Änderungen vorgenommen worden war. Selbst wenn Montesquieu mit dieser Druckfassung nichts zu tun hatte, so kam ihre Veröffentlichung in Italien zu einem besonders ungelegenen Zeitpunkt, da die Kongregation des Index entschlossen war, das Urteil nicht mehr unbegrenzt hinauszuschieben. Nivernais erkannte die Gefahr; am 6. September 1750 schrieb er an Montesquieu: »Wenn diese Ausgabe unter den gegenwärtigen Umständen erscheint, kann sie uns nur beträchtlich schaden.« Er bemühte sich also, ihre Herausgabe bis zur Entscheidung der Kongregation hinauszuzögern: »Diese Vorsichtsmaßnahme wird uns keineswegs schaden, sondern dienlich sein, da die Inquisition auf der Stelle zufrieden sein wird, wenn in den ersten Band Ersatzblätter eingelegt und in den anderen die vereinbarten Änderungen eingefügt werden.« Der außerordentliche Botschafter beim König beider Sizilien, der Marquis von L'Hospital, unterband zwar vorübergehend den Druck des zweiten Bandes, konnte aber die Verbreitung des ersten nicht verhindern. Nivernais' Verzögerungsmanöver war also zum Scheitern verurteilt: Die Mitglieder der Kongregation des Index waren nunmehr fest entschlossen, der Überprüfung des *Geistes der Gesetze* ein Ende zu bereiten und ein Urteil zu verkünden, das für etliche schon viel zu lange auf sich warten ließ. Wie konnten Montesquieu und Nivernais im übrigen annehmen, daß solche Tricks Entscheidungen, die reiflich durchdacht waren, zu ihren Gunsten verändern würden?

Im Herbst 1750 gesteht Montesquieu ein, daß »die Sache eine schlechte Wendung nimmt«. Wenn die Kongregation, wie es der Herzog von Nivernais befürchtet, die ersten Ausgaben verbietet, werden Montesquieus Bemühungen, auf die Einwände Monsignore Bottaris zu antworten, und seine Versicherungen, sie in einer neuen Ausgabe zu berücksichtigen, gegenstandslos bleiben. Verbittert stellt er fest: »Bis jetzt habe ich nur gegen mich arbeiten lassen.«

In einem langen Brief vom 8. Oktober 1750 an den Herzog von Niver-

nais resümiert Montesquieu die ganze Affäre; er verteidigt Schritt für
Schritt die Positionen, die er vertreten hat, führt seine Aufrichtigkeit ins
Feld, staunt über die Verbissenheit seiner Gegner und regt sich über sie
auf. Hat er nicht fast alle Forderungen Monsignore Bottaris gebilligt? Hat
er sich nicht dazu verpflichtet, in zukünftigen Ausgaben »die Formulierungen« zu ändern, »die den einfachen Leuten hätten Kummer bereiten
können«? Doch hat ihm seine Gutwilligkeit nicht geschadet? »Als mir
Monsignore Bottari seine Einwände schickte, habe ich ihnen stets blind
zugestimmt und in dieser Hinsicht jede Art von Selbstachtung mit Füßen
getreten; nun sehe ich aber, daß man sich gegenwärtig selbst meiner Ehr-
erbietung bedient, um ein Verbot durchzusetzen.« Montesquieu weiß
nicht mehr, welche Haltung er einnehmen soll, da sich der gute Wille, den
er bewiesen zu haben meint, gegen ihn wendet; er stellt fest, »daß ich mir
mit der Wendung, die diese Affäre nimmt, mehr Leid zufüge, als man mir
deshalb hätte zufügen können, und daß selbst das Leid, das man mir zufügen kann, aufhören wird ein solches zu sein, sobald ich, ein französischer Rechtsgelehrter, es mit jener Gleichgültigkeit betrachten werde, mit
der meine Kollegen, die französischen Rechtsgelehrten, die Prozesse der
Kongregation zu allen Zeiten betrachtet haben«.

Er ist nicht der Auffassung, ketzerische Reden gegen die Inquisition
gehalten zu haben; dieser Punkt, auf dem die Kritik seiner Zensoren am
stärksten fußt, ist der einzige, in dem er nicht bereit ist, sein Denken zu
ändern: »Selbst was ich über die Inquisition äußere, ist nur in einigen
Ländern eine Polizeiangelegenheit, die je nach Land verschieden ist, in
den einen gemäßigt und in den anderen exzessiv; ich, der ich über alle
Länder der Welt geschrieben habe, durfte bemerken, was es in dieser
Praktik an Gemäßigtem und Exzessivem gab.« Montesquieu fährt fort:
»Ich glaube nicht, daß es im Interesse des Gerichtshofes von Rom liegt,
ein Rechtsbuch zu brandmarken, das ganz Europa bereits angenommen
hat; es zu verbieten, bedeutet nichts, es müßte schon vernichtet werden.«

Da die Versammlung des Klerus und die Sorbonne das Buch nicht verboten haben, klammert sich Montesquieu an die letzte Hoffnung, daß die
Index-Kongregation darin einen Hinweis sehen könnte, die Angelegenheit von der Tagesordnung zu nehmen. Doch mit solchen Argumenten
wiegte sich Montesquieu entweder in Illusionen, oder aber er wußte über
den Mechanismus nicht Bescheid, der in Rom in Gang gesetzt worden
war: Keine Vermittlung und kein neuer Tatbestand waren in der Lage, ihn
aufzuhalten. Im Gegenteil, die Ereignisse überstürzten sich; am 23. Dezember 1750 unterrichtet der Herzog von Nivernais Montesquieu über
die Verschlechterung der Situation und die unvermeidbare Beschleuni-
gung des Verfahrens: »Wir haben gerade . . . zum Thema des *Geistes der
Gesetze* noch eine Breitseite von der Index-Kongregation abbekommen. In
der vergangenen Woche fand eine Tagung statt. Ich wußte, daß das Werk

dort beurteilt werden sollte und daß es kein Mittel gab, um die Prüfung zu verschieben.« Nivernais ersuchte um die Protektion des Papstes, hob die Bereitschaft Montesquieus hervor, die strittigen Passagen zu korrigieren, berief sich auf die Haltung der Versammlung des Klerus und der Sorbonne und erhielt auf Vermittlung von Kardinal Valenti einen erneuten Aufschub. Trotz der günstigen Aufnahme seines Gesuchs bei Kardinal Querini, dem Vorsitzenden der Index-Kongregation, »wagt« der Herzog von Nivernais »für nichts zu bürgen«: »Wie ich weiß, ist es ganz offensichtlich, daß man es hier niemals von selbst unternommen hätte, Ihr Werk zu zensieren, wenn man nicht von anderer Seite dazu angestiftet worden wäre; ohne daß ich Genaues darüber weiß, ist es meine Meinung und die etlicher aufgeklärter Leute, daß die Denunziation aus Frankreich gekommen ist.«

Auf Anraten von Nivernais schreibt Montesquieu Anfang 1751 an Kardinal Querini, um ihm für seine Protektion zu danken und um seine Sache unter Anführung der bekannten Argumente zu verteidigen: »Ich kann nicht oft genug wiederholen, daß mein Buch das Buch eines französischen Rechtsgelehrten ist; daß ich in meiner Verteidigungsschrift die Ansichten, die Motive und den Geist des Buches in einer Art erklärt habe, die jeden Irrtum ausschließt; ... daß es nicht möglich ist, mein Buch zu lesen, ohne einen Mann zu entdecken, der keinerlei böse Absicht hat; daß man mit derselben Methode, die man gegen mein Buch ins Feld führt, genausogut alle französischen Rechtsgelehrten angreifen könnte, was kein geeigneter Weg wäre, um die Geister in Einklang zu bringen; daß die Indexierung meines Buches nichts anderes bedeuten würde, als dem ›Nouvelliste ecclésiastique‹, der mich attackiert hat, eine Art Anerkennung zu geben und seine Kritik wiederaufleben zu lassen.«

Über den Herzog von Nivernais richtete Kardinal Querini einen Brief an Montesquieu, der sein »Werk und seine Person« würdigt. Der Botschafter veranlaßt Montesquieu, eine Antwort zu verfassen, die »nur vage, allgemeine Höflichkeiten« enthält, »ohne irgendeine Anspielung auf Ihr Werk oder die Wertschätzung, die er ihm entgegenbringt, oder den guten Willen, den er Ihnen in dieser Hinsicht bezeugt«. Der Rat zur Vorsicht orientierte sich an der Zweckmäßigkeit: »Der Grund dafür ist folgender: Es genügte, daß der Papst, der bis jetzt sehr für sie eingenommen ist, davon erfährt, daß Sie auf Querini zählen, damit Seine Heiligkeit sofort seine Meinung ändert. Und da der Herr Kardinal Querini Ihren Brief sicherlich bekanntmachen wird, ist es wichtig, daß Sie genau aufpassen, um was Sie ihn bitten.«

Der Herzog von Nivernais und Montesquieu tasten sich also vorsichtig auf einem Terrain voller Fallstricke weiter; lediglich eine genaue Kenntnis der Beziehungen, der Clans und der offenen oder verdeckten Gegensätze konnte Fehltritte verhindern. Der Botschafter rühmt sich »einer

kleinen *raggiro*«; es war ihm gelungen, Monsignore Bottari vom Gutachten über den *Geist der Gesetze* zu entbinden, um »Monsieur Aimaldi, den
Sekretär für lateinische Literatur« damit zu betrauen, der seine Bewunderung für das Werk nicht verbarg. Doch selbst wenn dieses Manöver, von
dem übrigens nicht bewiesen ist, daß Nivernais sein Anführer war, es erlaubt, Zeit zu gewinnen, war keineswegs zu erwarten, daß es die Entscheidung der Kongregation ändern könnte. Der Botschafter macht daraus seinem Freund gegenüber keinen Hehl: »Aber man darf dennoch
nicht glauben, daß sein Urteil günstig ausfallen wird, da die Furcht, zu
tolerant zu erscheinen, mehr Macht über ihn [Aimaldi] haben wird, als
seine persönliche Meinung. Doch er hat mir versprochen, sehr umsichtig
zu verfahren, wodurch wir erneut Zeit gewinnen, und das ist alles, was
wir brauchen; zumindest ist das alles, was in meiner Macht steht, denn
man darf sich nicht einbilden, diese Angelegenheit anders abschließen zu
können als durch unmerkliches Ausschwitzen, indem man sie so lange
hinzieht, bis sie vergessen wird; das ist jedoch nicht so einfach, denn
wenn ein Buch hier erst einmal denunziert ist, können Sie sich nicht vorstellen, mit welcher Inbrunst es vier Glaubenseifrige und viertausend
Scheinheilige verfolgen.«

Obwohl er seine Manöver und Intrigen intensivierte, konnte Nivernais
nur auf leisen Sohlen vorgehen, ohne allzu große Illusionen über das Ergebnis zu haben. Die Maschinerie war in Gang gesetzt; unerbittlich nahmen die Dinge ihren Lauf, den nichts und niemand mehr aufhalten
konnte. Am 29. November 1751 verkündete die Kongregation die Indexierung des *Geistes der Gesetze*. Als er Montesquieu die »schlechte Neuigkeit« am 8. Dezember mitteilt, erinnert Nivernais daran, daß er ihn darauf
»seit langem vorbereitet« hatte: »Ich habe stets geglaubt, daß es uns nur
gelingen könnte, das Verbot des *Geistes der Gesetze* auszusetzen und zu
verzögern, nicht aber es zu verhindern; denn es ist ein feststehender
Grundsatz, daß jedes Buch, das beim Heiligen Offizium oder bei der Index-Kongregation angezeigt wird, schließlich verboten wird. Ich hätte die
Sache vielleicht noch weiter in die Länge ziehen können, wenn die Kongregation nicht ausschließlich mit Ihnen beschäftigt gewesen wäre; doch
man hatte es nicht auf Sie abgesehen, sondern auf eine in Neapel abgefaßte italienische Übersetzung und auf die in Berlin veröffentlichte *Apologie* [von La Beaumelle]: Da man in diesem Königreich bereits allzu geneigt
ist, sich die ultramontanen Prinzipien zueigen zu machen, fürchtet man,
nicht genug Vorsichtsmaßnahmen treffen zu können, um sie daran zu
hindern, Glaubwürdigkeit zu erlangen.«

Der Herzog von Nivernais hatte jedoch vom Papst die Zusage erhalten,
»daß das Dekret nicht gesondert veröffentlicht wird«. »Auf diesem
Wege«, fügte er hinzu, »wird das Verbot erst in einem Jahr ohne besondere Anordnung veröffentlicht: Man wird sich allein damit begnügen, die

Liste der Titel, die im Laufe des Jahres verboten werden, mit dem Ihren zu erweitern und zu beehren.« Er versichert Montesquieu, alles »Menschenmögliche« getan zu haben, und rät ihm, das Verbot gelassen aufzunehmen: »Gegenwärtig können Sie dieses Ereignis nur mit der Gleichgültigkeit betrachten, die sich für einen Franzosen ziemt, und davon überzeugt sein, daß diese Leute nicht glauben, Ihnen großes Leid zugefügt zu haben.«

Die Bemühungen des Herzogs von Nivernais haben die Setzung auf den Index somit nur hinausgezögert und nicht verhindert. Trotz des päpstlichen Wohlwollens und der günstigen Stellungnahmen von Kardinal Passionei, Monsignore Bottari und anderen Prälaten, die mehr oder weniger in die Affäre verwickelt waren, war das Verbot nicht zu vermeiden. Montesquieu wiederholte unablässig, daß er sich nicht mit Theologie beschäftige; doch indem er die Kirche als gesellschaftliche Einrichtung ansieht und nicht als göttliche Institution, bestimmt er seine Disziplin: das kanonische Recht. Einige seiner Einschätzungen konnten die Christen und die Kirche nur schockieren. Montesquieu, der seine Liebe für die christliche Religion beteuerte, ohne genau über seinen Glauben Bescheid zu wissen, und in Kreisen verkehrte, die der Kirche feindlich gesinnt und von den philosophischen Anschauungen der ersten Hälfte des 18. Jahrhunderts durchdrungen waren, verstand die Transzendenz der katholischen Kirche jedoch falsch. Wie J. Brèthe de La Gressaye bemerkt, »ist Montesquieu im Gegensatz zu Voltaire, J.-J. Rousseau, Diderot und seinem Freund Helvétius Christ und nicht Deist, Atheist, Spiritualist oder Materialist, doch er ist ein widerspenstiger Gläubiger[12]«.

Nur die rasche Veröffentlichung einer Ausgabe des *Geistes der Gesetze*, welche die Einwände Monsignore Bottaris berücksichtigte, hätte das Verbot vielleicht verhindern können; doch sie hätte nicht die beanstandeten Äußerungen ausgelöscht, die in den 22 ein für allemal gedruckten Ausgaben über ganz Europa verstreut waren. Montesquieu hat zwar an dieser Ausgabe gearbeitet, doch er konnte sich nicht entschließen, sie zu Lebzeiten zu veröffentlichen; die wenigen Verbesserungen, die er an seinem Text vornahm, sollten erst in der 1757 postum erschienenen Ausgabe auftauchen. Da er in Dingen, die er für wesentlich erachtete, nicht nachgeben wollte und entgegen seiner Versprechen darauf verzichtete, eine überarbeitete, den Wünschen Roms angepaßte Ausgabe herauszugeben, fragt man sich, ob Montesquieu lieber das Risiko eines Verbots eingehen wollte oder ob er bis zum Ende gedacht hat, es würde nicht soweit kommen. Von seiten Roms kam ihm indessen eine außergewöhnliche Behandlung zugute: Er kannte das Gutachten Bottaris in schriftlicher Form und somit die gegen sein Buch vorgebrachten Klagen, was ihm erlaubte, ihnen entgegenzutreten. Seine Freunde Solar und vor allem Nivernais hielten ihn regelmäßig über die verschiedenen Prozeßphasen auf dem laufenden und berieten, welche Haltung er einnehmen sollte. Überdies wurde ihm von einigen römischen Geistlichen eine mehr als wohlwollende Aufnahme gewährt; doch selbst die waren der Ansicht, daß der *Geist der Gesetze*, sofern er nicht abgeändert würde, der Zensur nicht entkommen konnte. Indem er das Verbot nicht publik machte, stellte der Papst sein Bemühen unter Beweis, Montesquieu zu schonen; zudem verhinderte er so, daß die Indexierung in Frankreich offiziell bekannt wurde; die *Nouvelles ecclésiastiques* brachten sie nicht zur Sprache. Die Sorbonne, die den *Geist der Gesetze* zur selben Zeit prüfte, um ihn zu zensieren, berief sich kein einziges Mal auf die Entscheidung Roms; wäre das römische Verbot publik gemacht worden, so hätte sie es sicher nicht versäumt, ein solches Argument anzuführen. Sie hatte jedoch gewiß von ihm gehört; es fragt sich daher, ob ihr geringer Eifer bei der Beurteilung des *Geistes der Gesetze* nicht mit dem Verbot Roms erklärt werden kann, das Montesquieu demnach die Mißbilligung der Pariser Theologen erspart hätte.

*

Während sich in Rom die geschilderten Ereignisse abspielten, wurde der *Geist der Gesetze* in Paris von den höchsten Autoritäten der Gallikanischen Kirche geprüft: der Generalversammlung des französischen Klerus und der theologischen Fakultät von Paris, der Sorbonne. Am 14. Juli 1750 wurde der Präsident der Generalversammlung, Kardinal von La Rochefoucauld, gebeten, die Aufmerksamkeit des Königs auf gewisse antireligiöse Werke zu lenken; der *Geist der Gesetze* war, ohne genannt zu werden, von dieser Kritik mitbetroffen. Der Erzbischof von Sens, Languet de Gergy, ein Kollege Montesquieus aus der Académie française, hatte eine Eingabe gemacht: »Er hatte umfangreiche Schriften über dieses Thema verfaßt, die sich vor allem um Dinge drehten, die ich nicht gerade für Offenbarungen hielt, wobei er sowohl in der Argumentation als auch im Sachverhalt irrte.«

Das Verfahren wurde am 1. August 1750 vor der Sorbonne anberaumt und einer zwölfköpfigen Kommission anvertraut. Montesquieu bat seinen Freund, Monseigneur von Fitz-James, den Bischof von Soissons und Sohn des Marschalls von Berwick, um seine Unterstützung. In seiner Antwort an Montesquieu vom 29. September 1750 kritisiert Monseigneur von Fitz-James die Methoden der Sorbonne; er stellt sich Fragen über die Rechtmäßigkeit des Prinzips der Zensur in der damals üblichen Form und über seine Wirksamkeit bei der Verteidigung der katholischen Religion gegen die Angriffe ihrer Gegner: »Meine Kollegen haben so viel Sinn für Zensurmaßnahmen, wie er mir abgeht; sie beachten den ersten Grundsatz der Zensur nicht genügend, daß sie heilsam sein muß und man sich daher, wenn abzusehen ist, daß sie das Übel nicht beheben wird, auf sie verzichten muß. Das habe ich bereits zu einigen gesagt, nicht aus Anlaß Ihres Buches, von dem ich nicht wußte, daß es zur Debatte stünde, sondern als man mir mitgeteilt hatte, daß eine Kommission von zwölf Doktoren ernannt worden wäre, um all die schlechten Schriften zu überprüfen und zu zensieren, welche die Welt überschwemmen. Ich glaube, das war ein falscher Entschluß, zumal ich aus Kenntnis der beteiligten Persönlichkeiten stark befürchte, daß sie etwas Lächerliches unternehmen, das mehr Schlechtes als Gutes hervorrufen wird.«

Der Bischof von Soissons hält es für ratsamer, verstärkt nach den tieferen Ursachen für diese Welle von Schriften zu forschen, als ihre Autoren zu verdammen: »Um das Übel an der Wurzel zu packen, müßte man ernsthaft darüber nachdenken, die theologischen Studien, die völlig heruntergekommen sind, neu zu beleben, und sich darum zu bemühen, Minister für Religion auszubilden, die sie kennen und in der Lage sind, sie zu verteidigen. Die christliche Religion ist so schön, daß ich nicht glaube, daß man sie kennen kann, ohne sie zu lieben; diejenigen, die sie verfluchen, kennen sie nicht. Wenn wir einen Bossuet, einen Pascal, einen Nicole oder Fénelon wiederaufleben lassen könnten, würde allein das Ansehen ihrer Lehre und ihrer Person mehr Gutes bewirken als tausend Zensurmaßnahmen.«

Monseigneur von Fitz-James verspricht Montesquieu, beim Erzbischof von Paris, Christophe de Beaumont, zu vermitteln: »Wie mir scheint, ist es besser, mit ihm zu reden, als ihm zu schreiben. Ich verspreche Ihnen nicht, ihn auf meine Seite zu ziehen: Er ist extrem starrköpfig, doch ich werde mein Bestes tun.« Er fragt sich, ob Monseigneur von Beaumont großes Ansehen bei den Doktoren der Sorbonne genießt, und glaubt, daß Monseigneur Boyer, der frühere Bischof von Mirepoix, der damals Beauftragter für die Pfründe war, auf sie einen besseren Einfluß ausübt.

Als aufrechter Freund, der bemüht ist, Montesquieu wirklich zu unterstützen, verbirgt ihm Monseigneur von Fitz-James nicht, was er nach einer raschen Lektüre über seine Einstellung zur Religion denkt. Die Schärfe seiner Analyse über die Montesquieu zugeschriebenen Ansichten verdient Beachtung; denn sie legt den Akzent auf das Motiv der Furcht vor der Meinung der anderen; sie hat, zweifellos unbewußt, einige seiner Thesen beeinflussen und ihn dahinbringen können, seine innersten Überzeugungen nicht zu offenbaren: »Ich fand, Sie waren weniger tadelnswert in dem, was Sie geäußert, als in dem, was Sie verschwiegen haben; ich meine, Ihnen gesagt zu haben, daß ich betrübt war, daß Sie den stoischen Philosophen derart nachtrauern; es ist wahr, daß Sie sagen: ›Wenn ich nicht Christ wäre . . .‹; doch es gibt Umstände, in denen die Aussage ›Wenn ich nicht Christ wäre . . .‹ anscheinend ausdrücken will, daß man es nicht ist. Ich hoffe, Sie sind es, mein lieber Präsident, und ich glaube es. Sie haben einen zu gediegenen Geist, um es nicht zu sein; doch eine unglückliche Furcht vor der Meinung der anderen bemächtigt sich manchmal der besten Köpfe: Haben Sie nicht Angst gehabt, zu sehr als Christ zu erscheinen? Haben Sie nicht befürchtet, Ihr Buch verliere in den Augen der vorgeblichen Schöngeister von heute an Wert, wenn Sie sich in ihm offen zum Christentum bekannt hätten?«

Schon am 8. Oktober antwortet Montesquieu seinem Freund und rechtfertigt, was er über die Stoiker geschrieben hat; die Vorhaltungen seines Briefpartners, dessen Analyse seiner Ansichten und Überzeugungen er für falsch hält, haben ihn getroffen; er zeichnet ihm die Genese seiner Vorstellungen nach, indem er sie bis in die Jahre seiner Jugend zurückverfolgt, als er über Cicero die Philosophie der Stoiker entdeckte, und zeigt, wie sich im Lauf der Zeit und der Fortentwicklung seines Werkes allmählich sein Denken herausbildete. Montesquieu wehrt sich gegen den Vorwurf, er habe die christliche Religion angreifen wollen, und zögert nicht damit zu bekräftigen, daß ihn manche Kritiker als einen ihrer besten Verteidiger ansähen: »Doch wahrlich, wenn ich die christliche Religion in meinem Buch hätte in Verruf bringen wollen, müßte ich ein großer Dummkopf sein. In England sind sich alle einig, daß kein anderer als ich Hobbes und auch Spinoza besser bekämpft hat. In Deutschland stimmt man darin überein, daß ich Bayle in zwei Kapiteln wirkungsvoller niedergestreckt habe als Monsieur Basnage und andere Theologen in eigens dafür verfaßten Büchern. Ich habe zu allen Gelegenheiten, die mir mein Thema geboten hat, die Vortrefflichkeit der christlichen Religion erkennen lassen: Ich habe mich nicht damit begnügt, sie im allgemeinen zu loben; ich habe ihre Vorteile bei jeder speziellen Gelegenheit spüren lassen. Wenn ich die christliche Religion hätte diskreditieren wollen, hätte ich meinem Vorhaben bestimmt den Rücken zugekehrt.«

Für ihn hat seine *Verteidigung* einen Schlußpunkt unter die üblen Querelen gesetzt, die man ihm angehängt hatte; er weigert sich fortan, die nutzlose, unbegründete Polemik weiterzuverfolgen: »Meine Freunde haben mich aufgefordert, auf nichts mehr zu antworten, was auch immer zu sagen wäre ... Ich habe das Schweigen aufrechterhalten, womit ich die Theologie respektiert habe, wenn ich schon nicht die Theologen achte.« Im übrigen »kann man sagen, was man will, nichts schadet der Theologie mehr als schlechte Theologen. Daß unwissende Geistliche mir gegenüber im Irrtum sind und ich ihre Dummheit erkennen lasse, müßte eigentlich andere Reaktionen hervorrufen, es sei denn, sie sind davon überzeugt, ahnungslos zu sein; entschuldigen Sie mich, bei den Menschen der Welt, das beweist, daß die Religion im Unrecht ist.«

Er ist von der Richtigkeit seiner Positionen derart überzeugt, daß er so weit geht, die Zensur seines Buches durch die theologische Fakultät zu wünschen: »Ich komme von der Sorbonne und möchte, daß sie mein Buch verwirft, was ich nicht glaube, nach allem, wie sie sich verhält. Mein Buch ist über Themen geschrieben, welche die meisten Theologen nicht kennen: In den Augen der Öffentlichkeit würde es von sehr großer Voreingenommenheit zeugen, wenn das Buch verboten wird, ohne begriffen worden zu sein. Überdies kann mein Buch nur anhand theologischer Spitzfindigkeiten attackiert werden; es wird dazu kommen, daß man behauptet, die Argumente stießen nicht zum Kern der Sache vor. Letztlich wird man mich verteidigen; und es hat den Anschein, daß ich der Stärkste sein werde. Das wird nur dazu dienen, die in Verruf zu bringen, die mich angreifen werden, sowie die Achtung, die man für sie empfindet, zu schmälern. Was bringt es also, soviel Lärm um nichts zu machen?«

Montesquieu legt große Selbstsicherheit an den Tag; am 8. Oktober 1750 bekräftigt er gegenüber dem Herzog von Nivernais seine Überzeugung, daß er die Prüfung schadlos überstehen werde: »Seit man die Angelegenheit vor die Sorbonne gebracht hat, stehen die Chancen äußerst gut, daß mein Buch nicht verboten wird, was ich aber noch nicht erwähne, um die Geschäftigkeit meiner Gegner nicht zu erhöhen.« Auf welchen Informationen gründet Montesquieu seine Gelassenheit? Ist er blind, weil er von der Richtigkeit seiner Sache und der Nichtigkeit der Angriffe auf den *Geist der Gesetze* überzeugt ist? La Bruère, der Sekretär des Herzogs von Nivernais, legt größeren Durchblick an den Tag und befürchtet, daß die von der Sorbonne angestrengte Aktion »den günstigen Vorkehrungen« schade, »die der Herr Herzog von Nivernais sich bemüht hat, hier zu schaffen«.

Dennoch hält Montesquieu seinen Optimismus aufrecht. Handelt es sich um Zweckoptimismus, mit dem er seine Gegner entwaffnen will, oder hat er Zusicherungen erhalten? Aber von wem? Jedenfalls glaubt er nach der Beratung der Sorbonne am 1. Februar 1751 immer noch, »daß es kein Verbot geben wird« und daß »diese Angelegenheit zur richtigen Zeit kommt, genauso wie die von Abbé Du Resnel und Silhouette, die sich in derselben Lage befanden«.

Die Beratungen der Sorbonne zogen sich tatsächlich in die Länge und kamen nicht vorwärts. Die *Nouvelles ecclésiastiques*, deren Hartnäckigkeit gegenüber Montesquieu nicht nachließ, grämten sich darüber, daß das herbeigesehnte Verbot immer noch nicht verkündet wurde. Am 23. Januar 1752 erinnern sie an die Vorgeschichte und die verschiedenen Phasen der Affäre, beklagen die Langsamkeit der Gelehrten der Sorbonne und erwähnen das geringe Interesse Montesquieus an den Beratungen, da er ja im Mai 1751 nach Bordeaux abgereist sei: »Was das Buch *Vom Geist der Gesetze* betrifft, so hat der Herr Erzbischof freundlicherweise seine Vermittlung und seine guten Dienste angeboten. Monsieur Millet [damals Assistent] und Monsieur Regnault wurden von ihren Kollegen beauftragt, Kontakte mit dem Prälaten und dem Autor aufzunehmen. Doch jener reiste nach Bordeaux und überließ dem Erzbischof und den Doktoren ein Verfahren, für das er philosophische Gleichgültigkeit an den Tag legte. Also schon wieder eine fehlgeschlagene Zensur. Wir wissen nicht einmal genau, auf was die Doktoren ihre Entscheidung stützen wollten, da sie keine Liste mit den zu zensierenden Äußerungen drucken ließen, wie es sonst üblich ist, damit jeder von ihnen sie im einzelnen prüfen kann, um auf den Versammlungen sorgfältiger und bestimmter über sie beraten zu können.«

Dennoch, und die *Nouvelles ecclésiastiques* bestätigen es am 7. August 1751, »wurde die Zensur von neunzehn Behauptungen vereinbart und gebilligt. Doch bei der Durchsicht am ersten Tag des Septembers« wurde ihre Publizierung ein weiteres Mal verschoben. Montesquieu schien die erste Kampfphase für sich entschieden zu haben; sie war gekennzeichnet von verbalen Auseinandersetzungen, welche die durch Interventionen zu seinen Gunsten abgeschwächten Angriffe hervorgerufen hatten; die *Nouvelles ecclésiastiques* spielen auf solche Interventionen an, denen zufolge sich der Erzbischof von Paris, vielleicht überzeugt von Monseigneur von Fitz-James, ins Lager der Verteidiger Montesquieus begeben hatte.

Der Journalist der *Nouvelles ecclésiastiques* war sicherlich auf geheimem Weg über das in Rom ausgesprochene Verbot unterrichtet; doch da es nicht öffentlich bekanntgemacht worden war, verzichtete er darauf, es zu erwähnen; am 9. März 1752 kam er dann noch einmal auf die Affäre zurück, wobei er einmal mehr mit Bedauern auf die Langsamkeit, das Zaudern und die Unentschlossenheit der Sorbonne hinweist: »Der *Geist der Gesetze* gehört zu den Werken, die die theologische Fakultät seit achtzehn Monaten und mehr überprüft.«

Von da ab beschleunigt die Sorbonne, der die Seitenhiebe des Journalisten lästig wurden, das Verfahren. Am 17. Juni 1752 »hat die theologische Fakultät die wesentlichen Punkte des Buches mit dem Titel *Vom Geist der Gesetze* zusammengefaßt, deren Zensur sie in Kürze bekanntgeben wird. Die Fakultät hat eine Druckfassung davon an alle Doktoren verteilt, damit jeder seine Meinung über die Eignung der einzelnen Äußerungen abgeben kann.« Dieses neue Zensurvorhaben, das an die Stelle der 19 Vorschläge vom 17. August 1751 trat, umfaßte nur noch dreizehn Punkte. Die Diskussion war jedoch noch längst nicht abgeschlossen: Am 18. Juli ändert die Sorbonne erneut ihren Text, streicht vier Zensurvorschläge und fügt neue hinzu, um am 24. Juli bei einem Text von 18 Punkten anzulangen, der am 1. August auf 17 gestutzt wird. Man mußte schon wirklich in die Geheimnisse jener theologischen Diskussionen eingeweiht sein, um all ihre Feinheiten zu begreifen; obwohl es nicht den Anschein hatte, blieb die Debatte schließlich im Sand der Spitzfindigkeiten stecken, aus dem sie sich nicht mehr befreien konnte.

Von La Brède aus verfolgt Montesquieu den Ablauf des Prozesses; er scheint nicht über alle Einzelheiten der Beratungen in der Sorbonne und der fortlaufenden Überarbeitungen des zur Zensur vorgeschlagenen Textes auf dem laufenden zu sein; wegen des Monat für Monat hinausgeschobenen Ausgangs macht er sich keine Sorgen. Am 8. August 1750 hatte er Guasco seine Zuversicht geschildert: »Ich teile Ihnen mit, daß die Sorbonne, da sie über die Kommentare, die sie über die Arbeit ihrer Deputierten erhielt, wenig zufrieden ist, andere ernannt hat, um die Sache von neuem zu prüfen. In diesem Punkte bin ich völlig gelassen. Sie können nichts anderes sagen als der ›Nouvelliste ecclésiastique‹, und ich werde ihnen mitteilen, was ich dem ›Nouvelliste ecclésiastique‹ entgegnet habe; sie sind zusammen mit dem ›Nouvelliste‹ nicht stärker, und der ›Nouvelliste‹ mit ihnen zusammen auch nicht. Man muß immer auf den Grund dafür zurückkommen: Mein Buch ist ein politisches und kein theologisches Buch; ihre Einwände sind in ihren Köpfen und nicht in meinem Buch.«

Im September 1752 begleitet Montesquieu seinen Bruder, den Dekan von Saint-Seurin, zur Abtei von Nizors in der Region Comminges; am 4. Oktober schreibt er an Guasco: »Ich bin hier völlig unbekannt, und diese Anonymität behagt mir sehr.« Die Sorbonne, die vor allem mit der Zensur von Pope und Buffon beschäftigt ist, läßt unterdessen den Fall des *Geistes der Gesetze* schleifen; sie kann sich nicht dazu durchringen, ein Verbot zu veröffentlichen, über das eine Übereinkunft scheinbar nur schwer zu erreichen ist. Montesquieu gibt sich am 5. März 1753 unsicher: »Die Sorbonne sucht immer noch nach einem Weg, mich zu attackieren; seit zwei Jahren arbeitet sie daran und weiß nicht genau, wie sie es anpacken soll.« Auf die *Gruft der Sorbonne* anspielend, die Voltaire gerade veröffentlicht hatte, ironisiert er: »Sofern sie mich zum Mitläufertum veranlaßt, glaube ich, daß ich sie vollends begraben werde. Das würde mich sehr ärgern, denn ich liebe den Frieden über alles.«

»Die Sorbonne macht sich wichtig«, meint Montesquieu; »sie glaubt, sie versetzt alles in Unruhe.« Als er in den Gedanken[13] seine geheimen Empfindungen andeutet, zeigt er, daß ihn die ständig erneuerten Angriffe längst nicht gleichgültig lassen; sie stören die Ruhe, nach der er sich sehnt, und erfüllen ihn mit Sorge: »Zur Zeit meiner Affäre mit der Sorbonne. Ich sehe von weitem eine kleine Wolke, die anwächst und ein Gewitter hervorrufen will. Ich glaube, ich werde letztlich gezwungen sein, das zärtlichste Vaterland, den geliebtesten König zu verlassen. Also los! Und wo immer wir unseren Kopf zur Ruhe legen, sehen wir zu, ihn unter Lorbeeren zu betten.« Das folgende Geständnis, das besser als jede lange Ausführung zeigt, wie sehr ihn manche Vorwürfe verbittert haben, entfährt ihm in seinen *Erläuterungen*: »Doch ich kann nicht umhin, einen ungeheuren Schrei auszustoßen. Die Fakultät hat dem Autor eine grausame Beleidigung zugefügt. Ihre schrecklichen Worte sind: *in odium monarchiae*, etc. Sie hätte glauben sollen, daß sich mein Verstand geirrt hätte, und nicht in meinem Herzen lesen, daß ich litt. Um diesen Prozeß zu verzeihen, müßte man in mir soviel Christlichkeit vermuten, wie sie mir Bosheit unterstellt hat, um ihn stattfinden zu lassen. Selbst die Inquisition würde keine vergleichbaren Mutmaßungen anstellen. Nie ist einem Bürger seinem Vaterland eine derart grausame Beleidigung zuteil geworden, nie hat ein Bürger sie so wenig verdient . . . Doch wenn mir die Fakultät ohne Grund Haß auf die monarchische Regierung unterstellt, wird sie mir zubilligen, daß ich sie in diesem Falle nicht zu meinem Richter nehme; sie wird akzeptieren, daß ich Ihre Entscheidung als ungerechtfertigt ansehe, daß ich an die Öffentlichkeit appelliere und (was nicht weniger bedeutend ist) für mich an mich selbst.«

Am 3. Juli 1754 greifen die *Nouvelles ecclésiastiques* das Thema erneut auf und bringen ihre Unzufriedenheit zum Ausdruck: »Die theologische Fakultät hat die Zensur des Buches *Vom Geist der Gesetze* in Angriff genommen, ohne zu einem Ergebnis zu gelangen. Wir hatten ihr den Weg vorgezeichnet . . . Sie haben ihn nicht im geringsten beachtet . . . Sie hatten die Liste der Beanstandungen verteilt . . ., doch ihr Vorhaben ist erneut gescheitert.« Am 15. Juni 1754 hatte die Plenumsversammlung der Fakultät, die das Vorhaben prüfte, das ihre Deputierten am 7. und 15. Mai erarbeitet hatten, die Bekanntmachung der Zensur jedoch angeordnet. Das Verbot gelangte aber nie an die Öffentlichkeit, weder im Laufe der wenigen Monate, die Montesquieu noch lebte, noch nach seinem Tod.

Zwischen August 1751 und Juni 1754 erstellte die unaufhörlich zaudernde Sorbonne fünf Zensurvorhaben, von denen jedes auf ein öffentliches Verbot des *Geistes der Gesetze* hinauslief. Die Standhaftigkeit Montesquieus und die Zugeständnisse, die er der Sorbonne gemacht oder nicht gemacht hat, lassen sich anhand der Überarbeitungen nicht ablesen. Seine *Erläuterungen für die theologische Fakultät zu den siebzehn Vorschlägen, die sie dem Buch mit dem Titel Vom Geist der Gesetze entnommen und zensiert hat,* beziehen sich auf das Zensurvorhaben von 1752, wobei wir nicht wissen, ob sie 1752–1753 oder Anfang 1754 verfaßt worden sind. Wie aber läßt sich, selbst wenn die *Erläuterungen* spät geschrieben worden sind, erklären, daß sich die damals ins Auge gefaßten Korrekturen nicht in der postumen Ausgabe des *Geistes der Gesetze* von 1757 wiederfinden, an der Montesquieu bis an sein Lebensende arbeitete, die jedoch am 4. Dezember 1754 noch nicht abgeschlossen war?

Wie C.-J. Beyer[14] gezeigt hat, laufen die Einwände, die man von seiten der religiösen Behörden, der Index-Kongregation und der Sorbonne gegen Montesquieu vorbrachte, letztlich auf einige grundlegende Fragen hinaus, die sich häufig wiederholen und in denen der Autor seine Haltung – trotz der Vielfalt der Taktiken, die er anwandte, um zu versuchen, den Härten eines Verbots zu entgehen – nicht änderte. Die strittigen Punkte betreffen die Moral: die persönliche Moral mit dem Problem des

Selbstmords bei den Römern und in England, die Familienmoral (Polygamie, Leumund, Ehelosigkeit); die soziale Moral (Nutzen und Legitimität
des verzinslichen Darlehens), die politische Moral (Tugend und Ehre der
Monarchie), Fragen zum Verhältnis von Religion und Staat sowie Probleme der christlichen im Vergleich zu den anderen Religionen.

Alle Anschuldigungen beruhen auf dem Verdacht, daß es Montesquieu
im Grunde an christlicher Überzeugung mangelte. Man hielt ihm vor,
einer klaren Stellungnahme ausgewichen zu sein und sich so unter die
Gleichgültigen und damit unter die Feinde der christlichen Religion ein-
gereiht zu haben. Die Aufforderung von Monseigneur von Fitz-James,
»sich offen zum Christentum zu bekennen«, erklärt den Ton der Änderungen, die Montesquieu an der postumen Ausgabe des *Geistes der Gesetze*
vornahm. Sofern er sich dort zum Christentum bekennt, wenn auch sozusagen nur in Klammern und am Rande seines Werkes, so behält er seine
wissenschaftlichen und politischen Vorstellungen in drei wesentlichen
Bereichen bei: denen der menschlichen Moral, des wissenschaftlichen
Determinismus und der staatlichen Organisation, die ihm zufolge der
christlichen Lehre in keiner Weise widersprechen. Er ist sogar der Ansicht, die christliche Religion besser verteidigt zu haben als einige Apolo-
geten, und glaubt, daß man ihr »mit solchen Zensurmaßnahmen« nichts
Gutes tut.

Die letzten Jahre (1748–1755)

»Zwei Geschäfte habe ich noch abzuwickeln: Krankheit und Tod.«[1]

Die Veröffentlichung des *Geistes der Gesetze* bereitete Montesquieu große intellektuelle Genugtuung: Das Buch war von seinen Freunden begrüßt und mit Lob überschüttet worden; im Ausland, vor allem in England und Italien, wurde es von Intellektuellen und Politikern geschätzt, deren Urteil die aufgeklärten Kreise beeinflußte. Doch es handelte ihm auch Schwierigkeiten und Sorgen ein, die ihm – trotz einer dem Anschein nach unerschütterlichen, von der Richtigkeit seiner Sache überzeugten Haltung und trotz der Böswilligkeit und des Unverständnisses seiner Zensoren – in den verschiedenen Phasen der Auseinandersetzung unablässig zusetzten und in ihm abwechselnd Verärgerung und Niedergeschlagenheit hervorriefen; sie wurden jedoch bald von der Gewißheit verdrängt, der Öffentlichkeit auf Kosten aufreibender Arbeit ein Meisterwerk vermacht zu haben, das von keiner Zensur angetastet werden konnte. Das Vertrauen in die Reinheit der von ihm angeführten Prinzipien und in die Richtigkeit seiner Analyse gab Montesquieu stets Kraft; zudem erhöhte der Erfolg des *Geistes der Gesetze* sein Ansehen bei seinen Freunden. In den letzten Jahren seines Lebens zwischen 1748 und 1755 beanspruchte der Streit um den *Geist der Gesetze* zwar viel Raum; doch für Montesquieu waren es auch ruhmreiche Jahre, die Krönung eines Daseins, in dem Studium, Reflexion und immer neue Denkansätze dazu beitrugen, sein Renommee endgültig zu festigen.

Dank der zu einem bedeutenden Teil erhaltenen Korrespondenz aus dieser Zeit ist die moralische und intellektuelle Persönlichkeit Montesquieus besser bekannt als in der Zeit vorher. Ebenso kommt sein äußeres Erscheinungsbild, das in einer kleinen Porträtsammlung und den Zeugnissen von Zeitgenossen festgehalten ist, deutlicher zur Geltung. Aus Gründen, die wir nicht kennen, lehnte es Montesquieu stets ab, sich porträtieren zu lassen; vielleicht sah er die langen Sitzungen in Pose für verlorene Zeit an. In der Bibliothek des Vatikans fand Paola Berselli Ambri[2] eine am 12. Juli 1729 vollendete Skizze, die der römische Künstler Pier Leone Ghezzi mit der Feder gezeichnet hatte. Sie zeigt einen kleinen Montesquieu mit dicklichen Zügen, einer vorspringenden Nase und einem fliehenden Kinn.

Die Akademie der Wissenschaften, der Schönen Literatur und der

Künste von Bordeaux bewahrt das von Lapenne 1739 gemalte Porträt auf. Im oberen Teil steht folgende Inschrift: Charles-Louis de Secondat de Montesquieu, Direktor im Jahre 1718. Die Tracht scheint eine Ateliersarbeit zu sein, doch das Gesicht ist gut getroffen. Die Schatten, die durch die Betonung der Flächen das Alter kennzeichnen und den Charakter akzentuieren, erinnern an die Ausdruckskunst der Künstlerwerkstätten in den Pyrenäen. Der Künstler ist ein Schüler von Antoine Rivalz, dem Maler des Kapitols von Toulouse; es war eine Auftragsarbeit für die Akademie von Bordeaux, die damals alle Direktoren seit der Gründung porträtieren ließ. Guasco merkt an, »daß der Maler versicherte, noch nie einen Menschen gemalt zu haben, dessen Gesichtsausdruck sich von einem Augenblick zum anderen derart veränderte und der so wenig Geduld hatte.« Das Werk von Lapenne verrät die Schwierigkeiten eines Künstlers, der aufgefordert war, in einem Porträt die Feierlichkeit der Tracht und der Pose mit der Wandlungsfähigkeit eines Gesichts, das die Intelligenz widerspiegeln sollte, in Einklang zu bringen[3].

Das Porträt schien für einen Bildhauer wie geschaffen; wie uns Jean-Baptiste de Secondat mitteilt, diente es Jean-Baptiste Lemoyne als Vorlage »für den Aufbau des hinteren Kopfteils« der Büste aus weißem Marmor, die er 1767 im Louvre ausstellen sollte.

Eine Rötelzeichnung, die im Schloß von La Brède aufbewahrt wird, wurde 1744 von einem Amateurkünstler angefertigt; sie zeigt Montesquieu privat in salopper Kleidung, als er vielleicht gerade von einem Spaziergang durch seine Weingärten zurückkehrt.

1753 akzeptierte es Montesquieu auf Drängen seiner Umgebung, doch nicht ohne Zögern, für Dassier zu posieren. Die in London gestochene Medaille spiegelt die lebhafte Intelligenz des Autors des *Geistes der Gesetze* wider. Auf der Vorderseite mit der Inschrift »Carol. de Secondat Baron de Montesquieu« ist der Oberkörper, mit einem Tuch drapiert, im Linksprofil ohne Kopfbedeckung dargestellt. Auf der Rückseite findet sich die Devise »Hinc jura« zusammen mit der von den Wolken getragenen Allegorie der Wahrheit, die in einer Hand Strahlen hält und in der anderen einen Palmzweig und ein Buch mit der Aufschrift: »Esprit des Loix«. Auf dem Boden dann die Gerechtigkeit, aufrecht, in der linken Hand eine Augenbinde, welche die Wahrheit gerade fallengelassen hat, und in der rechten die Waage. Der Gerechtigkeit zu Füßen liegt ihr Schwert.

In einem Brief aus dem Jahre 1778 schildert der Weinhändler François Risteau, unter welchen Umständen »der Graveur Jacques-Antoine Dassier die Medaille nach dem Bildnis Montesquieus stach«. Sie liefert uns das schönste Porträt Montesquieus und ist der Prototyp der meisten nach seinem Tod angefertigten Porträts. Man findet die wirre Lockenfrisur der Rötelzeichnung von 1744 wieder, die Hauptlinie der Nase, den Lippenbogen mit den hochgezogenen Mundwinkeln, das ausgeprägte, energische

Kinn, den hervorstechenden Kaumuskel und das kennzeichnende Vorspringen des Schildknorpels und des Kopfwenders. Doch man erkennt auch und vor allem den vorspringenden Knochenfortsatz der äußeren Augenhöhle mit der starken Vertiefung der Schläfengrube, das Ödem unter dem Augenlid und das anormale Hervorspringen des Augapfels aus der Augenhöhle, welches die Kurzsichtigkeit aufdeckt[4].

Vorbereitung und Abfassung des *Geistes der Gesetze* hatten zu einer starken Ermüdung seiner Augen geführt; sie wurde durch einen grauen Star noch verschlimmert, zu dessen Operation sich Montesquieu nie durchringen konnte, trotz der Empfehlungen seiner Freunde, die ihn unablässig dazu antrieben, die Dienste dieses oder jenes Chirurgen in Anspruch zu nehmen. So drängt ihn Madame de Tencin am 23. April 1749, nach Paris zu kommen, wo gerade ein preußischer Augenarzt namens Immer eingetroffen sei, »der die grauen Stare mit einer wunderbaren Geschicklichkeit entfernt«. Sie erwähnt mehrere Eingriffe: »Bei Monsieur de Réaumur hat er ein Mädchen operiert, das seit seiner Geburt darunter litt; die Operation ist sehr gut gelungen: Im Auge trat keine Entzündung auf, noch litt es während der Operation unter Schmerzen.« Dennoch erweist sich Madame de Tencin als vorsichtig: »Schreiben Sie mir, ob Sie geneigt sind, das auszunutzen, damit ich mich genauer über sein Vorgehen erkundige. Ich halte ihn nur mit der Hand für geschickt und werde mich hüten, ihm Augen anzuvertrauen, die unter etwas anderem als einem grauen Star leiden.«

Trotz der dringenden Aufforderungen des Ritters von Aydie und des königlichen Sekretärs De Laistre zögert Montesquieu, Immer zu konsultieren; Madame de Tencin scheint dies letztlich in einem Brief vom 7. Juni 1749 zu billigen: »Was den Augenarzt betrifft, haben Sie meiner Meinung nach recht. Eine Operation, die nicht absolut notwendig ist, sollte man nicht riskieren, zumal die ganze Gewandtheit des fraglichen Mannes in der Geschicklichkeit seiner Hand besteht; im übrigen ist er ein Ignorantissime.« Nach seiner Ankunft in Paris im Juli zieht Montesquieu Erkundigungen ein; die gesammelten Stellungnahmen animieren ihn nicht dazu, sich von Immer operieren zu lassen; am 22. Juli vertraut er Domville an: »Ich war in der Tat gekommen, um mich über die Erfolge oder Kunstfehler des preußischen Augenarztes zu informieren; was ich erfuhr, hat mich keineswegs dazu bewegt, mich in seine Hände zu begeben ... Dieser Mann führt in sehr gewandter Weise waghalsige Operationen durch, die für ihn einträglich und für die Kranken letztlich fatal sind; er versteht sich in der Kunst, graue Stare zu entfernen, die nicht ausgereift sind; doch die allgemeine Erfahrung all dieser Operationen hat erkennen lassen, daß man sie, bevor sie ausgereift sind, nicht entfernen soll.«

Von da an scheint sich Montesquieu, auch wenn er manchmal noch von der Operation spricht, mit seinem grauen Star abgefunden zu haben. Am 20. Februar 1754 schreibt er an den Schweizer Philosophen und Naturforscher Charles Bonnet, der seinerseits vom grünen Star geplagt wird: »Ich bin wie Sie nicht in der Lage zu lesen; seit zehn Jahren ist es mir wegen eines grauen Stars, der meine Augen befallen hat, unmöglich.« Bonnet empfiehlt ihm, sich an Andrien zu wenden, einen berühmten Chirurgen, Zahn- und Augenarzt aus der Stadt und dem Fürstentum Sedan; doch Montesquieu bleibt unentschlossen: »Ich war über diesen berühmten Mann bereits unterrichtet; wenn ich mich dazu entscheide, die Operation durchführen zu lassen, wozu ich mich erst entschließen werde, wenn ich nichts mehr sehe, werde ich mich seiner bedienen.« Seine Freunde machen sich wegen der ihn bedrohenden Blindheit Sorgen. So schreibt ihm der Graf von Morton, James Douglas, am 25. Mai 1753: »Es beschäftigt mich sehr, Ihre Klagen über die Schwäche Ihrer Sehfähigkeit zu vernehmen. Zur Aneignung von Wissen haben Sie sie nicht nötig; doch sie ist für die Welt von unendlicher Wichtigkeit, denn sie hindert Sie in gewissem Maße daran, der Menschheit mitzuteilen, was Sie wissen. Ich erahne den großen Unterschied, der dazwischen bestehen muß, sich zum Schreiben der Hand eines Sekretärs oder seiner eigenen zu bedienen.« Montesquieu merkt, wie sehr das Verständnis fremdsprachiger Werke durch zwischengeschaltete Vorleser erschwert wird; am 6. Juni 1753 vertraut er Yorke an: »Das Buch von Warburton über Julian hat mich begeistert, auch wenn ich nur über sehr schlechte englische Vorleser verfüge.«

Sein Sehvermögen nimmt unablässig weiter ab; davon zeugen die zwischen 1752 und 1754 immer seltener mit eigener Hand geschriebenen Briefe sowie die ständige Verschlechterung seiner Handschrift, die immer größer und unregelmäßiger wird, wie an den letzten Seiten der *Gedanken* zu erkennen ist. Neben den Sorgen, welche die Auseinandersetzung um den *Geist der Gesetze* hervorrief, erklärt sich die Verlangsamung von Montesquieus literarischer Aktivität in den letzten Lebensjahren sicher auch durch die Verschlechterung der Sehkraft; er verzichtet auf eine Durchsicht seiner Reisenotizen und beschränkt sich auf die Veröffentlichung der Erzählung *Lysimache*, die er 1754, aus Dank für seine Aufnahme in die Akademie von Nancy, Stanislaus I. Leszczyński widmet, sowie des *Essays über den Geschmack*, den er für die *Enzyklopädie* schreibt.

Der größte Teil der Zeit, in der er noch Kraft und Lust hat zu arbeiten, ist der Durchsicht des *Geistes der Gesetze*, der Vorbereitung einer neuen Ausgabe der *Persischen Briefe* und zweifellos der erneuten Lektüre der *Betrachtungen* in der englischen Übersetzung gewidmet, die 1751 in Edinburgh veröffentlicht worden war. Die Fragmente eines Heftes mit Verbesserungen zum *Geist der Gesetze*, die sich auf die dreibändige Genfer Ausgabe von 1750 bezogen, und die in die *Gedanken* übertragenen Materialien bezeugen, daß Montesquieu bis ans Ende seines Lebens nicht aufgehört hat, seinen Text zu verändern und Aufzeichnungen anzusammeln, die von Richer für die nach Montesquieus Tod veröffentlichte Ausgabe von 1757 benutzt wurden.

Auch die Vorbereitung einer Neuausgabe der *Persischen Briefe* beschäftigt Montesquieu. Sie erscheint 1754 mit einem elf Briefe umfassenden Zusatz wieder unter der Kölner Scheinadresse Pierre Marteau, Imprimeur-Libraire près le Collège des Jésuites, wurde jedoch mit aller Wahrscheinlichkeit bei Huart in Paris veröffentlicht. Montesquieu ist bestrebt, der Nachwelt einen einwandfreien, von einigen Schlacken befreiten Text zu hinterlassen; er verstand es, die Kritik zum Schweigen zu bringen, die man gegen dieses Werk als »Jugendwerk« vorgebracht hatte: »Als dieses Buch erschien, wurde es als ein nicht ernst zu nehmendes Werk angesehen. Das war es nicht. Man verzieh zwei oder drei Vermessenheiten zugunsten einer völlig unverhohlenen Gesinnung, die alles und nichts kritisierte und vergiftete. Jeder Leser mußte mit sich selbst einig werden. Was blieb, war die Erinnerung an seine Heiterkeit. Früher ärgerte man sich genauso wie heute. Doch wußte man früher besser, wann man sich ärgern mußte[5].« Montesquieu beurteilte die seit 1721 veröffentlichten Ausgaben als nicht einwandfrei: »Die heute herausgegebene verdient den Vorzug, denn an einigen Stellen sind der Stil der ersten sowie einige Fehler, die sich beim Druck eingeschlichen hatten, verbessert worden. Diese Fehler haben sich in den weiteren Ausgaben ungeheuer vermehrt, denn dieses Werk wurde vom Autor nach seinem Erscheinen nicht mehr angerührt[6].«

Die Veröffentlichung einer Kritik von Abbé Gaultier im Jahre 1751 mit dem Titel *Die der Gottlosigkeit überführten Persischen Briefe* veranlaßte Montesquieu vielleicht, einige Passagen seines Buches zu überprüfen und zu verbessern. Die Auseinandersetzung um den *Geist der Gesetze* war in vollem Gange, und es erschien ratsam, keine neuen Schwierigkeiten hinzuzufügen. Am 4. Oktober 1752 schrieb er an Guasco: »Huart will eine neue Ausgabe der *Persischen Briefe* bringen; doch es gibt einige Jugendtorheiten, die ich vorher überarbeiten möchte: Auch wenn ein Türke natürlich türkisch und nicht christlich sieht, denkt und spricht, so beachten viele Leute beim Lesen der *Persischen Briefe* dies nicht.«

Im Vorwort der Neuausgabe besteht Montesquieu auf diesem Aspekt der *Persischen Briefe*, der die Äußerungen und Einstellungen rechtfertigt, die er den im abendländischen Europa ankommenden Persern zuschreibt: »In den ersten Briefen gibt es einige Bemerkungen, die man für zu gewagt hielt. Doch darf man die Eigenart dieser Passagen nicht außer acht lassen. Die Perser, die in diesen Briefen eine so große Rolle spielen sollten, fanden sich mit einemmal nach Europa verpflanzt. Eine Zeitlang mußte man sie als unwissend und vorurteilsvoll schildern. Es kam darauf an, Entstehung und Fortentwicklung ihrer Gedanken kenntlich zu machen. Ihre ersten Eindrücke mußten seltsam für sie sein. Allem Anschein nach brauchte man ihnen lediglich eine geistige Eigentümlichkeit zu verleihen und ihre Empfindungen gegenüber den Dingen schildern, die ihnen außergewöhnlich vorkamen. Weil man weit davon entfernt war, Interesse für irgendein Religionsprinzip erwecken zu wollen, kam nicht einmal der Verdacht auf, daß man unbesonnen sein könnte. Diese Rechtfertigung erfolgt aus Liebe zu den großen Wahrheiten, ungeachtet des Respekts für das Menschengeschlecht, das gewiß nicht an seiner empfindlichsten Stelle getroffen werden sollte[7].«

Der offensichtliche gute Wille Montesquieus, der ein ähnliches System der Rechtfertigung wie bei der Verteidigung des *Geistes der Gesetze* benutzte, stellte seine Zensoren nicht zufrieden; noch auf seinem Totenbett versuchen sie, ihm die Widerrufung dieses Jugendwerkes abzuringen.

Unter dem Einfluß seines Alters, er geht auf die sechzig zu, aber auch aufgrund seines Bedürfnisses nach körperlicher Erholung und innerer Ruhe empfindet Montesquieu mehr als in jeder anderen Lebensphase den Wunsch, sich zurück zu seinen heimischen Wurzeln in die Provinz zu begeben. Nach Abschluß des *Geistes der Gesetze* verläßt er Paris 1748 zu Beginn des Sommers, ohne die Veröffentlichung abzuwarten. Er zählt auf seine Freunde, die ihn über die Aufnahme seines Werkes unterrichten sollen, und begibt sich nach La Brède, wo er bis zum Juli 1749 bleiben wird. Da Jean-Baptiste de Secondat für das Amt des Parlamentspräsidenten von Bordeaux kein Interesse zeigt, spielt Montesquieu kurzzeitig mit dem Gedanken, es selbst wieder zu übernehmen; doch er verwirft diese Idee sehr rasch: Im Juli 1748 verkauft er sein Amt und löst somit die letzten Bande mit dem Parlament, »jene starken Ketten«, die ihn in der Provinz »zurückhielten«.

Montesquieu ist jedoch weiterhin zwischen den notwendigen Aufenthalten in La Brède, wo er sich »damit beschäftigt, ein achtbares Vermögen anzusammeln«, und seinem Verlangen nach dem Pariser Gesellschaftsleben unentschieden. Das ständige Pendeln erklärt seine wechselhafte Laune und die langen Zeiträume, die er zeitweise in der Provinz und zeitweise in Paris verbringt; sie erwecken in ihm den Wunsch, dort zu sein, wo er gerade nicht ist: »Dabei geht es mir gut hier [in La Brède]; doch verlassen die Menschen nicht unablässig Orte, an denen es ihnen gutgeht, um sich an die Orte zu begeben, von denen sie hoffen, daß es ihnen dort besser geht?« Anfang 1754 stellt er für sich ein Programm auf, das er nicht einhalten können wird: »Mein Entschluß ist, dort [in La Brède] nicht mehr als drei Monate im Jahr zu verbringen. So werde ich, wenn mir Gott noch ein wenig Gesundheit schenkt, bis ans Ende meines Lebens in Bewegung bleiben.«

Seine Anwesenheit in La Brède ist unentbehrlich, um seine Güter zu verwalten; der Briefwechsel mit seinem Vertrauensmann Latapie und der

Kauf der Seigneurie von Bisqueytan im Jahre 1751 belegen seine ständige Sorge um die Erhaltung und Vergrößerung seines Erbgutes: »Ich pflanze Bäume und rode Heideland; man muß sich vergnügen, wie man kann. Die Stadt Bordeaux ist äußerst trist; dorthin zieht mich kaum etwas.« Die wirtschaftliche Situation seiner Provinz beunruhigt ihn: »Der Reiche erweckt Mitleid, der Arme bringt einen zum Weinen; und dazu die Niedergeschlagenheit, die in einer befestigten Stadt herrscht. Weil ich kein anderes Heil kenne als die Dicke der Mauern meines Schlosses, bleibe ich dort und träume von der Schweiz.« Guasco vertraut er an: »Die Gegend ist heruntergekommen; das bewirkt, daß jeder zu Hause bleibt. Man teilt mir mit, daß der Luxus in Paris schrecklich sei: Wir haben hier den unseren verloren, wobei wir nicht besonders viel verloren haben«; gegenüber Madame du Deffand gesteht er ein: »Hier höre ich nur von Weingärten reden, von Elend und Prozessen; zum Glück bin ich töricht genug, mich über all das zu amüsieren, das heißt, mich dafür zu interessieren.« Das Elend der Bauern, die auf seinen Gütern leben, läßt ihn nicht gleichgültig; er leistet ihnen Hilfe: »Monsieur Latapie wird der alten Müllerin aus der kleinen Mühle jeden Monat dreißig Sous geben und genausoviel der Witwe von Mignon de Jamin, solange sie das nötig hat; der Waisen aus Moras wird ihre Pension gestrichen, sobald sie in der Lage ist zu arbeiten.«

Als Familienoberhaupt gibt er seinem Schwiegersohn Godefroy de Secondat, dem Mann von Denise, etliche Ratschläge in Fragen der Verwaltung seiner Besitztümer; seinen Cousin Gratien de Secondat, Baron von Roquefort, ermutigt er, die Vormundschaft über die Kinder seines Cousins Jean-Tiburce-Godefroy de Secondat zu übernehmen, der gerade gestorben war: »Ich gebe Ihnen Ratschläge, derer ich mich auch selbst bedienen würde. Andere kann ich nicht erteilen. Welche Genugtuung wird es für Sie sein, der Sie Ihre Familie lieben und über alle Arten von guten Eigenschaften verfügen, sich selbst beweisen zu können, daß Sie ihr Erneuerer sind und Ihren Neffen nicht nur ihr Vermögen erhalten, sondern sie selbst in die Lage versetzt haben, sich ihr Fortkommen zu sichern und arbeiten zu können, um sich Achtung zu verschaffen. Die rechtschaffenen Leute auf dieser Welt leben nicht für sich allein; es ist das Los der gewöhnlichen Seelen, nur an sich zu denken.«

Montesquieus Bruder Joseph, der Dekan von Saint-Seurin, war 1743 zum Abbé von Nizors oder Bénissons-Dieu geworden, einer Abtei in der Region Comminges. Zwischen dem 8. August und dem 4. Oktober 1752 begleitet Montesquieu seinen Bruder nach Nizors, wobei er auf der Durchreise in Toulouse »Clémence Isaure seinen Respekt« erweist, welche die Akademie der »jeux floraux«, eines berühmten literarischen Wettbewerbs, wiedererweckt hatte. Seine Korrespondenz gibt keinen genaueren Aufschluß über diese Reise, die mit »all meinen Maßstäben gebrochen hat«; wahrscheinlich hatte er die Absicht, den Abbé dabei zu unterstützen, die Rechte seiner Abtei gegen die Ansprüche des Seigneur von Gontaud-Biron geltend zu machen.

Montesquieu wacht unablässig über die Interessen der Akademie von Bordeaux, ob er nun in La Brède oder Paris wohnt. Am 31. Oktober 1750 ermuntert er Barbot in seinem »bewundernswürdigen Vorhaben«, seine Bibliothek der Akademie zu vermachen: »Ich bin nicht nur einverstanden, sondern sporne Sie dazu an. Die Güte Ihres Schritts rührt von Ihrer Denkart her. Wenn ich an Ihrer Stelle wäre, würde ich genauso handeln; es besteht kein Zweifel, daß die Akademie mit Handkuß annehmen muß, denn die 400 Livres, die sie verliert oder besser: nicht verliert, werden sonst für Musik oder Albernheiten verwendet, anstatt daß Ihre Bibliothek, die in der Auswahl viel achtbarer ist als in der Anzahl der Bücher, die Bibliothek der Akademie zu einer der besten Frankreichs machen wird, denn beide zusammen werden eine von großer Bedeutung ergeben.«

Im Konflikt zwischen der Akademie und dem Intendanten Tourny um das Haus, das Jean-Jacques Bel an der im Bau befindlichen Tourny-Passage hinterlassen hat, ergreift Montesquieu von 1749 an entschlossen Partei für seine Kollegen, interveniert direkt bei Trudaine und zieht so die Feindschaft des Intendanten auf sich, der es »nicht sehr gerne hat, daß man ihm Widerstand leistet und sich seinen Vorhaben in den Weg stellt«. Montesquieu wirft Tourny seine Unnachgiebigkeit vor und beschuldigt ihn sogar in einem Brief vom 5. Dezember 1750 an Guasco, seine Versprechen nicht zu halten: »Es ist vorteilhaft, einen gut ausgeprägten Verstand zu besitzen, doch man darf sich von dem der anderen nicht an der Nase herumführen lassen. Der Herr Intendant kann sagen, was er will: Er wäre nicht imstande, sich dafür zu rechtfertigen, gegenüber der Akademie sein Wort gebrochen und sie durch falsche Versprechungen irregeführt zu haben. Es überrascht mich gar nicht, daß er versucht, sich zu rechtfertigen, denn er spürt, daß er im Unrecht ist; Sie, die Sie Zeuge von all dem waren, dürften aber nicht über seine Entschuldigungen erstaunt sein, die nicht mehr wert sind als seine Versprechungen. Ich bin zu froh darüber, daß ich ihm die Freundschaft aufgekündigt habe, um noch böse zu sein. Was nutzt die Freundschaft eines Mannes von Rang schon, dem ständig mißtraut wird, der nur für richtig hält, was zu seinem System paßt, und der es nie versteht, die kleinste Freude zu bereiten oder irgendeinen Dienst zu erweisen? Ich hielte mich besser außerhalb seiner Reichweite auf, um ihn das weder für die anderen noch für mich zu fragen; denn ich werde so von etlichen Zudringlichkeiten erlöst.«

Wenn Montesquieu im Alter seinen kämpferischen Elan bei der Verteidigung seiner Interessen sowie denen seiner Familie und seiner Freunde auch nicht ganz verliert, so wird er doch ruhiger; einige der Überlegungen, die er seinen Briefpartnern mitteilt, zeugen von einer Rückbesinnung auf sich selbst, von einem Verlangen nach Erholung und Ruhe. »Ich bin sehr vernünftig geworden«, schreibt er am 15. August 1748 an Duclos, ». . . ich mache absolut nichts, und daran wird sich nichts ändern; ich habe mich damit abgefunden, über keinen Geist mehr zu verfügen und mich ausschließlich der geistigen Anmut der anderen zu widmen.« Niedergeschlagen sucht und findet er vorübergehend in der Lektüre Zuflucht vor seinen Sorgen. Am 11. August 1754 gesteht er Hénault: »Sie geben meiner Seele Leben, die lustlos und tot ist und sich nur noch ausruhen kann.«

Der Besuch von Freunden, die er in La Brède empfängt, sowie lange Aufenthalte in Paris helfen Montesquieu, jene Augenblicke der Schwermut und Mattigkeit zu überwinden. Nie verwirklichte Reisepläne ins Ausland halten ihn in Schwung und bezeugen einen immer noch lebhaften Wissensdurst. Guasco, Solar und Venuti drängen ihn, noch einmal nach Italien zu kommen; Madame de Mirepoix, deren Mann 1749 zum Botschafter in London ernannt worden ist, hofft, daß Montesquieu sie dort besuchen wird. 1753 hat er die Idee, den Ärmelkanal zu überqueren, noch nicht aufgegeben; am 6. Juni 1753 schreibt er an Yorke: »Ich habe ein Paket mit guten und schlechten Werken von mir, das ich Ihnen zukommen lassen will; vielleicht werde ich der Überbringer sein.« Seine Schweizer Freunde Tronchin, Bonnet und Vernet wären froh, ihn in Genf zu empfangen. Am 27. September 1751 schreibt ihm Helvétius: »Sie lassen mich eine Art Vorsatz erahnen, [mir] einen kleinen Besuch abzustatten. Ich wage Ihnen zu versichern, daß Sie hier empfangen werden, wie es Ihnen zusteht, und daß Sie es nicht bereuen werden, diesen kleinen Umweg gemacht zu haben. Auf diese Weise hätte ich das Vorrecht, den achten griechischen Weisen und den ersten Europas unter meinem Dach zu beherbergen.«

Da er sich nicht entschließen kann, die Grenze zu überschreiten, hält Montesquieu ständigen Briefkontakt mit seinen ausländischen Freunden. Das Ende des Österreichischen Erbfolgekrieges erlaubt ihm, die Verbindung zu Martin Ffolkes wiederaufzunehmen, der ihm am 13. August 1748 schreibt: »Erlauben Sie mir nach der langen Unterbrechung durch diesen verfluchten Krieg, nach Neuigkeiten zu fragen und Ihnen fortwährende Gesundheit und Freude zu wünschen, damit wir endlich das Glück unserer gegenseitigen Zuneigung genießen können, ohne unsere Gebiete zu beleidigen, die, ganz Gebieter, die sie sind, jedoch nicht in der Lage wären, uns daran zu hindern, Freunde zu sein und uns über ihre Anfälle lustig zu machen.« Montesquieu ist erfreut, im Jahre 1751 Henry Hyde, Vicomte von Cornbury, erst in Paris und dann in La Brède empfangen zu können; Madame Geoffrin schildert ihn als »einen Mann, der durch seinen Geist bezaubert und durch seine Schönheit und die Reinheit seiner Seele besticht«.

Thomas Blackwell, Griechischlehrer am Marischal College von Aberdeen, schickt ihm am 15. August 1751 den Prospekt einer Platon-Ausgabe, die er vorbereitet; in seinem Dankschreiben weist Montesquieu darauf hin, wieviel er dem griechischen Philosophen schuldet: »Das Werk, das Sie der Öffentlichkeit darbieten, ist vielleicht dasjenige, das ich in meinem ganzen Leben am meisten begehrt habe, da ich glaube, daß mir die Lektüre dieses Philosophen am nützlichsten war; er ist der Philosoph der Engel, und noch mehr der Philosoph der Menschen, denn er hat ihnen die Würde ihrer Natur beigebracht.«

Der Bischof von Gloucester, William Warburton, mit dem Montesquieu auf Vermittlung von Yorke in Kontakt kam, schickt ihm seine Pope-Ausgabe und kritisiert aus Anlaß der Veröffentlichung der *Postumen Werke* von Bolingbroke dessen Absicht, »nicht die Naturreligion, sondern den Naturalismus durchsetzen zu wollen«. Montesquieu billigt die Einwände Warburtons: »Wer die Offenbarungsreligion angreift, greift nur die Offenbarungsreligion an; doch wer die Naturreligion attackiert, bekämpft alle Religionen der Welt. Wenn man den Menschen beibringt, sie hätten diesen Hemmschuh nicht, können sie denken, sie hätten einen anderen; es ist sehr viel gefährlicher, ihnen beizubringen, sie hätten überhaupt keinen. Es ist nicht unmöglich, eine Offenbarungsreligion anzugreifen, weil sie aufgrund besonderer Tatsachen existiert und weil Tatsachen ihrer Natur gemäß anfechtbar sein können. Doch mit der Naturreligion verhält es sich anders: Sie ist von der Natur des Menschen abgeleitet, über die sich nicht streiten läßt, sowie vom inneren Gefühl des Menschen, über das sich ebenfalls nicht streiten läßt.«

Die Veröffentlichung des *Geistes der Gesetze* in Genf hatte Montesquieu erlaubt, mit zahlreichen Intellektuellen der Stadt Calvins in Kontakt zu treten. Unter ihnen hatte der Naturforscher und Philosoph Charles Bonnet das Privileg genossen, während der Drucklegung des *Geistes der Gesetze* einige Kapitel über die Religion vorgelesen zu bekommen, ohne ihren Verfasser zu kennen. Erst Ende 1753 schickte Bonnet Montesquieu seine *Forschungen über den Nutzen der Pflanzenblätter*, um seine »Kenntnisse« und »Tugenden« zu würdigen: »Ihre Werke sind meine Wonnen; sie vervollkommnen mein Verständnis; sie weiten meinen Blickwinkel; ich betrachte in ihnen in großem Stil das System der menschlichen Naturen. Ich folge jener so mannigfaltigen Krümmung, welche die politischen Organe bilden; ich versuche, alle Punkte auseinanderzuhalten. Newton hat die Gesetze der materiellen Welt entdeckt: Sie, Monsieur, haben die Gesetze der intellektuellen Welt entdeckt.« Wie Montesquieu litt auch Bonnet unter einer starken Augenschwäche, ein Gebrechen, das dazu beitrug, die beiden Männer einander näherzubringen und Rezepte sowie Auskünfte über berühmte Augenärzte auszutauschen. Montesquieu schätzte Bonnets Ideen »über den Zusammenhang der Gesetze. Das ist ein sehr weites Thema. Die Ernte ist reich und wartet nur auf die Arbeiter.« Auf Empfehlung von Bonnet schickte sein Landsmann Étienne Beaumont seine *Prinzipien der Moralphilosophie* an Montesquieu, der mit ihnen »äußerst zufrieden« ist: »Was die erste Definition betrifft, die ich von den Gesetzen gebe und in der ich von der weitreichendsten Bedeutung spreche, die sie haben können, so glaube ich, daß wir alle beide das gleiche denken; ich behalte meine Wendung bei, weil mir scheint, daß die Gesetze von der Universalität der Menschen sich aus nichts ableiten lassen, aber zahllose Folgen hervorrufen.«

In Paris führt Montesquieu die früheren Beziehungen mit seinen Freunden fort; sein Gesellschaftsleben bringt ihn sowohl mit »Politikern« wie Trudaine oder Le Bret, als auch mit Pesönlichkeiten der Aristokratie, mit Wissenschaftlern und Philosophen zusammen. Häufig wurde er im Haus von Brancas empfangen. Louis-Basile de Brancas, genannt der Graf von Forcalquier, der Bruder von Madame de Rochefort, »der unsterbliche Sterbende«, wie ihn Madame d'Aiguillon nannte, hatte Renée de Carbonnel geheiratet, die Witwe des Marquis von Antin, ›la bellissima‹. Im Haus von Brancas wurden kleine Komödien gespielt, »jene reizenden Späße von Monsieur de Forcalquier ..., die wie ein Blitz aus seinem Geist schossen«. Montesquieu nahm ebenso an den Abendgesellschaften der Marquise von Pompadour teil: »Die Opern und Komödien von Madame de Pompadour werden beginnen, und ... infolgedessen wird der Herzog von Lavallière einer der hervorragendsten Männer seines Jahrhunderts sein.« Montesquieu liebt das Theater; am 11. März 1754 wohnt er im Théâtre-Français der Premiere der *Trojanerinnen* von Châteaubrun bei: »Das Stück ist ziemlich schlecht gemacht; sein Thema ist schön ...; es ähnelt dem, das Seneca behandelt hatte. Es gibt sehr schöne und große Stellen, einen vierten Teil, der sehr schön ist, wie auch der Beginn des fünften.«

Eine Zeitlang nimmt er den Kontakt zu François de Bulkeley, dem Schwager Berwicks, wieder auf, der bei Domville vorstellig wird, um die Veröffentlichung des *Geistes der Gesetze* in England zu vereinfachen. Doch Montesquieu knüpft auch neue Freundschaften. Von 1749 an schreibt er sich regelmäßig mit dem Ritter Blaise-Marie d'Aydie, den er anscheinend schon länger kannte; er residierte häufig auf seinem Schloß von Mayac im Périgord und war der Liebhaber der berühmten Mademoiselle Aïssé. Der Ton ihrer Briefe zeugt für die Vertrautheit, welche die beiden Männer verband. Montesquieu schätzt die Freundschaft von Aydie »so wertvoll wie Gold« ein; der Ritter seinerseits glaubt nicht, daß man »in derselben Person das Wissen eines Engels und die Offenherzigkeit eines Kindes finden« kann: »Dennoch existiert es, dieses bewundernswerte Wesen, es handelt sich um einen Präsidenten, meinen lieben Präsidenten, in den ich wahnsinnig verliebt bin.«

Montesquieus Freundschaft zu Guasco widersteht der Prüfung der

Zeit, selbst wenn er sich über das Nomadendasein des Abbés, der sich ständig auf den Straßen Italiens, Englands oder Österreichs herumtreibt, und über seine Manie, die Akademie-Medaillen aller Länder zu sammeln, lustig macht; er nimmt ihn mit nach La Brède, damit er »Buße tut für seinen lockeren Lebenswandel, während sich der eine wie der andere ausgiebig dem Studium widmen und sich bei der Landarbeit vergnügen«. Als der Hof von Wien Guasco im Frühjahr 1753 einen Posten als Erzieher der Erzherzöge anbietet, empfiehlt ihm Montesquieu anzunehmen: »Das geschichtliche Studium ist einer der Bereiche, die für einen Prinzen am wichtigsten sind; doch man muß ihn die Geschichte als Philosoph betrachten lassen; für einen Ordensgeistlichen, der normalerweise schulmeisterlich und von Standes wegen mit Vorurteilen behaftet ist, ist es aber sehr schwierig, ihm das aus diesem Blickwinkel zu erläutern, vor allem seit es sich für das Kaiserreich um kritische und interessante Zeiten handelt.«

Niemals zögert er, Freunden, die in Schwierigkeiten sind, seine Sympathie zu bekunden. Als Maurepas am 24. April 1749 in Ungnade fällt, weil er verdächtigt wird, der Autor eines Epigramms zu sein, das Madame de Pompadour im Namen Ludwigs XV. mit einem Strauß weißer Rosen überreicht worden ist, schreibt ihm Montesquieu sogleich, um ihm seine Entrüstung zum Ausdruck zu bringen: »Das Vaterland glaubt, seinen Vater verloren zu haben; jeder Bürger seinen Freund; jeder Unglückliche seinen Beschützer . . . Wenn Sie nicht alles Übel beseitigt haben, so haben sie wenigstens bewirkt, daß Ihre Nachfolger gezwungen sind zu versuchen, das zu vollenden, was Sie begonnen haben, und auf den Ruhm zu verzichten . . . Ihre Gnade und Ihre Verweigerungen kamen dem Vaterland stets zugute. Sie versagten, wie ein Familienvater seinen Kindern etwas versagt. Sie versagten wie ein Vater und gewährten wie ein Freund[8].«

Zahllos sind auch seine Interventionen zugunsten von Daniel Grenoilleau, einem Protestanten aus Bordeaux, der sich nach Genf geflüchtet hatte, oder zugunsten von Daniel Chaubinet, einem seiner Nachbarn, der des Mordes beschuldigt wurde; er nimmt ihn in Baron unter seine Obhut, um ihn der Gerichtsbarkeit der Mönche aus der Abtei des Sauve-Majeur-Ordens zu unterstellen, und erspart ihm einen entehrenden Prozeß.

Als La Beaumelle 1753 in der Bastille interniert wird, vergißt Montesquieu die Schwierigkeiten, die ihm sein ungestümer und übereiliger Freund mit seiner *Fortsetzung der Verteidigung des Geistes der Gesetze* beschert hatte, und unternimmt zahlreiche Schritte, um seine Befreiung durchzusetzen. Sobald La Beaumelle auf freiem Fuß ist, verwendet sich Montesquieu, wenn auch ohne Erfolg, bei Malesherbes dafür, daß sein Freund die Sondererlaubnis für eine neue *Gazette* erhält; ihre Herausgabe hätte La Beaumelle erlaubt, seine Ideen und Schriften zu verbreiten. Auch wenn er ihm nicht die Erlaubnis gibt, *Lysimache* zu veröffentlichen, hört Montesquieu nie auf, die Initiativen von La Beaumelle zu fördern und zu unterstützen.

Sein natürliches Wohlwollen drängt Montesquieu dazu, die Bemühungen junger Wissenschaftler und Schriftsteller, deren Talente er erkennt, zu unterstützen. So fördert er von Jugend an Augustin Roux de Saint-Amand aus Bordeaux, der 1750 Arzt wird; er rät ihm, »die Provinz zu verlassen, wo man selten den wahren Wert erkennt«, um sich nach Paris zu begeben, und stattet ihn mit »Empfehlungsschreiben für einige Freunde aus«. Über Roux lernt er den zukünftigen Chemiker Jean Darcet kennen, der aus den Landes stammt und den er für eine gewisse Zeit als Sekretär einstellte. Er fördert außerdem noch einen anderen Gascogner, den ehemaligen Jesuiten Alexandre Deleyre, der später *Das Genie Montesquieu* schreiben wird.

Suard, den er in seinen Anfängen unterstützte, berichtet von Aussagen Montesquieus, die sein Bemühen zeigen, den jungen Generationen die intellektuelle Glut und den Sinn für Ideen zu vermitteln, die ihn stets beseelt hatten: »So, meine Herren«, sagte er eines Tages zu Abbé Raynal, Helvétius, Doktor Roux und Monsieur Suard, »Sie befinden sich im Alter der großen Bestrebungen und der großen Erfolge: Ich ersuche Sie, den Menschen nützlich zu sein, als wäre es das größte Glück im Leben eines Mannes; ich habe niemals unter einem Kummer gelitten, dessen Bitternis von einer halben Stunde Nachsinnen nicht besänftigt worden wäre. Ich für meinen Teil bin am Ende; ich habe all mein Pulver verschossen; all meine Kerzen sind erloschen. Jetzt ist es an Ihnen; merken Sie sich gut das Ziel: Ich habe es nicht erreicht; ich meine, es gesichtet zu haben. Der Mensch wollte oder konnte sich nicht auf seinen Instinkt beschränken, der ihm Sicherheit bot, auch wenn sein Dasein dem der Tiere sehr nahe kam. Bei seinem Versuch, sich auf die Stufe der Vernunft zu erheben, hat er ungeheuerliche Fehler hervorgebracht und beibehalten; seine Tugenden und seine reinen Freuden können nicht wahrhafter sein als seine Ideen. Die Nationen umgeben sich mit dem Luxus der Reichtümer und dem Luxus des Geistes; den Menschen fehlt es sehr häufig an Brot und gesundem Menschenverstand. Um ihnen allen das Brot, den gesunden Menschenverstand und die Tugenden, die sie nötig haben, zu sichern, gibt es nur ein Mittel: Man muß die Vöker und Regierungen soweit wie möglich aufklären; das ist die Aufgabe der Philosophen, die Ihre[9].«

Als sich Ludwig XV. der Wahl des Dichters Alexis Piron in die Académie française widersetzt, verwendet sich Montesquieu, der damals Direktor der Gesellschaft war, für ihn bei Madame de Pompadour: »Piron ist genug für die schlechten Verse bestraft worden, die er, wie man sagt, verfaßt hat; andererseits hat er sehr gute geschrieben. Er ist blind, arm, gebrechlich, verheiratet und alt. Könnte ihm der König nicht eine kleine Pension zukommen lassen? Setzen Sie das Ansehen ein, das Ihnen Ihre schönen Vorzüge verleihen; da Sie glücklich sind, sollten Sie wünschen, daß es keine Unglücklichen gibt. Der verstorbene König schloß La Fontaine wegen seiner *Erzählungen* aus der Akademie aus und gab ihm seinen Sitz sechs Monate später wegen seiner *Fabeln* zurück. Er wollte sogar, daß er vor Despréaux aufgenommen wurde, der seither kandidiert hatte.«

Die Beziehungen zu Frauen spielten immer noch eine wichtige Rolle im Leben des alternden, inzwischen berühmten Montesquieu. Maupertuis zufolge war er »einfach, tiefgründig, erhaben, er fesselte, belehrte und verletzte niemanden«. Anne-Charlotte, die Herzogin von Aiguillon, war eine seiner treuesten und intellektuell begabtesten Freundinnen, die er im unweit von Aiguillon gelegenen Clairac und in Paris traf. Montesquieu schätzte ihre Lebendigkeit und ihre Fröhlichkeit und hätte sich im Verlauf eines langen Prozesses, den er angestrengt hatte, um seine Feudalrechte geltend zu machen, beinahe mit ihr überworfen; während Guasco »ihren von einer Unendlichkeit schöner Kenntnisse kultivierten Geist, ihre erhabene Denkart und ihre zuvorkommenden Manieren« rühmte, beurteilte Montesquieu seine Freundin in den *Gedanken* jedoch mit großer Härte: »Sie war die Frau Frankreichs, die in einem bestimmten Zeitraum am meisten log[10]« und »weit mehr mit ihren Feinden befreundet [war] als mit ihren Freunden[11]«; »sie hat Geist, doch von der beklagenswerten Sorte; sie besitzt den Hochmut eines Schulmeisters und alle Fehler eines Lakaien[12]«. Trotz seiner unnachsichtigen Einschätzung suchte Montesquieu die Gesellschaft von Madame d'Aiguillon, pflegte ihre Freundschaft und gefiel sich in ihrer Gegenwart; im März 1754 verbrachte er mit ihr acht Tage bei Maurepas in Pont-Chartrain; sie blieb ihm bis zum Ende treu und stand ihm in seinen letzten Augenblicken zur Seite.

Madame Dupré de Saint-Maur, geborene Marie-Marthe Alléon, die Frau eines einfachen Rechtsanwalts an der Pariser Rechnungskammer und Mutter des zukünftigen Präsidenten von Bordeaux, Nicolas Dupré de Saint-Maur, war für Montesquieu ebenfalls eine verläßliche, treue Freundin. Guasco zufolge sagte er über sie, daß »sie gleichermaßen dafür geeignet war, seine Mätresse, seine Frau oder seine Freundin zu sein«. Seine Briefe zeigen ihn ihr gegenüber galant und darum bemüht, ihr zu gefallen; er schickt ihr die in Schottland gedruckte Ausgabe des *Geistes der Gesetze*, um es ihr zu ermöglichen, ihn in einer »schönen Ausgabe[13]« zu lesen. Mit den Jahren gewinnen seine Gefühle an Tiefe, wie ein von Guasco in Versen abgefaßtes Porträt bestätigt; er trifft sie in den Salons der Hauptstadt, und sie haben gemeinsame Freunde wie Trudaine, Réaumur und den Ritter von Jaucourt.

Wenn die sozialen Normen es verlangen, weiß sich Montesquieu, den Gewohnheiten zu beugen und seine Langeweile zu vergessen, um der Freude, die seine Gegenwart einer alternden und kranken Freundin verschafft, Rechnung zu tragen. Als er im Dezember 1750 von der Herzogin von Maine nach Anet eingeladen wird, vertraut er Madame Dupré de Saint-Maur an: »Ich wollte drei Tage in Anet verbringen, um der Herzogin von Maine klarzumachen, daß mich sechs Monate Abwesenheit nicht daran hinderten, mich an die Ehre zu erinnern, die sie mir damit gemacht hatte, mich bei meiner Rückkehr dorthin einzuladen. Drei Tage, ja sogar acht vergingen, ohne daß ich imstande war abzureisen; es ist eine Übertragung von Autorität in diesem königlichen Blut, das Gehorsam verlangt, sonst kennt es keine Gnade. So bin ich also immer noch für ein paar Tage im Alkoven einer erkälteten Prinzessin mit erhöhter Temperatur, und der Gesellschafter von drei oder vier alten Herrschaften, deren Falten die Inschriften sind, die von ihrem Alter zeugen.«

Seit 1733 traf sich Montesquieu mit Anne-Gabrielle de Beauvau-Craon, der Schwester des Prinzen von Beauvau, die damals noch Prinzessin von Lixin war. Als sie zum zweitenmal heiratete, diesmal den Marquis und baldigen Herzog von Mirepoix, hatte ihr Montesquieu, der zweifellos in sie verliebt war, von dieser Verbindung mit einer Reihe von ziemlich hermetischen Maximen abgeraten; eine von ihnen – »Ich bin verliebt in die Freundschaft[14]« – ist sorgfältig durchgestrichen und verrät die Echtheit seiner Gefühle. Wenn man sich auf das Porträt verläßt, das Madame Du Deffand von ihr entworfen hat, war die Marquise sicher eine verführerische Frau, und man begreift die Freundschaft, ja die Liebe, die Montesquieu ihr gegenüber empfand: »Madame de Mirepoix ist schüchtern, doch ohne einen befangenen Eindruck zu machen und ohne jemals die Geistesgegenwart oder die Schlagfertigkeit zu verlieren. Ihr Gesicht ist bezaubernd, ihr Teint betörend; ihre Züge sind, ohne vollkommen zu sein, so gut aufeinander abgestimmt, daß niemand jünger und hübscher aussieht. Ihr Wunsch zu gefallen gleicht mehr der Höflichkeit als der Koketterie; zudem betrachten sie die Frauen ohne Neid, und die Männer wagen es nicht, sich in sie zu verlieben. Ihre Haltung ist so besonnen, es gibt etwas so Friedfertiges und Ordentliches in ihrer ganzen Person, daß sie eine Art Respekt einflößt und alle Hoffnung verbietet, weit mehr als ein strenges, stattliches Aussehen es könnte[15].«

In einem kleinen Gedicht, das er 1747 während seines Aufenthalts am Hof von Lunéville schrieb und das von Venuti ins Italienische übersetzt wurde, bekundet Montesquieu seine Bewunderung, die von einer gewissen Enttäuschung ihr gegenüber, für die er leidenschaftliche Liebe empfand, geprägt ist:

Die Schönheit, die ich besinge, kennt ihre Reize nicht.
Sterbliche, die Ihr sie seht, sagt ihr, daß sie schön ist;
  Naiv, einfach, natürlich,
  Und schüchtern ohne Befangenheit.

So ist die neue Hyazinthe;
Ihr Kopf erhebt sich nicht
Über die Blumen um sie herum;
Ohne sich zu zeigen, noch zu verbergen,
Gefällt sie sich in der Wiese;
Dort könnte sie ihr Leben beschließen,
Wenn das Auge sie nicht suchen käme.
Mirepoix erhielt als Erbteil
Die Treuherzigkeit, die Sanftmut, die Ruh';
Das sind unter tausend Reizen
Die, die sie einsetzen will.
Um die Sanftheit ihrer Züge zu entstellen,
Wagte die stolze Verachtung nie,
Sich auf ihrem Gesicht zu zeigen.
Ihr Geist besitzt jene Wärme
Der gerade aufgehenden Sonne.
Hymen kann von ihrem Herz sprechen;
Amor könnte es verkennen.

Montesquieus Freunde verfolgten aus der Nähe das Tun und Treiben von Madame de Mirepoix und fanden Gefallen daran, ihm davon zu berichten. Bulkeley hält ihn über die Besuche, die er ihr abstattet, und die Feste, die sie gibt, auf dem laufenden. Die Ernennung des Marquis von Mirepoix zum französischen Botschafter in London und die baldige Abreise des Ehepaares nach England riefen zahlreiche Kommentare hervor. Madame de Tencin schreibt Montesquieu am 20. Mai 1749: »Ihre geliebte Person ist bereit, nach England abzureisen. Man sagte mir, sie rechne damit, daß Sie ihr nachfolgen werden; ich bin darüber erfreut und verärgert.« Am 22. Juli 1749, dem Tag der Abreise, informiert Montesquieu Venuti darüber und fügt hinzu: »Es gibt keinerlei Anzeichen dafür, daß ich nach England fahre.« Tatsächlich hatte Madame de Mirepoix ihn schon am 19. März aufgefordert, ihr in Begleitung ihres Vaters, des Fürsten von Craon, nach England nachzukommen: »Ich sage Ihnen nicht, wie sehr ich es mir wünsche, das versteht sich übrigens.«

Doch Montesquieu hat beschlossen, in Frankreich zu bleiben. Am 27. August 1749 verulkt Solar seine scheinbare Gefaßtheit: »Sie lassen Madame de Mirepoix in aller Seelenruhe abreisen; das ist ein schlechtes Omen für die Empfindsamkeit Ihres Herzens. Ich erwartete großen Jammer, von dem ich nichts entdeckte; ich gratuliere Ihnen: Sie werden ruhiger.« Madame de Mirepoix reagiert heftig auf Montesquieus Absage: »Was kümmert es mich schon, daß ich an einem Ort bin, an dem Sie nicht sind und wohin Sie, wie mir jeder sagt, nicht kommen wollen? Gibt es etwas Unehrenhafteres, als mir ein Kompliment zu machen und mir allein deshalb zu schreiben, als hätten Sie seit einem Jahrhundert nicht an mich gedacht? Sie neigen wohl dazu, Ihre Freunde wie Ihre Bekanntschaften zu behandeln. Ich will nicht zu sehr nach dem Grund für eine so schlechte Angewohnheit suchen; ich fürchte zu sehr, ihn in Ihrem Herzen zu finden. Wie dem auch sei, ich gestehe zu meiner Schande, daß ich Sie trotz all Ihrer Fehler wahnsinnig liebe, und ich verbürge mich für einen Bruder und einen Gatten, die Sie fast genauso wie ich mögen. Ich habe Sie mit ganz England entzweit.«

Der Erfolg von Madame de Mirepoix bei den Engländern wird von Guasco bestätigt, als er sich auf der Durchreise in London befindet. Doch sein Briefverkehr mit Montesquieu wird seltener; gegenüber Madame Du Deffand, die sich besorgt zeigt, daß er Madame de Mirepoix anscheinend vernachlässigt, erklärt Montesquieu seine Haltung am 12. Oktober 1753 so: »Sie sagen, ich hätte gar nicht an die Herzogin von Mirepoix geschrieben; ich habe zwei Gründe dafür ausgemacht: Sie ist krank und in den Fängen des Hofes.« Die Korrespondenz gibt uns nicht genügend Aufschluß über das Verhältnis von Montesquieu und Madame de Mirepoix, um zu versichern, daß sie seine Mätresse war, wie R. Shackleton[16] verlauten läßt; in jedem Fall bestand zwischen ihnen eine feste Freundschaft, der Madame de Mirepoix bis zum Tod Montesquieus die Treue hielt.

Montesquieu verkehrte häufig in den Salons von Madame de Tencin, Madame Geoffrin und Madame Du Deffand; die Beziehungen zu seinen Gastgeberinnen reichen von tätiger Freundschaft für die erste über zurückhaltenden Kontakt mit der zweiten bis hin zu einer tiefen Freundschaft ohne Schwärmereien mit der dritten. Madame de Tencin hatte ihrem »kleinen Römer«, als der *Geist der Gesetze* erschien, grenzenlose Bewunderung und eine wachsame Freundschaft bewiesen, worauf ihr Montesquieu mit dauerhafter Anhänglichkeit und großer Diskretion begegnete. Dieses vollkommene Einvernehmen hielt bis zum Tod von Madame de Tencin am 4. Dezember 1749. Welchen Trost hätte sie ihrem Freund entgegengebracht, wenn sie während der düstersten Periode der Auseinandersetzung um den *Geist der Gesetze* noch gelebt hätte!

Obwohl Montesquieus Verhältnis zu Madame Geoffrin bis in die dreißiger Jahre zurückreichte, gründete es längst nicht auf denselben Gefühlen des Vertrauens, der Hochachtung und Freundschaft. Montesquieu erkennt an, daß »bei ihr stets eine sehr gute Gesellschaft« verkehrt. Doch diese Großbürgerin, welche die Stammgäste ihres Salons sorgfältig auswählte, verhielt sich bei der Leitung der Gespräche und Diskussionen manchmal ein wenig tyrannisch, um den Zaghaften zu ersparen, daß sie von den Philosophen eingeschüchtert wurden, und den vornehmen Herren, daß sie sich über die Schriftsteller entrüsteten. Dem einzigen Brief, den Montesquieu am 15. April 1749 an Madame Geoffrin richtete, fehlt jener warme Ton, jene ein wenig innige Herzlichkeit, die er mit anderen Frauen pflegte. Als es zwischen Guasco und Madame Geoffrin zu Unstimmigkeiten kommt, ergreift Montesquieu entschlossen Partei für seinen Freund: »Ich bin wirklich empört über den unehrenhaften Zug dieser Frau, doch nichts überrascht mich bei ihr; wenn Sie die üblen Streiche kennen würden, die ich selbst mehr als einmal hinnehmen mußte, wären Sie weniger erstaunt und vielleicht weniger pikiert.«

Die wirklichen Motive für den Streit zwischen Madame Geoffrin und Guasco, die nur durch eine Anmerkung des letzteren in seiner Ausgabe der *Familienbriefe* von Montesquieu sowie durch die *Literarische Korrespondenz* von Grimm-Diderot bekannt sind, bleiben ziemlich unklar. Guasco erkennt an, daß ihre ansprechende Persönlichkeit und ihr niveauvoller Geist »stets die beste Gesellschaft von Paris zu ihr gelockt haben, sowohl Schriftsteller als auch Ausländer von höchstem Rang.« Doch er führt gegen sie auch zahlreiche Klagen an, die sie in ein schlechtes Licht rücken:

»Da dieses Ärgernis seinerzeit in ganz Paris die Runde machte, hat er ein Interesse daran, sich dazu zu äußern. Die Gründe, die Madame Geoffrin angab, warum sie mit diesem vormals zu ihrer Gesellschaft gehörenden Ausländer gebrochen hatte, waren: 1. daß er ihr eine Kommission eines Steingutbetriebes, die sie ihm, während er in England war, gegeben hatte, in drei verschiedenen Zahlungen aus seinem Pariser Guthaben hatte begleichen lassen, anstatt ihr einen Wechsel über die ganze Summe zu schicken; 2. daß es ihm am Ton der guten Gesellschaft gemangelt hätte, als er bei ihr eines Tages, als man sich gerade zum Abendessen begab, von einer Kolik sprach, die ihn plagte und dazu zwang, sich zurückzuziehen; 3. daß er allzu vielen Gesellschaften angehörte; 4. daß sie ihn verdächtigte, ein Spion des Hofes von Wien oder von Turin zu sein, da er so viele Kontakte zu ausländischen Ministern unterhielt. Diesen zweifellos richtigen Gründen haben die Leute jedoch gehässigerweise hinzugefügt: 1. daß sie sich vernachlässigt fühlte, da dieser Ausländer in Paris mehr Kontakte geknüpft hatte und nicht mehr täglich zu ihr ging; 2. daß er in seiner Beschreibung des Lebens von Prinz Cantimir die Personen erwähnt hatte, mit denen er in Verbindung stand, ohne sie zu nennen; 3. daß er sie hätte hoffen lassen, die Bekanntschaft des Botschafters von Sardinien, des Marquis von Saint-Germain, zu machen, den sie liebend gerne bei sich empfangen wollte, wozu es nicht kam, weil sich dieser Botschafter nicht darum scherte, und daß zu dieser Zeit die Abkühlung eingesetzt hätte. Wie dem auch sei, eine Kränkung, die sie ihm eines Tages in ihrem Salon zufügte, führte zum endgültigen Bruch; sie versuchte anschließend, ihn auf etlichen Wegen zu rechtfertigen, und legte es sogar darauf an, Monsieur de Montesquieu gegen ihn aufzubringen, doch ihre Freundschaft war felsenfest.«

Die *Literarische Korrespondenz* von Grimm-Diderot[17] gibt eine ganz andere Version über die Ursachen des Bruchs: »Der Präsident [Montesquieu] hatte ihn [Guasco] bei Madame de Geoffrin eingeführt; Abbé Guasco hatte sich dort so eingenistet, daß man ihn entweder hinauswerfen mußte oder aber Gefahr lief, das Haus von der guten Gesellschaft verlassen zu sehen. Madame Geoffrin, die dem Gönner Abbé Guascos mit äußerster Hochachtung begegnete, ging mit großer Behutsamkeit an die Sache heran. Sie gab ihrem Portier die Anweisung, den Abbé von fünf Malen, die er vorbeikam, nur einmal hereinzulassen. Das hieß, ihn noch häufig genug zu empfangen, da er jeden Tag erschien; doch der Piemontese war nicht der Mann, der sich auf diese Art und Weise lenken oder bremsen ließ. Als der Portier ihm versicherte, daß seine Herrin nicht da sei, versicherte ihm der Abbé von Guasco das Gegenteil und setzte sich darüber hinweg. Madame Geoffrin bedeutete ihrem Portier schließlich verärgert, wenn er den Abbé Guasco nicht daran hindern könne einzutreten, würde er selbst vor die Tür gesetzt, die er so schlecht bewache. Der Diener, der wenig darauf erpicht war, seine Stelle wegen der häßlichen, rotgeränderten Augen des Herrn Abbé von Guasco zu verlieren, stellte sich ihm beim ersten Versuch, sich gewaltsam Zutritt zu verschaffen, in den Weg und schob den ungebetenen Gast auf die Straße hinaus.«

Reichen die Taktlosigkeit Guascos und die Kränkungen von Madame Geoffrins Eigenliebe dafür aus, um diesen Bruch zu erklären, sowie das Aufsehen, das er hervorruft, und die langsam gereifte Rache, die Guasco 1767 mit der Veröffentlichung der *Familienbriefe* nimmt? Montesquieu kannte sicherlich die wirklichen Gründe für die Krise; er reagiert mit Entrüstung auf die Anschuldigungen, die man gegen Guasco vorbringt. »Madame Geoffrin ist zu mir gekommen«, schreibt er ihm, »wie es scheint, um mich auszuhorchen; sie hat es nicht versäumt, Sie mit spöttischer Miene zur Sprache zu bringen; doch ich war kurzangebunden und ließ sie merken, daß ich schockiert war von ihrem Benehmen gegenüber einem Freund, von dem sie genau weiß, wie sehr ich ihn schätze und mag. Sie war ein wenig überrascht: Unser Gespräch dauerte nicht lange, und ich habe vor, mit ihr zu brechen. Ich hielt sie zu soviel Bosheit und Niedertracht nicht imstande. Die Herzogin von Aiguillon ist darüber genauso entrüstet wie ich; sie schwadronierte mit der Leichtfertigkeit, die Sie an ihr kennen, über die Belanglosigkeit des Verdachts politischer Spionage und über die Lächerlichkeit dieser angeblichen Entdeckung; sie hat nicht versäumt, darauf hinzuweisen, daß Sie während des ganzen Krieges in unserer Gesellschaft gelebt hätten, ohne je Anlaß zu geben, Sie zu verdächtigen, und daß es keinerlei Gelegenheit dazu gäbe in einer Zeit, da wir mit den Ländern, an denen Sie hängen, in Frieden zu leben.« Montesquieu wäscht Guasco von den Beschuldigungen rein und schreibt sie der Gehässigkeit zu: »Eine beiläufig fallengelassene Mutmaßung aufgrund Ihrer Reise nach Wien und Ihren Verpflichtungen in Flandern kann leicht auf seinem Weg von Mund zu Mund aufgebauscht worden sein, und die Bosheit hat sicher ihren Nutzen daraus gezogen.« Montesquieu starb einige Wochen nach Abfassung dieses Briefes und konnte sich deshalb mit Madame Geoffrin nicht mehr überwerfen; sie war für ihn keine wirkliche Freundin, sondern eine Bekannte aus der Gesellschaft, deren Salon er gerne aufsuchte.

Der Ritter von Aydie hat ein bewegendes Zeugnis über die tiefe Freundschaft ohne falsche Illusionen hinterlassen, die Montesquieu mit Madame Du Deffand verband; Montesquieu sagte ihm »in seiner üblichen Unbefangenheit und Aufrichtigkeit«: »Ich liebe diese Frau von ganzem Herzen; sie gefällt mir; sie bereitet mir Vergnügen; es ist nicht möglich, sich einen Moment mit ihr zu langweilen.« Er genoß »die anbetungswürdige Gesellschaft« in ihrem Salon, schätzte ihren Geist und hielt mit Vorliebe ihre Bonmots fest: »Madame Du Deffand sagte sehr zutreffend: ›Man kann ein Lügner sein; doch man darf nie falsch sein[18].‹« Ihr liebevoller Briefverkehr verbindet Höflichkeiten mit ernsthaften Überlegungen zur Philosophie; Montesquieu schlägt seiner Freundin vor, ihr Philosoph zu sein: »Madame, ich möchte in Paris sein, Ihr Philosoph sein oder auch nicht, Sie aufsuchen, zu Ihrem Gefolge gehören und Sie oft sehen.« Madame Du Deffand bringt ihrerseits gegenüber Montesquieu Empfindungen zum Ausdruck, die von tiefer Freundschaft und aufrichtiger Anhänglichkeit zeugen: »Niemand liebt Sie so sehr wie ich. Ich habe stets sehr bedauert, nicht Ihre Schwester zu sein: Ich würde Sie weder tags noch nachts verlassen, denn Sie schlafen, wie ich, kaum.« Dem Baron Scheffer gesteht sie: »Präsident von Montesquieu ist immer noch so originell, wie Sie ihn kennen, und ich mag ihn wahnsinnig.« Sie vertraut ihm die Sorgen an, die ihr ihre Gesundheit bereiten. »Ich bin tot; ich habe mich in Sceaux beerdigen lassen«, schreibt sie ihm am 8. November 1751. »Das ist absolut wahr; man behauptet, ich werde wiederauferstehen, was ich befürchte. Hoffnung habe ich allein wegen der Idee, Ihnen heute zu schreiben, Ihnen, der Sie der lebendigste aller Männer sind . . . Tatsache ist, Präsident, daß ich seit einem Monat in Sceaux bin; ich fühle mich sehr elend, meine Sehkraft hat so abgenommen, daß ich nicht selbst schreiben kann und sich mir so dunkle Schleier vor die Augen legen, daß ich weder allein noch in Gesellschaft sein kann. Deshalb habe ich mich zu einem Aufenthalt an diesem Ort entschlossen, der sehr dem Tal des Josaphat ähnelt, wenn man einmal davon absieht, daß man hier nicht gerichtet wird.«

Madame Du Deffand verspürte quälenden Überdruß. Die Goncourts haben sie in stark geraffter Form als jemanden geschildert, der sich den Kopf zerbrach, um die Langeweile zu vertreiben: »Eine Frau, die nicht vergnügt sein wollte, eine Frau, die der Gesellschaft überdrüssig und von sich selbst angewidert war, die es vorgezogen hätte, wie sie sagte, ›den

Kirchendiener der Mindesten Brüder zur Gesellschaft‹ zu haben, ›als ihre Abende ganz allein zu verbringen‹: eine Blinde, die in ihrer Finsternis und Kälte keinen anderen Sinn, kein anderes Gefühl, kein anderes Licht und keine andere Wärme hatte als den Geist; Madame Du Deffand lud ständig, um sich am Leben zu halten, die völlige Ablenkung von der Zeit, den Lärm der Unterhaltung und der Welt, der Personen und Ideen zu sich ein[19].«

Hinsichtlich Überdruß und Glück unterscheidet sich Montesquieus Einstellung von der seiner Freundin aufs tiefste; als sie bekräftigt, daß auf dieser Welt – vom Engel bis zur Auster – nichts glücklich ist, erwidert ihr Montesquieu mit ironisch gefärbtem Ernst: »Sie sagen, Madame, daß vom Engel bis zur Auster nichts glücklich sei. Hier gilt es zu unterscheiden. Die Seraphim sind gar nicht glücklich, sie sind zu erhaben: Sie sind wie Voltaire und Maupertuis, und ich bin überzeugt, daß sie sich dort oben Schlechtes antun; doch Sie können nicht bezweifeln, daß die Cherubim sehr glücklich sind. Die Auster ist nicht so unglücklich wie wir, man verschlingt sie, ohne daß sie es ahnt; doch was uns angeht, so teilt man uns mit, daß wir verschlungen werden, und man macht uns klipp und klar, daß wir mit einer ewigen Verdauung zu rechnen haben. Ihnen als Feinschmeckerin könnte ich von diesen Kreaturen mit drei Mägen erzählen; es müßte schon mit dem Teufel zugehen, wenn unter den dreien nicht ein guter wäre.«

Als ihm Madame Du Deffand mitteilt, daß sie vollkommen erblindet ist, versucht Montesquieu, der ebenfalls fast nichts mehr sieht, ihr Leid zu schmälern, indem er über ihr gemeinsames Los scherzt: »Sie sagen, Sie sind blind! Sehen Sie nicht, daß wir, Sie und ich, früher kleine, rebellische Geister waren, die zur Finsternis verurteilt wurden? Trösten muß uns, daß diejenigen, die klar sehen, noch lange keine hellen Köpfe sind.«

In den Salons von Madame Du Deffand und Madame Geoffrin hatte Montesquieu die Bekanntschaft von Jean Le Rond d'Alembert gemacht, dem Sohn von Madame de Tencin. Als geistvoller, mitreißender Unterhalter, der wegen seiner Nachahmung von Schauspielern der Comédie und der Oper geschätzt und als »der erhabene Geometer« gefeiert wurde, mauserte sich D'Alembert zur Zierde des Salons von Madame Du Deffand, die er bei Präsident Hénault kennengelernt hatte. Von 1750 an beteiligt ihn Diderot an der Redaktion der *Enzyklopädie*. Über D'Alembert wird Montesquieu in den Kreis der Philosophen der *Enzyklopädie* eingeführt. In seiner 1751 veröffentlichten Vorrede zum ersten Band der *Enzyklopädie* hielt D'Alembert eine vielbeachtete Laudatio auf den Autor des *Geistes der Gesetze*: »Ein gescheiter Schriftsteller, ein so guter Bürger wie großer Philosoph hat uns über die Prinzipien der Gesetze ein Werk geschenkt, das von ein paar Franzosen verunglimpft, von der Nation begrüßt und von ganz Europa bewundert worden ist, ein Werk, das ein unsterbliches

Denkmal für das Genie seines Autors sowie für die Fortschritte der Vernunft in einem Jahrhundert sein wird, dessen Mitte eine denkwürdige Epoche in der Geschichte der Philosophie bilden wird.« Da er sehr empfänglich für diese Äußerungen war, bat Montesquieu Madame Du Deffand, sie möge D'Alembert danken, »daß er mich in seiner Vorrede erwähnt hat. Ich schulde ihm auch Dank dafür, daß er diese Vorrede so schön geschrieben hat; ich werde sie bei meiner Ankunft in Bordeaux lesen.«

Madame Du Deffand ersuchte ihre Freunde und besonders Montesquieu darum, der Akademie die Kandidatur von D'Alembert vorzuschlagen, der durch seine Weigerung, Präsident Hénault in der *Enzyklopädie* ein paar lobende Worte zukommen zu lassen, die Aufgabe seiner Befürworter nicht erleichterte. 1753 unterstützt Montesquieu als Direktor der Akademie diese Kandidatur; am 12. Oktober schreibt er an Madame Du Deffand: »Was D'Alembert angeht, so habe ich mehr Verlangen als er und genausoviel Verlangen wie Sie, ihn in der Akademie zu sehen. Es stimmt, daß es bei der letzten Wahl [der von Buffon am 23. Juni] eine feste Gruppierung gab, welche die nächste Wahl ein wenig behindern wird.« Um die letzten Vorbehalte D'Alemberts, der am 28. November 1754 gewählt wurde, auszuräumen, schrieb ihm Montesquieu: »Sie können sich gegen die Akademie wehren, wie Sie wollen, wir haben auch Materialisten; Beispiel: Abbé von Olivet, der zentrales Gewicht hat; Sie hingegen, Sie haben überhaupt kein Gewicht.«

Die Schwierigkeiten, welche die Obrigkeit der *Enzyklopädie* bereitete, ermutigten Montesquieu, der noch unter dem Eindruck des Verbots des *Geistes der Gesetze* stand, jedoch kaum dazu, bei dem Unternehmen von Diderot und D'Alembert mitzuwirken. Dieser hatte ihn gebeten, die beiden Artikel über Demokratie und Despotismus zu schreiben; Montesquieu erteilte ihm eine höfliche, aber entschiedene Absage: »Was meine Einführung in die *Enzyklopädie* angeht, so ist das ein schöner Palast, in den ich mit großem Interesse meine Füße setzen würde; doch für die beiden Artikel über Demokratie und Despotismus möchte ich diesen Schritt nicht tun. Über diese Begriffe habe ich mir alles aus dem Gehirn gesogen, was darin war. Mein Geist ist eine Gußform; man erhält immer nur dieselben Porträts. Demnach würde ich Ihnen nur mitteilen, was ich bereits geäußert habe, und vielleicht schlechter, als ich es tat. Überlassen Sie daher, wenn Sie etwas von mir wollen, meinem Geist die Wahl einiger Artikel; wenn Sie möchten, wird diese Auswahl bei Madame Du Deffand bei einem Glas Maraschino getroffen. Pater Castel sagt, er könne sich nicht korrigieren; denn indem er sein Werk korrigiere, mache er ein anderes daraus; ich kann mich nicht korrigieren, weil ich immer dasselbe singe.« Er schlug vor, den Artikel über den Geschmack »vielleicht zu übernehmen«. Dieser Artikel wurde schließlich von Voltaire verfaßt; ihm folgte jedoch Montesquieus *Essay über den Geschmack* mit folgender Anmerkung der Herausgeber: »Wir fügen diesem ausgezeichneten Artikel das Fragment über den Geschmack hinzu, das der Herr Präsident von Montesquieu der *Enzyklopädie* zugedacht hat . . . Dieses Fragment ist unvollendet in seinen Papieren gefunden worden.«

Montesquieu verkehrte auch mit anderen Wissenschaftlern. Bei Madame Du Châtel hatte er Charles-Marie de La Condamine getroffen, einen Astronomen, der wegen seiner Reisen zu den Küsten Afrikas und nach Peru berühmt und wegen seiner Taubheit zu einem zurückgezogenen Dasein gezwungen war. »Die Einsamkeit ist bei Taubheit die einzige Abhilfe«, schreibt La Condamine am 14. Februar 1753 an Montesquieu. »Wenn ich Leute Ihres Schlages vermissen müßte, wäre ich untröstlich, doch ich entschädige mich, so sehr ich kann, dafür, daß ich Sie nicht höre: Ich lese Sie und lerne Sie auswendig.«

Die Rolle von Maupertuis bei der Wahl Montesquieus in die Akademie von Berlin im Jahre 1746 hatte dazu beigetragen, die beiden Männer, die etliche ideelle Meinungsverschiedenheiten trennten, einander näherzubringen. Als Maupertuis 1749 seinen *Essay über die Moralphilosophie* veröffentlicht, ist Montesquieu der Ansicht, er sei »das Werk eines geistvollen Mannes, der sein ganzes Leben gläubig gewesen ist und der vielleicht bewiesen hat, daß er gar nicht glücklich war«. Denn ihm zufolge »berücksichtigt Maupertuis in seinem Kalkül nur Freuden und Leiden, das heißt alles, was der Seele ihr Glück oder ihr Unglück anzeigt. Das Glück des Daseins und die alltägliche Freude, die nichts Besonderes ausdrückt, weil man sie gewöhnt ist, berücksichtigt er nicht. Wir nennen nur ungewohnte Dinge ein Vergnügen. Wenn wir fortwährend das Vergnügen hätten, Appetit zu speisen, würden wir das nicht als Vergnügen bezeichnen; das wäre Dasein und Natur. Man sollte nicht sagen, das Glück sei der Moment, den wir gegen keinen anderen eintauschen möchten. Sagen wir es anders: Das Glück ist der Moment, den wir nicht gegen das Nicht-Sein eintauschen möchten[20].«

1753 griff der Schweizer Mathematiker Johann Samuel König Maupertuis an; als Voltaire in seiner *Schmährede des Doktor Akakia* den *Brief über den Fortschritt der Wissenschaften* lächerlich machte, machte Montesquieu die Sache seines Berliner Freundes zu seiner eigenen. Das Verhältnis zu Voltaire war stets sehr ambivalent; ihre Wege hatten sich in England gekreuzt, doch Treffen der beiden Philosophen waren selten, ja sogar außergewöhnlich. Sie empfanden eine gegenseitige Abneigung, die bei Montesquieu durch eine gewisse Bewunderung für das literarische Talent Voltaires gemildert war, dessen Werke er mit »mißgestalteten Gesichtern« vergleicht, »die von Jugendlichkeit strahlen[21]«. Was Voltaire anbetraf, so fragte er sich, »wer ihn gerechter beurteilt hat, diejenigen, die ihm hunderttausend Lobpreisungen zuteil werden ließen, oder die, welche ihm hundert Stockschläge verabreicht haben[22]«. »Alle Bücher, die er liest, schreibt er; danach billigt oder kritisiert er, was er gemacht hat.« Er meint, daß Voltaire »nie eine gute Geschichte schreiben wird: Er gleicht den Mönchen, die nicht wegen des Themas schreiben, das sie behandeln, sondern für den Ruhm ihres Ordens: Voltaire schreibt für sein Kloster[23].« Er glaubt, »daß es schmählich für die Akademie wäre, wenn Voltaire ihr Mitglied würde, während es für ihn nur ein paar Tage Schmach bedeutete, wenn er es nicht geworden ist[24]«. Montesquieu kann seine Verachtung für Voltaires Charakter nicht verbergen: »Jemand erzählte von den Lastern Voltaires. Man entgegnete stets: ›Er ist sehr geistvoll!‹ Jemand verlor die Geduld und sagte: ›Natürlich! Das ist ein Laster mehr[25].‹«

Montesquieus gesellschaftliche Verpflichtungen und seine häufigen Aufenthalte in Bordeaux und La Brède erlaubten es ihm nicht, der Académie française viel Zeit zu widmen. 1749 und 1750 nimmt er an den Wahlen teil und wohnt den Aufnahmesitzungen bei; 1751 und 1752 ist er hingegen abwesend. Als er am 2. April 1753 zum Direktor gewählt wird, zeigt er sich während der ersten drei Monate seines Mandats gewissenhaft. Am 23. Juni wurde Buffon gewählt; in der Hoffnung, ihn empfangen zu können, bereitete Montesquieu seine Rede vor, von der einige Fragmente erhalten sind[26]. Am 27. April 1754 begab er sich anläßlich der Wahl von Bougainville zum letztenmal in die Akademie.

Trotz der Kritiken, die der *Geist der Gesetze* in den obrigkeitsnahen Kreisen erhalten hatte, war Montesquieu bei Hofe gern gesehen. Der am 1. April 1749, zu Beginn der Auseinandersetzung um den *Geist der Gesetze* abgefaßte Polizeibericht von Joseph d'Hémery, dem Beauftragten für den Buchhandel[27], enthält keinerlei Attacke gegen Montesquieu und skizziert sogar ein wohlwollendes Porträt von ihm: »Er gehört der Académie française an, der Royal Society of London, der Akademie von Berlin und war vorher Parlamentspräsident der Guyenne. Er ist ein unendlich geistvoller Mann, der sehr schlecht sieht. Er hat verschiedene bezaubernde Werke verfaßt, so die *Persischen Briefe*, den *Tempel von Gnidos* und das vielzitierte Buch vom *Geist der Gesetze*, das er heimlich in zwei Quartbänden in Genf drucken ließ. Wegen dieses Werkes hatte er viele Unannehmlichkeiten, sowohl von seiten der Sorbonne, die es zensieren wollte, als auch von seiten des Herrn Kanzlers, der vorhatte, es zu beschlagnahmen; all das hat sich jedoch durch die vielen Schritte, die er unternommen hat, wieder eingerenkt; und es gab mehrere Pariser Ausgaben mit stillschweigender Genehmigung.«

Nach Aussage des Nuntius spielte Montesquieu 1751, als das Amt des königlichen Historiographen nach Voltaires Abreise nach Berlin neu zu besetzen war, mit dem Gedanken, es zu übernehmen; doch es fiel Duclos zu. Im selben Jahr bezeugt der Vater der Königin, Stanislaus I.

Leszczyński, seine Hochachtung für den Autor des *Geistes der Gesetze*: Er gewährt ihm einen Platz in der Akademie, die er gerade in Nancy gegründet hatte. Stanislaus entsprach dem Gesuch Montesquieus bereitwillig und brachte ihm gegenüber seine Befriedigung und Gewißheit zum Ausdruck, daß die neue literarische Gesellschaft nur geehrt sein könnte, »einen so hervorragenden Namen wie den Ihren in der Schriftstellergemeinde« aufzunehmen sowie »einen Verdienst, der noch größer ist als Ihr Name«. Als Montesquieu dem ständigen Sekretär der Akademie, dem Chevalier von Solignac, der ihn von seiner Ernennung unterrichtet hatte, dankte, kündigte er ihm – bestrebt, seinen »Tribut« zu entrichten und seine »Pflicht als Akademiker zu erfüllen« – die Übersendung von *Lysimache* an; die Idee zu dieser kurzen Prosaerzählung, die im Stil an den *Dialog zwischen Sulla und Eukrates* und thematisch an die Geschichte der Troglodyten erinnerte, hatte er zwanzig Jahre zuvor gehabt. *Lysimaque* stellte in seinen Augen eine Huldigung an den in der Verbannung lebenden König dar: »Da ich über einen Monarchen reden lasse, den seine großen Qualitäten auf den Thron von Asien gehoben haben und den dieselben Qualitäten schwere Rückschläge erleben ließen, und ich ihn wie den Landesvater schildere, der von seinen Untertanen geliebt wird, die an ihm ihre Freude haben, glaubte ich, daß dieses Werk Ihrer Gesellschaft besser entspräche als jedes andere.« *Lysimache* wurde am 8. Mai 1751 während der öffentlichen Versammlung der Akademie gelesen und im ersten Band ihrer *Aufsätze* sowie im *Mercure* publiziert.

In seinen letzten Lebensjahren widmete Montesquieu den größten Teil seiner literarischen Arbeit der Vorbereitung einer neuen Ausgabe des *Geistes der Gesetze*. Da er sich weiterhin für die vom Jansenismus aufgeworfenen Probleme interessierte, dessen politische Konsequenzen ihm Sorgen bereiteten, schrieb er 1753 seinen *Aufsatz über die Konstitution Unigenitus*; damals hatte das Parlament von Paris in der Affäre um die Verweigerung der Sakramente offen Partei gegen die Bulle ergriffen und war vom 19. Mai bis zum 8. Oktober verbannt worden. Am 9. Juli 1753 richtete Montesquieu an den nach Bourges verbannten Präsidenten Duron de Meinières einen langen Brief zu diesem Thema. Er führt seine unparteiische Haltung ins Feld und glaubt sich in der Lage, nicht nur ein gerechtes Urteil über die Haltung des Parlaments zu fällen, sondern auch über die Auseinandersetzung, die seit vierzig Jahren (die Bulle *Unigenitus* stammt aus dem Jahre 1713) die französische Kirche spaltet: »Ich werde berichten, was vernünftige Leute über die gegenwärtigen Vorkommnisse sagen. Da ich Freunde wie Feinde des Parlaments, des Klerus und der Minister gehört habe und keinerlei Widerspruch ausgesetzt war, bin ich wohl genauso imstande, die Dinge zu beurteilen, wie alle Experten.«

Als ehemaliger Präsident am Parlament von Bordeaux wundert er sich über die Haltung des Parlamentes von Paris: »Sie dürfen, auch wenn Ihre

Vorhaltungen gut gemeint sind, um so weniger auf ihnen beharren, da einige unter ihnen von einem unvoreingenommenen Geist nicht zu tolerieren sind und Ihnen unmöglich zugebilligt werden können. Seit vierzig Jahren diskutieren wir über die Konstitution. Man hat sie zum Kirchen- und Staatsgesetz erklärt, und diese Erklärung ist eine Art Ruhepause und Sammelpunkt für die Bürger.«

Beunruhigt über die jüngsten Ereignisse, wirft Montesquieu seinem Adressaten die Parteilichkeit des Pariser Parlaments vor: »Wir können nicht begreifen, aufgrund welches Verhängnisses das Parlament diese Dinge als natürlich beurteilt und heute in der Rolle des Klägers erscheint und wie es sich, anstatt an der Spitze der Justiz zu stehen, sozusagen an der Spitze einer Partei befindet. Ist sein Ziel nicht, jede Spaltung zu verhindern? Hatte es nur ein einziges Gesetz anzufechten? Hätte es nicht alle anzufechten?«

Die Konsequenzen jener Stellungnahmen sind gravierend für die Führung der Regierungsgeschäfte: Hatte das Parlament nicht seine Befugnisse überschritten, seine Pflichten verletzt und das Gleichgewicht der Gewalten gestört, indem es sich eine Rolle zuschrieb, die nicht die seine war? »Der Staat ist eine große Maschine, und Ihr seid nur für einen ihrer Bereiche zuständig. Ihr stoppt die Maschine, und dennoch ist es nötig, daß sie läuft. Was sollten wir Ihrer Meinung nach machen? Dieser haltlose Zustand der unterbrochenen Rechtsprechung und all die Konsequenzen, die daraus folgen, die Gefängnisse voller Verbrecher: Verlangen sie nicht einen unmittelbaren, aufrichtigen Willen, ihnen Einhalt zu gebieten? Erfordern sie nicht ein Aufopfern aller kleinen Hindernisse und einen ehrlichen, innigen Wunsch nach Frieden?«

Lief das Parlament nicht Gefahr, durch seine Haltung die Interessen des Klerus zu unterstützen und so dem anvisierten Ziel zuwiderzuhandeln? »Ich bitte Sie inständig, schauen Sie sich das Benehmen des Klerus an. Er verhält sich vollkommen still, wie es scheint aus Gelassenheit; er erwartet alles von Euren Zwistigkeiten und Eurem Eifer, er hört sozusagen auf, gegen Euch zu agieren, weil er sieht, daß Ihr Euch bestimmt selbst zugrunde richtet. Bei dieser Gelegenheit verhält er sich nicht deshalb besser, weil er mehr Einfälle hätte als Ihr; seine Überlegenheit muß sich aus seiner Gelassenheit erklären.« Wenn sich Montesquieu derart freimütig geäußert und »nicht genug« auf seine »Worte geachtet hat«, dann deshalb, weil er vom Ernst der Situation ergriffen war: »Doch da ich weder loben noch tadeln, weder zustimmen noch mißbilligen, sondern Rechenschaft über die gegenwärtige Haltung meines Geists ablegen wollte und, wie ich glaube, über die aktuelle Lage der Dinge, wollte ich meinen Stil nicht zügeln, auf daß sich die Freundschaft vor der Freundschaft unerschrocken gibt.« In diesem Brief, der seinen *Aufsatz über die Konstitution* erklärt, bedient sich Montesquieu einer Offenheit, welche die

Redlichkeit seiner Absichten, die Loyalität seiner Freundschaft und die Aufrichtigkeit seiner Besorgnis bezeugt.

*

»Zwei Geschäfte habe ich noch abzuwickeln: Krankheit und Tod«, schreibt Montesquieu auf einer der letzten Seiten der *Gedanken*[28] in seiner großen, wegen seines schlechten Sehvermögens unförmigen Schrift. Die Vorstellung des Todes scheint ihn jedoch nicht gequält zu haben; jedenfalls erweist er sich in seinem ganzen Werk und besonders in seinen Notizbüchern als sehr zurückhaltend in dieser grundlegenden Frage, der kein Mensch entgehen oder sich entziehen kann. Man entdeckt nur wenige Überlegungen, alle verfaßt, als er noch jung war. Der Tod war indessen ständig gegenwärtig, sowohl durch die schrecklichen Pestepidemien, etwa der, die 1721 Marseille heimsuchte, als auch durch die endemischen Pockenepidemien, deren Anzeichen von allen gefürchtet waren. Die Kapazitäten der Medizin zur Vorsorge und Heilung waren derweil nur mäßig. In der Tat: »Nicht an Ärzten fehlt es uns, sondern an Medizin[29]«, »dieser grausamen Höllengöttin, die so viele Tage durch ihre Irrtümer abschneidet«. Da Montesquieu »die alte und neue Medizin beurteilen« wollte, schlägt er vor, eine Bilanz ihrer Siege und Niederlagen in den verschiedenen Ländern zu ziehen, um die tatsächlichen Wirkungen »der alten und neuen zu bemessen[30]«. Für ihn »sind die Pocken, die uns allen zugedacht sind, eine große Heimsuchung. Sie sind ein neuer Tod, der dem hinzugefügt wird, für den wir alle bestimmt sind. Die anmutigen Schilderungen, die Homer von den Sterbenden gibt, von jener Blume, die unter der Sense eines Schnitters fällt oder die von den Fingern einer Schäferin gepflückt wird, lassen sich auf diesen Tod nicht anwenden«.

Montesquieu stellt fest, daß »der Tod für einen Römer und der Tod für einen Christen zwei verschiedene Dinge sind[31]«; er ist furchterregend, und man muß ihm ins Auge sehen: »Man muß sich sehr davor hüten, den Menschen zuviel Todesverachtung einzuflößen; auf diesem Wege könnten sie dem Gesetzgeber entkommen[32].«

In seiner Jugend, ungefähr im Jahre 1711, hatte Montesquieu einen heute nicht mehr auffindbaren *Aufsatz gegen die ewige Verdammnis der Heiden* geschrieben; einige Passagen aus dem *Spicilège* erlauben es, seine wesentlichen Ideen zu rekonstruieren: Er geht das Problem der Verdammung sachlich an, er richtet nicht, sondern stellt sich Fragen und versucht das Problem der göttlichen Gerechtigkeit korrekt zu beleuchten[33]. Da er als Jurist argumentiert, begreift er nicht, warum Menschen für schuldig erklärt werden sollen, die eine Vorschrift vernachlässigt haben, deren Existenz ihnen nicht bekannt war; auch ist ihm unklar, warum die Strafe ewig währen soll: »Es ist schwer, allein mit der Vernunft die Ewigkeit der Strafen der Verdammten zu verstehen, denn Strafen und Belohnungen können nur in bezug auf die Zukunft ausgesetzt werden. Man bestraft heute einen Mann, damit er und auch die anderen morgen dasselbe nicht noch einmal tun. Doch wenn den Seligen nicht mehr freisteht zu sündigen und den Verdammten nicht mehr, etwas Gutes zu tun, wozu sollen dann Strafen und Belohnungen nützlich sein[34]?« Da er an der Existenz der Hölle zweifelt, erklärt er in den *Persischen Briefen*, daß die Religionen weniger darum verlegen seien, »den Bösen eine Vorstellung von der Hölle zu geben, als den Rechtschaffenen eine Vorstellung vom Paradies«. Doch wenn er im *Geist der Gesetze* nicht versteht, daß eine Religion, die mehr auf der Liebe als auf der Gerechtigkeit gründet, nicht zu sühnende Verbrechen fortbestehen läßt, akzeptiert er letztlich die Vorstellung, daß ein Mensch verdammt werden kann, dessen ganzes Dasein kriminell gewesen ist. Er hält eine schöne Lobrede auf den barmherzigen Charakter der christlichen Religion und erweist sich als aufgeklärter, orthodoxer Theologe, wenn er die Rechte der göttlichen Gerechtigkeit bestimmt, die sich durch ein sündiges Leben ohne Reue verletzt sieht[35].

Unter der äußeren Ausgeglichenheit Montesquieus gärt eine innere Spannung, wenn er sagt, daß der Mensch das unglücklichste aller Lebewesen sei: »Die Tiere sind glücklicher als wir: Sie fliehen das Leid; doch sie fürchten nicht den Tod, von dem sie keine Vorstellung haben[36].« In den letzten Tagen seines Lebens entkam er dieser Spannung nicht, dieser unvermeidlichen und stets erschütternden Konfrontation der geäußerten Vorstellungen mit der tragischen Realität der Einsamkeit angesichts des Todes.

Im Alter von sechzig Jahren verfaßte Montesquieu sein Testament; er legte zwei Exemplare an, eins davon »um es mit mir in die fremden Länder zu nehmen, die ich vorhabe, aufzusuchen«. Der Hauptanlaß für dieses Dokument war die Einsetzung des Sohnes von Jean-Baptiste de Secondat als Ersatzerben für das Gut von La Brède, um den Fortbestand seiner Familie und seines Erbguts zu sichern.

Am 29. Januar 1755 wurde Montesquieu krank. Die Krankheit erschien zunächst nicht schwer, raffte ihn jedoch innerhalb von dreizehn Tagen hinweg: Er starb am Montag, dem 10. Februar 1755. Sein Arzt Lorry diagnostizierte ein entzündliches Fieber, das sich zu einer Lungen- und Rippenfellentzündung ausweitete, die durch eine »Entzündung der Eingeweide« erschwert wurde; Montesquieu war an einem wahrscheinlich grippalen Lungenleiden erkrankt. Sein Zustand rief sehr bald heftige Besorgnis hervor. Fern von seiner Familie, die in Bordeaux geblieben war, ließen ihn seine Freunde nicht im Stich. Trotz seiner Krankheit war sein Haus immer gut besucht; er zeigte sich empfänglich für das Interesse, das die Öffentlichkeit seinem Gesundheitszustand entgegenbrachte, und für die Zuneigung seiner Freunde, die von seinem Sekretär Saint-Marc alarmiert worden waren. Die Herzogin von Aiguillon, Madame Dupré de

Saint-Maur, die Familie Fitz-James, der Ritter von Jaucourt, Pater Castel sowie seine Sekretäre Jean Darcet, Saint-Marc und Fitz-Patrick waren unablässig bei ihm. Ludwig XV. gab dem Sterbenden einen Beweis seiner Hochachtung, als er den Herzog von Nivernais zu ihm schickte, um sich nach seinem Gesundheitszustand zu erkundigen. Alle hatten die Augen auf Montesquieu gerichtet und fragten sich, die einen aus Neugier, die anderen aus Sorge, welche Haltung der Autor der *Persischen Briefe* und des *Geistes der Gesetze* im Angesicht des Todes an den Tag legen würde[37].

Wir besitzen mehrere Schilderungen über die letzten Stunden Montesquieus; die meisten stammen von Augenzeugen; ihre kurz nach den Ereignissen verfaßten Zeugnisse weisen jedoch Nuancen, ja sogar deutliche Unterschiede in der Darstellung der Fakten sowie in ihrer Interpretation auf. Abbé Guasco, der nicht bei seinem Freund weilte, aber dennoch die Umstände seines Todes schilderte, vertritt den Standpunkt, daß die Jesuiten mit allen Mitteln versucht hätten, dem sterbenden Montesquieu eine Widerrufung seiner Irrtümer zu entreißen und sich seiner Manuskripte zu bemächtigen: »Eines Tages, als die Herzogin von Aiguillon zum Abendessen gegangen war, kam Pater Routh vorbei, ein isländischer Jesuit, der ihm die Beichte abgenommen hatte; er traf den Kranken allein mit seinem Sekretär an, den er das Zimmer verlassen ließ, um sich dann darin einzuschließen. Madame d'Aiguillon, die nach dem Abendessen als erste erschien, fand den Sekretär im Vorzimmer; er teilte ihr mit, daß ihn Pater Routh aus dem Zimmer gewiesen hätte, weil er allein mit Monsieur de Montesquieu sprechen wollte. Als sie sich der Türe näherte, hörte sie die Stimme des Kranken, der mit bewegter Stimme sprach; sie klopfte und der Jesuit öffnete: ›Warum diesen sterbenden Mann verwirren?‹ fragte sie ihn. Monsieur de Montesquieu ergriff selbst das Wort und sagte: ›Das ist, Madame, der Pater Routh, der mich zwingen wollte, ihm den Schlüssel zu meinem Schrank zu geben, um meine Papiere zu entwenden.‹ Madame d'Aiguillon machte dem Beichtvater heftige Vorhaltungen, der sich entschuldigte und sagte: ›Madame, ich muß meinen Ordensoberen gehorchen‹; er wurde abgewiesen, ohne etwas zu erhalten.«

Zwei Fakten zeichnen sich im Zeugnis dieses Mannes ab, der keinen großen Hang zur Objektivität hatte: Montesquieu hat die Beichte abgelegt und jede Widerrufung verweigert. Im ersten Punkt, der Beichte, stimmen alle Augenzeugen überein, auch wenn sie in der Beschreibung der begleitenden Umstände voneinander abweichen. Dem Herzog von Luynes zufolge »hat Monsieur de Montesquieu bei seiner letzten Krankheit keinen Zweifel über seine religiösen Gefühle lassen wollen. Monsieur de Bulkeley gehörte zu seinen engsten Freunden; er ließ ihn bitten, zu Besuch zu kommen, und ersuchte ihn, ihm ohne Umschweife seinen Zustand zu beschreiben. Monsieur de Bulkeley sagte ihm, die Ärzte hätten die Hoffnung nicht verloren, ihn zu heilen, doch er betrachte seine

Krankheit als erheblich. ›Das genügt‹, sagte Monsieur de Montesquieu, ›ich verstehe diese Sprache; ich möchte gerne einen Beichtvater haben‹.«

Einer der Sekretäre Montesquieus, Saint-Marc, stellte diese Bitte in einem etwas anderen Licht dar: »Dann ließ er sich die Liste mit den Namen derjenigen vorlesen, die gekommen waren, um ihn zu besuchen; und als man ihm vorlas: der Herr Pfarrer von Saint-Sulpice, unterbrach er: ›Was sagen Sie da? Fangen Sie noch einmal von vorne an.‹ Er ärgerte sich darüber, daß man den Pfarrer nicht hatte eintreten lassen, und wies jeden seiner Leute an, in erster Linie den Herrn Pfarrer hereinzubitten, zu welcher Stunde er auch käme.« Der Pfarrer von Saint-Sulpice erschien am nächsten Morgen und fragte ihn, ob er in Paris irgendeinen Mann seines Vertrauens habe, dessen er sich bedienen wolle. Montesquieu antwortete, »daß er in solchen Angelegenheiten nie jemandem mehr Vertrauen geschenkt hätte als seinem Pfarrer; daß es jedoch, da er ihm die Freiheit lasse, eine Person in Paris gäbe, zu der er viel Vertrauen hätte; er werde nach ihr schicken lassen und sie, nachdem er die Beichte abgelegt haben würde, um das heilige Sakrament bitten.«

Zur Verblüffung von Saint-Marc ließ Montesquieu sogleich einen Jesuiten holen, den Pater Castel, mit dem ihn eine langjährige Freundschaft verband und der selbst sagte: »Zu allen Zeiten sprachen wir unter uns eine einzigartige Sprache. Um uns zu verstehen, hatten wir es fast nicht nötig, uns zu schreiben und miteinander zu sprechen.« Pater Castel brachte einen seiner Ordensbrüder, den Pater Bernard Routh mit. In einem Brief an den Nuntius in Paris schilderte Pater Routh »alle Bemerkungen, die geeignet waren, den Glauben [Montesquieus] zu rechtfertigen«. Was soll man von diesem langen Zeugnis in Betracht ziehen, das 1755 geschrieben wurde und 1767 im *Antiphilosophischen Lexikon* erschien? Wenn man die erbaulichen Interessen des Briefschreibers berücksichtigt sowie sein offensichtliches Bestreben zu zeigen, daß der Sterbende aus völlig freien Stücken handelte und ihm gestattete, »alle Bemerkungen zu veröffentlichen, die geeignet waren, seinen Glauben zu rechtfertigen«, stellt man fest, daß Pater Routh von jenem letzten Gespräch mit Montesquieu eine ganz andere Version gibt als Abbé Guasco. Gleich nachdem Pater Routh Montesquieu die Beichte abgenommen hatte, unterhielt er sich mit ihm über Korrekturen, die an seinen Werken vorzunehmen seien. Der romanhafte Bericht, der den Jesuiten zeigt, wie er die Abwesenheit von Madame d'Aiguillon ausnutzt, um zu versuchen, dem Sterbenden eine Widerrufung abzuringen, der er sich verweigerte, scheint der fruchtbaren Phantasie Guascos entsprungen zu sein.

Pater Routh verheimlicht Montesquieus Schwäche, seinen sich von Stunde zu Stunde verschlechternden Zustand nicht: »Seit acht Tagen litt er an einem bösartigen Fieber, dessen Gefahr, wie es bei Krankheiten dieser Art vorkommt, in den ersten Tagen der Aufmerksamkeit derjenigen

entgangen war, die er zur Hilfe gerufen hatte; es hatte zu einer Lungen-
und Rippenfellentzündung sowie zu einer Entzündung der inneren Organe geführt, die ihn von einem Moment auf den anderen hinwegraffen
konnten. Die allabendliche Zunahme des Fiebers ging mit einem Deli-
rium einher; obwohl er während unseres ganzen Gesprächs völlig bei
Verstand und vollkommen geistesgegenwärtig war, konnte er ihn im
Stich lassen, wenn man es am wenigsten erwartete. Übrigens bemerkte
ich, daß ihn unsere Unterhaltung, wie sehr ich mich auch bemühte, ihn zu
erleichtern, sehr erregt und ermüdet hatte; seine natürliche Lebendigkeit
ließ ihn Feuer in seine Ausdrucksweise legen, und trotz meiner wieder-
holten inständigen Bitten hatte er viel mehr und mit größerer Ergriffenheit geredet, als mir recht war. Er selbst hatte irgendeine Einzelheit über
die Verbesserungen aufgegriffen, die er vorhatte, in seinen Schriften an-
zubringen. Ich glaubte, ihn von dieser Darlegung abhalten zu müssen, da
ich sah, daß ihm die Kräfte fehlten; ich wollte mich darauf beschränken,
von ihm zur öffentlichen Erbauung zu fordern: 1. daß er, wenn Gott ihm
seine Gesundheit zurückgäbe, zum nächsten Osterfest in seiner Pfarrge-
meinde öffentlich seinen religiösen Pflichten nachkäme; 2. daß er mir vor
Gott verspräche, sich fügsam dem zu unterwerfen, was ich meinte, ganz
ehrlich und nach reiflichster Überlegung, wenn es seine Kräfte erlaubten,
abfordern zu müssen zur öffentlichen Erbauung und zur Wiedergutma-
chung der Eindrücke, die seine Schriften auf die Gemüter hatten ausüben
können, unter Forderung seines Gehorsams und seines Festhaltens an
allen Glaubenswahrheiten, die von der katholischen, apostolischen und
römischen Kirche verkündet wurden, in der er immer gelebt hatte und in
der er sterben wollte; 3. daß er seine Verfügungen dem Herrn Pfarrer von
Saint-Sulpice bekunde, der käme, um ihm die letzte Kommunion zu reichen, und daß er mir gestattete, seine letzten Ansichten der Öffentlichkeit
mitzuteilen.«

Pater Routh zufolge akzeptierte Montesquieu seine Bedingungen »mit
aller vorstellbaren Gutwilligkeit«. Marans und sein Sohn, der Graf von
Estillac, gingen damals mit einem Beichtzettel, den der Jesuit ausgestellt
hatte, zur Pfarrei Saint-Sulpice, »um die Sakramente für den Präsidenten
zu erbitten. Der Herr Pfarrer von Saint-Sulpice, der vorbeikam, um sie
ihm zu reichen, näherte sich zuerst dem Kranken, um zu ihm zu sprechen,
und begann einen Satz, den ihn Monsieur de Montesquieu nicht vollenden ließ; er unterbrach ihn und sagte mit lauter Stimme: ›Monsieur, ich
habe mit dem ehrwürdigen Vater Abmachungen getroffen, von denen ich
überzeugt bin, daß sie Sie zufriedenstellen werden.‹ Als ich merkte, daß
ihm die Beklemmung in seiner Brust fast nicht erlaubte fortzufahren, ergriff ich das Wort und berichtete dem Pfarrer von den Entschlüssen, die
Monsieur de Montesquieu gefaßt hatte, sowie von seinen Versprechungen. Der besonnene Pastor zeigte sich zufrieden; nach den Ermahnungen

und den üblichen Gebeten gab er ihm die Krankensalbung und reichte ihm die letzte Kommunion. Der Präsident empfing sie mit einer Miene der Bußfertigkeit und Andacht und entsprach, die Hände über der Brust gefaltet, den Bitten der Kirche.«

Der Zeremonie wohnten zahlreiche Zeugen bei: die Patres Routh und Castel, der Pfarrer von Saint-Sulpice und zwei seiner Geistlichen, der Graf und die Gräfin von Estillac, einige Unbekannte, die Pater Routh begleiteten, und zahlreiche Bedienstete.

Pater Routh hatte demnach von Montesquieu eine feierliche Widerrufung seiner Irrtümer und das Versprechen erhalten, sie, sofern er seine Krankheit überlebte, in einer späteren Ausgabe seiner Werke zu korrigieren. Man kann sich fragen, ob Montesquieu auf diese Forderungen mit solcher Leichtigkeit einwilligte, wie der Jesuit es verlauten läßt. Hat er sich bereit gezeigt, seine Werke zu verändern, von denen er eine neue Ausgabe vorbereitet hatte, die nach seinem Tod veröffentlicht werden sollte? »Ich will alles der Vernunft und der Religion opfern«, soll er der Herzogin von Aiguillon verkündet haben, »doch nichts der Gesellschaft«, das heißt den Jesuiten. »Ziehen Sie meine Freunde zu Rate und entscheiden Sie, ob das erscheinen soll«, hätte er hinzugefügt und seine Manuskripte an Madame von Aiguillon und Madame Dupré de Saint-Maur übergeben.

Selbst wenn der Bericht von Pater Routh die Tatsachen beschönigte und Montesquieu Äußerungen unterschöbe, die der Jesuit in einem Sinne gedeutet hätte, der seine Thesen allzusehr begünstigte, wäre man nicht imstande, die Aussagen von so unterschiedlichen Personen wie seinem Sekretär Saint-Marc, der Herzogin von Aiguillon oder dem Herzog von Luynes zu verwerfen. Die auf diesem Gebiet – wenn der Sterbende sich selbst ausgeliefert ist und über sein Leben, seine Schriften, Äußerungen und Handlungen nachdenkt – stets schwer nachzuweisende Wahrheit könnte sich durchaus in einem Brief finden, den Saint-Marc am Todestag Montesquieus geschrieben hat: »Er beichtete, und der Herr Pfarrer von Saint-Sulpice brachte ihm den lieben Gott gegen drei Uhr. Der Pfarrer hielt die Hostie in den Händen und fragte ihn: ›Glauben Sie, daß das Ihr Gott ist?‹ – ›Ja, ja‹, antwortete der Präsident, ›ich glaube es, ich glaube es‹. – ›Dann erweisen Sie ihm einen Akt der Anbetung‹, sagte der Pfarrer. Da hob der Präsident seinen Blick zum Himmel, und mit seiner rechten Hand empfing er die Kommunion.«

Madame d'Aiguillon zufolge soll Montesquieu verkündet haben: »Ich habe die Religion immer respektiert; die Moral des Evangeliums ist eine ausgezeichnete Sache und das schönste Geschenk, das Gott den Menschen machen konnte.« Der Herzog von Luynes bestätigt obige Zeugnisse, als er unter dem Datum des 15. Februars 1755 in seinen *Memoiren* vermerkt: »Monsieur de Montesquieu hat nicht nur die Beichte abgelegt und alle Sakramente mit viel Erbauung erhalten, sondern auch ein öffentliches Bekenntnis abgegeben, daß er nicht wolle, daß sein Glaube beargwöhnt werden könne, und wenn man in seinen Schriften etwas Verwerfliches fände, würde er das voll und ganz widerrufen.«

Präsident Hénault bestätigt jene Behauptungen; als er in einem Brief vom Februar 1755 an die *London Evening Post* den Äußerungen von Lord Chesterfield widerspricht, protestiert er gegen die Anschuldigungen der Gottlosigkeit, die man gegen seinen Freund erhoben hat: »Über ihn sind viele Lobreden erschienen: Ich möchte, daß man in die englische keine Dinge einbringt, die er, da bin ich sicher, abgeleugnet hätte; wer glaubt, es hätte ihn geschmeichelt, der Ungläubigkeit verdächtigt zu werden, der hat ihn schlecht gekannt. Wenn ihm Unbesonnenheiten entwichen sind, hatte er es sehr eilig, sie wiedergutzumachen. Sein Tod war erbaulich[38].«

In einem Brief vom 15. Februar 1755 gibt Marans interessante Hinweise zu Montesquieus letzten Augenblicken und seinen religiösen Gefühlen: »Er war nur etwa zwei Wochen krank. Ich erfuhr es erst am vierten Tag; ich besuchte ihn und fand ihn in einem bösartigen Fieber. Der Fieberwahn hielt fast ständig an. Er starb am Montag in meinen Armen ... Es war ein Trost für mich zu sehen, daß er sämtliche Sakramente mit aller erdenklichen Andacht empfing und seine Gefühle bis zum letzten Moment beibehielt; doch ich habe ihn verloren, und es bleibt mir nur nutzlose Trauer, seit ich ihm ein so kostbares Leben nicht habe erhalten können.«

Alle Aussagen von Montesquieus Freunden, die ihm während seiner Krankheit beistanden, bestätigen so die Behauptungen von Pater Routh; trotz des hohen Fiebers und trotz seines zeitweiligen Deliriums ersuchte Montesquieu darum, die Beichte abzulegen, und er erhielt bei vollem Bewußtsein die Sakramente der katholischen Kirche. Steht dieser deutlich bekundete Wille nicht zumindest in scheinbarem Widerspruch zu seiner Einstellung gegenüber der Religion, die er zeitlebens an den Tag gelegt hatte? In einem so persönlichen, intimen Bereich wie dem Glauben ist größte Vorsicht geboten; Gegensätze zu dem Dasein, dessen tiefere, wirkliche Gefühle wir nur ungenügend kennen, sind nicht außergewöhnlich. In seiner Familie und bei den Oratorianern in Juilly hatte Montesquieu eine religiöse Erziehung erhalten. Zu seiner näheren Verwandtschaft gehörten zahlreiche Mitglieder, die ihr Leben Gott gewidmet hatten: Drei seiner Onkel waren Priester und zwei seiner Tanten Nonnen. Er verstand sich bestens mit seinem Bruder Joseph de Secondat, dem Abbé von Faise und Dekan des Kapitels von Saint-Seurin in Bordeaux. Seinen beiden Schwestern, die in Agen als Nonnen lebten, zahlte er eine Rente und kümmerte sich um die Angelegenheiten ihrer Ordensgemeinden.

Zu seinen Freunden zählten zahlreiche Geistliche, von denen einige fromm waren: Pater Desmolets vom Oratorium, den er seit seiner Schulzeit am Kolleg in Juilly kannte; Pater Castel, ein Jesuit, dessen Treue niemals nachließ; sowie Monseigneur von Fitz-James, der Bischof von Soissons. Montesquieu wurde katholisch geboren und hat in einer katholischen Familie gelebt; nur seine Frau ist offenbar Protestantin geblieben. Sein ganzes Leben blieb er im Schoß der Kirche, selbst wenn seine Religionsausübung nicht mustergültig war. Montesquieu glaubte an Gott; in den noch erhaltenen Fragmenten der *Abhandlung über die Pflichten* widerlegte er die Argumente der Atheisten: »Unternehmen wir einen Versuch, die Vorstellung Gottes aus unserem Herzen zu reißen; schütteln wir einmal jenes Joch ab, das Irrtum und Vorurteil der menschlichen Natur auferlegt haben; verankern wir im Denken fest, daß wir uns nicht mehr in dieser Abhängigkeit befinden. Schauen wir, welches unsere Erfolge sein werden! Schon in diesem Moment verlieren wir all die Heilmittel des Unglücks, unserer Krankheiten, unseres Alters und (was noch mehr bedeutet) die unseres Todes. Wir werden sterben, und es wird kein Gott zugegen sein! Vielleicht werden wir ins Nichts eintreten. Doch was für eine entsetzliche Vorstellung! Wenn unsere Seele isoliert, ohne Halt und ohne Beistand in der Natur überlebte, was für ein trauriger Zustand für sie[39].«

Wie könnte man außerdem nicht empfänglich für jenen Schrei sein, der ihm in den *Gedanken* entweicht, als er im Alter den nahen Tod spürt: »Ich befinde mich unmittelbar vor dem Moment, in dem ich beginnen und abschließen soll, dem Moment, der alles enthüllt und entwendet, dem Moment der Bitternis und der Freude, dem Moment, in dem ich bis hin zu meinen Schwächen alles einbüßen werde. Warum sollte ich mich noch mit irgendwelchen schlüpfrigen Schriften beschäftigen? Ich suche die Unsterblichkeit, und sie ist in mir selbst. Meine Seele, erweitern Sie sich! Stürzen Sie sich in die Unermeßlichkeit! Kehren Sie ins große Sein zurück! . . . Unsterblicher Gott! Die menschliche Gattung ist Ihr würdigstes Werk. Es zu lieben, heißt Sie zu lieben, und im Sterben weihe ich Ihnen diese Liebe[40].«

Doch reicht es, an Gott und die Unsterblichkeit der Seele zu glauben, um Christ zu sein? Sergio Cotta hat auf der Grundlage von Montesquieus Texten gezeigt, daß sie auf den großen christlichen und katholischen Traditionen Europas fußen[41]. Als er versucht, den Erfolg des Christentums unter den Römern zu erklären, fügt Montesquieu, als er die *Betrachtungen* verfaßt, einen Text in die *Gedanken* ein, der im »augustinischen« Ton gehalten und vom »Glauben an die Vorsehung« eines Bossuet geprägt ist: »Wenn die christliche Religion nicht göttlich ist, so ist sie absurd. Wie ist sie also von den Philosophen aufgenommen worden, die das Heidentum gerade wegen ihrer Außergewöhnlichkeit aufgaben? Diese Philosophen, die behaupteten, das Heidentum wäre beleidigend für die göttliche Majestät, akzeptieren die Vorstellung eines gekreuzigten Gottes, nachdem sie den Menschen die Unwandelbarkeit, die Unermeßlichkeit, die Spiritualität und die Weisheit Gottes gelehrt hatten! . . . Man fing also damit an, einen gekreuzigten Gott zu verkünden. Doch diese Vorstellung des Kreuzes, die zum Gegenstand unserer Achtung wurde, ist für uns bei weitem nicht so niederdrückend, wie sie es für die Römer war . . . Die Evangelien werden veröffentlicht und von den Skeptikern, die sagen, daß man alles bezweifeln muß, anerkannt; von den Naturforschern, die glauben, daß alles eine Auswirkung der Figuren und Bewegungen ist; von den Epikureern, die sich über alle Wunder des Heidentums lustig machen; schließlich von der aufgeklärten Welt und allen philosophischen Sekten. Hätte die Etablierung des Christentums bei den Römern in die Ordnung der Dinge dieser Welt gepaßt, so wäre es ein einzigartiges Ereignis dieser Art[42].«

In einer Passage des *Geistes der Gesetze*[43] legt Montesquieu freundliches Verständnis für die christliche Religion an den Tag, was für einen Geist, der mit dieser Religion nichts zu schaffen hat, schwierig wäre; er würdigt unverhohlen die zentralen Lehren des Christentums, die Liebe Gottes für die Menschen und die Vermittlerrolle von Jesus Christus: »Eine Religion, die alle Leidenschaften umfaßt; die auf Taten nicht eifriger bedacht ist als auf Wünsche und Gedanken; die uns nicht mit einigen Ketten an sich bindet, sondern mit unzähligen Fäden; die die menschliche Gerechtigkeit hinter sich läßt und den Anfang einer anderen Gerechtigkeit hervorbringt; die dafür gemacht ist, unablässig von der Reue zur Liebe und von der Liebe zur Reue zu führen; die zwischen Richter und Verbrecher einen großen Vermittler stellt und zwischen den Gerechten und den Vermittler einer großen Richter«.

Gewiß, das sind, wie R. Shackleton[44] bemerkt, im ganzen Werk Montesquieus die einzigen Passagen, die uns einen christlichen oder dem Christentum nahen Montesquieu erkennen lassen. An vielen anderen Stellen läßt er andere Auffassungen durchscheinen: Er vergleicht häufig die verschiedenen Religionen und betrachtet den Glauben als ein soziales Phänomen, wobei er unermüdlich die sozialen und psychologischen Ursachen des religiösen Gefühls erforscht. Für ihn wie für viele andere Menschen des 18. Jahrhunderts sind die religiösen Zeremonien unwichtig und die Moral grundlegender als der Glaube. Welche waren, inmitten der Widersprüche seines Denkens, seine wahren Ansichten über die Religion? War Montesquieu Deist oder bekannte er sich zum christlichen Glauben? Die differenzierte Schlußfolgerung von R. Shackleton scheint der Wirklichkeit zu entsprechen: »Seine Praxis ist katholisch; seine Überzeugung ist deistisch, doch in gewissen Momenten seines Lebens nähert er sich ein wenig christlichen Sympathien an, die ihm in seiner Jugend eingeschärft wurden, die sich immer in seiner Familie fanden und die er selbst nie ganz aufgegeben hat[45].«

Nachdem Montesquieu die Krankensalbung erhalten hatte, beteiligte er sich nicht mehr an der Unterhaltung, verlor das Bewußtsein und rang mit dem Tod. »Die Sanftheit seines Charakters hielt bis zum letzten Augenblick«, stellt Madame d'Aiguillon fest. »Er hat nicht eine Klage oder die geringste Ungeduld gezeigt: ›Warum die Hoffnung fürchten‹, sagte er den Ärzten.« Achtzehn Stunden später starb er im Alter von sechsundsechzig Jahren am dreizehnten Tag seiner Krankheit; es war Montag, der 10. Februar 1755. Am nächsten Tag wurde er um fünf Uhr nachmittags in der Kapelle Sainte-Geneviève der Kirche Saint-Sulpice bestattet. Während der Schreckensherrschaft wurden seine Gebeine in die Katakomben geworfen; als am 12. Ventôse des Jahres IV (am 2. März 1796) der Rat der Alten Montesquieu auf Vorschlag von Joseph de Prefelin die Ehren des Pantheon zukommen lassen wollte, konnte man seine sterblichen Überreste nicht finden.

Der *Korrespondenz* von Grimm zufolge starb Montesquieu, »ohne daß die Öffentlichkeit es sozusagen zur Kenntnis nahm. Sein Trauerzug ist von niemandem begleitet worden. Monsieur Diderot ist von allen Schriftstellern der einzige, der sich dort eingefunden hat . . . Doch wenn wir es verdient hätten, die Zeitgenossen eines so großen Mannes zu sein, hätten wir unsere fruchtlosen, frivolen Vergnügungen verlassen und alle an seinem Grab geweint; die Nation in Trauer hätte Europa so das Beispiel für die Ehrungen gegeben, die ein aufgeklärtes, empfindsames Volk dem Genie und der Tugend erweist.« Dennoch bezeugten seine Freunde und Bekannte, gleich nachdem sie von seinem Tod erfahren hatten, ihre Verbundenheit und Bewunderung. Jean-Jacques Rousseau stellt fest: »Es ist an denen, die ein Vaterland haben und es lieben, diesen großen Mann zu beweinen. Er hatte kein so großes Leben nötig, um unsterblich zu sein; doch er hätte ewig leben sollen, um den Völkern ihre Rechte und Pflichten beizubringen[46].« Réaumur würdigt seinen Freund in einem Schreiben an Trembley als »den liebenswürdigen Präsidenten von Montesquieu, der einer dieser äußerst seltenen Männer war, die eine große Leere hinter sich lassen, und der einen richtigen Eindruck auf Sie gemacht hat, als er sich als jemand aus einer großen Menge bemerkbar machte, den irgendein Unfall hinweggerafft hat.«

Charles Bonnet zeigt sich in einem Brief vom 22. März 1755 an André Roger, den Autor der *Briefe über Dänemark*, besonders bewegt: ». . . Was die Welt an Größtem in sich barg, ist also nicht mehr. Montesquieu ist uns genommen worden. Laßt uns, mein lieber Freund, diesen Erzieher der menschlichen Gattung beweinen . . . Ich wüßte Ihnen nicht zu sagen, wie sehr mich der Verlust dieses großen Mannes berührt: Ich konnte tagelang an nichts anderes denken; das brachte eine Art Klagelied oder prosaische Ode hervor, die ich seit einem Monat im Kopf mit mir führe und von der ich noch kein Wort niedergeschrieben habe. Diejenigen, denen ich sie vorgetragen habe, waren zufriedener, als ich es bin, und sie möchten, daß ich sie veröffentliche oder an Monsieur de Secondat schicke[47] ...«

Montesquieus Sohn erhielt eine Vielzahl von Briefen, welche die Hochachtung bezeugten, die der Autor des *Geistes der Gesetze* genoß. König Stanislaus I. schrieb ihm am 27. März 1755: »Als Weltbürger bemühte er sich, die Liebe der Gerechtigkeit überall zu verbreiten. Er hing an der Menschheit; die Größe seines Genies zeigte ihr Pflichten auf, und er wollte, daß sie sich all des Glanzes der Vernunft, die ihr eigen ist, würdig erweise. Das wenige, was ich über diesen bewundernswerten Mann sage, muß Sie vom Schmerz überzeugen, den mir sein Verlust bereitet hat[48] ...«

Jean-Baptiste empfand den Verlust seines Vaters, der ihn seit seiner Jugend an seinen Arbeiten beteiligt hatte, als sehr schmerzlich. Am 18. Februar 1755 vertraut er seinen Kummer seiner Schwester Denise an: »Ich versuche nicht, Sie wegen des grausamen Verlustes, den wir erlitten haben, zu trösten. Ich selbst brauche mehr Trost als irgend jemand. Ich hoffe, dieses traurige Ereignis wird die Bande der liebevollen Freundschaft, die uns bis jetzt verbunden hat, noch enger knüpfen[49] ...«

In England ließ Chesterfield in der *Gazette de Londres* folgenden Artikel veröffentlichen: »... Seine Verdienste haben der menschlichen Natur Ehre gemacht; seine Schriften haben ihm Gerechtigkeit zuteil werden und sie verbreiten lassen. Als Freund der Menschheit unterstützte er mit Kraft und Wahrheit die unstreitigen und unveräußerlichen Rechte ... Zu Recht bewunderte er die glückliche, ihm wohlbekannte Regierung dieses Landes, deren festgeschriebene und bekannte Gesetze eine Bremse gegen die Monarchie darstellen, die sonst zur Tyrannei neigen würde, sowie eine Bremse gegen die Freiheit, die in Zügellosigkeit ausufern könnte. Seine Werke werden seinen Namen berühmt machen und ihn solange weiterleben lassen, wie die rechtschaffene Vernunft, die moralischen Pflichten und der wahre Geist der Gesetze verbreitet, respektiert und aufrechterhalten werden[50].«

Die *Gazette d'Amsterdam* veröffentlichte ebenfalls einen kleinen Nachruf: »... Er war einer jener seltenen Männer, von denen die Natur in jedem Jahrhundert nur einige hervorbringt. Die *Persischen Briefe* haben in ihm einen philosophischen Schöngeist erkennen lassen; die *Betrachtungen über die Ursachen von Größe und Untergang der Römer* einen tiefschürfenden Politiker, und der *Geist der Gesetze* eines der vielseitigsten und überragendsten Genies unserer Tage. Das letzte Werk hat heftige Kritiken hinnehmen müssen, was jedoch nicht verhinderte, daß es viele Bewunderer hatte. Alle drei verhelfen dem Namen ihres Autors zur Unsterblichkeit, und man muß anerkennen, daß die großen Qualitäten des Geistes, des Herzens und der Seele von Monsieur de Montesquieu seinem Land, seinem Jahrhundert und der menschlichen Natur Ehre gemacht haben[51].«

In Paris widmeten der *Mercure de France* und die *Année littéraire* Montesquieu im Laufe des Jahres 1755 Nachrufe. Die am meisten beachteten Lobreden waren die von Maupertuis an der Akademie in Berlin und die D'Alemberts, die im *Mercure de France*[52] erschien und am Anfang des fünften Bandes der *Enzyklopädie* nachgedruckt wurde: »Doch was im *Geist der Gesetze* in jedermanns Reichweite liegt, was den Autor in allen Nationen beliebt machen muß und dazu dienen könnte, sogar größere Fehler als die seinen zuzudecken, das ist der Geist des Bürgers, der ihn diktiert hat. Die Liebe für das öffentliche Wohl und der Wunsch, die Menschen glücklich zu sehen, zeigen sich überall; und hätte er nur dieses so seltene und kostbare Verdienst, wäre er allein deshalb würdig, die Lektüre der Völker und Könige zu sein . . .«

*

Aufgrund seiner familiären Umgebung und seiner Erziehung in Juilly, von Descartes und Malebranche inspiriert, gehört Montesquieu in vielen Aspekten seines Denkens zum Jahrhundert, das er aufkommen sah. Unter dem starken Einfluß der Régence, deren Verdienste und Übel er kennenlernte, und als aufmerksamer Beobachter der geistigen Entwicklung und der Lebensgewohnheiten ist er ein Mann der ersten Hälfte des 18. Jahrhunderts, das die »Aufklärung« ankündigt; sein Werk ist jedoch in dem Moment abgeschlossen, als der erste Band der *Enzyklopädie* erscheint; niemand weiß, ob er die Ideen von Diderot, D'Alembert und ihren Mitarbeitern zu den seinen gemacht hätte. Montesquieu ist eine zurückhaltende Persönlichkeit, die ihren Traditionen verhaftet ist und die Sorge um das Glück der Menschen lenkt. Für sich selbst hat er das Glück in all seinen Formen gesucht, oft in den rechtmäßigsten, auch wenn sie mit ausschweifenden Vergnügungen einhergingen. Obwohl er gerne in Gesellschaft lebte und sich in den literarischen Salons von Paris wohl fühlte, hielt er stets den Kontakt zur Provinz seiner Herkunft aufrecht; dorthin begab er sich in schwierigen Augenblicken, in Krisenzeiten, aber auch um neue Kräfte zu sammeln, um das innere Gleichgewicht wiederzufinden und wegen der zum Nachdenken und zum Schreiben unerläßlichen Ruhe.

Jenes Gleichgewicht, jener Sinn für das Maß finden sich in seinen politischen und sozialen Vorstellungen wieder. Gewiß, die Deutungen seines Denkens reichen von einem Extrem zum anderen, je nach Anschauung und Voreingenommenheit der Kommentatoren; ihre Vielfalt, ja sogar ihre Widersprüche erlauben es, diesen oder jenen Aspekt zur Geltung zu bringen, diesen oder jenen Einfluß nachzuweisen. Wenn Montesquieu auch viel gelesen hat und ein Bücherwurm war, so wußte er doch die Ideen seiner Vorgänger zu verarbeiten und zu den seinen zu machen, indem er sein persönliches Genie hinzufügte. Als Feind des Despotismus in jeder Form, ob eingestanden oder verkappt, sowie als Befürworter einer gemäßigten Regierung, in der die drei Gewalten sich harmonisch ausgleichen und gemeinsam auf das moralische und materielle Wohl der Nation und ihrer Einwohner hinwirken, ist er davon überzeugt, daß eine Monarchie nach englischem Vorbild die beste Regierungsform darstellt.

James Madison, »der Vater der Verfassung der Vereinigten Staaten«, schreibt zutreffend in *The Federalist*: »Der Prophet, der zu diesem Thema stets zu Rate gezogen und zitiert wird, ist der berühmte Montesquieu. Wenn er in der politischen Wissenschaft auch nicht der Erfinder jener Lehre von unschätzbarem Wert [der Gewaltenteilung] ist, so hat er zumindest das Verdienst, sie in der für die menschliche Aufmerksamkeit annehmbarsten Form auseinanderzusetzen und vorzustellen[53].« In der Tat: »Montesquieus Lehre über die Gewaltenteilung hat in Amerika ein vorbereitetes Terrain gefunden, sowohl in der rechtlichen Auffassung, die damals dort herrschte, als auch durch die institutionellen Traditionen, die sich seit der Gründung der Kolonien herausgebildet hatten. Ohne diese Vorbereitung hätte die Theorie nicht angewendet werden können, wie sie ja auch nirgendwo anders angewendet worden ist; ohne diese Theorie hätte die rechtliche und konstitutionelle Tradition kein so klar und zweckmäßig angelegtes Ergebnis wie die amerikanische Verfassung ergeben können[54].«

Doch der Prophet gilt nichts in seinem Lande. Montesquieus Anschauungen brauchten sehr lange, um in Frankreich angenommen zu werden; wenn seine Ideen, fern aller Ideologie und allem Dogmatismus, besser begriffen worden wären, hätten sie Abenteuer, Krisen und tastende Versuche ersparen können. Er bekundete großen Respekt vor der französischen Monarchie, so wie sie »die Natur der Dinge« und der Werdegang der Jahrhunderte herausgebildet hatten; ein großer König, dem intelligente, doch nicht katzbuckelnde Minister dienten: Das war zweifellos sein Ideal. Er lehnte es ab, die Monarchie in einen zu starren rechtlichen Rahmen zu zwängen, und sah lediglich bedächtige Reformen vor, so wie Usbek, der in den *Persischen Briefen* schreibt: »Manchmal ist es notwendig, einige Gesetze zu ändern, doch das ist selten der Fall; und wenn es dazu kommt, darf man nur mit zögerlicher Hand an ihnen rühren.«

Als pflichtbewußter Magistrat, als den ihn seine *Rede* von 1725 ausweist, als Historiker, der in der Lage ist, die vergangenen Jahrhunderte zu beherrschen, und als kluger Soziologe, der vorausahnt, daß »Europa ein Staat ist, der sich aus mehreren Provinzen zusammensetzt[55]«, hat Montesquieu sein Ideal in der folgenden, oft zitierten Lebensregel zusammengefaßt: »Wenn ich etwas wüßte, das mir nützlich, aber meiner Familie abträglich wäre, würde ich es über meinen Verstand ablehnen. Wenn ich etwas wüßte, das meiner Familie dienlich wäre, doch nicht meinem Vaterland, versuchte ich es zu vergessen. Wenn ich etwas wüßte, das meinem Vaterland nützlich, aber Europa abträglich wäre, oder aber Europa nützlich und für die Menschheit nachteilig, sähe ich es als ein Verbrechen an[56].«

Zeittafel

1689 18. Januar. Charles-Louis de Secondat wird in Bordeaux als Sohn von Jacques III. de Secondat, Baron von La Brède und Montesquieu, und Marie-Françoise de Pesnel geboren.

1691 31. August. Geburt von Ms. zweiter Schwester Thérèse de Secondat. Marie de Secondat, seine ältere Schwester, wurde bereits im Jahre 1687 geboren.

1693 Geburt von Ms. Freund Jean-Jacques Bel.

1694 9. November. Ms. Bruder Charles-Louis-Joseph de Secondat, zukünftiger Dekan des Kapitels von Saint-Seurin, wird geboren.

1695 Geburt von Ms. Freund Präsident Jean Barbot.

1696 16. Oktober. Tod seiner Mutter.

1697 Bayle veröffentlicht das »Historisch-kritische Wörterbuch« (*Dictionnaire historique et critique*).

1699 Berniers »Reisen« (*Voyages*), für Ms. Erarbeitung der »Persischen Briefe« (*Lettres persanes*) von großer Bedeutung, erscheinen.

1700 11. August. Beginn von Ms. Schulzeit im Kolleg von Juilly.

1705 14. September. M. verläßt das Kolleg von Juilly.

1708 M. ist zunächst Bachelier des Rechts, erhält zwei Wochen später das juristische Lizentiat und wird am 14. August als Rechtsanwalt am Parlament von Bordeaux aufgenommen.

1709–1713 M. hält sich in Paris auf.

1709 Die »Rede über Cicero« (*Discours sur Cicéron*) erscheint.

1711 Die »Reisen nach Persien« (*Voyages en Perse*), wichtig für Ms. »Persische Briefe«, werden veröffentlicht.

1712 Gründung der Akademie von Bordeaux.

1713 15. November. Tod von Ms. Vater.

1714	24. Februar. Aufnahme Ms. als Gerichtsrat am Parlament von Bordeaux.
1715	30. April. M. heiratet in der Église Saint-Michel in Bordeaux Jeanne de Lartigue.
	Im Dezember verfaßt er die an den Regenten gerichtete Abhandlung »Über die Mittel zur Sanierung der Staatsfinanzen« *(Sur les moyens de rétablir les finances de l'État).*
1716	10. Februar. Ms. ältester Sohn, Jean-Baptiste de Secondat, wird in Martillac geboren.
	3. April. M. wird in die Akademie von Bordeaux gewählt. Seine »Antrittsrede« *(Discours de réception à l'Académie de Bordeaux)* hält er einen Monat später.
	24. April. Ms. Onkel, Président à mortier am Parlament von Bordeaux, Jean-Baptiste de Scondat, stirbt.
	18. Juni. M. verfaßt einen »Aufsatz über die Politik der Römer in Glaubensfragen« *(Dissertation sur la politique des Romains dans la religion).*
	13. Juli. M. wird mit dem Amt des Président à mortier am Parlament von Bordeaux beauftragt.
	16. November. Sein »Aufsatz über das System der Ideen« *(Dissertation sur le système des idées)* ist abgeschlossen.
1717	Januar–März. Ms. zweiter Paris-Aufenthalt. In seiner Abwesenheit wird seine Tochter Marie geboren (22. Januar).
	15. November. M. hält eine Rede zur Wiedereröffnung der Akademie nach der Sommerpause: »Essay über die Unterschiede der Genies« *(Essai sur la différence des génies).*
1718	4. Januar. Wahl Ms. zum Direktor der Akademie von Bordeaux. Er verfaßt zahlreiche Abhandlungen, so »Über die Ursachen des Echos« *(Sur les causes de l'écho),* »Über die Mistel; über das Moos der Eichen; über eßbare Pflanzen« *(Sur le gui; sur la mousse des chênes; sur les plantes qui peuvent servir à la nourriture)* und »Über die Nierendrüsen« *(Sur les glandes rénales).*
1719	Januar. Veröffentlichung des »Entwurfs einer physikalischen Geschichte der alten und neuen Welt« *(Projet d'une histoire physique de la terre ancienne et moderne)* im Journal des savants.
1720	Ms. dritter Paris-Aufenthalt mit regelmäßigen Besuchen des Hôtel de Soubise und des Club de l'Entresol. Es entstehen die Arbeiten »Über die Ursachen der Schwerkraft« *(Sur les causes de la pesanteur),* »Über die Ursache der Transparenz der Körper« *(Sur la cause de la transparence des corps)* und der »Essay

über naturgeschichtliche Beobachtungen« *(Essai d'observations d'histoire naturelle).*

1721   Die erste Ausgabe der »Persischen Briefe« erscheint.

1722–1724 Die zahlreichen Aufenthalte in Paris mindern Ms. Schreibeifer nicht. Er verfaßt eine Schrift »Über die Politik« *(De la politique),* liest im Club de l'Entresol den »Dialog zwischen Sulla und Eukrates« *(Dialogue de Sylla et d'Eucrates)* und schreibt die »Briefe von Xenokrates an Pheres« *(Lettres de Xénocrates à Phérès)* sowie den »Aufsatz über die Bewegung« *(Dissertation sur le mouvement)* und die »Betrachtungen über die Reichtümer Spaniens« *(Considérations sur les richesses de l'Espagne),* die unveröffentlicht blieben.

1725   März. Herausgabe des »Tempel von Gnidos« *(Temple de Gnide).* Im Mai liest M. die »Abhandlung über die Pflichten« *(Traité des devoirs)* an der Akademie von Bordeaux.
28. August. M. wird zum Direktor der Akademie von Bordeaux gewählt. Die Abhandlung »Wertschätzung und Ansehen« *(La Considération et la réputation)* erscheint.
11. November. Zur Wiedereröffnung des Parlaments nach der Sommerpause hält M. eine Rede »Über die Gerechtigkeit, die die richterlichen Entscheidungen und die Anwendung der Gesetze bestimmen muß« *(Sur l'équité qui doit régler les jugements et l'exécution des lois)* und an der Akademie eine Rede »Über die Motive, die uns zu den Wissenschaften ermutigen sollen« *(Sur les motifs qui doivent nous encourager aux sciences).*

1726   Januar–Mai. M. hält sich in Paris auf.
Juni–Dezember. Aufenthalt in Bordeaux und Erstellung eines »Fragebogens über den Weinbau« *(Questionnaire sur la culture de la vigne).*
7. Juli. M. verkauft sein Amt als Präsident am Parlament von Bordeaux und hält im August an der Akademie die »Lobrede auf den Herzog von La Force« *(Élogue du duc de La Force).*
28. Dezember. Vor seiner Abfahrt nach Paris stellt M. seiner Frau eine Handlungsvollmacht aus.

1727   Aufenthalt in Paris. Am 23. Februar wird seine zweite Tochter Marie-Josèphe-Denise geboren. Es entstehen die »Variationen über die Kompaßnadel« *(Variations sur l'aiguille aimantée),* die »Überlegungen zur universellen Monarchie« *(Réflexions sur la monarchie universelle)* und die »Reise nach Paphos« *(Voyage à Paphos).*

1728	15. Januar. M. wird in die Académie française gewählt.
	Im April beginnt er seine große Europareise mit einem Besuch Wiens. Die Reiseroute führt über Laxemburg, Ungarn, Graz, Venedig, Padua, Mailand und mit einem Abstecher zu den Borromäischen Inseln nach Turin, Genua und Florenz.
1729	M. reist weiter über Siena, Rom, Neapel, Bologna nach München, Augsburg, Frankfurt, Mainz, Bonn, Köln, Düsseldorf, Münster, Osnabrück und Hannover, von wo aus er die Minen im Harz besucht. Nach einem Besuch Amsterdams setzt M. nach London über.
1730	26. Februar. M. wird von der Royal Society of London empfangen und im Mai bei den Freimaurern eingeführt.
1731–1733	Rückkehr nach Bordeaux. M. hält sich vorwiegend in Bordeaux und La Brède auf. Er arbeitet an der »Beschreibung von zwei ungarischen Brunnen zur Umwandlung von Eisen in Kupfer« *(Description de deux fontaines de Hongrie qui convertissent le fer en cuivre)*, den Abhandlungen »Über die Minen in Deutschland« *(Sur les mines en Allemagne)* und »Die Nüchternheit der Bewohner Roms im Vergleich zur Maßlosigkeit der alten Römer« *(Sobriété des habitants de Rome comparée à l'intempérance des anciens Romains)*.
1733	Mai–Dezember. M. hält sich erneut in Paris auf.
1734	Die »Betrachtungen über die Ursachen von Größe und Untergang der Römer« *(Considérations sur les causes de la grandeur des Romains et de leur décadence)* erscheinen.
	Jean-Jacques Bel kritisiert »Die wahre Geschichte« *(L'histoire véritable)* von M.
	Voltaires »Philosophische Briefe« *(Lettres philosophiques)*, Dubos' »Kritische Geschichte der Errichtung der französischen Monarchie in Gallien« *(Historie critique de l'établissement de la monarchie française dans les Gaules)* und Ms. »Lobrede auf den Marschall Berwick« *(L'Éloge du maréchal de Berwick)* werden veröffentlicht.
	14. November. Jean-Baptiste de Secondat wird in die Akademie von Bordeaux gewählt.
	M. hält sich im Halbjahreswechsel in Paris und Bordeaux, auf Schloß La Brède, auf und schreibt im November »Über die Ausbildung und den Fortschritt der Ideen« *(Sur la formation et le progrès des idées)*.
1735–1737	Paris-Aufenthalte wechseln mit Aufenthalten in Bordeaux.

Am 2. November 1736 kauft M. seinem Sohn, Jean Baptiste de Secondat, die Anwartschaft auf das Amt als Rat am Parlament von Bordeaux, woraufhin dieser im Januar 1737 als Rat eingeführt wird.

1738   1. April. M. wird zum Kanzler der Akademie von Bordeaux gewählt.
19. November. Hochzeit von Ms. Tochter Marie mit Joseph-Vincent de Guichaner d'Armajan.

1739   Damours, der Sekretär Montesquieus, verbrennt »Die Geschichte Ludwigs XI.« *(L'Histoire de Louis XI)*.
Jean Lapenne aus Toulouse malt das einzige Ölbildnis von M., auf dem er als Präsident des Parlaments von Bordeaux dargestellt ist. Die Aufenthalte in Bordeaux werden immer kürzer (Januar–Februar). Ms. Abhandlung »Wenn die Luft, die wir atmen, ins Blut geht; Kälte und Wärme der Mineralwasser« *(Si l'air que nous respirons passe dans le sang; Froideur et chaleur des eaux minérales)* erscheint.

1740   30. August. Hochzeit von Jean-Baptiste de Secondat mit Marie-Catherine-Thérèse de Mons.

1742   M. arbeitet an dem Roman »Arsakes und Ismenie« *(Arsace et Isménie)*, der erst postum im Jahre 1783 veröffentlicht wird.
Eine Neuauflage des »Tempel von Gnidos« erscheint.

1744   Eine Ausgabe der »Persischen Briefe« mit Supplementband ist in Vorbereitung.
Hénaults »Chronologischer Abriß der französischen Geschichte« *(Abrégé chronologique de l'Histoire de France)* erscheint.

1745   Ms. »Dialog zwischen Sulla und Eukrates« wird im Mercure de France abgedruckt.
2. Februar. Lesung von Auszügen aus dem »Geist der Gesetze« *(L'Esprit des lois)*.
März. Hochzeit von Ms. Tochter Marie-Josèphe-Denise und Godefroy de Secondat de Montesquieu in Clairac.

1746   M. behält den mehr oder weniger regelmäßigen Wechsel zwischen Paris und Bordeaux, La Brède, bis an sein Lebensende bei. Auf Vorschlag von Maupertuis wird er in die Akademie von Berlin gewählt.
Diderots »Philosophische Gedanken« *(Pensées philosophiques)* erscheinen.

1748	M. verkauft das Amt als Rat am Parlament von Bordeaux an J.-B. de Raussan sowie sein Amt als Président à mortier. Ms. Hauptwerk »Vom Geist der Gesetze« erscheint in Genf und eine Neuausgabe der »Betrachtungen« wird erarbeitet.
1749	Die intellektuelle Auseinandersetzung der Kritiker um den »Geist der Gesetze« beginnt: Dupin veröffentlicht seine »Überlegungen zum Geist der Gesetze« *(Réflexions sur l'Esprit des lois)*, der Journal de Trévoux druckt den Brief von Pater Berthier über den »Geist der Gesetze«, außerdem erscheinen Artikel der Nouvelles ecclésiastiques gegen den »Geist der Gesetze«.
1750	Abbé de La Porte äußert sich in seinen »Beobachtungen zum Geist der Gesetze« *(Observations sur l'Esprit des lois)* zu Ms. Werk. Seine Antwort auf die zahlreichen Kritiken ist die Veröffentlichung der »Verteidigung des Geistes der Gesetze« *(Défense de l'Esprit des lois)*, die wiederum heftige Reaktionen des Journal de Trévoux und der Nouvelles ecclésiastiques hervorruft. Im September kündigt die theologische Fakultät von Paris ein Zensurvorhaben an. M. verfaßt ein Testament, da er plant, ins Ausland zu gehen.
1751	M. wird in die Stanislaus-Akademie gewählt. Die Auseinandersetzung um den »Geist der Gesetze« wird zwischen Angliviel de La Beaumelle, Bonnaire, Boulenger de Rivery und Risteau fortgesetzt. 29. November. Der »Geist der Gesetze« wird auf den Index gesetzt.
1752	1. August. Die Sorbonne kündigt ebenfalls ein Zensurvorhaben an. M. verfaßt den »Aufsatz über das Wesen der verschiedenen Sprachen« *(Dissertation sur le génie des différentes langues)*.
1753	Der später in die Enzyklopädie aufgenommene »Essay über den Geschmack« *(Essai sur le goût)* erscheint. 25. August. Lesung von drei Kapiteln des »Geistes der Gesetze« an der Akademie von Bordeaux.
1754	Veröffentlichung der endgültigen Ausgabe der »Persischen Briefe« mit einem Supplementband. 16. August. Tod von Ms. Bruder Joseph de Secondat. Dezember. Der Mercure de France publiziert den Vorabdruck von »Lysimache« *(Lysimaque)*.

1755   29. Januar. Montesquieu erkrankt in Paris.
            10. Februar. Tod Montesquieus.
            11. Februar. Begräbnis in Saint-Sulpice.

Bibliographie

I. Ausgaben

Die Verweise auf die Schriften Montesquieus beziehen sich auf die Ausgabe der Gesammelten Werke Montesquieus, herausgegeben unter der Leitung von André Masson (Œuvres complètes, Paris: Editions Nagel, 1950–1955).

Die Zitate aus den Gedanken (Pensées) sind mit der Numerierung der Nagel-Ausgabe versehen. In Klammern sind die Nummern der in der Bibliothéque de la Pléiade erschienenen Gesamtausgabe Montesquieus (Paris 1949–1951) vermerkt, die den Text in methodischer Ordnung darbietet.

Für die Persischen Briefe (Lettres persanes) kann man die Ausgabe von P. Vernière konsultieren (Paris: Garnier 1960); für den Geist der Gesetze (L'Esprit des Lois) die Ausgabe mit Anmerkungen und Kommentaren von Jean Brèthe de La Gressaye (Paris: Les Belles-Lettres 1950–1958) sowie die Ausgabe mit Kommentaren und Anmerkungen von Robert Derathé (Paris: Garnier 1973).

Um den Anmerkungsapparat nicht zu sehr aufzublähen, führen wir die Verweise zu den zitierten Briefen nicht an; der interessierte Leser kann den 3. Band der von A. Masson herausgegebenen Gesammelten Werke und den Artikel von René Pomeau »Les correspondants de Montesquieu« (In: Revue d'histoire littéraire de la France, 1982, S. 179–262) zu Rate ziehen, in Erwartung der nächsten, von mir bearbeiteten Ausgabe der Vollständigen Korrespondenz (Correspondance complète) von Montesquieu (Voltaire Foundation, Oxford), deren erster Band Ende 1991 erscheinen wird.

Für die deutsche Übersetzung wurde in einigen Fällen die deutsche Ausgabe der »Persischen Briefe« (Lettres persanes) von Jürgen von Stakkelberg (Perserbriefe. Mit Anmerkungen zum Text und einem Nachwort. Aus dem Französischen von Jürgen von Stackelberg. Frankfurt am Main 1988) und die Übersetzung der »Gedanken« (Pensées) von Fritz Schalk (Die französischen Moralisten. Bd. 1: La Rochefoucault, Vauvenargues, Montesquieu, Chamfort. Herausgegeben und übersetzt von Fritz Schalk. München 1973) hinzugezogen.

II. Kritische Literatur

Die folgenden Literaturhinweise stellen keine vollständige Bibliographie dar; sie erfassen lediglich die zur Abfassung dieses Buches herangezogenen Bücher und Artikel. Im Interesse der deutschen Leser wurde die Bibliographie um einige wichtige deutsche Arbeiten erweitert.

Actes du Congrès Montesquieu réuni à Bordeaux du 23 au 26 mai 1955 pour commémorer le deuxième centenaire de la mort de Montesquieu, Bordeaux 1956.

Ambri, P. B., L'Opera di Montesquieu nel settecento italiano, Firenze 1960.

Argenson, R., Marquis d', Journal et Mémoires, Paris 1859.

Barbier, E.-G.-F., Journal historique et anecdotique du règne de Louis XV, Paris 1847.

Barckhausen, H., Montesquieu et les Considérations sur la grandeur des Romains, in: Revue du droit public et de la science politique en France et à l'étranger, Juli–August 1900.

Barckhausen, H., Montesquieu, L'Esprit des lois et les archives de La Brède, Bordeaux 1904.

Barckhausen, H., Montesquieu, ses idées et ses œuvres d'après les papiers de La Brède, Paris 1907.

Barrière, P., L'Académie de Bordeaux, centre de culture internationale au XVIIIe siècle, Bordeaux 1951.

Barrière, P., La composition de l'Histoire véritable, in: Bulletin de la Société des bibliophiles de Guyenne, 1948, S. 30–38.

Barrière, P., De quelques aspects de L'Esprit des lois au CVIIe siècle, in: Revue historique de Bordeaux, 1956, S. 267–280.

Barrière, P., Les éléments personnels et les éléments bordelais dans les Lettres persanes, in: Revue d'histoire littéraire de la France, 1951, S. 17–36.

Barrière, P., L'expérience italienne de Montesquieu, in: Rivista di Letteratura moderna, 1952, S. 1–28.

Barrière, P., L'humanisme de L'Esprit des lois, in: La Pensée politique et constitutionnelle de Montesquieu, Paris 1952, S. 97–115.

Barrière, P., Montesquieu et l'Espagne, in: Bulletin hispanique, 1947, S. 299–310.

Barrière, P., Montesquieu voyageur, in: Actes du Congrès Montesquieu, S. 61–67.

Barrière, P., Un grand provincial: Charles-Louis de Secondat, baron de La Brède et de Montesquieu, Bordeaux 1946.

Bastid, P., Montesquieu et les États-Unis, in: La Pensée politique et constitutionnelle de Montesquieu, Paris 1952, S. 313–321.

Bastid, P., Montesquieu et les jésuites, in: Actes du Congrès Montesquieu, S. 305–326.

Bérard, L., L'Esprit des lois devant la congrégation de l'Index, in: Deuxième centenaire de l'Esprit des lois, S. 241–309.

Bertière, A., Montesquieu, lecteur de Machiavel, in: Actes du Congrès Montesquieu, S. 141–158.

Beyer, C.-J., Chronologie critique de la jeunesse de Montesquieu 1689–1728, ohne Ort und Jahr.

Beyer, C.-J., Montesquieu et la censure religieuse de L'Esprit des lois, in: Revue des sciences humaines, 1953, S. 105–132.

Beyer, C.-J., Montesquieu et l'esprit cartésien, in: Actes du Congrès Montesquieu, S. 159–173.

Beyer, C.-J., Nature et valeur dans la philosophie de Montesquieu. Analyse méthodique de la notion de rapport dans »L'Esprit des lois«, Paris 1982.

Bonno, G., La constitution britannique devant l'opinion française de Montesquieu à Bonaparte, Paris 1931.

Bremer, K. J., Montesquieus »Lettres persanes« und Cadalsos »Cartas marruecas«. Eine Gegenüberstellung von zwei pseudo-orientalischen Briefsatiren, Heidelberg 1971.

Brèthe de La Gressaye, J., Grotius et Montesquieu, in: Revue juridique et économique de Sud-Ouest. Série juridique, 1963, S. 129–139.

Brèthe de La Gressaye, J., L'histoire de L'Esprit des lois, in: La Pensée politique et constitutionnelle de Montesquieu, S. 69–96.

Brèthe de La Gressaye, J., Montesquieu fondateur du droit public moderne, in: Mélanges en l'honneur du professeur Michel Stassinopoulos, Athen 1973–1974, S. 347–362.

Brèthe de La Gressaye, J., Montesquieu politique, in: Actes de l'Académie de Bordeaux, 1944–1950, S. 81–88.

Brèthe de La Gressaye, J., Une journée de Montesquieu à La Brède, in: Actes du Congrès Montesquieu, S. 19–29.

Cabeen, D.-C., Montesquieu: a Bibliography, New York 1947.

Cabeen, D.-C., Supplementary Bibliography, in: Revue internationale de philosophie, 1955, S. 409–434.

Cadilhon, F., Montesquieu parlementaire, académicien, grand propriétaire bordelais. Travail d'étude et de recherche, Bordeaux, Universität von Bordeaux III, 1983, 2 Bde.

Caillois, R., Montesquieu et l'athéisme contemporain, in: Actes du Congrès Montesquieu, S. 327–336.

Carcassone, E., La Chine dans L'Esprit des lois, in: Revue d'histoire littéraire de la France, 1924, S. 193–205.

Carcassone, E., Montesquieu et le problème de la constitution française au XVIIIe siècle, Paris, ohne Jahr.

Castel, L.-B., S. J., L'Homme moral opposé à l'homme de Monsieur R.(ousseau). Lettres philosophiques, où l'on réfute le Déisme du Jour, Toulouse 1756.

Céleste, R., Montesquieu, Légende. Histoire, in: Archives historiques de la Gironde, Bd. XLII, 1907, S. 491–497.

Chabé, A.-A., La cécité de Montesquieu d'après sa correspondance, in: Bulletin de la Société des bibliophiles de Guyenne, 1947, S. 65–67.

Chabé, A.-A., Montesquieu au travail. Bibliographie des premières éditions, ebd., 1948, S. 39–64.

Chaimowicz, Z., Freiheit und Gleichgewicht im Denken Montesquieus und Burkes. Ein analytischer Beitrag zur Geschichte der Lehre vom Staat im 18. Jahrhundert, Wien, New York 1985.

Clément, P., Les Cinq Années littéraires (1748–1753), La Haye 1754.

Collé, C., Journal et mémoires sur les hommes de lettres du règne de Louis XV, Paris 1868, 3 Bde.

Cosme, L., A propos d'autographes de Montesquieu, Souvenirs d'un témoin de sa vie, in: Revue philomathique de Bordeaux 1903, S. 391–401.

Cotta, S., La funzione politica della religione secondo Montesquieu, in: Rivista internazionale de Filosofia del Diritto, 1966, S. 582–603.

Cotta, S., Montesquieu e la scienza della societa, Turin 1953.

Cotta, S., Montesquieu, la séparation des pouvoirs et la constitution fédérale des États-Unis, in: Revue internationale d'histoire politique et constitutionnelle, 1951, S. 225–247.

Courteault, P., L'Hôtel du grand-père de Montesquieu, in: Revue historique de Bordeaux, 1924, S. 106–109.

Courteault, P., Un ami bordelais de Montesquieu (Joseph de Navarre), in: Revue philomatique de Bordeaux, 1938, S. 1–15.

Courteault, P., Un traducteur latin du Temple de Gnide, in: Bulletin de la Société des bibliophiles de Guyenne, 1939, S. 5–13.

Cox, I., Montesquieu and the History of French Laws, Oxford 1983.

Crisafulli, A. S., The Journal des Scavans and the Lettres persanes, in: Literature and History in the Ideas: Essays on the French Enlightenment presented to George R. Havens, Ohio, State University Press, 1975, S. 59–66.

Curtius, E. R., Montesquieu und Ovid, in: Romanische Forschungen, 58/59 (1947), S. 155–157.

Dalat, J., Montesquieu chef de famille, en lutte avec ses beaux-parents, sa femme et ses enfants, Paris 1984.

Dalat, J., Montesquieu magistrat, Paris 1971–1972, 2 Bde.

Dangeau, P. de Courcillon, Marquis von, Journal, Paris 1857.

Davy, G., Pour le 250ᵉ anniversaire de Montesquieu. Remarques sur la méthode de Montesquieu, in: Revue de métaphysique et de morale, 1939, S. 587–610.

Dedieu, J., Les Grands philosophes. Montesquieu, Paris 1913.

Dedieu, J., Montesquieu et la tradition politique anglaise en France. Les sources anglaises de l'esprit des lois, Paris 1909.

Dedieu, J., Montesquieu. L'homme et l'œuvre, Paris 1943.

Delpit, J., Le Fils de Montesquieu, Bordeaux 1888.

Derathé, R., La philosophie des Lumières en France; raison et modération selon Montesquieu, in: Revue internationale de philosophie, 1952, S. 275–293.

Desgraves, L., Catalogue de la Bibliothèque de Montesquieu, Genf/Lille 1954.

Desgraves, L., Le Chateau de La Brède et Montesquieu, Bordeaux 1953.

Desgraves, L., Les Manuscrits de Montesquieu conservés à la Bibliothèque municipale de Bordeaux, in: Humanisme actif. Mélanges d'art et de littérature offerts à Julien Cain, Paris 1968, S. 205–213.

Desgraves, L., La mort de Montesquieu, in: Le Figaro littéraire, 12. Februar 1955.

Desgraves, L., Montesquieu et l'Académie française, in: Revue historique de Bordeaux, 1957, S. 201–217.

Desgraves, L., Montesquieu et sa fille Denise, in: Actes de l'Académie de Bordeaux, 4. Folge, Bd. XVI, 1958–59, S. 31–44.

Desgraves, L., Notes de lecture de Montesquieu, in: Revue historique de Bordeaux, 1952, S. 149–151.

Desgraves, L., Notes de Montesquieu sur la Chine, ebd., 1958, S. 199–219.

Desgraves, L., Le Père Armand de Montesquieu (1637–1714), jésuite, oncle de Montesquieu, ebd., 1975, S. 197–198.

Desgraves, L., Répertoire des ouvrages et des articles sur Montesquieu, Genf 1988.

Deuxième centenaire de l'Esprit des lois de Montesquieu 1748–1948. Conférences organisées par la ville de Bordeaux, Bordeaux 1949.

Dieckmann, H., Zu Montesquieus »Lettres persanes«, in: Studien zur europäischen Aufklärung, München, 1974, S. 451–455.

Dodds, M., Les Récits de voyages sources de l'Esprit des lois de Montesquieu, Paris 1929.

Doscot, G., Mme Du Deffand ou le monde où l'on s'ennuie, Lausanne 1967.

Durkheim, E., Montesquieu et Rousseau précurseurs de la sociologie, Paris 1953.

Ehrard, J., Les études sur Montesquieu et L'Esprit des lois, in: L'Information littéraire, 1959, S. 55–66.

Ehrard, J., Montesquieu critique d'art, Paris 1965.

Ehrard, J., La signification politique des Lettres persanes, in: Etudes sur Montesquieu, Paris 1970, S. 33–50.

Elisseeff-Poisle, D., Nicolas Fréret (1688–1749). Réflexions d'un humaniste sur la Chine, Paris, Collège de France, Institut des hautes études chinoises 1978.

Europe, revue littéraire mensuelle, Montesquieu, Februar 1977.

Eylaud, J.-M., Montesquieu chez ses notaires de La Brède. Bordeaux 1956.

Favre, R., Montesquieu et la presse périodique, in: Études sur la presse au XVIIIe siècle, 1978, S. 39–60.

Felice, D., Montesquieu in Italia: bibliografice 1850–1981, in: Studi filosofici del Istituto universitario Orientale di Napoli, 1981, S. 249–286.

Flecniakoska, J.-L., Essai sur les sources du panorama de L'Espagne et de son empire, in: Revue historique de Bordeaux, 1956, S. 167–191.

Flecniakoska, J.-L., Les sources livresques de Montesquieu touchant l'Espagne et son empire colonial, in: Les Langues néo-latines, 1955, S. 1–6.

Fletcher, F. T. H., Montesquieu and English Politics (1750–1800), London 1939.

Fletcher, F. T. H., Montesquieu et la politique religieuse en Angleterre au XVIIIe siècle, in: Actes du Congrès Montesquieu, S. 295–304.

Fort Harris, M., Le séjour de Montesquieu en Italie (août 1728 – juillet 1729). Chronologie et commentaires, in: Studies on Voltaire and the Eighteenth Century, Bd., CXXVII, 1974. S. 63–197.

Gagnebin, B., Deux manuscrits de Montesquieu retrouvés à Genève, in: XVIIIe siècle, 1973, S. 413–416.

Garde, J.-A., Histoire de Lussac et de l'abbaye cistercienne de Faise, Libourne 1953.

Gardère, J. et Lauzin, Ph., Le couvent de Prouillan ou de Pont-Vert, Auch 1904.

Gébelin, F., La clef du Temple de Gnide d'après la correspondance de Montesquieu, in: Actes du Congrès Montesquieu, S. 83–97.

Gébelin, F., La Publication de l'Esprit des lois, in: Revue des bibliothèques, 1924, S. 125–158.

Geffriaud-Rosso, J., Montesquieu et la féminité, Pisa 1977.

Geifendorf, P.-F., Quelques mots sur les Barrillot, in: Genava, Bd. XXII, 1944.

Goulemont, J.-M., Questions sur la signification politique des Lettres persanes, in: Approches des Lumières. Mélanges offerts à Jean Fabre, Paris 1974, S. 213–224.

Goyard-Fabre, S., Montesquieu adversaire de Hobbes, Paris 1980.

Grandpré Molière, J.-J., La Théorie de la constitution anglaise chez Montesquieu, Leyde 1972.

Grellet-Dumazeau, A., La Société bordelaise sous Louis XV et le salon de Mme Duplessy, Bordeaux/Paris 1897.

Hamel, C., Historie de l'abbaye et du collège de Juilly depuis leurs origines jusqu'à nos jours, Paris 1888.

Hausmann, F. R., Montesquieu und die Musen – Zum Verhältnis von »Belles Lettres« und »Sciences« im 18. Jahrhundert, in: Germanisch-Romanische Monatsschrift, 26 (1976), S. 427–439.

Hazard, P., La crise de la conscience européenne (1680–1715), Paris, ohne Jahr, 3 Bde.

Herdmann, F., Montesquieurezeption in Deutschland im 18. und beginnenden 19. Jahrhundert, Hildesheim 1990.

Hubrecht, G., Notes pour servir à l'histoire de la franc-maçonnerie à Bordeaux, in: Revue historique de Bordeaux, 1954, S. 143–150.

Imboden, M., Montesquieu und die Lehre der Gewaltentrennung, Berlin 1967.

Klemperer, V., Prolem sine matre creata. Einführung in eine Montesquieu-Monographie, in: Studi di Filologia moderna, 7 (1914), S. 329–357.

Klemperer, V., Montesquieu, I–II, Heidelberg 1914.

Kra, P., L'enchainement des chapitres de L'Esprit des lois, in: Studi Francesi, 1982, S. 292–297.

Krauss, W., Supplément II zum Dictionnaire philosophique. Die Metempsychose oder die Lehre der Transmigration der Seele in Frankreich während des 18. Jahrhunderts. Der Obszönitätenstreit in der frühen Aufklärung, in: Lendemains I, 3 (1976), S. 4–13.

Kuhfuß, W., Mäßigung und Politik. Studien zur politischen Sprache und Theorie Montesquieus. München 1975.

Landi, L., L'Inghilterra e il pensiero di Montesquieu, Padua 1981.

Lange, U., Teilung und Trennung der Gewalten bei Montesquieu, in: Der Staat, 19 (1989), S. 213–234.

Laubrier, P., Les guides de voyages au début du XVIIIe siècle et la propagande philosophique, in: Studies on Voltaire and the Eighteenth Century, Bd. XXXII, 1965, S. 269–325.

Laufer, R., La réussite romanesque et la signification des Lettres persanes de Montesquieu, in: Revue d'histoire littéraire de la France, 1961, S. 188–203.

Laurain-Portemer, M., Le dossier des Lettres persanes. Notes sur les cahiers de corrections, in: Revue historique de Bordeaux, 1963, S. 41–78.

Lauriol, C., La Beaumelle. Un protestant cévenol entre Montesquieu et Voltaire, Genf 1978.

Leisegang, H., Machiavelli und Montesquieu, in: Archiv für Rechts- und Sozialphilosophie, 38 (1949/50), S. 398–403.

Leroy, M., Histoire des idées sociales en France, Bd. I: De Montesquieu à Robespierre, Paris 1946.

Loirette, G., Montesquieu et le problème en France du bon gouvernement, in: Actes du Congrès Montesquieu, S. 219–239.

Lussy, F. de, Un peu de lumière sur les origines anglaises de la francmaçonnerie, in: Revue de la Bibliothèque nationale, Nr. 12, S. 17–32.

Luynes, A., Herzog von, Mémoires sur la Cour de Louis XV, Paris 1862.

Mann, F.-K., Montesquieu homme d'Etat, d'après un mémoire inédit adressé au Régent, in: Revue économique de Bordeaux, 1911, S. 1–19.

Marais, M., Journal et Mémoires, Paris 1863.

Mass, E. de, Montesquieu, Genevosi e le edizioni italiane dello »Spirito delle Leggi«, Florenz 1971.

Mass, E., Le développement textuel et les lecteurs contemporains des Lettres persanes, in: Cahiers de L'Association internationale des Etudes françaises, Mai 1983, Nr. 35, S. 185–200.

Mass, E., Zur Professionalität der Literatur in der Aufklärung. Montesquieu und die Leser des »Esprit des Lois«, in: Wolfenbütteler Studien zur Aufklärung, 3 (1977), S. 360–401 und verkürzt u. d. T. Die Leser des »Esprit des Lois«, in: Jahrbuch für Internationale Germanistik, 7 (1975), S. 36–57.

Mass, E., Literatur und Zensur in der frühen Aufklärung. Produktion, Distribution und Rezeption der »Lettres persanes«, Frankfurt am Main 1981. (Analecta Romania, 46).

Masson, A., Le dernier logis parisien de Montesquieu, in: Actes du Congrès Montesquieu, S. 49–59.

435

Masson, A., Montesquieu parisien, in: Mercure de France, 1. Februar 1956, S. 281–288.

Masson, A., Un chinois inspirateur des Lettres persanes, in: Revue des Deux-Mondes, 15. Mai 1951, S. 348–354.

May, Note sur les relations de Montesquieu avec L'Académie de Stanislas, in: Mémoires de L'Académie de Stanislas, 1912–1913, S. 245 f.

Meaume und *Ballon,* Montesquieu et l'Académie de Stanislas, in: Mémoires de Stanislas, 1888, S. 421–444.

Meinecke, F., Montesquieu, in: Die Entstehung des Historismus. München, Berlin 1936, S. 175–193.

Meinecke, F., Bemerkungen über Montesquieus Geschichtsauffassung, in: Preußische Akademie der Wissenschaften zu Berlin, Sitzungsberichte, Philosophisch-historische Klasse, fasc. 30, 27. November 1930, S. 682–683 und 719.

Merten, D. (Hg.), Gewaltentrennung im Rechtsstaat. Zum 300. Geburtstag von Charles de Montesquieu. Vorträge und Diskussionsbeiträge der 57. wissenschaftlichen Fortbildungstagung 1989 der Hochschule für Verwaltungswissenschaften Speyer, Speyer 1989.

Mesuret, R., Les portraitistes de Montesquieu, in: Revue historique de Bordeaux, 1954, S. 95–100.

Miething, Ch., Die Erkenntnisstruktur in Montesquieus »Lettres persanes«, in: Archiv für das Studium der neueren Sprachen 223, 1 (1986), S. 64–81.

Mirkine-Guetzévitch, B., De la séparation des pouvoirs, in: La Pensée politique de Montesquieu, S. 161–181.

Oake, R.-B., Montesquieu's Religious Ideas, in: Journal of the History of Ideas, Oktober 1953, S. 548–560.

Oake, R.-B., Montesquieu's Analysis of Roman History, ebd., 1955, S. 44–59.

Papas, J. N., Berthier's Journal de Trévoux and the Philosophes, in: Studies on Voltaire and the Eighteenth Century, Bd. III, 1957, S. 65–84.

La Pensée politique et constitutionnelle de Montesquieu. Bicentenaire de L'Esprit des lois 1748–1948, Paris 1952.

Perceval, E. de, Montesquieu et la vigne, Bordeaux 1935.

Perey, L., Le Président Hénault et Mme Du Deffand, Paris 1893.

Pomeau, R., L'Europe des lumières. Cosmopolitisme et unité européenne au XVIIe siècle, Paris 1966.

Pomeau, R., Montesquieu et ses correspondants, in: Revue d'histoire littéraire de la France, 1982, S. 179–262.

Posner, M., Die Montesquieu-Notizen Friedrichs II., in: Historische Zeitschrift, 47 (1882), S. 193–288.

Prélot, M., Montesquieu et les formes de gouvernement, in: La Pensée politique et constitutionnelle de Montesquieu, S. 119–132.

Rinklin, A., Montesquieus freiheitliches Staatsmodell. Die Identität von Machtteilung und Mischverfassung, in: Politische Vierteljahresschrift, 39 (1989), S. 420–442.

Roddier, H., De la composition de l'Esprit des lois. Montesquieu et les oratoriens de l'Académie de Juilly, in: Revue d'histoire littéraire de la France, 1952, S. 439–450.

Rosso, C., Maupertuis et Montesquieu, in: Actes de la Journée Maupertuis, Créteil, 1. Dezember 1973, S. 47–58.

Rosso, C., Montesquieu a teatro: un personaggio sensibile?, in: Spicilegio Moderno, Nr. 17–18, 1982, S. 36–39.

Rosso, C., Montesquieu et l'Italie, edb. 1972, S. 85–99.

Rosso, C., Montesquieu moraliste, Des lois au Bonheur, Bordeaux 1971.

Rosso, C., Montesquieu et la transhumance latine, in: Transhumances culturelles. Mélanges, Pisa 1985, S. 61–94.

Rosso, C., Montesquieu présent: Études et travaux depuis 1960, in: XVIIIe siècle, 1976, S. 373–404.

Rostand, J., Montesquieu (1689–1755) et la biologie, in: Revue de l'histoire des sciences et de leurs applications, 1955, S. 129–136.

Sareil, J., Les Tencin, Histoire d'une famille au XVIIIe siècle d'après de nombreux documents inédits, Genf 1969.

Savioz, C., Montesquieu et le philosophe genevois Charles Bonnet, in: Revue des sciences humaines, 1950, S. 270–276.

Ségur, P. de, Le Royaume de la rue Saint-Honoré, Madame Geoffrin et sa fille, Paris 1897.

Schalk, F., Eine Einführung zu Charles de Montesquieus »Vom glücklichen und weisen Leben (Les Cahiers 1716–1755)«, in: Charles de Montesquieu, ebd., Amsterdam u. a. 1944.

Schalk, F., Montesquieu und die europäischen Traditionen, in: Studien zur französischen Aufklärung, München 1964, S. 107–126.

Schazmann, P.-E., Première édition et premier tirage de L'Esprit des lois, in: Actes du Congrès Montesquieu, S. 99–107.

Schlosser, H., Montesquieu: der aristokratische Geist der Aufklärung, Berlin 1990.

Schunck, P., Die Reisen Montesquieus und der Aufbau des Esprit des Lois, in: Germanisch-romanische Monatsschrift, 18, 2 (1968), S. 113–130.

Shackleton, R., Montesquieu. A Critical Biography, Oxford 1961.

Shackleton, R., Montesquieu. Biographie critique, version française de Jean Loiseau, Grenoble 1977.

Shackleton, R., L'abbé de Guasco ami et traducteur de Montesquieu, in: Actes de l'Académie de Bordeaux, 4. Folge, Bd. XV, 1955–1957, S. 49–60.

Shackleton, R., Alliés and ennemis: Voltaire and Montesquieu, in: Essays by divers hands, Bd. CLXXI, S. 55–69.

Shackleton, R., Bayle and Montesquieu, in: Pierre Bayle. Le Philosophe de Rotterdam, Amsterdam 1958, S. 142–149.

Shackleton, R., Deux policiers du XVIIIe siècle: Berryer et d'Hémery, in: Thèmes et Figures du siècle des Lumières. Mélanges offerts à Roland Mortier, Genf 1980, S. 251–258.

Shackleton, R., The Evolution of Montesquieu's Theory of Climate, in: Revue internationale de philosophie, 1955, S. 317–329.

Shackleton, R., Filippo Venuti, académicien de Bordeaux et ami de Montesquieu, in: Actes de L'Académie de Bordeaux, 4. Folge, Bd. XX, 1965, S. 53–62.

Shackleton, R., La Genèse de L'Esprit des lois, in: Revue d'histoire littéraire de la France, 1952, S. 425–438.

Shackleton, R., John Black and Montesquieu. The Search for a Correspondence, in: Evidence in Literary Scolarship. Essays in Memory of James Marshall Osborn, Oxford 1979, S. 215–227.

Shackleton, R., Mme de Montesquieu with Some Considerations on Thérèse de Secondat, in: Woman and Society in 18th Century in France. Essays in honour of John Stephenson, London 1979, S. 230–242.

Shackleton, R., John Nurse and the London Edition of L'Esprit des lois, in:

Studies in the French Eighteenth Century presented to John Lough by Colleagues, Pupils and Friends, University of Durham, 1978, S. 248–260.

Shackleton, R., Montesquieu and Machiavelli. A Reappraisal, in: Comparative Literature Studies, Bd. I, 1964, S. 1–13.

Shackleton, R., Montesquieu, Dupin and the Early Writings of Rousseau, in: Reappraisals of Rousseau. Studies in honour of R. A. Leigh, Manchester 1980, S. 234–249.

Shackleton, R., Montesquieu, Suard and the »philosophes«, in: Enlightenment studies in honour of Lester G. Crocken, Oxford, Bd. LXIII, 1979, S. 309–314.

Shackleton, R., Montesquieu et ses rapports avec le pouvoir, in: Actes de l'Académie de Bordeaux, 4. Folge, Bd. XXIV, 1969, S. 16–26.

Shackleton, R., La religion de Montesquieu, in: Actes du Congrès Montesquieu, S. 287–294.

Solé, J., Montesquieu et la Régence, in: La Régence, Paris 1970, S. 125–130.

Spurlin, P.-M., L'Influence de Montesquieu sur la constitution américaine, in: Actes du Congrès Montesquieu, S. 265–272.

Starobinski, J., Montesquieu par lui-mème, Paris 1953; 2. Aufl. u. d. T. Montesquieu, Paris 1989.

Taylor, O. R., Bernard Routh et la mort de Montesquieu, in: French Studies, 1949, S. 101–121.

Testud, P., Les Lettres persanes, roman épistolaire, in: Revue d'histoire littéraire de la France, 1966, S. 642–656.

Theis, R., Kompositionsprinzipien und Zielsetzung der »Lettres persanes« von Montesquieu, in: Archiv für das Studium der neueren Sprachen (1972), S. 321–333.

Tournyol Du Clos, Les idées financières de Montesquieu, in: Revue de science et de législation financières, 1912.

Vantuch, A., Le voyage en Slovaquie de Montesquieu et l'expérience hongroise dans L'Esprit des lois, in: Studia historica Slovaca I, Bratislava 1963, S. 96–116.

Vantuch, A., Les éléments personnels dans les Lettres persanes, in: Annales de la faculté des lettres et sciences humaines de Nice, Nr. 8, 1969, S. 127–142.

Vernière, P., Montesquieu et l'Esprit des lois. Ou la raison impure, Paris 1977.

Vernière, P., Montesquieu et le monde musulman, d'après L'Esprit des lois, in: Actes du Congrès Montesquieu, S. 176–190.

Vian, L., Histoire de Montesquieu, Paris 1879.

Vierhaus, R., Montesquieu in Deutschland, in: Collegium philosophicum, Festschrift für Joachim Ritter, Basel, Stuttgart 1965, S. 403–437.

Weil, F., Comment peut-on être Chinois?, in: Technique, art et science. Revue de l'enseignement technique, Januar 1957, S. 3–13.

Weil, F., L'Esprit des lois devant la Sorbonne, in: Revue historique de Bordeaux, 1962, S. 183–191.

Weil, F., Les lectures de Montesquieu, in: Revue d'histoire littéraire de la France, 1957, S. 494–514.

Weil, F., Les manuscrits des Geographica et L'Esprit des Lois, ebd., 1952, S. 451–461.

Weil, F., Promenades dans Rome en 1729 avec Montesquieu, in: Technique, art et science. Revue de l'enseignement technique, Oktober 1958, S. 1–12.

Weil, F., Voyages et curiosités politiques avant l'Encyclopédie. Le voyage en Italie de Montesquieu et De Brosses, in: Modèles et moyens de la réflexion politique au XVIIIe siècle, Bd. I, Lille 1977, S. 153–177.

Weisshaupt, W., Europa sieht sich mit fremdem Blick. Werke nach dem Schema der »Lettres persanes« in den europäischen, insbesondere der deutschen Literatur des 18. Jahrhunderts, I–III, Frankfurt/Main, Bern, Las Vegas 1979.

Anmerkungen

Familie und Kindheit

1 Pensées 5 (69).
2 Pensées 213 (4).
3 Pensées 1387 (1135).
4 F. Cadhilhon, Montesquieu parlementaire, académicien, grand propriétaire bordelais. Travail d'étude et de recherche, Bordeaux 1983, S. 27.
5 L. Vian, Histoire de Montesquieu, Paris 1878, S. 337.
6 R. Céleste, Montesquieu, légende, histoire, in: Archives historiques du département de la Gironde, Bd. XLII, 1907, S. 493 f.
7 Montaigne, Essais, III, S. 13.
8 A. Vantuch, Les éléments personnels dans les Lettres persanes, in: Annales de la faculté des lettres et sciences humaines de Nice, 1969, S. 134 f.
9 Shackleton, Montesquieu. A Critical Biography, Oxford 1961, S. 79.
10 J. Geffriaud-Rosso, Montesquieu et la féminité, Pisa 1977, S. 28.
11 H. Roddier, De la composition de L'Esprit des lois. Montesquieu et les oratoriens de l'Académie de Juilly, in: Revue d'histoire littéraire de la France, 1952, S. 439 f.
12 F. Cadilhon, a.a.O., S. 35.
13 Pensées 218 (1758).
14 Pensées 183 (1757).
15 Pensées 1302 (595).
16 Spicilège 568.
17 Historia Romana, Auszüge, hrsg. v. R. Caillois, in: Montesquieu, Œuvres complètes, Bd. II, Paris: Gallimard 1951, S. 1443–1445.
18 Pensées 359 (477).
19 P. Barrière, Un grand provincial: Charles-Louis de Secondat baron de La Brède et de Montesquieu, Bordeaux 1946, S. 120.
20 L'Esprit des lois, XXX, 2.
21 Pensées 213 (4).
22 I. Cox, Montesquieu and the History of French Laws, in: Studies on Voltaire and the Eighteenth Century, Bd. 218, 1983, S. 173 f.
23 Spicilège 10.
24 Pensées 131 (465).
25 Pensées 117 (451).
26 Pensées 2004 (591).
27 Pensées 1294 (906).
28 Spicilège 263.
29 P.-M. Conlon, Prélude au siècle des Lumières, Bd. IV, Genf 1973, S. 1708 ff.
30 D. Elisseeff-Poisle, Nicolas Fréret (1698–1749). Réflexions d'un humaniste du XVIIIe siècle sur la Chine, Paris 1978, S. 36.
31 A. Masson, Un Chinois inspirateur des Lettres persanes, in: Revue des Deux-Mondes, 15. Mai 1951, S. 348 ff.

32 Lettres persanes, I.
33 L. Desgraves, Notes de Montesquieu sur la Chine, in: Revue historique de Bordeaux, 1958, S. 199 ff.
34 F. Weil, Comment peut-on être Chinois?, in: Technique, art et science. Revue de l'enseignement technique, Januar 1957, S. 3 ff.
35 Pensées 1880 (268).
36 H.-J. Marin, Histoire de l'édition française, Bd. II, Paris 1984, S. 262.
37 Pensées 212 (1510).

Montesquieu als Parlamentarier und Akademiemitglied (1714–1721)

1 Das genaue Datum von Montesquieus Abreise aus Paris ist in den Cahiers von Hoange angegeben: »Heute ist Monsieur Le Bray (sic) nach Bordeaux abgefahren. 5. Dezember 1713.«
2 J. Dalat, Montesquieu magistrat, Bd. II, Paris 1972, S. 14 f.
3 Pensées 19 (1921).
4 L'Esprit des lois, V, 19.
5 Pensées 213 (4).
6 Mémorial général de M. de Savignac, Bordeaux 1931, S. 158, Anmerkung 1.
7 Pensées 213 (4).
8 Text zitiert nach J. Geffiraud-Rosso, a.a.O., S. 34, Anmerkung 17.
9 J. Portemer, Réflexion sur les pouvoirs de la femme selon le droit français au XVIIe siècle, in: Dix-huitième siècle, 1984, S. 189 ff.
10 Pensées 106 (1038).
11 Pensées 1061 (1090).
12 Pensées 509 (578).
13 Pensées 719 (1087).
14 Pensées 564 (487).
15 Pensées 338 (486).
16 Pensées 1047 (511).
17 Pensées 213 (4).
18 Pensées 1048 (512).
19 Pensées 1213 (1277).
20 Pensées 1383 (993).
21 Pensées 113 (447).
22 Pensées 548.
23 Pensées 283 (1264).
24 Pensées 1012 (1081).
25 Pensées 1000 (1927).
26 Spicilège 283.
27 Pensées 213 (4).
28 J. Geffriaud-Rosso, a.a.O., S. 33, Anmerkung 16.
29 Pensées 1340.
30 Pensées 180 (1969).
31 Pensées 5 (69).
32 Pensées 2169 (34).
33 Pensées 2142 (65).
34 Bouchers Brief an den Generalkontrolleur, in: Archives départementales de la Gironde, C 1624.
35 Bidet, Traité sur la nature et la culture de la vigne, 1759.

36 Lettres persanes, XXIII.
37 F. Cadilhon, a.a.O., S. 75.
38 Pensées 545 (62).
39 Pensées 1133 (36).
40 Pensées 1451 (1865).
41 Pensées 1387 (1135).
42 Pensées 1182 (37).
43 J. Dalat, a.a.O., Bd. I, S. 48 f.
44 I. Cox, a.a.O., S. 173 f.
45 Pensées 2009 (582).
46 J. Rostand, Montesquieu et la biologie, in: Revue d'histoire des sciences et de leurs techniques, 1955, S. 129 ff.
47 Pensées 77 (2105).
48 Pensées 1145 (2104).
49 Spicilège 565.
50 Pensées 2203 (756).

Von den Persischen Briefen zu den Reisen (1721–1728)

1 P. Vernière (Hrsg.), Lettres persanes, Paris 1960, S. II.
2 Pensées 1145 (1613).
3 Pensées 1306 (596).
4 Y.-M. Bercé (Hrsg.), Histoire des Croquants, Bd. II, Genf 1974, S. 851 f.
5 Pensées 173 (129).
6 P. Vernière (Hrsg.), Lettres persanes, S. IV.
7 E. Mass, Literatur und Zensur in der frühen Aufklärung. Produktion, Distribution und Rezeption der Lettres persanes, Frankfurt am Main 1981.
8 Pensées 2033 (112).
9 Pensées 2033 (112).
10 Pensées 1533 (886).
11 E. Mass, Le développement textuel et les lectures contemporaines des Lettres persanes, in: Cahiers de l'Association internationale des études françaises, Nr. 35, Mai 1983, S. 199 f.
12 R. Laufer, La réussite romanesque et la signification des Lettres persanes de Montesquieu, in: Revue d'histoire littéraire de la France, 1961, S. 188 ff.
13 P. Barrière, Les éléments personnels et les éléments bordelais dans les Lettres persanes in: Revue d'histoire littéraire de la France, 1951, S. 17 ff.
14 A. Vantuch, Les éléments personnels dans les Lettres persanes, in: Annales de la faculté des lettres et sciences humaines de Nice, 1969, S. 127 ff.
15 S. Mason, Montesquieu's Idea of Justice, The Hague 1975.
16 Pensées 1438 (89).
17 Pensées 30 (549).
18 J. Ehrard, La signification politique des Lettres persanes, in: Études sur Montesquieu, Paris 1970, S. 99 f.
19 J.-M. Goulemont, Questions sur la signification politique des Lettres persanes, in: Approches des Lumières. Mélanges offerts à Jean Fabre, Paris 1974, S. 213 ff.
20 Ebd.
21 Pensées 1946 (673).
22 Pensées 273 (2056).
23 Pensées 852 (1337).

24 Pensées 2033 (112).
25 Pensées 2249 (110).
26 Pensées 15 (1288).
27 Pensées 626 (1283).
28 Pensées 212 (1510).
29 Pensées 1001 (46).
30 Pensées 1184 (593).
31 Pensées 2156 (1346).
32 Pensées 1084 (1276).
33 Pensées 213 (4).
34 Pensées 143 (916).
34 Pensées 472 (1737).
36 Pensées 1223 (921).
37 Spicilège 434 und 642.
38 Pensées 1458 (1112).
39 Pensées 1459 (1206).
40 Pensées 116 (450).
41 Pensées 68 (920).
42 Pensées 1460 (930).
43 Pensées 1962 (594).
44 Pensées 116 (450).
45 Pensées 111 (445).
46 Pensées 894 (848).
47 Pensées 1207 (1207).
48 Pensées 1655 (128).
49 R. Shackleton, La genèse de L'Esprit des lois, in: Revue d'histoire littéraire de la France, 1952, S. 433 f.
50 Pensées 1266 (615).
51 Pensées 220 (597).
52 Pensées 538 (641).
53 Pensées 741 (11).
54 Tournyol Du Clos, Les idées financières de Montesquieu, in: Revue de science et de législation financières, 1912.
55 Montesquieu, Discours contenant l'éloge du duc de La Force.
56 Pensées 173 (129).
57 Pensées 837 (83).
58 Pensées 1064 (1217).
59 J. Delpit, Le Fils de Montesquieu, Bordeaux 1888, S. 30.
60 Pensées 213 (4).
61 L. Desgraves, Montesquieu et l'Académie française, in: Revue historique de Bordeaux, 1957, S. 201 ff.
62 Voltaire, Notebooks, Bd. I, S. 87.

Die Reise durch Europa (1728–1731)

1 M. Fort Harris, Le séjour de Montesquieu en Italie (août 1728–juillet 1729): chronologie et commentaires, in: Studies on Voltaire and the Eighteenth Century, Bd. CXVII, S. 74.
2 J. Black and J. Lough, Montesquieu in Vienna in 1728, in: French Studies Bulletin. A Quaterly Supplement, Nr. 13, 1984/85, S. 8.

3 Pensées 339 (51).
4 L'Esprit des lois, XXVIII, 22.
5 Pensées 212 (1510).
6 Spicilège 461.
7 Spicilège 461.
8 J. Ehrard, Montesquieu critique d'art, Paris 1965, S. 15.
9 Pensées 2264.
10 L'Esprit des lois, XXI, 6.
11 R. Shackleton, Montesquieu, S. 115.
12 Lettres persanes, CXXXVIII und CXLVI.
13 Spicilège 462, 463.
14 L'Esprit des lois, XX und XXI, XXII, 10.
15 J. Ehrard, Montesquieu critique d'art, S. 21.
16 R. Shackleton, Montesquieu, S. 93.
17 M. Fort Harris, a.a.O., S. 17, Anmerkung 33.
18 M. Fort Harris, a.a.O., S. 98, Anmerkung 12.
19 Spicilège 448.
20 M. Fort Harris, a.a.O., S. 100, Anmerkung 9.
21 Text zitiert nach F. Weil, Promenades dans Rome en 1729 avec Montesquieu,
    in: Technique, art et science. Revue de l'enseignement technique, Nr. 121, 1958,
    S. 2.
22 J. Ehrard, Montesquieu critique d'art, S. 32.
23 Spicilège 365, 392.
24 R. Shackleton, Montesquieu, S. 12.
25 J. Ehrard, Montesquieu critique d'art, S. 37.
26 Ebd., S. 39.
27 M. Fort Harris, a.a.O., S. 123, Anmerkung 20.
28 Text zitiert nach M. Fort Harris, S. 123, Anmerkung 20.
29 Spicilège 472; R. Shackleton, Montesquieu, S. 103.
30 Pensées 298 (968).
31 Pensées 435 (2081).
32 Spicilège 483.
33 Lettres persanes, XXIV.
34 Spicilège 493.
35 Text zitiert nach M. Fort Harris, a.a.O., S. 140, Anmerkung 132.
36 J. Ehrard, Montesquieu critique d'art, S. 69 f.
37 Ebd., S. 78.
38 Pensées 203 (958).
39 M. Fort Harris, a.a.O., S. 142, Anmerkung 35.
40 Pensées 131 (465).
41 J. Ehrard, Montesquieu critique d'art, S. 87.
42 Essai sur le goût, XIV.
43 R. Shackleton, Montesquieu, S. 183.
44 C. Rosso, Montesquieu et Vico, in: Montesquieu moraliste. Des lois au bon-
    heur, Bordeaux 1971, S. 327 ff.
45 Pensées 836 (2201).
46 M. Fort Harris, a.a.O., S. 171, Anmerkung 29.
47 Text zitiert nach M. Fort Harris, a.a.O., S. 171, Anmerkung 29.
48 Pensées 272 (956).
49 Spicilège 461.
50 Pensées 1003 (6).
51 R. Shackleton, Montesquieu, S. 100.

52 Spicilège 580.
53 Pensées 2126 (1351).
54 Pensées 1231 (945).
55 Pensées 1466 (60).
56 F. de Lussy, Un peu de lumière sur les origines anglaises de la franc-maçonnerie, in: Revue de la Bibliothèque nationale, Nr. 12, 1984, S. 17 ff.
57 Pensées 2124 (1355).
58 R. Shackleton, Montesquieu, S. 108.
59 Pensées 17 (2019).
60 Pensées 428 (1876).
61 Pensées 901 (1772).
62 Pensées 816 (1677).
63 Pensées 751 (1805).
64 Pensées 1132 (1836).

Von den Betrachtungen zum Geist der Gesetze (1731–1748)

1 Pensées 213 (4).
2 R. Pomeau, Montesquieu et ses correspondants, in: Revue d'histoire littéraire de la France, 1982, S. 179 f.
3 Stadtbibliothek Bordeaux, Manuskript 1988.
4 R. Shackleton, Mme de Montesquieu with some Considerations on Thérèse de Secondat, in: Woman and Society in the 18th Century in France. Essays in Honour of John Stephenson, London 1979, S. 230 f.
5 Pensées 2129 (727).
6 R. Shackleton, John Black and Montesquieu. The Search for a Correspondence, in: Evidence in literary Scolarship. Essays in Memory of James Marshall Osborn, Oxford 1979, S. 215 f.
7 Stendhal, Voyages dans le Midi.
8 Pensées 896 (925).
9 Pensées 1253 (604).
10 Pensées 1012 (1081).
11 Pensées 1061 (1090).
12 Pensées 1009 (17).
13 Pensées 308 (1092).
14 Spicilège 657.
15 Pensées 213 (4).
16 Pensées 756 (781).
17 Pensées 2165 (534).
18 Pensées 327 (961).
19 Pensées 1050 (960).
20 Pensées 1029 (966).
21 J. Ehrard, Montesquieu critique d'art, S. 125.
22 Maugras, La Cour de Lunéville, S. 202 f.
23 J. Sareil, Les Tencin, Genf 1969, S. 39.
24 Ebd., S. 216.
25 Ebd. S. 235.
26 Pensées 107 (1193).
27 Pensées 1014 (1738).
28 Pensées 1285 (1739).

29 Pensées 1277 (626).
30 C. Ferval, Mme Du Deffand et l'amour au XVIIIe siècle, Paris 1933, S. 146 f.
31 P. Barrière, Montesquieu et l'Espagne, in: Bulletin hispanique, Bd. XLIX, 1947, S. 300.
32 Levi-Malvano, Montesquieu e Machiavelli, Paris 1912.
33 A. Bertière, Montesquieu lecteur de Machiavel, in: Actes du Congrès Montesquieu, Bordeaux 1956, S. 141 ff.
34 Montaigne, Essais, II, 19.
35 L'Esprit des lois, XXIV, 10.
36 Pensées 1532.
37 Pensées 1669–1674 (155–159).
38 Pensées 1983–2003 (648–668).
39 Pensées 2183–2202 (160–170).
40 Pensées 2244 (180).
41 Die Stiftung Martin Bodner in Cologny bei Genf bewahrt seit 1939 ein Manuskript auf mit dem Titel: »Diverses corrections de mes Considérations sur les Romains«; vgl. B. Gagnebin, »Deux manuscrits de Montesquieu retrouvés à Genève«, in: Dix-huitiéme siècle, 1973, S. 413 ff.
42 P. Barrière, Un grand provincial, Bordeaux 1946, S. 268 f.; vgl. auch die Einleitung von J. Ehrard zur Ausgabe der Considérations in der Collection G. F., Paris 1968.
43 Vgl. H. Barckhausen, Montesquieu et les Considérations sur la grandeur des Romains, in: Revue du droit public et de la science politique en France et à l'étranger, Juli–August 1900.

Vom Geist der Gesetze

1 Pensées 162 (1845).
2 F. Weil, Les lectures de Montesquieu, in: Revue d'histoire littéraire de la France, 1958, S. 494 ff.
3 Iris Cox, a.a.O., S. 86.
4 Pensées 1632 (1143).
5 Pensées 1707 (190).
6 Pensées 1732 (328).
7 Pensées 2092 (833).
8 Pensées 212 (1510).
9 Pensées 1261 (612).
10 Pensées 2242 (67).
11 Pensées 483–509 (552–578).
12 Pensées 1237.
13 Pensées 1252 (603); 1266 (615).
14 Pensées 330–338 (478–486); 564 (87).
15 Pensées 640 (488).
16 Pensées 207 (1573).
17 Pensées 1122; 1145 (1613).
18 F. Weil, Introduction aux Geographica, in: Œuvres complètes de Montesquieu publiées sous la direction d'André Masson, Bd. II, Paris, 1950, S. LXXVII f.
19 Pensées 1868 (201).
20 Pensées 942 (1788).
21 Pensées 1872 (203).

22 Pensées 1805 (206).
23 F. Gébelin, La publication de L'Esprit des lois, in: Revue des bibliothèques, 1924, S. 125 ff.
24 Pensées 2064 (1036).
25 Vgl. die bei E. Mass veröffentlichten Briefe, in: Literatur und Zensur, S. 290 ff.

Die Auseinandersetzung um den Geist der Gesetze

1 L'Esprit des lois, XIII, 20.
2 Pensées 2239 (96).
3 C. Rosso, a.a.O., S. 288, Anmerkung 8.
4 Pensées 2057 (97).
5 J. Brèthe de La Gressaye, Ausgabe des Esprit des lois, Bd. I, Paris 1950, S. LXVIII.
6 L'Esprit des lois, IV, 6.
7 J. Brèthe de La Gressaye, a.a.O., Bd. I, S. LXXIX.
8 Pensées 2006–2008 (435–437).
9 C. Lauriol, La Beaumelle. Un Protestant cévenol entre Montesquieu et Voltaire, Genf 1978, S. 186 f.
10 L. Bérard, L'Esprit des lois devant la congrégation de l'Index, Bordeaux 1949.
11 P. Berselli Ambri, L'Opera di Montesquieu nel settecento italiano, Florenz 1960, S. 53 f.
12 J. Brèthe de La Gressaye, a.a.O., Bd. I, S. LXXX.
13 Pensées 2166 (98).
14 C. Beyer, Montesquieu et la censure religieuse de L'Esprit des Lois, in: Revue des sciences humaines, 1953, S. 128.

Die letzten Jahre (1748–1755)

1 Pensées 2242 (67).
2 P. Berselli Ambri, a.a.O., S. 80.
3 R. Mesuret, Le portraitiste de Montesquieu, in: Revue historique de Bordeaux, 1954, S. 95 ff.
4 A.-A. Chabé, La cécité de Montesquieu d'après sa correspondance, in: Bulletin de la Société des bibliophiles de Guyenne, 1947, S. 65 ff.
5 Pensées 2249 (110).
6 Pensées 2033 (112).
7 Pensées 2033 (112).
8 Pensées 1543 (519).
9 Text zitiert nach R. Shackleton, Montesquieu, S. 392.
10 Pensées 1393 (1371).
11 Pensées 1394 (1370).
12 Pensées 1370 (1370).
13 Pensées 2063 (98).
14 Pensées 1080 (2071).
15 Text zitiert nach J. Geffriaud-Rosso, a.a.O., S. 121, Anmerkung 39.
16 R. Shackleton, Montesquieu, S. 180.
17 Correspondance littéraire von Grimm-Diderot, hrsg. v. Maurice Tourneux, Bd. VII, Paris 1879, S. 389 f.

18 Pensées 1585 (1731).
19 Text zitiert nach J. Geffriaud-Rosso, a.a.O., S. 84, Anmerkung 5.
20 Pensées 2010 (994).
21 Pensées 1312 (1064).
22 Pensées 1680 (931).
23 Pensées 1446 (929).
24 Pensées 896 (925).
25 Pensées 1275 (624).
26 Pensées 2165 (543).
27 Paris, Nationalbibliothek, Akquisitionsnummer 10782, Blatt 168. Vgl. R. Darnton, La république des lettres: les intellectuels dans les dossiers de la police, in: Le Grand Massacre des chats. Attitudes et croyances dans l'ancienne France, Paris 1985, S. 137 ff.; R. Shackleton, Deux policiers du XVIIe siècle: Berryer et d'Hémery, in: Thèmes et figures du siècle des Lumières. Mélanges offerts à Roland Mortier, Genf 1980, S. 253 ff.
28 Pensées 2242 (67).
29 Pensées 2113 (729).
30 Pensées 368 (744).
31 Pensées 646 (1385).
32 Pensées 228 (1736).
33 R. Favre, La Mort au siècle des Lumières, Lyon 1978, S. 193 f.
34 Pensées 82 (2088).
35 L'Esprit des lois, XXIV, 14.
36 Pensées 921 (1028).
37 L. Desgraves, La mort de Montesquieu, in: Le Figaro littéraire, 12. Februar 1955.
38 Lettres inédites de Madame Du Deffand, du président Hénault et du comte de Bulkeley au baron Carl Frederik Scheffer, in: Studies on Voltaire and the Eighteenth Century, Bd. X, 1959, S. 384.
39 Pensées 1266 (615); vgl. auch R. Shackleton, La religion de Montesquieu, in: Actes du Congrès Montesquieu, S. 287 ff.
40 Pensées 1805 (206).
41 S. Cotta, Montesquieu e la scienza della società, Turin 1953.
42 Pensées 969 (2148).
43 L'Esprit des lois, XXIV, 13.
44 R. Shackleton, Montesquieu, S. 292.
45 Ebd., S. 293.
46 Rousseau, Correspondance, Bd. II, S. 159, Nr. 282, 20. Februar 1755.
47 Genf B. P. U., Manuskripte, Suppl. 738, Blatt 31–33. Ich danke Jean-Daniel Candaux dafür, daß er mir den Text dieses Briefes übermittelt hat.
48 Bordeaux, Stadtbibliothek, Manuskript 1988, Nr. 14.
49 Bordeaux, Stadtbibliothek, Manuskript 1868, Nr. 312.
50 Text zitiert nach Vian, Histoire de Montesquieu, S. 406.
51 Ebd., S. 407.
52 Mercure de France, November 1755, S. 77 ff.
53 Text zitiert nach Paul M. Spurlin, L'influence de Montesquieu sur la constitution américaine, in: Actes du Congrès Montesquieu, S. 272.
54 S. Cotta, Montesquieu, la séparation des pouvoirs et la constitution fédérale des États-Unis, in: Revue internationale d'histoire politique et constitutionnelle, 1951, S. 228.
55 Pensées 318 (780).
56 Pensées 741 (11).

Namenverzeichnis

Carteret, John, Graf von Granville 227, 290, 334
Casaubon, Isaac 294
Cassini, Jacques 42
Cassiodor 206
Castel, Louis-Bertrand, Pater 24, 95, 150–152, 253, 284–289, 291, 331, 349 f., 353–355, 401, 408–410, 413
Caupos, Jean de, Baron von Lacanau, Vicomte von Biscarrosse 13
Caupos, Marguerite de 13
Caux, Henri de 104
Caux, Jacques de 104
Caux, Suzanne de 104 f.
Cavalieri, Nuntius 217
Cerati, Gaspard, Pater 196, 207 f., 210 f., 230, 233, 248, 260 f., 294, 296, 313 f., 327, 335, 339, 342 f., 360, 365
Cervantes Saavedra, Miguel de 47
Cessi, Gräfin 210
Chabé, Alexandre-Alfred 296
Chambon d' Arbouville, Jeanne-François de 240
Chambonas, Henri-Joseph de La Garde, Graf von 13
Chamfort (eig. Nicolas Sébastien Roche) 345
Champeaux, Pierre de 132, 325, 329
Chardin, Jean 99, 101
Charlemont, Lord 70
Charolais, Loise-Anne de Bourbon-Condé, Mademoiselle de 256 f., 294
Charron, Pierre 137
Châteaubrun, Jean-Baptiste Vivien de 390
Châtelain, Zacharie 332 f.
Chaubinet, Daniel de 19, 391
Chauvelin, Germain-Louis 172 f., 232
Chesterfield, Philip Dormer Stanhope, Graf von 137, 180, 222 f., 225, 227, 273, 412, 416
Chiostra, Sänger 197
Churchill, Arabella 117
Cicero 40 f., 96, 98, 137–139, 141, 207, 374
Cienfuegos, Alvar de, Kardinal 196, 208
Clancy, Michael 225
Clarendon, Edward Hyde, Graf von 225
Clermont, Louis de Bourbon-Condé, Graf von 123
Clermont, Marie-Anne de

Bourbon-Condé, Mademoiselle de 119, 121, 148, 256
Cochin, Charles Nicolas d. Ä. 278
Colbert, Jean-Baptiste 11, 300
Colin, Antoine 301
Collard, Brice 69
Collé, Charles 331
Concina, Daniele, Pater 365
Conti, Antonio, Abbé 130, 175–181
Conti, François-Louis de Bourbon, Prinz von 12
Cordier, Mathurin 26
Cordonnier de Belair, Hyacinthe, genannt Saint-Hyacinthe 230
Corneille, Pierre 47
Corradini, Antonio 180
Corradini, Piermarcellino, Kardinal 196
Correggio 210
Corsini, Bartolomeo, Marquis 209, 360
Corsini, Laurentius, Kardinal 196, 209
Cosimo III. 191
Coste, Pierre 230, 290
Cotta, Sergio 413
Coudenasse, Mademoiselle de 240
Coulomié, Charles 68
Couplet, Philippe, Pater 44 f., 101
Cox, Iris 302
Crébillon, Prosper Jolyot de 135, 302
Crozat, Louis-François, Marquis von Châtel 340
Cudworth, Ralph 225

Dacier, André 296
Dacier, Anne 103, 135 f., 139
Dainville, François de, Pater 26
Dampier, William 308
Danneskjold-Samsoc, Frederic, Graf 273
Darcet, Jean 299, 392, 408
Dassier, Jean 381
Daubenton, Louis-Jean-Marie 356
Daun, Graf von 183
Dedieu, Josepf, Abbé 302, 310
Delan, Henri 74
Del Borgo, Solaro 185
Del Bruno, Raffaelo 191
Deleyre, Alexandre 392
Delpit, Jules 152
Demarennes, Jean 21
Denis, Daniel 55
Denis, Germaine 55
Derham, Thomas 233

Die Deutsche Bibliothek – CIP-Einheitsaufnahme

Desgraves, Louis:
Montesqieu / Louis Desgraves. [Aus dem Franz. übertr.
von Christoph Vormweg]. – Frankfurt/Main : Societäts-Verl., 1992
Einheitssacht.: Montesqieu < dt. >
ISBN 3-7973-0497-8

HENRI TROYAT

Zar Alexander II.

260 Seiten, 16 S. Bildteil, geb.

Zar Alexander II. Nikolajewitsch, geboren 1818 in Moskau, kam am 13. März 1881 auf tragische Weise ums Leben: Er wurde in Petersburg von Anarchisten mit einer Bombe ermordet. In die Geschichte eingegangen ist er weniger wegen seiner militärischen Erfolge, sondern wegen der umfassenden Reformen, die er einleitete und gegen Adel und Großgrundbesitzer durchzusetzen versuchte: Abschaffung der Leibeigenschaft, Neuordnung der Verwaltung, des Schulwesens, der Rechtsprechung u. a. Das von Henri Troyat gezeichnete Porträt Alexanders II. und das historische Panorama Rußlands tragen zum besseren Verständnis der gegenwärtigen Entwicklungen in Rußland bei.

Societäts-Verlag